中国社会科学院创新工程学术出版资助项目

革命根据地法制文献选编

（上卷）

GEMING GENJUDI FAZHI
WENXIAN XUANBIAN

韩延龙　常兆儒 ◎ 编

中国社会科学出版社

图书在版编目（CIP）数据

革命根据地法制文献选编 / 韩延龙等编 . —北京：中国社会科学出版社，2013.10
ISBN 978 - 7 - 5161 - 3325 - 5

Ⅰ.①革… Ⅱ.①韩… Ⅲ.①革命根据地 - 法制 - 文献 - 选编 - 中国 Ⅳ.①D929.6

中国版本图书馆 CIP 数据核字（2013）第 228747 号

出 版 人	赵剑英
责任编辑	任　明
责任校对	张丽丽
责任印制	李　建

出　　版	中国社会科学出版社
社　　址	北京鼓楼西大街甲 158 号（邮编 100720）
网　　址	http：//www.csspw.cn
	中文域名：中国社科网　010 - 64070619
发 行 部	010 - 84083685
门 市 部	010 - 84029450
经　　销	新华书店及其他书店
印　　刷	北京奥隆印刷厂
装　　订	北京市兴怀印刷厂
版　　次	2013 年 10 月第 1 版
印　　次	2013 年 10 月第 1 次印刷
开　　本	710×1000　1/16
印　　张	105.5
插　　页	2
字　　数	1883 千字
定　　价	285.00 元（全三卷）

凡购买中国社会科学出版社图书，如有质量问题请与本社联系调换
电话：010 - 64009791
版权所有　侵权必究

编 者 说 明

我国人民民主法制是在革命战争年代里产生和发展起来的。一九二七年大革命失败后，中国共产党面对严酷的斗争形势，坚持马克思主义与中国革命实践相结合的原则，科学地分析了中国革命的性质、任务和特点，开创了建立农村革命根据地，以农村包围城市，最后夺取城市的正确道路，领导广大人民群众在武装割据的红色区域里，建立起同白色统治长期对立的人民革命政权。

从那时起，各革命根据地人民政权，在党的统一领导下，依据党的民主革命的总路线和总政策，适应人民革命战争各个不同时期形势发展的需要，从实际出发，先后制定和颁行了数以千计的、代表人民意志和符合革命利益的法律、法令、条例、训令。这些珍贵的法制文献，尽管形式比较简单，并且不可避免地带有地方性，然而在中国法律制度史上，它揭开了崭新的篇章，树起了划时代的界碑，占有极其重要的历史地位。

革命根据地人民民主法制集中地反映了广大人民反帝反封建的革命意愿，体现了人民群众的切身利益。它不仅有力地促进了革命根据地各项建设事业的发展，保障了人民革命战争的顺利进行，而且为社会主义法制的建立奠定了坚实的基础。它在中华人民共和国成立前二十二年间创造和积累的丰富经验及其光荣革命传统，直至今天仍然闪耀着马克思主义的光辉，是我国法制建设的宝贵财富。

搜集、整理和编纂革命根据地法制建设的历史文献，既是法学研究的一项重要任务，也是加强社会主义法制建设的客观需要。由于我国社会主义法制同根据地人民民主法制存在着无可置疑的继承关系，所以这些文献无论对当前的立法工作、司法工作、政府工作、政法教学，以及中国现代革命史、中国现代政治史、中国革命法制史，乃至中国现代经济史的研究，都有重要的参考价值。

本书资料的搜集整理工作是从六十年代开始的。在此期间，由于左倾路线的干扰破坏，搜集整理工作一度被迫停顿。"实践是检验真理的唯一标准"的讨论，促进了学术界进一步解放思想，革命根据地法制文献的整理编纂工作在中断十余年之后又得以重新开始。

到目前为止，我们所搜集的法制文件，就其内容来说，大体上包括以下三个方面：

（一）新民主主义革命时期，党和革命根据地政府关于加强革命法制建设的决议、训令和指示；

（二）新民主主义革命时期，各革命根据地制定和颁行的各类法律文件，其中有法律、法令、条例、章程等；

（三）新民主主义革命时期，各革命根据地立法机关和司法机关有关制定、执行和解释法律的报告和说明，以及工作经验总结等。

选编时，我们没有按照上述三个方面的内容分类，而是依据法的具体门类（如宪法性文件、选举法、政权组织法、刑法、诉讼法、土地法、劳动法、婚姻法等等）进行编纂的。这样做的目的，在于力求使本书具有更加严整的科学性，同时也为了便于实际工作和教研工作使用。

革命根据地法制文献为数浩繁，其内容广泛涉及政治、经济、军事、文化、教育等社会生活的各个方面，由于本书篇幅所限，不可能把搜集到的全部资料统统收入。收入本书的只是目前搜集到的法制文件的一部分，共约一百七十六万字。关于资料的取舍，我们首先着眼于文件本身的内容及其时代价值，以反映国内革命战争时期不同阶段革命根据地法制建设的概貌。因此，有些法制文件虽然形式不很完备，甚至没有载明颁发机关和发布日期，有些文件在某些提法上和行文上尚有不尽妥帖之处，也一并收入本书，供读者参考。

在材料处理上，我们对不同性质的文件采取了不同的做法。上述第一类资料属革命根据地法制建设的指导性文件，有的因内容涉及面较广，做了必要的删节，仅只保留了同革命根据地法制建设有关的部分。第二类资料是法律文件本身，收入本书的绝大部分都属这类资料，因为它们是考察革命根据地法制建设的基本依据，所以我们严格保持其本来的面貌，一般不作删动。第三类资料收入的比重虽然较小，有的还作了一些删节，但它们有助于加深对革命根据地法制文件制定经过及其精神实质的了解。

参加本书资料搜集工作的有：张仲麟、刘海年、常兆儒、刘楠来、李淑清等同志，由韩延龙、常兆儒选辑编纂。在资料搜集和编选过程中，最高人民法院、中国社会科学院近代史研究所、中国社会科学出版社等单位曾给以大力支持和热情帮助，在此深表谢意。由于我们水平限制，整理编选工作可能存在不少缺点，恳希读者提出批评意见。

一九八〇年五月

凡　　例

一、本书共分三卷，收入新民主主义革命时期各革命根据地颁行的主要法制文件，包括法律、法令、条例、章程，以及有关决议、指示、训令等。

二、本书选收的文件，一律按照其内容性质，分别不同时期和不同革命根据地加以编排。

三、本书选收的文件，均照录原文，不作任何改动，以保持文件原貌。某些经过删节的文件，均以（节录）字样注于篇名之后。

四、少数文件未载明颁发机关及发布日期，或只载有颁发机关而无发布日期，或只载有发布日期而未注明颁发机关，根据有关史料能够确定的，则加注说明，不能确定的，鉴于这部分文件具有重要参考价值，编辑时也予收录。

五、为便于读者复检，选入本书的文件，都于各篇之末注明出处。凡未注明的，均系录自单行原件或单行原件的影印件。

六、文件中原有错字，一般注其正字于本字之后，加以（　）号；难以确定的字，用（？）标明；脱落的字，凡可依据残笔或文例补足的，外加〔　〕号，不能补足的残缺字，则用□表示。

七、个别文件原无标点符号，或原有标点符号而不准确的，悉由编者补加和订正，不再加注说明。

八、文件中的注文，都是原有的。对于不易理解的文句或若干特殊情况需要说明的，由编者加脚注说明。

目　录

第一编　宪法性文件

第二次国内革命战争时期

中华苏维埃共和国国家根本法（宪法）大纲草案
　　（中国共产党中央提出，中国工农兵会议第一次全国代表大会
　　中央准备委员会全体会议通过） ……………………………（3）
中华苏维埃共和国宪法大纲
　　（一九三一年十一月七日中华苏维埃第一次全国代表大会通过）……（6）
中华苏维埃共和国宪法大纲
　　（一九三四年一月中华苏维埃第二次全国代表大会通过）…………（9）
中华苏维埃共和国十大政纲
　　（一九三三年）………………………………………………（12）
广州苏维埃宣言
　　（一九二七年十二月十一日于广州）………………………（13）
湘鄂赣边革命委员会布告 ……………………………………（16）
目前形势与川陕省苏维埃的任务（节录）
　　——川陕省第二次全省工农兵代表大会通过的决议
　　（一九三三年八月十二日）…………………………………（18）
江西省苏维埃临时政纲 ………………………………………（20）

抗日战争时期

陕甘宁边区抗战时期施政纲领
　　（一九三九年四月四日边区政府公布）……………………（23）
陕甘宁边区施政纲领
　　（一九四一年五月一日中共边区中央局提出，中共中央政治局
　　批准）…………………………………………………………（25）

晋察冀边区目前施政纲领
　　（中共中央北方分局于一九四〇年八月十三日公布，边区
　　第一届参议会于一九四三年一月二十日通过，确定为边区
　　行政委员会施政纲领） ………………………………………（27）
晋冀鲁豫边区政府施政纲领
　　（一九四一年九月一日公布） …………………………………（30）
对于巩固与建设晋西北的施政纲领
　　（中国共产党中央晋绥分局提出，一九四二年十月十九日
　　晋西北临时参议会通过） ………………………………………（35）
山东省战时施政纲领（节录）
　　（山东省临时参议会一届二次议员大会通过，山东省战时行政
　　委员会一九四四年二月二十八日公布） ………………………（37）

解放战争时期

陕甘宁边区宪法原则
　　（一九四六年四月二十三日陕甘宁边区第三届参议会第一次
　　大会通过） ………………………………………………………（42）
晋察冀边区行政委员会施政要端
　　（一九四五年九月二十六日） …………………………………（44）
苏皖边区临时行政委员会施政纲领
　　（一九四五年十二月三十一日苏皖边区临时参议会第一次
　　大会通过） ………………………………………………………（45）
东北各省市（特别市）民主政府共同施政纲领
　　（东北各省代表联席会议一九四六年八月十一日通过） ……（47）
内蒙古自治政府施政纲领
　　（一九四七年四月内蒙古人民代表会议通过） ………………（48）
华北人民政府施政方针
　　（根据中共中央华北局对施政方针的建议经一九四八年八月
　　华北临时人民代表大会讨论通过公布） ………………………（50）
中共中央关于废除国民党的六法全书与确定解放区的司法原则的指示
　　（一九四九年二月） ……………………………………………（59）
华北人民政府为废除国民党的六法全书及一切反动法律的训令
　　（一九四九年四月一日） ………………………………………（61）

附　录

山东省人权保障条例
　　（一九四〇年十一月十一日通过公布施行） ……………（63）
陕甘宁边区保障人权财权条例
　　（一九四一年十一月十七日边区二届参议会通过，一九四二年
　　二月边区政府公布） ………………………………………（64）
冀鲁豫边区保障人民权利暂行条例
　　（一九四一年十一月二十三日公布） ……………………（65）
晋西北保障人权条例
　　（一九四二年十一月六日晋西北临时参议会修正通过，
　　一九四二年十一月晋西北行政公署公布） ………………（67）
渤海区人权保障条例执行规则
　　（一九四三年二月二十一日通过公布施行） ……………（68）
哈尔滨特别市政府布告（秘字第二十号）
　　——为禁止非法拘捕、审讯及侵犯他人人权等行为事
　　（一九四八年四月十三日） …………………………………（72）
豫皖苏边区行政公署训令各级政府切实保障人权，严禁乱抓乱打
　　肉刑逼供
　　（一九四八年五月） …………………………………………（73）
修正淮海区人权保障条例 ……………………………………（73）

第二编　选举法规

第二次国内革命战争时期

中国工农兵会议（苏维埃）第一次全国代表大会选举条例……………（77）
中国工农兵会议（苏维埃）第一次全国代表大会苏维埃选举暂行
　　条例 ………………………………………………………（80）
中国工农兵会议（苏维埃）第一次全国代表大会苏维埃区域选举
　　暂行条例
　　（一九三〇年九月二十六日） ………………………………（85）
中国工农兵会议（苏维埃）第一次全国代表大会反动统治区域
　　选举法公函
　　（一九三〇年九月二十六日） ………………………………（90）

中华苏维埃共和国的选举细则
　　（一九三一年十一月中央执行委员会第一次全体会议通过）……（91）
中华苏维埃共和国选举委员会的工作细则
　　（一九三一年十二月中央执行委员会第一次会议通过）…………（97）
中华苏维埃共和国中央执行委员会训令第七号
　　——关于加入过反革命组织的自首、自新及被压迫和欺骗而
　　反水的工农（雇农、贫农、中农）分子的选举权和被选举权问题
　　（一九三二年一月十三日）…………………………………………（99）
中华苏维埃共和国中央执行委员会训令第八号
　　——关于变更和补充居民与苏维埃代表的比例标准
　　（一九三二年一月二十八日）…………………………………（100）
苏维埃暂行选举法
　　（一九三三年八月九日）………………………………………（102）
中华苏维埃共和国中央执行委员会训令第二十二号
　　——关于此次选举运动的指示
　　（一九三三年八月九日）………………………………………（112）
二次全苏大会在红军中怎样进行选举
　　（一九三三年九月）……………………………………………（118）
闽西苏维埃政府布告新编第二号
　　（一九三〇年七月二十日）……………………………………（120）
闽西苏维埃政府通告新编第七号
　　——关于第二次代表大会问题
　　（一九三〇年七月二十日）……………………………………（122）
鄂豫皖六安第六区苏维埃条例
　　（一九三〇年五月）……………………………………………（124）
湘鄂赣省工农民主政府颁布的"选民须知"
　　（一九三二年六月十六日）……………………………………（125）
川陕省总工会为动员广大工人群众参加省苏维埃代表大会选举
　　运动的通告
　　（一九三四年三月二十一日）…………………………………（126）

抗日战争时期

陕甘宁边区选举条例
　　（一九三七年五月十二日通过）………………………………（129）

陕甘宁边区选举委员会工作细则
　　（一九三七年五月二十五日中央内务部）……………………（132）
陕甘宁边区选举条例
　　（一九三九年二月陕甘宁边区第一届参议会通过）…………（134）
陕甘宁边区各级选举委员会组织规程
　　（一九四一年一月一日修正公布）………………………………（136）
陕甘宁边区政府为改选及选举各级参议会的指示信
　　（一九四一年一月三十日）………………………………………（139）
陕甘宁边区各级参议会选举条例
　　（一九四一年十一月边区第二届参议会修正通过，一九四二年
　　四月边区政府公布）………………………………………………（142）
陕甘宁边区各级参议会选举条例的解释及其实施
　　（一九四二年五月）………………………………………………（146）
陕甘宁边区各级参议会选举条例
　　（一九四四年十二月边区第二届参议会第二次大会通过）……（159）
陕甘宁边区各级选举委员会组织规程 ……………………………（162）
晋察冀边区行政委员会关于村选举的指示
　　（一九三九年一月二十五日）……………………………………（164）
晋察冀边区暂行选举条例
　　（一九四〇年六月公布）…………………………………………（167）
为胜利地完成各级选举而斗争
　　——晋察冀边区行政委员会指示信
　　（一九四〇年六月）………………………………………………（169）
晋察冀边区选举条例
　　（一九四三年一月二十日晋察冀边区第一届参议会通过，
　　同年二月四日晋察冀边区行政委员会公布）……………………（176）
晋察冀边区行政委员会关于县议会改选与县议会工作的指示
　　（一九四三年三月九日）…………………………………………（180）
晋察冀边区行政委员会关于民主大选举准备阶段工作的指示
　　（一九四五年五月二十五日）……………………………………（184）
晋察冀边区行政委员会关于民主大选举工作的指示
　　（一九四五年七月二十三日）……………………………………（186）
晋冀鲁豫边区村政权选举暂行条例草案
　　（一九四三年七月）………………………………………………（189）

晋冀鲁豫边区参议员选举条例
　　（一九四四年六月六日边区政府公布，一九四四年十二月
　　二十二日修正） ………………………………………………（191）
晋冀鲁豫边区参议员选举条例施行细则
　　（一九四四年十月二十日边区政府公布） ……………………（194）
晋冀鲁豫边区政府关于边区参议员选举问题的指示
　　（一九四四年十月二十日） ……………………………………（198）
晋冀鲁豫边区政府关于选举工作中几个问题的补充说明
　　（一九四四年十月二十日） ……………………………………（201）
晋冀鲁豫边区政府关于县选问题的指示
　　（一九四四年十月二十八日） …………………………………（203）
晋冀鲁豫边区县议员选举条例
　　（一九四四年十一月二十二日通过） …………………………（204）
晋绥边区县议会选举条例
　　（一九四五年四月一日行政公署公布） ………………………（206）
晋绥边区参议会选举条例
　　（一九四五年四月五日行政公署公布） ………………………（207）
晋绥边区参议员、县议员选举办法
　　（一九四五年四月五日行政公署公布） ………………………（209）
晋西北村选暂行条例
　　（一九四〇年十月公布） ………………………………………（212）
晋西北临时参议会参议员产生办法
　　（一九四二年一月一日颁布） …………………………………（213）
晋西北临时参议会参议员选举通则 …………………………………（217）
晋西北临时参议会参议员行政区级选举委员会组织条例 …………（219）
晋西北临时参议会参议员县级选举委员会组织条例 ………………（220）
晋西北临时参议会参议员抗日军选举办法 …………………………（221）
晋西北临时参议会参议员行政区级以上机关团体选举办法 ………（222）
晋西北临时参议会参议员行政区级以上工会及工厂工人选举
　　办法 ……………………………………………………………（223）
晋西北临时参议会参议员商界选举办法 ……………………………（224）
晋西北临时参议会参议员妇女团体选举办法 ………………………（225）
晋西北临时参议会参议员文化团体选举办法 ………………………（226）
晋西北临时参议会参议员新闻界选举办法 …………………………（227）

晋西北临时参议会参议员中等以上学校教职员选举办法 …………（227）
晋西北临时参议会参议员小学教员选举办法 …………………（228）
晋西北临时参议会参议员中等以上学校学生选举办法 ………（229）
山东省战时行政委员会关于本省行政区县参议员选举办法的决定
　　（一九四五年三月十六日） ………………………………（230）
山东省县参议会参议员选举办法
　　（一九四五年六月七日） …………………………………（231）
山东省行政区参议会参议员选举办法 ……………………………（233）
山东省县各级参议会选举条例 ……………………………………（235）
胶东区村选举暂行条例 ……………………………………………（238）
盐阜区区级政府选举法 ……………………………………………（243）
盐阜行政公署区选举委员会组织法 ………………………………（247）
盐阜区村政府选举法 ………………………………………………（248）
苏中区人民代表会议代表选举条例（草案）
　　（一九四五年七月四日） …………………………………（251）

解放战争时期

陕甘宁边区政府关于今年选举工作的训令
　　（一九四五年九月六日） …………………………………（254）
陕甘宁边区政府选举委员会关于今年乡选工作致各专员县市长的信
　　（一九四五年十月五日） …………………………………（255）
陕甘宁边区参议会驻会委员会政府联合通知
　　（一九四五年十月十四日） ………………………………（260）
张家口市参议会选举暂行条例
　　（晋察冀边区行政委员会一九四六年三月十八日颁布，
　　一九四六年四月二十四日胜民行字第二十六号令修正） ………（261）
苏皖边区乡镇选举条例
　　（一九四六年五月颁行） …………………………………（263）
晋察冀边区行政委员会关于今年村选工作的指示
　　（一九四七年一月二十二日） ……………………………（265）
东北解放区县村人民代表选举条例草案
　　（一九四九年一月一日） …………………………………（266）
内蒙古自治政府关于村选指示
　　（一九四九年四月十一日） ………………………………（268）

第三编　政权机构组织法

第二次国内革命战争时期

中国工农兵会议（苏维埃）第一次全国代表大会各级准备委员会
　　组织大纲 ···（273）
苏维埃地方政府的暂行组织条例
　　（一九三一年十一月中央执行委员会第一次全体会议通过）······（276）
中华苏维埃共和国临时中央政府关于苏维埃建设重要的训令
　　（一九三一年十二月十五日）··（286）
中华苏维埃共和国地方苏维埃暂行组织法（草案）
　　（一九三三年十二月十二日）··（287）
中华苏维埃共和国第二次全国苏维埃代表大会关于苏维埃建设的
　　决议案
　　（一九三四年一月第二次全国苏维埃代表大会通过）·············（320）
中华苏维埃共和国中央苏维埃组织法
　　（一九三四年二月十七日公布）··（325）
革命委员会组织大纲 ··（330）
苏维埃组织法 ···（333）
江西苏维埃临时组织法 ···（334）
闽西苏维埃政权组织法 ···（341）
修正闽西苏维埃政权组织法
　　（一九三〇年九月）···（347）
湖南省工农兵苏维埃政府暂行组织法
　　（一九三〇年）··（354）
鄂豫皖区苏维埃临时组织大纲
　　——鄂豫皖区第二次苏维埃代表大会文件之三
　　（一九三一年七月）···（366）
川陕省苏维埃组织法 ··（369）
川陕省苏维埃组织法及各种委员会的工作概要说明 ················（378）
川陕省各级苏维埃工作方式暂行条例 ······································（384）

抗日战争时期

陕甘宁边区各级参议会组织条例
  （一九三九年二月边区第一届参议会通过）……………………（393）
陕甘宁边区各级参议会组织条例
  （一九四一年十一月边区第二届参议会修正通过，一九四二年
  四月边区政府公布）………………………………………………（396）
陕甘宁边区参议会会议规程
  （一九四一年十一月边区第二届参议会通过，一九四二年
  四月边区政府公布）………………………………………………（400）
陕甘宁边区政府为充实"三三制"给各县的指示信
  （一九四二年三月六日）……………………………………………（404）
陕甘宁边区政府组织条例
  （一九三九年二月边区一届参议会通过）…………………………（406）
陕甘宁边区政务会议暂行规程
  （一九四二年一月）…………………………………………………（410）
陕甘宁边区行政督察专员公署组织暂行条例
  （一九四一年十一月边区二届参议会通过，
  一九四二年一月公布）……………………………………………（412）
修正陕甘宁边区行政督察专员公署组织条例
  （一九四三年二月公布）……………………………………………（414）
陕甘宁边区县政府组织暂行条例
  （一九四一年十一月边区二届参议会通过）………………………（415）
陕甘宁边区县务委员会暂行组织条例
  （一九四二年六月三十日边区政府第二十六次政务会议通过
  实行）………………………………………………………………（418）
修正陕甘宁边区县政府组织暂行条例草案
  （一九四三年四月二十五日颁布）…………………………………（420）
陕甘宁边区各县区公署组织暂行条例
  （一九四一年十一月边区二届参议会通过）………………………（422）
修正陕甘宁边区各县区公署组织条例
  （一九四三年二月公布）……………………………………………（423）
陕甘宁边区各乡市政府组织暂行条例
  （一九四二年一月公布）……………………………………………（425）

修正陕甘宁边区乡（市）政府组织暂行条例草案
  （一九四三年十月公布） ……………………………………（426）
晋察冀边区参议会暂行条例
  （一九四〇年六月公布） ……………………………………（428）
晋察冀边区参议会组织条例
  （一九四三年一月二十日晋察冀边区第一届参议会通过，
  同年二月四日晋察冀边区行政委员会公布） ………………（430）
晋察冀边区参议会驻会参议员办事处组织规程
  （一九四三年一月二十日晋察冀边区第一届参议会通过，
  同年二月四日晋察冀边区行政委员会公布） ………………（432）
晋察冀边区行政委员会组织条例
  （一九四三年一月二十日晋察冀边区第一届参议会通过，
  同年二月四日晋察冀边区行政委员会公布） ………………（432）
晋察冀边区政治主任公署组织法
  （一九三八年二月十一日颁布） ……………………………（436）
晋察冀边区行政督察专员公署组织大纲
  （一九四〇年五月二日晋察冀边区行政委员会民行治字
  第二十九号令公布） …………………………………………（437）
晋察冀边区县政府组织大纲
  （一九三八年二月七日公布） ………………………………（438）
晋察冀边区县政会议组织条例
  （一九三九年三月修正公布） ………………………………（439）
晋察冀边区县佐公署组织章程
  （一九三八年二月七日颁布，一九三八年七月二十九日
  新民字二九号令发修正） ……………………………………（440）
晋察冀边区县区村暂行组织条例
  （一九四〇年六月公布） ……………………………………（441）
晋察冀边区县区村组织条例
  （一九四三年一月二十一日晋察冀边区第一届参议会通过，
  一九四三年二月四日晋察冀边区行政委员会公布） ………（448）
晋察冀边区区政会议组织大纲 ……………………………………（453）
晋察冀边区行政委员会关于一九四四年改造与健全村政权工作的
 指示
  （一九四四年二月二十五日） ………………………………（454）

晋冀鲁豫边区县议会组织条例
  （一九四四年十一月二十二日通过） ……………………（459）
晋冀鲁豫边区县议会组织条例
  （一九四五年三月二十四日边府及驻委会修正通过，
  一九四五年四月一日公布施行） ………………………（461）
晋冀鲁豫边区县政府组织暂行条例草案
  （一九四四年十一月一日） ………………………………（463）
晋冀鲁豫边区县政府组织条例
  （一九四五年三月边区参议会通过） …………………（465）
晋冀鲁豫边区村政权组织暂行条例
  （一九四一年六月一日公布） …………………………（467）
晋绥边区县议会组织条例
  （一九四五年四月五日行政公署公布） ………………（469）
晋西北临时参议会筹备委员会组织条例 ……………………（471）
晋西北临时参议会暂行组织条例 ……………………………（473）
晋西北临时参议会组织条例
  （一九四二年十一月六日晋西北临时参议会修正通过） ……（475）
晋西北行政公署组织大纲
  （一九四二年十一月六日晋西北临时参议会通过，
  一九四二年十一月晋西北行政公署公布） …………（477）
晋西北行政督察专员公署组织条例
  （一九四二年十一月六日晋西北临时参议会通过，
  一九四二年十一月晋西北行政公署公布） …………（478）
晋西北县区村各级政府组织条例
  （一九四二年十一月六日晋西北临时参议会修正通过，
  一九四二年十一月晋西北行政公署公布） …………（479）
晋西北村政权组织暂行条例
  （一九四二年四月修正公布） …………………………（483）
山东省临时参议会组织条例 …………………………………（485）
修正山东省临时参议会组织条例
  （一九四三年九月山东省临时参议会修正通过） ……（488）
山东省行政区临时参议会组织条例
  （一九四三年九月山东省临时参议会通过） …………（491）

山东省县参议会组织条例
　　（一九四三年九月山东省临时参议会通过）……………（494）
山东省战时行政委员会组织条例
　　（一九四三年八月山东省临时参议会通过）……………（497）
山东省行政公署组织条例
　　（一九四三年八月山东省临时参议会通过）……………（500）
山东省行政督察专员公署组织条例
　　（一九四三年九月山东省临时参议会通过）……………（503）
山东省战时县区乡村各级政府组织条例
　　（一九四〇年十一月七日通过公布施行）………………（505）
修正山东省县政府组织条例
　　（一九四〇年十一月山东省临时参议会通过，一九四三年
　　九月修正通过）……………………………………………（514）
修正山东省区公所组织条例
　　（一九四〇年十一月七日山东省临时参议会通过，
　　一九四三年九月修正通过）………………………………（518）
山东省战时工作推行委员会关于村政组织与工作的新决定
　　（一九四一年十月十二日）………………………………（519）
山东省胶东区村政暂行条例 ………………………………（524）
盐阜区区级政府组织法 ……………………………………（536）
盐阜区市乡政府组织法 ……………………………………（541）
盐阜区村政府组织法 ………………………………………（546）

解放战争时期

晋察冀边区行政委员会晋察冀边区参议会驻会参议员办事处关于召开
　察哈尔、热河省人民代表会议及成立察哈尔、热河省政府的决定
　　（一九四五年十月十八日）………………………………（551）
辽西区各市县临时参议会暂行组织条例
　　（一九四六年一月十六日公布）…………………………（552）
张家口市参议会组织暂行条例
　　（晋察冀边区行政委员会一九四六年三月十八日颁布，
　　一九四六年四月二十日胜民行字第二十六号令修正）…（554）
北平市第一届各界代表会组织条例
　　（一九四九年八月）………………………………………（555）

华北人民政府组织大纲
　　（一九四八年八月十六日华北临时人民代表大会通过） ………… (557)
东北各省市（特别市）行政联合办事处组织大纲
　　（一九四六年八月十二日东北各省代表联席会议通过） ………… (560)
陕甘宁边区政府暂行组织规程
　　（一九四九年四月九日陕甘宁边区参议会常驻议员会、
　　陕甘宁边区政府委员会联席会议通过） ……………………… (562)
内蒙古自治政府暂行组织大纲
　　（一九四七年四月内蒙古人民代表会议通过） ………………… (568)
中原临时人民政府组织大纲 ………………………………………… (570)
河南省人民政府暂行组织规程
　　（一九四九年六月一日公布） …………………………………… (572)
苏皖边区各行政区专员公署暂行组织条例
　　（一九四五年十二月苏皖边区政府颁布施行） ………………… (578)
苏皖边区各县县政府暂行组织条例
　　（一九四五年十二月苏皖边区政府颁布施行） ………………… (582)
中国人民解放军北平市军事管制委员会组织条例（草案）
　　（一九四九年二月） ……………………………………………… (585)
北平市人民政府公布令
　　（一九四九年四月五日） ………………………………………… (587)
天津市人民政府关于变更区街组织的指示
　　（一九四九年六月十七日） ……………………………………… (590)
天津市人民政府关于区公所组织与任务的决定
　　（一九四九年七月二十九日公布施行） ………………………… (592)
天津市人民政府关于市郊村公所组织与任务的决定
　　（一九四九年九月六日公布施行） ……………………………… (593)
张家口市政府组织条例
　　（一九四六年四月二十四日晋察冀边区行政委员会颁布，
　　一九四六年五月十八日胜民行字第三十一号令修正） ………… (594)
中国人民革命军事委员会长沙市军事管制委员会组织条例
　　（一九四九年八月二十日） ……………………………………… (598)

第四编　刑事法规

第二次国内革命战争时期

中华苏维埃共和国临时中央政府人民委员会命令
　　——为检查和取缔私人枪支禁止冒穿军服事
　　（一九三三年四月十五日）……………………………（603）
中华苏维埃共和国中央执行委员会训令
　　——关于惩治贪污浪费行为
　　（一九三三年十二月十五日）……………………………（605）
中华苏维埃共和国惩治反革命条例
　　（一九三四年四月八日中华苏维埃共和国中央执行委员会
　　中字第6号命令公布）……………………………………（606）
中华苏维埃共和国人民委员会训令
　　——关于地主富农编制劳役队与没收征发问题
　　（一九三四年五月二十日）………………………………（609）
闽西苏维埃政府布告
　　——惩办反革命条例
　　（一九三〇年六月）………………………………………（610）
闽西苏维埃政府布告
　　——禁止私人收买金银首饰
　　（一九三〇年十月）………………………………………（611）
闽西苏维埃政府布告
　　——反动政治犯自首条例
　　（一九三一年二月）………………………………………（611）
湘赣省苏区惩治反革命犯暂行条例
　　（一九三二年四月八日公布）……………………………（612）
湘赣省苏政府自首自新条例
　　（一九三二年四月十五日）………………………………（613）
鄂豫皖区六安县第六区肃反条例
　　（一九三〇年四月）………………………………………（614）
川陕省没收条例
　　（一九三四年一月六日）…………………………………（616）

川陕省没收条例说明书
　　（一九三四年五月） ……………………………………（619）
川陕省苏维埃政府肃反执行条例 …………………………（620）
川陕省苏维埃政府关于反革命自首的条例 ………………（621）
赣东北特区苏维埃暂行刑律 ………………………………（623）

抗日战争时期

中共中央关于宽大政策的解释
　　（一九四二年十一月六日） ……………………………（636）
陕甘宁边区抗战时期惩治汉奸条例（草案）
　　（一九三九年） …………………………………………（637）
陕甘宁边区抗战时期惩治盗匪条例（草案）
　　（一九三九年） …………………………………………（638）
陕甘宁边区惩治贪污条例（草案）
　　（一九三九年） …………………………………………（639）
陕甘宁边区政府禁止仇货取缔伪币条例
　　（一九三九年六月十日公布） …………………………（640）
陕甘宁边区破坏金融法令惩罚条例
　　（一九四一年十二月十八日公布） ……………………（641）
陕甘宁边区查获鸦片毒品暂行办法
　　（一九四二年一月公布） ………………………………（642）
陕甘宁边区贩卖纸烟惩治办法
　　（一九四二年一月公布） ………………………………（644）
陕甘宁边区自卫武器登记给照暂行条例
　　（一九四三年四月二十五日公布） ……………………（645）
陕甘宁边区禁止粮食出境修正暂行条例
　　（一九四一年十一月二十五日边区政府公布施行） …（647）
陕甘宁边区禁烟禁毒条例（草案） ………………………（649）
晋察冀边区行政委员会修正处理汉奸财产办法
　　（一九三八年二月九日公布，一九三九年十一月一日修正
　　公布） ……………………………………………………（651）
晋察冀边区汉奸自首单行条例
　　（一九三八年十一月十七日公布） ……………………（652）

晋察冀边区行政委员会关于严禁播种罂粟的命令
　　（一九三九年二月十九日）……………………………（653）
晋察冀边区行政委员会关于堕胎溺婴案件均须依法科刑的
　命令
　　（一九四二年三月十三日）……………………………（654）
晋察冀边区破坏坚壁财物惩治办法
　　（一九四二年四月一日公布）…………………………（654）
晋察冀边区惩治贪污条例
　　（一九四二年十月十二日通过，一九四二年十月十五日公布
　　施行）……………………………………………………（656）
晋察冀边区行政委员会关于严厉禁止粮食资敌规定六项
　紧急措施的命令
　　（一九四三年一月七日）………………………………（657）
晋察冀边区关于逮捕搜索侦查处理刑事、
　特种刑事犯之决定
　　（一九四三年一月二十一日晋察冀边区第一届参议会通过，
　　同年二月四日晋察冀边区行政委员会公布）…………（659）
晋察冀边区处理伪军伪组织人员办法
　　（一九四三年四月十二日公布）………………………（663）
晋察冀边区行政委员会关于法令中凡规定罚金之条文准依
　原定数额增加十倍的通知
　　（一九四四年六月十二日）……………………………（664）
晋冀鲁豫边区禁止敌伪钞票暂行办法
　　（一九四一年五月十日公布，一九四二年九月一日修正
　　公布）……………………………………………………（665）
晋冀鲁豫边区保护法币暂行办法
　　（一九四一年七月五日公布，一九四二年九月一日修正
　　公布）……………………………………………………（666）
晋冀鲁豫边区惩治盗毁空室清野财物办法
　　（一九四一年十月二十日公布施行）…………………（668）
晋冀鲁豫边区惩治贪污暂行办法
　　（一九四二年二月十一日公布）………………………（669）
晋冀鲁豫边区司法罚金及没收赃款保管解缴处理暂行办法
　　（一九四二年三月二十五日公布）……………………（670）

晋冀鲁豫边区汉奸财产没收处理暂行办法
　　（一九四二年八月一日施行）……………………………（671）
晋冀鲁豫边区惩治盗毁空室清野财物补充办法
　　（一九四二年八月九日）…………………………………（673）
晋冀鲁豫边区危害军队及妨害军事工作治罪暂行条例
　　（一九四二年十月三十一日颁布）………………………（673）
晋冀鲁豫边区妨害公务违抗法令暂行治罪条例
　　（一九四二年十二月十日公布）…………………………（674）
晋冀鲁豫边区妨害婚姻治罪暂行条例
　　（一九四三年一月五日颁布）……………………………（675）
晋冀鲁豫边区政府晋冀鲁豫边区高等法院联合通令
　　——关于群众运动中罚款处理办法的决定
　　（一九四三年三月四日）…………………………………（676）
晋冀鲁豫边区毒品治罪暂行条例
　　（一九四一年七月十五日施行）…………………………（678）
晋冀鲁豫边区冀鲁豫行署关于村政权人员贪污之处理的指示
　　（一九四三年三月十二日）………………………………（679）
晋冀鲁豫边区冀鲁豫行署查禁假鲁钞暂行办法
　　（一九四三年五月二十六日公布）………………………（681）
晋冀鲁豫边区冀鲁豫行署关于处理因灾荒买卖人口纠纷的
　　规定
　　（一九四四年十月十四日施行）…………………………（682）
太行区战时紧急处理敌探汉奸暂行办法………………………（683）
晋绥边区修正扰乱金融惩治暂行条例补充办法
　　（一九四二年二月十五日施行）…………………………（685）
晋西北没收汉奸财产单行条例
　　（一九四〇年三月十三日公布）…………………………（686）
晋西北惩治贪污暂行条例
　　（一九四一年九月公布）…………………………………（687）
晋西北禁烟治罪暂行条例
　　（一九四一年十一月一日公布）…………………………（689）
晋西北修正扰乱金融惩治暂行条例
　　（一九四一年十一月一日施行）…………………………（690）

山东省惩治贪污暂行条例
　　（一九四〇年十二月三日公布施行）……………………（693）
山东省处理汉奸财产条例
　　（一九四一年四月十八日公布施行）………………………（694）
山东省战时工作推行委员会关于罚款募捐及没收代管的决定
　　（一九四一年五月三十日）……………………………………（695）
山东省惩治盗匪暂行条例
　　（一九四二年九月六日参议会通过，同年九月十日战工会
　　公布施行）…………………………………………………………（696）
山东省战工会关于制止抢劫寡妇的训令
　　（一九四三年四月）……………………………………………（697）
山东省战工会关于赌博罪的训令
　　（一九四三年四月）……………………………………………（697）
山东省禁毒治罪暂行条例
　　（一九四三年四月二日公布，同年五月一日施行）………（698）
山东省战时除奸条例
　　（一九四三年四月二日公布）…………………………………（699）
山东省战时除奸纪律
　　（一九四三年四月二日公布）…………………………………（700）
山东省惩治贪污公粮暂行条例
　　（一九四三年八月一日施行）…………………………………（700）
修正山东省惩治贪污暂行条例
　　（一九四五年三月十日施行）…………………………………（701）
山东省战时行政委员会山东军区关于特务汉奸之处理办法的
联合决定
　　（一九四五年三月十五日施行）………………………………（702）
山东省惩治战争罪犯及汉奸暂行条例
　　（一九四五年八月公布施行）…………………………………（703）
山东省汉奸自首自新暂行条例
　　（一九四五年八月公布施行）…………………………………（705）
山东省处理汉奸财产暂行办法
　　（一九四五年八月公布施行）…………………………………（706）
山东军区处理伪军伪警条例
　　（一九四五年八月二十日公布施行）…………………………（706）

山东省政府山东军区关于敌伪资财处理办法
　　（一九四五年八月二十五日公布） ……………………………（707）
渤海区惩治贪污暂行办法
　　（一九四三年七月二日通过） ………………………………（708）
渤海区处理敌人扫荡期间窃盗案件暂行办法
　　（一九四三年七月二日通过） ………………………………（709）
胶东区惩治窃取空舍清野财物暂行办法
　　（一九四三年十一月二十五日公布施行） …………………（710）
苏中行政公署苏中军区司令部联合公布处理汉奸军事间谍办法
　　（一九四四年二月八日） ……………………………………（712）
苏中行政公署新四军苏中军区政治部调查叛国汉奸罪行暂行条例
　　（一九四五年七月公布） ……………………………………（713）
苏中区伪政权伪组织人员悔过自新暂行办法
　　（一九四五年七月公布） ……………………………………（714）

解放战争时期

华北人民政府解散所有会门道门封建迷信组织的布告
　　（一九四九年一月四日） ……………………………………（716）
华北区禁烟禁毒暂行办法
　　（一九四九年七月十六日） …………………………………（717）
华北人民政府关于重大案件量刑标准的通报 ……………………（718）
晋察冀边区鸦片缉私暂行办法
　　（一九四五年十一月二十一日公布） ………………………（720）
晋冀鲁豫边区高等法院关于特种案犯运用刑法的指示
　　（一九四六年六月十二日施行） ……………………………（721）
晋冀鲁豫边区惩治贪污条例
　　（一九四八年一月十日公布） ………………………………（724）
晋冀鲁豫边区破坏土地改革治罪暂行条例
　　（一九四八年一月十五日晋冀鲁豫边区政府公布） ………（726）
太行行署对战犯处理的指示
　　（一九四五年十二月十日） …………………………………（727）
太行行署关于处理伪军伪组织人员的原则及执行中应注意事项的
　　指示
　　（一九四六年四月八日） ……………………………………（729）

太岳区惩治滥用浪费民力暂行条例
  （一九四八年六月十五日）……………………………（730）
山东省政府关于争取逃亡地主和失节附敌分子的决定
  （一九四五年九月二日）……………………………（732）
山东省胶东区行政公署司法处关于"褫夺公权"的几个问题
  （一九四七年四月二十九日山东省胶东区行政公署司法处
  公布）………………………………………………（733）
淮海区惩治盗匪暂行条例………………………………………（734）
修正淮海区惩治贪污暂行条例…………………………………（735）
苏皖边区惩治叛国罪犯（汉奸）暂行条例
  （一九四五年十二月二十九日公布实施）………………（737）
苏皖边区危害解放区紧急治罪暂行条例
  （一九四六年六月公布施行）………………………（740）
苏皖边区第一行政区惩治汉奸施行条例
  （一九四六年三月公布）……………………………（741）
苏皖边区第一行政区破坏解放区革命秩序治罪办法
  （一九四七年一月）…………………………………（745）
苏北区奖励节约惩治贪污暂行条例
  （一九四九年九月一日颁布，同年十一月十四日修正第七条
  第六项全文）………………………………………（746）
苏北区禁烟禁毒暂行办法………………………………………（748）
苏中区惩治战争罪犯及汉奸暂行条例
  （一九四五年九月二十五日公布施行）………………（749）
苏中区汉奸自首自新暂行条例
  （一九四五年九月二十五日公布施行）………………（751）
东北解放区惩治贪污暂行条例
  （一九四七年五月六日东北行政委员会颁布）…………（751）
东北解放区交通肇事犯罪处罚暂行条例
  （一九四八年十一月一日东北行政委员会颁布）………（753）
辽西区行署关于没收财产问题之决定
  （一九四六年二月十日）……………………………（753）
辽吉区禁烟禁毒条例
  （一九四六年八月二十五日公布）…………………（754）

辽吉区查获鸦片毒品暂行办法
　　（一九四六年八月二十五日公布） ………………………（756）
辽北省惩治关于婚姻与奸害罪暂行条例（草案） ……………（757）
辽北省惩治窃盗犯暂行办法（草案） ……………………………（758）
辽北省惩治土匪罪犯暂行办法（草案） …………………………（759）
内蒙古自治政府为清剿流窜叛匪与昭告蒋匪溃兵特务自新的布告
　　（一九四八年十二月十日） ………………………………（761）
内蒙古自治政府关于登记内蒙古自治区域内反动党派人员的布告
　　（一九四九年三月三十日） ………………………………（762）
绥远省戒吸毒品暂行办法
　　（一九四九年八月二十日） ………………………………（763）
附录 ………………………………………………………………（764）
　陕甘宁边区违警罚暂行条例
　　（一九四二年二月二十三日公布） ………………………（764）
晋冀鲁豫边区违警处罚暂行办法 …………………………………（770）
陕甘宁边区抗战时期戒严条例（草案）
　　（一九三九年） ……………………………………………（773）
晋察冀边区戒严检查办法
　　（一九四二年十一月四日边区行政委员会公布） ………（774）
淮海分区戒严条例
　　（一九四五年八月） ………………………………………（776）

第五编　诉讼法规

第二次国内革命战争时期

废止肉刑问题
　　（一九二九年十二月） ……………………………………（781）
中华苏维埃共和国中央执行委员会训令
　　——处理反革命案件和建立司法机关的暂行程序
　　（一九三一年十二月十三日中央执行委员会非常会议通过） ……（782）
中华苏维埃共和国国家政治保卫局组织纲要
　　（一九三二年一月二十七日） ……………………………（784）
中华苏维埃共和国中央执行委员会命令
　　（一九三二年二月一日） …………………………………（787）

中华苏维埃共和国军事裁判所暂行组织条例
  （一九三二年二月一日中华苏维埃共和国中央执行委员会
  公布）……………………………………………………………（788）
中华苏维埃共和国司法人民委员部对裁判机关工作的指示（节录）
  （一九三三年五月三十日）……………………………………（791）
中华苏维埃共和国中央执行委员会命令
  （一九三二年六月九日）………………………………………（794）
中华苏维埃共和国裁判部暂行组织及裁判条例
  （一九三二年六月九日中华苏维埃共和国中央执行委员会
  公布）……………………………………………………………（795）
中华苏维埃共和国临时中央政府执行委员会训令
  ——为更改执字第六号训令第二项之规定
  （一九三二年六月九日）………………………………………（799）
中华苏维埃共和国劳动感化院暂行章程
  （一九三二年八月十日）………………………………………（799）
中华苏维埃共和国临时中央政府司法人民委员部命令
  ——为组织劳动法庭的问题
  （一九三三年四月十二日）……………………………………（801）
中华苏维埃共和国临时中央政府司法人民委员部命令
  ——关于没收犯人的财产和物件的手续
  （一九三三年四月十六日）……………………………………（802）
中华苏维埃共和国临时中央政府人民委员会命令
  （一九三四年二月九日）………………………………………（803）
中华苏维埃共和国中央执行委员会命令
  （一九三四年四月八日）………………………………………（804）
中华苏维埃共和国司法程序
  （一九三四年四月八日中华苏维埃共和国中央执行委员会
  公布）……………………………………………………………（804）
中华苏维埃共和国中央执行委员会关于肃反委员会决议
  （一九三三年四月十五日）……………………………………（806）
国家政治保卫局特派员工作条例
  （一九三四年四月三十日）……………………………………（807）
肃反委员会暂行组织条例
  （一九三六年一月二十八日）…………………………………（808）

国家政治保卫局工农红军总政治部中央革命军事委员会训令
　　（二月九日） ……………………………………………………（809）
革命法庭条例（草案） …………………………………………（810）
革命法庭的工作大纲 ……………………………………………（812）
闽西苏维埃政府布告
　　——裁判条例
　　（一九三〇年五月） ………………………………………（815）
鄂豫皖区苏维埃政府革命军事法庭暂行条例
　　（一九三一年九月一日） …………………………………（817）
鄂豫皖区苏维埃政府革命法庭的组织与政治保卫局的关系及其
　　区别
　　（一九三一年十月四日） …………………………………（818）
福建省苏维埃政府训令（节录）
　　——关于处理犯人的问题
　　（一九三二年八月二十七日） ……………………………（821）
福建省苏维埃政府命令
　　（一九三二年九月八日） …………………………………（821）
福建省苏维埃政府训令（节录）
　　——关于犯人的材料及坚决废止肉刑的问题
　　（一九三二年九月九日） …………………………………（822）
西北政治保卫局暂行组织纲要
　　（一九三六年七月十五日） ………………………………（822）
川陕省革命法庭条例（草案） …………………………………（824）

抗日战争时期

陕甘宁边区高等法院组织条例
　　（一九三九年四月四日公布） ……………………………（827）
陕甘宁边区高等法院对各县司法工作的指示（节录）
　　（一九四一年五月十日） …………………………………（831）
陕甘宁边区政府审判委员会组织条例
　　（一九四二年八月） ………………………………………（833）
陕甘宁边区调整军政民关系维护革命秩序暂行办法
　　（一九四三年一月十五日公布） …………………………（834）

陕甘宁边区军民诉讼暂行条例
　　（一九四三年一月十五日公布）……………………………（835）
陕甘宁边区高等法院分庭组织条例草案
　　（一九四三年三月公布）…………………………………（836）
陕甘宁边区县司法处组织条例草案
　　（一九四三年三月公布）…………………………………（837）
晋察冀边区陪审制暂行办法
　　（一九四〇年五月十五日公布）…………………………（838）
晋察冀边区公安局暂行条例
　　（一九四一年四月十日）…………………………………（840）
晋察冀边区法院组织条例
　　（一九四三年一月二十日晋察冀边区第一届参议会通过，
　　同年二月四日晋察冀边区行政委员会公布）……………（841）
晋察冀边区行政委员会关于改变公安机构及其工作范围之决定
　　（一九四三年二月十二日）………………………………（844）
晋察冀边区行政委员会关于边区司法机关改制之决定
　　（一九四三年二月十二日）………………………………（845）
晋察冀边区行政委员会关于处理监押犯之决定
　　（一九四三年四月十五日）………………………………（847）
晋察冀边区行政委员会关于执行改进司法制度的决定应注意
　　事项的命令
　　（一九四四年五月二十九日）……………………………（848）
晋察冀边区行政委员会关于改进司法制度的决定
　　（一九四四年五月三十一日）……………………………（849）
晋察冀边区行政委员会关于特种刑事案件审理程序之决定
　　（边委会第四十六次委员会议通过）……………………（851）
晋冀鲁豫边区高等法院组织条例
　　（一九四一年十月十五日公布施行）……………………（852）
晋冀鲁豫边区政府晋冀鲁豫边区高等法院关于执行决定之
　　审级制度的命令
　　（一九四二年五月二十一日）……………………………（856）
晋冀鲁豫边区公安总局晋冀鲁豫边区高等法院关于公安司法
　　部门工作关系的联合指示
　　（一九四二年七月三十日）………………………………（858）

晋冀鲁豫边区高等法院关于执行死刑合议制度变通办法的决定
　　（一九四二年八月十日） ……………………………………（859）
晋冀鲁豫边区民事诉讼上诉须知
　　（一九四二年九月十日颁布） ………………………………（859）
晋冀鲁豫边区政府晋冀鲁豫边区高等法院关于对根据地人民、
　敌占区民夫等抢劫盗毁食粮田禾处理办法的通令
　　（一九四二年十月十九日） …………………………………（861）
晋冀鲁豫边区高等法院关于执行核案新决定的命令
　　（一九四三年一月二十日） …………………………………（862）
晋冀鲁豫边区政府晋冀鲁豫边区高等法院关于司法工作在扶植
　群众运动中及适应战争环境的几点指示 ……………………（863）
晋冀鲁豫边区太岳区暂行司法制度
　　（一九四四年三月一日公布施行） …………………………（865）
晋绥边区第四专员公署通令
　　——规定各县送复核复判案件应注意遵守事项由
　　　（一九四三年） ……………………………………………（882）
晋西北巡回审判办法
　　（一九四二年三月一日公布） ………………………………（882）
晋西北陪审暂行办法
　　（一九四二年四月十五日公布） ……………………………（884）
山东省各级司法办理诉讼补充条例
　　（一九四一年四月十八日通过，同日公布施行） …………（886）
山东省改进司法工作纲要
　　（一九四一年四月二十二日通过，同日施行） ……………（886）
山东省陪审暂行办法（草案） ……………………………………（888）
山东省公安局暂行条例
　　（一九四一年十月一日公布施行） …………………………（889）
山东省战时工作推行委员会关于盗匪案件划归公安局审理的通令
　　（一九四二年七月六日） ……………………………………（890）
山东省战时工作推行委员会厉行判决批答严格审级的通令
　　（一九四二年七月十八日） …………………………………（891）
山东省战时工作推行委员会关于厉行保释、减少羁押人犯与
　改善犯人待遇的训令
　　（一九四二年八月） …………………………………………（891）

山东省战时工作推行委员会关于厉行保释、减少羁押人犯
　　与改善犯人待遇的决定
　　　　（一九四二年八月）………………………………………（892）
山东省各级公安局拘押差犯暂行条例
　　　　（一九四二年九月二十七日公布施行）………………（892）
山东省战时工作推行委员会关于成立司法机关的训令 ………（894）
山东县司法处刑事复判暂行办法 ………………………………（895）
山东省胶东区行署各级军法会审委员会组织及审理暂行条例 …（897）
修正淮海区审理司法案件暂行办法 ……………………………（899）
淮海区人民代表陪审条例（草案）………………………………（903）
淮海区巡回审判实施办法 ………………………………………（904）
淮海区徒刑案犯执行暂行办法 …………………………………（905）
淮海区司法公安案犯统一管教暂行办法 ………………………（906）
淮海区拘票使用办法 ……………………………………………（907）
淮海区公务人员非法拘押惩处暂行条例（草案）………………（909）
淮海区审理敌伪区人民诉讼案件暂行办法 ……………………（911）
苏中区惩治伪化诉讼暂行条例
　　　　（一九四四年九月公布施行）…………………………（912）
苏中区处理诉讼案件暂行办法
　　　　（一九四四年十月公布施行）…………………………（913）
苏中区第二行政区诉讼暂行条例
　　　　（一九四三年九月一日公布，一九四三年九月十五日施行）……（921）
苏中区第二行政区征收诉讼费用暂行办法
　　　　（一九四三年九月一日公布，一九四三年九月十五日施行）……（925）

解放战争时期

华北人民政府指令
　　——游击区判处死刑案件可由行署批准由
　　　　（一九四八年十月五日）………………………………（927）
华北人民政府为统一各行署司法机关名称、恢复各县原有
　　司法组织及审级的规定的通令
　　　　（一九四八年十月二十三日）…………………………（927）

华北人民政府通令
　——处理死刑案件应该注意的事项由
　　（一九四八年十月二十三日）……………………（928）
华北人民政府指令
　——边沿区、游击区判处死刑亦应执行宣判送达手续由
　　（一九四八年十一月二十二日）………………（929）
华北人民政府关于估定囚粮额数、取消讼费及区村介绍起诉
　制度的通令
　　（一九四八年十一月二十三日）………………（930）
华北人民政府关于县市公安机关与司法机关处理刑事案件
　权责的规定
　　（一九四八年十一月三十日）…………………（931）
华北人民政府为清理已决及未决案犯的训令
　　（一九四九年一月十三日）……………………（931）
华北人民政府训令
　——处理各县逃亡平津等大城市人犯的规定
　　（一九四九年二月七日）………………………（935）
华北人民政府关于各级司法委员会改为裁判研究委员会的通令
　　（一九四九年三月二十二日）…………………（936）
华北人民政府关于确定刑事复核制度的通令
　　（一九四九年三月二十三日）…………………（937）
华北人民政府关于贯彻清理积案，并研究减少积案办法的训令
　　（一九四九年五月二十一日）…………………（938）
晋察冀边区行政委员会关于调整复核复判程序的命令
　　（一九四五年十二月四日）……………………（939）
晋察冀边区行政委员会关于颁发各级法院状纸与讼费暂行
　办法的命令
　　（一九四六年一月四日）………………………（940）
晋察冀边区各级法院状纸与讼费暂行办法
　　（一九四六年一月四日公布）…………………（941）
晋察冀边区行政委员会关于诉讼费用征收问题的通知
　　（一九四六年四月二十四日）…………………（945）

晋察冀边区行政委员会通知
　　——关于取消法庭法院干部分工等问题的解答
　　　（一九四六年六月二十二日）⋯⋯⋯⋯⋯⋯⋯⋯⋯⋯⋯⋯⋯（945）
晋察冀边区行政委员会关于人民法庭工作的指示
　　　（一九四八年一月六日颁布）⋯⋯⋯⋯⋯⋯⋯⋯⋯⋯⋯⋯⋯（947）
晋冀鲁豫边区关于审级及死刑核定的暂行规定
　　　（一九四六年二月十二日施行）⋯⋯⋯⋯⋯⋯⋯⋯⋯⋯⋯⋯（949）
晋冀鲁豫边区关于公安司法关系及城市管理分工的指示
　　　（一九四六年三月五日行署转布）⋯⋯⋯⋯⋯⋯⋯⋯⋯⋯⋯（950）
太行行署关于公安司法关系及城市管理分工的指示
　　　（一九四六年二月二十日）⋯⋯⋯⋯⋯⋯⋯⋯⋯⋯⋯⋯⋯⋯（951）
太行行署关于执行新审级制度应注意事项的指示
　　　（一九四六年五月二十三日）⋯⋯⋯⋯⋯⋯⋯⋯⋯⋯⋯⋯⋯（952）
太行行署关于重新规定审级审核制度的通令
　　　（一九四六年八月十一日）⋯⋯⋯⋯⋯⋯⋯⋯⋯⋯⋯⋯⋯⋯（954）
冀南区诉讼简易程序试行法
　　　（一九四六年八月一日试行）⋯⋯⋯⋯⋯⋯⋯⋯⋯⋯⋯⋯⋯（956）
山东省各级军事法庭组织条例
　　　（一九四五年）⋯⋯⋯⋯⋯⋯⋯⋯⋯⋯⋯⋯⋯⋯⋯⋯⋯⋯⋯（962）
山东省政府关于目前司法工作的指示
　　　（一九四五年）⋯⋯⋯⋯⋯⋯⋯⋯⋯⋯⋯⋯⋯⋯⋯⋯⋯⋯⋯（962）
山东省审理汉奸战犯暂行办法
　　　（一九四六年五月二十四日公布）⋯⋯⋯⋯⋯⋯⋯⋯⋯⋯⋯（963）
山东省胶东区行政公署现行民刑审级制度及诉讼程序简化办法
　　　（一九四七年四月二十九日胶东区行政公署司法处公布）⋯⋯（965）
太原市军事管制委员会特别法庭暂行办法（草案）
　　　（一九四九年七月一日）⋯⋯⋯⋯⋯⋯⋯⋯⋯⋯⋯⋯⋯⋯⋯（967）
苏北行政公署关于县市公安机关与司法机关处理刑事案件
　权职的规定
　　　（一九四九年六月八日）⋯⋯⋯⋯⋯⋯⋯⋯⋯⋯⋯⋯⋯⋯⋯（968）
苏北行政公署指令
　　　（一九四九年九月二十八日）⋯⋯⋯⋯⋯⋯⋯⋯⋯⋯⋯⋯⋯（969）
苏北行政公署训令
　　　（一九四九年九月二十八日）⋯⋯⋯⋯⋯⋯⋯⋯⋯⋯⋯⋯⋯（970）

苏皖边区第二行政区人民法庭组织办法
  （一九四七年十二月二十四日公布施行） ………… （971）
苏皖边区第六行政区人民法庭组织条例
  （一九四八年二月二十三日公布施行） …………… （973）
苏皖边区第六行政区人民法庭办事细则
  （一九四八年二月二十三日公布施行） …………… （975）
江西省府法院关于司法工作几个问题的指示 ………… （976）
东北行政委员会关于司法行政及组织问题指示
  （一九四六年十月十六日） ……………………………… （979）
东北各级司法机关暂行组织条例
  （一九四六年十月十九日） ……………………………… （980）
关东各级司法机关暂行组织条例草案
  （一九四七年六月草订） ………………………………… （982）
东北解放区人民法庭条例
  （一九四八年一月一日） ………………………………… （986）
东北行政委员会关于成立高等法院并健全司法机关的指示
  （一九四八年三月二十三日） …………………………… （988）
东北行政委员会关于建设司法工作的几项具体指示
  （一九四八年五月二十七日） …………………………… （989）
东北行政委员会关于各级司法机构改为人民法院的通令
  （一九四八年九月六日） ………………………………… （990）
辽北省各市县旗人民法院的组织职权、义务及办事细则（草案） …… （990）
哈尔滨特别市民事刑事诉讼暂行条例（草案）
  （一九四八年十月二十四日市府常委会通过） ……… （995）
哈尔滨特别市人民法院法庭规则
  （一九四八年） …………………………………………… （998）
哈尔滨特别市政府对公安局与人民法院关于处理民刑案件的分工
 与联系决定 …………………………………………………… （999）
内蒙古自治政府关于确定死刑审核及上诉制度的命令
  （一九四九年九月二十九日） …………………………… （1000）
陕甘宁边区民刑事件调解条例
  （一九四三年六月十一日颁布） ………………………… （1001）
陕甘宁边区政府关于普及调解、总结判例、清理监所指示信（节录）
  （一九四四年六月六日） ………………………………… （1004）

晋察冀边区行政村调解工作条例
　　（一九四二年四月一日公布） ················· （1005）
晋察冀边区行政委员会关于加强村调解工作与建立区调处
　工作的指示
　　（一九四四年六月一日） ····················· （1007）
晋察冀边区行政委员会关于区公所调处案件的决定（草案）
　　（一九四四年六月一日） ····················· （1010）
晋冀鲁豫边区冀鲁豫区区调解委员会组织大纲 ········· （1011）
冀南区民刑事调解条例
　　（一九四六年二月二十日公布） ················· （1014）
晋西北村调解暂行办法
　　（一九四二年三月一日公布） ··················· （1017）
山东省调解委员会暂行组织条例
　　（一九四一年四月十八日通过，同日公布施行） ······· （1018）
山东省政府关于开展调解工作的指示
　　（一九四五年十二月十三日） ··················· （1019）
山东省战时工作推行委员会关于民事案件厉行调解的通令 ······ （1020）
渤海区村调解委员会暂行组织条例
　　（一九四四年四月二十日公布施行） ··············· （1021）
苏中区人民纠纷调解暂行办法
　　（一九四五年五月） ························· （1023）
华北人民政府关于调解民间纠纷的决定
　　（一九四九年二月二十五日） ··················· （1025）
天津市人民政府关于调解程序暂行规程
　　（一九四九年三月十五日天津市人民政府公布） ······· （1027）
关东地区行政村（坊）调解暂行条例草案
　　（一九四八年三月草订） ····················· （1028）

第六编　土地法规

第二次国内革命战争时期

土地法
　　（一九二八年十二月制，在井冈山） ··············· （1035）

土地法
　　（一九二九年四月，兴国县土地法） ………… (1037)
土地暂行法
　　（一九三〇年五月全国苏维埃区域代表大会通过） ………… (1038)
苏维埃土地法
　　（一九三〇年六月中国革命军事委员会颁布） ………… (1040)
中华苏维埃共和国土地法
　　（一九三一年十二月一日中华工农兵苏维埃第一次全国代表
　　大会通过） ………… (1043)
中央关于"平分一切土地"的口号的决议
　　（一九三一年十二月二十四日） ………… (1046)
中央执行委员会关于法令的解释
　　（一九三二年四月十二日） ………… (1049)
中央土地人民委员部关于分配土地问题的答复
　　（一九三二年六月） ………… (1050)
中央土地人民委员部训令
　　——为深入土地斗争，彻底没收地主阶级财产
　　（一九三二年十二月二十八日） ………… (1054)
中华苏维埃共和国中央执行委员会对于乡村工人分配土地及保留
　　公田问题的决议
　　（一九三三年三月一日） ………… (1056)
中央局关于查田运动的决议
　　（一九三三年六月二日） ………… (1057)
中央土地人民委员部为查田运动给瑞金黄柏区苏的一封信
　　（一九三三年七月十三日） ………… (1060)
中央人民委员会关于开展查田运动的布告
　　（一九三三年九月一日） ………… (1063)
中华苏维埃共和国中央政府关于土地斗争中一些问题的决定
　　（一九三三年十月十日） ………… (1065)
怎样分析阶级
　　（一九三三年十月十日人民委员会批准） ………… (1076)
海陆丰工农兵代表大会决议案
　　——没收土地案
　　（一九二七年十一月） ………… (1078)

闽西第一次工农兵代表大会土地法令
　　（一九三〇年三月） ………………………………………… (1079)
闽西苏维埃政府布告
　　——关于重新分田问题
　　（一九三〇年九月） ………………………………………… (1084)
闽西土地委员扩大会决议案（节录）
　　（一九三一年四月十六日） ………………………………… (1084)
闽西苏维埃政府布告
　　——关于深入土地革命分配土地的原则及制度问题
　　（一九三一年四月二十七日） ……………………………… (1088)
闽西苏维埃政府布告
　　——重新分配土地条例
　　（一九三一年六月） ………………………………………… (1090)
闽西苏维埃政府通知
　　——关于纠正分田错误倾向
　　（一九三一年六月二十六日） ……………………………… (1092)
闽西苏维埃政府布告
　　——关于征收土地税问题
　　（一九三一年七月十五日） ………………………………… (1093)
福建省苏维埃政府区县土地部长联席会决议
　　（一九三二年六月） ………………………………………… (1094)
福建省苏维埃政府检查土地条例
　　（一九三二年七月十三日） ………………………………… (1097)
闽西苏维埃政府通告
　　——关于租田问题 …………………………………………… (1099)
永定县苏维埃政府关于土地问题草案
　　（一九三〇年） ……………………………………………… (1100)
上杭县第一次工农兵代表大会决议案（节录） ……………… (1103)
右江苏维埃政府土地法暂行条例
　　（一九三〇年五月一日） …………………………………… (1106)
湖南省工农兵苏维埃政府暂行土地法
　　（一九三〇年七月二十九日） ……………………………… (1109)
土地革命法令
　　（一九三〇年十月湘鄂西第二次工农兵贫民代表大会通过） … (1113)

江西省苏维埃政府关于土地问题的布告
  （一九三一年五月）………………………………………（1114）
江西省苏维埃政府对于没收和分配土地的条例
  （一九三一年十二月三十一日颁布）……………………（1115）
江西省工农兵第一次代表大会土地问题决议案
  （一九三二年六月三日）…………………………………（1119）
峡江县土地暂行条例
  （一九三〇年）……………………………………………（1122）
湘赣苏区重新彻底平均分配土地条例
  （一九三一年十月）………………………………………（1123）
赣东北省苏维埃执行委员会土地分配法
  （一九三一年十二月省苏第二次执委会修改通过）……（1126）
闽浙赣省第二次工农兵代表大会土地问题决议案
  （一九三三年四月二十四日）……………………………（1128）
没收土地和分配土地条例
  ——黔东特区第一次工农兵苏维埃代表会议决议案
  （一九三四年七月）………………………………………（1132）
湘鄂川黔省革命委员会没收和分配土地的暂行条例
  （一九三四年十二月一日）………………………………（1135）
川陕省平分土地须知
  （一九三四年十二月三十日）……………………………（1139）
川陕省土地问题解答 ………………………………………（1145）
赣西南苏维埃政府土地法 …………………………………（1148）
鄂豫边革命委员会土地政纲实行细则 ……………………（1152）
西北革命军事委员会军区政治部关于土地问题的布告 …（1153）

抗日战争时期

中共中央关于抗日根据地土地政策的决定
  （一九四二年一月二十八日中央政治局通过）…………（1156）
西北局关于进一步领导农民群众开展减租斗争的决定
  （一九四三年十月十日）…………………………………（1159）
陕甘宁边区土地所有权证条例
  （一九三八年四月一日公布）……………………………（1162）

陕甘宁边区政府布告
　　——关于处理地主土地问题
　　　（一九三八年四月一日）……………………………………（1164）
陕甘宁边区土地条例
　　　（一九三九年四月四日公布）………………………………（1164）
陕甘宁边区优待移民难民垦荒条例
　　　（一九四三年三月一日）………………………………………（1167）
陕甘宁边区土地典当纠纷处理原则及旧债纠纷处理原则
　　　（一九四三年九月十四日公布）………………………………（1169）
陕甘宁边区土地登记试行办法
　　　（一九四三年九月公布）………………………………………（1170）
陕甘宁边区地权条例
　　　（一九四四年十二月边区第二届参议会第二次大会通过）……（1173）
陕甘宁边区土地租佃条例（附说明）
　　　（一九四四年十二月边区第二届参议会第二次大会通过）……（1175）
陕甘宁边区地权条例（草案）………………………………………（1180）
陕甘宁边区土地租佃条例（草案）…………………………………（1182）
晋察冀边区减租减息单行条例
　　　（一九三八年二月十日颁布）…………………………………（1186）
晋察冀边区行政委员会训令
　　——关于杂租、小租、送工的解释
　　　（一九三八年三月）……………………………………………（1187）
晋察冀边区减租减息实施办法
　　　（一九三九年十二月十七日边区农会提出）…………………（1187）
晋察冀边区减租减息单行条例
　　　（一九四〇年二月修正）………………………………………（1191）
晋察冀边区减租减息单行条例施行细则
　　　（一九四一年三月二十日公布）………………………………（1194）
晋察冀边区租佃债息条例
　　　（一九四三年一月二十一日晋察冀边区第一届参议会通过，
　　　同年二月四日晋察冀边区行政委员会公布）…………………（1196）
晋察冀边区租佃债息条例施行条例
　　　（一九四三年一月二十一日晋察冀边区第一届参议会通过，
　　　同年二月四日晋察冀边区行政委员会公布）…………………（1202）

晋察冀边区行政委员会关于贯彻减租政策的指示
　　　（一九四三年十月二十八日） ………………………… (1204)
晋察冀边区行政委员会关于租佃地、典当地对敌负担问题的通知
　　　（一九四五年八月九日） …………………………… (1210)
晋冀鲁豫边区土地使用暂行条例
　　　（一九四一年十一月公布一九四二年十月十一日修正公布
　　　一九四三年九月二十九日修补颁布一九四五年五月十六日
　　　修补颁布） …………………………………………… (1212)
晋冀鲁豫边区冀鲁豫行署修正清理黑地奖惩暂行办法
　　　（一九四三年一月二十七日公布，同年四月九日修正） ……… (1222)
晋冀鲁豫边区政府关于几个土地问题处理办法的决定
　　　（一九四四年十月十五日） ………………………… (1223)
土地使用暂行条例太行区施行细则草案
　　　（一九四三年十一月二十五日公布） ……………… (1226)
太行区租佃契约订立规则 …………………………………… (1229)
太岳区地权单行条例
　　　（一九四五年三月二十五日参议会通过，同年四月十五日
　　　公布） ………………………………………………… (1230)
太岳区租佃单行条例
　　　（一九四五年三月二十五日参议会通过，同年四月十五日
　　　公布） ………………………………………………… (1234)
太岳区关于典地、旧债纠纷、押地问题之处理办法
　　　（一九四五年三月二十五日参议会通过，同年四月十五日
　　　公布） ………………………………………………… (1240)
晋西北减租减息暂行条例
　　　（一九四一年四月一日修正公布） ………………… (1242)
晋西北行政公署为改正减租减息条例及补充回赎不动产办法的
　　命令
　　　（一九四一年四月四日） …………………………… (1245)
晋西北行政公署修正垦荒条例
　　　（一九四一年八月修正，同年十月十日起施行） ………… (1245)
晋西北行政公署修正兴办水利条例
　　　（一九四二年一月施行） …………………………… (1246)

晋西北减租交租条例
　　（一九四二年十一月六日晋西北临时参议会修正通过，同年
　　十一月晋西北行政公署公布）……………………………（1248）
山西省第二游击区减租减息暂行条例
　　（一九四一年四月一日修正公布）………………………（1251）
山西省第二游击区公地户地社地庙地寺地学田使用条例
　　（一九四一年四月一日公布）……………………………（1253）
山东省减租减息暂行条例
　　（一九四〇年十一月十一日通过公布施行）……………（1255）
山东省战时工作推行委员会关于陈报清查土地人口的决定
　　（一九四一年四月四日）…………………………………（1256）
山东省清查土地登记人口暂行办法草案
　　（一九四一年十月二十日山东省战时工作推行委员会拟颁）…（1258）
山东省租佃暂行条例
　　（一九四二年五月十五日公布施行）……………………（1263）
山东省战时行政委员会关于查减工作的训令
　　（一九四四年八月十日）…………………………………（1266）
山东省战时行政委员会关于执行"八·十训令"的决定
　　（一九四四年十二月十一日）……………………………（1270）
山东省土地租佃条例
　　（一九四五年二月十五日）………………………………（1273）
山东抗日根据地土地纠纷问题………………………………（1277）
胶东区开垦荒地暂行办法
　　（一九四三年六月十五日公布施行）……………………（1285）
渤海区关于垦区土地所有权的决定…………………………（1287）
淮北苏皖边区行政公署关于土地复查问题的训令
　　（一九四四年五月二十八日）……………………………（1289）
淮北苏皖边区减退租补充办法
　　（一九四五年六月）………………………………………（1294）
苏中区土地租佃条例（修正草案）
　　（一九四四年九月一日）…………………………………（1295）

解放战争时期

中共中央关于土地问题的指示
  （一九四六年五月四日） ……………………………………（1302）
中国土地法大纲
  （一九四七年九月十三日中国共产党全国土地会议通过） ……（1306）
陕甘宁边区征购地主土地条例草案
  （一九四六年十二月十三日公布） ………………………………（1308）
陕甘宁边区政府关于贯彻土地改革，准备明年生产，加强民兵
  整训以支持战争胜利的指示（节录）
  （一九四六年十二月二十八日） …………………………………（1311）
陕甘宁边区政府关于减租和查租的指示
  （一九四六年） ……………………………………………………（1312）
陕甘宁边区颁发土地房窑证办法
  （一九四八年二月） ………………………………………………（1314）
陕甘宁边区政府关于调剂土地确定地权的布告
  （一九四八年九月） ………………………………………………（1316）
晋绥边区行政公署晋绥边区农会临时委员会　布告
  （一九四八年八月二十日） ………………………………………（1318）
晋冀鲁豫边区政府颁布施行中国土地法大纲补充办法（草案）
  （一九四七年十二月二十八日） …………………………………（1318）
冀南行政公署布告
  （一九四九年二月二十六日） ……………………………………（1321）
东北解放区实行土地法大纲补充办法
  （一九四七年十二月一日） ………………………………………（1322）
东北行政委员会土地执照颁发令
  （一九四八年六月一日） …………………………………………（1324）
东北行政委员会土地执照颁发办法
  （一九四八年六月一日） …………………………………………（1324）
东北行政委员会关于颁发地照的指示
  （一九四八年八月二十日） ………………………………………（1325）
东北行政委员会关于新区土地改革几个问题的答复
  （一九四九年一月十八日） ………………………………………（1327）

辽宁省土地登记丈量评级暂行办法
　　（一九四八年九月十二日辽宁省政府公布） ……………（1328）
辽宁省土地丈评登记的补充办法
　　（一九四八年十月十五日辽宁省政府公布） ……………（1331）
辽西区土地租佃暂行条例
　　（一九四六年三月一日公布） ………………………………（1331）
辽西区关于处理敌伪地产之决定
　　（一九四六年四月一日公布） ………………………………（1333）
辽吉区行政公署为土地房产登记及发给土地房产执照的指示信
　　（一九四六年六月十日） ……………………………………（1334）
哈尔滨市公有土地出租暂行条例
　　（一九四八年十月十四日开始试行） ………………………（1335）
哈尔滨市人民政府不动产登记暂行办法
　　（一九四八年十月十四日经批准试行） ……………………（1337）
内蒙党委、内蒙古自治政府关于确定地权发展生产通告
　　（一九四八年五月五日） ……………………………………（1340）
内蒙古自治政府关于颁发土地执照的指示
　　（一九四九年二月十三日） …………………………………（1342）
绥远省人民政府关于如何处理回赎土地问题的通知
　　（一九四九年三月十九日） …………………………………（1346）
绥远省人民政府关于减租生产指示
　　（一九四九年四月二十六日） ………………………………（1347）
绥远省人民政府为减息问题给丰镇县政府的批复
　　（一九四九年五月二十八日） ………………………………（1348）
绥远省人民政府关于如何解决回村逃户土地问题的批复
　　（一九四九年五月三十一日） ………………………………（1349）
北京市军事管制委员会关于本市辖区农业土地问题的决定
　　（一九四九年五月三十一日公布） …………………………（1349）
天津市军事管制委员会关于市郊农田土地问题暂行解决办法的
　决定
　　（一九四九年三月二十八日公布） …………………………（1351）
中共中央华东局关于执行对新收复区处理地权及其农产物所有权
　暂行办法的指示
　　（一九四八年六月十三日） …………………………………（1352）

华东新区农村减租暂行条例（草案）
　　（一九四九年九月十五日公布） ·················· (1355)
山东省政府关于减租减息增资的布告
　　（一九四五年十一月十三日） ·················· (1357)
山东省土地改革暂行条例
　　（一九四六年十月二十五日） ·················· (1359)
山东省政府关于修正《山东省土地改革暂行条例》第三十二条
　之但书的命令
　　（一九四六年十二月十二日） ·················· (1363)
华中行政办事处关于颁发土地执照的通令
　　（一九四八年八月九日） ·················· (1363)
华中消灭荒地暂行办法草案
　　（一九四八年十月三十日） ·················· (1364)
中共中央中原局减租减息纲领
　　（一九四八年十月八日） ·················· (1367)
中原新解放区减租减息条例
　　（中原人民政府发布） ·················· (1369)
豫皖苏区行政公署布告
　　——颁布新区停止土改实行减租减息条例
　　（一九四八年十月） ·················· (1372)
豫皖苏区减租减息及调整土地条例
　　（一九四八年十月公布） ·················· (1373)
苏皖边区土地租佃条例
　　（一九四六年五月公布） ·················· (1377)
中国人民解放军闽粤赣边纵队闽西南临时联合　司令部
　政治部　布告
　　（一九四九年七月） ·················· (1380)

第七编　劳动法规

第二次国内革命战争时期

劳动保护法
　　（全国苏维埃区域代表大会通过） ·················· (1385)
劳动保护法解释书 ·················· (1388)

苏维埃第一次全国代表大会劳动法草案
　　（一九三一年二月一日） ………………………………………（1392）
中华苏维埃共和国中央执行委员会关于实施劳动法的决议案
　　（一九三一年十二月） …………………………………………（1398）
中华苏维埃共和国劳动法
　　（一九三一年十一月中华苏维埃工农兵第一次全国代表大会
　　通过，同年十二月颁布） ………………………………………（1399）
中华苏维埃共和国中央执行委员会关于重新颁布劳动法的决议
　　（一九三三年十月十五日） ……………………………………（1407）
中华苏维埃共和国劳动法
　　（一九三三年十月十五日颁布） ………………………………（1408）
中华苏维埃共和国违反劳动法令惩罚条例
　　（一九三三年十月十五日） ……………………………………（1423）
中华苏维埃临时中央政府劳动部训令
　　——关于劳动部组织与工作 …………………………………（1424）
闽西第一次工农兵代表大会劳动法 ………………………………（1427）
湘赣省第二次苏维埃代表大会关于劳动法执行条例的决议
　　（一九三二年八月一日） ………………………………………（1430）
闽浙赣省苏维埃政府第二次工农兵代表大会实行劳动法令决议案
　　（一九三三年四月二十四日） …………………………………（1435）
江西省苏维埃第一次代表大会实行劳动法令的议决案（节录） ……（1440）

抗日战争时期

陕甘宁边区关于公营工厂工人工资标准之决定
　　（一九四一年九月公布） ………………………………………（1443）
陕甘宁边区劳动保护条例（草案） …………………………………（1445）
晋察冀边区奖励生产技术条例
　　（一九四一年七月二十日晋察冀边区行政委员会公布） ………（1448）
晋察冀边区行政委员会关于保护农村雇工的决定
　　（一九四四年九月二十日公布） ………………………………（1449）
晋察冀边区优待生产技术人员暂行办法 …………………………（1451）
晋冀鲁豫边区奖励生产技术办法
　　（一九四一年十月十五日施行） ………………………………（1452）

晋冀鲁豫边区优待专门技术干部办法
　　（一九四一年十一月一日公布） ………………………… （1453）
晋冀鲁豫边区劳工保护暂行条例
　　（一九四一年十一月一日公布施行，一九四二年十二月十日
　　修正公布） ………………………………………………… （1454）
修正晋冀鲁豫边区劳工保护暂行条例
　　（一九四四年一月十七日修正） ………………………… （1459）
晋西北工厂劳动暂行条例
　　（一九四一年四月一日公布） …………………………… （1463）
晋西北改善雇工生活暂行条例
　　（一九四一年四月一日公布） …………………………… （1467）
晋西北矿厂劳动暂行条例
　　（一九四一年八月一日公布） …………………………… （1468）
晋西北奖励生产技术暂行办法
　　（一九四一年十一月公布） ……………………………… （1469）
晋西北优待专门技术干部办法
　　（一九四二年一月十日修正公布） ……………………… （1471）
山东省改善雇工待遇暂行办法
　　（一九四二年五月十五日公布施行） …………………… （1472）
苏中区改善农业雇工生活暂行条例草案
　　（一九四四年七月苏中行政公署公布） ………………… （1474）

解放战争时期

华北人民政府同意华北第一届职工代表会议建议关于在国营、
　　公营企业中建立工厂管理委员会与工厂职工代表会议的决定
　　（一九四九年八月十日） ………………………………… （1478）
关于在国营、公营工厂企业中建立工厂管理委员会与工厂职工
　　代表会议的实施条例 …………………………………… （1479）
晋察冀边区行政委员会关于张家口、宣化公营工厂工人工资
　　标准的通知
　　（一九四五年十月二十六日） …………………………… （1481）
晋察冀边区奖励技术发明暂行条例
　　（一九四五年十一月一日） ……………………………… （1482）

晋察冀边区行政委员会关于改定中小学教职员待遇标准的决定
　　（一九四五年十一月十六日） ………………………………（1484）
晋察冀边区行政委员会关于执行改定中小学教职员待遇标准应
　注意之问题的通知
　　（一九四五年十一月十六日） ………………………………（1485）
太原国营公营企业劳动保险暂行办法
　　（一九四九年七月五日太原市军事管制委员会公布施行） ……（1486）
东北行政委员会关于统一公营企业及机关学校战时工薪标准的
　指示
　　（一九四八年三月十日） ………………………………………（1487）
东北行政委员会关于修正公营企业工薪标准的指示
　　（一九四八年九月七日） ………………………………………（1490）
东北行政委员会为颁布东北公营企业战时暂行劳动保险条例的
　命令
　　（一九四八年十二月二十七日） ………………………………（1493）
东北公营企业战时暂行劳动保险条例
　　（一九四八年十二月二十七日颁布） …………………………（1494）
东北公营企业战时暂行劳动保险条例试行细则
　　（一九四九年二月二十八日东北行政委员会颁布） ……………（1499）
东北行政委员会公营企业工薪标准关于支付办法的补充指示
　　（一九四九年四月二十八日） …………………………………（1510）
辽北省政府为提高待遇改以布匹粮食计算薪资标准令
　　（一九四七年三月十四日） ……………………………………（1514）
哈尔滨市工厂机械安全改进暂行办法
　　（一九四九年六月十六日哈尔滨市人民政府公布施行） ………（1515）
苏皖边区保护工厂劳动暂行条例
　　（一九四六年五月） ……………………………………………（1517）
上海市军事管制委员会关于复业复工纠纷处理暂行办法
　　（一九四九年八月十九日公布） ………………………………（1520）
上海市军事管制委员会关于私营企业劳资争议调处程序暂行办法
　　（一九四九年八月十九日公布） ………………………………（1522）
中华全国总工会关于处理劳资关系问题的三个文件
　　（一九四九年七月全国工会工作会议上通过） …………………（1524）

第八编　婚姻法规

第二次国内革命战争时期

中华苏维埃共和国中央执行委员会第一次会议关于暂行婚姻
　　条例的决议
　　　　（一九三一年十一月二十八日）………………………（1533）
中华苏维埃共和国婚姻条例
　　　　（一九三一年十二月一日公布实行）…………………（1533）
中华苏维埃共和国中央执行委员会命令
　　　　（一九三四年四月八日）…………………………………（1535）
中华苏维埃共和国婚姻法
　　　　（一九三四年四月八日公布）……………………………（1536）
闽西苏维埃政府布告
　　　——关于婚姻法令之决议
　（一九三〇年四月）……………………………………………（1538）
闽西第一次工农兵代表大会婚姻法……………………………（1539）
湘赣苏区婚姻条例………………………………………………（1539）
鄂豫皖工农兵第二次代表大会婚姻问题决议案………………（1541）

抗日战争时期

陕甘宁边区婚姻条例
　　　　（一九三九年四月四日公布）……………………………（1543）
陕甘宁边区抗属离婚处理办法
　　　　（一九四三年一月十五日公布）…………………………（1545）
修正陕甘宁边区婚姻暂行条例
　　　　（一九四四年三月二十日公布）…………………………（1546）
晋察冀边区婚姻条例草案
　　　　（一九四一年七月七日公布）……………………………（1547）
［附］关于我们的婚姻条例
　　　　（一九四一年七月七日晋察冀边区行政委员会指示信
　　　第五十一号）………………………………………………（1550）

晋察冀边区婚姻条例
　　（一九四三年一月二十一日晋察冀边区第一届参议会通过，
　　同年二月四日晋察冀边区行政委员会公布） ················ （1556）
晋察冀边区行政委员会
　　关于婚姻登记问题的通知
　　（一九四三年五月二十七日） ································ （1558）
晋察冀边区行政委员会关于女子财产继承执行问题的决定
　　（一九四三年六月十五日公布） ······························ （1560）
晋冀鲁豫边区婚姻暂行条例
　　（一九四一年八月十三日临参会大会原则通过，同年十二月
　　二十日驻委会修订通过，一九四二年一月五日公布施行） ····· （1561）
晋冀鲁豫边区婚姻暂行条例
　　（一九四二年一月五日公布，一九四三年九月二十九日修补
　　颁布） ··· （1564）
晋冀鲁豫边区婚姻暂行条例施行细则
　　（一九四二年四月二十六日公布） ···························· （1566）
晋冀鲁豫边区涉县县政府通令
　　——关于修改婚姻暂行条例第五章第十八条与执行参议会
　　关于妇女类提案第十五条
　　（一九四五年七月三十一日） ································· （1568）
冀鲁豫行署关于女子继承等问题的决定
　　（一九四五年五月三十一日施行） ···························· （1568）
晋绥边区婚姻暂行条例 ·· （1569）
晋西北婚姻暂行条例
　　（一九四一年四月一日公布） ································· （1572）
山东省保护抗日军人婚姻暂行条例
　　（一九四三年六月二十七日公布） ···························· （1575）
山东省婚姻暂行条例
　　（一九四五年三月十六日施行） ······························· （1576）
山东省胶东区修正婚姻暂行条例
　　（一九四二年四月八日公布） ································· （1578）
山东省女子继承暂行条例
　　（一九四五年三月十六日施行） ······························· （1580）
淮海区婚姻暂行条例 ·· （1581）

修正淮海区抗日军人配偶及婚约保障条例……………………………（1583）

解放战争时期

华北人民政府司法部关于婚姻问题的解答
　　（一九四九年四月十三日）……………………………（1586）
陕甘宁边区婚姻条例
　　（一九四六年四月二十三日陕甘宁边区第三届参议会第一次
　　大会通过）……………………………………………（1588）
晋绥边区关于保障革命军人婚姻问题的命令
　　（一九四六年四月二十三日）…………………………（1590）
冀南行署关于处理婚姻问题的几个原则
　　（一九四六年七月）……………………………………（1590）
华中行政办事处指令
　　——关于孀妇带产改嫁问题
　　（一九四八年十二月二十七日）………………………（1591）
华中行政办事处、苏北支前司令部关于切实保障革命军人婚姻的
　　通令
　　（一九四九年四月五日）………………………………（1592）
修正山东省婚姻暂行条例
　　（一九四九年七月十九日山东省人民政府公布）………（1593）
绥远省关于干部战士之解除婚约及离婚手续一律到被告所在地之
　　县政府办理的通令
　　（一九四九年八月六日）………………………………（1595）
辽北省关于婚姻问题暂行处理办法（草案）……………………（1595）

第 一 编

宪法性文件

（包括施政纲领）

第二次国内革命战争时期

中华苏维埃共和国国家根本法(宪法)大纲草案

(中国共产党中央提出,中国工农兵会议第一次
全国代表大会中央准备委员会全体会议通过)

一

中国工农兵会议(苏维埃)第一次全国代表大会的召集,正在革命的工农兵及城市贫民广大群众反对反革命的军阀——帝国主义列强的势力和中国豪绅地主资产阶级的统治,而实行坚决的残酷的斗争,并且领导着新生的中国工农红军和他们实行革命的战争的时候,这一革命战争的目的是要推翻帝国主义国民党军阀的统治而建立全国工农群众自己的政权。因为,这一战争正在日益剧烈和扩大,而苏维埃政权的建立还没有普遍到全中国,所以这次大会还不能够立刻就决定详细的国家根本法的具体条文,但是必须明确的规定苏维埃国家根本法的原则,使全国劳动民众深刻的认识苏维埃是真正的他们自己的政权,热烈地坚决地为这一政权而奋斗!

二

苏维埃国家根本法最大原则之一,就是实现代表广大民众真正的民权主义(德谟克拉西)。只有苏维埃政权能够保障劳动群众一切自由。它不只是在法律的条文之上规定言论、出版、集会、结社、罢工等自由,而且它用群众政权的力量取得印刷机关(报馆、印刷厂等),开会场所等,在事实上保障劳动群众取得这些自由的物质基础。第二,也只有苏维埃政权能够保障劳动群众的平等。在苏维埃政权之下,凡选举权、被选举权以及一切法律命令等,对于劳动者不分男女,不分种族(如汉、满、蒙、回、藏、苗、黎以

及高丽、安南等族），不分宗教的信仰，都是一律平等的看待。

三

　　苏维埃国家根本法最大原则之二，在于真正实现劳动群众自己的政权，使政治的权力握在最大多数工农群众自己手里：

　　第一，苏维埃的选举法对劳动群众有最普及的最广泛的选举权。

　　第二，苏维埃组织的立法机关和执行机关融化在一起，劳动民众所选出来的代表，自己直接地去执行代表选举人所决定的一切行政事务，自己直接对选举人负责。工农兵会议的代表和执行委员，不像资产阶级里的议员一样，他们要定期对选举人做报告，他们如果是不称职，不能代表大多数民众的意见时，选举人立刻可以决定撤销他们的代表资格。

　　第三，苏维埃政权的组织〔是〕最能够防止官僚主义的政治组织，各级苏维埃执行委员会、各部属（如各部、各局、各科等），能够吸引广大的群众参加种种事务的委员会，这种组织，使苏维埃政权密切地和民众联系起来。

　　第四，苏维埃政权的选举方法，着重于从事生产的劳动者，尤其是工厂工人，能够直接以工厂为单位，选举自己的代表，手工业工人和农人也能够直接从自己的组织和地域中选出自己的代表。这样，他们才真正能够密切地团结自己，训练自己，从斗争之中学习管理国家的政治和事务。

　　第五，苏维埃政权解除地主资本家的武装而组织自己的武装——工农红军，由工农自己来指挥军事力量，以保障自己的政权。因此，决不像资产阶级的国家一样，决不怕手里拿着武器的兵士——工人和农民来参与和干涉政治。〔在〕苏维埃政权〔下〕，一切红军士兵都有选举权。

　　苏维埃政权因此种种优点，就能够消灭各种形式的地主资本家国家里政府和人民互相对立的现象——工农兵会议（苏维埃）的政权真正是劳动群众自己的政权。

四

　　苏维埃国家根本法最大原则之三，就是不但彻底地实行妇女解放，定出合理的不受一切宗法封建关系和宗教迷信所束缚的男女关系以及家庭关系的法令，承认结婚离婚的自由，而且还要实行各种保护女性和母性的办法，要发展科学和技术，使妇女能够事实上有脱离家务束缚的物质基础而参加全社会的政治文化工作。苏维埃政权不但保障青年的一切权利和教育，而且积极地引进青年参加政治和文化生活，创造社会发展的新力量。

五

苏维埃国家根本法最大原则之四，就是彻底地承认并且实行民族自决，一直到承认各小民族有分立国家的权利。蒙古、回回、苗黎、高丽人等凡是居住在中国地域的这些弱小民族，他们可以完全自由决定加入或脱离中国苏维埃联邦，可以完全自愿地决定建立自己的自治区域。苏维埃政权还要努力去帮助这些弱小的或者落后的民族发展他们的民族文化和民族语言等等，还要努力帮助他们发展经济的生产力，造成进到苏维埃的以至于社会主义的文明的物质基础。

六

苏维埃国家根本法最大原则之五，就是争取并且确立中国经济上政治上真正的解放——推翻帝国主义对于中国的统治，取消帝国主义在中国的一切特权，确立中国劳动民众完全的主权。同时，亦就是与世界革命的无产阶级和被压迫民族，尤其是无产阶级独裁的国家——苏联，结成巩固的联盟。

七

苏维埃国家根本法最大原则之六，是实行工农民权的革命独裁，在将来社会主义的阶段更进于无产阶级的独裁，所以苏维埃政权的选举法明白地毫不隐讳地规定出剥夺军阀、官僚士绅绅董和一切剥削阶级（如地主、资本家、厂主、店主、作坊主、及高利贷等等）的选举权和被选举权以及政治上的自由权。对于宗教问题是绝对实行政教分离的原则，一切公民可以自由的信教，但一切宗教不能得到国家的任何保护及供给费用。因为一切宗教服务人（僧、道、牧师等）都是统治阶级迷惑工农群众的工具，所以必须剥夺其选举权及被选举权。苏维埃的中国为着巩固土地革命的胜利，为着压服地主资本家的反革命的抵抗，将要无情地极严厉地处置一切反革命派的分子。

八

中国苏维埃国家根本法的最大原则之七，就是苏维埃的中国是工人阶级和农民群众的国家，所以苏维埃政府要彻底拥护工人利益，实行土地革命，消灭一切封建残余，没收地主阶级的土地，废除一切封建式的资产阶级的税捐，实行统一的累进所得税的原则，税则完全由工农兵会议（苏维埃）决定。只有这样，农民群众才能够在无产阶级领导之下取得土地。无产阶级领导下的苏维埃政权，一定要坚决地拥护工人的利益，实行对于一切中外资本家的严厉监督——由工人群众组织执行监督生产的任务。镇压中外资本家一切怠工破坏等阴谋，坚决执行八小时工作制及劳动保护法。中国工农苏维埃的国家将要努力在保护工人和农民主要群众利益的原则之下，有系统的进攻资本主义的剥削关系，进行经济的建设，发展全国的生产力，不但要领导中国走出帝国主义压迫束缚之下的巨大恐怖状态，而且要在世界无产阶级和世界无产阶级国家——苏联的帮助之下，努力进到社会主义发展的道路。

九

中国苏维埃国家根本法的这七大原则，很明显地和现在国民党的反动统治是绝对相反的。在国民党统治之下，任何人都没有选举权、被选举权及一切政治的自由，只有地主、豪绅、资本家、军阀、官僚——中国人民中万分之一的〔人〕享有任意屠杀，任意压榨剥削，任意卖国的自由权。只有列强帝国主义的资产阶级对于中国，有任意侵略、支配、鞭打以至任意屠杀的自由权。中国工农兵会议第一次全国代表大会，就是要集中革命势力的领导，为着推翻帝国主义国民党的统治，实现全国苏维埃政权而斗争。现在国民党改组派（汪精卫派）、社会民主党（邓演达，谭平山派）、马克思列宁主义的叛徒取消派（托洛茨基陈独秀派）都异口同声地宣传国民会议的口号，而反对并且咒骂苏维埃政权。这些豪绅、地主、资本家的走狗，提出这一资产阶级民权主义的口号，很明显的是帮助帝国主义国民党来企图欺骗民众，阻碍革命，以救济国民党垂死的统治——即便是"最民权主义的"——国民会议也绝对不能给工农群众以平等自由。只有根据上列七大原则而建立的工农兵会议——苏维埃政权是工农兵群众用自己的力量斗争获得的政权，它才能真正保护工农群众的利益，才能使工人阶级和农民群众得到最后的胜利，达到真正的解放。

中华苏维埃共和国宪法大纲

（一九三一年十一月七日中华苏维埃第一次全国代表大会通过）

中华苏维埃第一次全国代表大会谨向全世界与全中国的劳动群众，宣布它要在全中国所实现的基本任务，即中华苏维埃共和国的宪法大纲。

这些任务，在现在的苏维埃区域内，已经开始实现。但中华苏维埃第一次全国代表大会认为这些任务的全部完成，只有在打倒帝国主义国民党在全中国的统治，在全中国建立苏维埃共和国的统治之后。而且在那时，中华苏维埃共和国的宪法大纲才更能具体化，而成为详细的中华苏维埃共和国的宪法。中华苏维埃全国代表大会，谨号召全中国的工农劳动群众，在中华苏维埃共和国临时政府的指导之下，为这些基本任务在全中国的实现而奋斗。

一、中华苏维埃共和国的根本法（宪法）底任务，在于保证苏维埃区域工农民主专政的政权达到它在全中国的胜利。这个专政的目的，是在消灭一切封建残余，赶走帝国主义列强在华的势力，统一中国，有系统地限制资本主义的发展，进行国家的经济建设，提高无产阶级的团结力与觉悟程度，团结广大的贫农群众在它的周围，以转变到无产阶级专政。

二、中国苏维埃所建立的是工人和农民的民主专政的国家。苏维埃全部政权是属于工人、农民、红军及一切劳苦民众的。在苏维埃政权下，所有工人、农民、红军兵士及一切劳苦民众都有权选派代表掌握政权的管理。只有军阀、官僚、地主、豪绅、资本家、富农、僧侣及一切剥削人的人和反革命分子，是没有选派代表参加政权和政治上自由的权利的。

三、中华苏维埃共和国之最高政权为全国工农兵会议（苏维埃）的大会，在大会闭会的期间，全国苏维埃中央执行委员会为最高政权机关，中央执行委员会下组织人民委员会，处理日常政务，发布一切法令和议决案。

四、在苏维埃政权领域内的工人、农民、红军兵士及一切劳苦民众和他们的家属，不分男女、种族（汉、满、蒙、回、藏、苗、黎，和在中国的台湾、高丽、安南人等）、宗教，在苏维埃法律前一律平等，皆为苏维埃共和国的公民。为使工农兵劳苦群众真正掌握着自己的政权，苏维埃选举法特规定：凡上述苏维埃公民在十六岁以上均享有苏维埃选举权和被选举权，直接选派代表参加各级工农兵会议（苏维埃）的大会，讨论和决定一切国家的地方的政治事务，代表产生方法以产业工人的工厂和手工业工人、农民、城市贫民所居住的区域为选举单位，这种基本单位选出的地方苏维埃代表有一定的任期，参加城市或乡村苏维埃各种组织和委员会中工作，这些代表须按期地向其选举人做报告。选举人无论何时，皆有撤回被选举人及实行新选举的权利。为着只有无产阶级才能领导广大的农民与劳动群众走向社会主义，中国苏维埃政权在选举时，给予无产阶级以特别的权利，增多无产阶级代表的比例名额。

五、中国苏维埃政权以彻底改善工人阶级的生活状况为目的，制定劳动法，宣布八小时工作制，规定最低限度的工资标准，创立社会保险制度与国家的失业津贴，并宣布工人有监督生产之权。

六、中国苏维埃政权以消灭封建制度及彻底的改善农民生活为目，的颁布土地法，主张没收一切地主阶级的土地，分配给贫农中农，并以实现土地国有为目的。

七、中国苏维埃政权为保障工农利益，限制资本主义的发展，更使劳苦群众脱离资本主义的剥削，走向社会主义制度去为目的，宣布取消一切反革命统治时代的苛捐杂税，征收统一的累进所得税，严厉地镇压中外一切资本家的怠工和破坏的阴谋，采取一切有利于工农群众并为工农群众所了解的，走向社会主义的经济政策。

八、中国苏维埃政权以彻底地将中国从帝国主义压榨之下解放出来为目的，宣布中国民族的完全自主与独立，不承认帝国主义在华的政治上经济上的一切特权，宣布一切与反革命政府订立的不平等条约无效，否认反革命政府的一切外债。在苏维埃区域内，帝国主义的海陆空军绝不容许驻扎，帝国主义的租界租借无条件地收回，帝国主义手中的银行、海关、铁路、航业、矿山、工厂等一律收归国有，在目前可允许外国企业重新订立租借条约，继续生产，但必须遵守苏维埃政府一切法令。

九、中国苏维埃政权以极力发展和保障工农革命在全中国胜利为目的，宣告拥护和参加革命的阶级斗争为一切劳苦民众的责任，特别规定逐渐实行普遍的兵役义务，由志愿兵制过渡到征兵制度。惟手执武器参加阶级斗争的权利，只能属于工农劳苦群众。苏维埃政权下，反革命和一切剥削者的武器必须全部解除。

十、中国苏维埃政权以保证工农劳苦民众有言论、出版、集会、结社的自由为目的，反对地主资产阶级的民主，主张工人农民的民主。打破地主资产阶级的经济的政治的权利，以除去反动社会束缚劳动者和农民自由的一切障碍。并用群众政权的力量，取得印刷机关（报馆、印刷所等）、开会场所及一切必要的设备，给予工农劳苦群众，以保障他们取得这些自由的物质基础。同时反革命的一切宣传和活动，一切剥削者的政治自由，在苏维埃政权下都绝对禁止。

十一、中国苏维埃政权以保证彻底地实行妇女解放为目的，承认婚姻自由，实行各种保护妇女的办法，使妇女能够从事实上逐渐得到脱离家务束缚的物质基础，而参加全社会经济的政治的文化的生活。

十二、中国苏维埃政权以保证工农劳苦民众有受教育的权利为目的，在进行国内革命战争所能做到的范围内，应开始施行完全免费的普及教育，首先应在青年劳动群众中施行，并保障青年劳动群众的一切权利，积极地引导他们参加政治和文化的革命生活，以发展新的社会力量。

十三、中国苏维埃政权以保障工农劳苦民众有真正的信教自由的实际为目的，绝对实行政教分离的原则，一切宗教不能得到苏维埃国家的任何保护和供给费用，一切苏维埃公民有反宗教的宣传的自由，帝国主义的教会只有在服从苏维埃法律时才能允许其存在。

十四、中国苏维埃政权承认中国境内少数民族的自决权，一直承认到各弱小民族有同中国脱离，自己成立独立的国家的权利。蒙、回、藏、苗、黎、高丽人等，凡是居住中国地域内的，他们有完全自决权：加入或脱离中国苏维埃联邦，或建立自己的自治区域。中国苏维埃政权在现在要努力帮助这些弱小民族脱离帝国主义、国民党军阀、王公、喇嘛、土司等的压迫统治，而得到完全的自由自主。苏维埃政权更要在这些民族中发展他们自己的民族文化和民族语言。

十五、中国苏维埃政权对于凡因革命行动而受到反动统治迫害的中国民众以及世界的革命战士，给以托庇于苏维埃区域内的权利，并帮助和领导他们恢复斗争的力量，一直达到革命的胜利。

十六、中国苏维埃政权对于居住苏维埃区域内从事劳动的外国人，一律使其享受苏维埃法律所规定的一切政治上的权利。

十七、中国苏维埃政权宣告世界无产阶级与被压迫民族是与它站在一条革命战线上，无产阶级专政的国家——苏联是它的巩固的联盟。

（选自《苏维埃中国》第一集，一九三三年版）

中华苏维埃共和国宪法大纲

（一九三四年一月中华苏维埃第二次全国代表大会通过）

中华苏维埃第二次全国代表大会，谨向全世界全中国的劳动群众，宣布它在中国所要实现的基本任务，即中华苏维埃共和国的宪法大纲。这些任务，在现在的苏维埃区域内已经开始实现。但中华苏维埃第二次全国代表大会认为，这些任务的完成，只有在打倒帝国主义、国民党在中国的统治，在全中国建立苏维埃共和国的统治之后。而且在那时，中华苏维埃共和国的宪法大纲才能更具体化，而成为详细的中华苏维埃共和国的宪法。中华苏维埃全国代表大会谨号召全中国的工农劳动群众，在中华苏维埃共和国临时中央政府的指导之下，为这些基本任务在全中国的实现而斗争。

（一）中华苏维埃共和国的基本法（宪法）的任务，在于保证苏维埃区域工农民主专政的政权和达到它在全中国的胜利。这个专政的目的，是在消灭一切封建残余，赶走帝国主义列强在华的势力，统一中国，有系统的限制资本主义的发展，进行苏维埃的经济建设，提高无产阶级的团结力与觉悟程度，团结广大贫农群众在它的周围，同中农巩固的联合，以转变到无产阶级的专政。

（二）中华苏维埃所建设的，是工人和农民的民主专政国家。苏维埃政权是属于工人、农民、红色战士及一切劳苦民众的，在苏维埃政权下，所有工人、农民、红色战士及一切劳苦民众都有权选派代表掌握政权的管理，只有军阀、官僚、地主、豪绅、资本家、富农、僧侣及一切剥削人的人和反革命分子是没有选举代表参加政权和政治上自由的权利的。

（三）中华苏维埃共和国之最高政权为全国工农兵苏维埃代表大会，在大会闭会的期间，全国苏维埃临时中央执行委员会为最高政权机关，在中央执行委员会下组织人民委员会，处理日常政务，发布一切法令和决议案。

（四）在苏维埃政权领域内，工人、农民、红色战士及一切劳苦民众和他们的家属，不分男女、种族（汉、满、蒙、回、藏、苗、黎和在中国的台湾、高丽、安南人等）、宗教，在苏维埃法律前一律平等，皆为苏维埃共和国的公民为使工农兵劳苦民众真正掌握着自己的政权，苏维埃选举法特规定：凡上属苏维埃公民，在十六岁以上者皆有苏维埃选举权和被选举权，直接派代表参加各级工农兵苏维埃的大会，讨论和决定一切国家的地方的政治任务。代表产生方法，是以产业工人的工厂和手工业工人、农民、城市贫民所居住的区域为选举单位；这种基本单位选出的苏维埃代表有一定的任期，参加城市或乡村苏维埃各种组织和委员会中的工作；这种代表须按期向其选举人做报告，选举人无论何时皆有撤回被选举人及重新选举代表的权利；为着只有无产阶级才能领导广大的农民与劳苦民众走向社会主义，中华苏维埃政权在选举时，给予无产阶级以特别的权利，增加无产阶级代表的比例名额。

（五）中华苏维埃政权以彻底改善工人阶级的生活状况为目的，制定劳动法，宣布八小时工作制，规定最低限度的工资标准，创立社会保险制度与国家的失业津贴，并宣布工人有监督生产之权。

（六）中华苏维埃政权以消灭封建剥削及彻底的改善农民生活为目的，颁布土地法，主张没收一切地主阶级的土地，分配给雇农、贫农、中农，并以实现土地国有为目的。

（七）中华苏维埃政权以保障工农利益，限制资本主义的发展，使劳动群众脱离资本主义的剥削，走向社会主义制度去为目的，宣布取消一切反革命统治时代的苛捐杂税，征收统一的累进税，严厉镇压一切中外资本家的怠工和破坏阴谋，采取一切有利于工农群众并为工农群众所了解的走向社会主义去的经济政策。

（八）中华苏维埃政权以彻底地将中国从帝国主义压榨之下解放出来为目的，宣布中国民族的完全自由与独立，不承认帝国主义在华的政治上、经济上的一切特权，宣布一切与反革命政府订立的不平等条约无效，否认反革命政府的一切外债。在苏维埃领域内，帝国主义的海、陆、空军不容许驻扎，帝国主义的租界，租界地无条件地收回，帝国主义手中的银行、海关、铁路、商业、矿山、工厂等，一律收回国有，在目前可允许外国企业重新订立租借条约继续生产，但必须遵守苏维埃政府的一切法令。

（九）中华苏维埃政权以极力发展和保障工农革命在中国胜利为目的，坚决拥护和参加革命战争为一切劳苦民众的责任，特制定普遍的兵役义务，由志愿兵役制过渡到义务兵役制。惟手执武器参加革命战争的权利，只能属于工农劳苦民众。在苏维埃政权下，反革命与一切剥削者的武装，必须全部解除。

（一○）中华苏维埃政权以保证工农劳苦民众言论、出版、集会、结社的自由为目的，反对地主资产阶级的民主，主张工人农民的民主，打破地主资产阶级经济的和政治的权利，以除去反动社会束缚劳动者和农民自由的一切障碍，并用群众政权的力量，取得印刷机关（报馆、印刷所等）、开会场所及一切必要的设备，给予工农劳苦民众，以保障他们取得这些自由的物质基础；同时反革命的一切宣传和活动，一切剥削者的政治自由，在苏维埃政权下都绝对禁止。

（一一）中华苏维埃政权以保证彻底的实行妇女解放为目的，承认婚姻自由，实行各种保护妇女的办法，使妇女能够从事实上逐渐得到脱离家务束缚的物质基础，而参加全社会经济的、政治的、文化的生活。

（一二）中华苏维埃政权以保证工农劳苦民众有受教育的权利为目的，在进行革命战争许可的范围内，应开始施行完全免费的普及教育，首先应在青年劳动群众中施行。应该保障青年劳动群众的一切权利，积极地引导他们参加政治的和文化的革命生活，以发展新的社会力量。

（一三）中华苏维埃政权以保证工农劳苦民众有真正的信教自由的实际为目的，绝对实行政教分离的原则。一切宗教，不能得到苏维埃国家的任何保护和供给费用。一切苏维埃公民有反宗教宣传之自由，帝国主义的教会只有在服从苏维埃法律时才能允许其存在。

（一四）中华苏维埃政权承认中国境内少数民族的民族自决权，一直承认到各弱小民族有同中国脱离，自己成立独立的国家的权利。蒙古、回、藏、苗、黎、高丽人等，凡是居住在中国的地域的，他们有完全自决权：加入或脱离中国苏维埃联邦，或建立自己的自治区域。中国苏维埃政权在现在要努力帮助这些弱小民族脱离帝国主义、国民党、军阀、王公、喇嘛、土司等的压迫统治，而得到完全自主。苏维埃政权更要在这些民族中发展他们自己的民族文化和民族言语。

（一五）中华苏维埃政权对于凡因革命行动而受到反动统治迫害的中国民众以及世界革命战士，给予托庇于苏维埃区域的权利，并帮助和领导他们重新恢复斗争的力量，一直达到革命的胜利。

（一六）中华苏维埃政权对于居住苏维埃区域内从事劳动的外国人，一律使其享有苏维埃法律所规定的一切政治上的权利。

（一七）中华苏维埃政权宣告世界无产阶级与被压迫民族是与它站在一条革命战线上，无产阶级专政国家——苏联，是它的巩固的联盟。

（选自《宪政问题参考资料》）

中华苏维埃共和国十大政纲

（一九三三年）

一、取消过去中国政府与各帝国主义国家签订之一切条约和所借外债，推翻帝国主义在中国的一切统治势力，达到完全独立与统一，在相互平等的基础上，另行订立平等的条约。

二、没收帝国主义的资本在中国开设的一切企业和银行，无代价地收回中国各地的租借地与租界，但是目前外国资本在遵守苏维埃政府法律与法令之下，可另订条约，允许其继续营业。

三、推翻中国豪绅地主资产阶级的国民党军阀统治，在全中国建立工农兵苏维埃的工农民主专政的政权。

四、取消过去中国政府对各弱小民族所订一切压迫条约，承认各民族的完全自决权，但是本代表大会希望中国各民族，在自愿结合、抵抗共同敌人的基础上，建立完全平等的苏维埃联邦共和国，各民族愿否加入，与何人（时）加入此联邦，完全由其苏维埃大会自行决定。

五、改善中国工人生活，实行八小时工作制，青工工作六小时，十四岁到十六岁者工作四小时，禁止十四岁以下的童工工作，改善女工待遇，增加工资，施行失业救济与社会保险等。

六、无代价地没收一切封建地主、豪绅、军阀、官僚〔的〕祠堂、庙宇，以及其他大私有主的土地与财产，平均分配给贫农、中农、雇农、苦力和其他失地的农民，在目前允许出租买卖。

七、改善士兵生活，分配士兵土地和工作，红军士兵及其家属，应取得各种的优先权。

八、建立工农自己的武装——工农红军，由志愿兵制逐渐过渡到实行征兵制，一切剥削者应完全解除其武装，以消灭他们一切再握政权的企图与阴谋。

九、在遵守苏维埃政府一切法律与法令下，准许私人资本经营与贸易自由，取消一切国民党政府、军阀、豪绅、地主所施行的捐税和厘金，实行统一的累进税。

十、联合全世界的无产阶级和弱小民族的被压迫群众，尤其是无产阶级的祖国——苏维埃联邦共和国，它是领导全世界无产阶级革命和帮助弱小民族解放运动的，它是中国革命最好联盟者，应当与它建立密切的联合，一致对抗共同的敌人——帝国主义与中国国民党的统治。

广州苏维埃宣言

（一九二七年十二月十一日于广州）

一切一切一切工农同志们！

在十二月十日夜至十一日广州无产阶级已经夺取了政权。一切政权都拿在工农兵的手里，赤卫队和教导团联合夺取了公安局及一切政府军事财政机关。在城里几处次要的地方尚在肃清中。红军用它在公安局夺取的铁甲车、机关枪、大炮解决各反革命的反抗。

同志们！你们的胜利在革命历史上是伟大的，在世界革命的关系上，是很重要的，很值得赞美的。在中国是第一次，在亚细亚洲也是第一次。工人群众夺取政权，组织了苏维埃政府。

你们的胜利，对于帝国主义是很大的打击；你们的胜利，为世界革命，为你们的领袖第三国际是很有意义的。

工人农民兵士同志们！我们驱逐黄琪翔、张发奎、黄绍纮，因为他们都是反革命，与李济深、□□□一样。应该逮捕和枪毙一切反革命派及其走狗。这是我们在贪赃受贿的国民党指导之下不能做的，只有在共产党指导之下才能做的。

同志们！广州苏维埃，在它的第一次会议中有下列的决议：

一、广州一切政权属于工人、农民、兵士。

二、苏维埃的武力组织三军第一军由赤卫队扩大组织而成，第二军是海陆丰的农民赤卫军，第三军是以教导团作中心加上许多走到工农方面革命的军士组织而成。

三、为保护苏维埃政权，一切工人、农民、兵士及下级革命军官，应该到红军中去反抗帝国主义军阀及反革命派。在最近几天，至少应该组织五万红军！我们所有的战利品可以武装我们的红军。红军不是军阀的军队，是志愿的革命军队。红军不是为军阀的腰包奋斗的，是为给米与工人吃，给土地与农民耕，解放一切被压迫阶级及给帝国主义与一切反革命的死亡而奋斗的。广州工人们即刻来广州市各处红军征募处登记。

四、应该一点都不怜惜的销（消）灭一切反革命，应该枪毙一切有一点反共产行动或宣传、或有反苏维埃的行动或宣传、及与帝国主义做反革命宣传的分子。

五、应该即刻络（给）工人八小时工〔作〕制。

六、没收一切大资本家的公馆洋楼做工人的寄宿舍。

七、苏维埃政府应该维持失业工人的生活，其需要若干，先由各自工会制定预算，呈报苏维埃核发。

八、苏维埃宣言维持并增加省港罢工工人原有的利益和特权。

只有中华全国总工会与它所属的工会才有一切自由的行动。什么广东总工会、机器工会和什么国民党自称的革命工人联合会（其实是反革命的工会），应该即刻封闭；他们这三个工会领袖不是工人，而是白色恐怖的走狗，应该扣留起来，即刻枪毙，同李济深和张发奎的工会改组委员也应枪毙。至于这三个会下面的简单工人，他们反对他们领袖的，他们不是我们的仇敌，而是我们的兄弟，他们同我们做一样苦的工作，得同样子的工钱，因此我们不追究这些工人，并且希望这些工人即刻加入中华全国总工会与它所属的工会。

九、（残缺）

十、禁止国民党的活动，它的一切组织应即取销（消）。若是有为国民党宣传的，应该受革命的裁判。国民党在与共产党合作的时候是革命党。以前工人倚重国民〔党〕，现在还有很大的敬重于国民党的创造者孙中山先生，他是帝国主义的仇敌，人民的朋友，虽然他还不是无产阶级革命者。自蒋介石四月的政变和汪精卫六月的政变以来，国民党完全变成了反革命，帝国主义的工具，枪毙工人农民，欺骗兵士，真是国民革命的叛徒。国民政府的军队是拿来保护资本家、地主和富农利益的。他们的领袖南京派和张发奎派都是一群反革命的、强盗的、压迫的和杀人的反革命分子。因此，现在还在国民党内留着的土（工）农兵应该即刻退出国民党，倚（依）靠着唯一可靠的苏维埃政权。工人、农民、兵士同志们！我们在广州有伟大的胜利，但我们的工作尚未完成，而且到处还有很大的危险，我们应该用我们最后一点的热血保障广州苏维埃的政权，我们应该解放全广东和全中国的被压迫民众。我们〔有〕全世界的无产阶级帮我们。三千万农民开始全广东的暴动，一致与他们前进，倚（依）靠广州英勇的工人阶级的势力，我们的胜利将是不可估量的。

打倒蒋介石、汪精卫、张发奎、李济深、朱晖日！

杀死一切压迫人的人！

打倒国际帝国主义！

工人农民革命万岁！

共产党、共产国际万岁！

工农兵代表会（苏维埃）万岁！

广州苏维埃主席　苏兆征

人民军事委员　张太雷

人民内务委员　黄　平

工农红军总司令　叶　挺

十二月十一日一九二七年　广州

湘鄂赣边革命委员会布告

窃自国民党背叛革命以后，国民党政府即成为帝国主义侵略中国之工具，国家权力为之断送殆尽，举其著者，如济南惨案之屈服，西原借款之承认，汉浔租界之断送，要皆人所共知，人所共愤者也！国民党内部则四分五裂，你争我攘，蒋桂之战荼毒西南，冯蒋之战祸延华北，全国民众不幸牺牲于国民党军阀战争蹂躏之下者，不计其几千百万！至于增重苛捐杂税，吮吸民众膏血，则举凡前此北洋军阀之不敢为者，而国民党竟悍然为之；屠杀工农群众，镇压革命运动，则举凡古今中外之专制皇帝所不敢行者，而国民党竟悍然行之！以故今日之民众，见青天白日之旗，栗然生畏；闻国民党之名，无不掩鼻。武装暴动推翻国民党统治，已成为一切革命民众一致之要求。本会即本此旨而成立，愿以最大之努力，团结湘鄂赣边之革命力量，以与国民党及其所代表之豪绅地主资产阶级奋斗到底，并主张于推翻国民党统治之后，立即建立工农兵代表会议（苏维埃）政府，没收地主阶级土地分给贫农，增加工人工资，改善士兵生活待遇等等。兹将厘定革命政纲二十七条公布如后，尚希革命民众一致拥护，期其实现，是所至望！

湘鄂赣边革命委员会革命政纲

一、彻底推翻帝国主义在华统治。

二、没收外国资本的企业、银行和工厂。

三、自动废除一切不平等条约，收回租界占领地，撤销领事裁判权，收回海关，驱逐帝国主义在华海陆军。

四、统一中国，实行民族自决。

五、摧毁国民党各级党部及其御用压迫民众、欺骗民众之政府机关、反动团体。

六、彻底铲除封建势力，推翻豪绅地主阶级在乡村中之反动统治。

七、摧毁湘鄂赣边七县（浏，平，修，铜，万，萍，醴）联防的反动组织及一切团防局、自治筹备处、清乡委员会、区董会等。

八、解除国民党军阀军队、靖卫队、挨户团的武装。

九、解散被反动政府压迫成立之守望队、难民团、自首团，并招抚其群众。

十、摧毁剥削民众的税收机关,如厘金局、杂税局等,并焚毁粮册及地主的田契借券。

十一、推翻国民党的统治,建立工农兵代表会议(苏维埃)政府。

十二、没收一切地主阶级的财产土地,没收的土地归当地苏维埃政府处理,分配给无地或少地的农民及退伍的红军士兵使用。

十三、一切祠堂、庙宇、教堂的地产及其他公田公地,概归当地苏维埃政府没收处理,分配给农民使用。

十四、宣布过去一切高利贷借约概作无效,以后借贷年利不得超过一分五厘,以防对贫民的高利盘剥。

十五、取消湘鄂赣三省反动政府之一切苛捐杂税,由苏维埃政府重新设立单一的农业经济累进税。

十六、提倡平民教育,创办红色学校、成人补习班,允许失业工农兵及贫民子弟免费入学。

十七、释放反动政府牢狱中之被诬囚犯,救济失业工农,收容逃亡民众,抚恤因革命死难烈士的家属。

十八、实行保障工人罢工、结社、集会、言论、出版之绝对自由。

十九、实行八小时工作制,增加工资,失业救济及社会的劳动保险。

二十、实行男女同工同酬,保护童工、女工、废除包工制,严禁压迫学徒店员。

二十一、改善士兵生活,发给士兵土地和工作,优待投诚来归的敌军官兵及俘虏士兵。

二十二、男女政治平等,经济平等,教育平等,离婚结婚自由,严禁买卖妇孺蓄婢纳妾。

二十三、保护不反动的小资产阶级及商人自由贸易。

二十四、保护交通(如邮电等)及不反动的文化机关、救济团体。

二十五、实行义务的征兵制,建立红军赤卫队,扩大工农武装。

二十六、兴办农村合作社,农民借贷机关,发展农业经济,改良水利,防御天灾,促进农业生产,改善农民生活。

二十七、联合世界无产阶级和苏联,完成中国革命,推进世界革命。

(选自一九二九年十月《工农兵》,第二期)

目前形势与川陕省苏维埃的任务(节录)

——川陕省第二次全省工农兵代表大会通过的决议

(一九三三年八月十二日)

大会指出：目前正处在一个历史时期中，苏联社会主义建设伟大成功，资本主义相对稳定的终结和危机的更加加深，世界革命运动的高涨，以及中国苏维埃红军的空前胜利，国民党统治的急剧崩溃破产，全国反日、反帝以及工农兵斗争的高潮，一省和数省革命正在这许多胜利中逐渐完成。这种胜利指明，只有苏维埃才是工农劳苦群众唯一救自己救中国的道路，只有共产党才是唯一领导苏维埃得到胜利的政党。这一形势需要每个工农弟兄都担起当前的历史任务，去开展川陕苏维埃运动的新局面。大会诚恳地号召全川陕苏维埃的工农弟兄一致坚决地武装起来，扩大革命战争，消灭当然的敌人——国民党军阀刘湘、田颂尧，直到消灭整个川陕国民党的统治，为全川陕省苏维埃的胜利而斗争。争取苏维埃在川陕两省的首先胜利，这也就是顺利地进行民族革命战争、争取全中国苏维埃胜利的基本工作。

大会认为：川陕省苏维埃过去半年中，工作上已有了很大的成绩。在共产党领导之下，苏维埃动员了广大群众配合红军行动，参加革命战争，消灭了田颂尧的大半，赤区扩大了几□□里，红军增加了一倍以上。大会根据在这些胜利中的任务，认为必须纠正过去一切工作上的缺点，切实地广泛地动员全川陕苏区及周围白区的千万工农群众，准备一切力量，粉碎刘湘的新进攻。巩固和扩大川陕苏区，是目前川陕省各级苏维埃一切工作的中心。因此，大会决定目前的紧急战斗任务是：

第一、到处向群众宣传，刘湘、田颂尧这班狗强盗又要来抓穷人了。鼓动大家打强盗，女劝男、老劝少。鼓励工农和劳苦青年到红军里去，创造二十万铁的红军。在最近一月内要输送二万新红军到前线去托枪。同时要加紧把地方武装、游击队、赤卫军、战斗连、少先队等组织好，到处要□做工事、架枪、架土炮、加紧站岗戒严，学习军事，实行全苏区的军事化；加紧组织担架队、运输队、卫生队配合红军行动。

第二、没分田的地方赶快分，已分田的地方赶快以各乡为单位组织查田突击队，加紧查田运动。召集各乡各村群众大会，讨论这个工作。省苏县苏的土地委员要多负责指导这个工作。坚决反对地主窃取土地，富农窃取较好的土地。一切好田好地都要分给雇农、贫农。中农土地不动。红军、游击队员分土地有优先权，切实执行苏维埃礼拜六制度，组织广大群众的代耕队，进行替红军家属代耕。秋收已到眼前了，各级苏维埃要立刻加紧秋收秋耕，号召并组织广大苏区公民武装起来，保护秋收，不让有一颗谷子被敌人抢去，同时组织地方武装，大举向白区游击，收割豪绅地主的谷子分给穷人，发动白区群众的秋收斗争。在秋收前后必须加紧耕种，多点秋粮（苦荞、花荞）、冬粮，不让苏区有一寸土地放荒。

第三、坚决执行劳动法令，保护工人阶级的利益。大会认为目前最主要的是马上实行：（1）工作八小时，青工六小时，童工四小时。（2）增加工资，最低限度增加百分之四十。（3）保护女工、童工。女工不得做重活，十三岁以下的儿童不得做工。（4）实行社会保险，介绍工作，救济失业等。各级苏维埃的劳动委员必须负责和工会建立密切的联系，切实检查和督促各级苏维埃执行劳动法令的程度，反对过去把劳工委员当成打柴挑水的错误观念。

第四、立刻执行财政、经济、粮食各项政策，充实革命战争的力量，这是目前苏维埃最中心的工作。必须向广大群众解释收公粮、实行累进税的意义，按照公粮条例、工农税务局条例进行。大大地发展苏区合作社运动和对外贸易，开发苏区富源，进行苏区的经济建设，改善苏区工农生活。

第五、对于暗藏在苏区里边的反革命分子，必须坚决肃清。一切破坏苏维埃法令，破坏红军，侵犯工农利益的行为，不能容许他继续下去。各县要迅速将保卫局和各区的保卫局代表健全起来，有计划地破获一切反革命的活动。同时要积极宣布反革命的罪恶，揭破一切反革命的无耻造谣，其目的只是哄了穷人去做奴隶。发动广大群众自动起来参加肃反，不让苏区有一个反动分子存在和活动的可能，以巩固赤区。

第六、广泛的发展苏区的文化教育。工作的重心应当是发展社会教育，各处都办工余学校、俱乐部、识字班、读报班，加紧识字运动，使苏区工农大众能识字，有计划地建立各地列宁小学。建立出版工作，大批地出版共产主义的书籍。同时为了适应苏维埃的需要，大会决定省苏维埃文化委员会马上成立苏维埃学校，培养文化和其他各种专门人材。

第七、为了完成上项紧急战斗任务，就要健全各级苏维埃组织。首先是肃清混入在苏维埃里的一切地主、富农、保正、甲长和地痞流氓分子。发动广大群众审查和批评苏维埃的工作。以群众的力量去把这些分子赶出苏维埃，吸引斗争精神好、成分好、不怕得罪发财人的工农分子到各级苏维埃来做工作。特别要根据此次大会决定的一切条例，建立苏维埃各部工作，密切苏维埃上下级的关系和指导，建立省苏对各县以及县对各区的巡视制度。

　　大会于通过了各种具体的决议之外，并成立了新的省苏维埃的执行委员会，里面包括了川陕省区工农群众中最坚决勇敢的战士，这便是更加强固了省苏的领导，也是顺利执行这次大会决议的基本条件。各县出席大会的代表必须立刻回去召集各县、各区的苏维埃代表大会，以及各乡、各村工人、雇工、贫苦农民的群众大会，报告这次大会的决议，发动广大群众讨论并切实执行这些决议，拥护新的省执行委员会和监察委员会的领导。

　　同志们！伟大的历史任务，我们已经肩到肩头上了。我们不斗争就不行。要干就要干成功。苏联弟兄的成功，便是我们的指路碑。只有我们自己的力量，自己的奋斗，才能把我们全川陕的工农弟兄从地狱的生活里挽救出来，才能使我们现在已经得到的利益不致再被国民党土匪抢掉。

川陕省苏维埃政府

江西省苏维埃临时政纲

　　一、没收地主土地及一切耕种工具交由农民协会无代价的分与无地贫农及退伍兵士耕种经营，候政府派员调查测量后，再行从新分配。

　　二、没收庙产、祠产及一切地方公产，如山林、川泽、围田、荒场、交由农民协会无代价地分与无地贫农及退伍兵士耕种经营，候政府正式派员调查测量后，再从新分配。

　　三、没收私人一切大企业及大生产机关，如银行、工厂、矿山、大公司等，归地方苏维埃与各该工会共同管理之，候苏维埃政权巩固后，即交全省或全国苏维埃与各该工会共同管理。

　　四、没收一切交通机关，如轮船、铁道、邮电等，归地方苏维埃管理，候全省或全国苏维埃建立后，即交全省或全国苏维埃与各该工会共同管理之。

　　五、没收军阀官僚地主土豪劣绅及一切反革命派财产交当地苏维埃，作工农银行基金，无利息的借款与工农。

　　六、工农平民过去一切欠债、欠租、欠税、欠捐，一律免除偿还与缴纳义务。

七、工农平民过去一切卖契、典契、借契等一律废除。

八、确定人民有集会、结社、言论、出版、住居、罢工之绝对自由，惟对反革命派及危害本政府与工农利益者剥夺此种自由。

九、取消一切苛税杂捐，规定极低微的土地税，废除一切额外征收。

十、开办各种合作社，以运输农村及城市需要品，并以调剂农业及工业等品的价格。

十一、严惩反革命政府一切官吏及压迫工农平民的地主、土豪、劣绅、资本家以及一切反革命派。

十二、制定真正能保障工人阶级利益的劳动法及劳动保险法，实行八小时工作制，星期例假休息，照给工资。

十三、特别保护童工及女工，童工女工不准做夜工及剧烈有害卫生及健康的工作，禁止雇十四岁以下的儿童做工。女工产前产后须有八星期休息期间。

十四、在法律上、政治上、经济上及社会一切地位，确定男女绝对平等。

十五、由政府设立养老院、育婴院、残废院及病院，以养育并医治老弱儿童及残废疾病者。

十六、解除军阀及反动派武装（如团防、民团、商团、挨户团、保安队等），武装工农，建立工农革命军。

十七、整理市政，修筑道路，敷设铁路及汽车路，以便利交通。

十八、改良士兵待遇，提高士兵地位及教育，士兵须参加军队的管理。

十九、修治河道，修筑堤防，以兴水利。

二十、实行普及义务教育及职业教育。

二十一、注意工农成年补习教育及职业教育。

二十二、发展农村教育，提高乡村文化。

二十三、发展社会教育，提高普通文化程度。

二十四、没收外人在本省内设立之银行、工厂及大企业，由各该地方或省苏维埃及各该工会共同管理。

二十五、没收外人在本省内设立之教会、教堂、学校、医院等，由各该地方或省苏维埃管理之。

二十六、以前各反动政府与外人订立之一切不平等条约，如领事裁判权、海关管理权等，以及侵害中国主权之一切权利，在本省苏维埃势力之下者，即日取消，候全国政府成立后，再由全国政府与之重订双方平等之条约。

二十七、以前各反动省政府与外人所订之条约，有损害本省苏维埃之利益者，即日宣告失效。

二十八、以前各反动省政府所借外债及发行内地债，有防害本省苏维埃政治上或实业上利益者，即日宣布不负偿还之责。

抗日战争时期

陕甘宁边区抗战时期施政纲领

(一九三九年四月四日边区政府公布)

陕甘宁边区在国民政府和蒋委员长领导下,本着拥护团结、坚持抗战、争取最后战胜日寇的方针,本着三民主义与抗战建国纲领的原则,根据陕甘宁边区的环境与条件,特制定陕甘宁边区抗战时期施政纲领作为边区一切工作之准绳。

(一) 民族主义

(一) 坚持巩固与扩大抗日民族统一战线,团结全边区人民与党派,动员一切人力、物力、财力、智力,为保卫边区、保卫西北、保卫中国、收复一切失地而战。

(二) 高度的发扬边区人民的民族自尊心与自信心,反对一切悲观失望、妥协投降的倾向。

(三) 厉行锄奸工作,提高边区人民的警觉性,彻底消灭汉奸、敌探、土匪的活动,以巩固抗日后方。

(四) 实现蒙、回民族在政治上、经济上与汉族的平等权利,依据民族平等的原则,联合蒙、回民族共同抗日。

(五) 尊重蒙、回民族之信仰、宗教、文化、风俗、习惯,并扶助其文化的发展。

(六) 在不损害边区主权的原则下,保护一切同情中国抗战国家的人民、工商业者、教民在边区生产、经营与文化事业方面的活动。

(二) 民权主义

(七) 发扬民主政治,采用直接、普遍、平等、不记名的选举制,健全民主集中制的政治机构，增强人民之自治能力。

（八）保障人民言论、出版、集会、结社、信仰、居住、迁徙与通信之自由，扶助人民抗日团体与民众武装之发展，提高人民抗战的积极性。

（九）充实抗日地方武装力量，发展与健全人民抗日自卫军、抗日少先队，加紧其政治、军事、文化上的教育与训练。

（十）以政治工作与组织力量的配合，实行兵役与参战的动员。

（十一）发扬艰苦作风，厉行廉洁政治，肃清贪污腐化，铲除鸦片赌博。

（十二）实行男女平等，提高妇女在政治上、经济上、社会上的地位，实行自愿的婚姻制度，禁止买卖婚姻与童养媳。

（十三）建立便利人民的司法制度，保障人民有检举与告发任何工作人员的罪行之自由。

（十四）建立工作检查制度，发扬自我批评，以增进工作的效能。

（十五）实行普及免费的儿童教育，以民族精神与生活知识教育儿童，造成中华民族的优秀后代。

（十六）发展民众教育，消灭文盲，提高边区成年人民之民族意识与政治文化水平。

（十七）实行干部教育，培养抗战人材。

（三）民生主义

（十八）确定私人财产所有权，保护边区人民由土地改革所得之利益。

（十九）开垦荒地，兴修水利，改良耕种，增加农业生产，组织春耕秋收运动。

（二十）发展手工业及其他可能开办之工业，奖励商人投资，提高工业生产。

（二十一）实行统一累进税，废除苛捐杂税。

（二十二）保护商人自由营业，发展边区商业。

（二十三）厉行有效的开源节流办法，在各机关、学校、部队中，提倡生产运动与节约运动，增加收入，减少支出，以解决战时财政经济之困难。

（二十四）确定八小时工作制度，改善劳动待遇，保护工人利益，同时提高劳动热忱，增加生产效能。

（二十五）优待抗日军人与工作人员之家属，使抗战军人安心作战，工作人员安心工作。

（二十六）废止高利贷，政府举办低利借贷，奖励合作社之发展。

（二十七）保育儿童，禁止对于儿童的虐待。

（二十八）抚恤老弱孤寡，救济难民灾民，不使流离失所。

（选自《陕甘宁边区第一届参议会实录》，一九三九年版）

陕甘宁边区施政纲领

（一九四一年五月一日中共边区中央局提出，中共中央政治局批准）

为着进一步巩固边区，发展抗日的政治、经济、文化建设，以达坚持长期抗战增进人民福利之目的起见，中共陕甘宁边区中央局特于边区第二届参议会举行选举之际，根据孙中山先生的三民主义、总理遗嘱及中共中央的抗日民族统一战线原则，向我边区二百万人民提出如下之施政纲领，如共产党员当选为行政人员时，即将照此纲领坚决实施之。

（一）团结边区内部各社会阶级、各抗日党派，发挥一切人力、物力、财力、智力，为保卫边区、保卫西北、保卫中国、驱逐日本帝国主义而战。

（二）坚持与边区境外友党友军及全体人民的团结，反对投降分裂倒退的行为。

（三）提高边区武装部队的战斗力，保障其物质供给，改善兵役制度及其他后方勤务的动员制度，增进军队与人民的亲密团结。同时加强抗日自卫军、少先队的组织与训练，健全其领导系统。

（四）加强优待抗日军人家属的工作，彻底实施优抗条例，务使八路军及一切友军在边区的家属得到物质上的保障与精神上的安慰。

（五）本党愿与各党各派及一切群众团体进行选举联盟，并在候选名单中确定共产党员只占三分之一，以便各党各派及无党无派人士均能参加边区民意机关之活动与边区行政之管理。在共产党员被选为某一行政机关之主管人员时，应保证该机关之职员有三分之二为党外人士充任。共产党员应与这些党外人士实行民主合作，不得一意孤行，把持包办。

（六）保证一切抗日人民（地主、资本家、农民、工人等）的人权、政权、财权及言论、出版、集会、结社、信仰、居住、迁徙之自由权，除司法系统及公安机关依法执行其职务外，任何机关、部队、团体不得对任何人加以逮捕审问或处罚，而人民则有用无论何种方式，控告任何公务人员非法行为之权利。

（七）改进司法制度，坚决废止肉刑，重证据不重口供。对于汉奸分子，除绝对坚决不愿改悔者外，不问其过去行为如何，一律实行宽大政策，争取感化转变，给以政治上与生活上之出路，不得加以杀害、侮辱、强迫自首或强迫其写悔过书。对于一切阴谋破坏边区分子，例如叛徒分子、反共分子等，其处置办法仿此。

（八）厉行廉洁政治，严惩公务人员之贪污行为，禁止任何公务人员假公济私之行为，共产党员有犯法者从重治罪。同时实行俸以养廉原则，保障一切公务人员及其家属必须的物质生活及充分的文化娱乐生活。

（九）发展农业生产，实行春耕秋收的群众动员，解决贫苦农民耕牛、农具、肥料、种子的困难，今年开荒六十万亩，增加粮食产量四十万担，奖励外来移民。

（十）在土地已经分配区域，保证一切取得土地的农民之私有土地制，在土地未经分配区域（例如绥德、鄜县、庆阳），保证地主的土地所有权及债主的债权，惟须减低佃农租额及债务利息，佃农则向地主缴纳一定的租额，债务人须向债主缴纳一定的利息，政府对租佃关系及债务关系加以合理的调整。

（十一）发展工业生产与商业流通，奖励私人企业，保护私有财产，欢迎外地投资，实行自由贸易，反对垄断统制，同时发展人民的合作事业，扶助手工业的发展。

（十二）调节劳资关系，实行十小时工作制，增强劳动生产率，适当的改善工人生活。

（十三）实行合理的税收制度，居民中除极贫者应予免税外，均须按照财产等第或所得多寡，实施程度不同的累进税制，使大多数人民均能负担抗日经费。同时健全财政机构，调整金融关系，维护法币，巩固边币，以利经济之发展与财政之充裕。

（十四）继续推行消灭文盲政策，推广新文字教育，健全正规学制，普及国民教育，改善小学教员生活，实施成年补习教育，加强干部教育，推广通俗书报，奖励自由研究，尊重知识分子，提倡科学知识与文艺运动，欢迎科学艺术人材，保护流亡学生与失学青年，允许在校学生以民主自治权利，实施公务人员的两小时学习制。

（十五）推广卫生行政，增进医药设备，欢迎医药人材，以达减轻人民疾病之目的，同时实行救济外来的灾民难民。

（十六）依据男女平等原则，从政治、经济、文化上提高妇女在社会上的地位，发挥妇女在经济上的积极性，保护女工、产妇、儿童，坚持自愿的一夫一妻婚姻制。

（十七）依据民族平等原则，实行蒙、回民族与汉族在政治、经济、文化上的平等权利，建立蒙、回民族的自治区，尊重蒙、回民族的宗教信仰与风俗习惯。

（十八）欢迎海外华侨来边区求学，参加抗日工作，或兴办事业。

（十九）给社会游民分子以耕种土地，取得职业与参加教育的机会，纠正公务人员及各业人民中对游民分子加以歧视的不良习惯，对会门组织实行争取与团结教育的政策。

（二十）对于在战斗中被俘之敌军及伪军官兵，不问其情况如何，一律实行宽大政策，其愿参加抗战者，收容并优待之，不愿者释放之。一律不得加以杀害、侮辱、强迫自首或强迫其写悔过书。其有在释放之后又连续被俘者，不问被俘之次数多少，一律照此办理。国内如有对八路军、新四军及任何抗日部队举行攻击者，其处置办法仿此。

（二十一）在尊重中国主权与遵守政府法令的原则下，允许任何外国人到边区游历，参加抗日工作或在边区进行实业文化与宗教的活动。其有因革命行动被外国政府压迫而来边区者，不问其是宗主国人民或殖民地人民，边区政府当一律予以恳切的保护。

（选自《陕甘宁边区第二届参议会汇刊》，一九四二年版）

晋察冀边区目前施政纲领

（中共中央北方分局于一九四〇年八月十三日公布，边区第一届参议会于一九四三年一月二十日通过，确定为边区行政委员会施政纲领）

为巩固与发展晋察冀边区，坚持敌后抗战，爰根据本党中央抗日民族统一战线方针、抗日救国十大纲领及国民政府抗战建国纲领与边区实际情况，提出目前施政纲领，愿与边区各党、各派、各界、各族同胞共同实行之。

第一条　亲密国共合作，坚持团结抗战，坚决保卫与发展边区；肃清一切破坏团结抗战、破坏边区的特务奸细，打击妥协投降派。

第二条　摧毁敌伪政权，没收日本帝国主义的财产，充作对日战费。

第三条　拥护边区人民子弟兵，充分保障其给养和经常的满员，瓦解敌伪军，争取伪军反正，优待敌军俘虏。

第四条　实行全民武装自卫，广泛武装人民，开展群众游击战争，并逐渐实现义务兵役制。

第五条　彻底完成民主政治建设，健全各级民意机关及政府机构，在民意机关和政府人员中，争取并保证共产党员占三分之一，其他抗日党派及无党无派人士占三分之二。边区一切人民，只要不投降，不反共，均可参加政府工作。

第六条　一切抗日人民有言论、集会、结社、出版、信仰及居住自由，非依政府法令及法定手续，任何机关、团体或个人，均不得加以逮捕、禁闭、游街及任何侮辱人格、名誉之行为，以保障人权。

第七条　保障一切抗日人民的财产所有权。人民除每年缴纳一次统一累进税及对外贸易时之出入口税外，任何机关、团体不得另以任何名目勒索或罚款；在减租减息后，佃户须依约缴租，债户须依约偿付本息；一切契约之缔结，均须双方自愿，契约期满，任何一方均有依法解约之权。

第八条　实行有免征点和累进最高率的统一累进税（以粮、秣、钱三种形式缴纳），整理出入口税，停征田赋，废除其他一切捐税；非经边区参议会通过，政府不得增加任何捐税，整理村财政，建立严格经济制度，肃清贪污浪费。

第九条　肃清境内敌寇伪币，巩固边币，维护法币；平衡边币流通，健全边区银行机构，活跃边区金融，严格统制外汇。

第十条　发展农业，积极垦荒，防止新荒，扩大耕地面积；保护并繁殖耕畜，改良种籽、肥料、农具等农业生产技术，有计划地凿井、开渠、修堤、改良土壤。发展军事工业及公营矿业、制造业和手工业，奖励合作社与私人工业，争取工业品自给自足，以杜绝日货。发展林业、牧畜业及家庭副业。发展商业，保障境内正当贸易之自由；严格管理对外贸易，禁止必需品出境及非必需品入境，取缔奸商，反对投机、操纵，调节粮食和物价。

第十一条　设立专门机关，切实救灾治水，并发扬高尚的民族友爱的互助精神，以县区或村为单位，建立大众互助的储畜（蓄）救灾组织；提倡清洁运动，改良公共卫生，预防疾病灾害。

第十二条　普遍实行二五减租，保证地租不得超过收获总额千分之三百七十五，利息不得超过一分。因借贷期满无力偿还而押出之土地，应依法清理。抗战勤务之负担与组织，应力求合理化。

第十三条　减少工作时间，实行工业部门八小时工作制；增加工人实际工资，实行半实物工资制；改良劳动条件和工人待遇，提高工人工作积极性和生产效率，安置失业工人，雇主不得违约解雇；女工生产前后，例假五星期，工资照给，禁止使用青工、女工、童工从事妨害身体健康之劳动，并保障同工同酬。

第十四条 保障妇女在社会上、政治上、经济上及家庭地位之平等，妇女依法有财产继承权、男女婚姻自主，反对买卖婚姻与一夫多妻制，反对蓄童养媳、溺婴与残害青年发育的早婚恶习、严防沦陷区敌伪淫乱恶风侵入边区；树立优良的家庭教育，养成儿童优良的生活习惯，实行孕妇儿童保健。

第十五条 减轻敌寇蹂躏区域同胞之负担，力求保护其生命财产及政治权利，反对敌寇绑架、奸淫、勒索、强抽壮丁与奴化教育，抚恤被敌寇惨杀同胞的家属。凡因被迫或一时错误触犯汉奸治罪条例之分子，准其自新；对死心塌地的汉奸，严予惩处。

第十六条 认真优待抗属，抚恤抗日烈士遗族及伤员残废。

第十七条 严厉镇压汪派、托派、汉奸。对罪大恶极的大汉奸之土地财产，专署以上各级政府应当地群众之要求，得依法没收之；对反共派、顽固派及伪军官兵之财产、土地，不得宣布没收；全家逃亡敌区的汉奸嫌疑犯之土地财产，可由政府暂管，待其重回边区抗日时发还之。所有上述被没收及暂管之土地，应由政府低价出租与农民，或分给被日寇摧残之农民，或充作优抗公田。对汉奸审判，须依确实证据，其未参与汉奸活动之家属，不得株连，该家属之财产仍须依法保障。汉奸犯不服初审判决时，得上诉至边区最高审讯机关。

第十八条 在提高国民文化水准及民族觉悟的目标下，实行普及的义务的免费的教育，建立并健全学校教育，至少每行政村设一小学，每行政区设一完全小学或高小，每专区设一中学，高小及中学应收容半工半读生；建立并改进大学及专门教育，加强自然科学教育；优待科学家及专门学者；开展民众识字运动和文化娱乐工作，定期逐步扫除文盲。

第十九条 保护知识青年，抚辑沦陷区流亡学生，分配一切抗日知识分子以适当工作，提高小学教员的质量，改良小学教员的生活。

第二十条 边区各民族应相互尊重生活、风俗及宗教习惯，在平等基础上亲密团结抗战。在民主选举中，应予回、蒙、满、藏同胞以优待；对其贫苦无以为生者，特予救济。

附 晋察冀边区目前施政纲领实施重点

（一）继续实行精兵简政。边区精兵简政工作，始于民国三十年冬季，仅北岳、冀中两区，裁减人数先后已达四万。目前边区人民负担，虽比沦陷区人民，不知轻多少倍，但较之抗战前确重。这是由于战争的消耗，战费的浩大。为争取民族生存与子孙幸福，边区人民必须忍受一时困难，节衣缩食，供给前线，牺牲小我以成全大我，这是边区每个同胞对国家应尽的责任。今后为减轻人民负担，除继续发扬五年来政府的廉洁作风，子弟兵的艰苦生活，厉行节约运动，严惩贪污浪费外，军政双方，尤须贯彻精兵简政政策，裁汰不很必要的机关，减少不很必要的人员，缩小后方机关，加强干部质量，以增强抗战力量而舒民力。

（二）加强对敌经济斗争，发展根据地经济建设。敌寇企图以华北为其大东亚战争的兵站基地，大量掠夺人力物力，以供其长期战争的驱使与消耗，对我根据地则抢掠烧杀、经济封锁。对边区周围沦陷区，则实施配给制度、公仓制度，抢掠粮食，夺取物资。物资为战争之重要因素，对战争胜负，具有决定作用。故必须动员全民，加强对敌经济斗争，打破敌寇经济封锁，保存游击区、沦陷区物资，免为敌有。并应发展根据地经济建设，厉行深耕易耨、不误农时，增加农业生产。奖励工商企业，鼓励私人投资，扶助家庭副业及合作事业，发展境内贸易以增加根据地内物资，改善人民生活。减租减息政策，在边区大部地区均已实行，因此发动了广大群众抗日与生产的积极性，成为坚持抗战之决定力量。但为活跃金融，增加生产，今后借贷利率，应由双方自定，工业部门亦应暂时实行十小时工作制，以促进边区经济建设之发展。

（三）加强民兵组织训练，广泛开展群众游击战争。今后敌人对边区进攻，必然更加加紧，为粉碎敌寇进攻，打破蚕食阴谋，反对敌寇修路、挖沟、筑堡、征捕青年壮丁、掠夺、勒索、奸淫、烧杀等一切暴行，必须实行全民武装，广泛开展群众游击战争，加强民兵组织训练，使民兵成为人民武装中之坚强骨干，并团结沦陷区与游击区广大同胞，开展各种对敌斗争，摧毁敌伪政权、敌伪组织及其一切奴役中国人民之设施，拯救人民于水火。

（选自晋察冀边区行政委员会《现行法令汇集》上册，一九四五年版）

晋冀鲁豫边区政府施政纲领

（一九四一年九月一日公布）

晋冀鲁豫边区临时参议会，秉抗日民族统一战线之总方针，以中共中央北方局对边区目前建设十五项主张为基础而制定本纲领，于民国三十年七月二十九日大会决议通过，交由边区政府公布施行，愿我全边区各级行政人员及全体人民一致努力，为彻底实现本纲领，巩固与扩大已得之胜利而奋斗。

一、保卫边区，坚持华北抗战，坚持团结进步，为彻底实现三民主义与抗战建国纲领而奋斗

甲、本抗战第一的民族精神，保卫边区，坚持华北抗战。

乙、本抗战团结建国方针，密切团结一切抗日党派与阶层，坚决反对分裂投降。

丙、本抗战必须力求进步之原则，加强边区之政治、军事、经济、文化各种建设，扶植与开展民众运动，增进边区根据地之巩固与发展。

二、加强与扩大武装力量，实行全民武装自卫，建立人民子弟兵

甲、扩大与加强正规军。

乙、广泛开展游击战争，建立群众性的地方武装，特别加强青年武装的发展、训练与领导。

丙、保证抗日武装部队的满员与物质供给，改善兵役制及其他后方勤务动员。

丁、切实优待一切抗日军人家属（包括中央军、八路军、决死队及其他抗日部队），抚恤荣誉军人。

戊、增进人民与部队相互爱护的亲密关系，提高人民对于抗日部队的爱护与拥戴，建立人民子弟兵制。

三、加紧民主政治建设，逐步实现民选各级政府

甲、实行三三制政体，欢迎一切抗日党派阶层与进步人士，参加政权工作。

乙、切实推行民主政治，普遍实行不记名的平等直接选举制度，一切抗日人民，均享有选举、罢免、创制与复决之四大民权。

丙、确定于一定期内，由村级政权开始，逐渐完成民选各级政权。

丁、一切抗日党派、团体、人民均享有集会、结社、言论、出版、居住、信仰之自由，非依政府法定手续，任何机关、团体或个人不能加以压制、逮捕、拘禁、审问、处罚、游街或任何侮辱他人人格的行为。

戊、建立廉洁政府，肃清贪污浪费。

己、发扬民主作风，对人民注重政治动员与教育说服，密切政府与人民间的关系。

庚、建立与健全司法制度，确立司法与行政的正确关系。

四、坚决镇压死心踏地之汉奸，贯彻保障人权

甲、对无法争取的汉奸首要分子，及在根据地内组织破坏叛乱之奸细分子，给予坚决的镇压，维持社会秩序。

乙、对汉奸案件的处理，只限于汉奸本人，不得株连，对于盲从胁从份子采取宽大政策，欢迎其悔悟参加抗战。

丙、对敌伪军官兵俘虏，不问其被俘次数，一律采取宽大释放政策，绝不杀害，或施以任何强迫或侮辱行为，如自愿参加抗日工作，予以优待。

丁、保障一切抗日党派、团体、人民之政治自由与合法权利。

五、努力经济建设，增加边区财富，确切保障一切抗日人民财产所有权

甲、加强对敌经济斗争，力求根据地物质资源自给自足，打破敌人的经济封锁。

乙、一切抗日人民，不问其属于任何党派与阶层，均有营业（除政府规定的违禁品外）、营利与从事于工农生产之自由，任何个人团体或机关均不得操纵、限制、没收及干涉，侵犯其土地与财产所有权。

丙、建立发展煤铁业、纺织业、造纸业及一切日常必需品的工业，改进生产工具，提高生产质量，优待各种专门技术人材，奖励技术发明家与劳动英雄。

丁、发展农业生产，扩大耕地面积，开发水利，改良种子、肥料、农具，开办农业试验场，提高生产技术，提倡农村副业。

戊、奖励私人企业，发展农村生产合作事业。

己、欢迎海内外人士及敌占区同胞向根据地投资发展生产事业，政府保护其安全，并予以必要的帮助。

六、对敌实行统制贸易，根据地实行自由贸易

甲、在晋冀鲁豫边区内只收一次出入口税。

乙、发展交通运输，发展对外贸易，活跃根据地内市场，加强各根据地内物质资源与必需品的流通。

丙、抵制仇货，但除政府规定之违禁品外，一律不得没收。

丁、公营贸易机关，应以调剂市场、平衡物价、安定金融、改善民生为原则，不得操纵垄断。

戊、商人得自由加入商业联合会，并允其自由退出。

七、调节劳资双方利益，巩固阶级团结

甲、为着调节劳资双方利益，资方应适当改善工人生活，增加工人工资，减少工作时间。工资应以实际能养活一个至一个半人为标准，工作时间除公营企业已实行八小时外，其他一般以十小时为原则。

乙、劳工应遵守劳动纪律，自动增加生产。职工会除保护劳工利益外，应从政治上教育工人，提高生产热忱。

丙、在劳资合同有效期间，劳资双方均应遵守，不得随意破坏。

丁、保护青工、女工、童工，不得令其担负足以妨碍其健康与发育之工作，并实行同工同酬。

八、加强农村阶级团结，给予农村一切贫苦人民与游民分子以生存教育的机会

甲、切实实行减租减息，减租一般以二五为原则，减息减至一分半为标准。

乙、减租减息后，佃户应按期如数交租，债户应按期如数交息，一般不得再行拖延或减免。

丙、实行低利借贷与救济灾难民，并将没收之汉奸土地，分配或租给贫苦抗属及贫苦人民耕种。

丁、给社会游民分子以耕种土地及取得职业和享受教育的机会，对各种会门组织，实行争取团结与教育的政策。

九、逐行确立统一的财政制度，实行统一累进税

甲、实行统筹统支，确立预算决算与会计制度，厉行节约运动。

乙、征收统一累进税，依资产及收入之多寡，规定纳税的比例。除百分之二十极贫苦人民得以免税外，其余百分之八十的人民，都有纳税的义务，但最高不得超过全年收入（冀钞）及鲁西地方币之信用。[①]

十、加强文化教育建设，提高人民的文化政治水平

甲、实行普及免费义务教育，建立与健全正规学制，大规模地举办各种

---

① 原文如此，疑有讹误。——编者

学校。

乙、开展群众性的社会教育，扫除文盲，特别加强男女青年的教育。

丙、规定在一定时期内，取消不合理田赋等税收。

丁、改善并充实财政机构，调整金融关系，坚决打击伪币，巩固与提高边区本位币百分之三十为标准。①

戊、加强干部教育，实行公务人员两小时学习制度。

己、欢迎一切文化工作者、专家、科学家、学者来根据地共同建立抗战文化教育，并予以优待。

庚、帮助建立与健全文化团体，奖励私人创办各种文化事业。

辛、提高小学教员质量，并改善其生活待遇。

壬、建立各种印刷机关，增进各种抗战书报杂志之出版、发行与流通，特别要出版大量通俗读物。

十一、保障女权，实行男女平等

甲、女子在社会上、政治上、经济上与教育上，完全享有与男子同等权利。

乙、实行一夫一妻的自由婚姻制，严禁蓄婢、纳妾、童养媳、□妻、合娶、买卖婚姻、强迫嫁娶以及早婚等恶习，并防范沦陷区敌人所制造之淫风侵入根据地。

丙、保护产妇，保育儿童，严禁打胎及溺婴。

丁、禁止缠足，禁止虐待及侮辱妇女。

十二、建设卫生行政，减少人民疾病死亡

甲、逐渐建立民众医院，增进医务设备，对贫苦抗属及人民实行免费或减费治疗，奖励私人医院之建立。

乙、利用各种土产药材，改良自制药品。

丙、欢迎与培养医务人材，并给予优待。

丁、加强人民的卫生教育，提高人民的卫生常识，注重公共卫生。

十三、面向敌占区，开展敌占区工作，扩大抗日根据地，缩小敌占区

甲、减免敌占区人民负担，抚恤与救济被敌寇汉奸残杀或洗劫之敌占区

---

① 原文如此。——编者注

同胞。

乙、敌占区同胞曾被迫加入伪组织者，一经脱离，不咎既往。

丙、伪军一经反正，与抗日军队一视同仁。不缴枪，不编散，并帮助其扩大，以增强抗日力量。敌军一经投诚，即予以优待，并给予工作或加释放。

丁、反对敌寇抽丁及奴化毒化政策，欢迎敌占区青年到根据地学习，并给予优待及适当工作。

十四、边区内所有各民族，在政治经济文化教育上一律享有平等自由权利

甲、互相尊重各民族之风俗、习惯、语言、文字与宗教信仰。

乙、在民主选举中，应予少数民族以优待，反对轻视少数民族的大汉族主义。

十五、保护外国侨民，加强国际友谊

甲、在尊重中国主权及遵守政府法令的原则下，允许任何外国人到边区游历，参加抗日工作，或进行实业文化与宗教的活动。

乙、因革命行动，被外国政府压迫而来边区者，不问其是宗主国人民或殖民地人民[①]，边区政府当一律予以恳切的保护与援助。

（选自晋冀鲁豫边区冀鲁豫行署《法令汇编》上册，一九四四年版）

对于巩固与建设晋西北的施政纲领

（中国共产党中央晋绥分局提出，
一九四二年十月十九日晋西北临时参议会通过）

为反对日本帝国主义的进攻与蚕食，为巩固建设晋西北抗日民主根据地，为贯彻精兵简政，渡过困难，准备反攻，中共中央晋绥分局于晋西北临时参议会召开之际，特向晋西北三百万人民提出如下的施政纲领：

（一）坚持抗日民族统一战线政策，团结晋西北内部及各友区的各社会阶层、各抗日党派、各抗日军队与敌占区同胞，为保卫与建设晋西北抗日民主根据地，驱逐日本帝国主义而战。

---

① 此处略有删节。——编者注

（二）提高主力军的战斗力，缩并机关，充实战斗单位，保证其物质供给。组织相当数量的地方游击队与不脱离生产的民兵，以开展群众性的游击战争。尊重与爱护抗日军人，切实优待抗日军人家属，抚恤荣誉军人及阵亡将士遗族。

（三）民选各级民意机关及政府，贯彻三三制，在各级民意机关及政府中，共产党员只占三分之一，其他各抗日党派及无党无派的人士占三分之二；裁减骈枝机关，加强下层领导，增强行政效率；厉行廉洁政治，肃清贪污浪费，并保障干部与其家属最低限度之物质生活。

（四）保障一切抗日的人民之人权、地权、财权及言论、出版、信仰、居住之自由权，除司法机关得依法执行其职务外，任何机关、部队、团体及个人均无权逮捕、审讯、处罚及侵犯他人之一切权益。但在敌人扫荡时及游击区等特殊情形之下，经政府受权者，不在此例。

（五）改进司法机构，废除刑讯，重证据不重口供，实行陪审制度，简捷诉讼程序，改善监狱行政，实行感化教育。对汉奸、伪军、伪组织人员及叛徒等，除死心塌地不愿悔改者，必须施行坚决镇压外，其愿意悔改自新者，一律实行宽大政策，不咎既往，给以自新之路，不得杀害凌辱。

（六）坚持执行中共中央的土地政策，保证地主的土地所有权、债主的债权，彻底实行减租减息，保证交租交息，政府对人民的租佃关系、债务关系，应予合理的调整。

（七）提高农业生产，发展手工业，管理对外贸易，实行单一本位币，改良生产技术，奖励发明，扶助合作社的发展。工业部门工作时间以十小时为原则，农民工作时间则依照习惯。肃清伪钞在根据地内流通，并防敌吸取我物质。敌占区及根据地之士绅商贾可到根据地内自由经营投资，给以保护，如不愿居留时，可自由处理与携带其财物。

（八）实行合理的财政税收制度，统筹统支，确立预决算，非经参议会通过，政府不能任意增加人民负担。居民中百分之八十以上的人民，应按土地财产或所得之多寡负担抗日经费。切实整理村摊款，准备实行统一累进税。

（九）推行国民教育，改善小学教员生活。加强干部教育，实行在职人员的两小时学习制。尊重知识分子，保护与优待流亡学生与失业青年。

（十）依照男女平等原则，从政治经济文化上提高妇女之社会地位。奖励妇女参加生产，发挥妇女在经济建设上的积极性。实行一夫一妻婚姻制。妇女依法有财产继承权，实行孕妇及儿童之保健与教育。

（十一）本民族平等原则，根据地内各民族在政治、经济、文化、教育上一律享有自由权，并互相尊重其宗教信仰与生活习惯，在民主选举中，应予少数民族以优待。各民族亲密团结，共同抗日。

（十二）救济灾民难民，使其取得职业与受教育的机会。对各地会门组织，实行争取团结与教育的政策。

（十三）开展对敌斗争，坚决打击敌伪的蚕食政策。减轻或免除敌占区和接敌区人民的负担，设法保护其生命财产，体谅其困难，凡不堪敌伪蹂躏而来根据地者，政府应予以慰问与安置。

（十四）瓦解敌伪军，争取敌伪军反正。对俘虏之敌伪军官兵，绝不杀害或加以侮辱，应一律释放之；其愿加入抗日工作者，政府应给予适当工作，并保障其生活。对反正之伪军，绝不强迫改编，保证其物质供给，与其他抗日部队平等待遇，团结其共同抗日。

（选自《晋西北临时参议会汇刊》）

山东省战时施政纲领（节录）

（山东省临时参议会一届二次议员大会通过，
山东省战时行政委员会一九四四年二月二十八日公布）

当国际反法西斯战争进入决战阶段，中国抗战愈益接近胜利，同时敌后斗争愈益艰苦的时候，中共中央山东分局为着坚持山东抗战，加强民主建设，团结全省人民，克服困难，准备反攻；迎接胜利，特根据民国二十九年联合大会所通过的战时施政纲领和三年来的形势变化，工作发展，斗争经验，趁山东省临时参议会第二次全体议员大会正将举行之际，提出本省今后施政方针意见如下：

一、坚持山东抗战，誓与山东人民共存亡，粉碎日寇一切扫荡蚕食，打倒汉奸伪政权，克服困难，准备反攻，拥护三民主义和抗战建国纲领，坚持抗日民族统一战线，共产党人愿与国民党及其他抗日党派、抗日军队、抗日人民共同抗战到底，团结到底，共同完成抗战建国事业，反对暗藏在抗日阵营内的日寇特务奸细（日寇第五纵队）挑拨内战，反对分裂投降，反对法西斯主义，反对反民主反人民的反动政策，为建设新民主主义的新山东而奋斗。

二、爱护抗日军队，增强主力，加强县区武装，发展民兵；

甲、号召人民爱护抗日军队，按照精兵原则充实和增强主力军、地方军，保证其物质供给，动员参军与归队，巩固部队，提高部队战斗力，开展分散性的游击战争。

乙、普遍发展民兵、自卫队，提倡使用旧式武器，加强领导，加强训练，加强活动，开展群众性的游击战争。

丙、抚恤阵亡将士、荣誉军人，优待抗日军人家属，保护抗日军人婚姻关系，巩固并鼓励军人抗战情绪。

三、按着新民主主义原则，加强民主建设工作：

甲、实行三三制，欢迎各党派、各阶层拥护抗战及赞成民主的人士参加政权，共产党员应与这些党外人士实行民主合作，不得一意孤行、把持包办。

乙、发扬民主精神，健全各级参议会和各级行政机关，贯彻简政，加强下层政权机构，彻底完成村政权的民主改造，树立民主集中制的领导。

丙、保障一切抗日人民言论、出版、集会、结社、思想、信仰之自由，保障一切抗日党派、抗日团体之政治自由及合法权利。

丁、保障人权，非依民主政府法定手续，任何机关、团体或个人不能有威协〔胁〕、逮捕、拘禁、审问、处罚、游街或任何侮辱他人人格之行为。现役军人如有犯罪行为，交由军事法庭处理。

戊、健全司法机关和公安机关，贯彻法治精神，彻底废除刑讯，禁止肉刑，加强群众性的除奸教育，及群众性的反奸细斗争。

己、保障政民学工作人员生活与工作上最低限度的物质需要，抚恤因公伤亡之政民学工作人员，救济抗日政民学工作人员贫苦家属。

庚、注意社会卫生，加强卫生设施，增加卫生经费，推行社会卫生教育。

四、按照新民主主义原则，促进经济建设工作：

甲、保障各阶层人民土地与财产之所有权，在不违犯民主政府法令范围内，一切人民均有营业营利及契约自由，反对操纵垄断。

乙、发展农业生产，扩大耕种面积，提高和改良农业生产技术，增加农产，造林开荒，开发水利，研究肥料农具，提倡选种育种，提倡农业副产。发展各种日用必需品之工业生产，完成经济上之自给自足，求得军队和人民的丰衣足食。

丙、加强对敌经济斗争工作，管理对外贸易，巩固本币（北海币）信用，统一度量衡，平抑物价，繁荣市场，统一领导，掌握政策，打击敌人以战养战之阴谋。

丁、整理公营企业，提倡并保护私营企业，举办低利贷款，扶助手工业者和小商人，整理与发展生产、运输、消费等合作事业。

戊、欢迎敌占区人民及海外侨胞，向根据地投资发展生产事业，民主政府予以必要之援助，保护其财产所有权及营业之自由与安全。

己、优待技术人材，奖励发明，奖励劳动，改造游民使之参加生产工作，提高人民生产情绪。

五、整理财政，力求负担公平：

甲、统一财政收支（公粮收支在内），严格执行预算决算制度、审计制度、金库制度，力戒浪费，严惩贪污分子，认真整理村财政，奖励生产节约，减轻人民负担。

乙、清查黑地，完成土地陈报，整理田赋，改良公粮征收办法，务使公平合理。

丙、举办工商业所得税，调整各界人民负担，逐渐推行统一累进税制度。

丁、整理商品出入口税，查禁走私，限制奢侈品入口，务使合于保护生产、保障军民生活需要及加强对敌经济斗争之原则，并废除苛捐杂税，便利贸易。

六、正确执行中共中央所提出之土地政策和劳动政策，调整阶级关系，改善工农生活：

甲、普遍并彻底执行一面减租减息，一面交租交息之土地政策，减租以依照抗战前租额减轻百分之二十五为原则，废除各种额外剥削，边沿游击区在战争期间其减租额应酌量减低（整理旧有借贷关系，息率以分半为标准，对新成立之借贷关系，息率尊重其合理的自愿契约）。

乙、普遍并彻底执行一面增加工资，改善雇工待遇，一面遵守劳动纪律，努力增加生产之劳动政策，农业长年雇工工资，以能维持其家属一个人之生活为最低标准。

丙、救济贫民、难民、灾民，扶助其参加生产，在自愿的原则下，发扬贫富互助精神，发动富户借粮借款救济贫民，救济灾荒，救济流亡难民。

丁、本双方照顾之原则，调解土地纠纷，租佃纠纷、劳资纠纷、达到贫富团结，共同抗日之目的。

戊、扶助□□组织，开展民众运动，以提高人民□□与生产之积极性，职工会、农救会除保障劳工及农民利益外，应从政治上提高工人农民劳动热忧，并使遵守劳动纪律。

七、（略）

八、加强对敌斗争工作，团结敌占区同胞共同抗日：

甲、坚决保卫根据地，粉碎敌伪的扫荡和蚕食，揭发敌人的欺骗阴谋，开展对敌政治攻势，没收日本帝国主义及死心塌地的大汉奸的财产，充作抗战经费。保卫边沿区、游击区人民，减轻其负担。

乙、积极开展游击区和敌占区工作，争取伪组织人员。瓦解与摧毁汉奸伪组织政权，建立抗日民主政权。

丙、建立敌占城市的工作，启发民族思想，揭破敌伪奴化宣传，援助敌占区人民反抗敌人压迫，提高其抗日胜利观念，瓦解伪军及各种伪组织。

丁、欢迎敌占区青年到根据地来学习，并予以优待及适当之工作，欢迎敌占区学者专家及技术工人到根据地来参加建设工作，并予以优待。敌占区同胞失业工人因不堪敌伪压迫而流亡根据地者，亦予以必要救济，资助其生产。

戊、敌占区人民及工商业者，被敌伪没收强占之资财得向附近民主政府声请登记，俟收复失地后尽量予以查明发还。

九、发展新民主主义的文化教育事业：

甲、广泛开展群众性的文化教育运动，深入民主教育，启发民主思想，反对法西斯主义及一切反民主的思想。

乙、改善原有学校，普及教育，减少文盲，奖励私人捐资兴学，免费帮助抗属抗工属及贫苦儿童入学。

丙、适应敌后环境、根据地需要与可能，设立中等学校及各种专门学校，提倡文化学术团体，奖励创造与各种专门研究。

丁、发展社会教育，广设民校、识字班、冬学、农村俱乐部，提高人民文化知识及政治觉悟。

戊、整理教育款产，增加教育经费。

己、改善教师的物质生活，提高其社会地位，并着重培养其政治认识及工作能力。

庚、培养干部，加强在职干部教育，学习业务，研究政策，培养民主思想、民主作风，反对官僚主义。

辛、编订教材，出版教师学生及群众之各种读物，发展印刷出版等社会文化事业。

十、实现民族平等、男女平等：

甲、各民族在法律上一律平等，尊重各民族之风俗习惯，保障其语言文字及宗教信仰之自由，在选举时对少数民族予以优待。

乙、女子在社会上、政治上、经济上、教育上，完全与男子享有同等权利，并特别予以帮助及保护，禁止虐待及侮辱妇女，提高妇女之知识与生产能力。

丙、实行一夫一妻的自由婚姻制度，禁止蓄婢、纳妾、童养媳、抢寡妇、买卖婚姻、强迫嫁娶、禁止未成年之女子缠足，提倡青年妇女放足。

丁、保护产妇，保护儿童，禁止溺婴。

（选自山东省胶东区行政公署《法令汇编》一九四四年版）

解放战争时期

陕甘宁边区宪法原则

（一九四六年四月二十三日陕甘宁边区第三届参议会第一次大会通过）

一、政权组织

（一）边区、县、乡人民代表会议（参议会）为人民管理政权机关。

（二）人民普遍直接平等无记名选举各级代表，各级代表会选举政府人员。

（三）各级政府对各级代表会负责，各级代表对选举人负责。

（四）乡代表会即直接执行政务机关。

（五）人民对各级政权有检查、告发及随时建议之权，每届选举时则为大检查。

（六）各级代表会每届大会应检查上届大会决议执行的情况。

（七）各级政府人员，违反人民的决议，或忽于职务者，应受到代表会议的斥责或罢免，乡村则由人民直接罢免之。

（八）各级人民代表会议（参议会）：乡一年改选一次，县二年改选一次，边区三年改选一次。

（九）边区各少数民族，在居住集中地区，得划成民族区，组织民族自治政权，在不与省宪抵触原则下，得订立自治法规。

二、人民权利

（一）人民为行使政治上各项自由权利，应受到政府的诱导与物质帮助。

（二）人民有免于经济上偏枯与贫困的权利。保证方法为减租减息与交租交息，改善工人生活与提高劳动效率，大量发展经济建设，救济灾荒，扶养老弱贫困等。

（三）人民有免于愚昧及不健康的权利。保证方法为免费的国民教育，免费的高等教育，优等生受到优待，普施为人民服务的社会教育，发展卫生教育与医药设备。

（四）人民有武装自卫的权利。办法为自卫军、民兵等。

（五）边区人民不分民族，一律平等。

（六）妇女除有与男子平等权利外，还应照顾妇女之特殊利益。

三、司法

（一）各级司法机关独立行使职权，除服从法律外，不受任何干涉。

（二）除司法机关、公安机关依法执行职务外，任何机关、团体不得有逮捕审讯的行为。

（三）人民有不论用任何方法控告失职的任何公务人员之权。

（四）对犯法人采用感化主义。

四、经济

（一）应保障耕者有其田、劳动者有职业，企业者有发展的机会。

（二）用公营、合作、私营三种方式组织所有的人力、资力为促进繁荣、消灭贫穷而斗争。

（三）欢迎外来投资，保障其合理利润。

（四）设立职业学校，创造技术人材。

（五）有计划地发展农工矿各种实业。

五、文化

（一）普及并提高一般人民之文化水准，从速消灭文盲，减少疾病与死亡现象。

（二）保障学术自由，致力科学发展。

以上规定，均不宜太烦琐。

（选自《陕甘宁边区第三届参议会第一次大会汇刊》，一九四六年版）

晋察冀边区行政委员会施政要端

（一九四五年九月二十六日）

自我军反攻以来，迭经解放城镇，久苦于敌伪蹂躏之千万同胞，重返祖国怀抱。为进一步建设与繁荣城市，爰将本政府施政要端公布于后：

一、彻底摧毁敌伪组织，建设民主政权。举凡敌伪压迫奴役我人民之各种政权、团体、秘密的或公开的，均予彻底摧毁。同时积极发动群众，武装人民，组织工人、农民、文化人、青年、妇女、店员、学生各种团体。建设民主政权，实行民主政治。

二、保障人权、财权、政权。对于人民生命财产的安全，政府均依法予以保障；各界人民，除汉奸特务外，均有言论、集会、结社、出版、信教、居住自由及政治权利，非依政府法令，不得加以限制。敌伪限制人民自由之一切措施，概予废除。对曾参加敌伪组织之人员，一律进行登记，加以甄别，其能改过自新者，施以宽大政策。对战争罪犯及罪大恶极的汉奸、特务，号召人民控诉，政府决依法惩办。其因爱国而被押之同胞，除立予释放外，并予以优遇。

三、对敌人公私财产及伪组织公有财产（如土地、房屋、建筑、器物、工厂、商店等等），悉由政府查封管理，分别处置。对罪大恶极的汉奸财产，经司法手续，予以没收。

四、迅速恢复农工商业，取消配给制度及组合统制。敌伪一切垄断农工商业之措施概予废除，实行减租减息，保障佃户土地使用权，保障地主土地所有权，以提高农民生产积极性。自由发展工商业，奖励私人经营，严禁囤积居奇、操纵垄断。为调节劳资间利害关系，应适当改善工人、店员生活，提高工作效能，保证各种企业之正当盈利，适当安置失业工人。在边区境内，贸易一律自由，但对敌伪仍在盘踞之城市、据点，予以封锁。政府设立公营贸易机关，以调节人民生产与消费；人民得依自愿按工场、学校、街道大量组织合作社，政府积极帮助，以调剂民生。

五、边币为边区法定通货，实行边币一元化政策，所有公私款项之来往授受，一律通用，商民人等不得拒使。买卖价格，订定契约，均以边币为准。在伪蒙疆地区边币流通数量不足期间，经由专署以上政府机关划定地区，暂准伪蒙疆币流通。在全边区一律严禁伪联银券流通。

六、实行合理税收制度，对敌伪所征一切苛捐杂税（如出产税、矿区税、牲畜税、屠宰税、棉纱、面粉、火柴、水泥等统税、通行税、物品税及各项附加等）悉予废除，实行有免征点和累进最高率的农业统一累进税及合理的工商业税。目前暂留营业税、营业所得税（包括法人经营在内）、烟税、酒税、卷烟统税、契税等税、继续征收。关于出入口税，另行规定公布。

七、摧毁敌伪奴化教育，实行民族的民主的科学的大众的文化教育政策，审查与改造师资，审查与改编教材，敌伪所设学校须经政府审查立案，始准开课。奖励并扶助人民大众的文化事业之发展。

八、对边区境内蒙、回、藏少数民族一律平等待遇，并帮助其在政治上、经济上、文化上的解放与发展，尊重其言语、文字、风俗、习惯及宗教信仰。

综上各端，旨在实行民主，改善民生，使我各界人民均能各得其所，各安其业，发挥各阶层人民的能力与特长。仰我各界人民，一致奋起，群策群力，为建设新中国的伟大事业而奋斗。切切此布。

一九四五年九月二十六日

（选自晋察冀边区行政委员会《现行法令汇集》上册，一九四五年版）

苏皖边区临时行政委员会施政纲领

（一九四五年十二月三十一日苏皖边区临时参议会第一次大会通过）

本府正式成立之际，正值抗日战争胜利结束，国内和平尚未实现之时，全边区以及全国人民迫切要求和平，而国民党反动派犹在一意孤行，发动内战，向我边区以及全国解放区人民进攻。本府为团结全边区人民，贯彻中国共产党新民主主义之主张，及和平、民主、团结之正确方针，加强本边区之政治、军事、经济、文化建设，保卫与进一步建设本边区，配合全国的民主运动，促成全国性的联合政府早日实现，特根据民主统一战线的原则及本边区具体环境制定本纲领，作为各级政府及全体人民奋斗目标：

一、保障人民的人权、财权及公民权，凡爱好和平、赞成民主之各阶层人民及各党派人士，都有言论、出版、集会、结社、信仰及居住之自由，以期团结全边区人民，集中一切人力、财力、物力，建设本边区，粉碎反动派之进攻计划，援助反动派统治区之人民民主运动，争取全国和平民主早日到来。

二、巩固与扩大人民自卫武装，加强民兵之组织与训练，实行拥军优抗，亲密军民关系，保障其兵源补充与物资供给，以巩固军心，提高士气，保卫解放区人民利益。

三、加强民主建设，普遍开展民主运动，贯彻三三制政策，民选各级政府，废除保甲制，健全各级人民代表机关，实行人民管理政权，加强干部民主政治教育，树立民主廉洁的作风。

四、贯彻改善民生政策，扶助工农运动的发展，实行减租减息，交租交息，保障佃权及资本家与雇主，要增加工资与减少工作时间（每天九至十小时为标准），工人与雇工要执行劳动纪律与提高生产效率，以期调剂东佃劳资关系；没收汉奸财产，救济灾民难民。

五、增加工业农业生产，提倡垦荒植棉、造林，加强水利建设，普遍组织劳动互助，提倡深耕细作，改良生产技术，扶助纺织及其他手工业，发展奖励举办机器工业，发放生产贷款，欢迎外界投资，保护私人经营，发展商业贸易交通事业，调剂物资流通，力求本边区人民生产自给。

六、实行财政收支统一，确立预决算及审计制度，提倡节约，严惩贪污浪费分子，按照人民负担能力，实行合理的税收制度，逐步废止公粮田赋，准备改征统一累进的农业税与营业税，巩固边币信用，稳定币值、物价，实行金融投资，扶持工农商业及合作事业。

七、提高人民政治文化水平，普及成人教育，提倡民办学校，改进小学私塾，开展民间文化活动，兴办各种专门学校，改订学制课程，救济失业青年，改善教师生活，促进文化教育界民主团结，扶助文化教育团体之建立及出版事业，保障学术研究，奖励科学发明，优待专家学者及技术人材，进行卫生教育，开展公共卫生事业，提倡卫生合作事业，减除人民疾病痛苦，进一步发展新民主主义文化卫生建设工作。

八、改进与健全适合于人民需要的司法制度，严惩汉奸，清除危害人民的特务土匪，加强区乡调解工作，减少人民诉讼，简捷诉讼手续，改善监狱行政，加紧编审各种民主法规，厉行禁烟、禁赌、禁毒，确立民主秩序，保障人民安居乐业。

九、确立男女一律平等，改善妇女生活，开展妇女教育，扶助妇女生产，鼓励妇女参政，提高妇女社会地位，保护女工、农妇、产妇，实施儿童保育，实行一夫一妻的自愿婚姻制度，严禁蓄婢、纳妾、溺婴、强婚，帮助妇女在政治上、经济上、文化上、社会上求得解放。

十、主张民族平等，实行各民族在政治经济上一律平等，尊重其宗教信仰与风俗习惯，在尊重本边区主权与政府法令的原则下，欢迎外侨进入本边区游历与参加民主工作，凡因参加革命，被本国政府压迫而来边区之外侨，政府一律予以恳切保护与帮助，以发扬革命的民族友谊。

(选自一九四六年一月一日《新华日报》华中版)

东北各省市(特别市)民主政府共同施政纲领

(东北各省代表联席会议一九四六年八月十一日通过)

（一）团结全东北各省市、各民族、各阶层人民与各民主党派，拥护政治协商会议决议，实施和平建国纲领，反对独裁内战，建设和平、民主、繁荣的新东北。拥护波茨顿四国对日公告与中苏友好同盟条约，彻底肃清日本在东北侵略势力的残余，严惩与日本侵略势力合作的汉奸、伪军、法西斯分子、特务、土匪，严防日本侵略势力及其合作者再度侵入东北。

（二）依政协会议和平建国纲领与东北人民的愿望，实行东北人民的民主地方自治，建立民选的各级参议会，选举各民主党派与无党派合作的联合的各级政府。省制定省宪。政府一切人员必须廉洁奉公，忠于人民，其生活由政府保障。

（三）依据和平建国纲领，彻底实行减租减息，分配敌伪大汉奸土地给无地和少地的农民，以期达到"耕者有其田"之目的，同时保障地主的生活。

（四）保护、奖励与扶植民营工商业，恢复并发展公营企业，发展合作事业，欢迎投资开发东北富源。改善工人、职员与技术人员的生活，安置、救济失业工人，提倡劳资合作，发展生产，繁荣经济，保障资本家的正当利润。建立统一合理的税收方针，减轻人民负担。调整地方金融，以利东北经济建设的发展。

（五）巩固爱护东北民主联军和人民自卫武装，以保卫东北的和平民主。加强军队的政治教育，加强军队拥护民主政府与爱护人民的教育，巩固亲睦的军民关系与官兵关系，保证军队的供给，保证残废军人的生活，优待死难烈士的家属与军人家属。

（六）废除法西斯的奴化教育，以民主为教育的中心内容。普及国民教育，推广社会教育，加强职业教育、师范教育与专门教育。保障教职员与贫苦学生生活，优待科学家、艺术家、各种专家与文化工作者，并奖励特殊的发明与创造。

（七）保障东北人民的人身、言论、出版、集会、结社、思想、宗教、信仰、选举、居住、迁移与职业的自由。妇女在政治上、经济上、教育上、社会上与男子一律平等，提高妇女地位，保护妇孺生活。

（八）东北各民族一律平等。积极赞助蒙民、回民的民主自治，尊重蒙回等各民族语言、文字、文化、宗教、信仰与风俗习惯。对入籍与侨居的韩国人民予以合理的保护，并促进中韩人民友谊。

（选自一九四六年九月东北人民政府办公厅《东北行政导报》）

内蒙古自治政府施政纲领

（一九四七年四月内蒙古人民代表会议通过）

一、内蒙古自治政府系本内蒙古民族全体人民的公意与要求，根据孙中山先生"中国境内各民族一律平等"、"承认中国以内各民族之自决权"，中国共产党领袖毛泽东先生《论联合政府》中的少数民族政策的主张及政治协商会议决议的精神而成立。

二、内蒙古自治政府是内蒙古蒙古民族各阶层联合内蒙古区域内各民族实行高度自治的区域性的民主政府。

三、内蒙古自治政府以内蒙古各盟（包括盟内旗县市）、旗为自治区域，是中华民国的组成部分。

四、内蒙古自治区域内的蒙、汉、回等各民族一致团结起来，坚决粉碎帝国主义者及封建买办法西斯大汉族主义者对内蒙古蒙古民族及各民族人民的侵略压迫，并联合一切赞助内蒙古自治的民主党派及中国境内各民族为实现内蒙古民族彻底解放而奋斗。

五、内蒙古自治区域内蒙、汉、回等各民族一律平等，建立各民族间的亲密合作、团结互助的新民族关系，消除一切民族间的隔阂与成见。各民族互相尊重风俗、习惯、历史、宗教、信仰、语言、文字，各民族自由发扬本民族的优良历史文化与革命传统，自由发展本民族的经济生活，共同建设新内蒙古。

六、内蒙古自治政府确保人民享有身体、思想、宗教、信仰、言论、出版、集会、结社、居住、迁移、通讯之自由。所有内蒙古人民（农人、牧人、工人、知识分子、军人、公务人员、技术人员、自由职业者、地主、牧主、工商业家、喇嘛以及以前的王公等）的人权、财权，均受到自治政府的保障。对蒙汉奸、卖国贼等民族败类，如无悔改诚意，则应受到内蒙古自治政府法律之制裁。

七、凡内蒙古人民，年十八岁以上，不分阶级、性别、民族、信仰、文化程度，除褫夺公民权及精神病者外，均有选举权与被选举权。

八、内蒙古自治政府以民主集中制为组织原则。以内蒙古人民所选举之内蒙古参议会为权力机关。参议会选举内蒙古自治政府委员及政府主席、副主席。参议会闭会后，自治政府为最高行政机关。自治政府以下之各级政府，由各级人民代表大会选举之。人民有罢免其代表及参议员之权。任何公务人员，如有不忠于人民利益的行为，人民有控诉之权。

九、建设与发展内蒙古人民自卫军。军队必须忠于民族，忠于人民，拥护政府，遵守政府法令，加强团结，严整纪律，必须保卫民族与人民的利益，坚决粉碎大汉族主义者侵略，争取自卫战争胜利。政府必须爱护军队，保障兵源与供给，优待军属、烈属，抚恤伤亡。政府与军队协力发展人民自卫武装，共同肃清土匪、奸细，保护交通，安定社会秩序。

十、保护蒙古民族土地总有权之完整。保护牧场，保护自治区域内其他民族之土地现有权利。对罪大恶极的蒙奸恶霸的土地财产予以没收，分给无地及少地的农民及贫民，合理解决蒙汉土地关系问题，实行减租增资与互助运动，改善人民经济生活。

十一、提倡劳动，奖励劳动英雄，发展生产；农业区改良农作法，奖励植棉。畜牧区改善饲养法，提倡打井、储草、发展毛织、皮革等手工业。组织运盐、采矿。提倡造林，保护森林，施行有计划的采伐。建设道路、通讯、邮电事业，恢复驿站，组织运输及合作社，调剂日用品。保障公务人员、教员、技术人员、医生、文艺工作者等的生活。提倡机关、学校、军队的劳动生产，减轻人民负担，整理财政，建立合理税收制度，废止差役，厉行节约，严惩贪污，建立内蒙古银行，发行货币，发展商业贸易，取缔奸商。

十二、普及国民教育，增设学校，开办内蒙古军政大学及各种技术学校，培养人材，推广蒙文报纸及书籍，研究蒙古历史，蒙古学校普及蒙文教科书，发展蒙古文化。增进医疗、卫生、防疫及兽医设备，为贫苦人民免费治疗。公布禁止鸦片法，减少疾病与死亡。禁止堕胎，奖励生育，生养子女四人以上者给以各种奖励，增加内蒙古人口。

十三、实行信教自由与政教分立，保护庙产，提倡喇嘛自愿投资经营农工商业与各种合作事业，奖励喇嘛自愿入学，参加劳动与行医。

十四、爱护与教育青年，培养青年干部，帮助贫苦青年入学，发展青年组织。

十五、保证妇女在政治、经济、文化、教育、社会上的平等，提倡婚姻自主及一夫一妻制度，禁止买卖婚姻、蓄奴纳妾、童养媳妇等一切不良制度。

十六、欢迎一切热心蒙古民族自治解放事业的各民族各阶层人士，参加内蒙古自治工作。

十七、援助蒋占区蒙古人民反对大汉族主义民族压迫及蒋家暴政的一切斗争。

（选自《内蒙古自治政府法令汇集》，第一集）

华北人民政府施政方针

（根据中共中央华北局对施政方针的建议
经一九四八年八月华北临时人民代表大会讨论通过公布）

华北解放区是处在东北、西北、华东、中原各兄弟解放区的中心。其基本地区，又是经过八年抗战和两年人民解放战争的老根据地。它曾经普遍地推翻了日伪统治，建立起人民民主政权，实行了减租减息和合理负担的社会改革；日本投降以后，又普遍地实行了土地改革，实现了耕者有其田。因此，人民大众具有相当高度的政治觉悟。由于它具备着有利的内部条件和外部条件，遂造成了华北解放区相对的和平安定，而又能够比较有计划地进行各种建设工作的环境。其所以能够取得这一有利的环境，首先是由于中共中央和毛主席、朱总司令的英明领导，其次则应归功于各兄弟解放区和各兄弟人民解放军的英勇奋斗，最后则是由于过去中共中央北方局，晋察冀中央分局和太行分局所实施的政策是正确的，它们领导广大军民在艰苦斗争的过程中，创造了这一广大强壮的根据地的结果。今天我们华北临时人民代表大会得以在此胜利开会，首先应向人民的领导者中共中央致敬，并应号召全华北的人民继续在它的领导下，为解放全华北、全中国而奋斗。根据现在的情况，一方面我们要争取三年到五年根本上打败国民党，另一方面我们已经可以而且必须开始比较有计划地有步骤地进行各项建设工作。因此，决定华北解放区的任务应该是：继续进攻敌人，为解放全华北而奋斗，继续以人力、物力、财力支援前线，继续配合全国人民解放军向蒋匪军进攻，以争取人民革命在全国的胜利，推翻美帝国主义的走狗蒋介石反动集团的统治；有计划地、有步骤地进行各种建设工作，恢复和发展生产，在现有基础上，把工农业生产提高一寸（步）；继续建设为战争和生产建设服务的民主政治，继续培养为战争和生产建设服务的各种干部，大量吸收各种有用人材，参加各种建设工作，以奠定新民主主义新中国的基础。

（一）军事方面

首先，继续消灭国民党反动派残留在华北的军事力量，拔掉他们在华北解放区内部仅存的孤立据点，配合各兄弟解放区，彻底歼灭国民党北线蒋傅阎匪军，以解放华北的一切大小城市和乡村，并进一步配合全国人民解放军的胜利进攻，完成解放全中国的伟大任务。为达此目的，就必须提高华北野战军的战斗力，特别是攻坚作战的能力，继续加强部队攻坚的战术教育，巩固部队内部的团结，进一步密切军民的联系，严格执行三大纪律、八项注意，加强对于新解放区及新解放城市政策的教育，适当地在部队内部发扬民主，继续进行巩固纪律的教育，加强爱护解放区、节约民力的教育。

第二，继续建设和健全人民武装组织，参战，支前，并在军区和人民政府统一命令下，配合军警，担任巩固区域内部的警戒治安等工作。继续加强边沿区、接敌区的游击战争；自觉地；有计划地配合主力，主动地打击敌人，保田、保家、保粮、保丁；继续发挥地方兵团、游击队、武工队高度对敌坚决斗争的精神，配合主力军作战。

第三，继续动员华北的人力、物力、财力，更有计划地、有效率地支援前线。为达此目的，就必须继续加强军火生产，尽可能地、不断地供给前方；继续加强各种军需工业的建设，以保证部队的供给；恢复和兴建铁路、公路、河路，改进各种运输工具，健全兵站运输；继续加强野战和后方医院，提高医务人员的技术，改善和提高对伤病员的医疗护理工作；切实帮助革命军人家属、革命烈士遗族解决困难，尽量保障其生活；对荣誉军人继续给以适当安置，并经常给予教育、照顾、帮助。但另一方面，必须十分爱惜民力，不使有丝毫浪费。前方战勤应更进一步精确计算，合理使用、后方勤务采取适当步骤和方法，例如尽量利用铁路汽车运输及改用雇脚接力等办法，予以缩小直至取消；严禁后方机关和工作人员假借战勤名义，随便支差。

（二）经济方面

第一，努力恢复和发展农业生产，使从现有的基础上提高一寸（步）。华北解放区，土地改革业已摹本完成，应即普发土地证，确定地权，适应土地改革以后的农村经济情况，废除农业统一累进税，实行按土地常年应产量计算的比例负担制，以便在土地改革的基础上，充分利用劳动农民的热情，以恢复和发展农业生产；改订成分，适当补偿被侵犯的中农，安置没有分给一份土地、浮财的地主富农，以便安定农村社会秩序，使一切农业人口，各得其所，安心生产；各阶层人民的土地财产，法律应给予切实保障，不受侵犯；承认土地买卖的自由及在特定条件下出租土地的权利，只要不是游民、二流子，便一律不受限制；承认雇佣劳动自由，雇佣条件除法律已规定者外，由双方自行议定；承认私人借贷自由，利率在政府未规定最高标准以前，由双方自由议定。

必须了解，由于人民解放军继续向蒋管区进攻，许多城市必将继续解放，城市居民特别是工人的粮食及为恢复工业继续开工所必需的原料，就要成为严重的问题，因此恢复和发展农业生产，增产商品粮食和工业原料作物，就成为刻不容缓的任务了。

在土地改革已经进行，尚未完成的地区，应分别不同情况，适当调剂土地。这是必需要做的，但应根据中共中央所重新颁布的一九三三年划阶级文件，划定阶级成分。在这些地区进行土地改革，也只应采取比较和缓的、稳妥的办法，抽出地主富农封建的、半封建的土地财产，调剂给无地少地的贫农、雇农和中农，使所有农民都获得大体上相当于平均数的土地，但要反对绝对平均主义，根据经验，仍可采取中农不动两头平的办法，坚决执行不侵犯中农的政策。

边沿区、游击区和新解放区，除有特殊情况者外（比如过去曾实行过土地改革，而又被地主倒算夺取回去者，比如阎匪"兵农合一"区等），一般应采取减租减息的社会政策和合理负担的财政政策，充分发扬抗日时期团结对敌的经验。这在抗日期间已经证明了，反蒋战争中继续证明着是完全正确的政策；加强反对国民党反动统治的统一战线，开展游击战争，劳力与武力相结合，打击敌人，保卫人民利益。

华北党政各级领导机关，应在全年拿出不少于六个月的时间，组织、领导和扶助群众生产。为了发展生产，必须在自愿结合、等价交换的原则下，继续发展农民的生产合作互助组织。这种合作互助组织，正如毛主席所说一样，是"建设在以个体经济为基础（不破坏个体的私有财产基础）上的劳动互助组织"。把农村的一切劳动力，包括已被分配了土地的地主旧富农在内，尽可能地都组织起来，使全劳动力、半劳动力、辅助劳动力都能在生产上发挥其应有的作用。在男劳动力缺乏的情况下，应大力鼓励并组织妇女参加劳动。但组织生产的合作互助，应从农村实际情况和从需要与可能出发，反对强迫命令，反对包揽一切，反对追求大变工、大互助的形式主义。必须实行农业和副业相结合，以发展生产。熬硝、淋盐、煮蓝、炼铁、采矿、运输、纺织以及编席、编草帽辫、编制竹器等一切群众性的副业，都应给予扶助和奖励。必须改良和提高农业技术，增加和改良农具，选用优良品种，改良耕作方法，繁殖牲畜，蓄积肥料，防除虫害，改良土质，治河防水，兴修水利以及植树造林等。必须尽可能地发放低利无利农贷，以解决农民缺乏资本、工具、牲口、种子等生产资料的困难。改良农贷办法，纠正平均分配的错误方针；同样，也纠正不贷给中农的错误方针，有计划地、有重点地贷给农村从事生产的人们。简化贷款手续，保证全部贷款能很快地到达他们的手里，以免耽误生产。贷款必须有借有还，积累资本，扩大再生产，定期收回，反对只贷不收的恩赐观点。

必须自上而下、自下而上地普遍组织供销合作社，这是把小生产者和国家结合起来的一根经济纽带。国营经济所生产的及由国营贸易机关从国外所贩买回来的（这当然是指必需的机器和肥料等而言）日用必需品及手工工具、农业用具等，可以经过供销合作社尽可能以公道的价格分配给小生产者（首先是社员）；农民、小手工业者的各种生产品和原料，国家贸易机关又可以经过供销合作社去有计划地向农民订货，引导农民增产粮食和工业原料作物，并尽量给农民、小手工业者的生产品和原料找到市场，推销出去；国家所收买的生产品和原料，可以有计划地配给各工厂各城市，也可以出卖和出口。供销合作社应在广大范围内，担任生产者与消费者社会分配的任务，为了使供销合作社能够巩固地组织千百万小生产者和劳动人民，能够以比较低廉的价格供给社员的必需品及以公道的价格收买小生产者的生产品，除其自己努力经营外，国家银行、贸易、交通、税收机关必须给以优待和帮助，且必须使供销合作社在国家统一的经济计划下进行经营。人民政府应即规定合作社章程、业务方针、社员守则等。

第二，是在发展生产、繁荣经济、公私兼顾、劳资两利的总方针下，努力发展工商业。为了实现城市领导乡村，为了继续巩固无产阶级对农民的领导，如果不能恢复和发展工业生产，将是不可能的。但为了恢复和发展工业，特别为了有计划地使城市和乡村、工业品和农业品进行交换，就必须发展商业，轻视商业的观点是错误的。县以上党政各级领导机关，应把提高工农业生产和学会做生意的任务，摆在同等重要的地位。有计划地、有步骤地恢复和发展机器工业、手工业、家庭副业等。人民政府应重申坚决保护工商业不得侵犯的政策。华北区的国营企业，已经居于并将继续居于国民经济的领导地位。应当迅速改善它的经营管理方法，加强它的生产能力，更大地满足人民解放战争和人民生活的需要。反对国营企业中的农业社会主义思想，例如平均主义，救济观点，"贫雇成分论"，分散机器和分散经营等；也反对国营企业中的单纯的资本主义经营方针，例如囤积物资、提高成本、专门以赚钱为目的，各自为政，无政府无纪律状态等。对在新解放区和在新解放城市所新接收的国营工厂、国营商店、银行等的旧有员工，只要不反对新民主主义，并对其工作能够胜任，就应分别录用，给以原职原薪。端正职工运动政策，以发展生产、繁荣经济、公私兼顾、劳资两利为目标，而不以近视的、片面的所谓"劳动者福利"为目标。必须保证工人的适当生活水平，也应适当地照顾到厂方的适当利益，否则对生产不利。规定能够发展生产的工资标准和工资等级，在法律规定的范围内，劳资双方得经协议，自由缔约，决定具体工资。采取切实扶助对国民生计有益的私人的以及合作社的工业的措施，使它们与国营企业共同服务于解放战争和解放区建设事业。比较有计划地组织城市工业和乡村农业副业的有机联系。同时，有计划地恢复铁路，整理河运，修理公路和大车路，以恢复和发展交通运输事业。为了使工业生产能够普遍地、全面地发展，国营工业应该领导私营企业，不应对私营企业放任自流。某些人认为恢复生产，繁荣经济，只能依靠私人企业，用不着国营经济加以领导的说法，是错误的。国营工业的重点，首应放在发展机器制造业、军火工业、重要的工业材料制造工业和化学药品工业，以及在支持战争或人民生活上有迫切需要而为私人力量所不及或其性质不宜于私人经营的工业。所有工业，凡未经法令限制者，都准许私人经营。国营企业可以把自己暂时来不及经营的工矿业，采取国家资本主义的方式，租让给私人或合作社去经营；国营工业并应有计划地供给对国民生计有益的私营工业及合作社工业以必需的机器、原料和动力，使私人工业及合作社得以发展。

国营商业的中心任务是促进和扶植生产。国营商店必须反对单纯追逐利润的资本主义经营方法，应当集中力量克服严重存在着的对于市场的盲目性，有计划地、切实地领导市场，控制对外贸易，沟通和调节广大生产者和消费者的需要，交换工业品和农业品，从而保护他们双方的利益，以便促进生产，稳定物价，使正当的奉公守法的私营商业也有利可图，而对投机操纵的奸商，则予以打击。

在国营商业外，如上所述，并应有计划、有系统、有步骤地组织供销合作社，使它逐渐走到普遍发展，成为国家经济和小生产者之间的桥梁和纽带，这就更能组织领导和促进小生产者的生产。

在贸易政策上，对内贸易，原则上采取自由贸易政策，出入口贸易则应采取正确的管理办法，以保护和发展解放区的新民主主义的经济建设，争取做到经济上的独立自主。精确计算解放区军民的需要，适当的输入和输出，反对放任外来非必需品充斥市场的殖民地观点。

为了发展工商业，国家银行必须有计划地投资国营企业、供销合作社、私人手工业以及一切对国民生计有益的私营工商业。人民政府应宣布欢迎海外华侨和国民党统治区工商业者来解放区投资经营对国民生计有益的工商业，保障其合法营业，不受侵犯。

第三，是改革税制，整顿税收，力求不再加重人民负担。在土地改革已经完成的区域，一律废除农业统一累进税，实行按土地常年应产量计算的比例负担制，并划出一定时间，丈量土地，订正产量，确定分数，以达到农村负担的公平合理。工商业税以不妨碍一切有益于国民生计的工商业发展为原则。农业负担最高不超过全区人口平均的农业总收入的百分之二十；工商业负担除战时特别所得税外，最高不超过以货币计算的纯收入的百分之二十五，以发展经济，保证供给。付款一律在地方税款内，统筹分配，由县政府管理，严禁任何人以任何名目摊派募捐，强迫慰劳等非法行为。

为了进一步建设华北，从明年度起，政府应编制较广泛、较长期的（比如二年）经济建设计划，包括发展国营经济和合作社经济及有计划地帮助对国民生计有益的民族工商业，而以国营经济做领导，以便把华北范围内的整个国民经济，逐渐推向有组织、有计划地发展道路上去。

（三）政治方面

第一，整顿区村级组织，并建立各级人民代表会议，首先是县村人民代表会议。整顿区村级组织，是民主建政的基础。八年抗战和两年解放战争，区村干部做了很多有益于战争和建设的工作，是有成绩和有功劳的。但强迫命令的作风和多占人民土地改革果实的现象，则相当普遍地存在着，其中甚至有少数村干部蜕化变节，违犯法纪，欺压人民，为群众所反对、所痛恨。

我们对区村干部的政策，应该怎样规定？对少数区村干部所犯错误，应该怎样处理？这首先应该分析为什么有些区村干部会犯这样严重的错误？原因何在呢？这曾是由于领导上所加于区村干部的任务过重，甚至使其不能胜任；对区村干部发生了错误之后，又未能及时教育，及时纠正，以便提高其觉悟程度（这又与下面的无政府无纪律状态，事前不请示，事后不报告相联系），平时又没有经常的干部教育工作，加上多年来封建私有社会的恶劣传统影响，许多人由于其所处的社会的恶劣影响，带来了不少的偏私、成见、自私等情绪，反映了一定的没落阶级的坏东西，不可能在短时期内加以肃清。所以对于他们的错误，高级领导机关，教育帮助不够，应负主要责任。但区村干部自身，亦不能辞其咎。特别是贪污蜕化、违反法纪的罪行，他们自身更应负责。因此，整顿区村级组织的基本方针，应该是开展批评与自我批评，采取治病救人的态度，加以争取、改造、教育、团结，而不是一脚踢开，也不是一手包容，相信教育万能。应该是表扬好的，批评坏的，处罚不可救药的。改正一部分区村干部严重地脱离群众的作风，进一步改善区村干部和群众的关系，使他们忠诚为群众服务，积极进行各项建设工作。但是，对作恶多端为群众所痛恨，而又坚持错误、不改正错误或口头改正错误而实际上不改正错误的分子，则必须坚决给以惩处。

华北解放区的政治制度，从来就是民主的，人民从来就有很大的民主，但由于长期的抗日游击战争，形成起来的人民民主制度的形式还不够完备。现在，虽仍是战争环境，但基本地区已巩固地连成一片且不断地扩大，因而应当尽可能地建立人民的经常的民主制度，建立各级人民代表大会，并由它选举各级人民政府。在明年上半年，完成村县人民代表大会及同级人民政府的选举。在各级人民代表大会及人民政府中，特别是县以上的这些机构中，必须使各民主阶层，包括工人、农民、独立劳动者、自由职业者、知识分子、自由资产阶级和开明绅士，尽可能地都有他们的代表参加进去，并使他们有职有权。共产党员有责任在各级人民政府中，在共同的纲领下，和他们民主合作。

在华北人民政府内，设立人民监察机关，以监督、检查、检举并处分政府机关和公务人员的贪污腐化、违法失职，并经常防止和反对脱离群众的官僚主义作风。

建立每年旧历正月初旬村政大检查的制度，实行批评、自我批评，奖励模范，批评或处罚失职贪污及其他不法分子。

第二，在民主基础上所建立的华北人民政府，是华北解放区行政上的统一领导机构,应提高行政效率,加强行政能力,严格执行行政纪律,肃清某些机构中所存在的若干无纪律、无政府的状态,反对地方主义和山头主义。

第三,是厉行政简便民政策。农忙季节,应全力领导、组织群众进行生产,停开对于生产无益的群众会议,停止对于生产无益的各种"运动"。农闲季节,也必须照顾群众副业生产,不可无限制地开会、"运动"。支前战勤必不可免,但应尽量节省民力,要求前方做到战时三兵一夫,平时五兵一夫的比例,并且必须做到精确计算,准时动员,准时解员,后方做到停止一切与战争无关的支差。为此,政府应即重新制颁新的支差条例,革除旧有弊端,以期一方面保证战争需要,另一方面防止浪费民力。

第四,是保障人民的合法的民主自由权利。保障人民的言论、出版、集会、结社、信仰、迁徙、旅行等自由,不得侵犯;保障人民的身体自由和安全,除司法机关和公安机关可依法执行其职务外,任何机关、部队、团体、个人,不得加以逮捕、监禁、审问或处罚;判处死刑的执行,除边沿区,游击区应由行政公署核准外,巩固地区一律须经华北人民政府核准。保障人民的政治权利,凡年满十八岁的华北解放区人民,除精神病患者和依法判决褫夺公民权者外,不分性别、种族、阶级、职业、信仰、教育程度等,一律享有选举权和被选举权。

第五,依据男女平等原则,从政治、经济、文化上提高妇女在社会上、政治上的地位,发挥妇女在经济建设上的积极性。禁止买卖婚姻,男女婚姻自由自主,任何人不得干涉。

第六,依据民族平等原则,保障居住在华北解放区内的蒙、回及其他少数民族,在政治、经济、文化上和汉族享有平等权利,尊重蒙、回民族的宗教信仰和风俗习惯。

外国人在华北解放区居住或游历者,只要尊重中国主权和遵守华北人民政府法令,一律加以保护,并允许其从事合法的文化和宗教活动。

对会门组织及其盲从的群众,采取破除迷信,争取教育和改造的方针。但假借名义,阴谋破坏秩序者,其倡首分子,必须分别罪恶大小,依法惩处。

(四) 文化教育方面

为了适应新民主主义的政治、经济建设,为了支援大规模的解放战争,争取全国胜利,应该有计划、有步骤地努力发展文化教育工作。

首先,应该整顿各级学校教育,按照必要和可能,建立各种正规教育制度。统一制定课程标准，编印适用教材。中小学的学制，大体上，应当暂沿国民党时代的旧制，而在课程上加以必要的改革；同时，补以速成的班次，以便适应不同的需要。普通学校应加强文化学习，减少政治课程、开会、下乡、生产、演剧等课外活动，应尽量减少。克服学校教育中无制度、无纪律的混乱状态和教学效果极端低落的现象。发展小学教育，并于适当时机，逐步推行义务教育。为此，必须普遍开办师范学校、简易师范学校或师范讲习所，以大量培养小学教师。必须适当改善现有中小学教员的生活待遇和政治待遇。为适应需要，应设立各种专科学校，以培养各类技术人才。华北大学除团结和培养专门人才和高级知识分子外，并大量吸收国民党地区大中学生，特别是理工医商农科学生，施以短期训练，使成为各方面的建设干部。

其次，应继续加强社会教育，以提高人民大众的文化水平和政治觉悟。开展群众戏剧工作，专业剧团应有计划地、负责地帮助训练农村剧团，帮助部队、工厂的文娱活动，编制适用的剧本和歌曲。一切革命文艺工作者，应继续深入农村、部队和工厂中去，反映人民战士的英雄气概和劳动人民团结生产的热忱。报纸，特别是地方报纸，应力求通俗化，使能够深入农村、工厂，真正成为人民大众的报纸。乡村中已经存在的黑板报，应予鼓励，与农民生活密切联系起来，使更普遍发展。冬学和民众夜校，应有计划地奖励和扶助。

第三，必须推广卫生行政，欢迎医务人才，团结中西医，提高中医的科学水平，增建医院，增进医药设备，培养妇婴医务干部，有计划地施种牛痘和进行可能的卫生防疫工作，减少人民的疾病和死亡。

最后，在文化工作上，也必须建立广泛的统一战线，团结和教育一切知识分子，共同为华北解放区的建设服务。在土改和整党中，有些地方曾经对知识分子采取了不正确的态度，单纯地看他们的成分，出身，不看他们的思想和能力，因而发生不信任他们，排斥他们的倾向，这是错误的，必须纠正。

（五）关于新解放区与新解放城市的政策

进入新解放的可能巩固地占领的城市后，采取保护和建设的方针。除却一切反动武装力量必须坚决消灭，主要战犯和真正罪大恶极查有实据的反革命罪犯，以及持枪抵抗和继续进行破坏活动分子，必须逮捕和惩处外，其他敌方政府机关、经济机关和文化机关的普通工作人员，一律不加逮捕，人民解放军和人民政府所任命的军事管制委员会应命令他们留在原来的职业岗位上，看守机关、学校、工厂、商店、仓库、资财和文件，听候清理和交代，不得怠职、破坏和损毁、有功者赏，有过者罚，可以留用者一律留用。伪警察和保甲人员也不加以逮捕，应根据具体情况，分别处理。

一切遵守人民解放军和人民政府法令的人民和团体，不论其为劳动者、资本家或地主（包括逃亡地主在内），不论其为经济团体、文化团体或宗教团体，也不论其为中国人或外国人，一律予以保护，其身体和财产不受侵犯。

没收敌方的公共财产，没收蒋、宋、孔、陈四大家族和其他首要战犯的财产，没收真正属于官僚资本的工厂、商店等一切企业，归新民主义国家所有。但在没收前，必须调查确实，并经报告华北人民政府批准。其他一切私人财产和工商业，一律加以保护。一切公私工厂、商店、车站、火车、汽车、医院、银行、仓库、学校、图书、文物、古迹和一切公私财产，严禁破坏、抢掠、偷盗，违者严惩。这些城市中的生产资料除却确实是被官僚资本所强占，并可能发还的民间工商业财产和股份，仍应发还，以利发展生产外，其他一律不得分散，并应尽力保证其继续生产或恢复生产。

为了解除国民党反动政府用恶性通货膨胀所加于人民的灾害，同时，稳定金融，避免经济上的波动和紊乱，华北人民政府在禁止蒋币流通后，应以适当的比值，规定一定的期限，与一定的数额，收兑蒋币。

（选自《华北人民政府法令汇编》第一集，一九四九年版）

中共中央关于废除国民党的六法全书与确定解放区的司法原则的指示

（一九四九年二月）

（一）对国民党六法全书的认识，在我们好些司法干部中是错误的，模糊的。不仅有些学过旧法律的人把它奉为神圣，强调它在解放区也能运用，甚至在较负责的政权干部中也有人认为六法全书有些是合乎广大人民利益的，只有一部分而不是基本上是不合乎广大人民利益的。东北印行的"怎样建设司法工作"中所提到的对六法全书的各种观点不过是一部分明显的例证。

（二）法律是统治阶级公开以武装强制执行的所谓国家意识形态。法律和国家一样，只是保护一定统治阶级利益的工具。国民党的六法全书和一般资产阶级法律一样，以掩盖阶级本质的形式出现，但是实际上既然没有超阶级的国家，当然也不能有超阶级的法律。六法全书同一般的资产阶级法律一样，以所谓人人在法律方面一律平等的面貌出现，但是实际上在统治阶级与被统治阶级之间、剥削阶级与被剥削阶级之间、有产者与无产者之间、债权人与债务人之间没有真正共同的利害，因而也不能有真正平等的法权。因此国民党全部法律只能是保护地主与买办官僚资产阶级反动统治的工具，是镇压与束缚广大人民群众的武器。正因为如此，所以蒋介石在元旦救死求和的哀鸣中还要求保留伪宪法、伪法统，也就是要求保留国民党的六法全书继续有效。因此六法全书绝不能是蒋管区与解放区均能适用的法律。

（三）任何反动法律——国民党六法全书也是一样——不能不多少包括某些所谓保护全体人民利益的条款，这正和国家本身一样恰是阶级斗争不可调和的产物的表现，即反动统治阶级为保障其基本的阶级利益（财产与政权）的安全起见，不能不在法律的某些条文中一方面照顾一下它的同盟者或它试图争取的同盟者的某些部分利益，企图以此来巩固其阶级统治；另一方面不能不敷衍一下它的根本敌人——劳动人民，企图以此来缓和反对它的阶级斗争。因此不能因国民党的六法全书有某些似是而非的所谓保护全体人民利益的条款，便把它看作只是一部分而不是在基本上不合乎广大人民利益的法律，而应把它看作是基本上不合乎人民利益的法律。

（四）我们在抗日时期，在各根据地曾经个别地利用过国民党法律中有利于人民的条文来保护或实现人民的利益。在反动统治下，我们也常常利用反动法律中个别有利于群众的条文来保护与争取群众的利益，并向群众揭露反动法律的本质上的反动性。无疑的，这样做是正确的。但不能把我们这种一时的策略上的行动解释为我们在基本上承认国民党的反动法律，或者认为在新民主主义政权下能够在基本上采用国民党的反动的旧的法律。

（五）在无产阶级领导的工农联盟为主体的人民民主专政的政权下，国民党的六法全书应该废除，人民的司法工作不能再以国民党的六法全书为依据，而应该以人民的新的法律作依据。在人民新的法律还没有系统地发布以前，应该以共产党政策以及人民政府与人民解放军所已发布的各种纲领、法律、条例、决议作依据。目前在人民的法律还不完备的情况下，司法机关的办事原则应该是：有纲领、法律、命令、条例、决议规定者，从纲领、法律、命令、条例、决议之规定；无纲领、法律、命令、条例、决议规定者，从新民主主义的政策。同时司法机关应该经常以蔑视和批判六法全书及国民党其他一切反动的法律、法令的精神，以蔑视和批判欧美日本资本主义国家一切反人民法律、法令的精神,以学习和掌握马列主义——毛泽东思想的国家观、法律观及新民主主义的政策、纲领、法律、命令、条例、决议的办法来教育和改造司法干部。只有这样做才能使我们的司法工作真正成为人民民主政权工作的有机构成部分、只有这样做才能提高我们司法干部的理论知识、政策知识与法律知识的水平和工作能力、只有这样做才能彻底粉碎那些学过旧法律而食古不化的人的错误的和有害的思想,使他们丢下旧包袱,放下臭架子,甘当小学生,重新从马列主义——毛泽东思想及我们的政策、纲领、命令、条例、决议学起,把自己改造成为新民主主义政权下的人民的司法干部;只有这样做他们才能够为人民服务,才能与我们的革命司法干部和衷共济,消除所谓新旧司法干部不团结和旧司法人员炫耀国民党的六法全书和自高自大的恶劣现象。

(六)请你们与政府及司法干部讨论我们这些意见,并把讨论结果报告我们。

(选自《人民司法建设学习文件》)

华北人民政府为废除国民党的六法全书及一切反动法律的训令

(一九四九年四月一日)

令各级政府

兹决定废除国民党的六法全书及其一切反动法律,各级人民政府的司法审判,不得再援引其条文。

国民党的法律,是为了保护封建地主、买办官僚资产阶级的统治与镇压广大人民的反抗;人民要的法律,则是为了保护人民大众的统治与镇压封建地主、买办官僚资产阶级的反抗。阶级利益既相反,因而在法律的本质上就不会相同。

不要以为国民党法律,也有些似乎是保护人民的条文,因而也就值得留恋。要知道国民党统治阶级和世界各国资产阶级一样,为着缓和劳动人民的反抗,不能不假装"公正",掩蔽其阶级专政的实质。这是老虎的笑脸,其笑脸是为着吃人。

不要以为新法律尚不完全,旧法律不妨暂时应用。要知道这是阶级革命。国民党反动统治阶级的法律,是广大劳动人民的枷锁,现在我们已经把这枷锁打碎了，枷锁的持有者——国民党的反动政权也即将完全打垮了，难道我们又要从地上拾起已毁的枷锁，来套在自己的头上吗？反动的法律和人民的法律，没有什么"蝉联交代"可言，而是要彻底地全部废除国民党反动的法律。人民的法律已有了解放区人民相当长期的统治经验，有的已经研究好，写在人民政府、人民解放军发布的各种纲领、法律、条例、命令、决议等规定里，有的正在创造。各级司法机关办案，有纲领、条例、命令、决议等规定的从规定，没有规定的，照新民主主义的政策办理。应该肯定，人民法律的内容，比任何旧时代统治者的法律，要文明与丰富，只须加以整理，即可臻于完备。

旧的必须彻底粉碎，新的才能顺利长成。各级人民政府，特别是司法工作者，要和对国民党的阶级统治的痛恨一样，而以蔑视与批评态度，对待国民党六法全书及欧美日本资本主义国家一切反人民的法律。用全副精神来学习马列主义——毛泽东思想的国家观、法律观，学习新民主主义的政策、纲领、法律、命令、条例、决议，来搜集与研究人民自己的统治经验，制作出新的较完备的法律来。

各级人民政府接到此令后，须深入讨论，业将讨论结果及意见报府，如有疑问，本府当予以解答。

（选自《华北人民政府法令汇编》第一集，一九四九年版）

附　录

山东省人权保障条例

（一九四〇年十一月十一日通过公布施行）

　　第一条　兹为发扬民主，动员全民参战，贯彻法令保障人权之真精神，特根据抗战建国纲领、国民政府法令制定本条例。

　　第二条　凡中华民国国民，无男女、种族、宗教、职业、阶级之区别，在法律上、政治上一律平等。

　　第三条　中华民国人民均享有建国大纲所定选举、罢免、创制、复决之权，但汉奸及褫夺公权者不在此例。

　　抗战前之政治犯不受前项但书之限制。

　　第四条　在不违害抗战范围内，人民有下列之自由：

　　（一）人民有身体与抗日武装之自由；

　　（二）人民有居住与迁徙之自由；

　　（三）人民有言论、著作、出版、集会、结社与通讯之自由；

　　（四）人民有信仰、宗教与政治活动之自由；

　　第五条　前条所列之自由，非根据抗战建国纲领及抗战法令，不得限制之。

　　第六条　人民因犯罪嫌疑被捕拘禁者，其执行逮捕或拘禁之机关，至迟应于二十四小时内移送审判机关。

　　第七条　凡人民因犯罪嫌疑有逮捕之必要者，非持有逮捕状不得逮捕之。

　　县以上政权机关，团以上之军事机关，始有签发逮捕状之权。

　　第八条　区、乡、村政府及各群众团体，除对现行犯及涉有重大嫌疑而有逃亡之虞者外，下得径行逮捕或拘禁。

　　第九条　凡经判处死刑之罪犯，非经主任公署批准后不得执行，若无主任公署之地区，须得专员公署之批准，县政府不得径行执行。

第十条 凡各级政府公务人员违法侵害人民之自由或权利者，除依法惩办外，应负刑事及民事责任，被害人民得就其所受损害依法请求赔偿。

第十一条 本条例解释修正之权属于山东省临时参议会。

第十二条 本条例经山东省临时参议会通过后公布施行之。

（选自一九四二年四月《山东省战时法规政令汇编》，第一辑，第一分册）

陕甘宁边区保障人权财权条例

（一九四一年十一月十七日边区二届参议会通过，
一九四二年二月边区政府公布）

第一条 本条例以保障边区人民之人权财权不受非法之侵害为目的。

第二条 边区一切抗日人民，不分民族、阶级、党派、性别、职业与宗教，都有言论、出版、集会、结社、居住、迁徙及思想、信仰之自由，并享有平等之民主权利。

第三条 保障边区一切抗日人民的私有财产权及依法之使用及收益自由权（包括土地、房屋、债权及一切资财）。

第四条 在土地已经分配区域，保证一切取得土地的农民之私有土地权。在土地未经分配区域，保证地主的土地所有权及债主的债权。

第五条 租佃及债权债务双方，须遵照政府法令实行减租减息、交租交息。一切租佃债约的缔结，须依双方自愿。

第六条 边区人民之财产、住宅，除因公益有特别法令规定外，任何机关、部队、团体不得非法征收、查封、侵入或搜捕。

第七条 除司法机关及公安机关依法执行其职务外，任何机关、部队、团体不得对任何人加以逮捕、审问、处罚，但现行犯不在此例。人民利益如受损害时，有用任何方式控告任何公务人员非法行为之权。

第八条 司法机关或公安机关逮捕人犯应有充分证据，依法定手续执行。

第九条 非司法或公安职权之机关、军队、团体或个人，拘获现行犯时，须于二十四小时内连同证据送交有检察职权或公安机关依法办理，接受犯人之检察或公安机关应于二十四小时内侦讯。

第十条 逮捕人犯不准施以侮辱、殴打及刑讯逼供、强迫自首，审判采证据主义，不重口供。

第十一条　司法机关审理民刑案件，从传到之日起，不得逾三十日必为判决之宣告，俾当事人不受积延讼案。但有特殊情形不能即时审判者，不在此例。

第十二条　司法机关受理民事案件非抗传或不执行判决及有特殊情形时，不得扣押。

第十三条　除戒严时期外，非现役军人犯罪不受军法审判，如军人与人民发生争讼时，刑事案件在侦审完结后，军人交军法处，非军人送司法机关依法裁判，民事诉讼则由司法机关办理。

第十四条　人民诉讼，司法机关不得收受任何费用。

第十五条　被捕人犯之财物非经判决不得没收，并不得掉换或任意损坏。

第十六条　区乡政府对该管区居民争讼事件，得由双方当事人之同意为之调解，如不服调解时，当事人得自由向司法机关告诉，不得拦阻或越权加以任何之处分。

第十七条　区级以下政府对违警以外任何案件，仅可进行侦察及调解，绝无审问、拘留与处决权。

第十八条　边区人民不服审判机关判决之案件，得依法按级上诉。

第十九条　各级审判机关判决死刑案件，已逾上诉期限而不上诉者，须呈报边区政府审核批准，方得执行，但有战争紧急情形不在此限。

第二十条　边区人民曾因反对边区逃亡在外者，自愿遵守边区法令返回边区，一律不咎既往，并受法律之保护。

第二十一条　本条例解释之权属于边区政府。

第二十二条　本条例经陕甘宁边区参议会通过，由边区政府公布施行。

（选自《陕甘宁边区第二届参议会汇刊》，一九四二年版）

冀鲁豫边区保障人民权利暂行条例

（一九四一年十一月二十三日公布）

第一章

第一条　晋冀鲁豫边区政府冀鲁豫边区行署（以下简称行署）为安定

社会秩序，巩固抗日民主根据地，团结抗日民众特颁布本条例。

第二章　保障抗日人民之居住行动自由权

第二条　凡本行政区人民，除汉奸外，皆有居住行动自由权，任何人不得干涉之，但私自移住敌区者例外。

第三条　凡本行政区人民，如有汉奸嫌疑而未经证实者，得由各该人所住村镇乡区长将可疑点立即呈报抗日县政府侦察，不得滥自驱逐或拘捕，违者依法惩办。

第四条　凡在县持有村镇乡区通行证者，各地岗哨验明须放行，不得故意留难；敌区或接近敌区持有通行证者，亦不得故意留难或没收其财物。

第三章　保障人民抗日言论、出版、集会、结社、信仰自由权

第五条　凡本行政区人民，除汉奸及有汉奸嫌疑（尚在考查中者）外，均有抗日言论、出版、集会、结社、信仰之自由权，任何人不得干涉与限制之。但出版刊物及组织结社、集会，须向抗日县政府或专员公署登记立案后，始得出版与组织之。

第六条　各抗日党派在本行政区内均合法存在，人民有自由参加之权利，任何人不得干涉与限制之。

第四章　保障人民生命财产安全及财产买卖自由权

第七条　军队（边区行署委托者例外）与民众团体均无逮捕权，但现行犯、军事犯或敌探例外，亦不得假借任何名义私行拷打、捆绑、审讯、处罚。

第八条　各抗日县政府有直接逮捕权，至于区乡镇村公所，除受抗日县政府命令，均无逮捕权。

第九条　遇有左列情形之一者，抗日部队、区乡村公所及一切人民均得即时逮捕之，但逮捕后不得私自拷打、处罚，须立即送抗日县政府审理。

一、确有汉奸证据唯恐立时逃避者。

二、持械抢劫及行凶者。

三、持毒品、违禁物者。

四、逃逸人犯及在军中之逃兵。

第十条　区公所仅依照规定执行违警罚法，无处罚权；村公所仅有调解权（民事及一切纠纷）及惩戒权（依照各种规约处罚）。

第十一条　抗日县政府仅有依照法律规定之逮捕权及处罚权，无直接之处决权。处决人犯须呈请专员公署复判后，呈边区行署批准，方得执行。

第十二条　凡军队须逮捕军事案件有关系之人犯时，必须通过抗日县政府，不得直接逮捕。

第十三条　如有违犯七、八、九、十、十一、十二各条规定者，不论何人均以反坐论罪。

第十四条　一切拘捕人犯须经法律程序于二十四小时内进行审讯，但在战争情况下例外。

第十五条　凡本行政区人民财产，除属于汉奸者应没收外，一律得保障其安全，如有损害其财产时，得向行署专员公署及抗日县政府控告。

第十六条　凡行政区人民均有自由处理其财产之权，但须依照政府规定办法处理之。

第十七条　本条例之解释权归行署。

第十八条　本条例如有未尽事宜得随时增修之。

（选自《晋冀鲁豫边区法令汇编》上册，一九四四年版）

晋西北保障人权条例

（一九四二年十一月六日晋西北临时参议会修正通过，
一九四二年十一月晋西北行政公署公布）

第一条　为保障人民权利，维护社会秩序，巩固抗日根据地，特根据中华民国约法第二章及晋西北施政纲领制定本条例。

第二条　人民之一切权利，悉以本条例保障之，如有违反者，依法制裁其本人。

第三条　人民之身体，非依法不得逮捕、拘禁、审讯或处罚。

第四条　人民有行动之自由，非依法不得搜查、留难。

第五条　人民有居住之自由，其住所非依法不得侵入、搜索或封锢。

第六条　人民之财产，非依法不得查封或没收。

第七条　商贩运货，非稽征机关或受稽征机关之委托持有稽查证者，不得实行稽查、征税、扣留或没收。

第八条　人民有集会、结社、言论、出版及思想、信仰之自由权。

第九条　军队、民众团体均无逮捕、拘禁、审讯或处罚人民之权，军队逮捕与军事秘密有关人犯时，须通过当地政府或有关机关。

第十条　区公所或村公所除违警案件外，非有县政府之命令，无逮捕人民之权；各级政府（包括公安局）逮捕人犯时，须有正式拘票或证明文件。

第十一条　军队、区公所、村公所、民众团体及人民，遇有下列情形之一者，得实行逮捕，惟须将逮捕之人犯立即交县政府审讯，不得擅自处理：

一、确有证据之汉奸敌探，有逃脱之虞者。

二、持械行凶及窃盗、抢劫者。

三、逃逸之罪犯。

四、带有违禁物品者。

五、弃职潜逃或开小差者。

六、其他现行犯。

第十二条　审讯人犯时，禁用刑讯。

第十三条　死刑须经行署批准后执行之，但敌占区、游击区遇有必须立即处决者，得由专署决定，呈报行署备案。

第十四条　执行死刑，概用枪毙。执行时，须由执行机关公布罪状及判决理由。

第十五条　现役军人犯法，非军事机关不得逮捕，但现行犯由非军事机关逮捕后，须送军事审判机关审理。

第十六条　因犯罪嫌疑被捕者，至迟须于二十四小时内送解该管审判机关，该受理机关须依法于二十四小时内进行审讯，但有特殊情形者，不在此限。

第十七条　审判机关处理民刑案件，自传到之日起，简易案件不得逾十五日，复杂案件不得逾三十日，必为判决之宣告，但有特殊情形者，不在此限。

第十八条　本条例解释权属于行署，修正权属于临时参议会。

第十九条　本条例经临时参议会通过，由晋西北行政公署公布施行之，所有以前之有关法令，一律废除。

（选自《晋西北临时参议会汇刊》）

渤海区人权保障条例执行规则

（一九四三年二月二十一日通过公布施行）

第一条　为提高抗战纪律，保卫社会秩序，具体执行战工会颁布之人权保障条例起见，除地权、政权另有法令规定外，兹就人权、财权应行切实保障方面，制定本规则。

第二条 人民之身体、财产及其他一切之合法自由权利，非有法令的根据，任何部队、机关、团体及群众武装不得任意侵犯。在争夺区或新辟地区，尤严禁以任何名义、借口，乱行捕杀、吊打、掳架、就地处理等破坏政策的举动，违者依其所犯法条加重一半处罚。

前项人民身体、财产之自由，应受法律保障。仅县以上之公安、司法机关得依法审问处理之，其他任何部队、团体及个人，绝对不许越权强行审理处断，违者无效。

在敌后战时紧急情况下，在押犯人如确有充分证据足以证明其应处死刑，或以呈请上级审核死刑尚未复示者，县以上政府于受敌包围或追击中，为脱离危险不得已时，得机动处理之。但须事后立即呈报上级审核，如有违误，应负法定责任。

第三条 关于保障人权、财权之重大犯罪，如有挟嫌诬告、捏造证据或栽赃陷害者，予以反坐处罚。

第四条 人民有犯罪嫌疑，依人权保障条例第七条第二项，有权逮捕之部队（团级以上部队）、机关，应依法定手续，考虑嫌疑轻重，慎重办理，不得轻易逮捕、拘禁，但第六条规定之人犯不在此限。有权部队对被捕之人犯无审判权，应依法速送该管公安、司法机关处理。

逮捕、拘禁时，以有犯罪嫌疑人之本人为限。

所有嫌疑人之家属亲友等，非有共犯或藏匿、故纵等显著情事，不得无故株连，违者仍（应）负法定罪责。

第五条 人民被非法逮捕、拘禁者，得由本人或其亲属向该管各级公安、司法机关声请提审。受声请之机关核准后，应立即通知该逮捕、拘禁机关，于二十四小时内移送，不得拒绝，同时并得通知其上级机关注意监督执行。

第六条 下列人犯，不论何人均得不用捕票径行逮捕之，但须于二十四小时内移送管理公安或司法机关处理之。其因战争环境或特殊事故受阻碍时，得扣除时日计算，逾期不送，以妨害自由论罪。

1. 敌探汉奸罪迹显露，有逃亡之虞者。
2. 现行犯——指犯罪正在实施中，或犯罪后即时发觉者。
3. 准现行犯：

1) 持有凶器、赃物或其他物件，露犯罪痕迹，显可疑为犯罪人者。

2）被人追呼为犯罪人者。

4. 通缉中之犯人——指犯罪后脱逃或藏匿者，曾经通缉有案之嫌疑人。

第七条　除前条所列人犯外，对其他嫌疑人，如认为须直接讯问本人者，应先用传票传唤之；其有逮捕之必要时，须由有权部队或政府之公安、司法机关签发捕票，始得执行。

独立活动之正规营级部队，在与其上级或地方政府隔绝时，对重要人犯示得签发捕票，执行逮捕，但须迅速转送其上级机关或该管地方政府核办，不得自行审理处决。

传票、捕票均须由各该级负责首长亲自签押。其格式另定之。

第八条　执行逮捕要取公正态度，在不妨碍军政机密原则下，应于捕获本人后出示捕票，并告知其最近亲属及该管村长或邻户。

第九条　执行逮捕，必要时得当场径行搜索犯人之身体及附近疑有藏匿赃物之场所。此外其他之搜索，非有搜索令不得为之。

第十条　搜索以获得犯罪证据或没收物为目的，办案负责干部得亲自搜索或发布搜索令，指挥一定人员执行之。前项搜索物件应行带案者，应出立收据，交原主收存。此外任何物品，绝对不许随意携取，并应取具户主及在场证人之甘结，以资证明，违者依法严惩之。

第十一条　搜索时应跟（？）同户主或其他证人在场证明，但特殊情形不在此限。

第十二条　搜索妇女之身体，应令妇女为之，特殊情形例外。

第十三条　执行逮捕及搜索之人员，事后应向主管长官提出报告。

第十四条　逮捕、拘禁之犯人，应即时审讯，至迟不得逾一日。该被捕人犯，如证明无犯罪行为时，应立即释放，并解释安慰之。

第十五条　审讯人犯应从侧面仔细、准确、多方调查事实证据，不得专靠口供定案，严禁刑讯或其他不正当方法逼供骗供，违者以刑法渎职及妨害自由各条，加重论罪。

第十六条　审讯人犯应郑重和蔼，尽量使其自由陈述，并详记笔录，再次讯毕，应当场朗读，令听明无讹后，着其紧接签押或按手印于笔录末行之后，不得事后删略或篡改，或另一白纸令其签押。

笔录须记明审讯期日、地点，亚由主审及记录人员签名盖章。

第十七条　搜索扣押之财物、赃物，除依法应由有权机关裁判批准没收者外，其他物品均应及早发还原主，不得任意扣留或滥权处〔理〕。

第十八条　犯人之看押，应以适当之方法管束之，为防止脱逃得加以戒具，其违犯审讯或看守规则者，经首长批准，得施以有效必要之处罚。

第十九条　看守所对于捕犯，应具体计划，经常施以政治动员及个别感化教育，期其觉悟前非，改过迁善。

第二十条　押犯食粮、菜金及学习、卫生等权利，应按犯人供给标准待遇之，不得加以任何克扣与虐待，病重者应尽量准许保外医治，一般的犯人经准许者亚得接见亲友，收受药品，但须经过监视或检查。

第二十一条　案件审讯终结后，应综合所得证据，具体准确制成判词，向犯人宣告之。除终审级外，如有不服，应准上诉。一经合法上诉，即应检齐卷证，送请上级审判。其判决确定者，由原办机关负责人与行政首长连署，呈请上级审核，非经批准不得执行。凡各级司法机关判处之二年以上徒刑之案件，虽当事人不上诉，其判处机关亦应送请高级审判分处复审。复审机关务将事实与罪行详加审核有无违背政策，分别准驳，并根据具体材料详为指示。

第二十二条　处决犯人尽可能通过群众，由政府依法执行，亚须派科长以上之干部莅场监视，严禁施以残酷野蛮行为。

第二十三条　执行死刑得用枪毙，处决后，除特殊情形外，应立即通知其亲属领尸殓葬，如无尸亲认领，执行机关应负责掩埋之。

第二十四条　凡非病死或发现可疑之尸体，应报告该管公安局检验，非经准许不得掩埋。

如因尸体发现犯罪时，公安局应通知该管司法机关，邀同法医或检验员莅场勘验后，核准掩埋。

第二十五条　盗赃及遗失物所有主不明者，应交公安局布告限期招领，逾期无人承领，除发给拾物人全部或一部分外、应予没收归公。

第二十六条　本规则经渤海区行政委员会决议后公布施行，但须提交同级参议会追认，并呈报山东省行委会备案，修正时亦同。解释权属于渤海行署。

（选自一九四四年四月渤海区行政公署《战时单行法规》）

哈尔滨特别市政府布告

(秘字第二十号)

——为禁止非法拘捕、审讯及侵犯他人人权等行为事

(一九四八年四月十三日)

保障人权本为我民主政府的一贯政策。维护革命后方之治安,贯彻政府法令,严惩反革命分子、敌探分子及破坏分子,建立新民主主义的秩序,亦为我民主政府之一贯方针。现自卫战争日益胜利,后方日益巩固,为发挥后方人力、物力、财力,发展生产,繁荣经济,支援战争,巩固新民主主义国家经济基础,从而逐渐改善人民生活,必须更进一步地建立民主秩序,保障人权。为此,本府除饬令公安局所暨法院严加注意外,特在重申保障人权的命令如下:

一、禁止任何机关、团体、学校、工厂、商店,不按司法手续,召开带有侵犯人权打人罚款等之任何斗争会议。今后一切民刑纠纷,须经本市公安机关或司法机关处理,方为合法,否则被告人有依法拒绝接受及向本府控诉之权。

二、禁止任何机关、团体、学校、工厂、商店拘捕、扣押、审讯、处罚、没收等侵犯人权一切行为,违者概以侵害罪论处。

三、各区街政府暨公安分局所,对民刑案件只有调解仲裁及违警处罚权,如有拘捕之人犯须经判处者,一律于拘捕后连同证件解交市公安局或法院处理,不得擅行处理。

四、为建立传讯、拘捕、搜索手续,防止宵小分子假借名义侵犯人权起见,凡因民刑或特刑案件之必要,须进行传讯、拘捕或住宅之搜索时,其执行职务之人员,必须携带主管之司法或公安机关之传讯、拘捕、或搜索证,且被告人有索阅该项证件之权。无该项证件者,被告人亦得有拒绝其执行职务之权。

五、建立户口检查制度,乃公安机关之专权。非公安机关,任何部门或公安人员皆无检查户口之职责,违者以侵犯人权论处。但公安机关执行上项职务时,在一般情况下,不得于黑夜行之。

六、为维护公共秩序,对现行犯之逮捕,为每个公民之职责,但逮捕后须立即解交就近之公安局所处理,并不得伤害。

(选自一九四八年度哈尔滨特别市人民法院《司法工作资料汇集》)

豫皖苏边区行政公署训令各级政府
切实保障人权，严禁乱抓乱打肉刑逼供

（一九四八年五月）

〔本报讯〕豫皖苏边区行政公署顷训令下属各级政府切实保障人权，原文称：查保障人权，为我解放区建立民主秩序主要政策之一，执行以来，已得到广大人民的拥护与良好的政治影响。惟近来各地政府注意不够，随便抓人，肉刑拷打，侵犯人权等事件屡有所闻，致使某些不了解我之政策者恐惧、逃亡，或参加土顽与我对立。此种现象如不及早纠正，其危害所及将不堪设想！为此，特根据本区情况，明确规定保障人权的具体办法六条如下：

一、县政府无杀人权，倘需处决者，县可将罪犯材料、口供及处理意见报告专署，经专署批准后执行，但现行犯除外（如持枪抵抗及战场作战等）。政治犯的处理，一律须报告行署及军区，专署及县府无处理权。

二、逮捕案犯，地方必须经区以上机关研究批准，禁止乱抓乱捕。

三、部队逮捕案犯，必须有团、营以上的证明文件，通过当地政府后执行；倘有少数人员违犯保障人权的规定，政府应先行说服，说服无效时，可将其人员送回原部队处理。

四、县区地方武装及翻身队（民兵），普遍进行保障人权政策教育，严禁乱抓乱打现象。

五、凡经逮捕之案犯，应以教育启发与搜集材料的方法进行审讯，禁止肉刑逼供以及变相肉刑（如不给饭吃、关禁闭等）。

六、凡按规定逮捕之案犯，区政府扣押一般不得超过四十八小时（两昼夜），如属罪大恶极群众所痛恨者，为了发动群众，必须延长扣押时间时，须经县政府批准。

（选自一九四八年五月十四日《雪枫报》）

修正淮海区人权保障条例

第一条 为切实保障淮海区抗日人民之权利，奠定民主政治之基础，特依据国民政府抗战建国纲领制定本条例。

第二条 凡本区人民除勾结敌伪,破坏抗日,违反政府法令者外,一律依法保护。

第三条 本区人民无阶级、性别、宗教、信仰、地域之分,其政治上法律上的地位一律平等。

第四条 本区人民有信仰、言论、出版、集会、结社、居住、迁移及从事职业之自由。

第五条 本区人民有参加任何□□、部队、机关及自治团体之自由。

第六条 本区人民身体、财产、名誉以及其他权益受侵犯时,均有依据法令向主管机关控诉之权利。

第七条 本区人民非依法律不得逮捕。

区乡政府为保安处逮捕人犯时,应于二十四小时内解送主管司法机关处理之,其因远道不及解送时,至迟不得超过四十八小时。

第八条 本条例经淮海区参议会通过,交由淮海区行政公署施行。

第九条 本条例自公布之日起施行。

(选自淮海区专员公署《淮海区单行法规(草案)》)

第 二 篇

选举法规

第二次国内革命战争时期

中国工农兵会议(苏维埃)第一次全国代表大会选举条例

一、原则

中国工农兵会议（苏维埃）第一次全国代表大会的召集，正在全国重要城市和省区处于严重的白色恐怖之下的时候，正在蒋桂冯阎军阀受着列强帝国主义的指挥，极端残酷地向新生中国工农红军进攻的时候——同时亦正在中国工农红军实行革命的战争——反对国民党军阀的统治和混战，力争全国苏维埃政权胜利的时候。在这种严重情形之下，自然使中国工农兵会议（苏维埃）第一次全国代表大会负起集中一切革命势力，建立中央政府指导机关的伟大使命。因此，这次大会决不是建设的会议，而是斗争的会议。这次大会的组织也必须适合于斗争的需要，必须一方面能够代表全国几万万斗争的群众，别方面又是极活泼极灵敏地适合于军事作战环境的组织，根据这一原则，中央准委会规定大会的选举条例如下：

二、选举权

第一条 凡年满十六岁，不分男女、种族、民族、宗教等的区别，只要具有下列资格之一者即有选举权和被选举权：

甲、一切靠生产劳动或公益事业的服务而生活者，以及替他们管理家务者；

乙、红军士兵、官长；

丙、没有雇用劳动者而用自己的劳力经营小商务或手工业者；

丁、军阀军队中的兵士；

戊、自由职业者（如医生、教师、著作家等）及学生；

己、有上列资格而失业或丧失劳动能力者。

第二条 凡具有下列情形之一者，剥夺其选举权和被选举权：

甲、依赖土地、资本及私产雇用工人、店员及雇农，榨取利润，以及专靠剥削他人劳动为生活者（如地主、厂主、店主、雇用长工的富农及高利贷者等等）；

乙、军阀、官僚、绅士、乡董；

丙、一切公安局、民团的服务职员及其他反革命分子；

丁、一切宗教的服务人（僧、尼、道士、牧师、神甫等）；

戊、患神经病及吸食鸦片有瘾者；

己、苏维埃政府法庭或革命团体宣布有罪而剥夺其公权者。

三、苏维埃区域

第三条 苏维埃区域出席全国代表大会之代表，必须由下列各"特区"工农兵会议全区代表大会或全区紧急代表大会选出。

1. 湘鄂赣特区，2. 赣西南特区，3. 赣东北特区，4. 闽粤特区，5. 鄂西湘西特区，6. 鄂豫皖特区，7. 湘南特区，8. 广西特区，9. 琼崖特区。

第四条 此次全国代表大会，在现时情形之下，还是带着紧急大会的性质，故出席代表的人数不能精确地依照人口统计和经常的选举办法，只能大约以二十万人选一代表为准，按此标准，下列各苏维埃特区应当选出下列数目的代表：

	工人	红军	贫民	农民	共计
湘鄂赣边特区	12	10	2	76	100
赣西南特区	9	7	1	58	75
湘西鄂西特区	3	1	1	20	25
湘南特区		1		2	3
广西特区	1	1		3	5
闽粤特区	3	1	1	20	25
赣东北特区	1	1		6	8
鄂豫皖特区	1	1		3	5
琼崖特区		1		2	3
	30	24	5	190	249

这种规定的工人、农民、贫民、红军代表的分配，大约是依照工人占百

分之二十点五,[①] 农民占百分之七十五,红军占百分之十,贫民占百分之二点五之比例。各特区的全区代表大会或紧急代表大会在不违背这一原则下,代表人数可以酌量增加或减少。

四、反动统治区域

甲、大城市

第五条 全国反动统治区域的上海、武汉、天津、广州、香港、青岛、大连、哈尔滨等大城市（大约有三万至五万以上工厂工人的城市）代表的选举方法,分为两种选举,一是工人,一是普通贫民及其他革命的组织。

第六条 各城市的工厂工人——凡是满五百工人的工厂,得在工厂委员会指导之下由全厂工人选出代表一人,不满五百人的工厂,可以联合两个以上的工厂共同选出代表,二千人以上的工厂,可以选出代表二人。

〔注〕工人委员会如未成立,或者成立之后还不够普及到全厂工人时,赤色工会的支部亦应当去努力领导工厂委员会之发展,尽可能的吸引该厂广大群众参加选举,以产生代表。

第七条 各大城市的手工业工人及店员,应按照职业选举——每一职业的手工工人或店员,在赤色工会的领导之下选举代表一人,一万人以上职业可选举代表二人。

第八条 贫民协会的组织,如真正有群众者,得选举代表一人。

第九条 其他革命团体如反帝同盟,自由同盟,革命互济会,革命学生会及革命的文化团体等,得酌量情形选举代表一人。

〔注〕以上所说大城市的代表,如果有可能,应当由各工厂、各职业工会、各革命团体,各依照上列标准选出代表后,应设法召集全市代表大会,由各团体将选出代表名单送交通过,成立各该市代表团,并且由代表大会讨论通过该市代表的意见书,以便带赴全国代表大会。

乙、小城市及乡村

第十条 凡没有工厂工人的县城,应当和乡村共同组织选举区。其中各业手工工人和店员共同选举代表,大县城三人,小县城一人。贫民协会的选举依照第八条办理。

第十一条 各地农民的选举,凡是包含一千人以上的农民协会或农民委员会的乡村,可以选出代表一人,一千人以下者和其他区域合选,超过两千

---

① 应为百分之十二点五。——编者注

人以上酌量情形增加。

丙、军阀军队中的士兵

第十二条 反动军队里的士兵委员会，得酌量当地情形选出代表。

五、附则

中央准备委员会应依照本条例，另定苏维埃区域及反动统治区域的具体选举条例。

（选自一九三〇年十月八日至十一日《红旗日报》）

中国工农兵会议（苏维埃）第一次全国代表大会苏维埃选举暂行条例

第一章 通则

第一条 本条例根据全国苏维埃区域第一次代表大会中央准备委员会全体会议通过之全国苏维埃第一次代表大会选举条例制定之。

第二条 各地苏维埃的组织及选举应照本条例执行。

第二章 选举

第三条 凡苏维埃区域的住民，不分男女、种族、宗教，年龄在十六岁以上，具有下列资格之一者，即有选举权及被选举权。

甲、凡靠生产劳动或公益事业服务而生活，以及替他们管理家务者。

乙、红军士兵、官长。

丙、靠自己的劳力经营小商业，或手工业。

丁、自由职业者（如医生、教师、著作家等）及学生。

戊、军阀军队参加革命的士兵。

第四条 凡有下列情形之一者，剥夺其选举权及被选举权。

甲、自己不劳动，依赖土地、资本剥夺（削）他人的劳动为生产（活）者（如地主、工厂主、店主、高利贷者以及雇用长工的富农等。）

乙、军阀、官僚、豪绅等。

丙、在一切反革命组织中服务的职员及其他反革命分子。

丁、一切宗教的服务人（僧、尼、道士、牧师、神甫等）。

戊、患神经病者及吃鸦片有瘾者。

己、经苏维埃政府法庭宣布剥夺公权及革命团体开除者。

第三章　苏维埃全国代表大会的选举

第五条　苏维埃区域出席全国苏维埃代表大会之代表，每住民二十万人，选举代表一人。

第六条　出席苏维埃代表大会代表〔的〕社会成分，须工人占百分之十五至二十，红军占百分之十至十五，农民占百分之六十至七十，贫民占百分之五。

（附注）苏维埃全国代表，特别市与各省（现在之特区）同样直接选举代表出席，凡是产业工人在三万以上之城定为特区，其选举法另定之。

第四章　特区（如湘鄂赣特区，赣西南特区等）苏维埃的组织及选举

第七条　特区苏维埃代表大会由所属之县苏维埃代表大会于住民每十万人中选举代表一人，及独立市有（五千工人以上之市）苏维埃代表大会于选民每一千人中选举代表一人组织之，特区代表大会之代表总数，至多不得〔超〕过二百五十人。

（附注）如照此比例数应选举之代表，超过规定之代表总数时，即应以规定之代表总数为标准。

住民选举代表一人以下各县选举，如超过规定之代表总数，特照此例办理。①

第八条　特区苏维埃代表大会的成分，在县苏维埃大会所选出者，须工人占百分之十五至二十，红军占百分之五至十，农民占百分之六十五至七十五，贫民及其他占百分之五。

在独立市代表大会所选出的，须工人占百分之五十至六十五，红军占百分之二十至二十五，贫民占百分之十五至二十五。

第九条　特区苏维埃代表大会选举执行委员三十人至五十人，组织执行委员会，并由执行委员会举出常务委员九人至十三人，经常地管理全特区的政务，每三月间（？）开执委会一次，审查常务（委员）会的工作，并讨论全特别（？）区一切立法及行政的重要事件，每年开代表大会一次，并改选执行委员。

---

① 原文如此，疑有脱漏。——编者注

第十条 特区苏维埃代表大会，为全特区最高政权机关，在闭会期内，其最高权力属执行委员会。

第十一条 特区执行委员会执行一切政务，须服从中央政府的指挥和命令，并对特区代表大会负责。

第五章 县苏维埃的选举与组织

第十二条 县苏维埃代表大会由所属之各区苏维埃代表会议于住民每三千人中选举代表一人及独立镇（在工人五百人以上之镇）在工农兵会议每百人中选举代表一人，红军每百人选举代表一人组织之，代表总数至多三百人。

第十三条 县苏维埃代表大会代表的社会成分，由区苏维埃大会选出者，须工人占百分之十至十五，农民占百分之八十五至九十；由独立镇选出者，工人占百分之七十至八十，农民占百分之二十至三十。

第十四条 县苏维埃代表大会应选举执行委员二十一至三十一人，组织执行委员会，举出常务委员七人至九人，经常处理全县的政务，每月开执行委员会一次，审查常务委员会的工作，并讨论全县的立法行政重要事件，每六〔个〕月可开代表大会一次，并改选执行委员。

第十五条 县苏维埃代表大会为最高政权机关，在代表大会闭幕期内，其最高权力属于执行委员会。

第十六条 县苏执行委员会执行一切政务，须服从上级苏维埃的指挥和命令，对于县代表大会负责。

第六章 独立市苏维埃选举及组织

第十七条 独立市苏维埃代表大会，由市区工农兵会议（苏维埃）于选民至少每一百人中选举代表一人组织之。代表总数至多一百五十人，代表的社会成分的比例，须工人占百分之七十五至八十五，贫民及其他占百分之十五至二十五。

第十八条 市苏维埃代表大会应选举执行委员十三人至二十一人，组织执行委员会，并由执行委员会选举常务委员五人至七人，经常处理全市政务。每月开执行委员会一次，审查常务委员会的工作，并讨论全市一切行政重要事件，每六〔个〕月开代表大会一次，改选执行委员。

第十九条 独立市苏维埃代表大会为全市最高政权机关，在闭会期内，执行委员会为最高政权机关。

第二十条 独立市执行委员会执行一切政务，须服从上级苏维埃的指挥和命令，并对全市苏维埃代表大会负责。

第七章 市区苏维埃的选举及组织

第二十一条 市区工农兵会议的代表，由该区工厂大会，手工业工人、店员、各业工人大会于农（选）民每五十人选举代表一人，贫民及其他群众大会，每选民一百人选举代表一人，代表总数至多五十人，每月开工农兵会议，须六〔个〕月改选一次。

第二十二条 市区工农兵会议，选举常务三人至五人，处理全市政务，须服从上级苏维埃的指挥和命令，对全区苏维埃代表大会负责。

第八章 县区苏维埃的选举与组织

第二十三条 县区苏维埃代表大会，由该县区的苏维埃代表大会于住民每五百人中选举代表一人组织之，代表总数至多一百人，其代表〔的〕社会成分，农民占百分之八十五，工人占百分之十五。

第二十四条 县区苏维埃代表大会，应选举执行委员十五人至二十一人，以组织执行委员会，常务委员五人至七人，经常处理全区政务。每两星期开执委会一次，审查常务委员会的工作，并讨论区的立法行政一切事项，每六〔个〕月开代表大会一次。

第二十五条 县区苏维埃代表大会，为全区政权最高机关，在闭会期内，其最高政权属于执行委员会。

第二十六条 县区执行委员会执行一切政务，并须服从上级苏维埃〔的〕指挥和命令，并对全区苏维埃代表大会负责。

第九章 独立镇苏维埃的选举与组织

第二十七条 独立镇工农兵会议的代表，由该镇工厂工会，手工业工人、店员、各业工人大会每选民五十人选举代表一人，贫民大会每选民一百人选举代表一人组织之，代表总数至多五十人，每月开工农兵会议一次，每六〔个〕月改选一次。

第二十八条 独立镇工农兵会议选常务委员三人至五人，经常处理全镇政务，并须服从上级苏维埃的指挥和命令，对全镇工农兵会议负责。

第十章 乡（或相当于乡的地域）苏维埃的选举与组织

第二十九条 乡苏维埃代表大会，由所属各村苏维埃于住民每百人中选举代表一人组织之，代表总数至多五十人，其社会成分，须工人占百分之十五，农民占百分之八十五。

第三十条 乡苏维埃代表大会须选举代表五人至七人，组织执行委员会，并由执行委员会选出常务委员三人至五人，处理全乡政务。每两星期开执行委员会一次，审查常务委员会工作，讨论全乡立法行政事务，每六月〔个〕开代表大会一次，改选执行委员。

第三十一条 乡苏维埃代表大会为全乡最高政权机关，闭会期内，最高政权属于执行委员会。

第三十二条 乡苏执行委员会，执行一切政务，须服从上级苏维埃的指挥和命令，并对全乡苏维埃负责。

（附注）中国农村组织与行政区分极为复杂，因此各地乡之组织大小，极不一致，本节的规定系就大乡而言，即在乡之下尚有村之组织者。如系小乡，即在乡之下无村之组织者，那么苏维埃的选举及组织，应适用下章村苏维埃选举及组织的规定。

第十一章　村苏维埃的选举与组织

第三十三条 村苏维埃工农兵会议，由村民众大会直接举九人至二十一人代表组织之，农村工人（雇农劳动等）代表须占总数百分之十。由农村工农兵会议选出书记一人或常务委员三人，经常处理全村政务，每星期开村苏维埃代表大会一次，每六〔个〕月开村民代表大会一次，并改选村苏维埃。

第三十四条 全村民众大会为全村最高政权机关，在闭会期间，属于村工农兵会议。

第三十五条 村苏维埃处理一切政务，并须服从上级苏维埃的指挥和命令，并对村民众大会负责。

（附注）1. 不满三十户之村，须联合两村以上组织村苏维埃。

2. 农村工人，系指被雇用的劳苦者；如自己有工具的手工业者，不属于农村工人。

（选自闽北分区革命委员会翻印件）

中国工农兵会议(苏维埃)第一次全国代表大会苏维埃区域选举暂行条例

(一九三〇年九月二十六日)

第一章 通则

第一条 本条例根据全国苏维埃第一次代表大会中央准备委员会全体会议通过之全国苏维埃第一次代表大会选举条例制定之。

第二条 各地苏维埃的组织及改选应依照本条例执行。

第二章 选举权

第三条 凡苏维埃区域的住民,不分男女、种族、宗教,年满十六岁以上具有下列资格之一者,即有选举权与被选举权:

甲、凡靠生产、劳动或公益事业服务而生活,以及替他们管理家务者。

乙、红军兵士、官长。

丙、靠自己的劳力经营小商业或手工业者。

丁、自由职业者(如医生、教师、著作家等)及学生。

戊、军阀军队参加革命组织的兵士。

第四条 凡有下列情形之一者,剥夺其选举权及被选举权:

甲、自己不劳动,依赖土地、资本剥削他人的劳动为生活者(如地主、工厂主、店主,高利贷者,以及雇用长工的富农等)。

乙、军阀、官僚、绅士。

丙、在一切反革命组织中服务的职员及其他反革命分子。

丁、一切宗教的服务人(僧、尼、道士、牧师、神甫等)。

戊、患神经病及吸食鸦片有瘾者。

己、经苏维埃政府革命法庭宣布剥夺公权及革命团体开除者。

第三章 苏维埃全国代表大会的选举

第五条 苏维埃区域出席全国苏维埃代表大会的代表,由各特区苏维埃代表大会选举之,每住民二十万人选举代表一人。

第六条 出席全国苏维埃代表大会代表的社会成分,须工人占百分之十五至二十,红军占百分之十至十五,农民占百分之六十至七十,贫民及其他占百分之五。

（附注）苏维埃全国代表大会上，特别市与各省（现在之特区）同样直接选举代表出席。凡是产业工人在五万以上之城市，定为特别市，其选举方法另定之。

第四章 特区（如湘鄂赣特区，赣西南特区等）苏维埃的组织及选举

第七条 特区苏维埃代表大会，由所属之县苏维埃代表大会于住民每十万中选举代表一人及独立市（有五千工人以上之市）苏维埃代表大会于选民一千人中选举代表一人组织之，特区代表大会之代表总数，至多不得超过二百五十人。

（附注）如照此比例数应选举之代表超过规定之代表总数时，即应以规定之代表总数为标准，重新规定若干住民选举代表一人。以下各级选举如超过规定之代表总数时，均照此例办理。

第八条 特区苏维埃代表大会的社会成分，在县苏维埃大会所选出者，须工人占百分之十五至二十，红军占百分之五至十，农民占百分之六十五至七十五，贫民及其他占百分之五。

在独立市苏维埃代表大会所选出的，须工人占百分之五十至六十五，红军占百分之二十至三十五，贫民占百分之十五至二十五。

第九条 特区苏维埃代表大会选举执行委员三十人至五十人，组织执行委员会，并由执行委员会选出常务委员九人至十三人，经常处理全特区的政务。每三〔个〕月开执行委员会一次，审查常务委员会的工作，并讨论本特区一切立法行政的重要事件。每年开代表大会一次，并改选执行委员会。

第十条 特区苏维埃代表大会，为全特区最高政权机关，在闭会期内，其最高权力属于执行委员会。

第十一条 特区执行委员会执行一切政务，须服从中央政府的命令，并对全特区代表大会负责。

第五章 县苏维埃的选举与组织

第十二条 县苏维埃代表大会由所属之各区苏维埃代表大会于每住民至少三千人中选举代表一人及独立镇（有工人五百人以上之镇）工农兵会议于每住民百人中选举代表一人，红军每五百人选举代表一人组织之，代表总数至多二百人。

第十三条 县苏维埃代表大会的社会成分，由区苏维埃代表大会选出

者，须工人占百分之十至十五，农民占百分之八十五至九十；由独立镇选出者，工人应占百分之七十至八十，农民占百分之二十至三十。

第十四条　县苏维埃代表大会应选举执行委员二十一人至三十一人，组织执行委员会，并由执行委员会举出常务委员七人至九人，经常处理全县政务。每月开执行委员会一次，审查常务委员会的工作，并讨论全县的立法行政重要事件。每六〔个〕月开代表大会一次，并改选执行委员会。

第十五条　县苏维埃代表大会为全县最高政权机关，在代表大会闭会期间，其最高权力属于执行委员会。

第十六条　县执行委员会，执行一切政务，须服从上级苏维埃的指挥和命令，对于县苏维埃代表大会负责。

第六章　独立市苏维埃的选举及组织

第十七条　独立市苏维埃代表大会，由市区工农兵会议（苏维埃）于选民至少每百人中选举一人组织之。代表总数至多一百五十人。代表的社会成分的比例，须工人占百分之七十五至八十五，贫民及其他占百分之十五至二十五。

第十八条　市苏维埃代表大会应选举执行委员十三人至二十五人，组织执行委员会，并由执行委员会举出常务委员五人至七人，经常处理全市的政务。每两星期开执行委员会一次，审查常务委员会的工作，并讨论全市立法行政的重要事件。每三〔个〕月开代表大会一次，并改选执行委员会。

第十九条　独立市苏维埃代表大会为全市最高行政机关，在闭会期内，执行委员会为最高政权机关。

第二十条　独立市执行委员会，执行一切政务时，须服从上级苏维埃的指挥和命令，并对于全市苏维埃代表大会负责。

第七章　市区苏维埃的选举及组织

第二十一条　市区工农兵会议的代表，由该区工厂大会，手工业工人、店员各业工人大会于选民五十人选举代表一人，贫民及其他群众大会每选民一百人选举代表一人组织之。代表总数至多五十人。每月开工农兵会议一次，每六〔个〕月改选一次。

第二十二条　市区工农兵会议，选举常务委员三人至五人，处理全区政务，须服从上级苏维埃的指挥和命令，对全区苏维埃会议负责。

第八章　县区苏维埃的选举及组织

第二十三条　县区苏维埃代表大会，由该县区所属之各乡苏维埃代表大会于住民每五百人选举一人组织之。代表总数至多一百人,其社会成分农民占百分之八十五,工人占百分之十五。

第二十四条　县区苏维埃代表大会应举执行委员十五人至二十一人,组织执行委员会,并由执行委员〔会举常务委员〕五人至七人,经常处理全区政务。每两星期开执行委员会一次,审查常务委员会的工作,并讨论全区的立法行政事项,每六〔个〕月开代表大会一次,并改选执行委员会。

第二十五条　县区苏维埃代表大会为全区最高政权机关,在闭会期间,其最高政权属于执行委员会。

第二十六条　县区执行委员会执行一切政务,须服从上级苏维埃的指挥和命令,并对全区苏维埃代表大会负责。

第九章　独立镇苏维埃的选举及组织

第二十七条　独立镇工农兵会议的代表,由该镇工厂大会,手工业工人、店员各业大会,每选民五十人选举代表一人,贫民大会每选民一百人选举代表一人组织之。代表总数至多五十人,每月开工农兵会议一次,每六〔个〕月改选一次。

第二十八条　独立镇工农兵会议选举常务委员三人至五人,经常处理全镇的政务,服从上级苏维埃的指挥和命令,对全镇工农兵会议负责。

第十章　乡(或相当于乡的地域)苏维埃的选举及组织

第二十九条　乡苏维埃代表大会由所属各村苏维埃于住民每百人中选举代表一人组织之,代表总数至多五十人,其社会成分须工人占百分之十五,农民占百分之八十五。

第三十条　乡苏维埃代表大会应选举执行委员七人至十三人组织执行委员会,并由执行委员会举出常务委员三人至五人,处理全乡政务。每两星期开执行委员会一次,审查常务委员会的工作,并讨论全乡立法行政事项。每六〔个〕月开代表大会一次,并改选执行委员会。

第三十一条　乡苏维埃代表大会为全乡最高政权机关,闭会期间,最高政权属于执行委员会。

第三十二条　乡执行委员会执行一切政务,须服从上级苏维埃的指挥和命令,并对全乡苏维埃代表大会负责。

(附注)中国农村组织与行政区分极为复杂,因此各地乡之大小极不一致,本节的规定,系就大乡而言,即在乡之下尚有村之组织者。如系小乡即在乡之下无村之组织者，那么，苏维埃的选举及组织，应适用下章村苏维埃的选举及组织的规定。

第十一章 村苏维埃的选举及组织

第三十三条 村苏维埃工农兵会议，由村民众大会直接选举九人至二十一人的代表组织之，农村工人（雇农、苦力等）代表须占总数百分之十。由农村工农兵会议选出书记一人或常务委员三人，经常处理全村政务。每星期开村苏维埃会议一次，每六〔个〕月开村民（众）大会一次，并改选村苏维埃。

第三十四条 全村民众大会，为全村最高政权机关，在闭会期间，属于工农兵会议。

第三十五条 村苏维埃执行一切政务，并须服从上级苏维埃的指挥和命令，并对村民众大会负责。

（附注）一、不满三十户之村，须联合两村以上组织村苏维埃。

二、农村工人系指被雇用的劳动者；如自己有工具的手工业者，不属于农村工人。

（附表）说明：旁记阿拉伯数字，表明解释该级选举的第几章。

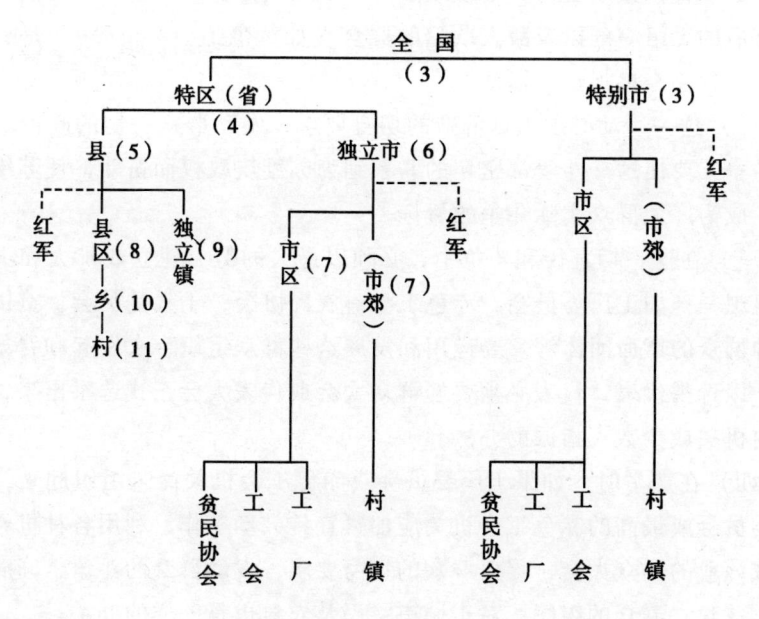

```
                      全 国
                       (3)
         ┌─────────────┴─────────────┐
      特区（省）                   特别市(3)
        (4)                    ┌─────┴─────┐
    ┌────┴────┐                │         红军
   县(5)    独立市(6)           │
  ┌─┴──┐    ┌─┴──┐         ┌───┴───┐
 红   县   独  市   红       市区  （市郊）
 军   区(8) 立  区(7)军
          镇(9)  （市郊）(7)
       乡(10)
       村(11)

   ┌──┬──┬──┐        ┌──┬──┬──┐
  贫 工 工 村         贫 工 工 村
  民 会 厂 镇         民 厂 会 镇
  协                 协
  会                 会
```

中国工农兵会议（苏维埃）第一次全国代表大会反动统治区域选举法公函

(一九三〇年九月二十六日)

各准备委员会、各群众革命团体：

本会全体会议决定于本年十二月十一日召集全国苏维埃代表大会，并通过召集大会的布告及选举条例，均经本会公布。它要建立中华苏维埃共和国，产生全国苏维埃的临时中央政府，以集中革命的势力和统一全国革命的政权和法令。因此，全国工农贫民广大的群众，必须全体动员起来，拥护全国代表大会，参加大会的准备工作和选举运动。

关于全国的（苏维埃区域与反动统治区域的）准备工作及选举办法，除全体会议通过之大会选举条例及各级准备委员会组织大纲外，兹特更具体的指示反动统治区域内之选举办法如下，望即依照切实执行为要。

（一）在选举运动中，必须向广大群众作苏维埃政权及此次大会的宣传鼓动，这一宣传鼓动工作，不仅限于有组织的或是进步的群众，特别是要普遍到落后的无组织的以及敌人欺骗的群众（如黄色工会会员等），是要动员他们也一致起来参加这一运动。

（二）这一运动必须根据群众的切身要求，发动群众一切的政治的和经济的斗争，要使这一斗争都密切的联系到为苏维埃政权而奋斗，使苏维埃的宣传，成为广大群众实际斗争的目标。

（三）在这一切宣传和斗争中，必须以最大的努力建立或扩大和巩固群众的组织——如工厂委员会，赤色工会，农民协会，士兵委员会，贫民协会及各种群众的革命团体等。要运用和发展这些群众组织，去发起和召集群众大会，以选举代表。代表必须要经群众大会或代表大会正式选举出来，绝对禁止由机关或少数人指派的办法。

（四）在选举时，如果工厂委员会或赤色工会机关尚未组织起来，当地准备委员会或最高的赤色工会机关应加紧宣传鼓动工作，利用各种机会号召该厂或该业的群众大会，提出群众的切身要求，发动群众的斗争，同时选举代表，并建立群众的组织，对于城市贫民及农村也是一样的办法。

（五）这一选举运动应当尽量普遍和扩大，使每个劳动群众都起来参加，以深入群众，巩固群众对苏维埃政权的信念。如果某一城市或区域选出的代表超过规定的人数时,可以设法集合开代表大会,举行复选正式代表,成立代表团,应讨论提出(交)全国大会的意〔见〕书。

(六)依照全国情形及交通关系,决定反动统治区域赴大会的代表至多一百人,其成分工人代表七十人,农民代表十六人,士兵代表八人,贫民团体及革命团体代表各三人。

工人代表的分配系按照全国重要城市有巨量产业工人及海员、铁路、矿山工人的数量及城市工作发展情形为比例决定。农民代表的分配,系照农民斗争的发展过程而决定。

依照上述原则,兹决定代表分配数如下表:(略)

各省市区域应按照上列办法及代表人数,于十一月一日以前选出,接到本会通知后,代表即应依照规定时间到达指定的地点,是为至盼。

中华苏维埃共和国的选举细则

(一九三一年十一月中央执行委员会第一次全体会议通过)

第一章　总则

第一条　为中华苏维埃共和国境域内选举手续上的统一起见,根据宪法第七十三条至八十四条关于选举的规定,特颁布本选举细则。

第二条　本选举细则在中华苏维埃共和国境域内都发生效力。

第三条　中央执行委员会有停止和修改本细则之权。

第四条　本细则如发生疑问或在执行上发生争执时,解释之权属于中央执行委员会。

第二章　选举权和被选举权

第五条　根据宪法第七十三条的规定,居住在中华苏维埃共和国领土内的人民,凡年满十六岁的,无论男女、宗教、民族的区别,对苏维埃有选举权和被选举权,但以下列几种人民为限:

(一)一切不剥削他人劳动的人民,如雇佣劳动者、农民、独立劳动者、城市贫民及他们的家属。

(二)中华苏维埃共和国海陆空军中服役的人。

(三)以上两种人民中"在现时不能工作或失业的人"。

第六条 根据宪法第七十四条之规定，犯有下列各条之一的人民，没有选举权和被选举权：

（一）剥削他人劳动的（富农包括在内）。

（二）靠土地、资本的盈利为生而自己不劳动者。

（三）商人资本家及其代理人、中间人和买办。

（四）各宗教的教师、牧师、僧侣、道士、地理阴阳先生及一切以传教为职业的人。

（五）国民党及其他反动政府的警察、侦探、宪兵、官僚、军阀，及参加反对工农利益的反动派。

（六）有神经病的人。

（七）经法庭判决有罪，而在犯罪期间的人。

（八）一、二、三、四、五各项人的家属。

宪法第七十五条又规定如下："本宪法第七十三条所列举的三种人民之一，而犯有七十四条各项之一的，也同样没有选举权和被选举权。"

第三章　办理选举的机关

第七条 根据宪法第七十六条的规定，办理选举的机关列举如下：

（一）在城市地方，由城市苏维埃组织选举委员会进行之，委员人数不得超过九人。

（二）在农村地方，由区执行委员会组织全区的选举委员会进行之，委员人数不得超过十一人。

第八条 在大的城市和大的区，在城市选举委员会和区选举委员会之下，得设立选举委员会分会，在选举委员会总会的指导之下进行工作。

第九条 选举委员会的委员，须由城市苏维埃及区执行委员会报告县执行委员会审查，再由县执行委员会报告省执行委员会或它的主席团批准并委任之，但以该地方的居民为合格，在特别情形中，可由上级政府派该地居民以外的人去。

第十条 城市苏维埃和乡苏维埃的主席，不得为选举委员会的委员和主席。

第四章　选举的手续

第十一条 未开始选举的两星期前，须实行选民登记。

第十二条 选民登记员可由选举委员会指定专人进行之。有组织的人民可经过该组织而进行之，无组织的人民可雇佣专人进行之。

第十三条　登记时须按照中央执行委员会所规定之选民登记表而填写之。

第十四条　登记完了后，须将选民的登记表汇送选举委员会。

第十五条　登记结束后，须由选举委员会宣布该区域内的选民总数并应选举的代表人数。

第十六条　在未开始选举前，选举委员会经过城市苏维埃或执行委员会须将被剥夺了选举权的人的名单公布。

第十七条　选举委员会须先向各地区、各团体、各企业公布开选举大会的地点和日期。

第十八条　在城市里，须以生产为单位，进行选举；那些不能以生产为单位进行选举的人，则按区域指定地点，开选举大会。工人和劳动者的家属，则与其本人在同一处地方参加选举。在乡村里以村为单位开选举大会，小的村可合几个村为一起而开选举大会。

第十九条　登记后有选举权的选民，选举委员会须给他一张选举通知书，通知他在什么时候什么地方开选举大会，选民取得这张通知书之后才能进选举的会场。

第二十条　选举委员会有权借用任何公共场所或私人房子，作选举会场。

第二十一条　开选举大会的会场，先由选举委员会布置好，进选举会场的门口须指定专人登记，执有选举通知书的人才许他进会场。

第二十二条　选举大会的主席团由三人组成之，两人由选举大会推选，其余一人则为选举委员会的主席或全权代表，并另选书记一人，以担任选举时的记录。

第二十三条　选举大会主席团的主席，一定由选举委员会的主席或全权代表担任之。

第二十四条　选举大会宣布开会后，主席须宣布到会人数是否合法。

第二十五条　选举大会的议事日程规定如下：

（一）选举委员会的主席或全权代表根据宪法第七十三条、七十四条和七十五条的规定，宣布什么人有选举权和被选举权，什么人被剥夺选举权和被选举权。

（二）选举正式代表。

（三）选举候补代表。

（四）通过选民委托代表带去的提案。

第二十六条 选举大会的记录、到会登记表及一切与选举有关系的文件，都汇送选举委员会，以备选举结束后的审查。

第二十七条 选举大会的记录，必须主席团的全体及书记签字。

第二十八条 以该选民大会参加选举的选民半数以上到会就可开会。

第二十九条 倘若到会的选民人数不足法定人数时，须宣布延会，由选举委员会再定期重新召集，在重新召集选举大会的情形中，选举通知书须重新发给。

第三十条 倘若第二次选举大会再不足法定人数而延会，则第三次所召集的选举大会无论足法定人数与否，一样可开始选举，选举出应产生的代表人数。

第三十一条 选举不用书面投票，而以举手来付表决，以举手的多数者当选。

第三十二条 提候选人的姓名，用个别的或用整个的名单来提，可随大会多数选民的主张。

第三十三条 正式代表与候补代表不得同时提出付表决，必须先选举完了正式代表，再选举候补代表。

第五章　各级工农兵苏维埃代表产生的手续及代表与居民人数比例

第三十四条 工农兵乡苏维埃的代表，由全乡的选民大会选举出来，每居民五十人得选举工农兵乡苏维埃的代表一人。

第三十五条 工农兵城市苏维埃，由全城市的选民大会选举出来，每居民两百人得选举城市苏维埃的代表一人。

〔附注〕工农兵乡和城市苏维埃除正式代表之外，得选举后补代表，其人数以正式代表的五分之一为比例。

第三十六条 由各乡工农兵苏维埃所选举出来的代表组成全区工农兵苏维埃代表大会，代表的人数以每居民四百人得选举代表一人为比例。

第三十七条 由各区工农兵苏维埃代表大会和城市工农兵苏维埃所选举出来的代表组成全县工农兵苏维埃代表大会，代表的人数以城市居民每五百人选举代表一人，乡村居民每一千五百人选举代表一人为比例。

第三十八条 由各县工农兵苏维埃代表大会和省直属市工农兵苏维埃所选出来的代表组成全省工农兵苏维埃代表大会，代表人数以城市居民每五千人选举代表一人，乡村居民每二万五千人选举代表一人为比例。

第三十九条　由各省工农兵苏维埃代表大会和中央直属市工农兵苏维埃所选出来的代表组成中华苏维埃共和国工农兵全国代表大会，代表人数以乡村居〔民〕每五万人选举代表一人，城市居民每一万人选举代表一人为比例。

第四十条　区、县、省工农兵苏维埃代表大会的代表资格，须由各该级苏维埃代表大会组织审查委员会审查之。

第四十一条　凡不足法定选民人数的区域也得选举代表一人，但有发言权无表决权。

第四十二条　属于区苏管辖的工农武装和红军，参加区的苏维埃选举；属于县苏管辖的工农武装和红军，参加县的苏维埃选举；属于省苏管辖的及不属于省苏管辖而在省区域内的工农武装和红军，参加省的苏维埃选举。红军的选举条例，由中央执行委员会另行颁布之。

第六章　基本（城乡）选举之承认、取消及代表之召回

第四十三条　按照宪法和本细则所规定的手续而进行的选举才算合法，须予以承认。

第四十四条　对于选举有不按照宪法和本细则所规定的手续而进行时，选民可向城市苏维埃或区执行委员会控告，该苏维埃政府接到这种控告之后，须即组织委员会审查之。

第四十五条　选举完结后，选举委员会需将选举中的一切文件汇交城市苏维埃或区执行委员会，以备检查。

第四十六条　城市苏维埃区执行委员会接到关于选举的文件后，须组织专门委员会审查之。

第四十七条　发现某部分的选举有不合法选举手续时，取消某部分选举之权属于城市苏维埃和区执行委员会。

第四十八条　若发现全部选举有违反选举手续时，取消选举之权属于上级苏维埃政府。

第四十九条　在选举效力上发生争执时，由城市苏维埃和区执行委员会解决之。

第五十条　中央执行委员会为选举上诉的终审机关。

第五十一条　城市和苏维埃的某一代表若不能执行自己职务，有违反人民的付托或做犯法行为的时候，城市或乡苏维埃得开除之，选民也有召回该

代表之权，并得另行选举，但在这种情形中，须报告上级苏维埃政府审核之。

第七章 选举的经费

第五十二条 办理选举的经费由国库担负之。

第五十三条 各选举委员会，须制定办理选举的预算案，由城市苏维埃或区执行委员会报告县执行委员会批准，由中央执行委员会所拨给的选举经费中支付之。

第五十四条 选举结束后，选举委员会须向城市苏维埃或区执行委员会做财政报告，并制定决算案，由城市苏维埃或区执行委员会报告县执行委员会批准。

第八章 附则

第五十五条 本选举细则自公布之日起发生效力。

中华苏维埃共和国中央执行委员会

主　席　毛泽东

副主席　项　英　张国焘

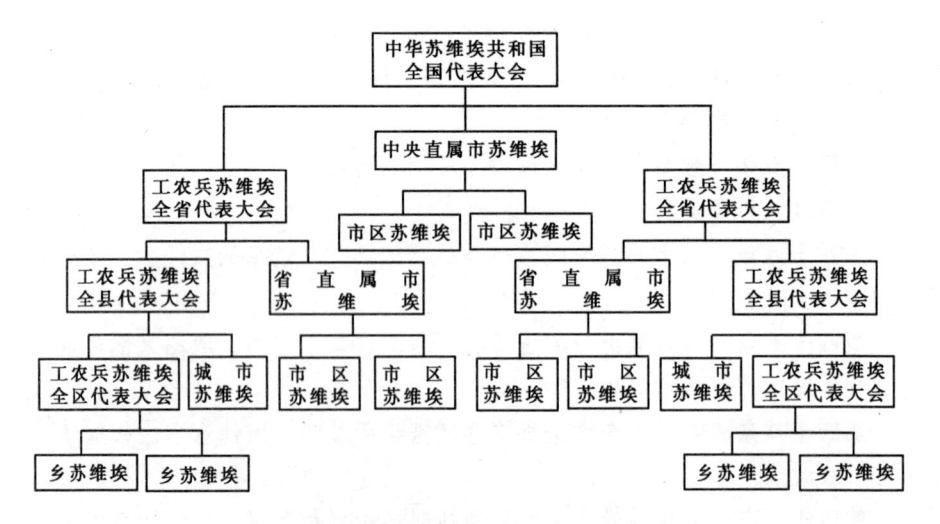

产生苏维埃政权的选举系统图表

（选自湘赣省苏维埃执行委员会《各种法令条例汇集》）

中华苏维埃共和国选举委员会的工作细则

（一九三一年十二月中央执行委员会第一次会议通过）

第一章 总则

第一条 根据宪法第七十六条至七十九条及选举细则各条之规定，为便于选举委员会的工作起见，特另行颁布工作细则。

第二条 中央执行委员会有停止和修改本细则之权，并有解释关于本工作细则的疑问或争执之权。

第三条 本工作细则施行于中华苏维埃共和国的全境内，一切选举委员，都应遵照本工作细则进行工作。

第二章 选举委员会的工作人员

第四条 选举委员会按照选举细则产生之后，委员之间须即速进行分工，每个委质应当担任选举委员会的一部分工作。

第五条 选举委员会的委员不脱离生产，在办理选举期间，可暂时解放他所担负的工作，专门来进行选举工作。

第六条 可酌量任用技术人员，如文书、印刷、登记员之类，但在可能的范围之内，可利用区执行委员会和城市苏维埃的技术工作人员。

第七条 选举委员会可在区执行委员会和城市苏维埃的地方办事，不必另设办事处。

第三章 选举前的工作

第八条 在未开始选举的两星期，得在该区域内实行选民登记。对于登记的工作，如没有组织的选民，选举委员会可任用专门登记员进行之，有组织的选民，可委托该组织的负责人进行之。

第九条 登记须按照中央执行委员会所颁布的选民登记表填写之。

第十条 登记完了之后，须由选举委员会指定委员，组织委员会审查登记表。

第十一条 审查完了以后，须将有选举权的选民名单公布于选民所在地或圩场张贴。

（附注）按照选举细则，应发选举通知书，为便于选举工作起见，故暂改用选民名单的布告。

第十二条 选民名单须在选举大会的三天前发表。

第十三条 在未选举前，须将选民交给代表带去的提案的草案预备出来，且先在选民所在地公布，以便选民预先认识所提出的提案。

第十四条 选举委员会在未开始选举前，应将该区域内各个选举大会的选民总数、应选举的正式代表和候补代表的人数公布（候补代表以正式代表的五分之一为比例，如不及此数也可以选举候补代表一人），并将被剥夺选举权者的名单，经过区执行委员会和城市苏维埃公布。

第十五条 在开选举大会的前三天，须布告开选举大会的地点和时间。

第十六条 须先将会场布置好，看守会场门的人和进会场的登记人预备好，选民进会场时，须按照选民的名单放他们进去。

第四章 选举时的工作

第十七条 无论那〔哪〕个选举大会，选举委员〔会〕的主席或派全〔其〕权代表去出席。

第十八条 由选举委员会的主席或全权代表宣布开会，在宣布开会后，须宣布到会人数是否已足法定人数。

第十九条 选举委员会的主席或全权代表，一定为选举大会的主席。

第二十条 选举大会议事日程的第一项，应由选举委员会主席或全权代表根据宪法第七十三条、七十四条及七十五条之规定，宣布什么人有选举权和被选举权，什么人被剥夺选举权和被选举权。

第五章 选举后的工作

第二十一条 选举委员会须将关于选举的文件（选民登记表、选举大会的记录，进选举会场的登记表等）汇集起来，交给区执行委员会或苏维埃，以备检查。

第二十二条 选举结束后，选举委员会须向区执行委员会或城市苏维埃做选举总结的报告，对于选举委员会所用去的经费，同样须对区执行委员会或城市苏维埃做详细的财政报告。

第二十三条 选举结束之后，选举委员会须将工作结束，所有选举委员所购置的东西，全部交给区执行委员会或城市苏维埃，选举委员会就宣布停止工作。

中央执行委员会　主　席　毛泽东
　　　　　　　　　副主席　项　英
　　　　　　　　　　　　　张国焘

（选自《苏维埃中国》第二集，一九三五年版）

中华苏维埃共和国中央执行委员会训令第七号
——关于加入过反革命组织的自首、自新及被压迫和欺骗而反水的工农（雇农、贫农、中农）分子的选举权和被选举权问题

（一九三二年一月十三日）

　　过去有些工农分子，因为政治认识薄弱而被欺骗加入过AB团、社会民主党、改组派、托洛茨基派及其他的反革命组织，被压迫和受欺骗而反过水的、后来自觉地向苏维埃政府自首，有的被政府逮捕后能忠实的供出反革命的组织而经政府许其自新者，有的被反革命分子所欺骗而加入了反革命的变相组织者，有的被白军压迫而反水出去后来回来的，以上这些加入过反革命组织和反水的工农分子，各级苏维埃政府对于他们剥夺公民权与否，都没有明确的规定，以致当着选举时对他们不好处置，有些地方则把他们排除在选举之外，这于保护工农利益和彻底肃清反革命的组织都〔是〕有妨碍的。因此，本政府特颁发本训令明白规定：

　　凡与下列各条相符合者，应宣布他们仍然有公民权，当选举时仍然与普通工农分子一样可以参加选举，有选举权和被选举权：

　　（一）贫苦工农分子加入过反革命组织（AB团，社会民主党，改组派，托洛茨基派等），觉悟后能向苏维埃政府自首，并将反革命的组织尽所知的报告出来者。

　　（二）贫苦工农分子被反革命分子所欺骗而加入各种反革命的变相组织（如恋爱团，两性合作社，好吃委员会，苗子委员会，一心团，神精团等等），经AB团、社党等招供而被苏维埃政府逮捕后，经过自新期间考察，确实他不是明知这种组织是反革命的，因而不自觉的去加入，乃是为朋友感情关系或一时满足嗜好被欺骗去加入，并且现在已经知道自己被欺骗，因而脱离这种反革命的变相组织者。

　　（三）加入反革命组织（AB团，社会民主党，改组派，托洛茨基派等）的附和的贫苦的工农分子，被捕后能忠实地供出反革命的组织，经苏维埃政

府给他自新，自新期间已满，业已明白自己过去的错误，并在行动上有觉悟表现者。

（四）加入反革命组织的工农分子，被肃反机关逮捕，经审〔问〕释放，而判决公民权的期限已满，并已恢复公民权者。

（五）赤白交界的区域，贫苦工农分子被白匪、团匪等反动派所欺骗和压迫而反水，现在确已觉悟，自知过去的错误，仍努力参加革命工作者。

但是，凡属反革命组织（AB团，社会民主党，改组派，托洛斯茨派等）的反水的主要分子、首领及行动上无诚意悔悟表示的坚决反革命分子，即是贫苦工农，均应剥夺他们的公民权，绝对不能参加选举。

以上规定，一方面是为了保护贫苦工农的政治权利，另一方面是为了用各种方法易于彻底肃清暗藏苏区内的各种反革命组织和阴谋，望各级苏维埃政府遵照执行，并向群众公开宣布为要。此令

主　席　毛泽东
副主席　项　英
张国焘

（选自《肃反令文集》）

中华苏维埃共和国中央执行委员会训令第八号

——关于变更和补充居民与苏维埃代表的比例标准

（一九三二年一月二十八日）

目前中国革命，还正在残酷的斗争中，苏维埃政府若颁布各种条例，首先应当顾到适合目前的斗争的条件与否，应根据这个原则，以颁布各种条例。因此，对于选举细则上所规定的居民与苏维埃代表的人数比例，也要根据这个原则，不应把〔居〕民与代表的人数比例规定得太呆板了。为适合目前革命斗争的环境，保证无产阶级在苏维埃机关内的领导地位，本届的选举居民与代表人数的比例，对于过去所颁布的选举细则，必须略有变更和补充。兹将居民与代表比例的新标准规定如下：

一、乡苏维埃：贫农、中农、独立劳动者等，每五十人得选举正式代表一人；工人、苦力、雇农，每十三人得选举正式代表一人；不足所规定的人数者，也可以选举正式代表一人。

二、直属于县的城市苏维埃：城市贫民和周围所管辖范围内之贫农、中农及独立劳动者，每八十人得选举正式代表一人；工人、苦力、雇农，每二十人得选举正式代表一人，不足所规定的人数者，也可以选举正式代表一人。

三、直属于省的市苏维埃：城市贫民及附近之贫农、中农等，每四百人选举正式代表一人，工人、苦力、雇农，每一百人选举正式代表一人；不足所规定人数者，也可以选举正式代表一人。

四、区苏维埃代表大会，由各乡苏的代表及地方武装的代表所组成，每居民两百人得选举参加区代表大会的正式代表一人。不足所规定人数者，也可以选举正式代表一人。

五、县苏维埃的代表大会，由区代表大会和城市苏维埃所选举出来的代表及地方武装和红军的代表所组成，每乡村居民一千二百人得选举参加县苏维埃代表大会的正式代表一人。代表的成分，工人、苦力、雇农应共占百分之二十五，士兵占百分之三十。每城市居民四百人得选举参加县代表大会正式代表一人，代表的成分，工人、苦力、雇农应共占百分之五十。

六、省苏维埃代表大会，由县代表大会和省直属市苏维埃所选举出来的代表及红军和地方武装的代表所组成，乡村居民每五千人得选举正式代表一人。代表的成分，工人、苦力、雇农应共占百分之二十五，士兵占百分之十。每城市居民二千人得选举正式代表一人，代表的成分，雇农、苦力、工人共应占百分之五十。

各级苏维埃的候补代表以正式代表五分之一为比例，就是每选举五个正式代表，可以增选一个候补代表，正式代表不足五人者也得选举候补代表一人。候补代表参加苏维埃的会议或代表大会，有发言权而无表决权，正式代表缺席时，由候补代表升补。

（附注一）区县省三级苏维埃代表大会的代表，工人、苦力、雇农、红军的代表标准，应在选举代表之前〔确定〕，城苏、乡苏及区县二级代表大会都须注意到工人、苦力、雇农及红军成分。

（附注二）地方武装和红军选举手续，另有地方武装和红军细则规定之。

以上的规定是补充选举细则的缺点，除居民与代表的比例变更外，其余的程序，都应依照选举细则的规定。各级苏维埃政府接到本训令之后，对于本届的选举应即遵照本训令的指示去进行。此令

中央执行委员会主席　毛泽东

副主席　项　英
张国焘

（选自《苏维埃中国》第二集，一九三五年版）

苏维埃暂行选举法

（一九三三年八月九日）

第一章　总则

第一条　凡是中华苏维埃共和国领土内各级苏维埃的选举，一律遵照本法的规定。

第二条　在战争期间，对于红军的选举，在本法上以专章规定之。

第三条　无产阶级是苏维埃革命的先锋队，领导农民推翻地主资产阶级的国民党政权，建立工农民主专政的苏维埃政权。为要加强无产阶级在苏维埃机关的领导，对于居民与代表人数的比例，工人比别的居民要享受优越的权利。

第二章　选举权和被选举权

第四条　凡居住在中华苏维埃共和国领土内的人民，在选举的日子，年满十六岁的，无男女、宗教、民族的区别，具下列资格之一者，都得享受选举权和被选举权：

（一）一切被雇用的劳动者及其家属，与一切自食其力的人及其家属（如：工人，雇员，贫农，中农，独立劳动者，城市贫民等）；

（二）在中华苏维埃共和国海陆空军服役者及其家属；

（三）以上二种人民中，在选举时失却劳动能力，或失业者。

〔附注〕：本条各种人民的家属，如他们的出身是被剥夺选举权的，则仍没有选举权和被选举权。

第五条　犯下列各条之一的人，没有选举权和被选举权：

（一）雇用他人的劳动以谋利者（如：富农，资本家）；

（二）不以劳动，而靠资本、土地及别的产业的盈利为生活者（如：豪绅，地主，高利贷者，资本家）；

（三）地主、资本家的代理人，中间人（中介人，牙人之类）及买办；

（四）一切靠传教迷信为职业的人，如各宗教的传教士、牧师、僧侣、道士及地理和阴阳先生等；

（五）国民党政府及其他反动政府的警察、侦探、宪兵、官僚、军阀及一切参加反对工农利益的反动分子；

（六）犯神经病者；

（七）经法庭判决有罪，而在执行判决期间及被剥夺选举权的期限未满期者。

（八）一、二、三、四、五各项人的家属。

（附注）：本条第四项，靠传教迷信为职业者的家属，如靠自己的劳动为生活者，仍有选举权和被选举权。

第六条 本法第四条的各种人民，犯本法第五条一至七各项之一者，同样剥夺选举权和被选举权。

第三章 选举的手续

第七条 选举由当地苏维埃根据中央执行委员会的决议，定期举行之。

第八条 选举须有选举委员会的代表出席才能举行。

第九条 在未开始选举前，须实行选民登记，将选民和被剥夺选举权者的名单及该选区域的居民总数，由当地苏维埃在选举的五天前公布之。

第十条 选民登记完毕后，必须将开选举大会的时间和地点，通知各个选民。在选举大会的会场门口必须实行登记。

第十一条 工人须以生产或以其职业与产业的组织为单位开选举大会。那些不能以生产为单位进行选举的人民，则须划区域或划街道，指定地点开选举大会。农民以屋子（小村子）为单位开选举大会，人数过少的小屋子，可合并附近一个至几个屋子为一起而开选举大会。

第十二条 工人的家属，则与其本人在同一处地方参加选举，且与其本人取得同等的选民资格。如工人的家属，不与其本人同住，则仍依照他家属的工作地点或居住地点参加选举。

（附注）：工人的家属，倘为被剥夺选举权者，则仍不能参加选举。

第十三条 选举大会须有该地选民总数的半数以上到会，才能开会。倘若到会的选民不足法定人数时，须宣告延会，由选举委员会再定期重新召集。在重新召集选举大会的情形中，开会和地点须重新通知。

第十四条 倘第二次召集选举大会，无论足法定人数与否，可以开会，选举出应产生的代表人数。

第十五条　选举不用书面投票，以举手来付表决，举手多数者当选。

第十六条　选举大会的主席团，由三人组成之，两人由大会推选，一人为选举委员会的代表。选举委员会的代表为选举大会主席团的当然主席，并推选书记一人，担任选举大会的记录。

第十七条　选举大会宣布开会后，主席须根据进会场时的登记册，宣布到会人数是否足法定人数。

第十八条　选举大会的议事日程，规定如下：

（一）选举委员会的代表根据本法第四、第五及第六条的规定，宣布谁有选举权和被选举权，谁剥夺了选举权和被选举权。

（二）选举正式代表。

（三）选举候补代表。

（四）通过提案。

（附注一）：提出候选人付表决时，须用逐个表决的方法，不得拿整个名单一次付表决。

（附注二）：正式代表与候补代表不得同时提出付表决，必须选举完了正式代表，然后再选举候补代表。

第十九条　选举大会的记录，必须全体主席团及书记签字或盖章。

第二十条　选举大会的记录、到会登记表，及一切与选举有关系的文件，都汇送选举委员会，转送市苏维埃或区执行委员〔会〕，以备选举结束后的审查。

第四章　各级苏维埃的选举程序及代表的标准

第二十一条　乡苏维埃由全乡选民各个选举大会所选出来的代表所组成。工人居民每十三人得选举正式代表一人，其他居民每五十人得选举正式代表一人。

（附注）：人口不满五百人的乡，代表与居民的人数比例可以减低到：工人居民每八人得选举正式代表一人，其他居民每三十二人得选举正式代表一人。

第二十二条　隶属于区的市苏维埃，由全市各个选民大会所选举出来的代表所组成。工人居民每十三人得选举正式代表一人，其他居民每五十人得选举正式代表一人。

第二十三条　直属于县的市苏维埃，由全市选民各个选举大会所选出来的代表所组成。工人居民每二十人得选举正式代表一人，其他居民每十人得选举正式代表一人。

第二十四条 直属于省的市苏维埃，由全市选民各个选举大会所选举出来的代表所组成。工人居民每一百人得选举正式代表一人，其他居民每四百人得选举正式代表一人。

第二十五条 中央直属市苏维埃，由全市选民各个选举大会所选举出来的代表所组成。工人居民每五百人得选举正式代表一人，其他居民每两千人得选举正式代表一人。

第二十六条 区苏维埃代表大会，由乡苏维埃及区属红军所选举出来的代表所组成。出席区苏维埃代表大会的代表，乡村居民每二百人得选举正式代表一人，代表的成分，工人应占百分之二十至二十五。

（附注）：如区苏的管辖下有市苏维埃，应加上市苏的代表，市场居民每五十人得选举正式代表一人。

第二十七条 县苏维埃代表大会，由区苏维埃代表大会和县直属市苏维埃所选举出来的代表及县属红军所选举出来的代表组成。出席县苏维埃代表大会的代表，市场居民每四百人得选举正式代表一人，乡村居民每一千六百人得选举正式代表一人，代表的成分，工人须占百分之二十至三十。

第二十八条 省苏维埃代表大会，由县苏维埃代表大会和省直属市苏维埃所选举出来的代表及省属红军所选举出来的代表组成。

出席省苏维埃代表大会的代表，市场居民每一千五百人得选举正式代表一人，乡村居民每六千人得选举正式代表一人，代表成分，工人须占百分之二十五至三十五。

第二十九条 全国苏维埃代表大会，由省苏维埃代表大会、直属县苏维埃代表大会和中央直属市苏维埃所选举出来的代表及红军所选举出来的代表所组成。出席全国苏维埃代表大会的代表，城市居民每一千五百人得选举正式代表一人，乡村居民每六千人得选举正式代表一人，代表成分，工人须占百分之二十五至三十。

第三十条 居民不满法定人数的地方，倘其人数在法定人数的半数以上，亦得选举正式代表一人，倘其人数在法定人数的半数以下，得选举候补代表一人。

第三十一条 每正式代表五人，得增选候补代表一人。候补代表参加会议有发言权而无表决权，如正式代表因故离职或撤职，候补代表即依次补充。

第三十二条 区、县、省各级苏维埃代表大会，除选举出席县、省及全国苏维埃代表大会的代表之外，并须选举各该级苏维埃的执行委员会，全国苏维埃代表大会则选举中央执行委员会。

第三十三条　区、县、省及全国苏维埃代表大会的代表资格，由各该级苏维埃代表大会组织审查委员会审查之。乡苏维埃和市苏维埃的代表资格，则由乡苏维埃和市苏维埃的全体代表会议组织审查委员会审查之。

第三十四条　各级苏维埃执行委员会的人数规定于下：

区执行委员会，不得超过三十五人；县执行委员会，不得超过五十五人；省执行委员会，不得超过九十五人；中央执行委员会，不得超过五百八十一人。

（附注一）：红军参加各级苏维埃代表大会的代表，其标准和手续由本法第五章专门规定之。

（附注二）：中央直属县出席全国苏维埃代表大会的代表标准，由中央执行委员会以专门命令规定之。

第五章　红军的选举手续及代表的标准

第三十五条　在战争时期，红军不能有固定的驻扎地点，无法参加市苏维埃或乡苏维埃的选举，因此应有临时的变通办法，由本章各条特别规定之。

第三十六条　属于区苏维埃的工农红军（如游击队等），直接选举代表去出席全区的苏维埃代表大会；属于县苏维埃政府的工农红军（如独立团等），直接选举代表去出席全县苏维埃代表大会；属于省苏维埃政府或不属于省苏维埃政府管辖，而在该省内负有长期工作的工农红军（如独立师及湘鄂赣，湘赣，闽浙赣及其他苏区的各军团），则直接选举代表去出席全省苏维埃代表大会；红军的方面军，则直接选举代表去出席全国苏维埃代表大会。

（附注）：警卫部队，如警卫连、警卫团、政治保卫队等则仍参加所在地的市苏维埃和乡苏维埃的选举，代表的标准与工人相同。

第三十七条　红军代表的标准规定如下：选举去出席全区苏维埃代表大会的代表，每二十五人得选举正式代表一人；选举去出席全县苏维埃代表大会的代表，每一百人得选举正式代表一人；选举去出席全省苏维埃代表大会的代表，每四百人得选举正式代表一人；选举去出席全国苏维埃代表大会的代表，每六百人得选举正式代表一人。

（附注）：候补代表的标准，按照本法第三十及三十一条之规定。

第三十八条 红军的选举工作，由团政治处或独立营政治委员或连政治指导员，指定三人至五人组织选举委员会进行之。

第三十九条 选举到区苏维埃代表大会的代表，以连或营为单位开选举大会来选举；选举到县及省苏维埃代表大会的代表，以营或团为单位开选举大会来选举；选举到全国苏维埃代表大会的代表，以团为单位开选举大会来选举。

（附注）：选举的手续及选举委员会的工作，均依照本法第三章及第七章各条之规定。

第六章 基本（市乡）选举的承认、取消及代表之召回

第四十条 按照本法所规定的手续进行的选举，才算合法，须予之承认。

第四十一条 市苏维埃和区执行委员会接到关于选举的文件后，须组织专门委员会审查之。如发现某部分的选举有违反本法的规定时，取消某部分选举之权属于市苏维埃和区执行委员会。若发现全部选举有违反本法的规定时，取消选举之权属于上级苏维埃执行委员会。

第四十二条 在选举效力上发生争执时，由市苏维埃和区执行委员会解决之。倘市苏维埃和区执行委员会不能解决时，须移交上级苏维埃执行委员会去解决。

第四一十三条 对于选举有违反本法规定的时候，每个选民可向市苏维埃或区执行委员会控告，市苏维埃或区执行委员会接到这种控告时，须即予审查之。如不能解决时，可按级上诉，中央执行委员会为选举上诉的终审机关。

第四十四条 市苏维埃或乡苏维埃的代表，如有不执行自己的职务，违背选民的付托，或有犯法的行为时，市苏维埃或乡苏维埃经过全体代表会议得开除之；选举该代表的选民，也有随时召回该代表之权，并得另行选举之。在这种情形中，须报告上级苏维埃执行委员会去审查。

第七章 选举委员会及其工作

第四十五条 选举委员会为办理选举的专门机关，其组织有下列两种：

（一）市选举委员会，管理全市的选举工作，其委员由七人至十一人。

（二）区选举委员会，管理全区各乡的选举工作，其委员由九人至十三人。

第四十六条　选举委员会是由政府及各群众团体的代表所组成，其委员须由市苏维埃或区执行委员会在主席团会议上通过，送县执行委员会主席团审查批准。

第四十七条　选举委员会的委员，以在该地方工作或居住的人民为合格，遇特别情形时，可由上级政府从别处调去。

第四十八条　市苏维埃、乡苏维埃及区执行委员会的主席不得为选举委员会的委员。

第四十九条　选举委员会的委员，可不脱离原有职务，在办理选举期间，可暂时解放他所担负的工作，专门来进行选举。

第五十条　选举委员会不设立单独的办事机关，可在区执行委员会和市苏维埃内办公，并可使用区执行委员会和市苏维埃的一切技术工作人员，有必要时可添雇技术工作人员。

第五十一条　选举委员会在选举前应进行的工作：

（甲）实行选民登记。有组织的选民可经过该组织（如工会，贫民团等）去进行登记，无组织的选民，由选举委员会的登记员进行登记。登记须按照选民登记表填写。

（乙）登记结束后，即由选举委员会指定专人审查登记表，并须在选举大会前五天，经过当地苏维埃政府，将选民的名单在当地及圩场上公布。在该区域内应选举的正式代表和候补代表的人数亦须同时公布。

（丙）在选举大会的前三天，须将开选举大会的地点和时间公布，并通知该区域内的选民。

（丁）准备在选举大会〔上〕要通过的提案。

（戊）规定各组织、各机关、各屋子（小村子）开选举大会的先后次序，并布置会场，指定进会场时的登记员。

（己）选举委员会须经过当地苏维埃政府，将被剥夺选举权者的名单在选举的前五天公布。

第五十二条　在每个选举大会开会时，选举委员会必须派人去出席。选举大会须由选举委员会派去的代表宣布开会，并且该代表为该选举大会主席团的当然主席。

第五十三条　选举大会议事日程的第一项，须由选举委员会派去的代表根据本法第四、五、六条，报告对于选举权和被选举权之规定。

第五十四条　在选举后，选举委员会须将关于选举的全部文件汇集起来，送交市苏维埃或区执行委员会保存，以备审查，并向它们做选举的总结报告。

第五十五条　选举结束后，选举委员会就宣告解散。

第八章　选举的经费

第五十六条　选举的经费，由各选举委员会制定预算，经过市苏维埃或区执行委员会审查，报告上级苏维埃政府，从国库所拨出的选举经费中支付之。

第五十七条　在红军中的选举经费，由选举委员会做预算，送各该级政治部审核发给。

第五十八条　在选举中所用的一切经费，由选举委员会负责向领款机关做决算报告。

第九章　附则

第五十九条　本选举法在中央苏区自公布之日起发生效力，〔未同〕中央苏区打成一片的苏区，自文到之日起发生效力。

主　席　毛泽东

副主席　项　英

　　　　张国焘

公历一九三三年八月九日

附录图表：

一、选举系统图表　　三、地方选民登记表

二、选举大会记录　　四、红军选民登记表

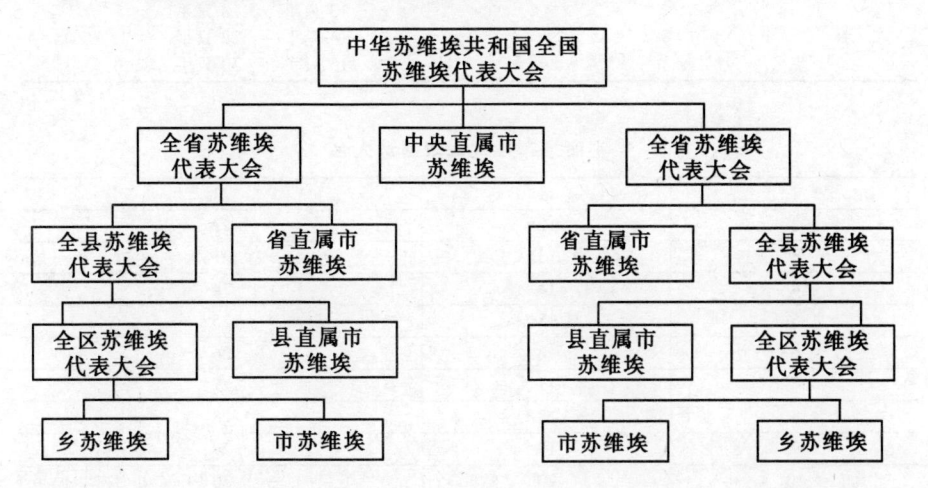

选举大会记录

（一九三 年 月 日 省 县 区 乡 村 城市的）

本选举大会的选民总数　人。居民总数　人。

　　　　应选正式代表　人，候补代表　人。

　　　到选举大会的选民　人。

主席团（选举委员会的代表为主席团主席）

书记

议事日程

1. 选举委员会代表根据选举法第四、五、六各条，报告对选举权和被选举权之规定。

2. 选举正式代表。

3. 选举候补代表。

4. 通过选民交给代表带去的提案。

选举正式代表			正式代表候选人付表决的结果	
提出的候选人名				
1	11	21	1 只手	16 只手
2	12	22	2 只手	17 只手
3	13	23	3 只手	18 只手
4	14	24	4 只手	19 只手
5	15	25	5 只手	20 只手
6	16	26	6 只手	21 只手
7	17	27	7 只手	22 只手
8	18	28	8 只手	23 只手
9	19	29	9 只手	24 只手
10	20	30	10 只手	25 只手
			11 只手	26 只手
			12 只手	27 只手
			13 只手	28 只手
			14 只手	29 只手
			15 只手	30 只手

主席宣布正式代表当选人名

1	11	21
2	12	22
3	13	23
4	14	24
5	15	25
6	16	26
7	17	27
8	18	28
9	19	29
10	20	30

第二编 选举法规　　　111

选举候补代表			候补代表候选人付表决的结果	
提出的候选人名			1 只手	16 只手
1	11	21	2 只手	17 只于
2	12	22	3 只手	18 只手
3	13	23	4 只手	19 只手
4	14	34	5 只手	20 只手
5	15	25	6 只手	21 只手
6	16	26	7 只手	22 只手
7	17	27	8 只手	23 只手
8	18	28	9 只手	24 只手
9	19	29	10 只手	25 只手
10	20	30	11 只手	26 只手
			12 只手	27 只手
			13 只手	28 只手
			14 只手	29 只手
			15 只手	30 只手

主席宣布候补代表当选人名

1	11	21
2	12	22
3	13	23
4	14	24
5	15	25
6	16	26
7	17	27
8	18	28
9	19	29
10	20	30

通过选民交给代表的提案

主席团签字

书记

中华苏维埃共和国中央执行委员会训令第二十二号

——关于此次选举运动的指示

（一九三三年八月九日）

中央执行委员会决议于今年十二月十一日（广州暴动纪念日）召集第二次全国苏维埃代表大会，并定中央苏区在九月至十一月，完成乡苏市苏的选举，及区、县、省三级的苏维埃代表大会。这次选举是从乡苏市苏，一直到中央执行委员会，完全实行改选。这是一个伟大的工作，是工农劳苦群众自己参加政权、巩固政权的伟大的运动。这次选举运动，正当着一方面，革命战争对敌人的四次"围剿"得到了全部胜利，中央苏区及全国各苏区的红军与工农劳苦群众在中国共产党与中央政府的正确领导之下，消灭敌人部队，扩大红军与地方武装，深入查田运动，实施劳动法，发展经济建设与文化建设，扩大苏维埃领土，都得到了很大的成绩。白色区域，在日本占领满洲、热河、华北，扩大其强盗战争，国民党签订卖国协定完全投降帝国主义的过程中，全国工农兵士群众，反对帝国主义国民党的革命潮流，进到了更高的阶〔段〕。但是另一方面，国民党自四次"围剿"惨败后，更加露骨地投降帝国主义，出卖中国，向美、英、法、意、德各帝国主义国家订立密约，实行大借款大买军火，进行其第五次的向苏区围攻，中央政府正在以充分的决心，领导广大群众与红军，争取粉碎敌人五次"围剿"的新的更加伟大的胜利。我们的各个苏区是在这样的环境中进行这次普遍的选举。因此，这次选举，是负有伟大历史任务的。要使这次选举密切地与当前中心政治任务联系起来，要从选举中来健全各级苏维埃的组织与工作，要在全苏大会上总结两年来的斗争经验，讨论新的策略，加强苏维埃对于中国革命的领导，粉碎敌人的新进攻，争取革命在江西及邻近几省的首先胜利。为了这个目的，必须经过广泛的宣传鼓动工作，在广大群众中造成选举运动的热潮，使每个工人与农民都懂得这次选举的重大意义。争取大多数选民来参加选举，同时要使这次选举得到完满成功，必须仔细检阅过去选举的经验，收集过去选举的成绩，而避免过去选举中的缺点与错误，才能使这次选举成为最完满的一次选举。

一、过去选举经验的总结

首先应该指出，第一次全苏大会前的苏维埃选举，与在第一次全苏大会的苏维埃选举，有很大的不同。一苏大会前的选举，最显著的是没有明确的选举法，居民中有选举权的与没有选举权的没有明白的划清，在方法上，多是用一种群众大会方式进行选举。群众的多数还不充分认识选举是自己管理自己生活的重要关节，因此没有争取选民的多数来参加选举。在一苏大会后，由于中央政府的领导与阶级斗争的进一步发展，两次选举的表现和以前是大不相同了。选举细则制定了，选民与非选民开始严格的分开。开始用选民大会方式在选举委员会的领导下进行选举。选民对于选举意义的认识提高，因此参加选举的人数增加了。一苏大会后两次选举中，第二次比第一次参加选举的人数更见增多，部分地方竟达到了选民的百分之九十以上（兴国与赣东北）。许多地方的选举大会上（尤其是第二次选举），发动了选民对候选名单的热烈的批评，收集了许多选民关于自己实际生活问题的提案。在这个基础上，苏维埃的成分比前有了很大的变化，如果说过去有不少的阶级异己分子与投机分子混入苏维埃中来，经过一苏大会后的两次改选，这些成分大批的被淘汰了。相反的方面，大批工农先进分子被选举到了苏维埃，建筑了苏维埃大厦的强固的基础。这里特别值得指出的，是工人成分的加多与加强，形成了苏维埃中无产阶级的骨干，建立了乡苏与市苏的经常代表会议制度。所有这些不可否认的成绩，都证明与一苏大会前的选举有很大的进步。

但是，一苏大会后的两次选举不是没有缺点与错误的，只有我们正确地估计了成绩，又清楚的认识了错误，才能更顺利地开展目前这一次选举，使这一次选举与前两次选举更加表现它的不同与进步。前两次选举中最主要的缺点错误是：

（一）发动群众不充分。这里主要是许多地方政府的主席与主席团还不深刻认识选举的重要意义，因此没有着重去讨论领导选举的问题，没有着重去做关于选举的宣传鼓动工作，因此参加选举的人数，除一部分地方之外，许多的地方还没有达到大多数的程度。

（二）在选举中，许多地方不能如兴国第二次选举时一样，发动热烈的批评与斗争，发动群众讨论提案。个别地方则完全是和平改选，形式上改换了一些代表和负责人，实质上与过去状况没有多大变更。

（三）多数的地方没有把查田运动与检查劳动法的斗争同选举运动密切

联系起来，不知道在选举之前开展查田运动，工农检查部进行检举运动，劳动部检查劳动法的实施。因此，一方面不能高度开展农村中与城市中的阶级斗争，激发工人与农民的积极性，来参加选举，监督选举，涌出无数积极坚决份子贡献给选举；另一方面，就使得一些消极怠工分子，贪污腐化分子，甚至阶级异己分子，事先未被查出，还能够借着选举混入苏维埃政权中来。

（四）对于吸引工人积极分子使之当选，许多地方还做得不够，工人当选的数量质量虽有增加，但仍未达到应有的程度。

（五）对于使女工农妇当选到苏维埃工作，许多地方注意得非常不够，因此除兴国等处有好的成绩外，许多地方乡苏中，劳动妇女当选的依然不多，一部分乡苏甚至一个妇女代表都还没有，区以上政府女子当选为委员的一般就都更少了。

（六）选举方法上的错误：第一，是选举会单位太大，多数地方都是以乡为单位开会，使选民到会不容易，工人与农民混合开会，使工人不容易选举他们所要选举的人。第二，是将候选名单整个的报告讨论表决，而不是按名逐一报，逐一讨论，逐一表决，使选民真意不能充分发表，不良分子容易蒙混当选。这个错误发现在许多地方。第三，是许多地方选举委员会不起作用，仍然只是政府主席等几个人在领导选举。第四，有少数地方简直违反选举法令，不开选民大会，而由区乡政府负责人指派乡苏代表，这是绝对错误的办法。所有过去的经验——不论是成功的方面与缺点错误方面，都是我们目前选举的教训。学习过去成功的地方，而坚决不容许过去的缺点错误再存在于这次选举，就是我们总结过去经验的目的。

二、此次选举的方针

苏维埃政府是工农民主专政的政府，这是目前阶段上革命政权的基本原则。这个原财首先表现在苏维埃的选举上：一方面剥夺一切剥削分子的选举权，另一方面吸引尽可能多的工人、农民及贫民分子积极地参加选举。中央执行委员会在这个原则下，除了重新颁布选举法之外，特再依据过去的经验，对于目前进行的选举，有如下各项的指示：

（一）责成人民委员会及土地人民委员部，着力指导各级政府抓紧这一时期的查田运动工作。要使各地冒称中农、贫农偷取了选举权的地主富农成分彻底清查出来，使这次选举的权利完全落在工农身上。要在查田斗争中去激发农民群众的积极性，去锻炼大批群众干部贡献到选举中来。劳动人民委员部要抓紧这一时机，指导各级劳动部着力于劳动法实施情形的检查，开展工人与资本家的斗争，保护工人的日常利益，发动工人积极地参加选举，并在选举运动中起领导的作用。工农检察人民委员部应抓紧这一时机，开展苏维埃工作人员中的检举运动，有系统地迅速地发动思想斗争，用自我批评的火力反对贪污腐化现象，反对对于查田运动，对于检查劳动法实施的消极怠工现象，反对对于选举工作的官僚主义方式。尤其要驱逐暗藏在苏维埃中的阶级异己分子（成分不好又加工作不好的），使他们不能在选举工作中起坏的领导作用。

（二）内务人民委员部与教育人民委员部应着力指导各级内务部与教育部，立即进行此次选举的宣传鼓动工作。不但要组织选举宣传队，而且要使一切农村中与城市中的俱乐部、识字班、夜学校、小学校、列宁室与墙报，都为此次选举活动起来。关于宣传的材料与方法，责成教育人民委员部与省县教育部去作充分的供给。同时责成政府机关报红色中华社对于此次选举运动作有系统的记载，要使《红色中华》成为此次选举运动中的一个有力宣传者与组织者。

（三）关于选举工作的实际进行，下面指出的各点必须特别注意，必须使之完全见诸事实。

乡苏与市苏是苏维埃的基本组织，因此乡苏与市苏的选举是基本的选举，这里特别重要的是：

（甲）关于乡苏与市苏的选举：

1. 须根据《苏维埃暂行选举法》的规定，由区苏市苏及区一级与市一级的各个群众团体的代表，组织选举委员会，担负领导选举的一切工作。选举委员会必须切实工作起来，不能容许仍如过去许多地方的一样成为有名无实的机关。

2. 选举运动的动员方式，主要是在区乡两级召集各群众团体的联席会议，个别群众团体的会议，以讨论选举法的内容与选举工作的布置，这里最主要的是动员工会，贫农团与女工农妇代表会。

3. 对于候选名单，选举委员会应作充分的事先准备。候选名单，应该在选举前收集各群众团体的意见，由选举委员会公布，使选民对于各候选人能够加以充分的考虑。当实行选举时，须按名逐一提出，逐一讨论，逐一表决，使选民尽量发表意见，使革命的民主精神充分表现出来。绝对禁止用强迫命令方式去通过代表名单。当着选民中有不赞成某人的表示时，须立即注意群众的意见，如果为多数人所反对，应即撤销原提议，而另提适当的候选人，或由群众提出候选人。

4. 乡苏市苏代表工农成分的比例，在选举法中已有规定。这里应提出劳动妇女的成分，至少要使有占百分之二十五的劳动妇女当选。如果过去乡苏市苏全无妇女代表的地方，这点尤须注意。

5. 乡苏市苏的选举名单，不但应注意不使一个阶级异己分子（成分与工作均坏的）混了进来，还应注意各人的政治表现与工作能力。凡属工作不积极的分子，同地主、富农、资本家妥协的分子，表现过贪污腐化的分子，工作方式上表现浓厚官僚主义的分子，凡有这些错误表现的，都不能使之当选（以最近时期为准，过去虽犯过这些错误，但最近已经改变了的，仍然可以当选）。除了政治表现是选举最主要的标准外，工作能力方面，亦应予以相当的注意。过去有些地方只看成分，不看能力，把能力过于薄弱分子引进政府，仍然是不妥当的。

6. 在选举大会开会之前，须将选举提案的草案准备好，并普遍公布出去，使选民看了草案好去充分准备意见，在选举大会上将草案经过选民群众的修改通过，作为正式的提案。提案的内容，要能够充分表现当地群众对于自己生活，对于政府的法令政策，对于革命战争的意见。

7. 乡苏与市苏的代表完全产生出来之后，由旧的乡苏和市苏召集新的乡苏和市苏的第一次全体代表会议，推选市苏的主席团、各科科长，推选乡苏的主席、副主席。同时在乡苏的会议上，选举出席区苏代表大会的代表，市苏则选举出席县苏代表大会的代表（隶属于区的市苏，则仍选举到区苏代表大会）。

（乙）关于区县省三级苏维埃代表大会的选举及其工作。

1. 区县省三级苏维埃代表大会，由区县省三级的执行委员会召集之。在大会前，各级应将自己的工作报告准备好，提到各该级主席团会议上通过，以便提向代表大会。大会前半个月，须公布大会的议事日程，使到会代表可以很早准备意见。大会议事日程上应列入的问题，如（1）上级政府的工作报告；（2）本级政府的工作报告；（3）战争动员工作；（4）经济建设工作；（5）查田运动的总结；（6）当地重要建设事业；（7）选举执行委员会；（8）选举出席上级苏维埃代表大会的代表等。这些议题，可以酌量当地情形以增减之。

2. 大会的决议，应在大会前一星期起草好，抄写或印刷出来，使代表们可以在草案上增加自己的意见或修改原文，然后经过大会讨论通过，作为决议。

3. 对执行委员会的候选名单，旧的执行委员会及大会主席团要有很好的考察，必须将查田运动中及各种斗争中表现最积极最坚决的份子，选举到执行委员会去，而不使一个阶级异己分子及表现贪污腐化、消极怠工、官僚主义工作方式的分子，当选为执行委员。在选举执行委员会时，要特别注意工人积极分子，要将这样的分子大量的选举到执行委员会去，加强无产阶级在苏维埃中的领导力量。同时，对于贫农中农的积极分子，要有很好的注意与吸收，并且不要忘记了选举劳动妇女到苏维埃工作，执行委员之中，劳动妇女最少要有百分之二十的人数当选。准备候选名单时，除注意成分之外，同时须注意工作能力。决不能只看成分，不看工作能力如何，随便列入名单。执行委员选出之后，须报告上级执行委员会审查批准。

4. 关于政府向选民及代表大会做工作报告，必须在这次选举运动中真正地实行起来。过去除一部分地方外，多数地方没有实行，是不对的。这一办法的实行，能使政府的政策与工作，在群众中得到检验的机会，能使选民对于选举的热忱提到更高的程度。实行的办法是：乡苏市苏在选举之前一星期，以屋子或村子为单位召集选民大会，做总结乡苏市苏过去的尤其是最近一个时期的工作经过的报告，发动选民群众的批评与讨论，欢迎他们提出新的具体的意见，以为政府以后工作的方针。区政府须在各乡苏和市苏的全体代表会议上做工作报告，并吸收广大群众来参加旁听。乡苏市苏的代表会议，对于区苏的工作报告，须做详细的讨论，将讨论结果提到区政府去。县政府则派代表到区苏代表大会做工作报告，省政府则派代表到县苏代表大会做工作报告，中央政府则到省苏代表大会做工作报告。同时在各级代表大会上，本级的执行委员会须向之做同样的报告。在这次报告之后，都需经过详细讨论，将讨论结果，按级报告上级政府。要将群众对于政府工作的意见，一直送到中央政府来，使苏维埃的最高机关了解群众的情绪与要求。各级政府对于自己的工作报告，须事先指定专人起草。中央内务人民委员部应拟出报告大纲，发往各级政府，要各级政府按照这个大纲起草报告书，向同级的、下级的代表大会及选民大会做报告。

5. 省对于县，县对于区，区对于乡，必须按级派人去巡视，检查当地选举工作及苏维埃大会的情形，对于特别好的和特别坏的例子，须迅速收集起来，拿去指导别地的选举工作。

6. 司法人民委员部应通令各级裁判部，将过去自新自首而没有明确规定剥夺选举权期限的工农分子，重新审查规定，免得这些工农分子排除在选举范围之外。

苏维埃选举是工农民主专政实施的重要关节，这次选举更负着伟大的历史任务，各级政府必须依照本训令的全部指示及《苏维埃暂行选举法》的规定，切实进行这次选举，务使这次选举得到完全的胜利。要拿了这次选举的完全胜利，去粉碎帝国主义国民党的五次"围剿"，开展苏维埃运动于全中国的领土。此令

主　席　毛泽东

副主席　项　英

张国焘

公历一九三三年八月九日

（选自《选举运动周报》，第一期）

二次全苏大会在红军中怎样进行选举

（一九三三年九月）

中央政府八日颁布之《苏维埃暂行选举法》中指出"在战争时期，红军不能有固定的驻扎地点，无法参加市苏维埃或乡苏维埃的选举，因此，应有临时的变通办法，"而在红军中的前后方各部队、机关、医院、兵站等，亦应有不同的规定，兹分叙如下：

一、方面军的选举手续及代表的标准

（一）方面军（及受方面军直接指挥的各部队）直接选举代表出席全国苏维埃代表大会，以团为单位开选举大会来进行选举工作，不必经过师的复选。

（二）每六百人得选举正式代表一人出席全苏大会，如不足法定人数，倘在法定人数半数以上（即三百人以上），亦得选正式代表一人，在半数以下，得选候补代表一人。

（三）选举工作由团政治处指定三人至五人组织选举委员会进行之。

二、带地方性的红军选举手续及代表的标准

（一）属于区苏维埃政府的工农红军（如游击队），直接选举代表去出席全区的苏维埃代表大会；属于县苏维埃政府的工农红军（如独立团营等），直接选举代表去出席全县苏维埃代表大会；属于省苏维埃政府或不属于省苏维埃政府管辖，而在该省内负有长期工作的工农红军（如独立师及

湘鄂赣、湘赣、闽浙赣及其他苏区的各军团），则直接选举代表去出席全省苏维埃代表大会。

（二）选举代表的标准是：选举去出席全区苏维埃代表大会的代表，每二十五人得选正式代表一人；选举去出席全县苏维埃代表大会的代表，每一百人得选正式代表一人；选举出席全省苏维埃代表大会的代表，每四百人得选正式代表一人。法定人数不足时，半数以上亦得选一正式代表，半数以下则选一候补代表。

（三）选举到区苏维埃代表大会的代表，以连或营为单位开选举大会来选举；到县及省的代表则以营或团为单位，开选举大会来选举。

（四）选举工作由团政治处，或独立营政治委员，或连政治指导员，指定三人至五人组织选举委员会进行之。

三、后方各部队及红军机关的选举手续及代表的标准

（一）凡直接受中央革命军事委员会指挥的部队，与前方一样直接选举代表到全苏大会；但是可以参加地方选举，使部队同志知道地方选举情形，不过不提出候选名单不当选作代表。

（二）补充师，团，新编师，红军学校，直属医院，总兵站，通讯学校，各是一个选举单位；中革军委，总政治部，无线电队，电话总队，警卫连等五个部分合并成为一个选举单位。

（三）医院以院为单位进行选举。总兵站可由中小站初选后，再集中总兵站复选出席全苏大会代表；初选代表的标准由各站政治部规定之。

（四）选举的手续及代表的标准，亦依照选举法第三十七、三十八条之规定。

四、选举时间

（一）全苏大会已改期到明年（一九三四年）一月一日开幕。

（二）各部队的选举可移到今年十二月初去进行。

五、俘虏白军军官及士兵的选举问题

（一）被俘过来的白军士兵，其出身是在选举法第四条第一项上的人民（如工人，雇员，贫农，中农，独立生产者，城市贫民等），不论他在红军时间的长短当然应享受选举法第四条第一项人民同等的权利。

（二）被俘的白军排连长以上的军官的选举权问题，应根据选举法第五

条第五项之规定。凡是在反动政府中做过官的,应当剥夺选举权,即是说,原则上,被俘的长官都不能有选举权。

（三）连排长属下级军官,与营长以上当有不同,但不能与士兵一律。只有连排长被俘后在红军中服务,而其成分又是工农出身,经过相当期间的考察,证明其坚决为工农利益而奋斗者,可以恢复他们的选举权。其标准是：排长须在红军服务一年以上,连长须在红军服务两年以上,经过红军师政治部的考察,作成正式决议,或红军军事裁判所的判决如准他们恢复选举权者,才有选举权；否则须仍剥夺选举权。

（四）至白军的营长,虽是工农出身,必须经过五年以上的考察,并准许他们恢复选举权者才有选举权。至于团长以上的俘虏军官,应剥夺选举权。

（选自一九三三年十月廿二日《红星报》第十二期）

闽西苏维埃政府布告新编第二号

（一九三〇年七月二十日）

兹修正闽西工农兵代表会议代表选举条例,公布如下。本届第二次闽西工农兵代表会代表,即依本条例选举。此布

一、选举权与被选举权之规定

甲、凡在闽西赤色政权范围内,年满十六岁以上的劳动男女,均有选举权和被选举权。

乙、有下列行为之一者,本人及其家属均无选举权和被选举权。凡努力革命工作经政府许可,及本人在外其家属在三年之内无反动行为,经政府恢复其选举权与被选举权者,不在此例。

1. 过去及现在充反动政府之官吏、警察、衙役及白军营长以上的官吏者。
2. 城乡绅士、乡董、民团团总、族长、地保等。
3. 现在反动政党党员。
4. 富农分子。

5. 过去收租者。

6. 经常营放高利贷或开当铺者。

7. 利用资本雇用工人谋利的商人及〔工〕厂厂主。

8. 宗教师及现在宗教徒、僧、道、巫、尼等。

9. 凡有精神病、麻风病及吃鸦片者。

10. 其他与政府法律抵触，经政府剥夺其选举权与被选举权者。

11. 上列九、十、二项，除本人外其家属仍有选举权与被选举权。

丙、本届代表会，除工农兵代表照本选举法之规定选派代表外，第一届执行委员全体参加，各县苏维埃政府派代表一人，各县总工会派代表一人，闽西总工会筹备处派代表一人，闽西医院派代表一人，红军二十军、二十一军军部和军政治部各派代表一人，中国红军军官学校第一分校派代表一人，各地秘密工会、农会各派一人，并请中国共产党、共产青年团中央和福建省委与闽西特委、中华全国总工会、福建总工会派人参加指导。

二、代表的产生

丁、工人代表的产生

1. 由城乡各业工会召集会员大会举行初选，城市每三十人选代表一人，乡村每六十人选代表一人，不满数者亦得选代表一人。

2. 由县总工会召集初选当选代表开复选会，按照全县会员人数，每二百人复选代表一人，人数在三千人以上者，每加三百人选代表一人，即为闽西工农兵代表会代表。

戊、农民代表的产生

1. 由乡政府召集选民会举行初选，五百人以下乡村，每百人选代表一人；五百人以上乡村，每加二百人多选代表一人；一千人以上乡村，每加五百人多选代表一人。

2. 由区政府召集初选当选代表，到区开复选会，按着全区人数比例，每一千人复选代表一人。

3. 由县政府召集复选当选代表，到县开三选会，按照全县赤色区域人口比例，每一万人选代表一人，即为闽西工农兵代表会代表。

4. 乡村独立劳动者，归并农民选举，城市贫民归并市郊农民选举。

己、士兵代表的产生

1. 红军二十军、二十一军，由每大队士委会召集群众会，举行初选，按照全队人数每十人选代表一人。

2. 支队部士委会召集初选当选代表开复选会，按照全支队人数，每三十人选代表一人。

3. 由纵队部士委会召集复选当选代表开三选会，按照全部士兵每五百选代表一人，即为闽西工农兵代表会代表。

4. 红军学校学生队选代表一人。

5. 闽西医院伤病兵选代表一人。

三、调查手续

庚、八月五日以前，须依照选举条例，把没有选举权和被选举权的人数调查完竣，并须公布。

辛、调查选民以乡为单位，由乡村雇农工会支部负责调查。

四、监选办法

壬、初选监选员由区监选员指定，复选监选员由县监选员指定，但须报告上级批准；三选监选员由本政府决定。

癸、监选员须具有下列条件：

1. 贫农雇农分子。
2. 劳动工人。
3. 有斗争历史并在斗争中表现坚决积极与政治观点正确的．

主　席　张鼎丞

公历一九三〇年七月二十日布

闽西苏维埃政府通告新编第七号

——关于第二次代表大会问题

（一九三〇年七月二十日）

各县苏维埃政府：

闽西第二次工农兵代表大会经本政府第二次执委会议决定，改期九月一日开幕，业经本政府函知各县。兹将改选代表日期及代表成分并一切大会前应作事项通告于下，各县接此通告，希即着手办理为要！

（一）代表成分：工人百分之四十（城市工人要占四分之二以上，但要被雇佣工人），农民百分之五十（雇农要占五分之一，贫农占五分之四），红军占百分之十。工农兵代表全数中，青年至少要占百分之三十以上，妇女要占百分之二十。

（二）代表数量：全闽西代表总数规定至少三百人。

（三）选举日期：初选八月十日，复选八月十五，三选八月二十。

（四）大会日期：闽西第二次工农兵代表大会定九月一日开幕。

（五）大会参加人数：A，第一届执行委员会全体参加；B，各县政府派一人参加；C，红军各军部派一人参加。

（六）调查手续：各县各区乡政府在选举前，要将没有选举权及被选举权的人于八月五日以前调查公布，其调查事项由雇农工会支部执行之。

（七）监选人产生：初选监选员由区监选员指定，报告上级批准；复选监选员由县监选员指定，报告上级批准；三选监选员由本政府常委会决定：永定委谢献球、戴树兴，上杭委陈夏威，长汀委段奋夫，连城委张瑞铭，武平委张涤心、□宝珍，平和委陈采群，龙岩委张芝生、陈情等为三选监选员。

（八）监选员条件：A、贫农雇农分子；B、劳动工人；C、有斗争历史在斗争中表现坚决积极与观念正确的。

（九）选举条件：将第一次选举法改如下：

1. 第二条第四项改为过去收租者无选举权与被选举权。

2. 第二条应增加富农无选举权与被选举权。

3. 第七、第八条取消（教员、学生不另选代表）。

4. 第五条改工人复选时每二百人选代表一人，三千人以上海加三百人选代表一人。

增加——乡村独立劳动者归入农民选举，城市贫民归市郊农民选举。

5. 初选城市工人，每三十人选一人，乡村工作人员每六十人选一人。

主　席　张鼎丞

一九三〇年七月二十日

鄂豫皖六安第六区苏维埃条例

（一九三〇年五月）

第一章　总则

一、本选举条例依工农专政的原则，适用职业代表和地方代表两种方法进行之。

第二章　选举权

二、在苏维埃区域内之人民，不论种族、男女、居住之久暂，具有下列资格者，均有苏维埃选举权及被选举权。

甲、被雇于农工商业的工人及使用人。

乙、手工业者及体力劳动者。

丙、不以剥削为目的而自己劳动的农民。

丁、依生产的和与社会有益的劳动事业以维持生计的小学教员、医生、自由职业者。

戊、过去努力无产阶级、努力革命者。

己、苏维埃下各种军队及士兵。

三、有下列条件之一者，均无选举权及被选举权。

甲、土豪劣绅地主反动派。

乙、当过统治阶级警察、宪兵、马弁，有反革命行为者。

丙、经济剥削如放账、开行，及有财产收入而自己不劳动者。

丁、一切僧侣、道士、卜巫、地理〔先生〕、基督教徒及宣传迷信者。

戊、流氓、地痞永久脱离生产，形成寄生虫者。

己、以增加自己的利益而雇佣劳动者。

庚、虽属第二条各种类而在选举期内有反革命行为者。

辛、有残废疾病而精神错乱者。

第三章　代表人数比例

四、工人每四人选一代表，农民每五百人选一代表，士兵每五十人选一代表，城市贫民（如各种买卖、医生、体力劳动者）每百人选一代表，逾过半数即当选一代表。

五、各项代表均须有青年及妇女参加。

第四章　选举法

六、工、农、兵士、贫民、妇女的选举都是分别举行。

甲、工人以市镇、工厂、地方为单位，由工会召集一镇、一厂或一地方的工人全体会议选举之。

乙、农民以选举区为单位，由农会召集全区内所有农民会议选举之。

丙、城市贫民以市镇为单位，自由集会选举之。

丁、手工业者、体力劳动者、小学教员、店员参加工会的选举。

七、代表产生的手续。

甲、依到会的有选举权的〔人数〕，决定应选代表若干人。

乙、由会场中有选举权者二人提议，五人附议，过半数通过，才能算正式代表。

丙、用推举法推出，举手式表决之。

八、选举日期由筹备会决定，先期通知各区各团体临时派代表当场监视并指导之。

第五章　选举区

九、农民选用地方选举制度选举，共计二十六区。

第六章　代表资格

十、第一条内有选举权者均有代表资格。

十一、各处选出代表如不称职或有违背选举条例者，该原选人随时撤回再派。同时，大会审查委员会能剥夺其代表资格。

（选自一九三〇年五月《中国苏维埃》）

湘鄂赣省工农民主政府颁布的"选民须知"

选民须知

（一九三二年六月十六日）

一、选民应明了选举权和被选举权的重要，对于选举权和被选举权，要丝毫不肯放弃，要认识在苏维埃政权底下，有选举权和被选举权的人，是非常荣幸的，没有选举权和被选举权的人，是非常可耻的，尤其要认识选举权和被选举权是工农群众一种管理政权和监督政权的绝大权利。

二、选民对"选民登记表"的填造（写），要很忠实地照表填好。

三、选民要留心去查看选举委员会公布的选〔民〕名单。

四、公布的选民名单上，如果漏某一选民时，某一选民可向选举委员会查问或追究。

五、开选举大会时，选民应按照规定时间到会选举代表。

六、选举大会提出代表名单后，选民如认为某一代表名单不能当选时，可举出某一代表不能代表的事实，以便更换。

七、选举代表要注意代表的成分（区苏维埃的代表成分，工人、雇农、苦力应占百分之二十；县苏维埃的代表，工人、雇农、苦力应占百分之二十五，士兵占百分之十；省苏维埃的代表成分，与县级同）。

八、选举代表要注意应选代表的数目，与自己投票的数目（即是自己举手的次数）。

九、开选举大会时，如有什么意见，可向大会建议或提案。

十、选举大会的一切规则，选民须注意遵守。

十一、选举委员会办理选举时，如有舞法弄弊情事，或浪费选举经费时，选民得随时报告苏维埃政府，予以监督和纠正。

十二、"选民须知"须多多印刷，最好每个选民有一张，每个选民都要了解"选民须知"的各点，以便很顺利地完成这一选举运动。

（湘鄂赣省苏维埃政府内务部印制，一九三二年六月十六日）

川陕省总工会为动员广大工人群众参加省苏维埃代表大会选举运动的通告

（一九三四年三月二十一日）

省苏维埃代表大会很快就要到来了，目前我们工会有非常迫切的重要工作。

第一件，我们工会的同志要大家开会，详细讨论全省工农兵代表选举运动政纲、选举法和这个通告。工会的同志都懂得了，就大家分发到各地去召集工人会议宣传，使每个工人都懂得，讨论在这次大会上工人要做些什么？

讨论工人怎样参加选举运动？要使每个人都参加选举。讨论好了就要大家去照办。

第二件，工人是革命的领导阶级，工会要把顶积极勇敢，的工人同志选举当代表，当苏维埃委员。

哪个是好的工人呢？①要是真正的工人；②要积极勇敢事事肯做，做事认真；③拥护无产阶级利益，不包庇反动派；④要对目前的紧急工作，如扩大红军、消灭敌人、加紧春耕、捉土豪反动派等，做工作做得顶好的同志。

第三件，工人要检查苏维埃的工作：①不分好的田地给雇工贫农和红军游击队的；②只在苏维埃吃饭不做事；③在苏维埃烧鸦片，不替穷人做事；④私拿苏维埃的东西回家；⑤浪费苏维埃的经济和银钱过手不清的；⑥只顾多拿钱不认真办工作；⑦不替红军游击队家属和雇工贫农找耕牛、犁耙、种子的；⑧不赶快分土地的；⑨包庇发财人和反动分子的；⑩地主、富农、流氓痞子；⑪把苏维埃委员当官做，看见穷人就摆架子，看不起穷人的；⑫命令群众，强迫摊派穷人东西的；⑬乱拿群众东西的。这一切不良的分子，工人要坚决地在群众大会上取消他们的工作，重新选好的雇工贫农来当委员。

第四件，这次工农兵代表大会的选举法上，工人有两重选举权。工人要开全区工人大会（区大时可分几处来开），照工人的选举比例，来选举工人的代表。并且讨论工人要苏维埃做些什么事？如加工资、改良待遇、社会保险等，都写出来交给代表，带交工农兵代表会。

同时，工人才可以把最勇敢积极、拥护无产阶级利益的工人名单，提到全区群众选举大会上，说明他们要替工农群众做些什么事，号召大家选举。

第五件，在选举大会上，如果有不好的人当代表时，一切工人要站起来指出他不够当代表的事实，叫大家不要选举他。

第六件，工会要做宣传工作。各级工会要成立宣传队，印标语、传单、画报等。宣传苏维埃土地法、劳动法令和其他一切政纲和法令。宣传这次工农兵代表大会的意义和任务、选举法、选举运动政纲以及扩大红军消灭敌人，反对帝国主义进攻苏联、进攻中国革命等。

各团体各机关一切会议上，工会要派人去参加，报告并讨论选举运动政纲、法令、选举法等。

要使苏区里面的工农劳苦群众，女的、男的、老的、少的个个都来选举代表，说出他要苏维埃做些什么事。

第七件，工会要派同志到白区去散发宣传品，宣传苏区工人的好处。号召白区工人及一般群众选举代表来出席工农兵代表大会。宣传他们自己起来斗争；宣传他们参加红军游击队等等。

第八件，工会的青工部除做上述一切工作以外，要号召青年工人帮长年的、做零工的、放牛的、做丫头的、锅厂、纸厂等的青年工人，大家来开会讨论青年工人要做些什么事情，如加工钱，改良牧童与学徒的待遇，缩短出师年限，反对打骂，反对看不起青年，组织俱乐部，读书识字，参加红军，组织少年先锋队，到苏维埃和其他机关做一切革命工作等等。并提出积极勇敢的青年工人为代表，当苏维埃委员，号召群众选举他们。

第九件，工会的女工部，要提出女工的特殊要求，如不分男女，做同样的工作，要得同样工资；禁止买丫头；实行保护女工条例等等。把顶积极勇敢的好女工人提到选举大会上，要求大家选举她，当代表当委员等。

第十件，在这个选举运动中，工会要号召一切工人，加入工会。清洗工会中的非工人分子，建立群众的阶级工会。

省总工会

一九三四年三月二十一日

抗日战争时期

陕甘宁边区选举条例

(一九三七年五月十二日通过)

第一章 总则

第一条 本条例系遵照国民政府国民代表大会选举法民主的原则,并依据陕甘宁边区的特殊情形而制定,于边区区域内适用之。

第二条 本条例采取普遍的、直接的、平等的、无记名的选举制,保证实现彻底的民主。

第三条 抗日部队的选举,另列专章规定之。

第二章 选举资格

第四条 凡居住陕甘宁边区区域的人民,在选举之日,年满十六岁的,无男女、宗教、民族、财产、文化的区别,都有选举权和被选举权。

第五条 犯下列各条之一的人,没有选举权和被选举权。

一、有卖国行为经法庭判决者。

二、经法庭判决有罪,剥夺公权期限未满者。

三、犯神经病者。

四、第一项人的家属。但其家属如系革命者不在此例。

第三章 选举议员人数的比例

第六条 各级议会区域选举被选人与居民的比例:

一、乡代表会:每居民二十人得选举代表一人。

二、区议会:每居民五十人得选举议员一人。

三、县议会:每居民二百人得选举议员一人。

四、边区议会：每居民一千五百人得选举议员一人。

第七条 不满法定人数而在法定的半数以上的，亦得选举议员一人，其人数在法定半数以下的，得选举候补议员一人。

第八条 各级选举得按照当选人数，选出三分之一的后补议员，候补议员出席议会时，有发言权无表决权，候补议员以得票的次多数充之。

第四章　抗日军队的选举

第九条 军队参加选举的范围：

一、属于区的武装部队，参加区以上的选举，不参加乡的选举。

二、属于县的武装部队，参加县以上的选举，不参加区乡选举。

三、属于边区的武装部队，参加边区选举，不参加县区乡选举。

四、警卫部队参加所在地的选举。

第十条 军队的选举工作，由团政治处或营连最高政治工作人员指定三人至五人，组织选举委员会进行之。

第十一条 选举出席区议会的议员，以连或营为单位，开选举大会选举；选举出席县或边区议会的议员，以营或团为选举单位，开选举大会选举。

第五章　各级议会长官的选举时期

第十二条 乡代表会及乡长每六个月改选一次，乡代表会每月召集一次。

第十三条 区议会及区长每九个月改选一次，区议会每两个月召集一次。

第十四条 县议会及县长每一年改选一次，县议会每六个月召集一次。

第十五条 边区议会长官、法院院长，每二年改选一次。边区议会每年召集一次。

上列各级会议均于必要时得召集临时会。

第六章　选举委员会

第十六条 选举委员会为办理选举专门机关，其组织如下：

一、边区议会的选举委员会直辖于边区政府，委员九人至十一人，由边区主席委任之。

二、县议会的选举委员会，委员七人至九人，由县长呈请边区主席委任之。

三、区议会的选举委员会，委员五人至七人，由区长呈请县长委任之。

四、乡代表会的选举委员会，委员三人至五人，由区长委任之。

第十七条　选举委员会由政府及各群众团体的代表组成，其人员以在该地工作或居住的人民为合格，遇特别情形时，可由上级政府从别处调去。

第十八条　各级政府现任长官，不得为各级选举委员会委员。

第十九条　各级选举委员会对于所辖选举区，——边区选委对于县区，县选委对于区，区选委对于乡的选举，得委派人员组织各区域的选举委员会，进行选举，此项选委人选，该区域长官无须回避。

第二十条　进行选举的细则另规定之。

第七章　选举区

第二十一条　边区议会及县议会选举，均以区为选举单位，区议会选举以乡为选举单位，乡代表选举以村为单位。

第二十二条　工人、学生得以工厂、学校或几个工厂、学校联合为选举单位，进行选举。

第八章　各级长官的选举

第二十三条　乡长、区长、县长、边区长官、边区法院院长，由各级议会选举，但须得到出席议员三分之二以上的同意。

第九章　常驻议员的选举

第二十四条　县议会闭会时之常驻议员，边区议会闭会时之边区常驻议员，由各该议会自行选举之。

第十章　候选人的竞选

第二十五条　各政党及各职业团体提出候选人名单，进行选举运动，在不妨害选举秩序下，选举委员会不加以任何阻止。

第十一章　补选

第二十六条　议员因事离职或被撤回时，即由原区域（或原职业团体、部队）选举人另行选举之。

第十二章　经费

第二十七条　各级选举经费，由国库支付之。

第十三章　附则

第二十八条　本条例自公布之日起发生效力。

第二十九条　本条例修改之权，在边区议会未成立前属于边区政府，边区议会成立之后属于边区议会。

（选自《陕甘宁边区选举须知》）

陕甘宁边区选举委员会工作细则

（一九三七年五月二十五日中央内务部）

第一章　总则

第一条　根据选举条例之规定，为便于选举委员会的工作起见，特另外颁布本工作细则。

第二条　边区主席团有停止或修改本细则之权，并有解释关于工作细则的疑问或争执之权。

第三条　本细则施行陕甘宁边区内，一切选举委员会都应遵照本工作细则进行工作。

第二章　选举委员会的工作人员

第四条　选举委员会按照选举条例产生之后，委员之间即进行分工，每个委员应担任选举委员会的一部分工作。

第五条　选举委员会的委员，不脱离生产，在办理选举期间，可暂时解放他所担负的工作，专门来进行选举工作。

第六条　可酌量任用技术人员，如文书、印刷、登记员之类，但在可能范围之内，可利用区政府或城市政府的技术工作人员。

第七条　选举委员会可在区乡政府的地方办事，不必另设办事处。

第三章　选举前的工作

第八条　在未开始选举的两星期前，须在该选举区域内实行选民登记。

对于登记工作，如没有组织的选民，选举委员会可任用专门登记人员进行之，有组织的选民，可委托该组织的负责人进行之。

第九条 登记须按照中央内务部所颁布的选民登记表填写之。

第十条 登记完了之后，由选举委员会指定委员审查登记表。

第十一条 审查完了之后，须将有选举权的选民名单公布，在选民所在地或坪场张贴。

第十二条 选民名单须在选举大会前三天发表。

第十三条 在未选举前，须将选民交给代表带去的提案的草案预备出来，并在选民所在地公布，使选民预先认识其提案。

第十四条 选举委员会在未开始选举前，应将该区域内各个选民大会的选民总数、应选举代表和议员的人数公布，并将被剥夺选举权者名单经过当地政府公布之。

第十五条 在开选举大会的前三天，须布告开选举大会的地点和时间。

第十六条 须先将会场布置好，看守会场门的人和进会场的登记人预备好，选民进会场时，须照选民的名单放进。

第四章 选举的工作

第十七条 无论哪个选举大会，选举委员会的主席（任）或派全权代表去出席大会。

第十八条 由选举委员会主任或全权代表宣布开会。在宣布开会后，须宣布到会的人数是否已足法定人数。

第十九条 选举委员会的主任或全权代表，一定为选举大会的主席。

第二十条 选举大会议事日程第一项应由选举委员会主任或全权代表根据选举条例第四章之规定，宣布什么人有选举权和被选举权，什么人被剥夺选举权和被选举权。

第五章 选举后的工作

第二十一条 选举委员会须将关于选举的文件（如选民登记表、选举大会的记录、进入选举会场登记表等）汇集起来，交给区政府（苏维埃）或城市政府，以便检查。

第二十二条 选举结束后，选举委员会须向区政府或城市政府作选举总结报告，对选举所用的经费问题同样须对区、城市政府〔作〕详细的财政报告。

第二十三条　选举结束之后，选举委员会须待工作结束，所有选举委员会所购置的东西全部交区、城市政府，选举委员就宣布停止工作。

（选自《陕甘宁边区选举须知》）

陕甘宁边区选举条例

（一九三九年二月陕甘宁边区第一届参议会通过）

第一章　总则

第一条　本条例根据国民政府建国大纲之民主选举原则及陕甘宁边区之实际情形制定之。

第二条　采取普遍、直接、平等、无记名之投票选举制，选举边区、县及乡三级参议会之议员，组织边区、县及乡参议会。

第二章　选举资格

第三条　凡居住边区境内之人民，年满十八岁者，无阶级、职业、男女、宗教、民族、财产与文化程度之区别，经选举委员会登记，均有选举权与被选举权。

第四条　有下列各项情形之一者，不得参与选举与被选举：

一、有卖国行为，经政府通缉有案者；

二、经法院判决有罪，剥夺公权尚未恢复者；

三、有神经病者。

第三章　选举参议员人数之比例

第五条　各级参议会选举区域之居民人口与被选举人之比额，规定如下：

一、乡参议会，每居民三十人得选举议员一人；

二、县参议会，每居民七百人得选举议员一人；

三、边区参议会，每居民五千人得选举议员一人。

第六条　各级参议会之选举，得按照当选人数，选出五分之一的候补议员。候补议员之选出，以得票数次多者充之。

第七条　现役军人、保安队、警察、学校、工厂及机关之选民，均参加所住区域之选举，与居民同一规定。

第八条　在选举区域内，如有少数民族，除适用第五条之规定外，其人数不足各级参议会选举法定人数五分之一者，参加区域选举；有法定人数五分之一以上者，单独进行该民族居民之选举，得选出正式议员一人。

第四章　改选

第九条　乡参议会议员每半年改选一次。

第十条　县参议会议员每一年改选一次。

第十一条　边区参议会议员每一年改选一次。

第十二条　边区各级参议会如遇特殊情形，未能按期改选时，得由边区参议会议决延长之。

第五章　选举委员会

第十三条　为便利进行各级参议会之选举，设置选举委员会，其组织规程另定之。

第六章　选举区域

第十四条　乡参议会参议员之选举区域，以行政村为单位，如有联合数村在同一适当地点举行选举之必要时，可由乡选举委员会自行决定之。

第十五条　县参议会参议员之选举区域，以行政区为单位，不得变更。

第十六条　边区参议会之参议员选举区域，以县为单位，不得变更。

第七章　候补及竞选

第十七条　候补议员递补完尽，仍不足法定议员之过半数时，得另行补选之。

第十八条　各抗日政党及各职业团体，可提出候选名单，进行竞选运动，在不妨害选举秩序下，选举委员会不得加以干涉或阻止。

第八章　经费

第十九条　各级参议会选举经费，由边区政府支付之。

第九章　附则

第二十条　本条例修改及解释之权，属于边区参议会。

第二十一条　本条例经过边区参议会通过后，由边区政府公布施行。

（选自《陕甘宁边区第一届参议会实录》，一九三九年版）

陕甘宁边区各级选举委员会组织规程

（一九四一年一月一日修正公布）

第一章　总则

第一条　本规程，是依据边区各级参议会选举条例第十八条制定之。

第二条　各级选举委员会，为办理选举的专门机关。

第三条　各级政府、法院、驻军长官，不得为选举委员会委员。

第四条　各级选举委员会，得设在同级政府或参议会内办公。

第二章　组织

第五条　各级选举委员会的组织如左〔下〕：

（一）边区选举委员会，委员九人至十三人，由边区政府聘任之，并指定一人为主任，办理并监督各级选举事宜。

（二）县（或等于县的市）选举委员会，委员七人至十二人，由县市政府呈请边区政府聘任之，并指定一人为主任，办理该县市各级选举事宜。

（三）乡市选举委员会，委员五人至九人，由乡市政府呈报区政府转请县市政府聘任之，并指定一人为主任，办理该乡市选举事宜。

第六条　政府聘任各级选举委员会的委员人选以及各级政府、各群众团体、各抗日党派代表以及当地公正人士组成，以在该地工作或居住人民为适宜，但遇有特别情形时，可由上级政府从别地调任之。

第七条　上级政府及选举委员会得派专人到下级选举委员会指导工作。

第八条　进行单独选举的边区保安部队、抗日驻军及工厂、学校，得单独组织选举委员会，办理本部门的选举事宜。

前项选举委员会，在军队以团为单位（必要时可以营为单位），由团政治部或营政委提出委员人选；在工厂、学校，以总厂或校部为单位，由各该单位提出委员人选，均呈请所属上级政府聘任组织之。

第九条　有少数民族进行单独选举的地区，选举委员会须有少数民族人员参加，并于必要时，得设立少数民族的选举委员会，〔从〕少数民族中提出委员人选，依照第五条呈请政府聘任组织之。

第十条 各级选举委员会成立后，各委员立即分工，担任本会一部分工作。

第十一条 各级选举委员会的委员，在办理选举期间，可暂时解除其原有的工作。

第十二条 各级选举委员会于必要时，得酌用秘书及分设宣传指导股、调查统计股、总务股，分任各该部门事宜。

第十三条 各级选举委员会于居民登记完毕后，得组织选民审查委员会，以行政村、或以街道、或以生产为单位，将有公民权及照选举条例第四条所列无公民权之人名，分别公布之。

第十四条 各级选举委员会职员的生活待遇，与同级政府工作人员一样。

第十五条 各级选举委员会的印信，由同级政府制发之。

第三章　职务

第十六条 各级选举委员会主任及委员，除综理本会一切事务外，并得为选举大会临时主席，办理左〔下〕列事项：

（一）主持选举会场秩序；

（二）宣布开、休、闭大会；

（三）监督投票、开票及举手；

（四）启封票柜；

（五）解决大会所发生的问题。

第十七条 各级选举委员会的秘书及各股之职务如左〔下〕：

（一）秘书一人，掌理各种报告文件之收发整理，规划选举之执行，并任本会记录；

（二）宣传指导股，掌理选举的宣传、解释等事；

（三）调查统计股，掌理居民和选民的调查、登记、统计等事；

（四）总务股，掌理文书、会计、庶务等事。

第十八条 各级选举委员会于开选举大会时，应推定监票员若干人，办理左〔下〕列事项：

（一）检查到会人数；

（二）布置选民位列；

（三）监视会场投票或举手有无弊端；

（四）大会主席交办事项。

第十九条 各级选举委员会于开选举大会时，应推定司票员若干人，办理左〔下〕列事项：

（一）维持投票秩序；

（二）收发选举票；

（三）大会主席交办事项。

第二十条 各级选举委员会于开选举大会时，应推定开票员若干人，办理左〔下〕列事项：

（一）维持开票秩序；

（二）清算投票数目，审查选票和计算被选人得票数目；

（三）公布投票数和举手数目；

（四）大会主席交办事项。

第二十一条 各级选举委员会于开选举大会时，应推定记录员若干人，办理左〔下〕列事项：

（一）记录大会的报告和讲词；

（二）记录到会人数和大会动态；

（三）记录选举的票数或举手数及其结果；

（四）整理大会记录。

第二十二条 县市及乡市选举委员会于本届选举办毕后，应造具报告书，连同文件送上级选举委员会，由边区选举委员会保管之。

第二十三条 边区选举委员会，于本级选举办毕外，经常协同民政厅，管理下级选举事宜。

第四章　会议

第二十四条 边区选举委员会，每月开会一次。

第二十五条 县市选举委员会，每半月开会一次。

第二十六条 乡市选举委员会，每七天开会一次。

第二十七条 各级选举委员会，必要时得召开临时会议。

第五章　任期

第二十八条 边区选举委员会委员之任期为一年。

第二十九条 县市选举委员会，于新届县市参议会第一次会议闭幕后五日结束。

第三十条　乡市选举委员会，于乡市参议会第一次会议闭幕后五日结束。

第六章　附则

第三十一条　本规程如有未尽事宜，有委员三人提请，经边区选举委员会审查、讨论、修正。

第三十二条　本规程于边区政府公布日施行。

（选自《抗日根据地政策条例汇集——陕甘宁之部》上册一九四二年版）

陕甘宁边区政府为改选及选举各级参议会的指示信

（一九四一年一月三十日）

各分区专员及各县县长同志们：

边区各级参议会决定今年都要改选，未成立的都要成立。为要使选举办得很好，特给以如下的指示。

（一）民主政治选举第一

边区是民主的政府。民主和不民主的分别：一是恃强霸占政权，不许老百姓说话，老百姓一点权利没有。一是凡事由老百姓作主，老百姓直接出来议事管事，或选代表出来议事管事。我们革命，为的是推翻那不民主的政府，建立民主的政府。民主的第一着，就是由老百姓来选择代表他们出来议事管事的人。

边区各级参议会与政府，是老百姓选举的，但做了很久，做得对不对，应该向老百姓报告，请老百姓检查，看还要你不要。这叫做改选。未经过选举的地区，各级政府都是临时的，必须由老百姓选举，才能叫正式政府。

如果有人轻视选举，或者说不要选举，那就是等于不要民主。不要民主，就等于不要革命。必须用教育与训饬的方法，克服某些干部中这种错误观点。

（二）保卫边区需要选举

历史告诉我们：革命战胜反革命，不是单靠武装，而是靠和老百姓联系在一起。因为反革命的武装常常是占绝对优势；而老百姓的力量，则是伟大无穷。

边区处在日寇和反共份子的包围下,目前反共份子已公开的进攻,并围歼了江南的一部分新四军,在边区周围筑了几道封锁线,集了二十多万大军,一步步向边区围攻。必须集中边区老百姓的力量,才能对付敌人,渡过危险。边区老百姓为救自己,正在要发挥他的力量,检查他的代理机关(政府)是否得力。因此,必须进行选举。只有选举,才能改进政治机构,涌出积极分子,有力地保卫边区。

如果有人说:现在抗战忙,动员忙,哪有工夫来办理选举?而不知道这是本末倒置,把最基本的保卫边区工作忘掉了。

(三) 提高民众需要选举

管理国家要管得好,就得时时去管,才能增进对管理的认识与熟练。选举是老百姓对政府工作的大检查:乡市半年来一次,县一年来一次,边区两年来一次。这对政府有很大好处:工作呢,好的赞扬,坏的谴责;人员呢,剔退一些,新选一些。对老百姓也有很大好处:认识了政治,交换了意见。所以我们的选举运动,是提高民众的智力与能力的运动。和资产阶级国度的选举运动完全不同。

我们反对那说老百姓文化低,不够讲民主,需要"训"的胡说。但我们承认老百姓管理国家,需要在实行管理中来练习。选举运动,是选举人和被选举人一齐上大课。忽视这个大课,马虎地选举,不去研究与布置选举的诸般方式,那是不对的。

(四) 领导选举要抓得紧

选举既这样重要,那末,领导选举不是件容易的事。首先干部要了解选举的意义及其重要,明白进行选举的步骤和方式。其次,进行广泛的宣传:发传单、写标语、出报纸、演讲、演剧、唱秧歌……各样都来,发动老百姓的选举热潮。又其次:登记选民,弄清谁有谁没有选举权和被选举权;讨论政府工作报告,哪点好哪点不好;讨论各党派的竞选政纲,谁要得谁要不得;讨论与提出候选名单,哪人贤哪人不肖;还有,总结许多老百姓的意见,作成提案为对于当选人的指令;然后正式进行选举。这里,需要组织得力的选举委员会,管理选举工作。但不是说有了选举委员会,其他负责的人就可以不管,往他一推。

如果有同志只说老百姓不行,自己却不肯研究;或者自己知道了,以为人都同我一样，不去宣传；或者推定几个人组织选举委员会，就以为责任已卸，只要能够选成就算了，只求形式，不管内容。这都是要不得的。

（五）报告工作请求检阅

老百姓选出议会，议会选出政府，现在政府做了些什么工作？老百姓交给你们的任务完成了没有？有优点，优在哪里？有缺点，缺在哪里？要很具体明白地报告出来，请求老百姓检阅。今年边区、县级、乡市同时选举，因此边区政府现在就开始起草报告，说明当选以来做了些甚么。这一报告要印成册子。县的工作报告，不要太长，最好也印成册子或登在报上。乡的工作报告，那就分村去召集群众大会报告，虽然不必付印，但也要写有底子，在政府委员会通过。报告的写法：一要明白具体，容易看懂；二要忠实无欺，好的不夸，坏的不瞒。把货色摆在老百姓面前，请老百姓来评价。在新行选举的区域，各级临时政府的工作报告，也是一样。

（六）选举自由不得妨害

边区没有"贿选"、"圈定"、"结党营私"那一套，是可以保证的。但由于我们来自封建社会，旧社会的不民主生活，容易影响到我们工作人员，求简便，不耐烦。同时，老百姓没完全脱离"怕官"的旧习，争行民主的勇气不够。一方面不善诱导，另一方面不来竞争，可能使得选举虽然进行了，老百姓还不知道是甚么一回事。

革命的目的，是为老百姓求自由。选举是老百姓行使自由的头一桩事。我们要发展老百姓的自由，就得大量宣传、耐烦诱导，使每个老百姓都能凭着自己的意愿去进行参政，选择代表。

（七）选举手续必须弄清

选举条例、选举委员会组织规程、各级参议会组织条例，都已由边区参议会决定公布。这些条文上规定人民的权利及怎样行使权利，我们必须弄清楚。不用讳言，我们有些人还是缺乏法治习惯的，容易发生违反人民法定利益的事。这回选举要切实纠正不依法办理及把条文搁着不看的毛病。还有，选举手续颇繁，边府另印有小册子，上面说得明白。要把它研究清楚，配合当地具体情况，一点不苟的进行。这不仅可使选举达到成功，而且在你们练习行政上也很有益处。

（八）收集经验利用经验

上面说过：选举是老百姓对政府工作的大检阅。那末，在选举过程中必然反映出老百姓的许多意见、许多办法，指出政治上那些好与坏的例子。本来一切政治上的"创作"，不存在于领导者的脑子里，而存在于广大群众中间。我们要善于倾听接收，把各种经验，添附到政治的宝库里面，作为今后改进工作（包括选举本身在内）的指南。这是一件大事，绝不要忽略。

（九）选举日期尽有余裕

为要使选举工作办得很好，选举日期不能规定得太促：

二月、三月为选举的宣传及准备时期。

四月至五月实行选举（各级参议员在一次会上选出），开乡市参议会，组织乡市政府。

六月至七月新选的县及等于县〔的〕参议会召集开会。

八月新选的边区参议会召集开会。

在边区条件下，选举不可能在同一日期举行。只要工作做好了，选举及召集会的日期可不一致，不过不能延过所规定的时期。

此次选举以后，各级参议会必须依法改选与开会，不得无故延期。

（十）一切疑难写信来问

边区政府开办了选举训练班，有各县科长及延安许多青年学生参加，不久就可来各县帮助选举。选举是件大事，不免有很多疑难发生，请你们写信来问。边区政府的选举委员会必一一负责解答。

（选自《抗日根据地政策条例汇集——陕甘宁三部》上册，一九四二年版）

陕甘宁边区各级参议会选举条例

（一九四一年十一月边区第二届参议会修正通过，
一九四二年四月边区政府公布）

第一章 总则

第一条 本条例系根据国民政府建国大纲的民主选举原则，及陕甘宁边区的实际情形制定之。

第二条 采取普遍、直接、平等、无记名的投票选举制，选举边区县市（等于县的市，下同）及区乡市（或等于区的市，下同）三级参议会的参议员，组织边区，县（市）及乡市参议会。

第二章 选举资格

第三条 凡居住边区境内的人民，年满十八岁，不分阶级、党派、职业、男女、宗教、民族、财产和文化程度的差别，都有选举权和被选举权。

第四条 有左〔下〕列情形之一的，不得参加选举与被选举：

（一）有卖国行为，经政府缉办有案的；

（二）经军法或法院判决剥夺公权尚未恢复的，

（三）有神经病的。

第三章 选举区域

第五条 乡市（或等于区的市）参议员的选举单位为居民小组。

第六条 县市（或等于县的市）参议员的选举单位为乡。

第七条 边区参议会参议员的选举区域以县为单位。

第四章 选举参议员人数的比例

第八条 各级参议会选举区的居民与被选举人的比额如左〔下〕：

（一）乡市参议会每二十人至六十人的居民小组，得选举参议员一人，即不满五百居民的乡市，其居民小组不得少于二十人。五百人以上的乡市，其居民小组不得多于六十人。在同一乡市的居民小组，其人数相差不得超过十分之三。

（二）等于区的市议会，每六十人至二百五十人的居民小组，得选举议员一人，即一千五百人以下的市，其居民小组不得少于六十人，一千五百人以上的市，其居民小组不得多于二百五十人。

在同一市的居民小组，其人数相差不得超过十分之三。

（三）县参议会（或等于县的市），每达居民四百至八百人得选举议员一人，即人口在一万五千以下的县（市），其选举参议员的居民比例不得少于四百人，一万五千人口以上的县（市），其选举参议员的居民比例，不得多于八百人。

（四）边区参议会，每达居民八千人得选举议员一人，但人口最多的县

（市），其应选举议员不得多于十人，人口最少的县（市），其应选举议员不得少于三人。

上列各项选举比例的实数，由该区选举委员会拟定，呈报上级选举委员会批准之。

第九条　边区县参议会选举区域单位的居民，不满前条比额法定人数，而已达二分之一的，得选举议员一人，其超过比额的余数，达二分之一的亦同。

第十条　边区县参议会的选举，得按照各选举单位的当选人数，选出五分之一的候补议员，如该单位没有五个议员的亦得选出候补议员一人，均以得票次多数的充当。

候补议员如出席会议时，只有发言权而无表决权。以居民小组为单位选出的乡市参议员，不设候补议员。

第十一条　警察、学校、工厂、机关、县保安部队，均参加其所在地区域的选举，和居民一样。但边区保安部队、抗日驻防部队、专门以上学校、百人以上产业工厂，得以其生产为单位，进行其单独选举，选举出席于所属参议会参议员，如不足第八条该区域所规定之选举比额人数时，得联合数单位进行选举，联合仍不足额时，亦得选出议员一人。

专门以上学校、百人以上产业工厂的职员，除参加其生产单位选举外，并得参加其所在地乡市选举。

第十二条　在边区境内少数民族的选举如左〔下〕：

（一）已达各级参议会选举居民法定人数的，依第八条之规定比额，单独进行民族选举；

（二）不足法定人数，而已达乡市选举五分之一，县市选举五分之一，边区选举八分之一的居民，亦得单独进行民族选举，选出各该级参议会参议员一人；

（三）不足前第二款所述各级选举居民人数的，参加区域选举，与一般居民同；

（四）少数民族选举，得以各级参议会的地区为选举单位，不受第三章选举单位的限制。

第五章　改选

第十三条　乡市（等于区的市）参议会参议员，每一年改选一次。

第十四条　县市（等于县的市）参议会参议员，每两年改选一次。

第十五条　边区参议会参议员，每三年改选一次。

第十六条　各级参议员在任期内如有不称职的，得由该级议员选举之法定人数十分之一以上的选民提议，经由该选举单位投票罢免之。

第十七条　边区各级参议会，如遇有特殊情形，不能按期改选时，乡市的或县市的，应由乡市参议会、县市参议会（或县市参议会常驻委员会）呈报边区参议会（或边区参议会常驻委员会）议决延长之，边区参议会得由自身决议延长之。

第六章　选举委员会

第十八条　为便利进行各级参议会的选举，设立各级选举委员会，其组织规程另定之。

第七章　候补及竞选

第十九条　边区县参议会候补议员递补完尽，仍不足法定议员数目时，各选举单位得另行补选。

第二十条　各抗日政党、抗日群众团体可提出候选名单及竞选政纲，进行竞选运动，在不妨害选举秩序下不得加以干涉或阻止。

第二十一条　凡以威胁利诱等舞弊妨害选举自由者，不问当选与否，除制止其行动外，并将当事人及参加人提交法院依法惩处。

凡公民对于选举人认为有前项之行为者，仍得向司法机关告发之。

第八章　经费

第二十二条　各级参议会选举经费，由各级选举委员会造具预决算，报请边区政府财政厅支付之。

第九章　附则

第二十三条　本条例施行细则，另由边区政府制定之。
第二十四条　本条例经边区参议会通过，由边区政府公布施行之。
第二十五条　本条例修改之权，属于边区参议会。

（选自《陕甘宁边区第二届参议会汇刊》，一九四二年版）

陕甘宁边区各级参议会选举条例的解释及其实施

(一九四二年五月)

第一章 总则

第一条 本条例系依据国民政府建国大纲的民主选举原则，及陕甘宁边区的实际情形制定之。

建国大纲系中山先生写的。孙先生革命，为的是要建立民主国家，要有由人民选举出来的议会和政府，可是建国大纲上写的选举办法，国民政府并没实行。现在陕甘宁边区没有阻止实行的障碍了。可以依照孙先生的民主原则，制定选举条例。

第二条 采取普遍、直接、平等、无记名的投票选举制，选举边区、县（或等于县的市）及乡市三级参议会的参议员，组织边区、县（或等于县的市）及乡市参议会。

普遍是指选举人的资格没有任何限制，任何哪个普通人都有选举权和被选举权。直接是选民直接选出被选人，而不要经过转弯。平等是任何选民投的票，其效力都是一样。无记名亦叫"秘密"，是选民在票上只写被选出的人的姓名，不写自己的姓名。

因为现在各国的选举，有的规定：要有财产若干以上的，读过书的，或者宣过誓，经过考试合格的，才有选举权和被选举权。这样，参加选举的人只有少数，就不"普遍"。又有的由选民选出选举人，再由选举人去选出议员或政府长官，这就是不"直接"，不直接，选举就易被有势力者操纵。又有的富人投一票，抵得穷人投的几票，这就是不"平等"。还有，要投票人在票上写了自己的姓名，使得心里不想选某人，面子上又不好不举某人的，为难起来，这就是不"秘密"。

所以，普遍、直接、平等、无记名，是最公平、最进步的选举办法。

"等于县的市"，如延安市，和延安县的地位相等。

第二章 选举资格

第三条 凡居住边区境内的人民，年满十八岁，不分阶级、党派、职业、男女、宗教、民族、财产和文化程度的差别，都有选举权和被选举权。

阶级——指地主、农民、资本家、工人等；党派——如共产党、国民党及其他党派等；职业——如工、农、商、学、兵等；宗教——如回教、喇嘛教、天主教等；民族——如汉人、回人、蒙人、朝鲜人、安南人等；财产——指穷的或富的，文化程度——指读过书或没读过书。这些我们都不管，只要他在选举的时候，他住在边区，年龄有了十八岁（年龄小的，不明白国事，所以要满十八岁），不论男女，都有选举权和被选举权。

照这规定，我们边区，工农有选举权了，但并不歧视地主、资本家；共产党是合法了，但并不限制别的党派的自由；同样，弱小民族、信宗教的，都一样有权利，谁也不能限制谁，有势力的不能恃势力去限制其他没有势力的人，这就叫做真正的民主。

第四条 有左〔下〕列情形之一的，不得参加选举与被选举：

（一）有卖国行为，经政府缉办有案的；

（二）经法院判决剥夺公权，尚未恢复的；

（三）有神精病的。

我们的选举权，虽然人人都有，但汉奸卖国贼不能有，因为他们卖国害民，应该剥夺他们的选举权；有神经病的人，不明白世事，当然也不能有。

在把选举资格审查清楚以后，就要出榜公布，榜分红白，照例"红榜"在前，先抄选民名单，再抄年龄不及格的名单于其上；"白榜"在后，只写第四条所限制的三种人。去年有些地方对这点也有不清楚了解的。

出榜对鼓励人民参加竞选，有大作用。当榜出以后，居民喜眉笑眼围绕着看，是普遍情形。今年仍要这样做。"红榜"无红纸，即用红笔画圈圈就行。

第三章　选举区域

第五条 乡市（或等于区的市）参议员选举单位为居民小组。

选举区域是说选举要划成若干区，即是选举单位。乡市选举单位，今年为居民小组，每个居民小组的选民集在一处，选出他们自己的一位参议员。

什么叫居民小组呢？比如某乡当选举前，由选举委员会把东村八家人（五十六口）划做一：个小组，南坡上九家人（五十七口）划做一个小组，西沟畔零散住的四个小庄子七家人（四十八口）划一个小组，蒋家山二十家人（一百一十八口）划两个小组等（怎样划法，详见第八条解释）。

乡市选举为什么要以居民小组为单位呢？因为乡市参议员要固定管理居民，去年以行政村为单位选举，有的村庄参议员多，有的村庄参议员少，甚或一个没有，要他划分来管理居民，不便利，就划分了，而该参议员又不一定是该组的每个居民所选，不都信仰该参议员。所以条例上虽然规定乡参议员应有管理的固定居民，实际上并没有做到。现把选举单位改为居民小组，就好得多。开会便当，选民都可以到，参议员又自然而然地同自己所管理的居民形成固定的联系。

第六条 县（或等于县的市）参议员的选举单位为乡。

第七条 边区参议员的选举区域以县为单位。

县议员以前以区为单位选，现在以乡为单位选，使每个乡都有产生议员机会，人民与议会的联系更广泛更密切了。投票时，在一处也行，在几处也行，至边区参议员选举单位更大，投票就决不能在一处了。

*　　　　　*　　　　　*

这里顺便再说说投票吧，根据去年经验，投票法有三种：

一、"背箱子"——各级选举委员会于选举前，推定若干司票员（要忠诚可靠，免得发生舞弊情事），把选票事先照名册散给各选民（按：边区选要把候选人名字印在票上，现在的县选和乡市选用白票就可以，只在票头上盖章记，以别真伪），选举委员会准备若干箱子，再把箱子上锁，贴封帖，交司票员分途收票。待票集完，定日召集居民大会（边区选不可能召开全县居民大会，就召集附近居民即可）开票。

二、"投豆子"——当选民大会未召开前，选举委员会查查本选举单位有几个候选人，有几个就准备几个碗。在每个碗上贴一个候选人的名字，待选民大会召开了，各候选人的票碗摆在桌上，监票员监场，司票员照名册顺序，边叫每个选民到票桌前，边按应投几票即交给选民几粒豆子（如居民小组只选一参议员，每选民就只有一票），并同时教给他某碗是某候选人的，愿选某人，投豆到某碗。豆投完，宣布开票，哪人豆多，哪人当选。

三、"乍肐膊"——这个方法大家比较是熟惯些，不需详加解释。就是唱一个候选人乍一次肐膊，每选民有几票，只乍几次为止，最后哪人票多，哪人当选。

总之，这三种方法都要得，应按各地不同情况采用。例如地区小，人住的靠近；就不妨用"投豆子"或"乍肐膊"；地广人稀，那就得"背箱子"。又如乡选县选用"投豆子"或"乍肐膊"都可以，边区选就比较用"背箱子"便利得多。但如果要检讨究竟哪种流弊大，哪种最好呢？根据去年经验可以这样说：

一、"背箱子"的好处是：第一，能使多数选民投到票（如延川去年百分之九十，个别地方百分之百的选民都投票了）；第二，票先发，使选民有考虑余地，第三，尤其如边区选、县选，选举单位大更方便，但它也有流弊，据有些办选举回来的同志说：有些地方，发现在选票发下以后，坏人活动当选；还有的司票员自己干"偷梁换柱"的事（抽去选民票，投入自己伪票）。因此，办选举时，要严防这个流弊。乡市选举单位，既已修正为居民小组，"背箱子"就用不着了（如仍觉得票选好，那就用当场开票，不用背箱子）；县选与边区选还是可以采用的。

二、"投豆子"最适合于文化低落地区，计票明白不混杂，选民也容易"解得开"。在乡市选举很合适。县选边区选要保证选民多数能投票，就不如"背箱子"。还有一点，"投豆子"，不能做到如票选之"秘密"，个别选民会因碍于"情面"，不想选某人，而又不得不给某人投了豆子。

三、"乍胳膊"最不好，很容易使选民马马虎虎敷衍了事，但不得已时也可采用。

还有，无论何种投票方法，发票时，看本选举单位应选几个正式议员（除乡市外），就清楚地告诉给所有选民，每张票上写几个人名。去年有的地方了解错了，以为一张票只写一个人名（当然，如果只选一位议员，就写一个人名）。或者不告诉选民，让他自由地多写，这结果是：多写成废票；写一人名呢，假如大家都集中在一个人的目标上，就会选不够数。

第四章 选举参议员人数的比例

第八条 各级参议会选举区的居民与被选举人的比额如左〔下〕：

（一）乡市参议会每二十人至六十人的居民小组，得选举参议员一人，即不满五百居民的乡市，其居民小组不得少于二十人。五百人以上的乡市，其居民小组不得多于六十人。在同一乡市的居民小组，其人数相差不得超过十分之三。

（二）等于区的市议会，每六十人至二百五十人的居民小组得选举议员一人，即一千五百人以下的市，其居民小组不得少于六十人，一千五百人以上的市，其居民小组不得多于二百五十人。

在同一市的居民小组，其人数相差不得超过十分之三。

（三）县参议会（或等于县的市），每达居民四百至八百人得选举议员一人，即人口在一万五千以下的县（市），其选举参议员的居民比例不得少于四百人，一万五千人口以上的县（市），其选举参议员的居民比例，不得多于八百人。

（四）边区参议会，每达居民八千人得选举议员一人，但人口最多的县（市），其应选议员不得多于十人。人口最少的县（市），其应选议员不得少于三人。

上列各项选举比例的实数，由该区选举委员会拟定，呈报上级选举委员会批准之。

首先把居民和选民闹清。居民是指所有在那里住的人，包括男的、女的、老的、幼的（连才出胎的婴儿也准），及没有选举权的（白榜）都在内；选民是年龄在十八岁以上且不受第四条之限制者。居民指全体人民；选民是居民中有公民权的。去年有的地方，把居民和选民倒颠认识的：只把十八岁以下认做居民，选民不认做居民的；或者把表册上所有人都登记做选民。这都是错的，应纠正。

其次要说明的：

（一）乡市有大小，人数多少相差常远。如把人数都固定了，那大乡嫌议员多，小乡又嫌议员少，又一家人不好分交两议员管。因之，规定由二十人至六十人划一居民小组，又规定同一乡市的居民小组，人数可以有点相差，但不得相差超过十分之三。有这个伸缩性，可把它划大一点，也可把它划小一点。在划分的时候要注意按乡而又按行政村，按人口而又按村，可以酌量该乡市的人口多少、村落疏密适当分配。比如：居民多、人口密，居民小组划大一点；居民少、地广，居民小组就要划小一点。又为了行政上的便利，不能把甲行政村的几家划到乙行政村去；把乙行政村几家又划到丙行政村去，那多几家的可以把那一小组划大些，或者划成较小点的两个组，只要人数相差不大远（不超过十分之三）就要得。比如：甲小组六十人，那么其他小组的居民人数就不能少于四十二人以下；甲小组是二十人，那么其他小组居民人数就不能超过二十六人以上，等。

（二）等于区的市，如绥德市、庆阳市，比县小、比乡市又大，就以六十人至二百五十人划一居民小组。今后也许有些小市要成立议会的，若等于乡市，照第一款办，等于区的，照第二款办。其他解释同前。

（三）县的大小，相差很远，如延安市七千人，甘泉一万二千人，绥、米各十四万人。这就得按县的大小，从四百人以上八百人以下，自由确定数目。例如：甘泉确定四百人选一县议员，再按照各个乡人数的多少，看其乡有几个四百，就要某乡选几个县议员。

（四）大县如绥、米各十四万人，可是应选议员不能多于十人，那就是平均一万四千人才选边区参议员一人；小县如延安市（县市）七千人，可是应选议员不得少于三人，那就平均二千三百人就可选一边区参议员。

除以上规定外，还有如机关、学校多的地区，机关、学校选出议员的额数也要改变，不然会因机关、学校议员数多而压倒老百姓议员。比如延安市各机关、学校人数比老百姓多几倍，那么老百姓四百人选一市议员，机关学校就须几千人选一市议员才为妥善。

最后还须注意：当选举委员会成立后，应迅即拟定各项选举比例实数呈报上级选举委员会批准。因为不迅速，等到上级批准的往还时间，会使整个选举进程迟延。不经上级选举委员会的批准，又怕比例数弄得不妥，而且不经过批准，不算合法。

第九条 边区县参议会选举区域单位的居民，不满前条比额法定人数而已达二分之一的，得选举参议员一人，其超过比额的余数，达二分之一的亦可。

比如：县以乡为选举单位，已由县选举委员会决定该县每乡以五百人选一县议员，如果某乡不足五百个居民，只要有半数以上，即二百五十个人以上，即可选出一个议员，若是超过五百个居民，其余额已达半数，即七百五十个以上，就可选出两个议员。边区的选举单位，也照此推算。唯乡市是以划定的每个居民小组只选一乡市参议员。

第十条 边区县参议会的选举，得按照各选举单位的当选人数，选出五分之一的候补议员，如该单位没有五个议员的，亦得选出候补议员一人，均以得票次多数的充当。

候补议员如出席会议时，只有发言权而无表决权。

以居民小组为单位选出的乡市参议员，不设候补议员。

比如：某乡选举单位，应选出县议员五人，选举结果：张某得一千三百票，王某得一千二百一十票，李某得一千〇三票，赵某得九百九十二票，刘某得八百一十四票，马某得七百八十九票，黄某得七百七十八票，那就是张、王、赵、李、刘五个人当选为正式议员，马某为候补议员，黄某以下落选。又如：该乡只能选出一个或两个县议员，不足五个的，亦得选出一候补议员。

当选的正式议员如有人出缺，就以候补议员补上，候补议员未补上时，不必出席议会，但亦可以出席议会，不过只有发言权，而无表决权。这是正式议员和候补议员的区别。

以居民小组为单位选出的乡市参议员，不设候补议员，但如果某小组选出的议员，如因事去职时，即由该小组召集大会选举，小组开会是易得的。

第十一条 警察、学校、工厂、机关、县保安队，均参加其所在区域的选举，和居民一样。但边区保安队、抗日驻防部队、专门以上学校、百人以上产业工厂，得以其生产为单位进行单独选举，选举出席于所属参议会的参议员，如不足第八条比额人数时，得联合数单位进行选举，联合仍不足额时，亦得选出议员一人。专门以上学校、百人以上产业工厂的职员，除参加其生产单位选举外，并得参加其所在地乡市选举。

这条很重要，兵士、学生、工人，是人民中进步的部分，应该参加选举。兵士、工人、学生，有他的特殊利益，又应该单独进行选举。所以我们规定边区保安队、抗日驻防部队、专门以上学校、百人以上产业工厂，得进行单独选举。比如：驻防边区的留守兵团、边区保安队、抗大、鲁艺、女大、行政学院等学校，他们有和一般居民不同的利益，所以应单独选出他们的代表。至于警察、县保安队人数不多，中等以下的学校、手工业工人或人数很少的工厂，那就只好参加区域选举，和居民一样。

学校、工厂的职员，他们和老百姓有关系，所以即是进行单独选举的学校、工厂，其职员也应参加所在地的乡市选举。

第十二条 在边区境内的少数民族选举如左〔下〕：

（一）已达各级参议会选举居民法定人数的，照第八条之规定比额，单独进行民族选举；

（二）不足法定人数而已达乡市选举人数五分之一、县市的七分之一、边区的八分之一的居民，亦得单独进行民族选举，选出各该级参议会参议员一人；

（三）不足前二款所述各级选举居民人数的，参加区域选举，与一般居民同；

（四）少数民族选举，得以各级参议会的地区为选举单位，不受第三章选举单位的限制。

少数民族如回民、蒙民，有他的特殊利益，应该进行单独的民族选举，但因为人数少，如果照一般民族选举，很难选出其代表来。所以有本条例的规定。比如：关中、陇东、三边有回民；照条例应有二十至六十个回民居民，才能选出一个乡议员。但现在只要有五分之一，就可选出一个回民乡议员；按照条例要有四百至八百人才能选出一个县议员，现只要有七分之一，就可选出一个回民县议员，边区要八千人才能选一个议员，现只要有八分之一，就可选出一个回民边区参议员。而且回民民族选举得以各级参议会的地区为单位，比如：全边区有一千数百回民，可是不住在一处，他们可以联合起来选出一个边区参议员。上次边区回民救国代表大会，就选出了出席边区参议会的议员。其他少数民族照此一样。

第五章 改选

第十三条 乡市（等于区的市）参议会参议员每一年改选一次。

乡市（等于区的市）过去规定每半年改选一次，事实上做不到，现在修正为一年改选一次。但村长、行政村主任，在各级参议会组织条例上第十六条仍规定为每半年改选一次，事实上恐也困难，各地应依据具体情况，或也把它延长为一年改选一次。

为了乡市议行合一收得更大成效，把它一直贯彻到每个村去，有同志提议："各小组选出的参议员同时可担任村长，小组以下之一家人或两家人的小自然村之村长，应直接受参议员领导。如若一个村有两个参议员或三个参议员，亦可在这二、三议员内推定一正村长二副村长，取得全村行政上的密切联系。至行政村主任，可同时领导行政，同时领导议员开会，起议员主任之作用。这样，所有行政村主任、村长开会时是议员，平日又是行政人员，使议员真正是议，同时又是行，老百姓选议员也就不能如过往之马虎；而议员因职责的加重，也就不致有开议会时缺席不到的情形。"这个说法也有些道理，在条例未再修正前，各地不妨先试验进行。

第十四条 县市（等于县的市）参议会参议员每两年改选一次。

第十五条 边区参议会参议员，每三年改选一次。

上两条不要解释。

第十六条 各级参议员在任期内如有不称职的，得由各级参议员选举之法定居民人数十分之一以上的选民提议，经由该选举单位投票罢免之。

比如：县议员选举以乡为单位，如有县议员不好，有该乡原选居民比例的选民十分之一提出要撤换，就可开选举会投票决定罢免与否，如多数赞成罢免，就以候补议员继任，没有候补议员时，就在这会上选出继任的人。

第十七条 边区各级参议会，如遇特殊情形，不能按期改选时，乡市的或县市的，应由乡市参议会、县市参议会（或县市参议会常驻委员会）呈报边区参议会（或边区参议会常驻委员会）议决延长之，边区参议会由自身（或边参常驻会）议决延长之。

这条是为特殊情形定的。

第六章 选举委员会

第十八条 为便利进行各级参议会的选举，设立各级选举委员会，其组织规程另定之。

选举委员会是办理选举的专门机关，边区政府设一个，办理各级的选举事宜；县设一个，办理该县及乡的选举事宜；乡市设一个，办理该乡的选举事宜。乡、县的不常设，边区政府则须常设，边区、县的选委，多属于指挥与解释事项，县市选委则是直接实行选举的。

* * *

除规程上有的不说外，现谈谈乡市选举委员会怎样工作？假定一个例子：

延安市区某乡，为着进行改选，召集了一个会（干部会或积极分子会或参议会都可以），乡长根据选举委员会由政府及群众团体代表组织的原则，要大家推选人，当场推选出张金生（一行政村主任）、高田福（工会主任）、赵兰英（妇女主任）、强伯成（青救主任）、张盛荣（县派来帮助选举的）五人为选委会委员，乡政府报告县府得其批准，并指定强伯成为主任（指定县派去的人也可以），于是选举委员会就成立了，开始它的工作。选委的工作：

第一件事：是划定居民小组。居民小组划定后，要居民们事先准备好他们要哪个人做他们的议员，不要哪个人做他们的议员。

第二件事：是宣传。各委员到各村宣传，动员各机关各学校组织宣传队，贴标语、画报、传单，挨户演说，说明选举的重要，及以居民小组为单位选举的意义。

第三件事：是登记各个居民小组的选民与居民。居民是人的总数，选民是有选举资格的，由他们来选举。各个居民小组的居民与选民都登记完了，选举委员会把选民名单及应选议员数目，用纸写了，贴在公共地方。选民登记时，要照上级发下的表填上，如果因文化低的缘故，填不来的也不要紧，只要把有选举权和无选举权的数目弄清楚了就要得。

第四件事：是在选举进行中，各居民小组内发生了一些争执，要选举委员会解决。

一、第一居民小组高同志提出：张大成是地主，陈正金是富农，他们不应有选举权，可是他们还在企图当选，应该禁止。又本乡共产党支部提出的候选人，有些不是共产党员，是不是弄错了？应该纠正。

选举委员会答复：选举条例上规定只要不是汉奸卖国贼，都有选举权被选举权，且都有竞选自由，政府不能禁止他。又现在的政权，各阶级各党派都有参加权利，共产党不应该独占。在共产党占优势的边区，应该帮助非共产党员进行竞选。共产党中央决定共产党员只应在政权机关中、民意机关中占三分之一，那么，共产党支部提出非党的候选人，并不是弄错了，而是应该这样。

二、第二居民小组李同志报告：村有几个国民党员运动当选，我看是不好的，请给查禁。

选举委员会答复：选举条例规定各党派竞选自由。国民党是国内大政党，应该有人竞选，并且应有人当选，就是其他小党派，都应该出来自由竞选，政府不能限制他。

三、第三居民小组刘同志提议：我乡不识字的很多，现在要投票，那不能写的怎样办？

选举委员会答复：我们早已估计这点。不能写票可以用"投豆子"或举手的办法。不过豆数和手数要数得清楚，在记录本上载明。比如你们居民小组，选民四十二人，假定在村长房子的禾场上开会，会场口摆张桌子，桌子上放着选民册，一个人在管着，来一人在他的名字上打一圈，一共到了三十八人，候选人假定是三人。比如说用举手办法的话，主席应宣布：现在要选举了。大家分左右中三行坐着，请高同志数左行的票，杨同志数右行的票，张同志数中行的票，票没数清，大家的手不要放下。又宣布：大家记着，每人都只能举一次手，不可多举，举完了，记录的把票数一算，当场宣布赞成某人的多少人，某些人当选为议员，某些人落选。

四、第四居民小组艾同志提议：我们这个居民小组住得很散，中间还隔一个岭，要小脚妇女都到一处开会，很难做到，怎么办？

选举委员会答复：或者可以分作两处开，不过票要记清楚，要两处的票合起来计算，才能定出是谁当选，或者用"背箱子"办法，把票收在一起计算票数，定出谁当选。

第五件事：是实行选举。这时各委员会忙得很，每个选举会要分配得力委员去主持各个居民小组会议，丝毫不能塞责，要准备会议日程，准备应付某些可能发生事件，同时党支部各团体，都要全体动员，推动选民全体到会，使会开得很好。

第六件事：是选举结束。选举委员会，把这次办理的经过，居民与选民的册子，当选人民，用费多少，呈报县政府核准，于是选举事就结束了。

乡市参议会一年改选一次，县参议会二年改选一次，两次中有一次乡与县同时改选，可以在一个选举会，选了乡的，又选县的。县的选举以乡为单位，要合起全乡的票，才能定出谁当选。

第七章　候补与竞选

第十九条　候补议员递补完尽仍不足法定议员数目时，各选举单位得另行补选。

比如：某县某乡原选议员五人，候补议员一人，现正式议员有二人出缺，不够补。那该乡就可召集临时选举会，补选出议员一人。

第二十条　各抗日政党、抗日群众团体可提出候选名单及竞选政纲，进行竞选运动，在不妨碍选举秩序下，不得加以干涉或阻止。

第二十一条　凡以威胁利诱等舞弊妨害选举自由者，不问当选与否，除制止其行动外，并将当事人及参加人提交法院依法惩处。凡公民对于选举人认为有前项之行为者，仍得向司法机关告发之。

抗日政党，如共产党、国民党及其他抗日党派等，抗日群众团体，如工会、农民救国会、青年救国会、商会、妇联及其他抗日团体等，都可以提出候选名单进行竞选，只要他不妨碍竞选秩序，即是说不来捣乱、破坏、贿选、威胁等，政府就不得干涉他，但如若捣乱破坏威胁利诱，那就是犯了法，即已当选了，除宣布无效外，还应受刑事处分。

有威胁利诱行为，不仅选举委员会能干涉，就是任何公民也有向司法机关控诉的权利。

顺便谈谈竞选问题，竞是争的意思，各党派、各团体想自己提的候选人当选，都向选民宣传，要求选举他的人。竞选的好处：摆出许多货色（候选人）叫人民选择，可以提高人民对政治的认识及兴味，可以促起政治的改进，可以使得民主更加发扬。

怎样竞法？拿什么东西来竞？不是靠枪靠势力，而是靠自己的主张。比如某乡选举乡议会，那里有国民党有共产党，共产党要想自己的人当选，于是共产党的该乡支部，就提出竞选政纲，说我们共产党主张在本乡：

一、要在没有小学的行政村都设立小学，使小孩子能读书。

二、要聘请一位保婴员来本乡，教育妇女怎样养娃娃，使不生病。

三、要在东山与西沟设立哨站，加强自卫军工作。

四、要兴修东川水利，估计可能灌地二十亩。

五……

只要我党的人当选了，一定能做到。同时向人民介绍我党提的候选人的能力与品质。

当然国民党或其他党派、团体，也都提出人和政纲来，都摆在人民面前，听人民选择。人民是不会受骗的，看得准确的，选出的总不会坏，竞选的人如果失败了，那只怪你的货色不中客意。准备你的货色，下次又来吧！

第八章　经费

第二十二条　各级参议会选举经费，由各级选举委员会造具预算，呈请边区政府支付之。

第九章　附则

第二十三条　本条例施行细则，另由边区政府制定之。
第二十四条　本条例经边区参议会通过，由边区政府公布施行。
第二十五条　本条例解释与修改之权，属于边区参议会。

上面四条都不要解释。

选举前和选举后

选举条例只规定了选举人的事。但我们并不是为了选举而选举，而是在选举运动中改进政治，提高人民对政治的兴味与认识。因此选举前和选举后应该做些什么，还得一说。

选举前应做的：

一、政府工作报告与讨论

乡市参议会改选之前，乡市政府应分村召集群众大会，报告他当选以来的工作。因为要群众来的多，故须分作几天在几个地点开会。报告内容要简单明了，做了一些什么工作，哪几件做得好，哪几件做得不好。做得好的原因在哪里，做得不好的原因又在哪里。然后说到今后本乡工作应该怎样，或者已经计划怎样去做，报告的话要切实，不要东拉西扯，也不要说得太长，报告毕，要求群众质问、批评。

报告完了以后，各村群众可以自由讨论，党支部各团体应发动群众讨论：会上也好，拉闲话也好，尽量各人把各人的话说出，只有大家都清楚现在政府工作的好坏，敢于评论现在政府工作的好坏，然后各人心中都有了"泾渭"，能举出适当的人，提出适当的议。

二、提案

讨论本届政府工作，人民总有些意见，加上了各政党、各团体提出了竞选政纲，人民的意见更有所综合。经过人民的讨论、修正、补充，把它变成人民的意见即提案，在选举会上提出，作为人民对当选议员的指令，这是很重要的一件事。

提案要具体，如某村有若干小孩要读书，须增设小学；某村的路坏了，坝坏了，要修理；某村有几家抗属或孤老要救济等，空洞的原则的提案，在乡市是用不着的。

三、提出候选人

必须提出候选人的名单，然后人民的注意能集中，票不至于散乱。但是在统一战线政权创始的边区，又是共产党占优势的边区，提候选人的应注意到非共产党的各阶级的积极分子，注意到党中央决定的三三制的实现。共产党支部应该提非党候选人，各团体更应多提出非党候选人，犹恐见闻不广，只好在乡市选举时，各居民小组开群众会，由群众推出些候选人，一个人提议，上十人赞成，就可以列入候选名单，候选名单人数应有两个以上（县、边区候选名单则应比当选人数多两倍），那仅照应选人数准备候选名单是不对的。

四、讨论候选人

候选名单有了，群众并不都认识，提出的政党或团体应详为介绍，让群众去批评，谁好谁不好，甚么话都可以说。要告诉选民在选举会之前，每人都"心里有数"，我是选中了那一个或那几个，到会上就举他们。

选举后要做的：

选举完了，乡市政府马上召集新乡市参议会第一次会议。会议程序可以是：1. 推定主席团（三人或五人）。2. 分工，即推选某某做乡（市）长，某某等做乡（市）政府委员。3. 旧乡（市）长交代工作。4. 讨论选举会上选民对参议会的指令即提案等。

于是旧乡（市）长任务终了，新乡（市）政府正式理事。

这里要着重说明的，乡市政府和边区、县级政府不同，边区、县级政府和议会并列，乡市则行政与立法合一。乡市参议会是该乡市的最高政权机关，乡市参议会不开会时，乡市政府委员会为唯一政权机关。乡长乡行政人员，同时也是乡市参议会议员。

* * *

此外关于选举上一些技术问题，运动方式问题，这里不能一一详述，希望对选举工作有经验的同志，及在实施选举遇到一些新的事实的同志，随时告诉我们，使这项选举办得更好。

上面说的多乡市选举的例子，少说到边区及县级选举。其实边区、县级选举，除选举单位大一些以外，其他手续，大抵相同，所以不多论及。

(选自《抗日根据地政策条例汇集——陕甘宁之部》上册，一九四二年版)

陕甘宁边区各级参议会选举条例

(一九四四年十二月边区第二届参议会第二次大会通过)

第一章 通则

第一条 本条例依据三民主义民主原则及陕甘宁边区实际情形制定之。

第二条 陕甘宁边区之乡市（等于区的市），县市（等于县的市）及边区三级参议会参议员之选举，悉依本条例之规定办理之。

第三条 凡居住边区境内人民，年满十八岁，不分阶级、党派、职业、男女、宗教、民族、财产及文化程度之差别，除有下列情形之一者外，皆有选举权及被选举权。

（一）有卖国行为，经政府缉办有案者；

（二）经法院或军法判决褫夺公权尚未复权者；

（三）有神经病者。

第四条 凡合于前条所规定之公民，皆按平等原则参加选举，每一公民皆有一票选举权。

第五条 服务军界之公民，与一般公民同等有选举权及被选举权。

第六条 参加各级选举之公民，用不记名投票选举自己平日信任之人。

第七条 自乡市至边区各级参议员，皆由各参加选举之公民直接选举之。

第八条 各级参议员之选举，设立选举委员会。该委员会之组织另定之。

第二章 选举区域

第九条 乡参议会参议员之选举，以行政村为单位。市（等于区或等于乡的市）参议会参议员之选举，以街道或原有行政区域为选举单位。

第十条 县（或等于县的市）参议会参议员之选举单位为乡。

第十一条 边区参议会议员之选举单位为县。

第三章　各级参议会参议员选举名额比例

第十二条　乡市（等于区或等于乡的市）参议会参议员之选举名额比例如下：

（一）不满四百人之乡市，选举参议员十五人；

（二）四百人以上之乡市，每增加居民一百人，增选参议员一名。

第十三条　等于区的市参议会参议员之选举名额比例如下：

（一）不满五千人之市，选举参议员二十名；

（二）五千人以上之市，每增加居民一千人，增加参议员一名。

直属区设区参议会，其参议员之选举名额比例，适用等于区的市之规定。

第十四条　县市（等于县的市）参议会参议员之选举名额比例如下：

（一）不满二万人之县市，选举参议员三十名；

（二）二万人以上之县市，每增加居民三千人，增选参议员一名。

第十五条　边区参议会参议员之选举名额比例如下：

（一）不满二万人之县市（等于县的市），选举参议员二名；

（二）二万人以上之县市，每增加居民二万人，增选参议员一名。

第十六条　各级参加选举之人数超过比额时，其超过之数如达比额二分之一者，得选举参议员一人。

第十七条　前四条所列各项选举名额比例实数，由各该选举委员会按照各该选举区人口实数，拟定应当选之票数及名额，呈报上级委员会核准。

第十八条　边区、县参议会参议员之选举，得按各选举单位之当选人数，选出五分之一之候补参议员。如该单位参议员不足五人之数者，亦得选出候补参议员一人，均以得票次多者为当选。

候补参议员如出席会议时，只有发言权，无表决权。

乡市参议员不设候补议员。

第十九条　警察、学校、工厂、机关、县保安队，均参加其所在地之区域选举，与一般居民同。但边区保安队、抗日驻防部队、专门以上学校、五十人以上产业工厂，得以其生产为单位，进行其单独选举，选举出席边区参议会之参议员。

（一）驻防边区抗日部队、边区保安队、抗日军政大学，共选举边区参议员十三人；

（二）五十人以上各产业工厂，共选举边区参议员六人；

（三）专门以上学校，共选举边区参议员一人。

专门以上学校及五十人以上工厂之职员，除参加其生产单位选举，并得参加其所在地之乡市参议会选举。

第二十条 边区少数民族之选举如下：

（一）已达各级参议会选举居民法定人数者，依第十二条至十四条之规定比额，单独进行民族选举；

（二）不足法定人数而已达乡市选举五分之一、县市选举五分之一、边区选举十分之一之居民，亦得单独进行民族选举，选出各该级参议会参议员一人；

（三）不足前第二项所定各级选举居民人数者，参加区域选举，与一般居民同；

（四）少数民族选举，得以各级参议会之区域为选举单位，不受第二章所定选举单位之限制。

第四章 改选

第二十一条 乡市（直属区或等于区的市）参议会参议员，每一年改选一次。

第二十二条 县市（等于县的市）参议会参议员，每三年改选一次。

第二十三条 边区参议会参议员，每三年改选一次。

第二十四条 各级参议员在任期内如遇有不称职者，得由该级各议员选举之法定人数十分之一以上之选民提议，经由该选举单位投票罢免之。

第二十五条 边区各级参议员，如有特殊情形不能按期改选时，乡市或县市之改选时间，应由乡市参议会、县市参议会（或县市参议会常驻委员会）呈报边区参议会（或边区参议会常驻委员会）议决延长之。边区参议会得由其自身议决延长其改选时间。

第五章 候补及竞选

第二十六条 边区、县参议会候补议员递补完尽仍不足法定人数时，各选举单位得另行补选。

第二十七条 各抗日政党、抗日群众团体，可各提出候选名单及竞选政纲进行选举运动。此项候选名单，亦得由各抗日党派、各抗日群众团体联盟提出之。

有第十二条至十五条各级增选议员之法定人数十分之一以上之选民联

署，亦得提出各级参议员候选人参加竞选。

竞选运动在不妨害选举秩序下，任何人不得加以干涉或阻止。

第二十八条　凡以威胁利诱等舞弊妨害选举自由者，不问当选与否，除制止其行动外，并将当选人及参加舞弊人提交法院依法惩处。

凡公民对于选举人认为有前项之不法行为者，亦得向司法机关告发之。

第六章　选举经费

第二十九条　乡、县级选举经费，由县选举委员会造具预算，报请上级政府批准后，由各该县地方事业费支付之。

边区级选举经费，由边区选举委员会造具预算，经边区政府批准，由财政厅支付之。

第七章　附则

第三十条　本条例施行细则，由边区政府另定之。

第三十一条　本条例经边区参议会通过，由边区政府公布施行之。

第三十二条　本条例修改及解释之权，属于边区参议会。如在闭会期内有急需解释者，由边区参议会常驻委员会解释之。

（选自《陕甘宁边区第二届参议会第二次大会撮录》，一九四五年版）

陕甘宁边区各级选举委员会组织规程[①]

第一章　总则

第一条　本规程依据边区各级参议会选举条例第八条制定之。

第二条　各级选举委员会受同级政府之领导，为领导本届选举工作之机关。

边区选举委员会领导边区各级选举事宜。

县（或等于县的市）选举委员会领导该县（市）各级选举事宜。

[①] 此件无颁发日期。按此件系根据1944年12月陕甘宁边区第二届参议会第二次大会通过的《陕甘宁边区各级参议会选举条例》第八条制定，故它的颁发时间当在1944年12月或12月以后。——编者

乡（等于乡或等于区的市）选举委员会领导该乡（市）选举事宜。

第二章 职务

第三条 选举委员会职务如下：

（一）规划、执行选举工作计划。

（二）掌理选举之宣传及疑难解答事项。

（三）登记、审查选民、公布选民名单、主持选举大会之进行，并办理选举工作中之一切组织事宜。

（四）执行选举条例第十七条所规定事项。

（五）检举以威胁、利诱妨害选举之行为。

（六）选举办毕后，应向同级政府造具报告书，报告选举工作经过。

第三章 组织

第四条 各级选举委员会的组织为下：

（一）边区选举委员会，委员九人至十三人，由边区政府聘请之，并互推一人为主任。

（二）县（市）选举委员会，委员七人至十一人，由县（市）政府呈请边区政府聘请之，并互推一人为主任。

（三）乡（市）选举委员会，委员五人至九人，由乡（市）政府呈请县（市）政府聘请之，并互推一人为主任。

各级选举委员会于必要时可设副主任一人。

第五条 边区及县级选举委员会的委员，由边区政府及各级政府聘请各群众团体、各抗日党派代表及当地公正人士组成之。乡（市）选举委员会的委员，由乡（市）参议会或乡（市）政府委员会提出之。各级委员均以在该地工作或居住人民为适宜。

第六条 进行单独选举的边区保卫团、警卫团、驻军及工厂、学校，得依下列规定单独组织选举委员会，办理本部门的选举事宜：

边区保卫团、警备团、驻军、抗日军政大学之选举委员会，由边区后方留守兵团政治部提出委员人选七人至十一人，呈请边区政府聘请组织之，并互推一人为主任。

延大、党校、医大等学校之选举委员会，由各该校部联合提出委员人选七人至十一人，呈请边区政府聘任组织之，并互推一人为主任。

五十人以上各产业工厂之选举委员会，由各该主管机关联合提出委员人选七人至十一人，呈请边区政府聘任组织之，并互推一人为主任。

第七条 有少数民族参加选举的地区，选举委员会得有少数民族人员参加。少数民族进行单独选举之地区，得设立少数民族选举委员会，由少数民族中提出委员人选五人至九人，依照第四条，呈请上级政府聘任组织之。

第八条 各级选举委员会于必要时，得酌用秘书、干事若干人，分别办理选举工作各项事宜。

第九条 边区及县级选举委员会印信，由同级政府制发之；乡选举委员会之印信，由县（市）政府制发之。

第四章 任期及经费

第十条 各级选举委员会于每次选举开始前成立，选举完毕向同级政府或参议会报告工作后结束，并缴还选举委员会之印信。

第十一条 乡、县级选举经费，由各该县选举委员会负责筹划审核开支。如地方经费供给不足时，由各该会造具预算，报请边区选举委员会审核，转送财政厅酌予补助。

第五章 附则

第十二条 本规程如有未尽事宜，由边区选举委员会提出，经边区政府修改之。

第十三条 本规程自边区政府公布之日施行。

（选自一九四五年十一月陕甘宁边区选举委员会《选举文件》第一辑）

晋察冀边区行政委员会关于村选举的指示

（一九三九年一月二十五日）

一、村政权之脆弱无力，不足以适应战斗环境担当战斗

任务，在二十七年最末一次粉碎敌人围攻中，暴露的最为明显。因此，如何改造村政权机构，便成了政权问题中的中心问题。《边政导报》、《抗敌报》上都曾有所论列，我们认为村政权所以脆弱的主要原因有两个：

（一）村长任务过于繁重、村长的事务平时已经很繁重重，认真做起来，是需要精明强干、积极努力的干部的，能力差些就应付不了。战时的工作，单讲支差，已经千百倍于平时，再加上办理保甲、发展生产、征收公

粮、推销公债、指挥坚壁清野等等，尤其吃不消。因此，当选而坚辞，就职而叫苦的村长，到处皆是，这样要想村政权发挥大的作用，事实绝不可能。（二）民权尚未充分的运用，民众对于政权的淡漠态度，至今还没有彻底的改变。要他们自觉的积极的参加政治，拥护政权，非将这种淡漠态度改过不可。抗战与民主是分不开的，已经为全国所公认，只有发挥民权，实行民主，才能改变人心，扶植民气，提高民众抗日情绪，发挥民众抗日的力量。

二、针对以上两种主要的原因，我们对于村政权的改造，决定先从发展民权，减少村长事务做起。

（一）村公所之上设村民代表会：

甲、组织

A. 村民代表会由村公民每十五人中，选举代表一人组织之，名额无限，任期一年。

B. 村民代表须具村公民应有之各项资格，年在十八岁以上。

C. 村民代表会设秘书一人，负召集开会之责。

D. 村民代表会于每月月初开会一次，必要时得开临时会议，会议主席由代表互推之。

E. 村公民对其所选之代表，认为不能执行任务或发现村民大会组织法中所指之不良行为者，得经半数以上之同意，随时撤回另选之。

乙、职权

A. 村民代表会于村民大会闭会期间为村最高议事机关，其职权与村民大会同。

B. 村民代表会遵照村民大会决议，计划决定全村之行政。

（二）村公所之下设调解、经济、生产、教育四委员会。

甲、组织

A. 调解、经济、生产、教育四委员会，得依村民多寡，事务繁简，各设委员三人至七人，由村民代表会决定之。

B. 各委员会之委员由村民代表会中之代表互选兼任之。

C. 各委员会设主任一人，总理该会事务。

乙、职权

A. 调解委员会：负调解村民争执诉讼之责。

B. 经济委员会：负编制预决算，指导合作社，执行减租减息，合理负担，优待抗属，征收公粮公款，统计生产消费之责。

C. 生产委员会：负计划、推动、改良、发展全村农、工、林、矿、畜牧各项生产之责。

D. 教育委员会：负计划、推动、改革、办理成人儿童社会学校〔和〕各项文化教育之责。

E. 各委员会为村公所之一部，直接对村长、村副负责。

F. 各村于工作必要时，得增设其他临时的委员会，小村因人口过少，事务较简，得组织混合委员会，分担调解、经济、生产、教育之责。

三、这样一套村政权机构，第一，增进了民权，使村公所成为村民自己的政权。第二，实行了分工，使村长减少了繁重的事务，有思索计划照顾全局的余裕，使村政有了各负专责的人员去顺利的进行。第三，议事机关的人员兼执行机关的人员，可使议事的不致徒唱高调，尽出难题，所有决议都能切合实际，执行的不致蔽于职守，不顾大局，所有工作都能行符其言。

因此，以前村政机构的某些设施就有些改变：

（一）村副以前规定二人至七人，用意原在分工，现在有了各委员会去负专责，分工更加明白确定，村副只留一人就够了。村副的职务是辅佐村长照顾全局。

（二）村救亡室委员会或民族革命室委员会，用意原在讨论推动并监督村政，现在有了村民代表会，明白确定的实行民主，委员会决定取消，救亡室或民族革命室今后仅仅是民众的文化娱乐场所了，可由群众团体办理。

四、村政权的机构虽然这样确定了，但可能发生的情形，我们料到的有：第一，有些群众不了解政权和他自身利害的关系，对于参加政权，不感兴趣，选举的时候不会认真。第二，有些群众服从依赖家长、闾邻长惯了，事事推在家长、闾邻长身上，选举也会照样办理。第三，有些群众对于十五个人如何编制的问题会起某种纠纷，争执不决。这都有待于地方干部努力。

（一）要深入的宣传解释，使民众彻底了解民主的政权是自己的政权，政权的好坏和自己的利害密切相关，以开展热烈的竞选运动，认真选举为自己做事替自己说话的代表。

（二）要深入的宣传解释，使民众打破依赖家长、闾邻长，推诿家长、闾邻长的观念，以公民的资格发挥自己的主张，担当自己的任务，争取自己的权利。

（三）为避免纠纷起见，十五个人的编制问题，以地域户口划分为宜。但为群众所不同意时，地方政府也可因地制宜，便宜处理。

（四）各村选民按十五个人编制，编余在十人以上者，推出代表一人，十人以下者，分编于其他各组。

（选自一九四五年八月晋察冀边区行政委员会《政权建设参考文件》第一集）

晋察冀边区暂行选举条例

（一九四〇年六月公布）

第一章 总则

第一条 本条例依边区参议会暂行组织条例第二条，及边区县区村暂行组织条例第二条、第二十四条、第四十六条制定之。

第二条 边区参议员、县议员、区村代表用直接、平等、普选制无记名投票法选举之。

沦陷区、游击区之不能直接普选者，得用间接选举。

第二章 选民资格

第三条 凡在边区境内之人民，不分性别、职业、民族、阶级、党派、信仰、文化程度、居住年限，年满十八岁者，经选举委员会登记后，均有选举权及被选举权。

第四条 有下列情事之一者，停止其选举权及被选举权。

一、有汉奸行为，破坏抗日，经判决确定者。

二、经边区军法或司法机关褫夺公权，尚未恢复者。

三、经边区政府通缉有案者。

四、有精神病者。

第五条 团体、学校、银行、各级政府之工作人员或其他机关工作人员，均于所在地参加边区参议员之选举。

第三章 选举区及名额

第六条 边区参议会议员，以县市为单位选举者，其名额如下：

一、三万公民以下之县，选举参议员二名，三万公民以上之县，每增加三万人，增选参议员一名。

二、沦陷区之县，每县选举参议员一名，其不能实行选举者，由边区行政委员会聘请之。

三、沦陷区之市，天津、北平各选举议员三名，太原、石家庄、保定、唐山、张家口、大同各选参议员一名，其不能实行选举者，由边区行政委员会聘请之。

第七条 边区参议员以边区职业团体或少数民族为单位选举者，其名额如下：

一、边区正规部队选举二十名。

二、边区各产业工会选举三名。

三、蒙、藏、满人各选一名。回民选举五名。

四、抗大、联大、抗院各选一名。

五、抗日绅商由边区行政委员会聘请若干名。

第八条 县议会议员以区为单位选举之。二万公民以下之县二十名，二万公民以上之县，每增加二千五百人，增选议员一名，各区应选议员名额，依其公民比例定之。

第九条 区代表会代表以村为单位选举之，二百公民以下之村一名，二百公民以上之村，每增加三百人增选区代表一人。

第十条 村代表会代表以公民小组为单位，于村民大会选举之。每组选举代表一名。

第十一条 公民小组视村公民之多寡，由十五人至四十五人，于间范围内自由组织之。

第四章 竞选

第十二条 边区参议员、县议员、区代表之选举，各抗日党派、群众团体、工厂、兵营、学校及公民自由组合，均得提出候选名单，在不妨害选举秩序下，自由竞选。

第五章 当选及候补

第十三条 边区参议员之当选人不限于本县公民，县议员之当选人不限于本区公民，区代表之当选人不限于本村公民。

第十四条 边区参议员、县议员、区代表，均以得票较多数者为当选，次多数者为候补，候补人不得超过当选人三分之一。

第十五条 当选人因死亡或其他原因不能应选时，由候补人依次递补，递补完尽，仍不足法定人数之半时，得另行补选。

第六章　改选

第十六条　边区参议会每二年改选一次。

第十七条　县议会、区代表会每年改选一次。

第十八条　参议会、县议会、区村代表会遇有特殊情形不能如期改选时，得由边区参议会决议延长之。

第七章　选举机关

第十九条　边区参议员、县议员、区村代表之选举由各级选举委员会办理之，其组织如下：

一、边区选举委员会由边区行政委员会正副主任、民政处长及国民党、共产党、军区司令部、军区政治部、边区各群众团体、各大学、学院代表各一人组织之，互推正副委员长各一人。冀中、冀东得设分会。

二、县选举委员会由县议会正副议长、县长、民政科长及县群众团体代表各一人组织之，互推正副委员长各一人。

三、区选举委员会由区代表会正副主席、区长、民政助理员及区群众团体代表各一人组织之，互推正副委员长各一人。

四、村选举委员会由村代表会正副主席、民政委员会主任及村群众团体代表各一人组织之，互推正副委员长各一人。

第八章　附则

第二十条　选举细则另定之。

第二十一条　本条例经边区参议会通过，由边区行政委员会公布施行。

（选自《抗日根据地政策条例汇集》第二辑，晋察冀之部）

为胜利地完成各级选举而斗争
——晋察冀边区行政委员会指示信
（一九四〇年六月）

一、三个暂行条例的公布

（一）抗日民族统一战线的民主政权，也就是一切抗日的革命的阶级联合专政的政权，不同于资产阶级的所谓民主政权，也不同于社会主义的政权。这一性质的政权之争取建立与在中国某些地区之已在建立，这充分表现着中国革命的特点，中国革命的历史产物。这是一个创举，是一个伟大的创举，是一切殖民地半殖民地民族解放斗争的模范。

（二）晋察冀边区是一个抗日的民主的统一战线的模范地区，在这里，政权是属于一切抗日的革命的人民的，这是铁一般的事实。不过，边区各级政权在成为新中国的模型上来讲，模型还在继续建造的阶段，边区政府高度的科学化，要打下这一模型的巩固的基础。而边区各级选举正是在完成边区政权高度科学化的这一任务。

（三）县区村各级暂行组织条例，参议会暂行组织条例，暂行选举条例，这三个条例经过了六次的修改，在六月十五日正式公布了。如上所述，民族统一战线政权的建立，在历史上还是创举。在内容上与形式上完全一致地充满了民族统一战线的精神的政权组织条例及选举条例之制定，在我们也是一个尝试，一个创造。这三个条例是总结了边区两年半以来民主政治的经验教训，并针对着边区的以及全国的具体环境与现实需要而制定的，它虽然经过了六次的修改，但一定也还存在着许多缺点，正如边区政治、经济、文化等还没有成为一个完美无瑕的新中国的模型一样。条例需要再修改，必然还要经过修改；随着边区政治经济的发展，我们是会有一个民族统一战线的政权组织条例及选举条例的。关于这一修改的任务，我们交诸行见成立的边区参议会。

（四）三个条例贯彻了抗日民族统一战线的、民主集中制的、现实易行的基本精神。这里绝非一党专政的，而是一切抗日的革命的阶级之联合专政的具体化，也就是表现了一切抗日的革命的阶级之经济的共同发展，以完成中国资产阶级民主革命的任务。这里是少数服从多数，下级服从上级，地方服从边区的具体运用。这里绝不是华而不实的繁琐条文，而是现实的产物，而是马上要执行，一行就要行得通的。

二、三个条例的重要解释

（一）关于代表机关及驻会代表：边区参议会、县议会、区代表会、村民代表会都是人民代表机关，都是权力机关，都是使选举、罢免、创制、复决四权的权力机关。一句话，基本上都是把立法与行政统一起来的政权机关，政府为其组成部分。边区参议会暂行组织条例第二条、第四条，县区村暂行组织条例第二条、第四条、第二十四条、第二十六条、第四十五条、第四十六条、第四十八条都是根据这样基本精神规定的。除村政权是立法与行政完全统一，村政代表机关与执行机关完全一致，故未有驻会代表之设外，为了发挥权力机关的民主政治计，区有驻会代表，县有驻会议员，一律不兼政府职务，驻会区代表原则上不兼政府职务。边区参议会暂行组织条例第十条，县区村暂行组织条例第十一条、第三十条，都根据这一原则施行。

（二）各级人民代表机关与各级政府的关系及其上下级的关系，这是民主集中制的具体运用问题，其唯一前提是加强政权效力，这里包括着下列的几个内容：

1. 参议会、县议会、区代表会、村代表会的关系——（甲）各级人民代表机关，在政治上下级服从上级，没有隶属关系。互相行文均用函。上级人民代表机关对下级人民代表机关之决议认为不当时，函知同级政府令下级政府停止执行。边区参议会暂行组织条例（以下简称参议会组织条例）第十四条，即根据这一原则制定。县议会对区村代表会之决议认为不当时，亦以此同一原则行之。（乙）各级人民代表机关决议之公布，用公告或于公报上行之，并不能给下级代表机关下令，具体执行的法令指示由同级政府公布或下令。参议会组织条例第九条前半段，县区村组织条例第十条前半段，就是根据这一原则制定的。（丙）下级代表机关对于上级代表机关之决议有疑义时，得单独函请解释，或有同级代表机关一定数目的联署请求召开临时会复议。参议会组织条例第六条第三项，县区村组织条例第八条第五项、第三十一条第五项，就是这样规定的。

2. 上级代表机关对下级政府的关系及上级政府对下级代表机关的关系——各级人民代表机关只与同级政府发生直接的关系，与下级政府不发生直接的关系；上级人民代表机关与下级政府的关系一律通过同级政府行之，上级政府对于下级代表机关的关系，一律通过下级政府行之。参议会组织条例第四条第二项、第五项、第十四条，县区村组织条例第四条二、三两项、第五条、第二十七条均依此项原则施行之。

3. 同级代表机关与政府的关系——是平行的关系，来往公文一律用函。关于复议问题，首先复议只限一次。复议不是三议，两个组织条例均规定"于接到两日内详具理由送回……复议"，不合此条例者代表机关得不予复议，代表机关认为理由不充足时，亦得不予复议。其次，在复议未答复之前是否执行的问题，这要看具体情形灵活运用，原则上复议未答复前一律执行，如送达请求复议书之日，参议会、议会或代表会尚未闭幕得暂缓执行'。参议会组织条例第九条，县区村组织条例第十条、第三十三条，均本此原则施行，同级政府对代表机关决议必须坚决执行，复议后，如仍有不同意时，得报请上级政府批示。

综上三点，各级代表机关与各级政府关系，及其各自上下级的关系，如下图所示：

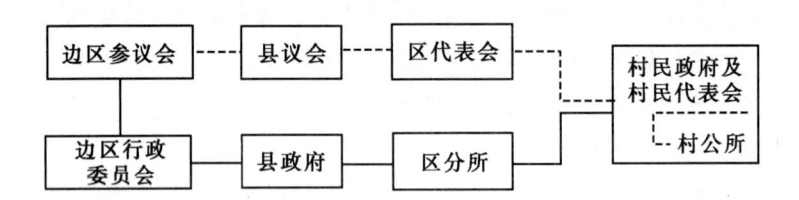

```
┌─────────┐----┌──────┐----┌──────┐        ┌──────────┐
│边区参议会│    │县议会│    │区代表会│┈┈┐    │村民政府及│
└─────────┘    └──────┘    └──────┘  ┊    │村民代表会│
     │             │           │     ┊    └──────────┘
┌─────────┐    ┌──────┐    ┌──────┐  ┊    ┌┈┈┈┈┈┈┐
│边区行政 │    │县政府│    │区分所│┈┈┘    ┊ 村公所 ┊
│委员会   │    └──────┘    └──────┘        └┈┈┈┈┈┈┘
└─────────┘
```

说明：实线表示直接的正式的关系虚线表示非正式的关系

4. 县区村组织条例第十六条规定："……县长一人由县议会选举之，报经边委会给予任状"。这里所说的"任状"，不是委状，而是无条件的给予任状"报"是挂号备案的意思，由同级政府报上级政府，第三十八条、第五十七条第一项之施行法准此。

5. 参议会组织条例第八条规定："参议会开会时，边区行政委员会委员须列席报告，有发言权，无表决权。"但边区行政委员会委员当选为参议员者，得以参议员资格出席参议会，县长、区长之与县议会、区代表会，其列席出席关系准此。

6. 关于印信。村代表会不要印信，区代表会、县议会、边区参议会均要印信，其大小样式尺寸均与同级政府同。参议会印由参议会自刻，县议会、区代表会印信，由上级政府刊发。

（三）关于村政权的解释：

1. 村民大会及村代表会是一个统一体，为村政权力机关。因此，县区村组织条例第六章所列各条均本此精神制定。自四十八条附件规定"遇有重大事项须提请村民大会审议"，这就是说，村民大会有最后决定权。

2. 第五十三条后半段规定："但当选为村代表会主席、副主席及村各委员会主任者，须经村民大会罢免之。"意即村民大会或村民代表会选举之村政人员，不得由某一公民小组罢免，须由选举之大会或代表会罢免之。

3. 废除邻闾制。第六十条规定"划分全村为若干闾"，此"闾"为村行政组织。但其内容与形式均不同于邻闾制之闾，即不以户为单位，而以公民小组为单位组织之。公民小组为村选举单位，非行政组织。

（四）关于集体领导个人负责制——县区村各级政府均规定为首长制；但县设县务会议（县区村组织条例第二十二条），区设区务会议（第四十三条），村设村务会议（第五十九条），意即各级政府均须形成集体领导，个人负责，发扬民主精神。

（五）关于专门委员会——参议会组织条例第十二条，县区村组织条例第十二条、第三十四条，均有需要设专门委员会之规定。此种专门委员会均非执行机关，乃为研究计划建议机关，则由代表机关送交政府执行。各专门委员会组织由各该级人民代表机关自定之，但均以不开支为原则。

（六）少数服从多数——参议会组织条例第七条后半段规定有"可否同数时取决于主席"，县区村各级代表机关会议亦有如此规定。此项条文骤视之，似不很民主，其实如此机会甚少，但亦得灵活运用。

（七）参议会组织条例第三条附件规定"但得酌发公旅费"，县区村组织条例第六条规定"但贫穷者得酌发公旅费"。此项公旅费之多寡，由各县议会、边区参议会自行规定之。

（八）关于投票法

1. 参议会组织条例第二条规定"边区参议会参议员由边区人民选举之"，选举条例第六条规定"以县市为单位选举者……"此项选举以联记名投票法行之。即每县市应出代表几人，选票即写几人，以得票多者当选。

2. 选举条例第七条规定"边区参议员以边区职业团体及少数民族为单位选举者……"此项选举均由各职业团体（按条例规定，除规定者外，一律参加地方选举）自行办理，边区选举委员会不发选票。

3. 参议会组织条例第五条规定："参议会设议长一人，副议长一人，秘书长一人，由参议员用无记名投票法互选之。"条例第十条规定"参议会设驻会参议员十五人"，此项选举用联记名投票方法行之。其法即每一投票人于一张票上写十五个名字，并将议长、副议长、秘书长、驻会参议员分别标明，分别写票，分别开票。

4. 县区村组织条例第二条规定："县议会由县公民直接普选之县议员组织之"，第二十四条规定："区民代表会由区公民直接普选之代表组织之"；选举条例第八条规定："县议会议员

以区为单位选举之"，第九条规定："区代表会代表以村为单位选举之"。为简便计，此项投票均以单记名行之。但为避免侥幸当选违背民主原则计，当选代表或议员得票不得少于选区应出代表或议员按公民数平均应得票数之五分之一，少于五分之一者不得当选。代表或议员不足法定额数时，应即补选，至选足为止（例如县议员以区为单位选举，其县有选民五万人，应选县议员三十八名，该县某区有选民六千人，应选县议员五名，则议员一

名应得平均票数为一千二百票,五分之一为二百四十票,不足二百四十票者不得当选)。

5. 县区村组织条例第七条规定:"县议会设议长、副议长、秘书各一人,由议员用无记名投票法互选之";第十一条规定:"县议会得设驻会议员三人至五人";第二十九条规定:"区民代表会设主席、副主席、秘书各一人,由代表用无记名投票法互选之。"此项投票均用联记名,其法即投票人于每张票写五个或三个名字,并分别职务写票开票。

6. 县长、区长选举均用单记名投票法。

(九)选举条例第五条规定:"团体、学校、银行、各级政府之工作人员或其他机关之工作人员,均于所在地参加边区参议员之选举",其选民登记由各该团体、学校、银行、机关造具公民册,汇册送交县选举委员会;专区与边区选举委员会不作选民登记工作。专区级以上之团体、学校、银行、政府机关人员原则上不参加县区村选,其愿参加者得向所在地县或区选举委员会声明,以便准备选票,自由参加。县级以下团体、学校、政府机关人员,一律在所在地参加选举。

(十)选举条例第六条第一项规定:"……每增加三万人增选参议员一名";第八条规定:"……每增加二千五百人;增选议员一名";第九条规定:"……每增加三百人,增选区代表一名"。如该条所称增加之人,均指公民而言,其增加选民尾数超过法定一半者,均增选代表一人,不足法定一半者,均免选。

(十一)选举条例第十二条规定"自由竞选",即指被选人不限于竞选人之范围。"各抗日党派、群众团体、工厂、兵营、学校及人民自由组合,均得提出竞选名单",自己找报纸公布,自由宣传,选举委员会不代为公布竞选名单。个人亦得自由竞选,以充分发挥民主精神。

(十二)选举条例第十三条规定"边区参议员之当选人不限于本县公民",意即边区参议员虽以县为单位选举,而被选人则是全边区的范围,以免未在本县进行公民登记者之无当选之机会。"县议员之当选人不限于本区公民,区代表之当选人不限于本村公民"之规定,其理由亦同。

(十三)联合县以一县论,成立一个县议会,选举法与一般县同。设县〔佐〕公署之县,亦以单独一县论,单独成立县议会,选举法与一般县同。

三、关于国大代表的选举

(一)国民大会在今年十一月就要开会,晋察冀边区是敌后模范抗日根据地，它领有九十余县（冀中平北在内），保护着一千四五百万人民的生命财产，它是靠了边区的军政民同敌寇汉奸的残酷的搏斗争夺回来的。因此，没有理由不让我们参加国民大会，因此我们要选代表准备去参加，不过因为时间的短促，路程的遥远，以及还可能受到其他的阻碍等，我们必须争取早些选出来，因此在日期上，国大代表的选举，要与县议员、县长的选举，同时完成。

（二）选举代表大会的人数——一般地讲，我们敌后根据地日与敌寇汉奸投降派直接作着最残酷最激烈最复杂的斗争，我们为民族国家所尽的力量，实较其他地域为大。为了更加团结和激励敌后的广大人民更踊跃的投身到抗战事业中来，更发挥其伟大力量，敌后是应该多选代表的。在这次各级选举准备会议上，原则上决定了每县选代表一人，全边区共选，八十余人，这是区域选举。至于职业选举，决定全边区工会选五个代表，农会五个，妇救会五个，青救会四个，商人二个，学生三个，小学教员三个，中学大学教员各一个，新闻记者一个，其他自由职业者一个。关于少数民族方面，蒙人选一个，西藏人选一个，回民选二个代表。

（三）选举的方法——县国大代表的产生，以县为单位（即区域选举）由县议会用无记名单记式投票法选举之，职业团体和少数民族的选举，凡有组织者，由他们通过自己的组织进行选举，没有组织的（如商人）可以公告他们，由他们自己去选。职业选举均不发票。

四、关于村政权与区政会议

（一）村政权的组织，在新颁条例中，大体上没有什么变革，和以前略有不同的，是村民代表会主席、副主席兼任村长、副村长。我们在这一次的各级选举运动中，中心的问题不是重新改选村政权，而是应该把中心放在区级以上的选举工作中。为了避免转移选举的中心，保证这一运动的胜利完成，我们在这一次选举当中，对于村级不必要进行改选，但这并不是说对于村政权根本不要理它，当然我们对于一些不健全的村民代表会加以必要的整理，仍是可以的。不过千万不要因为整理村政权，而转移了选举的中心。其次，在这里应该附带说明的是：在这一次公布的县区村组织条例上，关于村民大会及村民代表会、村公所已有明文规定，不过因为目前不改选，所以对这一部分的条文没做什么解释，待以后再作解释好了。

（二）自去年号召正式建立区政会议以来，各县大部分的区均已建立，因为区政会议本质上就是区民代表会，所以在这一次选举运动中，凡已建立区政会议者,原则上不再改选,以前选的仍属有效,以便集中力量,进行区长以上的选举。但我们对于已经建立的区政会议,应该做一番严格的检查,予以必要的整理,把它改造成区民代表会,使它更加健全起来,发挥代表机关应有的作用。这也就是说,区政会议不是取消,而是改造与整理。至于没有建立区政会议的地方,就必须要在这一次选举中,选出区代表来,建立区民代表会。关于区和县代表机关的建立时间,是从七月十五日到八月十五日(原定七月一日到七月底,后来决定推后半月,业已电知),各县可以根据当地实际情形灵活运用。

(三)在这一次的各级选举运动中,区级的选举是整个选举运动的基础工作,区选的成功与失败,对于其他的选举(县议会、县长、参议会、国大代表等)有着决定的意义。区选进行得好,也就是说基础打得好,才能保证这一运动胜利完成;否则,就会遭到损失甚至失败。我们为了保证区选的胜利成功,保证全部选举运动的胜利成功,必须在这一基础工作上花费最大的力量,要进行深入的宣传鼓动工作,从政治上把全体干部和广大人民动员起来,首先热烈的参加到区选运动中来,同时要健全选举组织与领导,确定步骤,统一步调,运用突击竞赛的方式,有组织有计划地去进行,更要在区选过程中,随时总结经验教训(选几个区就总结几个区),努力克服缺点,发扬优点,把胜利的方式胜利地运用到其他地区和正在开展着的县选、区选中去,以争取这一选举运动的彻底胜利!

(选自一九四五年八月晋察冀边区行政委员会《政权建设参考文件》第一集)

晋察冀边区选举条例

(一九四三年一月二十日晋察冀边区第一届参议会通过,
同年二月四日晋察冀边区行政委员会公布)

第一章 总则

第一条 本条例依晋察冀边区参议会组织条例第二条,及晋察冀边区县区村组织条例第二条、第三十五条之规定制定之。

第二条 边区参议员、县议员、村民代表均由选民用直接平等普选制无记名投票法选举之。沦陷区游击区之不能直接普选者,得行间接选举。

前项间接选举之区域,其选举细则,由该管县政府拟定,呈准边区行政委员会施行之。

第二章 选民及被选资格

第三条 凡在边区境内年满十八岁之中华民国人民，不分性别、职业、民族、阶级、党派、信仰、文化程度、居住年限，经选举委员会登记后，均有选举权与被选举权。

第四条 有下列情事之一者，无选举权与被选举权。

一、有汉奸行为经判决确定或充伪军伪组织人员者。

二、经边区司法机关、军法机关褫夺公权尚未恢复者。

三、经边区行政机关通缉有案尚未撤销者。

四、有精神病者。

前项第一款所称伪军伪组织人员系指甘心事敌执迷不悟，或现仍继续充任者而言，其已经反正或准予自新，或确系被迫参加已宣布脱离者不在此限。

第五条 团体、学校、银行、政府或其他机关工作人员，均于所在地参加边区参议员之选举，并得自由参加所在县县议员之选举，但法令另有规定者不在此限。

第三章 选举区及名额

第六条 边区参议员，以县市为单位选举之，其名额之分配依左〔下〕列规定：

一、三万公民以下之县，选举参议员二名，三万公民以上之县，每增加三万公民增选参议员一名，所增尾数超过一万五千人者，亦得增选参议员一名。

二、沦陷区之县，每县选举参议员一名至三名，其不能选举者，由边区行政委员会聘请之。

三、沦陷区之市，天津、北平各选参议员三名，太原、石家庄、保定、唐山、张家口、大同各选参议员一名。其不能选举者，由边区行政委员会聘请之。

第七条 边区参议员以部队、学校、团体及民族为单位选举者，其名额如左〔下〕：

一、军区部队共选参议员二十名。

二、边区各产业工会共选参议员三名。

三、蒙、藏、满各民族各选参议员一名，回民共选参议员五名，其不能选举者，由边区行政委员会聘请之。

四、抗大、联大各选参议员一名。

第八条 县议员以区为单位选举之。二万公民以下之县选举县议员二十名。二万公民以上之县，每增加二千五百人增选县议员一名，所增尾数超过一千二百五十人者，亦得增选县议员一名。

各区应选县议员名额，依其公民比例定之。

不能进行选举之区，其县议员由县政府聘请之。

第九条 村民代表，以公民小组为单位于村民大会选举之，每组选举代表一名。

第十条 公民小组视村公民之多寡，由十五人至四十五人于间范围内自由组合之。

第四章 竞选

第十一条 边区参议员、县议员之选举，各抗日党派、群众团体、工厂、部队、学校及公民自由组合均得提出候选名单，在不妨害选举秩序下，自由竞选。

前项公民自由组合，须有公民五十人以上之连署，并造具履历名册，报请县选举机关审查登记，始为有效。

第五章 当选及候补

第十二条 各县市当选之边区参议员，不限于本县市公民，各区当选之县议员，不限于本区公民，村民代表之当选人，以居本间者为限。

第十三条 边区参议员、县议员均以得票较多数者为当选，次多数者为候补，村民代表不设候补人。

前项候补人在每一选举单位内不得超过当选人之三分之一，但当选人不足三人者，得设候补一人。

第十四条 边区参议员、县议员因死亡或其他原因去职时，由候补依次递补，无候补者，应即补选。村民代表因死亡或其他原因去职时，由公民小组另选之。

第六章 改选

第十五条 边区参议会、县议会每二年改选一次，村民代表会每年改选一次。

边区参议会、县议会遇有特殊情形不能如期改选者，不在此限。

第七章 选举机关

第十六条 边区参议员、县议员、村民代表之选举，由各级选举委员会办理之，各级选举委员会之组织如左〔下〕：

一、边区选举委员会由委员十一人至二十一人组织之，其人选由边区参议会驻会参议员办事处与边区行政委员会就各机关、部队、团体、学校及抗日绅商名流学者中聘请之。

二、县选举委员会由县议会议长、副议长、县长、民政科长及县群众团体代表各一人组织之。

三、村选举委员会由村民代表会主席、副主席、民政委员及村群众团体、抗日士绅代表各一人组织之。

各级选举委员会之组织细则另定之。

第十七条 边区参议员以部队、学校、团体、民族为单位选举者，其选举机关依左〔下〕列规定：

一、军区部队由军区司令部、军区政治部组织特种选举委员会办理之。

二、边区各产业工会由边区产业工会办理之。

三、抗大、联大由各该校组织特种选举委员会办理之。

四、蒙、藏、满、回各民族由各该民族团体组织特种选举委员会办理之。

第十八条 各级选举委员会及特种选举委员会之职权如左〔下〕：

一、办理公民登记，进行选举动员。

二、审查选民资格。

三、监督选举。

四、检举选举违法事项。

五、其他有关选举事项。

第八章 附则

第十九条 本条例之施行细则另定之。

第二十条 本条例自公布之日施行，前颁晋察冀边区暂行选举条例同时作废。

（选自晋察冀边区行政委员会《现行法令汇集》上册，一九四五年版）

晋察冀边区行政委员会
关于县议会改选与县议会工作的指示

(一九四三年三月九日)

边区第一届参议会的胜利召开，使边区的民主政治走进了一个新的阶段，为了把这次会议民主团结的精神贯彻到县区村去，进一步启发人民参政的热忱，巩固各阶层的团结，本会特决定北岳区于今年四、五月间进行县议会的改选（一、二、六专区于四月十五日到五月十五日进行，三、四、五专区于五月份内进行）。对这一工作，有以下的指示：

一、县议会改选的重要意义

（一）今年是争取反攻胜利的一年，也是敌后抗战最艰苦的一年。目前敌寇对我北岳区正酝酿着重大阴谋，其对唐、曲、行、灵的跃进蚕食，正是这种阴谋计划的初步实施，敌寇摧毁华北各抗日根据地的重点，现已指向我北岳区，这必须提高我全体干部与人民高度的警惕！为了动员足够的力量以战胜行将到来空前残酷的局面和克服经济上的困难，亟需进一步巩固各阶层的团结，高度的发扬民主，使边区每个人民都能自觉的积极的团结对敌，与参加经济建设。县议会的改选与加强县议会的工作就是达到这个要求的重要实施。

（二）二十九年县议员的选举与县议会成立以来，特别是二十九年的大选运动，对于边区的民主建设，实有其不可磨灭的成绩，然而由于当时对这一伟大选举运动，尚系创举，以致表现了不少缺点，县议会成立后因缺乏经验，一般成绩不大，亦发生许多缺点，主要的表现在：

甲、在选举时形式主义与锦标主义，只图表面热闹；或强迫人民参加选举，或则遗漏公民的登记；尤其不少地区随意将某些落后的或比较顽固一些的份子公民权取消，发生种种违反民主行为。

乙、当选的议员绝大部分为在职干部，对于吸收各阶层人民的领袖到议会来，使议会成为各抗日阶层的代表机关，做得很不够，甚至个别的议员不足为人民的表率。两年以来，议员的变动很大，离职的牺牲的以及个别叛国投敌的，使议会残缺不全。议员与人民的联系很差，有些县份虽曾聘请一部分以补缺额，然而有些被聘请的不孚众望，反引起某些上层人士之鄙视。有的游击区遗失聘请书名单，使县议员遭受危害，影响很坏。

丙、县议会的工作极不健全，不少干部对县议会性质、任务及其工作范围、权限等认识错误，把县议会看成可有可无形同虚设的机关。议会开会往往形成士绅座谈会、干部会、听训会、斗争会。会议既无充分准备与中心，所讨论与所作的决议，又往往大而无当，不研究上级政府法令，每与上级政府的法令相抵触，对于本县人民痛苦与若干迫切待决之具体问题，则反漠不关心；至对于组织决议之实现，更是很差。

丁、县议会及驻会议员与县政府的关系，模糊不清，有的驻会议员成为县政府的上级，对政府行政处处干涉，形同第二政府，使政府感到工作掣肘，遇事牵掣迟缓，影响行政效率极大；有的驻会议员等于政府内部的科长科员，在县长指挥之下配合工作。一般的议会驻会的经常工作，尚未能建立起来。

戊、选民选出自己的代表为县议员后，县议员与其选区的人民之联系很差，大部县份是自当选为议员后即与选民无关系，因之议员代表人民意见到议会，传达议会决议与政府法令给选民是极差的；人民自选出议员后，对县议会与议员即漠然视之。

（三）为了克服上述缺点，使县议会真正成为一县人民的权力机关，并将此次边区参议会的精神与决议贯彻下去，使边区民主建设更加完善，县议会进行改选与健全其工作，实为当前的重要工作任务。

二、县选的中心任务

（一）在县议会改选工作中，要做到进一步提高人民参政热情，改进与调整各阶级阶层间的关系，对于违法或投敌的议员应该提交政府依法惩办，以提高议会在人民中的威信。

（二）要选举各阶层人民的领袖，能够代表各阶层人民的利益的人做议员，为此各级政府与选举机关就需要进行调查研究，动员人民的领袖与代表人物进行竞选，或由选举机关提为候选人，使改选后的议会，在议员的组成上，更能代表全县各种人民的利益。不能选举的地区，聘请时，尤当注意此点。

（三）在县选中，要将边区参议会民主团结的精神在干部与人民中进行传达，肃清干部中一切强迫命令等不民主的作风。

（四）在县选中，必须与人民当前的切身问题密切联系，对于人民的困难与迫切需要解决的问题，要切实的求得解决，如救灾，春耕，负担之减轻，发展生产合作，租佃纠纷，统累税调查不公，游击区反敌伪掠夺斗争等，应该成为县议会讨论的中心，如果人民吃饭问题不能予以适当解决，则人民参政是没有实际内容的。

三、县选的准备工作（这一工作应该成为县选工作的重点）

（一）根据这次边区参议会的精神，由县议会总结两年来县议会的工作，总结要根据本县的具体环境，确定重点，如灾区着重于民生问题，游击区着重对敌斗争问题等，要反对大而无当、浮泛空洞的总结。

（二）由县政府负责协同县议会及群众团体调查民间痛苦及急需解决问题，研究解决办法，准备议会提案，对某些问题的县单行法规之起草等。

（三）选举的政治动员要确定宣传重点，要以加强民主团结、边区参议会通过的施政纲领实施重点为中心，特别是加强关于民主参政与对敌经济斗争、根据地经济建设相联系的宣传。

（四）对于这次边区参议会通过的选举条例、县议会组织条例（见县区村组织条例）详加研究，并吸取过去县选及县议会工作经验，要进行切实周密的计划，组织县区村各级选举委员会，划分选区，配备与训练干部，调查与提出候选人，这些工作都要做充分的准备。

四、县选的组织与领导

（一）根据选举条例组织县区村选举委员会，办理公民之调查登记，召集会议，监选，印发选票，宣传动员等。在公民登记中，必须严防随便取消公民权的现象发生。

（二）选举区的划分，在一个行政区内划分的越小越好（三五个行政村一个选区），这样可以吸收更多的选民参加。候选人的提出，应当包括各阶层人民的代表，每个行政区尽量提当地人做候选人。

（三）在选举过程中，要充分发扬与尊重人民的民主，任何违反选举法的行为要坚决反对，其犯妨害选举罪者，应依法究办，对于敌探汉奸破坏选举的言行，必须严加防范与制裁。

（四）选举步骤一般的可以前半个月为组织与动员、公民调查登记、训练与配备干部之时间，后半月即可分区突击选举，选举完竣即应由第一届议长召集第二届县议会。

（五）选举票由县政府印发（参考过去式样，费用由预备费项下开支，专署批准），发票与收票须由选举委员会切实负责检查。

五、游击区的县选

游击区因环境所限，一般的不进行县选，但必须进行下列各项工作：

（一）总结县议会的工作，调查县议员的现状，局部改组县议会。除原有之议员外，缺额应聘请对抗战有所贡献、为人民拥护爱戴之人士补充之。聘请时，县政府须调查确实，按照聘请手续办理之，但切要注意保守秘密，免受无谓损失。对于不称职挂名的议员，经过议会或该区人民罢免或撤销之。

（二）环境比较好的游击地区，于五、六月间应召开局部改组后的县议会一次，会议以传达参议会的精神及如何进一步团结对敌减轻人民负担为主。临近巩固区之县，可到巩固区开，但必须充分准备抓紧时间，不能象巩固县那样开法。在环境残酷的游击地区则不必召开，但应尽可能将参议会的精神，向人民传达宣传。

（三）为了瓦解与争取伪军伪组织人员，镇压罪大恶极的敌探汉奸，本会正在草拟伪军伪组织人员登记办法及组织特别法庭审判罪大恶极的汉奸办法，这一工作应在县选过程中审查公民权与配合春季政治攻势，积极的展开为一个群众运动，以进一步争取我之优势，打击敌伪"蚕食"、"肃清"的阴谋。

六、县议会的工作

一、县议会的性质、任务、组织、工作范围、权限及其与县政府的关系，在新颁之县区村组织条例内已有明白规定，县议会与县政府应详加研究遵照进行，县议会不得作与上级政府政策法令相抵触的决议，县议会讨论此种议案时，县长应坚持与解释上级政府的政策法令，不应恐得罪议会卸却责任，致作成错误决议后又加变更，影响议会威信。

（二）开会要有中心有准备，除议长向议会作工作报告外，县长应做行政工作报告。报告内容力求简短扼要，多予议员以发言讨论时间，会场布置与招待等均应周到，但反对浪费铺张。

（三）对于违法失职的村区干部，提出弹劾、警告，以增强县议会在群众中的威信。

（四）县议会不是行政执行机关，故不能出布告（对人民可以出公告通告），它的一切决议均通过政府去执行，议会闭会后，县议员应利用各种集会（如群众大会，村民大会，村代表会等，但不需单独召集）向自己所代表选区的人民传达与解释县议会的决议，并经常征求人民意见向议会或政府反映。今后议员与自己所代表的人民保持密切的联系，是非常重要的。

（五）县议员的权利与义务应在议会上确定（可以参考边区参议员的权利与义务之规定），县议员应当处处为人民表率，闭会期间，议员不能代表议会。

（六）县议会是全县人民的权力机关，县政府是县政执行机关，县议会驻会人员不是议会常委，它的权限与工作重点，应当是督促县政府执行县议会的决议，与县议员保持联系，搜集民意，解释政府的政策法令，对于县政府的行政，不能加以干涉，有意见只能提出建议，无强制执行权（县议会的决议要强制执行），但县政府必须尊重驻会议员，不得视为政府的附庸，当作政府内部的干部使用。驻会议员只限于议长一人。

各县县选工作进行情形应及时报会，并于六月十五日以前（一、二、六专区于五月底）作出总结报会。

（选自晋察冀边区行政委员会《现行法令汇集》上册，一九四五年版）

晋察冀边区行政委员会关于民主大选举准备阶段工作的指示

（一九四五年五月二十五日）

（一）民主大选举的意义："中国时局的唯一出路，就是成立联合政府"。为促进联合政府的成立，就需要进一步壮大我们的力量。我区民主大选举的目的，就是更进一步的建设边区民主政治，贯彻实行三三制，更好的巩固边区各阶层人民的团结，扩大抗日民主政权的影响于沦陷区，在新解放区则是改造旧政权，使新解放的基本群众参加政权，以发动与团结新解放区的广大人民，经过这次民主大选举，来发展与壮大解放区的力量，积极准备反攻，推动全国民主的联合政府的成立。为了胜利完成民主大选举的任务，各级政府领导干部对此重大意义必须深刻了解。

（二）民主大选举运动的进行，必须在区以上的干部中以及在村干部与群众中，广泛的进行宣传教育，使具有充分的思想准备与组织准备，选举真正为群众服务的积极分子参加各级人民代表机关及政府机关，严格防止特务分子混入，以保证三三制的贯彻实行。因此，民主大选举运动应分为两个阶段进行，准备阶段所花的力量与时间要占三分之二，选举阶段占三分之一。

村、县、边区三级选举中，村选是决定的环节，因此我们在力量使用上，调查研究总结村政权要花最大的力量，在时间支配上，村的研究总结放在前边，县与边区的研究总结放在后面。

（三）思想准备的基本问题是从边区到村，所有干部都彻底认识民主大选的意义，确实掌握三三制的精神实质，基本政策，民主制度，民主作风。为此必须用整风精神，精读文件，坦白反省，检查偏向，揭发事实，开展讨论，以达到思想上的统一。

1. "三三制政策是使各界人民都有说话机会，都有事做的政策。"（毛主席在陕甘宁边区参议会的演说）三三制的精神与实质就是民主团结，三三制的认真贯彻与我们各种基本政策的正确执行及民主作风的发扬有极密切的联系。因此思想准备的第一件工作是检查总结民主制度的执行情况，各专署、行署应有重点、有计划地帮助县调查三个典型村：一个三三制执行较好的，一个群众充分发动村庄三三制执行较差的，一个群众发动很差没有贯彻三三制的。调查总结内容要包括村政权的成分，村干部与村民（各阶层）联系，村民团结情况，主要政策贯彻情形与各阶层人民反映，村干部作风等。县以上各级政府应有计划地召开各种小型的座谈会，如士绅座谈会、地主座谈会、佃户座谈会、雇工座谈会、工商业者座谈会等，贯彻"言者无罪，闻者足戒"的精神，使大家真正做到"知无不言，言无不尽"。我们倾听各阶层人士对我们的批评，对各种政策各方面的意见，使我们进一步熟习各阶层人士的脉搏，以达到加强团结，改进工作的目的。

以上调查材料除随时报告外，行署应于七月底前总结报告本会。

2. 三三制的精神与实质贯彻到我们的政策法令制度之中，就是民主政策，民主制度。因此，我们必须总结几个主要政策，来测量我们执行三三制的情况，为县议会、边区参议会的召开，做有效的准备工作。主要总结土地政策、劳资政策、负担政策、除奸政策等。总结方法着重分析典型与一般相结合说明问题，大体上每一个县要调查三个典型村，了解几年来的几个主要政策的执行情形，当前存在的问题，执行中的偏差，特别各阶层人民对我们的政策及其执行的真实意见，有哪些问题他们表示欢迎，有哪些问题他们对我不满。这些调查材料，望在七月以前陆续送到，九月底行署总结报告本会。

3. 三三制的精神，贯彻到我们的作风上就是民主作风。因此，我们必须调查总结我们的工作作风。着重检查对各阶层人士的关系，确定任务、解决问题是否从群众中来。调查总结要与总结政策相联系，检查我们的会议制度，是否倾听各阶层人民意见，参加政权的每一个人员是不是有职有权，这一问题的总结方法与报告时间与第二个问题同。

（四）在组织准备上，主要应调查研究村、县政权机构。

在村政权方面，应研究公民小组代表会，编组、选举办法，间、村公所组织，编村、市镇组织等应行改进之处，这些问题，必须依靠仔细的调查研究总结，不能只靠片面的材料，骤下判断。县以上政府应找典型村进行调查研究，然后作出总结，提出改进意见。因为村选在先，村组织须及早确定，各行署务于七月十日前将调查研究材料及意见整理报告本会。

在县政权方面，应研究县议会与选民的联系，驻会机关与县政府关系，县政府组织、制度。每一个专区调查一个到两个县，主要总结最近两年的经验教训，提出今后改革意见，行署于八月十五日以前整理报告公（本）会。

（五）大选举运动的准备工作，主要是调查研究与整风工作。这一工作的进行应与大生产运动密切结合起来，县以上须使用一定的力量进行典型村的调查工作，但不要过多的影响区对村大生产的领导。

（选自晋察冀边区行政委员会《现行法令汇集》上册，一九四五年版）

晋察冀边区行政委员会关于民主大选举工作的指示

（一九四五年七月二十三日）

民主大选举准备阶段工作，已详前发民字第二十八号指示。兹再就今年大选举应注意的问题指示如下：

一、今年全边区各级民主大选举的重大意义，首先在于团结全边区各阶层人民，发展壮大我解放区的力量，以促进全国性民主的联合政府的实现。其次，就本边区而言，今年的大选，较之一九四〇年的大选，尤有重大的意义。今年的民主大选是在数年来根据地政治、经济、军事、文化各种建设获得很大成绩的胜利基础上进行的，特别是自去年开展大生产运动以来，人民生活获得进一步的改善与提高，一年来执行了扩大解放区的号召，边区民主政权得到迅速的扩大与发展。因此我们必须认识，民主政治的建设是有其具体内容的。选举工作必须与其他重要工作相结合，具体地说，在大选举运动中必须抓紧大生产运动的领导，贯彻耕三余一与发展农业副业的方针，确切执行防灾备荒工作，应认识今年总的收成，已有很大减少，夏雨虽降，仍不容抱丝毫松懈心理；其次，应继续进行扩大解放区，加强军事、政治、经济各方面的对敌斗争，在新解放区尤应放手发动与组织群众，贯彻各种基本政策，开展群众减租与改造村政权的斗争，解决当地群众迫切需要解决的问题。

二、深入宣传今年民主大选举的重大意义，为大选的胜利而努力。应动员广大人民积极参政，发动并组织各阶层人民的竞选，展开热烈的参选热潮。为保证选举的彻底胜利，在大选中，必须贯彻实行三三制，加强对"三三制"政策的研究，克服在执行中的一切偏向，在贯彻三三制的精神下，应重视英雄模范在边区各种建设中的伟大作用，使各级人民代表机关不但有代表各阶层的人士参加，并有从实际斗争中产生的与群众有密切联系的群众领袖参加；其次应重视妇女的政治地位，深入发动妇女公民，重视自己的民主权利，积极参加选举，使一定数量与广大妇女有密切联系及在抗日工作上有成绩的妇女领袖到各级政权中。边缘地区除应将边区民主运动深入宣传到沦陷区以推动开展沦陷区工作外，应认真物色沦陷区进步的抗日人士，吸收到县议会或县参政会及边区参议会。但边区参议员之聘请，须提出具体意见，报由本会办理。

三、在大选中，各级政府应广泛发扬民主，开展群众性的批评与自我批评运动。首先，各级政权干部，特别是县区干部，应本为人民服务，一切属于人民，对人民负责的精神，深入反省自己思想上执行政策上和工作作风上存在的一切缺点与错误，坦白的进行自我批评。县区干部在准备选举中，应切实帮助领导村干部进行检查工作，开展批评与自我批评，在选民大会、村代表会、县议会上，政权干部应认真的检讨工作，进行自我批评，克服以往只提成绩不提缺点的办法，只有在干部自我批评的基础上，才能发动并开展群众性的批评运动。在批评运动中应高度发扬民主，使人民能够做到"知无不言，言无不尽"，领导上应采取"言者无罪，闻者足戒"的态度，倾听人民对政府的一切意见，并发现群众中存在的一切问题。只有如此，才能真正揭发政权工作中的官僚主义与主观主义，才能改进我们的领导与工作，也只有如此，才能使人民识别谁好谁坏，暴露暗藏在政权中一切违反人民利益的份子，大大地提高人民的参政参选热情与政治觉悟，进一步巩固抗日民主政权，加强政权与人民的密切联系，各地区群众防奸运动能与此结合进行者可结合进行，如尚未达到进行时期时，亦可打下基础，便利今后的进行。

四、认真的健全村代表会及县议会或县参政会，尊重并重视各级人民代表机关。村代表选出后应马上召开村代表会，讨论中心内容，应在为人民兴利除弊及有利团结抗日的大前提下，根据各地不同的情况及人民迫切需要具体确定。一般的应着重大生产、对敌斗争、村负担、文教工作及政策执行等问题。具体地说，巩固区应注意克服村财政相当浪费的现象，秋冬两季大生产具体的步骤与做法，如何贯彻耕三余一及发展副业，健全合作社，拨工组织及生产中一切具体问题，与开展文教工作的具体办法；游击区及新解放区应注意对敌斗争，反敌伪抢掠勒索，改造负担办法，贯彻土地政策等，并根据不同工作基础，讨论组织人民经济生活的办法。县议员选出后，亦应抓紧时间，召开本届第一次县议会，着重讨论问题与村代表会同。但必须事先注意准备工作，除开会时，一切事务组织的准备工作外，特别重要的是总结过去的议会工作及本县全面工作，其中着重总结边参会通过之施政纲领中的实施重点，即对敌斗争，经济建设（即大生产），精兵简政（主要是组织领导，特别是县对区村的领导）及贯彻政策，文教工作，保障人权等方面；新收复城市及扩大了解放区之县，应很好总结管理城市，扩大解放区工作中的经验；关于建立相当于县区的市公所问题，各地可进行研究，提出意见。各级领导机关，应认真的健全村代表会及县议会，进一步发挥人民代表机关的伟大作用，克服一切看轻与不尊重人民代表机关的心理。县以上、特别是专区以上政权干部，应在大选中加强对各级政权组织与主要政策的研究，广泛的搜集材料，正确的分析研究，一般调查与典型研究相结合，以为下届参议会开会时确定修正各种条例的实际材料。以上各种总结材料，于县选后边参会开会前逐级报本会。

五、大选工作的领导与具体进行。

（一）建立各级选举委员会。根据晋察冀边区选举条例第七章第十六、十七、十八条之规定，建立各级选举委员会，行署专署亦建立选委会，皆冠以地区名称。选委会的性质，是在各级政府领导之下，动员组织党政军民力量，统一步调，并办理一切选举事务的机关，其职权完全依照条例规定执行。各级选委会有上下级领导关系，上级选委会对社会人民可发通告，对下级可发通知，下级选委会应及时对上级汇报，全属政策法令的解释或颁布，则属于政府。其他关于选委会工作，详见边区选委会第一次通告。选委会的工作，应贯彻民主作风，不直接组织竞选，应根据政府法令慎重审查选民资格，对无选举权及被选〔举〕权之人民，应报经政府宣告，选委会不能直接代替政府进行宣告。

（二）不同地区应根据不同情况采用不同方式。在巩固区群众已经发动起来或基本上已发动起来，应普遍实行直接选举，以民主大选为中心，与开展大生产工作密切结合，一切竞选宣传活动应与拨工生产会议结合，选举时间应利用生产空隙及农闲时间进行。在游击区及新解放区，如群众已基本上发动起来，基本群众已占优势，在环境许可之下，尽可能进行普遍直接的选举，选举时应提高警惕，武装保卫选举。新解放区，群众尚未发动起来，可根据人民迫切需要，先进行改造旧政权，执行减租政策及改造负担、清算账目等工作，大选可采取间接选举、推选或聘请方式。

（三）大选步骤及日程，因各地区情况不同，不易统一具体规定，原则上规定边区参议员选举一律于十一月十五日以前选毕，至迟十一月底将选举结果及选举总结逐级报告边区选委会，县选村选视各地具体情形决定。

（选自晋察冀边区行政委员会《现行法令汇集》上册，一九四五年版）

晋冀鲁豫边区村政权选举暂行条例草案

（一九四三年七月）

第一章　总则

第一条　本条例依据晋冀鲁豫边区修正村政权组织暂行条例第二章第五、第六、第七各条，及第三章第二十一条制定之。

第二条　村政权之选举均采用直接平等普遍不记名投票法。

在沦陷区及游击区之村，如不能采用直接选举者，得用间接选举或推选或由县政府聘任之。

第二章　选民资格

第三条　凡年满十八岁居住本区域内之人民，不分性别、职业、阶级、党派、信仰、文化程度及居住年限，经村选举委员会登记者，均有选举权及被选举权。

第四条　有下列情形之一者，无选举权及被选举权：

一、有汉奸行为破坏抗战，经判决确定者。

二、经司法机关及军法机关判决褫夺公权尚未恢复者。

三、经政府通缉有案者。

四、有长期性神经病者。

第五条　凡属于村级之机关团体及学校，均得参加所在村之选举，与居民选举同一规定。

第三章 选举名额、选举手续及当选

第六条 公民小组视村公民之多寡，由九人至三十五人在街道范围内自由组织之，但村公民小组人数必须均等。

少数民族占村民小部分者，可不受街道之限制自由组合，其不足该村法定公民小组人数者，如有法定人数一半以上时，亦得选代表一人。

第七条 村民代表会代表，以公民小组为单位于本小组内选举之，每组选代表一人，以得票最多者为当选。

第八条 代表选出后，由代表中用无记名单〔投〕票选举办法，互选主席，以得票最多之一人为当选。

第九条 村长副村长及村政委员，由代表会分两次选举之，先选村长副村长，后选各村政委员；村长副村长及各村政委员之候选人，即为村民代表会之全体代表（代表会主席除外）。

第四章 竞选

第十条 村选举日期应由选举前二十日公布之。

第十一条 在选举期前公民得自由组合，提出候选名单，在不妨碍选举秩序下自由竞选。

第五章 补选及改选

第十二条 当选人因死亡或其他原因不能应选或不能继续执行职务时，得另行补选。

第十三条 村民代表会之代表，每年改选一次，遇特殊情形不能如期改选时，得声请上级政府或上级民意机关延长之。

第六章 选举机关

第十四条 村政权选举委员会由县政府任命组织之。

第十五条 村政权选举委员会至村民代表会产生时即撤销之。

第七章 附则

第十六条 本条例如有未尽事宜，得由边区临时参议会随时修改之。

第十七条 本条例自公布之日施行，前颁布之村民代表会选举暂行条例即行作废。

晋冀鲁豫边区参议员选举条例

(一九四四年六月六日边区政府公布，
一九四四年十一月二十二日修正)

第一章 总则

第一条 本条例根据边区临时参议会临时大会决议力求普选之精神，及目前严重战争环境之具体条件制定之。

第二条 边区参议员之选举，分为区域选举及职业选举两种，在敌占区不能进行开会选举者，由政府聘请之。

第三条 区域选举，以县为单位，由各区选民选举代表五人至九人，县工、农、青、妇、文、武各团体干部各选举代表三人至五人，县政府聘请公正士绅三人至五人，组成代表会，选举边区参议员。

其因战争及工作关系，得以职业选举为主，由县工、农、青、妇、文、武各团体干部各选举代表五人至九人，各区选民选举代表三人至五人，县政府聘请公正士绅三人至五人，组成代表会选举之。

其以区域选举为主之选举，其职业选举代表之名额，不得超过区域选举代表之名额。

第四条 职业选举以军界、工厂职工、新闻界、文化界、商界、中等以上学校、少数民族及外国革命团体为单位选举之。

第五条 为保证妇女参议员当选相当名额，除参加区域选举外，得由各战略区妇救总会及分会各选举妇女代表，组成代表会选举之。

第六条 边区政府及各行署有权聘请抗战有功，素孚众望之人士为参议员，但所聘名额不得超过各战略区全体参议员五分之一。

第二章 选民及被选资格

第七条 凡在边区境内年满十八岁之中华民国人民，不分性别、职业、民族、阶级、党派、信仰、文化程度及居住年限，有公民资格者均有选举权与被选举权。

第八条 有下列情事之一者，无选举权与被选举权：

一、有汉奸特务破坏行为经判决确定者。

二、经边区司法或军法机关褫夺公权尚未恢复者。

三、经边区行政机关通缉有案尚未撤销者。

四、有神经病者。

前项第一款所称汉奸特务如已经坦白改过自新者不在此限。

第九条 政府、银行、学校及其他机关团体工作人员，凡不参加职业选举者，均于所在地参加区域选举。

第三章 选举区及名额

第十条 边区参议员以县为单位选举者，其名额之分配，依下列规定：

一、太行区：凡四万人口以下之县，选举参议员一名；四万零一人以上至八万人口之县，选举参议员二名；八万零一人以上至十二万人口之县，选举参议员三名；十二万零一人以上至十六万人之县，选举参议员四名；十六万零一人以上选参议员五名。

二、其他战略区参议员之名额，由临参会驻委会办事处召开扩大会议，会同行署根据各该区具体情况自行订定之。

第十一条 边区参议员以职业及妇女界为单位选举者，其名额之分配，依下列规定：

一、太行区：

军界（包括正规军及游击队）选举六名。

工厂职工界选举三名。

新闻界选举一名。

文化界选举一名。

商界选举二名。

中等以上学校选举教职员参议员一名，学生参议员一名。

各少数民族各选举一名，回民依人口多少选举一名至三名。

外国革命团体各选举一名。

妇女界选举五名至九名。

二、其他战略区职业及妇女界选举之名额，依第十条第二款之规定自行订定之。

第四章 竞选

第十二条 边区参议员之选举，各抗日党派、群众团体、工厂、部队、学校及公民自由组合，均可提出候选名单，在不妨害选举秩序下得自由竞选。

前项公民组合，须有公民三十人以上之联署，并造具候选人履历名册，报请县选举委员会登记后始为有效。

第五章 当选及候补

第十三条 各县当选之边区参议员，不限于本县公民。

第十四条 边区参议员以得票最多数者为当选，次多数者为候补。前项候补参议员，在每一选举单位内，不得超过当选人三分之一，但当选人不足三人者，得设候补一人。

前项候补参议员，不享有参议员之权利。

第十五条 边区参议员因死亡或其他原因去职时，由候补参议员依次递补，无候补者应即补选。

第六章 改选

第十六条 边区参议会每二年改选一次，遇特殊情形不能如期改选时，由大会或边区政府酌情延长之。

第七章 选举机关

第十七条 边区参议员之选举由边区政府及行署各成立总选举委员会，各县成立县选举委员会，各区成立区选举委员会。各级选举委员会由各级政府主持，并得聘请各机关团体代表、杀敌英雄、劳动英雄及当地公正士绅参加组成之。

第十八条 单独选举之各选举单位，其选举机关依下列规定：

一、军界参议员之选举，由各战略区司令部、政治部各组织特别选举委员会办理之。

二、工厂职工参议员之选举，由各战略区总工会组织特别选举委员会办理之。

三、新闻界及文化界参议员之选举，由各战略区报社及文联各组织特别选举委员会办理之。

四、商界参议员之选举，由各战略区商联总会组织特别选举委员会办理之。

五、中等以上学校参议员之选举，由各战略区各中等以上学校之教职员学生联合组织特别选举委员会办理之。

六、少数民族参议员之选举，由各战略区政府协助成立各民族特别选举委员会办理之。

七、外国革命团体参议员之选举，由各战略区各外国革命团体组织特别选举委员会办理之。

八、妇女界参议员之选举，由各战略区妇救总会及分会组织特别选举委员会办理之。

第十九条 各级选举委员会及特别选举委员会之职权如下：

一、办理选举之动员及组织事项。

二、审查并登记选民及代表之资格。

三、监督选举。

四、检查选举违法事项。

五、其他有关选举事项。

第二十条 本条例之解释权属于晋冀鲁豫边区政府。

第二十一条 本条例之施行细则另定之。

第二十二条 本条例自边区政府公布之日施行。

（选自晋冀鲁豫边区政府《边区政报》，一九四四年第44期）

晋冀鲁豫边区参议员选举条例施行细则

（一九四四年十月二十日边区政府公布）

本细则专为办理区域选举而制定，关于职业选举及其他单独选举，应由各该选举单位特别选举委员会自行制定选举办法，商得总选举委员会同意后施行之。

第一章 选举委员会

第一条 依条例第十七条、第十九条之规定，组织各级选举委员会。

一、各县成立"某县选举委员会"，各区成立"某县某区选举委员会"。各选举委员会委员之名额，依环境条件、工作需要及精兵简政原则，自行规定之。

二、各级选举委员会之组织，依下列规定：

1. 设正副主任委员各一人，秘书一人，掌理全部选举事项。

2. 设总务股：股长一人，干事若干人，分掌文书、收发、会计、庶务、招待及协助会场布置等事项。

3. 设选举事务股：股长一人，干事若干人，分掌选民或代表之登记与审查及推行选举的一切事项。

4. 设宣传股：股长一人，干事若干人，办理宣传动员、会场布置等事项。

第二条 各级选举委员会之委员，均为无给职。

第三条 各级选举委员会之会期，依工作需要自行规定之。

第四条 各级选举委员会之经费，由边区政府规定，由县政府拨付之。

第五条 依条例第三条所称"由各区选民选举代表……"，各区应以行政村为单位成立选举筹备会，由县区干部参加指导，进行选民登记及选举代表等事项（各村选举筹备会，系事务机关，不是权力机关）。

第六条 各村选举筹备会人员，由区选举委员会视工作需要自行聘定之。

第七条 各村选举筹备会于选举完毕时，应将选举结果，限期汇报于各该管区选举委员会，并派代表一人至二人协助并监察区选举委员会计算总合各村之选举结果。区选举委员会应将选举结果榜示各村。

第二章 准备工作

第八条 各级选举委员会在选举前，须办理以下准备工作：

一、制定选民或代表登记簿。选民登记簿须分别各村写明姓名、年龄及性别。代表登记簿须写明姓名、年龄、性别、住村、职业及略历。

二、派定人员审查选民或代表资格。

三、于选举前五日在选举场出榜，张贴审查合格之选民或代表，及候选人之姓名，其不合格之选民或代表，写明理由，亦同时公布之。

四、准备投票箱及选举票、入场证及签到簿。

五、选举票应编定号码，加盖同级政府印章。

六、派定票务监察员三人至五人，以便在选举时执行管理及监督工作。

第三章 选民登记

第九条 经过宣传动员后，即依条例第七条之规定，进行选民登记。条例所称年满十八岁，系指年满十八周年而言，但农村习惯过一年增一岁，不计月日多少，为了照顾青年一代，扩大民主范围，即依习惯凡年在十八岁者，均可予以登记参加选举。

第十条 各村群众团体干部（包括工农青妇文武）参加村的选举，同样履行选民登记，县区职业选举另行登记。

第十一条 凡区级以上政府行政工杂人员及专区级以上之农救、青救、武委会群众团体干部，均须在驻村履行选民登记，参加村里区域选举（县级区级工农青妇文武各团体干部参加各该系统的系统选举，各选系统代表，不参加村里的区域选举，见条例第三条）。

第十二条 依条例第十二条之规定，无论党派、团体或公民，均有提出候选人进行竞选之权。

第十三条 所提候选人须造册写明姓名、性别、年龄、籍贯、住址、职业及略历，送交主管选举委员会正式公布。

第十四条 各级选举委员会经过半数以上之通过，有提出候选人之权利。

第十五条 所提候选人，不限于所选之代表，或该党派团体之党员会员。

第十六条 候选人经选举委员会登记并公布后就开始竞选。

第十七条 候选人竞选办法如下：

一、候选人制定竞选大纲，交由主管选举委员会转交选举大会或代表大会后，即可利用冬学及各种会议发表演说，从事竞选。

二、候选人得托人代为竞选。

三、候选人的赞助人亦得协助竞选。

四、选举委员会将候选名单提交选举大会或代表大会讨论，就所有候选人中，通过该选民大会或代表大会，应选人数之半倍至一倍，作为正式候选名单。

第四章 选举与投票

第十八条 选民大会或代表大会进行选举投票事宜，须依下列规定：

一、在选举前应由大会推定发票员、投票管理员、开票员各一人，计票员二人，以便担任发票、投票、开票、计票等事项。

二、选举前应由大会主席检查到会选民或代表出席人数，其出席人数不足原登记人数过半数时，不得进行选举，否则其选举无效。

三、选举前应将票箱打开，当场当众验看后粘以封条，放在票箱所在地。

四、由发票员当同票务监察员，根据选民或代表名册依次唱名，由选举人亲自在名册上签名盖章领票，领票毕，应将领票人数和签到人数核对无误后，再行写票。其未到场领票者，应在名册上做一记号，以便检查，剩余选票，应连同名册交还选举委员会查核。

五、选举人领取选票后，应由大会主席宣布应选人数及写票办法，然后写票，不能写票者，应由主席指定代笔人代为写票。

六、采取不记名联记选举办法，假如应选当选人是五名，在选举票上即连写五名，余类推。

七、选举前应将候选名单，榜示场前，以便选举人依名单选举，其不愿依候选名单选举者，得自由选举。

八、选举人写好选举票后，即当同投票管理员和监察员自行投入票箱。

第十九条 各行政村选举代表，如因写票困难，得采用过去群众创造投豆等选举办法，但须严防发生流弊情事。

第五章 开票与检票

第二十条 投票后应依下列规定进行开票和检票：

投票管理员将票箱交给开票员，当众验明，由开票员打开票箱，将票数与投票人数及签到人数核对之，由主席宣布核对结果，开票员当场唱票，计票员即负责登记计算之。

第六章 当选人及候补人

第二十一条 计票后，依下列规定当选人及候补人：

一、以得票最多者为当选代表或参议员，当选人满额后，以得票次多者为候补参议员（不要候补代表），但如最多票数不及出席人数十分之三时，不得当选，应即举行补选。

二、当选人的姓名次序，依得票多寡排列，由大会主席当场宣布之，票数相同者，由主席当场抽签决定之。

第二十二条 选举发生下列情形之一者，开票员及监察员报告大会主席查核，得当场宣布全部或一部无效。

一、票数超过出席选举人数，无从查证者，应宣布全部选举无效，重新进行选举。

二、不用法定票纸者该票作废。

三、涂改模糊不易辨认其选举对象者，其被选人宣布无效。

第二十三条 选举完毕，由该选举委员会正式出榜当选及候补名单，并报告同级政府转边区总选举委员会备案，报告书应写明该当选人姓名、性别、年龄、籍贯、住址、选举单位、家庭状况及较详履历。

第二十四条　当选人公布后，应由选举委员会发给当选证明书。

第二十五条

各区当选代表名额，及县区群众团体干部选举代表名额，由县选举委员会依条例第三条之原则规定之。

第七章　选举规则

第二十六条　选举时，选举人应遵守下列规则：

一、不许交头接耳随便谈笑。

二、不许擅离座次来往串通。

三、不许私带票纸企图舞弊。

四、不准闲人来往。

五、不准携带武器。

六、服从主席领导。

第八章　选举诉讼

第二十七条　选举人如果确认办理选举人员有违法情事，在当选人榜示以后五日内向该管司法机关起诉。

第二十八条　选举人如果确认当选人票数不实，或落选人应该当选而未能当选时，亦得依前条之规定起诉。

第二十九条　关于选举犯罪，依刑法处断之。

第三十条　选举诉讼应先于各种诉讼之审判，以一审为止。

第九章　附则

第三十一条　本细则修改及解释之权属于边区总选举委员会。

第三十二条　本细则由边区政府公布施行。

（选自晋冀鲁豫边区政府《边区政报》，一九四四年第四十四期）

晋冀鲁豫边区政府关于边区参议员选举问题的指示

（一九四四年十月二十日）

各专员、县长：

边区临参会延期已届期满，正式成立边区参议会，使本区民主政治建设进一步走上健全充实，乃是当时急待完成的工作。为此必须紧急动员组织力量，抓紧时间，认真的进行这一工作，使能顺利完成。任何轻视、冷淡、应付，把它当成一般"公事"去看待的态度，都是不对的。

关于这一工作的实施，大体上应照以下步骤进行：

首先，各级干部应对此关系重大的边区选举问题，作深刻的研究，召开各界座谈会，热烈讨论，使大家在思想上求得打通，重视这一工作，自动的积极的投入这个民主运动。县区政府在接到指示后，应抓紧时间，立即将县区选举委员会组织起来，进行办公，促进工作之开展。

其次，在各阶层群众中要作广泛深入的宣传动员（采取各种方式，主要是与冬学教育密切结合），〔使〕群众深刻了解此次边选之重要意义。把敌后人民生活的足衣足食，民主自由，与大后方国民党统治区域黑暗倒退的对比，用具体生动的实际材料，说明敌后新民主主义社会与法西斯专制下的大后方社会有什么根本不同。务须做到各阶级人民自动积极的起来参加这次边选运动，而不应像过去那样只顾表面，不重实质的形式主义错误。

第三，要选择真正的群众领袖（如从对敌斗争与生产运动中涌现出来的杀敌英雄、劳动英雄或模范工作者），对这些人应在群众中先作广泛宣传，造成舆论，使他们能成为参议员的候选人。此外，对一部分与群众有联系，既赞成抗日，又赞成民主的真正开明士绅，也应本着三三制政策精神，使他们能被选到民主政权中来。

第四，要组织各候选人进行竞选，给予各种方便与帮助，利用各种机会（如冬学、民兵训练，集市集会等等）让竞选人发表演说，设法掀起竞选热潮，参加竞选的人愈多愈好。而履行过公民登记取得选民资格的人，在召开选举大会时，要尽量争取出席，以求达到最高的百分数。无论选举代表或选举边区参议员，选举仪式必须庄严隆重，不能轻率潦草，政府和选委会方面派人到会监督选举，选边区参议员时，县的负责人必须莅会作鼓励尊重讲话等。

第五，边区参议员选出后，要真能表现为人民服务的积极精神，深入群众，搜集民意，准备提案，以便带交边区参议员大会讨论施行。至于形式上的敲锣打鼓，骑马抬轿这种表面热闹倒是次要问题，各地各机关团体赠送匾额、贺词、锦幛等，在照顾节约原则之下可以准备，但是谁送的，送给谁，须注意标写清楚。

第六，在时间上，十二月半必须把边区参议员选举办理完毕，十二月底将召开参议员大会。因此各县各区对村选举代表一事，尤应抓紧时间，从速完成（特别区村两级，必须抓紧时间）。要注意不能耽误了今冬练兵的工作。

第七，在地区上，一、二、三、四、五、六专区，以普选为主，新区（七、八专区）与某些游击区，不能举行普选者，可以变通进行（参照一九四一年推选参议员办法权变处理）。某些敌情严重游击区与敌占区根本不能进行任何选举仪式者，则可斟酌聘请（专署建议，边府办理）。

第八，除七、八专区外，其他各专区可根据具体情况选择一县至数县同时进行县选（关于县参议员选举条例与县议会县政府组织条例，随后颁布）。

第九，边区参议员选出后，如系不脱离生产人士，来边区开会，其往返旅费由边区粮款开支（每人每日粮食若干，按制度发给，每日加发旅费十元）。

最后，本届边选，应注意几个问题：

一、在边选过程中必须坚决贯彻三三制。须知，三三制是我们的基本政策之一，只有三三制的彻底执行，才能促进各阶层同心协力，共同抗战共同建国，把革命事业办得更有成绩。特别在今天，为了进一步团结全民准备反攻力量，尤其应该严格克服过去执行三三制时偏左偏右的摇摆现象。

二、过去敌后政权关于立法、行政、司法三者的关系问题，始终未得明确合理的解决，"二权并主"的现象，"二权半"、"三权"等等之争，实际上仍然是旧民主主义"三权鼎立"思想的变态反映，这是有违于今天新民主主义政体的原则的。因此本届边区选举，必须从思想上行动上清算过去这些错误与模糊之点。为了更彻底体现新民主主义的精神，为了增强政权一元化的领导，今后无论边区参议会或县参议会都采取议行合一的原则，各级参议会为各该级政权最高权力机关，参议会闭会期间，政府委员会为行政最高权力机关，故各级参议会不另设驻委会，只设驻会议员。参议员可兼政府委员，政府委员也可兼参议员，驻会议员之任务在于执行大会交办事项，联络参议员反映民意，传达政情等。行政与司法亦需统一，高等法院院长由政府委员会中互推一人兼任，不另由参议会选举。这样当可克服过去"二权并立"、"二权半"、"三权"等等自相矛盾、互争独立的流弊。此种新精神，各级干部必须有深切的了解，广为宣传，并把它贯彻到各方面工作中去。

三、选举代表或参议员时，必须掌握从群众中来到群众中去的原则，一切经过群众路线，经过自由竞选，只要真正是人民领袖，是各阶层的优秀代表，在各阶层中有足够的威信，与广大群众有密切联系，这样的人自然会被选举出来。

四、上届参议员成绩卓著,真正为国为民在群众中有威信者,仍可当选。

五、为了防范汉奸特务的破坏活动,对本届边选,各级政府应进行合理的法律保障。

此次选举的领导方法,必须运用"一般号召与个别指导相结合"的新方法,用以创造经验,推动全盘。每一专署县府都要亲自动手,直接领导一个区的选举,从头到尾贯彻始终,创出自己一套活的经验。至于区的选举,一般的可以参加该机关所驻在区和所驻在村的工作,这样可以动员较多干部,参加实践,每个政府干部亦为选民之一员。

边府及总选委会已决定直接指导和帮助涉县二区选举工作,并派人出席其选委会,边、专、县之具体经验与意见须随时交换或在报上报道交流之。

各地接到指示后,应作充分讨论,具体布置工作,关于准备及进行情形除随时报告边府以外,关于这次边选总结,各专县务须于十二月底或明年一月上旬送来为要。

主　席　杨秀峰
副主席　薄一波　戎伍胜

(选自晋冀鲁豫边区政府《边区政报》,一九四四年第四十四期)

晋冀鲁豫边区政府关于选举工作中几个问题的补充说明

(一九四四年十月二十日)

其一,关于各县选举边区参议员的选民代表总数问题,应按条例规定,每个行政区选举代表五人至九人。此条文之具体运用,首先应照顾该区选民数目之多少,全县各区尽量做到平衡与合理,如甲区选民为五千人,规定产生代表五人,乙区选民为八千人,则应规定产生代表八人,不应一律定为五人,或一律定为八人;其次应照顾本县行政区数之多寡,如邢台县为十个区而人口密度又较小,每区可产生代表五人左右,全县代表共为五、六十人即可。又如涉县为七个区,而人口密度则甚大,每区则可产生代表九人左右,全县代表可共达五、六十人。此外,再加上县里各系统的职业选举代表,一般说每个县代表会不超过八、九十人,亦不少于五、六十人。这就是既照顾民主平等的原则,又照顾山川地区行政区划多少不均的具体情况。二者不应偏废。

其二，职业及系统选举名额略有更动，即工人选举参议员三人，军界六人。此外，关于回族参议员订（定）为三人，计七，八分区一人，四分区一人，机关一人。关于外国革命团体订（定）为二人，朝鲜一人，日本一人。

其三，选举制度，这次规定一般用票选，但几年来太行民主运动中，群众对选举方法有许多新的创造，如投豆法、投纸团、香火烧小孔等等。这些方法，是人民的发明，是我们民主政策实行的又广泛又真实又深入的反映。在根据地人民文化水平很低，不会写字不会认票的情况下，又要实行民主制度，我们创造新方法克服了许多困难。因此这些新的创造方法，在区村一级应该允许合法使用，但必须注意流弊。一般缺点是不秘密，谁选谁，谁都看出，不合于无记名秘密投票的原则；而投豆法更难于检查，豆子人人可以自带，易于舞弊，坏人可能多投几颗豆子，破坏选举。投豆对候选人有限制，如欲选举候选人名单以外的人，则豆子无处可投。投纸团的每张纸即一张选票，已经由选举机关加盖印章，团成小团，投进候选人谁的名下，即作为谁一票。如果对候选人均不想选，而想选另外的人，则可在小纸团的纸上写上名字，也作为一张有效的选票。但投纸团一般也妨害秘密选举原则的。至于香火烧孔办法，与发给每人一张候选人名单，用笔画记号的方法是一样的，没有一定的认字能力是不易做好的。这些可能发生的流弊和历来存在的困难，必须我们在这次选举运动中加以防止和克服，并大胆进行更新的更好的创造。

其四，选举机关是有一定的权限的机关，各级必须依条例规定执行其职权，不进行县选之县份，县区成立选委会，村级无选委会，只成立筹备会，协助区选委会办事，筹备会没有独立的职权。至于某些县份又要进行县选，又要进行边选，则其县区村均成立选委会，统一办理县选边选事宜。

其五，选举经费，县选之县，其县选所用经费一律由该县地方粮款开支，由县政府及县选委会造预算，由县议员大会追认，依地方财政制度进行开支报销手续；至于全区各县，因进行边选所需费用，决定由边区粮款开支，预算应按实支实销，每人每日平均菜金不得超过二十元，会议办公费不得超过一千元。边区参议员当选后，直至开会启程时，一切工作活动费等项，亦须一并预算妥当，实支实销。

（选自晋冀鲁豫边区政府《边区政报》，一九四四年第四十四期）

晋冀鲁豫边区政府关于县选问题的指示

（一九四四年十月二十八日）

各专员、县长：

一、凡办理县选之县，其县议员之选举可与选举边区参议员同时进行，都直接由各该县的公民举行普选，不必间接由代表大会产生。但不进行县选之县，边区参议员仍应采取代表大会产生方式，这样才能两面兼顾。

二、选区基本上以行政区为单位，但为照顾地域辽阔选民集中困难起见，各区可以行政村或基点村为单位（约要一千五百人为标准）再行划分，即一个或两个以上的行政村，又可合划成一小选举区，并在此小选举区内，再成立村选举委员会，办理选举事宜。

三、虽然是普选，但在议员产生上还应注意各阶层群众团体，特别要照顾少数民族与妇女方面。边区或县参议员候选人，经上级选举机关审查合格后，在各选举区公布名单时，应写明谁为边区参议员候选人，谁为县参议员候选人，并须说明其责任与任务不同等等。当候选人公布后，一方面各级选举委员会应积极推动他们到各选区发表竞选主张，进行竞选活动；一方面要尽量发动全体公民，在各种会议上讨论候选人的历史、品德及其竞选纲领等。

四、在正式选举县参议员大会上，各选区政权负责人应作简要工作报告，使全体公民批评讨论成提案（关于提案准备必须是具体的有关该区该县各种应兴应革、改善人民生活的事项，不是大而无当，不易实现的空洞口号），以便由参议员带交县参议员大会讨论，如此所谓民主运动才会深入，而人民对民主的兴趣才能提高。

五、县参议大会除选举县长及县政府各委员外，应着重讨论生产建设计划及其方案。建设计划方案应在县政府报告中先行提出，然后发动议员热烈郑重讨论，做出明确的决定，再交与县政府执行。同时还可以在会上检讨以往政府工作，提出质询，而制定法规及其他讨论事项应放在次要地位。县议会开会，以边区参议员返县之后召开较好。

六、县选在本区还属创举，是人民的一件大事，选县参议员应十分审慎，选出后又必须从各方面加以尊重。此外，选参议员时就应注意物色将来县政府委员的人选，因为议员与政府委员，可以相互兼任，从县议员中选出一部分县政府委员，是比较更好一点的。

七、关于选举中之一般问题：凡前发边民字423号选举指示已提及者，均可参照执行，兹不赘。

八、关于县议会组织条例及县议员选举条例，本府曾于三十一年四月十五日以边民字第八十号命令公布过，但该二项条例今已不合新的精神，因此，此次修正草案必须暂行印发，供各地参考，将来在临参会通过后再正式公布。

主　席　杨秀峰
副主席　薄一波
戎伍胜

（选自晋冀鲁豫边区政府《边区政报》，一九四四年第四十四期）

晋冀鲁豫边区县议员选举条例

（一九四四年十一月二十二日通过）

第一章　总则

第一条　本条例根据县议会组织条例第二条制定之。

第二条　县议员由全县公民用不记名单记投票法直接选举之。

第二章　选民及被选资格

第三条　凡在县境年满十八岁之中华民国人民，不分性别、职业、民族、阶级、党派、信仰、文化程度、居住年限，凡取得公民资格者，均有选举权与被选举权。

第四条　有下列情事之一者，无选举权与被选举权：

一、有汉奸特务破坏行为，经判决确定者。

二、经司法及军法机关褫夺公权，尚未恢复者。

三、经边区行政机关通缉有案，尚未撤销者。

四、有精神病者。

前项第一款所称汉奸特务，如已坦白改过自新者不在此限。

第三章　选举区及名额

第五条　所有全县公民不分职业，均参加区域选举，但本县地方武装

（县区基干队），得单独选举县议员一人。

第六条 县议员应以区为单位，按人口多少划定选区进行选举。

第七条 各区县议员之名额，以居民一千五百人选出县议员一人为标准，但得根据实际情况，依县议会组织条例第三条之规定，斟酌增减之。

第八条 敌占区县议员如不可能进行直接普选时，得行间接选举；在间接选举亦不能进行时，由县政府商同县选举委员会聘请之。

第九条 少数民族除适用第七条之规定外，其人口达选举县议员之法定人数五分之一者，得单独选举县议员一人；如不足五分之一者，不单独进行民族选举。

第四章 竞选

第十条 县议员之选举，各抗日党派、群众团体、工厂、学校及公民自由组合，均可提出候选名单，在不妨害选举秩序下，得自由竞选。

前项公民组合，须有公民三十人以上之联署，并造具候选人履历名册，报请区选举委员会登记后，方为有效。

第五章 当选及候补

第十一条 各区当选之县议员，不限于本区公民。

第十二条 县议员以得票最多数者为当选，次多数者为候补；遇有票数相等者，用抽签法决定之。

前项候补县议员，每区不得超过当选人三分之一；但当选人不足三人者，得设候补一人。

前项候补县议员，不享有议员之权利。

第十三条 县议员因死亡或其他缘故去职时，由该区候补议员依次递补；无候补时，立即再行补选。

第六章 改选

第十四条 县议员每二年改选一次；遇有特殊情形，未能如期改选时，得由晋冀鲁豫边区参议会决定延长之。

第七章 选举机关

第十五条 县议员之选举由各级选举委员会办理之；县设县选举委员会，各区设区选举委员会，各级选举委员会组织办法另定之。

第八章　附则

第十六条　本条例施行细则另定之。

第十七条　本条例修正权属于晋冀鲁豫边区参议会，解释权属于晋冀鲁豫边区政府。

第十八条　本条例经晋冀鲁豫边区参议会通过后，由晋冀鲁豫边区政府公布施行。

（选自晋冀鲁豫边区政府《边区政报》，一九四四年第四十四期）

晋绥边区县议会选举条例

（一九四五年四月一日行政公署公布）

第一章　总则

第一条　本条例依据边区施政纲领第三条制定之。

第二条　县议员采取普遍、直接、平等、无记名投票法选举之，沦陷区，边缘区不能直接选举者得行间接选举。间接选举办法另定之。

第二章　选举资格

第三条　凡在边区境内之人民不分性别、职业、财产、阶级、党派、宗教、民族、文化程度、居住年限，年满十八岁经登记后均有选举权及被选举权；但有下列情形之一者，得停止其选举权与被选举权：

一、有汉奸行为经判决确定者；

二、被褫夺公权尚未恢复者；

三、患重大神经病经医证明者。

第三章　选举单位及名额

第四条　县议员以区、市为单位选举之，三万人口以下之县选举三十五名，三万人口以上之县每增加二千人增选一名，所增尾数超过一千人者，亦得增选一名，但最多不得超过八十五名。沦陷区不能进行选举者，其县议员由县政府聘请之。

第五条　县境驻军、文化团体、中等以上学校单独进行县议员之选举。

其名额为军队一名至三名，文化团体及中等以上学校一名。

第六条 机关、团体等均在所在地参加选举，但分区以上者可自由参加。

第四章 竞选

第七条 各抗日党派、民众团体及公民自由组合，均得提出候选名单，在不妨害选举秩序下自由竞选。

前项公民自由组合，须有五十人以上联署，报请县选举机关审查登记后始为有效。

第五章 当选及候补

第八条 各区、市当选之县议员不限于本区、市公民。

第九条 县议员以得票最多者为当选，次多者为候补，候补人在每一选举单位不得超过当选人三分之一，但当选人不足三人者得设候补一人。

第十条 县议员因死亡及其他原因去职时，由候补依次递补，无候补者，应即补选。

第六章 选举机关

第十一条 县议员之选举，由各级选举委员会办理之，各级选举委员会之组织另定之。

第七章 附则

第十二条 本条例修正权属于边区参议会，解释权属于边区行政公署。

（选自《晋绥边区参选县选法令》，一九四五年版）

晋绥边区参议会选举条例

（一九四五年四月五日行政公署公布）

第一章 总则

第一条 本条例依据边区施政纲领第三条制定之。

（注：第三条原文："民选各级民意机关及政府，贯彻三三制，在各级

民意机关及政府中共产党员只占三分之一，其他各抗日党派及无党无派人士占三分之二。"）

第二条 边区参议员采取普遍、直接、平等，无记名投票法选举之；沦陷区、边缘区不能直接选举者得行间接选举。间接选举办法另定之。

第二章　选举资格

第三条 凡在边区境内之人民不分性别、职业、财产、阶级、党派、宗教、民族、文化程度、居住年限，年满十八岁经登记后均有选举权与被选举权；但有下列情形之一者，得停止其选举权与被选举权：

一、有汉奸行为经判决确定者；

二、被褫夺公权尚未恢复者；

三、患重大神经病经医证明者。

第三章　选举单位及名额

第四条 边区参议员以县为单位选举之。其名额分配如下：

一、三万人口以下之县，选举五名，三万人口以上之县，每增加一万人增选一名，所增尾数超过五千人者亦得增选一名。

二、沦陷区之县，每县选举一名至五名；其不能选举者，由行政公署聘请之。

三、沦陷区之市，如太原、大同、归绥、包头等各选一名至三名；其不能选举者，由行政公署聘请之。

第五条 部队、文化团体、中等以上学校、分区以上机关部队所领导之工厂、各少数民族，皆单独进行选举，其名额如下：

一、军区部队共选参议员二十二名。

二、文化团体、中等以上学校共选参议员六名。

三、分区以上机关、部队所领导之工厂共选参议员七名。

四、蒙、回、满少数民族及日、韩民族每五百人以下者各选参议员一名，每增加五百人增选一名，其不能选举者，由行政公署聘请之。

第六条 机关、团体均在所在地参加选举。

第四章　竞选

第七条 各抗日党派、民众团体及公民自由组合，均得提出候选人名单，在不妨害选举秩序下自由竞选。

前项公民自由组合，须有五十人以上之联署，报请县选举机关审查登记后始为有效。

第五章　当选及候补

第八条　各县当选之参议员不限于本县公民。

第九条　参议员以得票最多者为当选，次多者为候补。候补人在每一选举单位不得超过当选人三分之一，但当选人不足三人者，得设候补一人。

第十条　参议员因死亡及其他原因去职时，由候补依次递补，无候补者，应即补选。

第六章　选举机关

第十一条　参议员之选举由各级选举委员会办理之，各级选举委员会之组织另定之。

第七章　附则

第十二条　本条例修正权属于边区参议会，解释权属于边区行政公署。

（选自《晋绥边区参选县选法令》，一九四五年版）

晋绥边区参议员、县议员选举办法

（一九四五年四月五日行政公署公布）

一、公民之登记、审查、公布

（一）公民须经选举委员会登记审查后才能参加选举，如已经村选时，登记审查者不另进行。

（二）参加地方选举之机关团体，均在驻地进行公民登记审查。

（三）公民登记审查进行完毕后，须于选举场所贴榜公布，并向上级选举委员会报告公民数目。

二、确定当选人数目

（一）公民登记后，即根据全县及各区人口数目，确定全县应选举边区参议员与县议员数目，及各区市应选县议员数目。

（二）根据各区市公民数目分发选票，边区参议员选票由边区选举委员会印制，县议员选票由县选举委员会印制、盖章、编号。

三、候选人之提出、公布

（一）候选人由抗日党派、民众团体、公民自由组合（五十人）及选民大会提出（按到会人数四分之一附议），由区选举委员会登记。

（二）登记后，送呈上级选举委员会审查。县议员候选人由分区选举委员会审查，边区参议员由分区审查，呈报边区选举委员会复核。

（三）审查合格后，即向选民公布，并通知候选人。

四、竞选

候选人公布后，选举委员会即利用报纸及黑板报介绍候选人，候选人本人及候选人之提出者、赞成者，自由作文字及口头之各种竞选活动。

五、选举及宣布选举结果

（一）参议员、县议员之选举，采取行政村（或几个自然村联合）分散投票开票，区、县集中宣布办法。

（二）村选举大会由大会主席（或主席团）主持之，并设检票员（发票收票）、写票员、监票员、唱票员、计票员等协助工作，以上人员均由选民推选之。

（三）选举前，选举委员会应作以下四事：

甲、检查与报告应到公民数与实到公民数。

乙、宣布与介绍候选人（开会前即将候选人名单贴在会场）。

丙、宣布应选参议员人数。

丁、宣布及解释选举规则。

（四）投票用无记名联记名办法。

（五）投票完毕后，即当场向选民报告选举结果。选举结果应包括：应参选公民数，实参加公民数，发出票、收回票及废票数，被选人得票数等。

（六）选举完毕后，村选举委员会即将选举结果连同选票、废票送呈区选举委员会。

（七）县议员由区选举委员会于各村选票交齐后综合开票，宣布选举结果。开票时须有各村选举委员会代表、各村公民代表与驻地群众参加，各村公民代表在选举时由公民推选之。

参议员由县选举委员会于各区选票送齐后综合开票，宣布选举结果。开票时须由各区选举委员会代表，各区选民代表与驻地群众参加。各区选民代表由参加区选举会开票之各村选民代表推选之。

（八）当选人宣布后，即由选举委员会通知当选人，并将选举结果向选民宣布，及向上级选委员（会）报告，颁发证明书。参议员证明书由边区选举委员会颁发，县议员证明书由县选举委员会颁发。

六、选举规则

（一）到会公民数不及应到会公民数（除去因病及其他原因不能到会者）一半者不得开会，须延期举行。

（二）选票作废根据以下情形决定：

甲、不用制定选举票者全部无效。

乙、字迹模糊不能判定选举对象者，一部或全部无效。

丙、票上联名超过规定被选人数者全部无效。

（三）被选人得票相同不能决定当选人时，由县区之选民代表表决之。

七、边缘区、沦陷区间接选举办法

（一）间接选举之代表，由公民大会、村代表会或村扩大会，就全村公民中选举之。

（二）间接选举之代表数目，相当于应选议员之二倍，各行政村应出席之代表人数，按公民或人口数目分配之。

（三）间接选举之候选人，除由各抗日党派、民众团体提出外，并可由代表会中十人联名提出，四分之一附议。

（四）候选人不限于到会代表。

八、沦陷区、边缘区参议员县议员聘请办法

（一）聘请之县议员由县选举委员会提出，行署批准，县政府聘请之。

（二）边区参议员由县选委会提出，专员公署加注意见，转行政公署聘请之。

（选自《晋绥边区参选县选法令》，一九四五年版）

晋西北村选暂行条例

(一九四〇年十月公布)

第一章 总则

第一条 本条例根据晋西北村政权暂行组织条例第四条制定之。

第二条 主席（即村长）、副主席（即副村长）由村国民大会或村代表会选举之，村代表由自然村公民选举之。

第三条 主席（即村长）、副主席（即副村长）及村代表之选举，均以直接普选制，无记名投票法进行之。

第二章 选民资格

第四条 凡在晋西北境内之人民，不分性别、职业、民族、阶级、党派、文化程度、居住年限，年满十八岁，登记为村公民者，均有选举权与被选举权。但有下列情形之一者，得停止其选举权与被选举权：

（一）有汉奸行为经判决确定者；

（二）被褫夺公权尚未恢复者；

（三）有重大神精病，经医证明者。

第三章 选举名额

第五条 村代表之选举以自然村公民为单位，应选代表之数目与应划分公民小组之数目同。

第六条 汉族与少数民族杂居之村，少数民族之公民得单独进行选举，人数在二十人以上者，其选举名额按第五条之规定，不足二十人者，亦得选举村代表一人。

少数民族得不按地域，自由结合为公民小组，受其本民族代表之领导。

第四章 候选人与竞选

第七条 凡本村各抗日党派、群众团体及公民自由组合，均有提出村长与村代表候选名单，在不妨害选举秩序下自由竞选之权。

第八条 村选举委员会、村公所及其上级政府，在村选中，不得提出任何候选人名单。

第九条 公民投票，不限于候选名单中已提出之候选人。

第五章 当选及候补

第十条 主席（即村长）、副主席（即副村长）之选举，以得票数最多者为正，次多者为副。村代表之选举，以得票最多者当选，次多者为候补。村代表之候补至少须有一人，最多不得超过当选人三分之一。

第十一条 选举主席（即村长）、副主席（即副村长）时，如有二人或二人以上得票最多且票数相等者，当选人及其正副由县政府决定之；选举村代表时，如有得票最多二人或二人以上且票数相同者，当选人由区公所决定之。

第六章 改选

第十二条 主席（即村长）、副主席（即副村长）与村代表每年改选一次，遇有特殊情形，得由村代表会呈准县政府提前或延长之。

第七章 村选委员会

第十三条 村选委员会为领导村选机关，由村长、民政委员会长、村自卫队长、农工青各救国会共推代表二人，小学教员代表一人，妇救代表一人组织之，互推委员长一人。

第八章 附则

第十四条 选举细则另定之。
第十五条 本条例自公布之日施行。

（选自晋西北行政公署《法令辑要》）

晋西北临时参议会参议员产生办法

（一九四二年一月一日颁布）

第一章 总则

第一条 本办法依据民国二十八年国民政府建立省参议会之明令暨抗日

民族统一战线原则制定之。

第二条　凡在晋西北境内之人民，不分民族、阶级、党派、信仰、性别、职业、文化程度、居住年限，年在十八岁以上者，均有选举及被选举晋西北临时参议会参议员（以下简称参议员）之权，但有下列情事之一者，得停止此项权利：

（一）有汉奸嫌疑经司法机关或军法机关判决确定者；

（二）经抗日政府褫夺公权尚未恢复者；

（三）患重大神经病经医证明者。

第三条　晋西北参议员之选举，采取直接选举与间接选举两种。凡抗日军队，中等以上学校学生，中等以上学校教职员，文化团体，新闻界，行政区级以上机关团体内之公民，由于居住集中，得行直接选举，其他可行间接选举；选举时，概以无记名投票举行之。

第四条　本办法，无论为直接或间接选举，其被选举者，均不限于候选名单所列之人。

第二章　参议员名额之规定

第五条　参议员名额规定如下：

（一）各县选举名额：以全县人口计（敌占区人口在内），三万人口以下之县份，选举一名，每增三万人增选一名，尾数超过一万五千人者，亦得增选一名。

（二）全晋西北区以上妇女团体共选举十名。

（三）全晋西北抗日军队（包括八路军、新军、地方游击队）共选举九名。

（四）全晋西北行政区级以上之工会及工厂工人共选举五名。

（五）全晋西北中等以上学校之学生共选举二名。

（六）全晋西北小学教员共选举二名。

（七）全晋西北中等以上学校之教职员共选举二名。

（八）全晋西北新闻界共选举二名。

（九）全晋西北文化团体共选举二名。

（十）全晋西北商界共选举三名。

（十一）全晋西北行政区级以上机关团体人员及未参加其他机关团体选举之一切人员共选举五名。

（十二）晋西北行政公署得就本区名流学者及少数民族领袖中，聘请晋西北临时参议员，但其名额不得超过十名。

（十三）晋西北行政公署政务会议之出席人九人，均得为临时参议员。

第三章 筹备及选举机关

第六条 为办理晋西北临时参议会参议员选举事宜，设以下各机关：

（一）晋西北临时参议会总的筹备工作，由行署邀请各党、各派、各抗日军队，各救国团体及各界之代表组织晋西北临时参议会筹备委员会（简称临参会筹委会）办理之，其组织条例另定之。

（二）各行政区级选举事宜，由专署邀请各党、各派、各救国团体及各界代表组织行政区选举委员会（简称行政区选委会）办理之，其人数不得超过十一人。

（三）各县选举事宜，由县政府邀请各党、各派、各救国团体、各界代表组织县选举委员会（简称县选委会）办理之，其人数不得超过九人。

（四）抗日军队选举事宜，由军区司令部政治部及一二〇师新军总指挥部之代表组织军队选举委员会办理之。

（五）妇女团体选举事宜，由晋西妇联办理之。

（六）行政区级以上工会及工厂工人选举事宜，由晋西总工会办理之。

（七）文化界选举事宜，由晋西文联办理之。

（八）教育界选举事宜，由晋西教育协会办理之。

（九）中等以上学校学生选举事宜，由晋西学联筹备会办理之。

（十）新闻界选举事宜，由抗战日报社、中国青年记者学会晋西分会办理之。

（十一）商界选举事宜，由临参筹委会直接办理之。

第四章 选举办法

第七条 各县参议员之产生，由各该县"临时参议员选举代表会"选举之。

（一）各县临时参议员选举代表会，由各该县每行政村之公民代表一人及县区级机关团体之代表二人组成之。

（二）各行政村公民代表，由各该村村代表会之代表互选之。

（三）各机关团体之代表，由县区级机关团体内之公民联合开会选举，或县区级分别选举汇总揭晓。

（四）敌占区、游击区及未经村选之行政村，其代表由村政民扩干联席会议推选之，其不能公开推选者，由县选委会聘请之。

（五）临时参议会参议员之各级选举，有因环境特殊，不能召开全县代表会者，可划分地区，分别选举，汇总揭晓。

（六）各界选举办法另订之。

第五章 候选与竞选

第八条 各党、各派、各救国团体及个人均有提出候选人进行竞选之权。

第九条 参议员候选人之提出，须依下列办法：

（一）各政党党员或团体会员，均应通过其所属组织提出候选人，不得以个人资格提出候选人。

（二）县代表会之代表，得于代表会中五人以上之自由组合提出候选人。

（三）不属于任何党派团体及代表会代表之名流士绅，得以个人资格提出候选人，但须有公民五十人以上之联署并造具名册（注名（明）联署人之姓名、年龄、籍贯、性别、职业、住址等）送县选委会审查合格，始为有效。

（四）提出之候选人不限于代表会之代表及党派团体的党员或会员。

（五）提出候选人时，须将该候选人之姓名、年龄、籍贯、性别、学历、履历，住址及其对于抗战建国之政见填表（表由临参筹委会制发）具报县选委会或各该直接办理选举机关审查、登记，并转报临参委会备案。

第十条 候选人从事竞选，受法律保护，任何人不得加以干涉或限制。

第六章 附则

第十一条 各县于选举完竣后，须将选举结果及当选人之姓名、年龄、籍贯、性别、学历、履历、住址向本选举区公布，并报告临参筹委会备案。各界选举完竣后，其选举结果，由临参筹委会向各方公布之。

第十二条 各县及各界选举工作，统限于民国三十一年五月三十日前办理完竣，临时参议会限于同年七月七日召开。

第十三条 所有当选之晋西北临时参议会参议员，统限于六月三十日前向晋西北临参筹委会报到。

第十四条 晋西北临时参议会参议员之选举，除票数最多者当选为参议员外，其票数次多者，得依次当选为候补参议员，但其名额，不得超过该选举单位参议员之数。

第十五条 凡当选之晋西北临时参议会参议员，如因死亡或受刑事处分或由原选举单位撤回而不能继续任职时，由原选举单位之候补参议员，依次补充之。如无候补参议员时，得补选之。

第十六条 选举人如果确认办理选举者有舞弊及其他违法情事时，可在当选人公布后五日以内向该管司法机关起诉，当地司法机关应立即受理。

第十七条 各行政区各县及各团体办理选举事宜之经费另定之。

第十八条 本办法经晋西北临时参议会筹备委员会通过，由晋西北行政公署公布施行之。

（选自《晋西北临时参议会参议员选举条例汇集》）

晋西北临时参议会参议员选举通则

第一条 本通则为各级办理选举机关及人员，分别适用而订定之。

第二条 在接到各种选举办法后，应即依法组成各级选举机关并须做准备工作如下：

一、制备选民调查登记表，此项表册，由各级选举机关依照颁发式样制备之（此外各县选举，尚须统计各行政村之代表，其所代表之人口数及公民数）。

二、依照颁发样式制备各选举单位之代表登记表。

三、审查选民或代表之资格是否合于参议员产生办法第三条及参议员各界选举办法之规定。

四、缮造审查合格之选民或代表名册，在选举前五日，按名榜示于各该选举场所。

五、依式制发参议员候选人登记表。

六、各选举机关将审查合格之各候选人，于选举十日前公布并将候选人名单印就，临时随同选票附发于各选举代表每人一张。

七、准备投票甄（瓿）。

八、选举票除选举参议员者，由晋西北临时参议会参议员筹备委员会制发外，所有各级选举代表之票，均由各该选举机关制备之，并须加盖同级政府或机关之钤记及编定号数。

九、各选举机关制备选民或代表入场证，加盖各该选举机关戳记，编列号数。

十、制备选民或代表签到簿。

十一、依式制备选举票数计算表。

第三条 候选人之提出及竞选方式，除依照晋西北临时参议会参议员产生办法第八、九、十条所列各项规定外，得依下列通则进行之：

一、候选人提出时，可征求该候选人之同意，如该候选人不在当地时亦可提出。

二、凡经各级选委会审查合格之候选人，可公开竞选，发表言论主张于报纸或各种群众集会之场合，但其竞选传单或讲稿须送交选举机关。

三、候选人之提出者或赞成者，均得于选举大会上声明该候选人之事略及政治主张。

第四条 各级各界投票选举事宜，须依下列规则进行之：

一、凡开代表大会或选民大会时，须推定主席团或主席，主持大会程序，并选定发票员、投票管理员、开票管理员、监察员、唱票员、代写票员（能自写者听）、计算票员若干人。

二、主席团或主席应检查代表或选民之到会人数，如不足原登记人数半数以上者，得延期选举，否则选举无效。

三、投票前须将选举规则张贴于会场，并选主席，宣布该选举单位应选出参议员或代表之人数，并当同管理员、监察员等开验票轨（瓴），即行加封，始得投票。

第五条 投票完毕后，当即于原选举场，依下列规则举行开票及计票：

一、投票管理员将原封之票轨（瓴），交开票管理员，当同监察员当场开票。

二、开票时由开票管理员将选票一一交与监察员检视，再由唱票员一一高唱，计票员一一填记。

三、开票完毕后，由开票管理员及监察员将票数与投票人数及签到人数校对有无错误，由主席团或主席宣布之。

第六条 开票完毕后依下列规定宣布当选人或补行选举：

一、被选举之参议员以得票最多者为当选，但票数不及选举人十分之三者应行补选。

二、被选人如有得票相同者，由本人当场抽签决定之，如本人不在当场时，得由主席代行之。

三、检出选票有下列情形之一者，由开票员、监察员当即报告主席团或主席查核，当场宣布该票全部或一部无效。

甲、不用制定选票者（全部无效）。

乙、选票上字迹模糊不能判定其选举对象者（一部或全部无效）。

丙、票上联名超过规定被选人数者（全部无效）。

第七条 选举完毕后，办理选举机关应有下列两种：

一、依次榜示当选人所得票数及姓名、年龄、籍贯、性别、职务、住址。

二、依榜示各节通知同级政府，并报告临参筹委会。

第八条 当选人公布后，由该选举机关填发各当选人以临参筹委会制定之证明书一纸。

第九条 根据晋西北临时参议会参议员产生办法第七条第四款之规定，其聘请代表须依下列手续办理之。

一、聘请行政村代表，须由县选委会发给区公所以行政村代表调查表；复由区公所会同各该区群众团体，选择各行政村进步分子三人至五人，填表报告县选委会审查通过，就中选定一人聘请之（聘请书由县选委会办理）。

二、各县聘请商界代表，应由各该县商联会提出三人至五人之代表填具商界代表待聘表，报告县选委会审查通过，就中选择一人至二人聘请之。其无商联会者，由县选委会聘请之（聘书由商联或县选委会办理）。

三、决定聘请之代表，须经县选委会或其他直接办理选举机关全体委员三分之二以上通过始为有效。

第十条 本通则根据晋西北临时参议会参议员新闻界及文化团体选举办法有通讯投票之规定，其投票方法如左〔下〕：

一、选举人于接到选举机关所发之选票后，即依式将该选举单位应选之人数联名写票，另加包封，附于函内（函上签名盖章），寄交该选举机关。

二、该选举机关接到选票后即原封保存，待大会投票，时投入票轨（瓶）。

第十一条 本通则经临参筹委会通过，行政公署颁布施行。

（选自《晋西北临时参议会参议员选举条例汇集》）

晋西北临时参议会参议员行政区级
选举委员会组织条例

第一条 本条例根据晋西北临时参议会参议员产生办法第六条第二款之

规定制定之。

第二条 晋西北临时参议会参议员行政区级选委会（以下简称本会）之任务如下：

一、办理本区机关、团体及中等以上学校教职员之选举事宜；

二、督促指导本区所属各县之选举事宜；

三、协助各界办理各界之选举事宜。

第三条 本会委员之名额为九人：专署代表二人（专员与民政科长），军分区代表一人，游击支队部代表一人，抗联中心区代表三人，本区教育界代表一人，武委会代表一人，由专署邀请各界代表组织之。

第四条 本会设常务委员五人，由委员会选出之，设主任委员一人，副主任委员一人，由常务委员中互推之。

第五条 本会为工作之需要，设下列各部、处，其工作人员由本会互推或聘请之。

一、秘书处：管理文牍会计印刷等事项。

二、选举事务部：办理机关团体之选民调查登记等事项，并督促指导各县及协助本区各界之选举事宜。

三、宣传事务部：办理各种宣传事宜。

第六条 各部处设部长或处长各一人，干事若干人。

第七条 本会之会议规定如下：选委会每半月开会一次，常委会每礼拜开会一次。

第八条 本会之职员均为无给职。

第九条 本会经费暂定一百五十元，宣传费四百五十元（均以每月计），由专署暂时拨付，俟选举完竣后一并报销之。

第十条 本会于本区选举事务完竣后撤销之。

第十一条 本条例自公布之日施行之。

（选自《晋西北临时参议会参议员选举条例汇集》）

晋西北临时参议会参议员县级选举委员会组织条例

一、本条例根据晋西北临时参议会参议员产生办法第六条第三款规定制定之。

二、晋西北临时参议会参议员县级选举委员会（以下简称本会）之任务如下：

（一）办理本县各行政村代表及机关团体代表之代表大会选举事宜；

（二）协助本县商联、教协办理本县商界及小学教员选举代表事宜；

（三）协助各界办理本县其他各界之选举事宜。

三、本会委员九人，由本县县长、民政科长、教育科长、抗联代表三人、武委会代表一人、教协代表一人、商联代表一人组织之，县政府负第一次会议召集之责。

四、本会设常务委员五人，由选委会选出之，设主任委员一人、副主任委员一人，由常务委员互推之。

五、本会为工作需要，设下列各部、处，其工作人员由本会委员互推或聘请之。（一）秘书处总务股办理事务与会计等事宜，文书股办理文牍印刷事宜，招待股办理招待事宜。（二）选举事务部办理选民或代表调查、登记，审查，候选人登记、审查，及当选参议员之登记报告以及其他选举事宜。（三）宣传部办理各种宣传事宜。

六、各部处设部长或处长各一人，各股设股长一人，干事若干人。

七、本会会议规定：选委会每十日开会一次，常委会每三日开会一次。

八、本会职员普通为无给职，但必要时聘请干事得按机关干部之规定予以津贴。

九、本会经费每月暂定为一百元，宣传费三百元，由县政府暂时支付，俟选举完竣后一并报销之。

十、本会至本县参议员选举完竣后撤销之。

十一、本条例自公布之日施行之。

（选自《晋西北临时参议会参议员选举条例汇集》）

晋西北临时参议会参议员抗日军选举办法

一、本办法根据晋西北临时参议会参议员产生办法第七条第六款制定之。

二、凡驻晋西北抗日军现役军人（不分官兵）具有公民资格者，均有选举及被选举为晋西北临时参议会参议员之权。

三、抗日军参议员之选举采取直接无记名投票选举办法。

四、根据晋西北临时参议会参议员选举办法第五条第三款之规定，全晋西北抗日军队（包括一二〇师、新军、各游击队）共选举参议员九人。

五、为办理参议员选举事宜，驻晋西北之一二〇师各旅及师直属队（后勤部及河东直属部队机关）、新军各纵队及总指挥部直属队、军分区各游击支队，各自成立晋西北抗日军临时参议员选举委员分会（由三人至五人组成之），负责办理各该部之选举事宜。

六、根据本办法第三条临时参议会参议员晋西北抗日军选举之具体办法如下：

（一）由晋西北抗日军临时参议会参议员选举委员会依据抗日军应选之参议员名额提出加倍候选人，连同候选人详细履历，于三月一日分别经各选举委员分会送至各连队、各伙食单位开始进行竞选，各连队、各单位于三月三十日前召开全体公民大会进行选举。

（二）各连队、各单位于四月三十日前，将选举票呈缴各该晋西北抗日军临时参议会参议员选举委员分会；各晋西北抗日军临时参议会参议员选举委员分会于五月三十日前，将全部选举票呈缴晋西北抗日军临时参议会参议员选举委员会。

（三）驻晋西北一二〇师及新军之各种工厂工人参加工会选举，其他人员参加各该部之选举。

七、驻晋西北一二〇师各旅及师直属队、新军各纵队及总指挥部直属队、各游击支队各选监票员一名，于五月三十日前到晋西北抗日军临时参议会参议员选举委员会，届时监督开票。

八、晋西北抗日军临时参议会参议员选举委员会，按照选举细则开票，于五月三十日公布选举结果，及当选之参议员。

九、本办法经晋西北临时参议会筹备委员会通过，由晋西北行政公署公布施行之。

（选自《晋西北临时参议会参议员选举条例汇集》）

晋西北临时参议会参议员行政区级以上机关团体选举办法

一、根据晋西北临时参议会参议员产生办法第十一条第十一款之规定，全晋西北行政区级以上机关团体人员及未参加其他机关团体选举之一切人员，共选举临时参议员五名。

二、凡晋西北行政区级以上机关团体内之人员具有公民资格者,不分职别性别,均有选举及被选举晋西北临时参议会参议员之权。

三、晋西北临时参议会参议员行政区级以上各机关团体之选举,采取直接无记名投票选举办法。

四、晋西北行政区级以上之机关团体分别如左〔下〕:

（一）晋西北行政公署及其直属机关。

（二）中共晋西区党委。

（三）晋西抗联。

（四）晋西武委会。

（五）各专署及其直属机关。

（六）各中心区抗联。

（七）各中心区武委会。

五、前列各机关团体选举事宜,其一、二、三、四项由晋西北临参筹委会直接办理之,五、六、七项由各行政区临参选委会办理之。

六、前条一、二、三、四项得视其所在地之远近,由临参筹委会分为数选举单位选举之,其五、六、七项则以每行政区为一选举单位,分别联合开会选举之。

七、晋西北行政区级以上各机关团体,得就其选举单位满三十人以上者提出参议员候选人一名,六十人以上者提出二名,不足三十人者与其他单位联合提出之。

八、前项候选人之提出,须于三月五日前将候选人之姓名、年龄、籍贯、性别、学历、履历、住址及其政治主张,填表送交晋西北临参筹委会审查公布。

九、本办法经晋西北临时参议会筹备委员会通过,由晋西北行政公署公布施行之。

（选自《晋西北临时参议会参议员选举条例汇集》）

晋西北临时参议会参议员行政区级以上
工会及工厂工人选举办法

一、根据晋西北临时参议会参议员产生办法第五条第四款之规定,晋西北行政区级以上工会及工厂工人共选举临时参议员五名。

二、凡晋西北行政区级以上工会会员及工厂工人具有公民资格者,均有选举及被选举晋西北临时参议会参议员之权。

三、晋西北临时参议会参议员行政区级以上工会及工厂工人之选举，采取无记名投票选举办法。

四、晋西北行政区级以上工会及工厂工人临时参议会参议员，由晋西北行政区级以上工会及工厂工人代表大会选举之。

五、工厂工人五十人以下者，选代表一人；五十人以上者，每多一倍增选一人，尾数超过二十五人者，亦增选一人；晋西总工会选代表一人，各中心区工会联合选举代表一人。

六、晋西北临时参议会参议员行政区级以上工会及工厂工人选举事宜，由晋西总工会办理之。

七、各选举单位均得提临时参议员候选人，但不得超过三人。

八、前项候选人之提出，须于四月五日前将候选人姓名、年龄、性别、籍贯、学历、履历、住址及其政治主张，填表具报晋西北总工会审查公布，转晋西北临参筹委会备案。

九、凡各部队、机关、团体附设之工厂，除工人外，其他人员均参加各该部队、机关、团体选举，不参加工会或工厂工人选举。

十、本办法经晋西北临时参议会筹备委员会通过，由晋西北行政公署公布施行之。

（选自《晋西北临时参议会参议员选举条例汇集》）

晋西北临时参议会参议员商界选举办法

一、根据晋西北临时参议会参议员产生办法第五条第十款之规定，全晋西北商界共选举临时参议员三名。

二、凡在晋西北经营各种大小商业（不论公私性质），具有公民资格并参加商联会者，均有选举及被选举晋西北临时参议会参议员之权。

三、晋西北临时参议会参议员商界之选举，采取间接无记名投票选举办法。

四、晋西北商界临时参议会参议员，由晋西北全体商界代表大会选举之。

五、晋西北全体商界代表大会，由各县商界代表组成之。

六、各县商界代表由各该县商联会会员选举之，其无商联会者，由该县选委会聘请之。

七、敌占区、游击区各县商户零散不易集中选举者，适用第六条之规定。

八、各县商界代表每县一人，但兴县、临县、临南、保德、河曲、静乐等县得各增选代表一人。

九、晋西北全体商界代表大会选举事宜：

（甲）由晋西北临参筹委会直接办理之。

（乙）各县商界代表之选举事宜，由各该县选委会会同各该县商联会办理之，其无商联会者，由县选委会办理之。

十、各县商界代表每县得提出临时参议员候选人一人，但候选人不限于本县之内。

十一、前项候选人之提出，须于三月三十一日前将候选人姓名、年龄、籍贯、性别、学历、履历、住址及其政治主张，填表送交晋西北临参筹委会审查公布。

十二、本办法经晋西北临时参议会筹备委员会通过，由晋西北行政公署公布施行之。

(选自《晋西北临时参议会参议员选举条例汇集》)

晋西北临时参议会参议员妇女团体选举办法

一、根据晋西北临时参议会参议员产生办法第五条第二款之规定，晋西北妇女团体共选举参议员十名。

二、晋西北临时参议会参议员妇女团体之选举，采取间接无记名投票选举办法。

三、晋西北妇女临时参议会参议员，由晋西北区以上妇女团体代表大会选出之。

四、晋西北区以上妇女团体代表大会，由各县妇女代表、晋西妇联代表、各中心区妇联代表组成之。

五、晋西妇联出代表六人，各中心区妇联各出代表一人，由晋西妇联及各中心区妇联自行选举之。

六、根据地各县妇女代表，由各该县区以上全体妇女干部选举之，视各县妇女人数之多少得选一人至三人为各该县代表。

七、各县区以上全体妇女干部选举代表时，得视各该县环境情况，或开全体大会选举，或划分地区选举。

八、敌占区各县妇女代表，由各该县妇救会会同县选委会，聘请前进妇女领袖一人至三人为各该县代表。

九、各县妇女团体均得提出参议员候选人。

十、前项候选人之提出，须于三月十五日将候选人姓名、年龄、籍贯、性别、学历、履历、住址及其政治主张，填表送交晋西妇联审查公布，转请晋西北临参筹委会备案。

十一、本办法经晋西北临时参议会筹备委员会通过，由晋西北行政公署公布施行之。

（选自《晋西北临时参议会参议员选举条例汇集》）

晋西北临时参议会参议员文化团体选举办法

一、根据晋西北临时参议会参议员产生办法第五条第九款之规定，晋西北文化团体共选举临时参议员二名。

二、晋西北文化团体，包括文联及文协、剧协、音协、美协等团体。

三、凡以上各团体会员，具有公民资格者，均有选举及被选举晋西北临时参议会参议员之权。

四、晋西北临时参议会参议员文化团体之选举，采取直接无记名联合投票选举办法，分集中选举与通讯选举两种。

五、晋西北临时参议会参议员文化团体之选举事宜，由晋西北文联办理之。

六、凡在各部队、机关、团体之文协、剧协、音协、美协等会员，均参加各该部队、机关、团体之选举，不参加文化团体选举。

七、晋西北文化团体得提出临时参议员候选人，文联、文协、音协、美协得各提出一人，剧协得提出二人。

八、前项候选人之提出，须于三月五日前将候选人之姓名、年龄、性别、籍贯、学历、履历、住址及其政治主张，填表送交晋西文联审查公布，转请晋西北临参筹委会备案。

九、本办法经晋西北临时参议会筹备委员会通过，由晋西北行政公署公布施行之。

(选自《晋西北临时参议会参议员选举条例汇集》)

晋西北临时参议会参议员新闻界选举办法

一、根据晋西北临时参议会参议员产生办法第五条第八款之规定，晋西北新闻界共选举临时参议会参议员二名。

二、凡具有公民资格及下列资格之一者，均有选举及被选举晋西北临时参议会参议员之权。

1. 中国青年新闻记者学会晋西分会会员（其已参加部队、机关、团体等选举者不在此列）。

2. 新闻机关之内外勤职员（印刷工人参加工会选举，其他人员参加机关团体选举）。

三、晋西北临时参议会参议员新闻界之选举，采取直接无记名投票选举办法，分集中选举与通讯选举两种。

四、晋西北临时参议会参议员新闻界选举事宜，由抗战日报社、中国青年新闻记者学会晋西分会协同办理之。

五、新闻机关之内外勤职员及中国青年新闻记者学会晋西分会会员，均得以三人至五人之联署，提出晋西北临时参议会参议员候选人一人。

六、前项候选人之提出，须于三月五日前将候选人姓名、年龄、性别、籍贯、学历、履历、住址及其政治主张，填表送交抗战日报社审查公布，转晋西北临参筹委会备案。

七、本办法经晋西北临时参议会筹备委员会通过，由晋西北行政公署公布施行之。

(选自《晋西北临时参议会参议员选举条例汇集》)

晋西北临时参议会参议员中等以上学校教职员选举办法

一、根据晋西北临时参议会参议员产生办法第五条第七款之规定，晋西北中等以上学校教职员共选举参议员二名。

二、晋西北中等以上学校，包括抗大七分校，第一、二、三、四中学校，晋西北师范学校，晋西青干校，晋西民运干部学校，晋西北行政干部学校，财政经济干部学校等单位。

三、晋西北中等以上学校教职员，凡具有公民资格者，均有选举及被选举晋西北临时参议会参议员之权。

四、晋西北临时参议会参议员中等以上学校教职员之选举，采取直接无记名投票选举办法。

五、晋西北临时参议会参议员中等以上学校教职员之选举：

甲、在兴县境内者得召开联合选举大会，由晋西教育协会办理之。

乙、第一、二、三，四中学教职员，得在各该校所在地分别进行选举，由晋西教育协会委托各该校负责人，协同行政区选委会办理之。

六、晋西北中等以上学校教职员临时参议会参议员候选人，除抗大七分校得提三人外，其他各校各提出一人。

七、前项候选人之提出，须于三月五日前将候选人姓名、年龄、性别、籍贯、学历、履历、住址及其政治主张，填表送交晋西教育协会审查公布，转请晋西北临参筹委会备案。

八、晋西北中等以上学校，除教职员及学生另行选举外，其他人员均参加行政区级以上机关团体之选举。

九、本办法经晋西北临时参议会筹备委员会通过，由晋西北行政公署公布施行之。

（选自《晋西北临时参议会参议员选举条例汇集》）

晋西北临时参议会参议员小学教员选举办法

一、根据晋西北临时参议会参议员产生办法第五条第六款之规定，全晋西北小学教员共选举临时参议会参议员二名。

二、晋西北小学教员，凡具有公民资格者，均有选举及被选举晋西北临时参议会参议员之权。

三、晋西北小学教员临时参议会参议员之选举，采取间接无记名投票选举办法。

四、晋西北小学教员参议员，由晋西北全体小学教员代表大会选举之。

五、各县小学教员代表，由各该县全体小学教员大会选举之；敌占区、游击区不能召开全体大会者，得分区选举，汇总揭晓。

六、各县小学教员五十人以下者,选举代表一人;五十人以上者,每增一倍多选一人,其尾数超过二十五人者,亦得增选一人。

七、晋西北临时参议会参议员小学教员选举事宜,由晋西教育协会办理之。

八、各县小学教员代表选举事宜,由县教育协会办理之,其无县教育〔协〕会者,由县选委会办理之。

九、各县小学教员,凡有三十人之联署者,得提出参议员候选人一人;小学教员代表,凡有十人之联署者,得提出候选人一人。

十、前项候选人之提出,须于三月五日前将候选人姓名、年龄、籍贯、性别、学历、履历、住址及其政治主张,填表送交晋西教育协会审查公布,转请晋西北临参筹委会备案。

十一、本办法经晋西北临时参议会筹备委员会通过,由晋西北行政公署公布施行之。

(选自《晋西北临时参议会参议员选举条例汇集》)

晋西北临时参议会参议员中等以上学校学生选举办法

一、根据晋西北临时参议会参议员产生办法第五条第五款之规定,晋西北中等以上学校学生共选举临时参议会参议员二名。

二、晋西北中等以上学校,包括抗大七分校,第一、二、三、四中学校,晋西师范学校,晋西青干校,晋西民运干部学校,晋西北行政干部学校,财政经济干部学校等单位。

三、晋西北中等以上学校学生,凡具有公民资格者,均有选举及被选举晋西北临时参议会参议员之权。

四、晋西北临时参议会参议员中等以上学校学生之选举,采取直接无记名联合投票之选举办法。

五、晋西北中等以上学校学生参议员之选举,以学校为单位,分别召开选举大会,汇总揭晓。

六、晋西北中等以上学校学生之选举事宜,由晋西学联筹备会办理之。

七、各中等以上学校学生之选举事宜,由晋西学联筹备会委托各该校负责人,协同各该校学生会办理之。

八、各中等以上学校学生，均由各该校学生联合提出临时参议会参议员候选人，每三十人以上之学生，可联署提出候选人一人，多者依此类推。

九、前项候选人之提出，须于五月十日前将候选人姓名、年龄、籍贯、性别、学历、履历、住址及其政治主张，填表送交晋西学联筹备会审查公布，转请晋西北临参筹委会备案。

十、本办法经晋西北临时参议会筹备委员会通过，由晋西北行政公署公布施行之。

（选自《晋西北临时参议会参议员选举条例汇集》）

山东省战时行政委员会关于本省行政区县参议员选举办法的决定

（一九四五年三月十六日）

由于年来推行扶持群众政策及推行土地政策的结果，各根据地群众已相当发动起来。但由于工作的不平衡性，各行政区尤其各县的情况，仍有很大差别，因之各地在执行省一届二次临参会所制定之《山东省行政区临时参议会组织条例》第四条、《山东省县参议会组织条例》第四条之规定时，发生若干□□及困难。为此，特商经临时参议会驻会委员会之同意，作如下决定，以便执行！

行政区参议员之由各县选出，县参议员之由各区村选出者，在减租减息发动群众的政策推行相当有效之后，可以不限于总数的十分之六，得相当放大其比例。各部队及群众团体之参议员，得少于总数的十分之四，但必须有其参议员参加参议会。群众团体会员仍得以公民资格参加地区选举。至于部队及群众团体参议员之数目，则由各该行政区、县选委会根据民主运动发展情况讨论决定，经各该政府呈由上级政府批准施行。至于部队及群众团体参议员产生办法，则在尽量求其民主的原则下，自行决定。

（选自《山东省战时行政委员会时期法令汇编》，一九四五年版）

山东省县参议会参议员选举办法

(一九四五年六月七日)

第一章 总则

第一条 本办法根据山东省县参议会组织条例第四条订定之。

第二条 凡居住于本省各县之中华民国人民，年在十八岁以上，不分阶级、党派、职业、男女、宗教、民族、财产、文化程度之差别，除有下列情形之一者外，均有选举与被选举为各该县参议员之权。

一、有汉奸行为经政府缉办有案者。

二、在抗战期间受刑事处分，褫夺公权尚未复权者。

三、有重大精神病或吸食毒品（指海洛因、吗啡）者。

第三条 凡合于前条规定之公民，皆按平等原则参加选举，每一公民有一票选举权。

第四条 选举用不记名投票，参加选举之公民或代表均自由选举其平日信任之人。

第五条 抗日军人为武装公民，其选举权及被选举权与一般公民同等。

第二章 选举

第六条 县参议会参议员之选举采用间接选举办法，各村在公民登记后，以村为单位进行选举，每公民五十人选举一个代表，由代表投票选举参议员。

第七条 县参议会议员之选举除部队外，均以区为选举单位集中投票，当场开票，如因战争情况代表数目过多或距离较远不便于集中一点进行选举时，可划分若干投票区，分别集中代表进行投票，当场开票，汇集计算。

第八条 沦陷区、游击区及新解放区之不能进行公民登记者，其代表由抗日村政权、抗日群众团体等干部联席会议推选之。

第九条 县独立团营或县大队以下之地方部队，得采用直接选举办法单独进行选举。

县以下之机关、工厂，均参加其所在地之选举，与一般居民同。

第十条 职工会、农救会、妇救会、青救会、武委会、教联会、医救会、商救会可斟酌情形各推选一人为县参议员。

第十一条　县参议会参议员人数为四十五人至七十五人，各选举区应选参议员名额，由县选举委员会按照各该选举区公民实数或人口实数比例规定之。

第十二条　各选举单位，按应选参议员人数选出三分之一之候补参议员，其应选参议员不足三人之数者，亦得选出候补参议员一人，均以得票次多者为当选。

第十三条　少数民族之选举，得以县为选举单位，不受选举区规定之限制。其居民人数已达选举比额者，得单独进行民族选举，不足比额而已过比额三分之一者，亦得单独进行民族选举，选出参议员一人。不足比额三分之一者，参加区域选举，与一般居民同。

第三章　竞选

第十四条　各抗日党派、群众团体及有公民五百人以上联署之个人，均得单独或联盟提出候选人名单及竞选政纲，向选举委员会声明登记，公开进行竞选。

第十五条　参议员候选人及被选举人均不限于代表。

第十六条　竞选运动受法律保护，在不妨碍选举秩序下，任何人不得加以干涉或限制。

第十七条　凡以威胁、利诱、舞弊等方法妨害选举自由者，不问当选与否，除制止其行动外，其当事及参与人均交由政府依法惩办。

凡代表或公民对于竞选人认为有上述不法行为者，均得向政府告发。

第四章　选举委员会与经费

第十八条　县参议员之选举，设立县选举委员会，由县政府邀请各抗日党派、军队、群众团体及各界代表组织之，设主任一人，副主任一人或二人，下设总务、宣传、统计、调查选举等股，选举委员会之人数不超过十一人。

区设县选举委员会办事处，其组织由县选举委员会规定。

第十九条　县参议会参议员选举经费由县选举委员会造具预算，呈上级政府批准，由各该县政府支付之。

第五章　附则

第二十条　本办法由山东省战时行政委员会公布施行。

（选自《山东省战时行政委员会时期法令汇编》，一九四五年版）

山东省行政区参议会参议员选举办法

第一条 本办法根据山东省行政区临时参议会组织条例第四条订定之。

第二条 凡居住于本省各行政区之中华民国人民,年在十八岁以上,不分阶级、党派、职业、男女、宗教、民族、财产、文化程度之差别,除有下列情形之一者外,均有被选举为各级行政区参议员之权利。

(一) 有汉奸行为经政府缉办有案者。

(二) 在抗战期间受刑事处分,褫夺公权尚未复权者。

(三) 有重大精神病及吸食毒品(指海洛因、吗啡)者。

第三条 行政区参议会参议员之选举,采用间接选举办法,除军队及群众团体外,均以县为选举单位。

已成立县参议会之县,由县参议会大会选举之。

未成立县参议会之县,应由各该县政权、部队及群众团体共同推选之。

其因情况特殊不能进行选举者,得由各该行政区参议会聘请之。

第四条 行政区参议会参议员之人数为七十五至一百一十五人。

各县应选行政区参议员名额,由行政区选举委员会按照人口实数比例规定之。有基础之解放区县,其比额应较小,新解放区、游击区、沦陷区县,其比额应依次加大。

第五条 行政区各界救国会得就其团体中推选三人至五人为各该行政区参议会参议员。

第六条 中等学校教职员学生,行政公署、专员公署及其附属机关之人员,共同选举参议员二人。

第七条 行政区之军区直辖部队得单独进行选举,其选举办法由行政区选举委员会规定之。

第八条 行政区境内少数民族居民如因过度分散,不能选出参议员时,应由行政区参议会酌量聘请之。

第九条 选举采用不记名投票。

第十条 行政区参议会参议员之选举,设立行政区选举委员会,由行政公署邀请各抗日党派、军队、群众团体及各界代表组织之,委员不超过十三人。

第十一条 各选举单位按应选参议员人数，选出三分之一候补参议员，其应选参议员不足三人之数者，亦得选出候补参议员一人，均以得票次多者当选。

第十二条 各县参议会得定期公开举行竞选大会，各抗日党派、群众团体及有公民一千人以上联署之个人，均得单独或联盟提出候选人及竞选政纲，作竞选运动。

第十三条 行政区参议会参议员选举经费，由行政区选举委员会造具预算，由行政公署核准支付之。

第十四条 本办法由山东省战时行政委员会公布施行。

附：参议员的权利与义务

为了使各级参议员了解其本身的权利与义务问题，本会特制定这一文件，以便使各级参议员更深切体会其职责的重大，而发挥其应有作用。

甲、权利：参议员于大会闭幕后，除享有公民一切权利外，并有下列权利：

①有列席下级政府行政会议之权利（省参议员有列席公署、专署、县区村行政会议之权利，余类推）；

②有关下级政府涉及问题解决之条规，有向下级政府提出之权利；

③对下级政府设施状况有疑义时，有提交县政府处理之权利；

④参议员与下级政府发生争论时，有分别报告驻委会及上级政府解决之权利，在未得解决时，应按政府意见暂先执行；

⑤参议员遇政府工作人员违法失职等案件时，有提交驻委会办理之权利；

⑥参议员如有违法行为时，关于刑事案件，有非经驻会委员会之同意不得逮捕之权利；关于民事案件，政府应函请参议员出面对质，依法处理，但亦有不得票传或拘禁之权利。

乙、义务：参议员于大会闭幕后，除应有公民之一切义务外，并须实行下列之义务：

①有对人民宣传并解析（释）政府法令之义务；

②有对政令做切实执行模范之义务；

③有经常征求人民意见、反映驻委会或当地政府之情况之义务；

④政府推行法令，如有不适当时，有善意建议之义务；

⑤有帮助政府解决推行政令中所发生纠纷之义务；

⑥有遵守大会工作进度，按期向驻委会作报告并供给调查研究材料之义务；

⑦有领导人民执行政令之义务。

（选自《山东省战时行政委员会时期法令汇编》，一九四五年版）

山东省县各级参议会选举条例

第一章　总则

第一条　本条例根据三民主义抗战建国纲领及中央实行宪政与施行地方自治之意旨，并参酌山东省实际情形制定之。

第二条　各级参议会之选举，按不同区域与不同情形，采取下列各办法：

甲、以普选为原则，如不能全部普选时，在可能范围内之区域，尽可能施行普选制；

乙、不能实行普选之区域，由选举委员会协同各抗日党派、团体，按其性质比例，提出候选名单，由各级选举单位选举之，如由乡参议会选出区参议会议员；

丙、如不能实行乙项办法时，则由各抗日党派、民众团体按照选举委员会分配之名额，分别选举之；

丁、如不能实行上列三项办法选举之区域，得由选举委员会商同各抗日党派团体聘请之；

戊、文化教育界、实业界及各该地抗日领袖、耆老、名宿因某种情形致未能被选时，得由选举委员会商同当地政府动员机关、抗日党派、救亡团体聘请之。

第二章　选举人与被选举人之资格

第三条　实行普选时，凡居本县境之人民，年满十八岁者，无党派、职业、性别、宗教、民族、财产、文化程度之区别，均有选举与被选之权。

第四条　实行团体选举时，凡各抗日党派、救亡团体、抗日武装之党员、会员、战士均有选举与被选举之权。

第五条　有下列各项情形之一者，无选举与被选权：

一、汉奸；

二、抗战期间弃职潜逃，贪污有据者；

三、经法院判处徒刑褫夺公权尚未恢复者；

四、有精神病者。

第三章 选举法

第六条 按普选选举时，依照人口数目，确定当选人名额如下：

甲、县参议会之选举，每人口一千五百人至二千五百人得选出议员一人；

乙、区参议会之选举，每人口二百人至五百人得选出议员一人；

丙、乡参议会之选举，每人口二百人至五百人得选出议员一人。

第七条 按团体选举时，各团体可提出参议员候选人名单或直接选出议员，其比例规定如下：

甲、职工会所出之议员，至少应占各该级参议员总额百分之十二；

乙、农救会所出之议员，至少应占各该级参议会议员总额百分之二十；

丙、青救会（团）所出之议员，至少应占各该级参议会议员总额百分之十；

丁、妇救会所出之议员，至少应占各该级参议会议员总额百分之十五；

戊、文化界、自由职业者与抗战士绅所出之议员，至少应占各该级参议会议员总额百分之十三；

己、基干自卫团、游基（击）小组、地方武装、抗属团体所出之议员，至少应占各该级参议会议员总额百分之十二；

庚、其余各级参议会议员总额百分之十八，由各界人士自由竞选。

第八条 各级参议会得有五分之一的候补议员，以选举时票数次多者充任之。

第九条 依照本条例第二条乙项办法进行团体选举时，由选举委员会确定候选人名单，交选举单位选举，其票数交选委会总结计算之。

第十条 施行选举时，各选举区少数民族，除按第六条之规定，由民族直接选出议员外，其人口不足法定数目而有五分之一以上者，亦得直接选出议员一人。

第四章 选举机关

第十一条 各级参议会之选举，由所在地区组织选举委员会办理之。

第十二条　各级选委会之组织，由所在地区之宪政促进会，当地政府，动员机关，各抗日党派及工、农、青、妇、文化界救亡团体，抗日部队各派代表一人组织之。

第十三条　选举委员会之职权如下：

甲、办理选民登记及抗日团体、抗日武装之登记；

乙、根据各级参议会组织法，斟酌各地环境，确定议员名额；

丙、审查候选人名单，监督各地办理选举手续。

丁、召集参议会之成立会，审查参议员之资格，参议会成立选出主席团后，选举委员会即行结束。

第十四条　选举委员会之组织应分下列各股：

甲、秘书股；

乙、选举股；

丙、监察股。

各股得聘任干事若干人。

第五章　选举区域

第十五条　依据本条例第二条甲、乙两项办法实行选举时，其选举区域县以区为单位，区以乡为单位，乡以村为单位，如村庄过小时，可联合附近村庄办理之。

第十六条　依据本条例第二条丙项办法办理选举时，由各该团体按照情形，规定选举区域。

第六章　竞选

第十七条　各抗日党派及救亡团体得提出其施政方针及候选人名单，进行竞选运动，在不妨碍民主原则及选举秩序下，不得加以干涉或阻止。

第七章　经费

第十八条　各级参议会选举经费，由各级政府支付之。

第八章　附则

第十九条　本条例之解释权，属于山东省临时参议会。

第二十条　本条例经山东省临时参议会通过后公布施行之。

第二十一条　各地选举委员会得根据本条例之原则与精神，并根据当地情形，制定选举办法公布施行之。

（选自《山东战时法规政令汇编》第一辑，第一分册，一九四二年版）

胶东区村选举暂行条例

第一章　总则

第一条　为使人民充分行使民主权利，彻底改造村政，巩固政权基础，特依据山东省战时工作推行委员会公布《各级参议会选举条例》之民主普选原则，与胶东地方实际情况，制定本条例。

第二条　本条例适用于我抗日民主根据地内，在我占优势之游击区，得酌情援用之。

第二章　公民

第三条　中国人民年在十八岁以上者，无党派、职业、宗教、民族、财产、性别、文化程度之区别，无《各级参议会选举条例》第五条各款（一、汉奸；二、抗战期间弃职潜逃贪污有据者；三、经法院判处徒刑褫夺公权尚未恢复者；四、有神经病者）所列情形者均为公民。

第四条　公民资格，非依抗日民主政府法令不得取消，因各级参议会选举条例第五条一、二、三款取消公民资格，须以抗日民主政府判决为条件，因同条第四款取消公民资格，须有医生证明，并经村民大会或村民代表会议通过确认者为限。

第五条　公民在村政权中，有下列各种权利：

一、根据选举权，得实行选举并得当选为村行政人员。

二、根据罢免权，得通过民意组织提出罢免、弹劾、检举村行政人员的意见。

三、根据创制权，得通过村民大会提出议案，制定村的单行规约。

四、根据复决权，得通过村民代表会议及村民大会，提出对于村政工作的批评及否决单行规约之权。

公民根据前项所列各种权利，得在社会上独立行使，任何人不得假借其权势地位，加以干涉或限制。

第六条　享受公民权利之人民，以曾经履行公民登记手续，并领有公民证书者为限。

第七条 取得公民资格，不因居住时间长短而受限制，办理公民登记时，寄居人得根据自己政治经济利益的要求，在现住村实行登记，但已在原住村曾经登记者不在此限。

前项所称寄居人，系指脱离生产的工作人员、外籍抗属、抗工属、雇工、学校教职员、店员、学徒及其他脱离开原住村庄之人民。

第八条 公民登记由村选举委员会依下列规定办理之：

一、已有公民小组者，以公民小组为登记单位。

二、无公民小组者，以抗日群众团体为登记单位。

三、无抗日群众团体组织者，以每个公民为单位实行登记。

第九条 公民登记完毕后，由选举委员会进行审查，并将审查结果，张榜公布之。

人民对于审查结果，得于公民名单公布后二日内提出不同意见，报告选举委员会，重新决定之。

第十条 全村公民资格确定后，由选举委员会定期召集村民大会，举行公民宣誓，颁发公民证书。

第十一条 在两次村选举之间，公民如因迁徙或其他变化流动，村政府须随时办理登记，并公布之。

第三章 选举

第一节 通则

第十二条 村选举除本条例别有规定者外，均以直接的无记名的连记法行之。

（注）例如七个村政委员，在一张票上一次选出为连记法，把七个村政委员分作七次选举，每次只票选一人即为单记法。

第十三条 一个公民只有一个选举权，公民不得与其他人代票（代替别人写票、投票），但由村民大会推定之写票员不在此限。

第十四条 选举以得票最多者为当选，两人或两人以上票数相等时，须重新投票决定之。

第十五条 选举以选举他人为限，不得选举自己。

第十六条 村级民意组织的选举，以行政村为单位进行，依下列规定办理之。

一、公民登记完毕后，由选举委员会召开临时村民大会，按其不同的职业、性别，划分公民小组，并以全组公民过半数以上之同意表决，产生出公民代表。

二、由选举委员会召集各公民代表，票选村民代表会议主席。

第十七条 村行政人员的选举，单一行政村与联合行政村不同，单一行政村由全体公民，就村政委员候选人中选出村政委员，再就各村政委员中选举主任委员（村长）与副主任委员（副村长）。

联合行政村依下列规定办理之：

一、先由行政村全体公民就村政委员候选人中选出村政委员，再就各村政委员中选出主任委员（村长）。

二、村政委员选出后，就副村当选人中选举副主任委员（副村长）。副村只有一人当选者，即以该当选人为副主任委员，不再选举。副村无人当选者，应将主村得票最少之当选人退出一人，以副村候选人中得票较多之一人当选为副主任委员。副村候选人在选举中未得票者，主村当选人中亦须退出一人，再由行政村全体公民就副村之候选人中选举之。副村村政委员候选人只有一人者，不再选举，即以该人为副主任委员。

三、联合行政村有副村在二个以上者，亦依前款之规定办理之，但人口不满二十户之副村，依村政暂行条例第三十六条第四款之规定，应不产生副主任委员。

第十八条 村民代表会议主席，不得当选为村政委员会主任委员，已经被选者，应于两职中选任其一，并由村民大会或村民代表会议讨论决定之。

第十九条 村政当选人员，应在公布选举结果之村民大会上，向全体公民实行宣誓。

第二节 选举委员会

第二十条 一切村选举事宜，均由选举委员会负责主持进行。

第二十一条 选举委员会依下列规定组织之：

一、在群众已有组织（抗日群众团体）并已实行划分公民小组之村庄，由村民代表会议主席、群众团体代表、学校校长、教员、自卫团长、抗战士绅名流等七人至十一人组织之，县政府派员参加帮助指导。

二、无群众组织者，由县政府派员协同当地抗战进步人士组织之。

第二十二条 选举委员会受县政府领导，村政府及村民代表会议对之均为指导关系，区公所为县政府之代表，对村选举委员会亦为领导关系

第二十三条 选举委员会组织成立后，依下列规定实行分工。

一、由各委员互推主任委员、副主任委员各一人，负责领导、计划、推

动村选工作。

二、互推宣传委员一人，干事一人或二人，负责宣传动员，制作标语、宣传文件等事项。

三、互推组织委员一人，干事一人或二人，负责公民登记、审查、公布、发公民证书等事项。

四、互推秘书一人，负责制订票纸、管理文件记录、村选举经费、总务等事项。

第二十四条　选举委员会有处理选举中一切问题，及解释各种选举法令之权。

选举委员会的解释处理是暂时的，初步的，选举人对之有异议者，得以选举委员会之全体或个人为被告，向县政府提起选举诉讼，但政府未判决前，仍须按照选举委员会之决定执行。

第三节　候选人

第二十五条　村行政人员之选举，应在选举之前，由选举人提出当选人三倍以上数目之候选人。

第二十六条　候选人之提出，依下列规定办理之：

一、在已经划分公民小组之行政村，由各公民小组按选举委员会分配的候选人名额分别提出，无公民小组者，则由各抗日党派、群众团体按分配名额提出，无群众组织者，则由选举委员会划分临时公民小组，分配名额提出之。

二、选举委员会分配候选人名额，对公民小组应平均分配（如果村有公民九组，应选出村政委员七人，每组应即提出候选人三人），无公民小组，按群众团体提候选人者，则依各级参议会选举条例第七条各款所定各团体比例数目分配之（职工百分之十二，农救百分之二十，青救百分之十，妇救百分之十五，自卫团百分之十二，其他无组织的群众百分之三十一）。

三、依前款后段规定分配候选人时，应将未参加群众团体之人民统一组织分配之。

（注）候选人一般应在公民小组成立后，分组提出，非特殊情形，不适用其他办法。

第二十七条　联合行政村村政候选人提出后，不包括副村成分者，应由选举委员会决定，令主村退出一定数目，另由副村中提出补充之。

第二十八条　候选人全部提出后，交选举委员会审查公布之。

第二十九条　公布候选人名单，应记明各候选人提出之小组、团体及提出该候选人之公民数目。

第四节 竞选

第三十条 候选人提出前，或候选人提出后，各抗日党派、群众团体或个人，均得自由进行竞选活动。

第三十一条 几个抗日党派、团体因政治主张相同，选举意见一致，得组织竞选联盟，共同进行竞选。

第三十二条 各抗日党派、团体或个人，除得为本党派、团体自己竞选外，并得为他人作竞选活动。

第三十三条 竞选期间，竞选人得自由集会，并利用一切时机发表政见，进行宣传。

第三十四条 竞选以不妨碍社会秩序、会场秩序、选举规则为原则。

第五节 选举大会

第三十五条 选举大会由全体公民参加，选举委员会召集主持之。

第三十六条 选举大会开会的日期地点，由选举委员会根据实际情形决定之。

第三十七条 选举大会之会期，必须在开会前一天通知全体公民。

第三十八条 到会公民不及三分之二者，不能进行选举，由选举委员会宣告延期，重行召集之。

第三十九条 选举大会以选举委员会主任委员为主席，选举时以村民代表会议主席或上级政府代表为监选人。

第四十条 选举委员会应在选举大会上向选民公布选举规则及应注意的事项。

第四十一条 选举结果，由选举委员会当场开票公布之。

第六节 选举规则

第四十二条 选举人入场不得携带武器。

第四十三条 选举票由选举委员会印制，盖村政府戳记，分发应用，不用选举委员会印制之票纸者，其选举为无效，模糊不清之选举票，选举委员会得宣布作废。

第四十四条 写票时应郑重，不得与他人交换意见。

第四十五条 选举票上被选之人名，不论为其本名、字、号、乳名、绰号，均为有效，用新文字写票亦同。

第四十六条 选举之前，由全体公民推选写票员二人，唱票员二人，监票员二人，任开票、计票、唱票等工作。

第四十七条　选民不能自行写票者，得托写票员根据其本人意见代为写票。

在文盲过多之村庄，选举委员会得以适当的简易方法实行选举，但须以不伤害民主为原则。

第四十八条　用连记法选举，选举票上所写人名少于应选人人数者有效；多于应选人人数者作废。

第四十九条　参加选举者，有违法舞弊行为时，除应宣布其选举无效外，并得由政府按刑法妨害投票罪处罚之。办理选举人员有上述情事者亦同。

第五十条　选举诉讼，应于公民名单、候选人名单、当选人名单公布后五日内提起。

第五十一条　选举诉讼，由县长、民政科长、司法科长合议审判之。

第五十二条　县政府办理选举诉讼，须提前审理，自收案至结案，其时间不得超过半月。

第四章　附则

第五十三条　本条例解释修正之权，属于胶东区临时参议会。

第五十四条　本条例经胶东区临时参议会通过，自公布之日施行。

（选自山东省胶东行署《法令汇编》，一九四四年版）

盐阜区区级政府选举法

第一章　总则

第一条　为实行民主政治，使人民依照盐阜区区级政府组织法行使选举权与被选举权，建立民主政府，并管理政府，监督政府，充分发挥民主精神，特订立本选举法（以下简称本法）。

第二条　区公民代表及区长、区行政委员、候补委员等之产生，均依照本法之规定选举之。

第三条　前条人员之选举，以普遍、平等、不记名投票选举法进行之。

第四条　凡有半数以上村镇业经实行新村制，成立村镇公民代表大会者，得依本法进行区选。

第二章　公民与区代表名额

第五条　凡合于盐阜区村政府选举法（以下简称村选举法）第二条、第四条之规定者，一律享有选举权与被选举权，合于该法第二章第五条各项规定之一者，不得享有本法之权利。

第六条　区公民代表大会代表之产生，由村镇公民大会选举之，其办法如下：

（一）普通代表依地区普遍选举之，其名额按各该村镇人口比例规定，凡满一百个公民应选举区代表一人，但零数在五十一以上者，得增选代表一人。

（二）区队可选举公民代表二人至四人。

（三）凡未实行普选之村镇，可推选或聘请代表一人至三人。

（四）凡接敌区之乡镇可推选或聘请代表三人至五人。

第三章　选举机关之组织

第七条　为指导并办理区选事宜，应按民主原则组织区选举委员会（以下简称区选委会），该会设正副主任各一人，委员九人至十三人，由县政府派员至各该区召开各阶层联席会议，推定人选，呈准上级政府组成之，并在县政府领导下行使职权。

第八条　区选委会以下列人选组织之：

一、区政府代表一人。

二、区农救会代表三人。

三、区工救会代表一人至二人。

四、区青救会代表一人。

五、区妇救会代表一人。

六、区教救会代表一人。

七、区商救会代表一人至二人。

八、有威望之开明士绅二人至三人。

九、区队代表一人。

第九条　区选委会下，分设总务、登记、宣传、选举四股，各股设股长一人，由区选委员互推兼任之，并得视工作之需要，增聘干事若干人。

第十条　区选委员会工作要点如下：

一、统计该区公民及居民数。

二、宣传选举意义及选举方法。

三、召开村镇公民会议，选举区公民代表大会之代表。

四、决定各该级选举日期、地点，于选举五日至七日前通知之。

五、汇集候选人名单、履历，经审定合格后，并在各村镇公布之。

六、维持竞选秩序。

七、制发选票。

八、召开区公民代表大会，进行选举区政府委员。

九、呈请上级政府遴派监选人及投票、开票管理员（不得遴派本区域内人民及行政人员）。

投票管理员职务如下：

1. 鉴别投票权。

2. 分发选票。

3. 解释投票方法及手续。

4. 点数到会代表总数。

5. 维持投票秩序。

开票管理员职务如下：

1. 计算投票数目。

2. 检查选票之真伪。

3. 维持开票之秩序。

监选人职务如下：

1. 监察投票手续是否合法。

2. 宣布投票有无效果。

3. 公布当选人之当选票数。

4. 宣布选举结果。

第十一条 区选委会于选举完竣后即宣告结束。

第四章　选举办法

第十二条 凡公民在一次选举中，只限有投选一票之权。

第十三条 本法第六条第二款所规定之区队公民代表，由区队军人大会选举之。

第十四条 本法第六条第三、四二款所规定之区代表，如为环境所限制，未能实行会议选举者，得由区选委会会议决定聘请之。

第十五条 区选委会应将候选人名单，竞选期限，选举日期，选举场所，分别先期公布，并请县政府派员监选，方得进行选举。

第十六条 在正式选举以前，区选委会应召开预选大会一次，候选人、区公民代表及区聘请之代表均应出席，候选人得在会上自由发表竞选演说，各代表亦得对候选人发表意见，并提出重要议案。

第十七条 出席决选会之区代表，须超过半数，始能选举。如不足半数者，应改期举行。若连开三次均不足半数，其缺席之区代表，即作为弃权，得依本法径行选举。

第十八条 选举用票选，或在选票上载明候选人姓名，由选举人就中圈选之，但区选委会得依据本区人民文化水平与具体情况，采用豆选或其他适当办法选举。

上项选票或代替品，应由区选委会制定，当场发给区代表备用。

第十九条 区长、区行政委员及候补委员，由区公民代表大会就候选人中选举之。选举进行时，先选区长，次选区行政委员八人至十人，余以票数多之二人为候补委员。

第二十条 凡得票相等者，应再付表决，以得票多者当选。

第二十一条 当选之区长、区行政委员、候补委员应于选举完竣后，由区公民代表大会呈请县政府转呈行政公署备案加委，方为有效。

第五章 候选人

第二十二条 区长、区行政委员及候补委员候选人之提出，规定如下：

一、区级群众团体可各提出候选人一名至六名。

二、区队可提出候选人一名至二名。

三、士绅候选人可在士绅座谈会上提出一人至四人。

上述候选人之比例，由区选委会临时规定之，其总数不得超过当选人总额之三倍。

第二十三条 候选人之提出，原则上以区为单位，不受本村镇之限制。

第二十四条 候选人提出后，名单交由区选委会审定，并须编号及将其详细履历于选举前五日公布，方得生效。

第二十五条 候选人在不妨害社会秩序与不违背政府法令范围内，得自由用口头、书面或邀开会议发表竞选政见，作公开之竞选活动。

第六章 附则

第二十六条 关于选举纠纷，应由区选委会转请司法机关处理之。

第二十七条　办理选举人员如有受贿舞弊，选举人或各团体得于选举结束后十日内起诉。

第二十八条　选举人或落选人确认为当选人票数不实，或落选人所得票数应当选而未当选者，得于当选人公布五日内起诉。

第二十九条　凡机关、团体或个人发现有违法竞选贿选，以及捣乱会场、破坏、造谣之行为时，得提起控诉。

第三十条　有下列情形之一时，其选举无效。

一、选举人名册因舞弊涉及该区选举人达三分之一以上，经判决确定者。

二、办理选举违背法令，经判决确定者。

第三十一条　有下列情形之一者，当选无效。

一、当选人之当选票数不实，经判决确定者。

二、系以贿选或其他非法手段当选，经判决确定者。

第三十二条　选举无效，上级政府应拒绝加委，或收回委令，区公民代表大会应即依法改选，或由候补委员递补之。

第三十三条　本法解释权属行政公署。

第三十四条　本法经盐阜区临时参议会第二次大会通过，由行政公署公布施行，如有未尽事宜，人民得向本署建议，以明令收正之。

（选自盐阜区临时参议会第二次大会《法令及提案决议》，一九四五年五月）

盐阜行政公署区选举委员会组织法

第一条　为指导市乡民主选举事宜，得组织区选举委员会。

第二条　区选举委员会以下列人选组织之。

（一）区农救会代表三人（如系市镇区即改为一人）。

（二）区工救会代表一人（如系市镇区即改为三人）。

（三）区青救会代表一人。

（四）区妇救会代表一人。

（五）教救会代表一人。

（六）商救会代表一人。

（七）地方公正士绅二人。

（八）区署除区长外，得派代表一人为主任委员。

第三条 区选举委员会之下，得在其所属各市乡分设办事处，进行选举事宜，由区选举委员会派员一人，会同该乡政府及各民众团体之代表（其人数及分配标准，按区选举委员会之规定）共同组织之，以区选举委员会之派员为主任，其下设宣传、组织、总务等股。

第四条 选举委员名单，应呈报县政府批准，始能宣布成立，进行选举事宜。

第五条 凡有选举权之公民，一律分区登记，将所登记之公民姓名、年龄、职业，详细公布之，并将十八岁以上而无选举权者姓名及其原因详细公布，以便人民讨论争辩，以至上诉。

第六条 选举委员会应划定选举区域，协助政府召开人民大会，解释民选重要性，与民选的伟大意义，使选民踊跃参加选举会议，并同时责成所选出席市乡之代表向政府反映人民意见，改善政府工作，收集各抗日团体及抗日领导机关所提出之候选名单在全市乡内到处公布，使人民得事先讨论与考虑，以便届时选举适当之人，充当市乡代表大会代表。

区选举委员会办理全区选举完毕，并在区代表大会开幕时，报告各市乡选举经过，以后即宣布结束。

区选举委员会应负责规定选举区域，决定并通告选举大会日期，开会时检查到会选民在半数以上，始能宣布进行选举。若选民到会少于半数或只有半数，均不合法，应停止选举，改期进行。若连开三次均不足半数者，即认为未到会之选民自动放弃选举权，在最后一次（即第三次）选民大会虽然到会人数仍不足半数，仍应按照市乡组织法进行选举事宜。

第七条 本组织法之修正权，属于行政公署。

（选自一九四二年五月盐阜区行政公署《市乡政府暂行组织法》）

盐阜区村政府选举法

第一章 总则

第一条 为实行民主政治，使人民得依照盐阜区村政府组织法行使选举权与被选举权，以建立民选政府，并管理政府，监督政府，充分发挥民主精神，特订定本选举法（以下简称本法）。

第二条 村长、村行政委员及公民小组长之产生，均依本法规定产生之。

第三条 上述人员之选举，以实行普遍、平等、直接、不记名投票选举法进行之。

第二章 公民资格

第四条 凡年满十八岁之人民，无论其为本地居民或外籍居民，在公民登记前，即在该村居住或营业已满三月以上，经公民登记取得公民资格者，不论男女、阶级、党派、宗教信仰、教育程度之差别，一律享有选举权与被选举权，现任工作人员得随工作移转取得所在地公民资格。

第五条 凡人民有下列情形之一者，不得享受第四条所规定之权利。

（一）叛变投敌，或有其他破坏抗日行为者。但反正或自新经政府一定时期之考察，恢复其公民权者，不在此限。

（二）受刑事处分，褫夺公权，未经期满恢复者。

（三）被宣告禁治产者（如神经病，白痴等）。

第三章 村选委员会

第六条 凡进行村选之村，在进行村选前，应设立村选委员会，以领导村选工作，并适当解决村选中所发生之各项问题，村选完毕后，即行结束。

第七条 村选委员会应以区政府派至各该村进行村选之干部召开全村各阶层联席会议，按民主原则产生之，并须经区政府批准后，方能行使职权。

第八条 村选委员会以七人至十一人组织之，内设正副主任委员各一人，下设宣传、组织、总务三股，必要时得增聘干事若干人协助工作。

第九条 村选委员会各股职权规定如下：

（一）宣传股，负责宣传民选意义、选举办法，并在选举过程中发动竞选，报道消息，以造成选举热潮。

（二）组织股，负责村界之划分或调整，户口之调查与登记，公民之审查、编组与公布。

（三）总务股，负责村选时之会计、庶务、收发、联络、招待等一切事务工作。

第十条 村选委员会之委员及干事均为无给职。

第四章 公民登记与公布

第十一条 公民登记由村选委员会办理，按自然村庄集体登记之。

第十二条　公民登记后，村选委员会应分有公民权者、无公民权者及有问题尚难确定其公民权者三种，分别公布之。

第十三条　公民名单审查公布后，应由村公民大会讨论，最后确定公民资格。

第十四条　公民外出、贸易、旅行，时间在三个月以内，不能亲往登记者，得由其家属或本人书面请求登记，其效力与亲往登记者同。

第十五条　公民得按自然村庄划分公民小组，以十九人至二十九人编为一小组，每组设组长一人。

第五章　候选人

第十六条　村长及村行政委员候选人，由各公民小组、各人民抗日团体就各村选委员会规定之分配名额，分别推选之。

第十七条　候选人之多寡，应以当选人之多寡决定之，但其数目不得超过应选人数之三倍。

第十八条　候选人名单公布后，在不妨碍社会秩序范围内，得自由到处发表竞选政见，公民亦得对各候选人发表意见，表示拥护和反对。

第六章　选举办法

第十九条　每个公民小组，应就其本组中，提出三个小组长候选人，举手表决一人为小组长，如小组长当选为行政委员，则由该组另选之。

第二十条　村行政委员，应由村公民大会直接选举之。凡得票相等时，应再付表决，以求得票多者当选。

第二十一条　选举用票选，或在选票上载明候选人姓名，由选举人就中圈选之，但村选委员会得依据当地人民之文化水准、具体情况，采用豆选或其他办法选举。

第二十二条　村选委员会应将提出之竞选日期、候选人名单、选举日期，选举场所，分别先后公告，并呈请区政府派员监选。候选人名单及其详细履历，应于选举前三日公布之。

第二十三条　出席选举大会之公民，必须达到会数三分之二时，方得进行选举，否则应改期选举，若连开三次均不足三分之二，缺席公民即作为自动弃权，得依本法径行选举之。

第二十四条　当选之村长及行政委员，应于选举完毕后，由该村选委会报区转县政府加委后，方能行使职权。

第七章　附则

第二十五条　办理村选人员如有受贿舞弊，选举人、落选人或各团体于村选结束后三日内起诉，但以一审终了。

第二十六条　凡机关、团体或个人，发觉其有违法竞选、贿选以及扰乱会场、破坏、造谣之行为时，得提起诉讼。

第二十七条　本法之解释权与修正权属行政公署。

第二十八条　本法经盐阜区临时参议会第二次大会通过，由行政公署公布施行，如有未尽事宜，人民得向行政公署建议，以明令修正之。

（选自盐阜区临时参议会第二次大会《法令及提案决议》，一九四五年五月）

苏中区人民代表会议代表选举条例（草案）

（一九四五年七月四日）

第一章　总则

第一条　本条例根据苏中区人民代表会议组织法订定之。

第二条　凡居住苏中区之中华民国人民，年在十八岁以上，不分阶级、党派、职业、男女、宗教、民族、财产、文化程度之差别，除有下列情形之一者外，均有选举及被选为苏中区人民代表会议代表之权。

一、有汉奸行为经政府缉办有案者。

二、在抗战期间受刑事处分，褫夺公权尚未复权者。

三、有重大精神病及吸食毒品（鸦片、吗啡、海洛因）者。

第三条　抗日军人为武装公民，有选举权及被选举权。

第二章　名额

第四条　苏中区人民代表会议正式代表名额为二〇七人，候补代表三十九人。其候补代表之产生，各选举单位按照应选正式代表五分之一，零数不足按三舍四取办理，以得票次多数者充任之。

第五条　苏中区人民代表会议代表名额之分配，按照解放程度、人口、地区及交通等条件规定如下；

　　一分区　　　　　正式四十二人　　候补八人

三分区	正式四十二人	候补八人
四分区	正式四十三人	候补八人
五分区	正式二十八人	候补五人
六分区	正式二十人	候补四人
苏中军区直属部队与直属机关、工厂、学校	正式十四人	候补二人
苏中各群众团体	正式六人	候补一人
沙沟市	正式二人	
共产党	正式五人	候补一人
各抗日党派	正式五人	候补一人

第六条 各分区应根据实际情形，将应选出之代表名额，分配各县及分区直属单位。

第三章 选举

第七条 苏中区人民代表会议代表之选举，除另有规定者外，以县为单位，采用无记名投票间接选举方法。

凡已成立县参议会及参政会之县，由县参议会或参政会召开临时全体大会选举之。如参政会不及召集者，得召集参政员，各抗日群众团体、机关、部队代表，举行联席会议选举之。

未成立县参政会之县，由县政府召集各团体、部队、机关代表，举行各阶层联席会议推选之。

情况特殊之地区，不能进行选举或推选者，得由该分区专员公署或县政府聘请之。

第八条 苏中及分区直属机关、工厂、学校之选举，采取无记名投票复选法，得分别或联合举行之。

第九条 分区部队代表之选举，得单独举行，其名额包括在分区名额以内。各县部队与民兵代表，参加各县之选举。

第十条 各分区专署在规定名额内得聘请沦陷区人士担任代表，但其名额，一、三分区不得超过二人，四、五分区不得超过三人，六分区不得超过五人。

第四章 竞选

第十一条 各县举行选举时，得举行公开竞选，各抗日党派、群众团体及有公民五百人以上联盟之个人，均得单独或联盟提出候选人名单及竞选政纲，向主持选举之机关登记，进行竞选。

第十二条 苏中人民代表会议代表之候选人及被选举人，均不限于当时出席选举会之代表或县参议员、参政员。

第十三条 竞选运动受法律保护，在不妨害选举秩序下，任何人不得加以干涉或限制。

第十四条 凡以威胁、利诱、舞弊等方法妨碍选举自由者，不问当选与否，除制止其行动外，其当事人与参与人，均由政府依法惩处。

前项案件，人民有告发权，但选举诉讼之处理，应于苏中区人民代表会议开幕以前终结。

第五章 选举机关与经费

第十五条 苏中区人民代表会议代表之选举，由苏中筹委会主持之。各分区由专员公署邀请群众团体、抗日党派、部队代表组织选举委员会。苏中直属机关、工厂、学校单独组织选举委员会进行选举。

第十六条 选举经费按照县参议会办法，由各级选举委员会拟具预算，呈请核准后支付之。

第六章 附则

第十七条 本条例由苏中区行政公署颁布施行，如有未尽事宜，得以命令修正之。

（选自一九四五年七月七日《苏中报》）

解放战争时期

陕甘宁边区政府关于今年选举工作的训令

(一九四五年九月六日)

各专员,县、市长,区长,乡长:

边区政府根据边区参议会二届二次大会的决议,决定于今年十月十五日至十二月底的时间举行乡、县、边区三级政权的改选。

自一九三七年抗日民族统一战线正式形成之后,边区即依据新民主主义亦即革命三民主义的政治原则,在普遍、平等、直接与不记名投票选举的基础之上,建立了各抗日民主阶级合作的地方联合政府,复于一九四一年改选时实行三三制政策,更加巩固了各阶层人民致力于战胜日寇与建设边区的民主团结。整个抗战时期,因有此民选的能够团结全边区抗日人民的联合政府,尽其力以为人民服务,使我们胜利的保卫了边区,建设了边区,并光荣的履行了作为解放区军民总后方与总根据地所应负的历史任务。特别近几年来,由于生产运动的积极发展,人民生活获得进一步的改善,人民的财富开始有了积余,而人民的觉悟性和组织性更表现出空前的高涨。劳动英雄和模范工作者成百的涌出,更为边区的政治、军事、经济、文化的各种建设提供了新的力量和新的人才。

现在抗日战争已经胜利的结束,新的历史时期已经到来,全国人民已经进入为和平、民主、团结奋斗的时期。在过去的历史时期中,如前所述,边区人民已经为抗日事业付与了应尽的力量,为民主联合政府建立了初步的楷模。在今后,在新的历史时期中,我们更要全心全力的继续提高边区的建设,在政治、经济、军事、文化的各方面建设上作出更好的榜样,有力的参加和推动为全国的和平、民主、团结而奋斗的事业。

上述边区建设的新的成就,边区人民的新的任务,就是即将举行的选举运动的政治出发点。为使新的选举所产生的三三制联合政府能够更加密切的联系人民,服务于人民,以胜利的履行其历史任务,必须:

一、坚持不分阶级、党派、民族、性别、信仰的，不受财产与文化程度限制的，普遍、平等、直接、无记名投票的选举原则。

二、发动人民彻底检查政府工作，检查各种政策的正确性及其执行的程度，检查政务人员的工作作风，展开批评与自我批评，真正做到"知无不言，言无不尽，言者无罪，闻者足戒，有则改之，无则加勉"，一方面使人民能够更好的识别人才，选择为他们所能信任与需要选举的人物，以达加强各级政权的目的；另方面，使人民能够更多的熟悉政府工作（特别是当前紧要的生产与备荒的工作），提出问题，发表意见，以为今后改进工作的基础。"人民动手来彻底的检查政府工作，展开批评与自我批评，这是今年选举运动的主要步骤，亦即办好选举的关键"，必须认真进行，并必须在检查工作完毕之时方开始进行选举。

三、在选举中，任何公民，任何抗日党派与民众团体，有依选举条例提出候选人的权利，有为自己或他人实行竞选的权利，但任何操纵行为必须制止，以保证人民选举投票的完全自由。

四、各级政府须即依据"陕甘宁边区各级选举委员会组织规程"成立选举委员会，在各级政府领导之下进行各种准备工作：（1）关于选举条例及本训令的宣传解释；（2）研究选举经验、尤应研究已经进行的各地试选中关于检查工作的经验；（3）关于调查、登记选民等技术工作的准备。

（选自《陕甘宁边区重要政策法令汇编》，一九四九年版）

陕甘宁边区政府选举委员会关于今年乡选工作致各专员县市长的信

（一九四五年十月五日）

各专员、县市长：

关于边区今年举行的乡、县、边区三级政权的改选工作，边区政府已于九月六日发有训令。现在根据几个乡的试选经验，就乡选工作向你们提出如下的意见。至县、边区两级选举的若干问题，将另行写信给你们。

一、选举方针

边区政府训令所指示的关于今年选举运动的基本方针，是在继续三三制政策的精神下，发扬民主，团结人民；放手发动群众，检查政府工作和人员；教育干部，整顿作风，改进工作，自由选举，选举好人；健全民主制度，加强地方自治。而放手发动群众，彻底检查政府工作和人员，尤是选举工作做好的主要关键。

这个方针，是从人民大众出发，为人民大众服务，又经过人民大众的群众路线。它的正确性已在这次几个乡的试选经验中获得充分的证明，在今年三级政权改选运动中，必须坚持和贯彻这个方针。

乡选是三级选举的基础，因为政府同人民的关系首先是在区、乡政权直接地表现出来。群众检查政府工作和人员首先是直接地检查区、乡政府的工作和人员，而发动群众首先依靠区、乡干部去发动。所以选举方针的贯彻，关键在于乡选，要在乡选中放手地和充分地发动群众检查政府工作和人员。检查工作做得好，选举就能办得好。而乡选办得好，上级选举也就能办得好。我们这个信，就是给你们着重地介绍乡选试选中一些成功的经验。

二、检查工作

"放手发动群众，检查政府工作和人员"，就是要大多数人民自己动手来检查政府的工作和人员。检查的目的是为要发现问题，给以适当的解决，并求得经验，使工作能更好地向前推进；又是为要认别人员，整顿作风，选举好人，使政府能够更好地联系群众。因此，彻底的检查工作和人员，既能奠定改进工作的基础，又能奠定选举好人的基础，是整个选举过程中的重要关键和中心步骤。

要能使群众大胆地自己动手检查政府的工作和人员，首先要干部能放手去启发群众，这就必须在干部中进行充分的思想准备，使干部认识到放手发动群众检查工作的重要性，打破"怕民主"、"怕放手"的错误观点，敢于放手让人民批评政府的工作，敢于在人民面前承认自己的错误与缺点，不怕人民指责自己，一心一意做到人民对政府"知无不言，言无不尽"，干部对人民"言者无罪，闻者足戒"，把埋藏在工作和作风中一切错误和缺点，毫无隐瞒地暴露出来，并努力加以改正，才能使我们的工作更加推向前进。这是一方面。另一方面，群众还有许多不肯或不敢讲话的，其主要的心理是怕"不顶事"和"怕惹人"。这种心理，是旧时专制政治的结果，革命以后，由于民主政治的发扬，已大为减少，但又由于我们工作与作风上存有缺点，还未能完全消除，这是我们放手检查工作时在群众方面所存在的障碍，是必须打开的一关。因此，要使工作检查彻底，必须做到使群众能"有啥说啥"。这样（一）首先要乡村干部利用一切接触群众的机会（如开会、工作报告、漫谈、访问等），进行诚恳地自我检讨与批评，启发群众说出心里的意见，对群众所提意见，无论对与不对，都不能耍态度，"红脸粗脖子"地反驳他，说得对的，应该诚恳地加以接受，不对的，则要诚恳又和气地根据事实加以解释。（二）其次要注意发现问题，并立刻设法解决问题。群众是现实主义者，他们不相信讲话，而是相信自己亲身体验到的事实的。因此，凡遇群众所提的问题，特别同他们切身利益有关的问题，只要当时能够解决的，不管问题之新旧、大小，都要即时地设法解决。解决的方法，最好由大家讨论，民主解决，解决不了的，则分别提交上级政府或有关机关，请求予以解决或答复。

展开批评与自我批评，发现问题与解决问题，两者都是检查工作的主要方法，应该尽量经过这些方法，以达到彻底深入检查工作之目的。

在开始发动群众检查工作时，不必限制于检查某一种或某几种工作，应该采取群众"有啥讲啥"的原则，讲出他们最关切的事物，这样容易发动起来。但在群众发动起来之后，则可看情形引导群众比较集中地注意于当地最主要的问题上去。这样，收效会更大。在今年选举期间，正遇秋征，两项工作应当如何划分和配合，各地领导机关应当事先加以研究和准备。

开会商量问题共同决定，是民主方式之一。但大会与开会太多，使群众误工很多，又变成群众的负担，"国民党税多，八路军会多"，引起群众的厌烦。加以会议如果准备得不好，不能解决问题，将更使群众不满，会议召集困难。在今年选举工作中，应该采用"少、小、精"的原则，即会议要开得少开得小开得精，以个别访问、家庭会议、随便拉话、分村开会、轮批开会等方法，以代替大会与多开。每次会议，又必须有充分的准备，在会议上要达到一定的目的，解决某些问题。

乡政府向乡民报告工作，其作用是使居民们明白政府为人民做了些什么事，有什么成绩、困难和缺点，以便求得人民对政府工作的批评和检查。但根据几个乡的试选经验，这种报告很不易做好。群众所关心的问题：不是全年全乡做了些什么事的一般报告，而是他们当前的切身事情是怎样做的，应该怎样做。因此，不必规定乡长一定要向居民做报告，如果报告，则应以行政村或自然村为单位，其内容则为该村居民当前与切身的一些问题，由乡长、村主任或村长报告均可，而以能引起群众热烈讨论为目的。

三、选举代表

"自由选举、选举好人"，就是要广大人民自动和自觉地选举能为自己服务的代表，替自己办事，这是贯彻选举方针的具体表现。边区经过几次选举教育和政治经济文化的发展，人民的觉悟程度和积极性已日益提高，加以经过我们放手发动群众彻底检查工作之后，他们会认真的选举自己的代表，由这次几个乡的试选经验，证明了大多数选民能够在自由选举情况下选出来好人。

为了适合分散的农村环境，并便于实行直接负责的代表制（下面详说），选举单位应以自然村为宜，太小的自然村可以数村联合选举。

乡代表的候选人，应由选民们自由提出，因为乡里邻居，彼此都很熟悉。正式候选人名额，应该预先规定，一般以不超过正式代表名额二倍为宜，多了时，选举票数会过分地分散。但在候选人提出之后，必须由各该单位选民加以酝酿讨论，然后表决选出正式的候选人。这样，经过自由提出，民主讨论，集中表决定步骤，能使选民认真而周详地识别人才，对选举好人有更好的把握。讨论候选人是一个很重要的事情，必须重视并做好。正式候选人名单表决之后，仍须尽可能在选民中经过酝酿讨论，使选民对人选胸有成竹的时候再行投票选举。此外应采取轮流开会投票（照门照店等离不开人，可轮着去），挨户背箱子，送上门补票等办法，以达到百分之八十以上选民能够参加选举。

四、开会代表

代表会是检查工作、选举代表两个阶段的综合与提高，是将群众意见集中起来，开会讨论决议后再坚持下去。代表会上主要要做好讨论工作和选举乡长两件大事。这两件事要做得好，都要拿检查工作选举代表过程中所发现的问题和意见做基础，才能使代表会充分的反映人民的需要。因此，（一）乡政府的工作报告要有充分准备，报告的内容要少讲一般情况和干燥的数目字，应讲些当前切要的工作及与群众所提意见有关的问题，同时提出政府对这些问题处理的态度和办法，以供代表会讨论。（二）应将检查工作中决定提交代表会的意见及各代表提案，分类整理，并可与乡长报告合并讨论，将应兴应革的事件做出决定交由乡政府执行。（三）根据检查工作和人员的结果，由代表提出乡长候选人，讨论酝酿，选出能够领导全乡居民执行大会决定的乡长来。

五、宣传鼓动

今年选举运动，也就是提高人民教育干部的运动，全部选举过程都是宣传教育过程。因此，宣传鼓动工作应掌握选举方针并针对选举运动的进程，向干部和群众讲清楚道理，使他们能够正确了解并积极参加这个运动，不可把宣传鼓动工作只看做是准备阶段的工作。

其次，宣传鼓动工作必须是实事求是的工作，必须根据当时当地情况，群众了解程度，具体实际的例子，才能使群众懂得，易于接受。宣传鼓动的内容，要密切反映各个阶段的具体情况，每一宣传鼓动都要根据某一具体的目的，适合实际，才能收到一定的效果。

根据边区农村环境与干部情况，宣传鼓动方式应以口头为主。这种方式可以随时随地进行，并且容易为群众所接受。但文字的艺术的方式（黑板报、秧歌、书报等）在可能条件下，亦应尽量利用，不应忽视它们的作用。

六、改乡议会为乡人民代表会制

乡（市）政权是人民的直接政权，它的立法与行政合一，更能发挥乡村自治能力。一九四一年边区参议会决定乡（市）政权采取"议行合一制"，议员直接由人民选举，直接向人民负责，是完全适当的。但在行政制度上仍然另设行政村主任与自然村长，负其行政之实际责任。这样，乡参议员只管议事，不管执行，仍然是议行并立。现在边区参议会常驻会和边区政府已决定改乡议会制为乡人民代表会制，以纠正这个缺点。代表会制是乡人民直接选举能对他们直接负责的代表，组成代表会，为乡政权的最高权力机关。各代表既是由人民直接选举并对人民直接负责，因之，他们一方面代表一定的居民意见集中到代表会，另一方面又将代表会的决议在他们所代表的居民中执行。每个代表由一定范围的选民选出，又管理一定范围的居民。

边区政府正在依据此种改变修正乡政权组织条例草案，以为此次乡选之根据，将来发布之时，希作详细研究。

七、加强选举工作的领导

今年选举运动，实质上是政府人员同广大群众结合一起的自下而上的整顿政风的运动，是几年来政权工作中整风运动的继续和发展。这个运动的开展，对于改进工作和作风，对于提高边区各种建设将有决定的意义，各级政府必须加强对此运动的组织领导，特别要加强其思想领导。

在组织方面，要使各级选举委员会真正成为有能力的工作机关，要派出得力而有威信的干部参加领导。除此，还应抽出为群众所信仰的干部去到乡上帮助选举工作，特别是帮助发动群众的工作。县市长和区长必须把选举工作当作中心工作,负责地指导与检查,切不可把它交给选举委员会就不管。

在思想领导方面,各县市长必须在选举之前,召集区乡干部及所有参加选举工作的人员,开办一星期至十天的训练班,检查县、区、乡的作风,展开批评与自我批评,同时对选举工作的方针和方法作深刻的研究。在检讨作风时应找出区、乡或县府工作上的具体典型来启发干部的思想(如十月一日解放报上"从一个指示看到一些问题"一文中所揭露的不良作风,不止在某几个领导机关存在,在这次训练班上应注意发现这类问题),进行彻底检讨,使各级干部在思想上对选举方针与方法有很好的认识,而且对揭发自己的缺点亦有思想上的充分准备,这是贯彻方针最主要的关键。"干部决定一切"各县应特别注意。

关于乡选方面,要给你们写的话,就此完了,请你们根据当地具体情况加以研究。伟大的选举运动已经到来,希望你们能够顺利地实现边区政府的选举方针。

(选自《陕甘宁边区重要政策法令汇编》,一九四九年版)

陕甘宁边区参议会驻会委员会政府联合通知

(一九四五年十月十四日)

各县参议会驻会委员会专员,县、市长:

兹决定对边区各级参议会组织条例及各级参议会选举条例,作如下三项修正,特先行通知,望即转知各级选委会在此次改选中执行:

一、为了更加发扬民主,加强乡村自治,改乡市参议会为乡(市)人民代表会。代表会各代表一方面代表居民意见商决本乡(市)应兴应革事项及选举与罢免乡(市)长等立法职权,另方面又代表乡(市)政府领导所属选举单位居民,推行各种建设等行政事宜。各自然村代表职(执)行村长执务,各行政村代表可互推代表主任一人,协助乡长执行行政村主任职务,不另设自然村长及行政村主任。

二、为便于人民选举自己所熟悉的人为代表,并便于代表领导居民推行工作,乡市选举区域,一般改为以自然村为单位。人口过少村庄,得与附近村庄联合选举代表,人口多的村庄,可按规定比额,选举一个以上代表,代表与领导所属选举单位居民。

三、为贯彻自由选举方针,各级代表、议员候选名单,除得由各民主党派团体提出外，乡（市）代表之候选人，选民均有提出之权利，取消十人联署的规定，县议员之候选人，有选民十人以上联合提出一人，边区议员之候选人有选民二十人以上联合提出一人，取消原选举条例第二十条规定"各级增选议员之法定人数十分之一以上选民联署"之限制。

（选自《陕甘宁边区重要政策法令汇编》，一九四九年版）

张家口市参议会选举暂行条例

（晋察冀边区行政委员会一九四六年三月十八日颁布，一九四六年四月二十四日胜民行字第二十六号令修正）

第一条 本条例根据晋察冀边区选举条例，并张家口市之具体情况制定之。

第二条 市参议员由市公民用直接平等普选制，无记名复计式投票法选举之。

第三条 年满十八岁之中华民国人民，不分性别、职业、民族、阶级、党派、信仰、文化程度，凡居住本市者，经选举委员会登记后，均有选举权与被选举权。

第四条 有下列情形之一者，无选举权与被选举权：

一、有汉奸行为经判决确定者。

二、经边区司法机关或军法机关褫夺公权，尚未恢复者。

三、经边区行政机关通缉有案，尚未撤销者。

四、现行押犯。

五、有精神病者。

第五条 市参议员之选举，除本条例另有规定者外，一般公民均以区为单位选举之。一万公民以下之区，选举参议员七名，一万公民以上之区，每增加一千五百公民增选参议员一名，所余尾数超过七百五十人者，亦得增选参议员一名，但公民在五千人以下之区，选举参议员名额最多不超过四名。公民特多之大区，为选举便利计，得划分若干选区，分别进行选举。此项选区之划分，由市选举委员会确定之。

第六条 警察、机关、学校及三十人以下之工厂，均参加所在区之区域选举。但部队（包括驻在本市之军区部队及其他部队）、中等以上学校及三十人以上之工厂，得单独进行选举。其应选参议员名额，按各该部队、学校、工厂公民人数计算，每达八百人，选举参议员一人，尾数超过四百人者，得增选一人。

凡参加前项规定单独进行选举之单位者，不得再参加区域选举。

第七条　张家口市各团体应选参议员名额如下：

一、工会选参议员三名。

二、农会选参议员一名。

三、妇联会选参议员二名。

四、青联会选参议员二名。

五、回建会选参议员二名。

六、蒙民自治团体选参议员一名。

七、商会选参议员二名。

第八条　市参议员之选举，各民主党派、群众团体、机关、工厂、学校及公民自由组合，均得提出竞选名单及竞选纲领，在不妨碍选举秩序下自由竞选。

第九条　市参议员以得票多数者为当选，次多数者为候补，候补人数在每一选举单位内，不得超过当选人三分之一，但当选人不足三人者，亦得设候补一人。

第十条　市参议员以区为单位选举者，当选人不限于本区公民，进行单独选举之部队、学校、工厂工人在其他选举单位，亦有被选举权。

第十一条　市参议员因死亡及其他原因去职时，由候补依次递补。

第十二条　市参议员每二年改选一次。

第十三条　市参议员之选举，由市选举委员会办理之，其组织如下：

一、市选举委员会，由市长、副市长、社会局长及各群众团体、各少数民族、部队代表各一人，及当地公正人士若干人组织之。

二、选区设市选举委员会办事处，在市选委会领导下办理选举事项，其人选由市选委会聘请之。

第十四条　部队之选举，由军区部队及卫戍部队、政治机关共同组织选举委员会办理之；中等以上学校之选举，由学联办理之；工厂工人之选举，由市总工会办理之。

第十五条　选举委员会之职权如下：

一、办理公民登记，进行选举动员。

二、审查选民资格。

三、监督选举。

四、检查选举违法事项。

五、其他有关选举事项。

第十六条 本条例之解释权,属于晋察冀边区行政委员会。

第十七条 本条例自公布之日施行。

(选自晋察冀边区行政委员会《现行法令汇集》续编)

苏皖边区乡镇选举条例

(一九四六年五月颁行)

边府为统一全边区基层行政机构及推行地方自治起见,特制订乡(镇)组织条例及选举条例之原则,训令各行政区遵行。条例原文如下:

一、为统一各行政区之乡(镇)组织及选举工作,特制定本原则,各行政区制定乡(镇)组织条例及选举条例时,应顾及本行政区之具体情况,但不得与本原则相抵触。

二、确定乡(镇)为地方自治之最基层的一级政权组织,乡(镇)以下不应设立另一级政权组织或类似一级政权的组织。

三、确定乡(镇)自治单位管辖范围之标准如下:

甲、乡村人口稠密之地区,以一千五百人至二千五百人口为一乡;人口特别稠密之地区,至多不超过三千人口。

乙、乡村人口稀少之地区,以一千至二千人口为一乡。

丙、集镇和城市人口更集中之地区,以三千人至五千人口为一镇。

四、乡(镇)的最高政权组织形式,是乡(镇)公民大会。在乡(镇)公民大会中选出乡长副乡(镇)长各一人(并为当然行政委员)及行政委员五人至九人,组织乡(镇)行政委员会,成为乡(镇)公民大会闭会期间的最高政权机关。在行政委员会下设乡政府,处理日常工作。

甲、乡(镇)公民大会每半年举行一次,必要时经乡(镇)行政委员会之决定或本乡(镇)公民百分之五之要求者,得由乡(镇)行政委员会召开临时公民大会。乡(镇)公民大会之职权是:(一)选举与罢免本乡(镇)正副乡(镇)长及行政委员;(二)听取和检查本乡(镇)政府工作报告;(三)听取乡(镇)政府传达上级政府之重大决议,及听取和讨论乡政府执行该项决定和命令的计划;(四)讨论与决定本乡(镇)重大应兴应革事项。

乙、乡（镇）行政委员会每月举行一次，必要时得由正副乡长或委员三人以上之要求召开临时会议。乡（镇）行政委员会之职权是：（一）具体讨论执行公民大会之决议；（二）讨论与执行上级政府之日常工作指示；（三）吸收人民反映，研究讨论与举办本乡应兴应革事业（属于全乡范围的，关系重大的，须经乡民大会讨论）；（四）向公民大会报告工作。

丙、乡（镇）政府及乡长的职权是：（一）执行本乡（镇）行政委员会的决议；（二）处理行政委员会之日常工作。

五、乡（镇）行政委员会之选举，各地应根据普遍、平等、直接、秘密、不记名投票的原则，考虑本地区人民的文化水准等条件，由各行政区订定选举的具体办法。

六、凡进行乡（镇）选之地区，在选举前，应设立乡（镇）选举委员会，统一领导选举工作，由本乡各机关、团体、学校及士绅代表联席会议，按民主原则选举七人至十一人组织之，并由选举委员中互推正副主任委员各一人，领导选举委员会工作。选举委员会之职权：

甲、进行乡（镇）选举的宣传动员，号召人民参加选举；

乙、登记公民，组织人民审查公民；

丙、组织竞选，支持选举；

丁、总结选举工作，向区政府报告。

七、凡年满十八岁之中华民国国民，无论其为原籍居民或外籍居民，在公民登记前，到达该选举区域，经公民登记，取得公民资格者，不分男女、阶级、党派、宗教信仰、职业、教育程度之差别，一律享有选举权与被选举权。但凡有下列情形之一者，不得享有选举权与被选举权：

甲、叛国投敌，尚未经本乡人民通过及政府恢复公权者；

乙、受刑事处分，褫夺公权，未经期满恢复者；

丙、被宣告禁治产者（如精神病、白痴等）；

丁、吸食鸦片毒品尚未戒除者。

八、凡进行乡（镇）选之乡，必须进行公民登记，并由乡（镇）选举委员会将具有公民权者、无公民权者及尚难判定其有公民权者三种分别公布，通过人民讨论，确定公民资格。

九、为发动竞选，鼓励各法团、各阶层提出候选人进行公开的竞选活动，乡（镇）选举委员会应将以不超过应选人三倍之候选人名额，于选举前五天合理地分配给各法团、各阶层自行推出候选人进行竞选。

十、在选举中，如有贿赂舞弊或妨碍选举等违法行动，得于选举结果公布后十日内，依司法审理程序，向司法机关提起诉讼。

十一、通过各乡（镇）之选举运动，必须达到下列目的：

甲、全体人民受到民主教育，加强人民管理政权和政权为人民服务之观念；

乙、检查政府工作，发动人民批评政府工作，改进政府工作；

丙、讨论本乡应兴应革的重要建设工作。

十二、正副乡（镇）长及行政委员任期各为一年，连选得连任。如经本乡（镇）公民大会之讨论决定，得临时改选正副乡长及行政委员。

(选自一九四六年五月九日《新华日报》华中版)

晋察冀边区行政委员会
关于今年村选工作的指示

(一九四七年一月二十二日)

为保护与巩固群众既得利益，高度发挥群众力量，支持长期自卫战争，必须更进一步的加强村政权，高度发扬民主精神，使村政权成为团结村民，团结军属，密切军民关系的强有力的组织。为此决定今年春耕以前，普遍进行村选，并提出以下意见：

一、发动群众检查村政权，特别着重检查土地改革、村财政、拥军优抗工作及干部作风。总结经验，表扬模范，发扬优良作风；批评领导，教育干部，务期做到群众知无不言，言无不尽；经过村选使模范干部、模范工作〔者〕得到表扬，使土地改革中分配不当之届（？）得到改正，使村财政得到整理，使军民更进一步地团结起来，使村政权的民主作风进一步发扬。检查工作与批评领导，目的在于团结，把事办好。

二、在新解放区，应与冬学、群众翻身、翻心运动结合，使群众认识自己的力量，而积极参选。务期自卫战争、土地改革中涌现出来的群众领袖与英雄模范，被选到村政权中来。

三、在游击区及不好进行村选的村庄，不勉强进行形式的选举。要经过群众路线了解村政权情况，将土豪、恶霸垄断的村政权，发动群众，予以改选。

四、村选必须大胆放手，发扬民主，不要丝毫加以限制，要耐心说服群众参选、讲话、批评领导、提出建设村意见。不要强迫命令，不要怕群众讲话。村民直接选举村长、〔村〕副的办法，各地可试办。

五、今年村选，各级政府应组成一定力量，加强领导，抓紧时间进行。不要因为工作多，而把村选形式化。注意总结村工作经验，以为工作的参考依据。进行情形，请随时报告。

（选自晋察冀边区行政委员会《边政导报》，一九四七年第七卷，第四期）

东北解放区县村人民代表选举条例草案

（一九四九年一月一日）

第一章 总则

第一条 本条例根据东北解放区县、村政权组织条例制定之。

第二条 县、村人民代表会议之代表，均由公民按普遍、平等、无记名投票法选举之。

第二章 选举权与被选举权

第三条 凡年满十八岁以上之中国公民，不分性别、民族、宗教、信仰、教育程度、居住年限、社会职业及财产状况，经选举委员会登记依法审查合格后，均有选举权与被选举权。

第四条 有下列情形之一者，无选举权与被选举权。

一、不及法定年龄者。

二、患精神病者。

三、经军事法庭、司法机关和人民法庭判决剥夺公民权者。

四、有反革命行为及民主政府缉办在案者。

第五条 凡外国人在东北解放区境内，已入中国国籍者，其公民资格均适用于第三条、第四条之规定。

第三章 选举区及选举名额

第六条 县、村选举区之划分：

一、县人民代表以区为单位选举之。

二、村人民代表以公民小组为单位选举之。

第七条 县、村人民代表名额之确定：

一、特等县一百六十名。

二、甲等县一百四十名。

三、乙等县一百二十名。

四、丙等县一百名。

五、村可以十五人至四十人组成公民小组，每一公民小组应有代表一人。

人民代表依各选举单位公民比例分选之，少数民族之代表名额可依公民比例酌情增加。

第八条 地方部队、群众团体、工厂、矿山、学校及其他机关，依单位大小，得单独或归并划为选举单位选举代表。

第四章 当选、候补及改选

第九条 县人民代表以票多者为当选，次多者为候补，村不设候补人；在每一选举单位内，候补人不得超过当选人十分之一。

第十条 县人民代表因死亡或其他原因去职时，由候补人依次递补，村可另补选之。

第十一条 县人民代表每二年改选一次，村人民代表每一年改选一次，连选得连任。

第十二条 县、村人民代表选举中，如有贿选舞弊胁迫破坏等情，经举发证实者，其选举结果宣布无效，违法者并交政府依法处理。

第五章 选举委员会

第十三条 县、村人民代表之选举事务，由各级选举委员会办理之，其组织如左：

一、县人民代表选举委员会，由县级机关、地方部队、民主党派、群众团体、学校及民主人士之代表九人至十三人组织。

二、村人民代表选举委员会，由村级机关、群众团体之代表或村民大会选举之代表五人至七人组织之。

第十四条 各选举委员会设主任、秘书各一人，下设总务、宣传、选举三股。

第十五条 地方部队、群众团体、工厂、矿山、学校及其他机关，按选举委员会制定之选举单位成立选举委员会。

第十六条 各级人民代表选举委员会之职权与任务如左：

一、进行各级选举之宣传动员。

二、办理公民登记。

三、依法审查公民资格。

四、召开选举会议。

五、监督选举。

六、检查选举违法事项。

七、其他有关选举事项。

第十七条 确定公民资格之手续，应依下列程序进行之：

一、村选举委员会应根据本条例第三条、第四条之规定，负责审查全村公民资格，并同时提出有公民权者与无公民权者之名单。

二、经群众讨论须恢复公民权者，由区政府审查，呈请县政府批准后实行之。

三、人民对于公民资格之审查有检举权与申诉权。

第十八条 各级选举经费由县选举委员会造具预决算，呈请省政府核准支销。

第六章 附则

第十九条 本条例修改解释权属于东北行政委员会。

第二十条 本条例由东北行政委员会公布实行之。

（选自一九四九年二月《东北行政导报》第三卷，第一期）

内蒙古自治政府关于村选指示

（一九四九年四月十一日）

各盟旗县市长：

甲、关于村选问题，本区除少数地区（如突泉、纳盟等）已进行试点外，大部地区现尚未开始。目前各村已转入紧张备耕时期，为了集中力量搞好春耕生产，关于村选试点，在春耕开始时，即应暂告一结束，待挂锄后继续进行试点。此次民政会议关于村选问题，曾作初步讨论，根据某些地区的试点材料以及民政会议的讨论，对这一工作，有以下几个问题需要提出注意：

一、各级干部必须深刻认识村选的意义，村选并不是单纯的改选干部或部份的改造政权，或要某些干部"换换肩"，而是土改完成以后，为了巩固劳动人民的胜利果实及其政治地位，必须在提高群众政治觉悟发动广泛民主的基础上，建立一个以劳动人民为主体（贫雇农为骨干，巩固地联合中农）的，真正为他们所掌握的并代表大多数人民利益的新的政权。这样才能使土改后的农村逐渐走向民主进步与繁荣，才能够领导农民生产致富，提高与发展新民主主义的农村经济，提高文化，改善生活，并监督地富及防止与镇压一切反革命封建势力的活动，这是村选的根本意义，这是过去的农会所不能完全担任的，不认识这一点，村选便很容易流于形式。

二、进行村选必须从充分发动群众、提高群众思想觉悟方面着眼和着手。不先从群众思想上打下基础，提高其参选的认识与情绪，造成群众性的运动，则所产生的政权便仍然是一个脱离群众的政权。某些地区在进行村选时，多少忽略这一点，因此政权产生后，仍然是软弱无力，不为群众拥护，群众只是简单地认为选出了好干部，但群众自己和政权的关系是什么，则缺乏较明确的认识，这便是事先对群众启发教育不够所得到的直接结果。

三、必须深刻认识此次村选以后，人民代表会议的健全与否，对政权的巩固与发展，有着决定的意义。人民代表是政权与群众密切结合的桥梁，又是代表群众监督政权的最高权力机关，因此必须教育群众十分认真地来选举人民代表，首先应该向群众说明人民代表会议的好处，使群众了解人民代表的作用。人民代表产生以后，则应教育代表们如何反映全村群众意见，如何监督与检查政权的工作，并须立即结合生产，讨论村中春耕困难问题，交村政府去执行解决，以便使群众实际体会代表会议的作用。从某些村的试点材料来看，对这一问题干部思想上均重视不够，因此代表会议也仅流于形式，而无实际内容。

四、在审查公民资格上，应注意纠正右的偏向，某些村在试点中，给很多地富恢复了公民权，致使地富乘机钻空子，造谣言威胁群众。这将大大的模糊群众的阶级观念，损害劳苦群众经过翻身斗争所树立的优势，造成地富公开篡夺革命政权的机会。应该认清个别的恢复地富的公民权，不是认为这些地富已经可以和农民同样享受公民权利，而是为了分化地富，削弱地富的力量，使其更加孤立；假若我们把地富公民权问题，与劳苦人民的公民权问题，不从阶级观点去认识与审查，而同等看待，那将要发生严重错误。已经发生此种右倾偏向的试点村，应设法进行纠正，并将这一问题，深入的向干部与群众进行教育。

乙、自治政府决定今年在工农业区普遍完成村级选举，经此次民政会议讨论，其具体步骤如下：

一、挂锄以后，各旗县市继续进行村选试点，至秋收后村选全面铺开，年底以前全部完成村选。

二、为了总结今春村选试点经验，培养今后村选试点骨干，于各地春耕工作布置完了后，集中已经试点过的区村干部来本府民政部训练（集训办法与时间另行通知）。

丙、在各旗县市村选试点告一结束时，各盟旗（县市）长必须亲自加以检查并作出总结，报告自治政府。

（选自《内蒙古自治政府法令汇集》第一集，一九四九年版）

第三编

政权机构组织法

第二次国内革命战争时期

中国工农兵会议(苏维埃)第一次全国代表大会各级准备委员会组织大纲[*]

中央准备委员会根据全国苏维埃区域代表大会的决议及其主席团号召第一次全国苏维埃代表大会宣言的精神,决定各级准备委员会的任务为:(一)广泛的宣传召集全国苏维埃政权的当前任务及其全国代表大会的意义;(二)组织选举运动;(三)吸引群众团体及工农武装(赤卫队等)、红军等积极参加选举运动;(四)提出最积极、最勇敢、为群众所信仰的革命分子,介绍他们为代表候选人,或接受当地革命团体提出的代表候选人名单介绍给群众,(五)在选举大会中,普遍地搜集一切群众的要求和意见,把它整理成为意见书交代表带到大会。根据这一任务,制定各级准备委员会的组织大纲如下:

第一章 组织系统

第一条 中央准备委员会为全国最高机关,设在苏维埃区域的中心地点,指导全国苏维埃区域及反动统治区域的准备工作。

第二条 苏维埃区域各最高级(特区)苏维埃及所属各县、市、县区(即县以下之分区)、乡、村等各级苏维埃均应委任专员,设立准备机关。红军由各级政治部负准备工作责任。

第三条 反动统治区域内,由中央准备委员会设立办事处,管理指定的区域内之特区、县、市等级准备委员会的工作。

---

[*] 此件未载明日期,据有关史料记载,全国苏维埃区域代表大会于1930年5月召开,此件颁布日期当在1930年5月之后,1931年11月中华苏维埃第一次全国代表大会之前。——编者

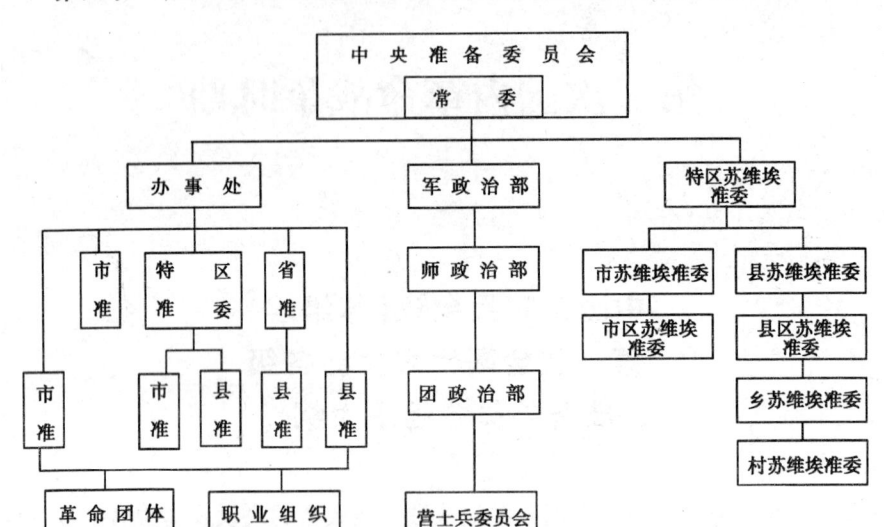

第四条 依照上述形式制定各级准备委员会全部组织系统如下：

```
                        中央准备委员会
                            常 委
        ┌───────────────────┼───────────────────┐
      办事处              军政治部            特区苏维埃
        │                    │                  准委
  ┌──┬──┼──┐             师政治部         ┌──────┴──────┐
  市  特区  省              │           市苏维埃准委  县苏维埃准委
  准  准委  准              │              │              │
  │   │   │              团政治部       市区苏维埃     县区苏维埃
  市  市  县 县 县           │            准委           准委
  准  准 准 准 准        营士兵委员会        │              │
  │   │                                乡苏维埃准委
  革命团体  职业组织                          │
  （注二）   （注一）                       村苏维埃准委
```

（注一）职业组织系指工厂委员会、手工工人店员组织、雇农会、贫民团、士兵委员会、贫民协会等组织。
（注二）革命团体系指反帝同盟、自由同盟、革命互济会、革命的文化团体、革命的学生会、CP及CY、地方党部等。

第二章　中央组织

第五条　中央准备委员会由全国苏维埃区域代表大会主席团召集之全体会议选举二十五人组织之。

第六条　中央准备委员会应酌量情形推五人至九人组织常务委员会。

第七条　中央准备委员会设主席、秘书处、组织部，宣传部及编辑委员会等。

第八条　中央准备委员会于必要时得添设各种委员会（如编辑委员会、宣传委员会等）及聘请或雇用各种职员。

第九条　中央准备委员会得酌量情形，在指定的反动统治区域内设立办事处，代理中央执行工作，并负责输送各地代表赴会，办事处得酌量情形，分工办事，并应与中央建立密切的关系。

第三章　苏维埃区域的组织

第十条　各特区（最高级）苏维埃，各县苏维埃，各市苏维埃，各县区苏维埃，各市区苏维埃，各乡苏维埃，各村苏维埃，均应委任专人，设立各级准备委员会。如村苏维埃范围较小者，可指一专人负责，不必设立准备委员会。

第十一条　各红军中的准备工作，由各级政治部领导该级士兵委员会执行之。

第十二条　各级准备委员会应酌量情形设置办事人员，分工办事。

第十三条　如尚未成立最高级（特区）苏维埃之各县、各市苏维埃，暂由中央准备委员会管理，如在交通上不便于中央准备委员会直接管理者，可由就近之中央办事处管理之。

第十四条　如有尚未建立之最下级组织如村或乡或市区（市内之分区）苏维埃者，应在此次准备选举大会中组织之。

第四章　反动统治区域之组织

第十五条　凡数省（如满洲）或数县（如通海）在政治上及交通上的条件的必要时，得由该区域内之职业团体及革命团体组织特区的准备委员会，直属中央办事处。各特区下，得酌量情形，设立所属之县或市的准备委员会。

第十六条　各省、市、县，应由该区域内之职业团体及革命团体组织准备委员会。但省准备委员会应兼所在地之市准备委员会（如不能召集全省准备委员会时，全省中心之市准备委员会亦得兼任省准备委员会）。该省或市准备委员会均直属中央办事处。如尚未成立省准备委员会区域内之县或市准备委员会，亦应直属中央办事处。

第十七条　各种革命群众组织：（一）职业团体，如工厂委员会，雇农工会，手工业、店员工会，贫民协会或农民委员会（凡贫农委员会、穷人会或光蛋会等均属之），士兵委员会，贫民协会（城市的□□□独立劳动者及失业劳动者等）等；（二）革命团体，如反帝同盟、自由同盟、革命互济会、革命学生会、革命的文化团体等，均为准备委员会的下层基础。各该组织的执行机关即应担负准备委员会的工作。有必要时，各该机关内可指定专人分工办事。各团体之准备工作应受所在地之省、市、县或特区的准备委员会之管理。

第十八条　本大纲由中央准备委员会通过公布后即为有效，有必要时，中央准备委员会得修改之。

苏维埃地方政府的暂行组织条例

(一九三一年十一月中央执行委员会第一次全体会议通过)

第一章 总则

第一条 为统一各级地方苏维埃政府的内部组织起见，根据宪法特颁布本暂行条例。

第二条 中华苏维埃共和国领土内的各级苏维埃政府，应严格地遵守本条例，建立健全的组织和工作。

第三条 本条例的停止或修改之权，属于中央执行委员会。

第四条 本条例在实际应用上发生疑问或争执时，解释之权属于中央执行委员会。

第二章 乡苏维埃

第五条 乡苏维埃是由全乡的选民，根据宪法的规定而选举出来的全乡政权机关，为苏维埃政权的基本组织。

第六条 乡苏维埃不设立执行委员会，也不设立主席团，只设主席一人，大的乡苏维埃可设副主席一人，主席缺席时，须选举代理主席行使主席之职权。

第七条 乡苏维埃不分科，一切事件由整个苏维埃负责。有临时事件时，可临时组织委员会进行之，如在没收和分配土地时，组织土地委员会进行没收和分配土地的工作等。各种临时设立的委员会的委员，除乡苏维埃的代表外，可吸收乡里的活动分子来参加，这些临时来参加委员会工作的人，有发言权而无表决权。

第八条 乡苏维埃的每个代表须担负苏维埃的一部分工作。

第九条 乡苏维埃的工作人员以不脱离生产为原则。

第十条 乡苏维埃有生活费的工作人员规定如下：一、主席一人。二、交通一人。三、其余的工作人员一人。但领生活费的工作人员，至多不得超过三人。在狭小或偏僻的乡，又或在经济困难的时候，只维持主席一人生活费。别的工作人员不给生活费，或津贴一部分生活费。

第十一条 乡苏维埃领生活费的工作人员，如超过了所规定的名额，必须得区执行委员会的核准。

第十二条 乡苏维埃的全体代表会议，每十天由主席召集一次，有特别事件得召集非常会议。

第十三条 乡苏维埃的全体代表会议，不限定在每一地方开。可以移到各村去开。最好是与讨论的问题有关系的村去开。

第十四条 乡苏维埃每月须向该乡选民做乡苏维埃的工作报告一次。几个村的乡可以到各村去召集选民大会报告自己的工作。

第十五条 有重要意义的问题的决议及命令，用布告的形式通知全乡人民，召集群众大会做报告，某种不重要的问题由代表口头传达。

第十六条 乡苏维埃主席的权限是召集会议，督促决议案之执行，处理日常的事务。

第十七条 乡苏维埃有权解决未涉及犯法行为的各种争执问题。

第三章　城市苏维埃（中央和省的直属市除外）

第十八条 城市苏维埃是由该城市的选民根据宪法的规定而选举出的全城市的政权机关，他（它）和乡苏维埃一样为苏维埃政权的基本组织。

第十九条 由城市苏维埃的全体代表会议选出主席团，再由主席团选出正副主席各一人。

第二十条 城市苏维埃为进行各部门的工作得分设：内务、劳动、文化、军事、卫生、粮食、工农检查、土地等科。

第二十一条 每个城市苏维埃的代表，至少必须参加一科的工作，并且在代表外还可以吸收该城市的活动分子参加各科的工作，不是城市苏维埃的代表而来参加各科工作的人，均有发言权但无表决权。

第二十二条 城市苏维埃的各科得组织干事会，以整理和计划各该科的工作。其干事须由城市苏维埃主席团委任之。

第二十三条 城市苏维埃得任用指导员以指导和巡视城市苏维埃所管辖的机关的工作。

第二十四条 劳动科之下可设立失业劳动介绍所和劳动检查所。在工农检查科之下得设立控告局。

第二十五条 废止秘书制，设立总务处以管理城市苏维埃内部一般的杂务，总务处设主任一人。

第二十六条 总务处之下得分设：文书、印刷、会计、事务、收发等股。

第二十七条 为办理城市苏维埃主席团文字上的工作，得用技术书记一人。

第二十八条 城市苏维埃领生活费的工作人员规定如下：

一、主席一人，二、副主席一人，三、军事科员二人，四、劳动科员一人，五、土地科员一人，六、财政科员一人，七、内务科员一人，八、工农检查科员一人，九、文化科员一人，十、卫生科员一人，十一、总务处主任一人，十二、文书、印刷、会计、事务、收发、交通各一人，十三、其他工作人员二人。

但领生活费的工作人员的名额不得超过十九人，在经济困难时及小的城市，城市苏维埃有生活费的工作人员不得超过九人，各科的工作可以兼任，有一部分的工作人员可不脱离生产。

第二十九条 城市苏维埃领生活费的工作人员的名额，若超过所规定之名额时，必须得县执行委员会批准。

第三十条 城市苏维埃主席团的会议，每星期召集一次；城市苏维埃全体代表会议，每两星期召集一次。有特别事故时，可召集非常会议。

第三十一条 城市苏维埃各科干事会的会议，每星期须召集一次；各科的全体人员会议，每星期也须召集一次，其记录应送到主席团去批准。

第三十二条 城市苏维埃各科的全体人员会议和城市苏维埃的全体代表会议，不限定在什么地方开，可移到群众所在的企业和机关去开，最好[到]与所讨论的问题有关的企业和机关去开，为的是吸收群众参加所讨论的问题。

第三十三条 城市苏维埃每月须向该城市的选民做自己的工作报告一次。

第四章 区、县、省执行委员会

第三十四条 区、县、省这三级的组织差不多相同。区执行委员会由区苏维埃代表大会选举出来，县执行委员会由县苏维埃代表大会选举出来，省执行委员会由省苏维埃代表大会选举出来。再由各级的执行委员会选举出主席团。区县执行委员会选出主席、副主席各一人，只有省执行委员会选出主席一人，副主席二人。

第三十五条 区、县、省执行委员会之下得设立：土地，财政，劳动，军事，文化，卫生，工农检查，粮食，内务等部。

第三十六条 区、县、省执行委员会可任用指导员，以指导和巡视下级苏维埃的工作。

第三十七条 省执行委员会得聘请专门人材，以帮助某几部的工作。

第三十八条 劳动部之下可设立劳动检查所及失业劳动介绍所，工农检查所之下可设立控告局，省所属内务部之下可设立民警所、市政所、刑事侦探局。

第三十九条 区、县、省执行委员会须设立总务处，以办理一般的杂务。总务处之下分为文书、印刷、会计、事务、收发、交通等股。

第四十条 为办理主席团文字上的工作，可用技术书记一人。

第四十一条 区执行委员会领生活费的工作人员规定如下：

一、主席一人，二、军事部长一人，三、财政部长一人，四、土地部长一人，五、文化部长一人，六、工农检查部长一人，七、劳动部长一人，八、总务处长一人，九、文书兼收发一人，十、印刷、事务、交通各一人。

但领生活费的工作人员的名额不得超过十五人。若在经费困难的时候，各部的工作可以兼任，有生活费的工作人员不得超过七人。

第四十二条 区执行委员会领生活费的工作人员若超过所规定的名额，必须得县执行委员会的批准。

第四十三条 县执行委员会领生活费的工作人员规定如下：

一、主席一人，二、副主席一人，三、军事部长一人，四、财政部长一人，五、粮食部长一人，六、土地部长一人，七、文化部长一人，八、卫生部长一人，九、劳动部长一人，十、工农检查部长一人，十一、内务部长一人，十二、总务部长一人，十三、文书、印刷、事务、收发各一人，交通二至五人，十四、其他工作人员五人。

但工作人员的总额不得超过二十五人，若在经费困难时，各部的工作可以兼任，领生活费的工作人员不得超过十五人。

第四十四条 县执行委员会的工作人员，若超过了所规定的名额，必须得省执行委员会的批准。

第四十五条 省执行委员会领生活费的工作人员规定如下：

一、主席一人，二、副主席二人，三、内务部正副部长各一人，四、军事部正副部长各一人，五、财政部正副部长各一人，六、土地部正副部长各一人，七、文化部正副部长各一人，八、工农检查部正副部长各一人，九、粮食部长一人，十、卫生部长一人，十一、劳动部正副部长各一人，十二、政府机关报办事人员五人，十三、总务处主任一人，十四、技术书记一人，十五、文书二人，印刷二人，事务一人，会计一人，交通四人，十六、其他工作人员十五人至五十三人。但工作人员的总额,不得超过九十人。

第四十六条　省执行委员会的工作人员若超过了所规定的名额,必须得中央执行委员会的批准。

第四十七条　区、县、省执行委员会的各部得组织委员会,以各部部长为主席,其委员由各该级的执行委员会委任之,委员人数可由三人至九人。

第四十八条　各部是立于平等的地位,这一部不能指挥那一部。若这一部与那一部有关系的问题可共同商议进行之,比较重要的问题,应经过执行委员会主席团。

第四十九条　各部委员会的会议,各级执行委员会主席团的会议,都是每星期召集一次,有特别事情时得召集非常会议。

第五十条　区执行委员会的全体委员会议,每月由区执行委员会主席团召集一次；县执行委员的全体委员会议,由县执行委员会主席团每两月召集一次；省执行委员会的全体委员会议,由省执行委员会主席团每四月召集一次。有特别事故时,得召集非常会议。

第五十一条　为审查各级苏维埃的财政起见,得组织审查委员会担任这个工作。财政审查委员会的委员,由上级或本级执行委员会主席团委任之。

第五十二条　区执行委员会每两个月须向该区的选民做工作报告一次,县执行委员会每四个月须向该县内的选民做工作报告一次,省执行委员会每六个月须向该省内的选民做工作报告一次,选民群众可在该工作报告大会上批评政府的工作。

第五十三条　这些工作报告可写成书面,委托某一个执行委员或下级苏维埃政府向选民群众代做报告,选民所提出的意见,须转到做工作报告的政府去,以便参考。

第五章　工作的方法

第五十四条　各级苏维埃的工作方式,大体相同,今规定总的工作方式如下:

甲、会议。

乙、定期检查各科各部及下级苏维埃政府的工作。

丙、在会议上定期听各科各部及下级苏维埃政府工作报告并审查之。

丁、定期向选民报告自己的工作。

戊、组织革命竞赛,并进行定期的竞赛成绩的检阅。

己、布告、通告等。

庚、用各种方式将苏维埃政府的各种决议案,广播到群众中去。

第五十五条 会议分为:城市苏维埃的各科干事会议,各科的全体工作人员会议,县、省执行委员会各部的委员会议,主席团会议、全体执行委员会会议,城市苏维埃的全体代表会议,区、县、省苏维埃的代表大会。

第五十六条 各科和各部对于他(它)所管辖和有关系的机关,最少两个月须检查一次,检察(查)的结果,在各科的干事会议或全体人民会议上或各部的委员会议上做报告。

第五十七条 主席团对于各科和各部的工作,最少每两月须检查一次;主席团对于他(它)所管辖的苏维埃政府的工作,最少每三个月须检查一次。检查的结果,在主席团或执行委员会的全体委员会议上作报告。

第五十八条 各科或各部须定期地在各科或各部会议上,听各该管辖机关的工作报告,主席团须定期地听各科或各部及下级苏维埃政府的工作报告,执行委员会定期听主席团或下级苏维埃政府的工作报告。

第五十九条 组织各种竞赛;团体与团体竞赛,乡村与乡村竞赛,城市与城市竞赛,区与区竞赛,省与省竞赛,订立竞赛条约,到条约期满后,举行竞赛的成绩检阅。由上级苏维埃政府派代表去检阅和评判竞赛的结果,并给竞赛胜利者以某种奖励。

第六十条 经过布告、通告、命令、壁报、小册子等等,使苏维埃政府的政策决议案等深入群众中去。

第六十一条 工农检查部有他(它)的特别任务,得设立控告局以接收工农的控告事件。同时,可委托忠实可靠的工农干部,代收工农群众的控告事宜。并且在各地方须挂控告箱,使工农群众投提意见书。此外,还可以组织工农群众的突击队,突然地去检查某机关的工作,以揭破官僚主义者与腐化分子的假面具,还可以组织群众法庭以审判犯法行为的官僚腐化分子。

第六章 地方苏维埃政府的具体工作

第六十二条 地方苏维埃政府(由乡苏维埃、城市苏维埃到省执行委员会止)具体的工作规定如下:

(一)执行上级苏维埃政府的命令、指令、训令、法令、决议等等。

(二)制定该政府一个月至六个月的工作计划及实现这种计划的工作日程。

(三)在召集苏维埃的全体代表会议,执行委员会的全体委员会议,主席团会议,各科各部的会议以前,准备议事日程、报告、提案及其他材料。

（四）解决该区域的争执问题。

（五）指示下级苏维埃政府的工作，并对上级苏维埃政府作报告。

（六）进行人口、土地、婚姻、死生、契约、文书及工商业等等的登记。

（七）办理关于土地问题的事宜，如没收，分配，整理耕田及水利等。

（八）代收国家捐税。

（九）制定并审查预算决算。

（十）办理义务劳动，如帮助红军，救灾、修路等等。

（十一）组织地方武装，办理守卫，放哨，通报消息，帮助红军作战事宜等等。

（十二）计划并执行该地方的建设事宜。

（十三）进行该苏维埃境域内文化教育事业。

（十四）市政的建设。

（十五）民警和刑事侦探的管理。

（十六）进行卫生事宜。

（十七）与官僚腐化分子奋斗（斗争）。

（十八）劳动保险之实现。

（十九）进行社会保险事业。

第七章　地方苏维埃政府的财政

第六十三条　各级地方苏维埃政府机关的一切收入，须完全缴到中央政府财政人民委员部的各级机关去，作为中华苏维埃共和国的国库收入项。

第六十四条　地方苏维埃政府的支出须作成预算案，送上级苏维埃政府批准，按照所批准的预算案支出。

第六十五条　第一项的支出，不准移作别项用途，倘若移作别项用途，须得上级苏维埃批准，才能移用。

第六十六条　不准超出预算案所规定的数额，倘若必须超出预算案时，须得上级苏维埃的核准。

第六十七条　预算案期满后须同一形式地制成决算案两份，一份交上级苏维埃政府去批准，另一份保存在该苏维埃政府内，以便检查时作参考。

第六十八条　若违反本条例的财政支出手续，依照浪费公款论罪。

第八章　文件的署名

第六十九条　地方苏维埃政府的文件，须由主席、副主席署名，要是主席缺席时,由副主席代理主席名义署名;没有副主席的苏维埃政府,由主席署名,主席缺席时,得由代理主席署名。

第七十条 与某科某部有关系的文件须由主席同某科或某部长同时署名。

第九章 地方苏维埃政府工作人员的检查

第七十一条 地方苏维埃政府雇用工作人员时,须填写两份履历书;一份保存在该工作人员做工作的苏维埃政府内,另一份送交比它高一级的苏维埃政府,以便检查。

第七十二条 上级苏维埃政府对下级苏维埃政府的雇用工作人员,有随时检查和撤换之权。

第十章 附则

第七十三条 本暂行组织条例自颁布之日起发生效力。

中央执行委员会主席 毛泽东
副主席 项 英
张国焘

附　组织系统图

区、县、省执行委员会的组织系统图表

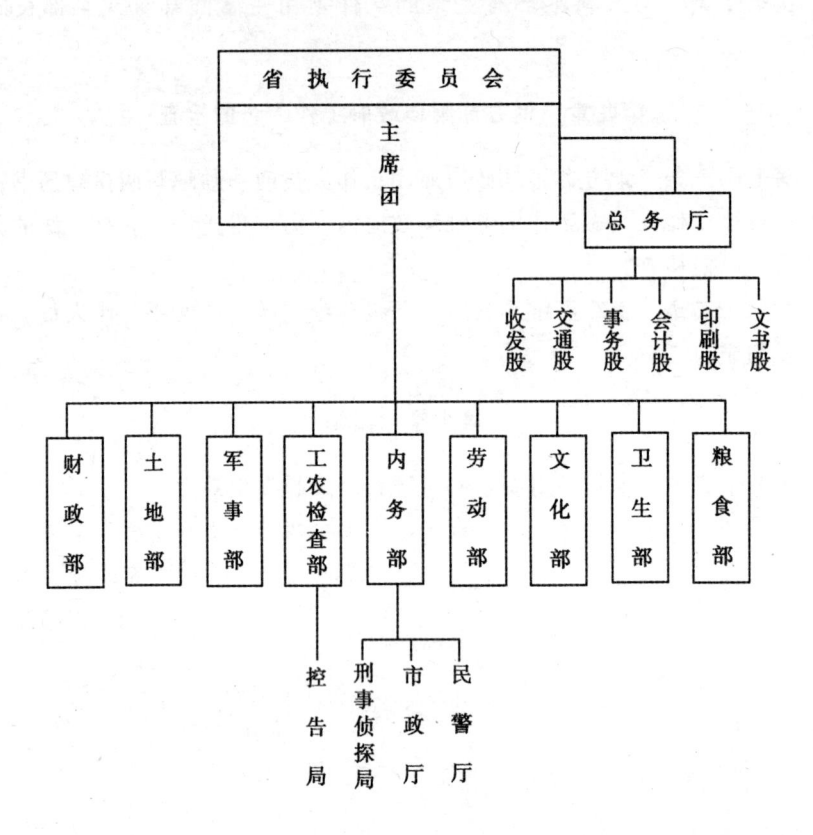

```
                    ┌─────────────────┐
                    │  省 执 行 委 员 会  │
                    │      主席团       │──────────┐
                    └─────────────────┘          │
                            │              ┌─────────┐
                            │              │ 总 务 厅 │
                            │              └─────────┘
                            │                   │
                            │        ┌────┬────┬────┬────┬────┐
                            │       收发 交通 事务 会计 印刷 文书
                            │        股   股   股   股   股   股
        ┌────┬────┬────┬────┼────┬────┬────┬────┐
       财政 土地 军事 工农 内务 劳动 文化 卫生 粮食
        部   部   部  检查  部   部   部   部   部
                        部    │
                              ├────┬────┐
                             控告 刑事 市政 民警
                              局  侦探  厅   厅
                                   局
```

附注：区、县执行委员会的组织系统与省相同。

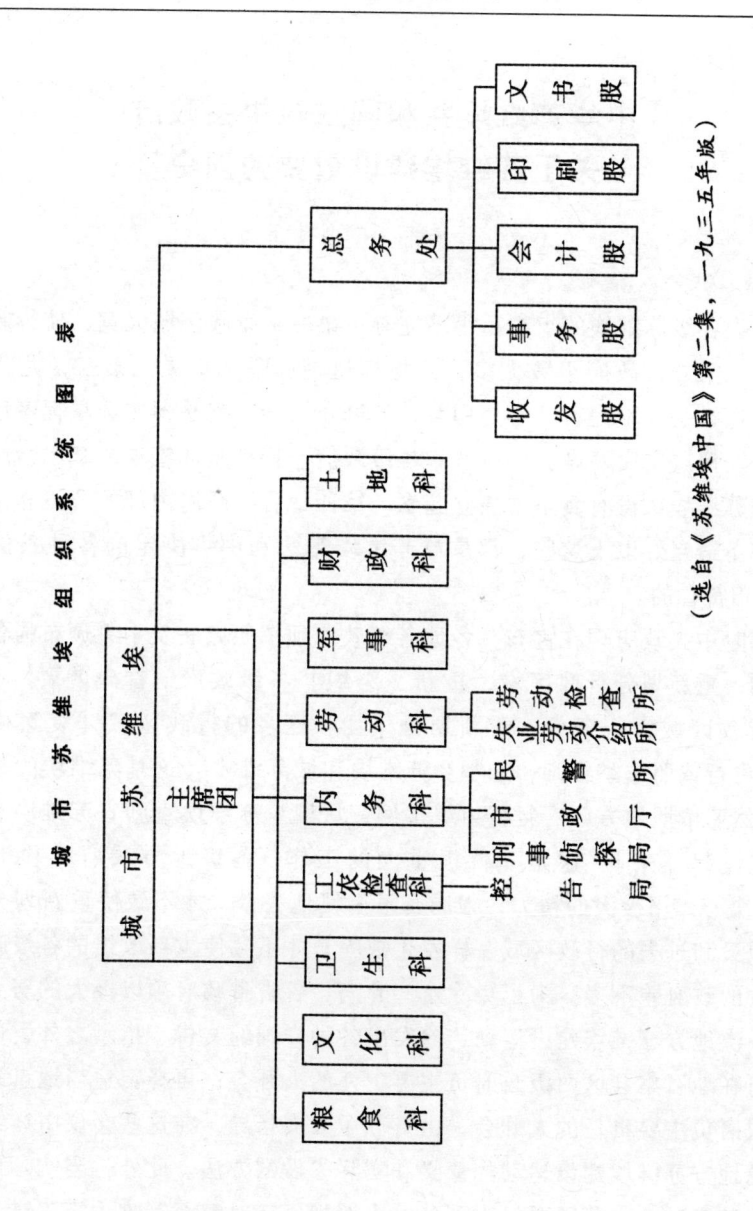

城市苏维埃组织系统图表

```
城市苏维埃主席团 ─┬─ 粮食科
                  ├─ 文化科
                  ├─ 卫生科
                  ├─ 工农检查科 ── 控告局
                  ├─ 内务科 ─┬─ 市民警察局
                  │          ├─ 刑事侦探局
                  │          └─ 民政厅
                  ├─ 劳动科 ─┬─ 劳动检查所
                  │          ├─ 失业介绍所
                  │          └─ 劳动介绍所
                  ├─ 军事科
                  ├─ 财政科
                  └─ 土地科

总务处 ─┬─ 收发股
        ├─ 事务股
        ├─ 会计股
        ├─ 印刷股
        └─ 文书股
```

（选自《苏维埃中国》第二集，一九三五年版）

中华苏维埃共和国临时中央政府
关于苏维埃建设重要的训令

（一九三一年十二月十五日）

过去各级苏维埃的组织，很不完善：第一，行政区域太宽，使行政的实施不便。第二，政府级数太多，使指挥迟钝，联系不灵。第三，尤其重要的，是选举手续不完备，不是用简单的群众大会，就是不按选举程序地去召集代表会议或主席联席会议以选举各级政府。特别是苏维埃的基本组织——乡与城苏维埃，没有真正地建立起来。第四，各级政府内部的分工和工作方法，多不适当。以上这些，都是与苏维埃宪法和中央决定的各种条例细则[不]相符合的。

临时中央政府现在宣布，各地各级政府须依照宪法及中央颁布的各种条例细则，重新划分行政区域，重新[组织]各级政府，首先就要[依照]划分行政区域暂行条例，重新划分[县]区乡的行政区域（废除村与小组），再行依照选举细则，选举乡苏维埃和城苏维埃（这是苏维埃的基本组织），然后依照地方政府暂行组织条例，从城乡苏维埃直到省苏维埃，一律重新建设起[来]。这是一件极重大的工作，各级地方政府必须下极大[的]决心，用极大的精力，很周密很审慎地去做，才不致使重新划分的行政区域又和过去的行政区域一样发生缺陷，才不致使重新改组的各级政府又和过去的政府差不多。为了免除这些弊病，各省省政府须以极大的努力去指挥这一次地方苏维埃建设运动，除发出各种详细的文告、指示之外，还要在省苏所在地召集县区两级政府负主要责任的人开会；再择定适当地点召集各乡村政府负主要责任的人开会，由省苏派人去指导，在这些会议中详细明了的讨论地方苏维埃建设运动的意义和实际去做的方法。此外，当实际划分区域改选政府时，省苏还要派人到各县去巡视，随时解释疑难，指正错误。县对于区，区对于乡的指导，也要仿此办理，务必要使这次苏维埃建设运动，得到很好成绩。

江西、福建两省和瑞金直属县，从一九三一年十二月廿日起，到一九三二年三月卅一日止，为依照新法令实行苏维埃建设运动的期间。两省省苏和瑞金县苏，须立即按照此时间做出适当的工作计划，使行政区域的划分和各级苏维埃的选举（乡一级的划分和选举应用去大部分的时间和力量），能于一百天时间内,有步骤地很好地完成起来,并随时将经过情形报告中央政府,以便中央政府及时加以指导,其他各省自令到之日起实行,此令

中央执行委员会主席 毛泽东

副主席 项 英

张国焘

公历一九三一年十二月十五日

(选自一九三一年十二月十八日《红色中华》第二期)

中华苏维埃共和国地方苏维埃暂行组织法(草案)

(一九三三年十二月十二日)

第一章 总则

第一条 省、县、区、市、乡各级苏维埃政权机关,为苏维埃政权的地方组织,称地方苏维埃。

第二条 省、县、区、市、乡各级苏维埃,必须根据本法组织之。

第二章 苏维埃政权的基本组织

(注)市苏维埃、乡苏维埃,是苏维埃政权的基本组织,其主要的特点是经常的代表会议制度,代表不脱离生产,散布在群众中。

甲、市苏维埃

第三条 市苏维埃为全市的最高政权机关,由全市选民选举代表组织之。

第四条 市苏维埃之下,应划分为若干"市区",设立市区苏维埃。但四千人以下的市及隶属于区苏维埃的市,不划分市区。城外市区(即乡村划入市苏管辖者)之内,应按距离远近与居民多少,划分若干村,但每一市区之内,至多不得超过五个村。

(注)市区的名称,小市可以"城中市区"、"东郊市区"、"西郊市区"等等称之,大市可以著名街道及其他适当地名称之。城外市区内村的名称,可用各村中著名的地方称之,均不得用数字为名称。

第五条 市区苏维埃为全市区的最高政权机关,由全市区选举代表组织

之。市区苏维埃隶属于市苏维埃。

（注）市区苏维埃代表人数的标准，暂适用乡苏维埃代表人数的标准。

第六条　除"区属市"之外，市苏维埃的代表，由市区苏维埃的全体代表会议选举之。

（注）市苏维埃代表人数的标准，依照苏维埃暂行选举法第二十二条至二十五条之规定。

第七条　由市苏维埃的全体代表会议选举市区苏维埃主席团，为市区代表会议闭会期间全市区的最高政权机关。

第八条　居民五万人以下的市，由市苏维埃全体代表会议选举主席团，为市苏维埃代表会议闭会期间的全市最高政权机关。

第九条　居民五万人以上的市，由市苏维埃全体代表会议选举市执行委员会，为市苏维埃全体代表会议闭会期间的全市最高政权机关，再由市执行委员会选举主席团，为市执行委员会闭会期间的全市最高政权机关。

（注）组织了市执行委员会的市苏维埃，其经常代表会议制度仍然存在，与没有执行委员会的市苏维埃之经常代表会议制度同。

第十条　市执行委员会，在居民五万人以下的市，由［委员］二十一人至二十五人、候补委员五人至七人组织之；在居民五万人以上的市，由［委员］三十五人至七十五人，候补委员七人至十一人组织之。

第十一条　市区苏维埃主席团，在居民五万人以下的市，以五人至七人组织之，在居民五万人以上的市以九人至十一人组织之。

区属市苏维埃主席团，以五人至七人组织之。

县属市苏维埃主席团，以七人至十一人组织之。

省属市苏维埃主席团，以十一人至十九人组织之。

中央直属市苏维埃主席团以十九人至二十五人组织之。

第十二条　市区苏维埃，或市苏维埃，均推选主席一人，副主席一人至二人。

第十三条　市区苏维埃与市苏维埃代表的任务：一方面是代表选举他们的选民到苏维埃去工作，传达选举意见，及选民所要进行的工作，提到市区苏维埃或市苏维埃去讨论；另一方面是将上级苏维埃所要进行的工作，经过市区苏维埃或市苏维埃讨论之后，传达到群众中去，领导各代表所在范围内居民，坚决执行上级苏维埃的命令和指示，执行市区苏维埃和市苏维埃的决议。

第十四条　市区苏维埃的代表，须按其任（住）所接近，在五个［至］

九个代表之中，由市区苏维埃主席团指定一人为代表主任，在主席团许可的范围内，分配和指导其领导下各代表的工作，传达市区苏维埃主席团的通知，在其领导下各代表召集其领导下的居民开会，解决其领导下居民的较小的问题，必要时得参加主席团会议。城外市区内的各村，如一村中有代表主任在二人以上者，可于各代表主任之中，指定一人，负接受主席团的通知转达于各代表主任，召集以村为单位的居民会议之责，为讨论村的问题，并传（得）召集本村各代表开会。

第十五条 在市区苏维埃与区属苏维埃管辖的全境之内，为着代表与居民的密切联系，便于吸收居民意见，及领导工作起见，应依照代表与居民住所的接近，将全体居民适当分配于各个代表的领导之下（通常以居民三十人至七十人置于一个代表的领导之下），使各个代表对于其领导下一定范围内的居民发生固定的关系。

第十六条 市区苏维埃与区属市苏维埃之下，组织下列各种经常的或临时的委员会，其人数与任务规定于下：

1. 扩大红军委员会

委员七人至九人，管理扩大红军与归队运动。

2. 优待红军委员会

委员七人至九人，在城内市区协同工会及贫民代表收集工人、贫民群众的优待月费及市财政部交来的百分之五商业税与店房租，适当分配于没有分到田、生活困难的红军家属及脱离生产的工作人员的家属，领导全市区的能劳动的居民为劳动力不足的红军家属及脱离生产的工作人员砍柴挑水或做其他必要的工作，为红军家属找工作，及领导他们开办生产合作社；在城外市区指导耕田队，为劳动力不足的红军家属及其他脱离生产的工作人员的家属耕种土地，解决红军家属及其他脱离生产的工作人员的家属的一般生活困难问题，管理红军公田的耕种、收获与保管。

3. 慰劳红军委员会

委员七人至九人，由市区苏维埃或区属市苏维埃的代表及各群众团体的代表组织之。其任务为领导居民群众举行慰劳红军运动，收集居民群众慰劳红军的物品等。

4. 赤色戒严委员会

委员五人至七人，由市区苏维埃或区属市苏维埃的代表、赤卫军少先队的干部及其他积极分子组织之。其任务为加紧赤色戒严与肃反斗争，如指导并巡查放哨、眺高、查路条、盘问可疑居民与来人，领导群众注意剥削分子的行动，追究反动派的造谣，并帮助政治保卫局与裁判部实行镇压反革命活动等。

5. 防空防毒委员会

委员五人至七人，其任务为指导居民群众防御敌人飞机轰击的各种必要事项，如设立号炮所，构筑飞机洞，准备防毒用具等。

6. 义务劳动委员会及运输委员会

委员七人至九人，调查登记、编制调剂并动员运输队、耕田队、修路队、劳役队（地主及反动富农的）及其他义务劳动事项。为了迅速的动员伕子到前方抬伤病员、搬胜利品及服后方的运输勤务，得单独组织运输委员会，委员五人至七人。

7. 失业救济委员会

在城内市区，在城外失业工人稍多之市区及区属市，均组织失业救济委员会（失业工人没有或极少的城外市区可不组织）。委员七人至十一人，由市区苏维埃或区属市苏维埃的代表、失业工人中的积极分子组织之。其任务为帮助市劳动部的失业劳动科调查登记全市内的失业工人，讨论并实行为失业工人找工作，找住所及筹集经费或物品作临时的救济等。

8. 贫民委员会

于城内各市区组织之（城外市区不须组织），委员九人至十五人，委员必须是市区苏维埃中贫民出身的代表及各业贫民群众中的积极分子。其任务为调查登记全市区贫民的人数，职业与失业状况，讨论与解决各业贫民群众一切生活困难问题。

9. 房屋委员会

委员七人至九人，管理全市区内公私房屋之调查与登记，豪绅地主及反动资本家房屋之没收与分配，工人贫民缺乏房屋问题之讨论与解决，被火烧毁的房屋之设法重建等。此委员会只在城内市区组织之，城外市区不须组织。

10. 户口委员会

委员三人至五人，其任务为按照成分调查登记全市区居民的家户人口；按月登记全市区居民中之出生、死亡、迁移、结婚及离婚之人数。

11. 工业委员会及农业委员会

在各市区特别在城内市区组织工业生产委员会，委员九人至十五人，由市区苏维埃或区属市苏维埃的代表，国营工业职工中的积极分子，工业生产合作社的代表，及其他独立生产者中的积极分子组织之。其任务为指导工人贫民群众发展国有的、合作社的、独立生产者的各种工业，监督工业资本家增加资本扩张营业，而反对其运去资本、停歇企业等。

在城外市区，则按照农业生产季候，组织春耕委员会，夏耕委员会，秋收秋耕委员会与冬耕委员会，委员七人至九人，由市区苏维埃或区属市苏维埃的代表及农民中积极而老于农事的分子组织之。其任务为指导农民群众调剂人工，增加肥料，解决耕牛困难，修理添置农具，选择种子，改良栽培方法，消灭害虫，及不失时机收获农产品等。

12. 工业研究委员会及农业研究委员会

委员七人至九人，在城内市区组织工业研究委员会，其任务为指导本市区内国有的、合作社的、私人小企业的各种工业生产中的各种重要问题之研究，如怎样提高生产技术等。在城外市区，则组织农业研究委员会，其任务为指导本市区内农业生产方面各种重要问题之研究，如什么种子什么地方适宜，宜于施放什么肥料，用何种栽培方法较好等，同时管理本市区的农业试验场。

13. 没收征发委员会

委员五人至七人，在城内市区其任务为帮助政治保卫局与裁判部没收反革命犯的财产，没收住居与（在）城市的地主及其暗藏的反革命分子的财产，怠工的资本家的罚款或捐款等，这是经常的组织。

在城外市区，则其任务为没收地主的现款及其他财产，依照国家财政机关的命令，适当的进行富农捐款，这是临时的组织，任务完毕即撤销。

14. 国有财产委员会

委员三人至五人，其任务为管理国有财产，在有国有财产之市区或市属直属市组织之，无国有财产者则不须组织。

15. 商业税或农业税征收委员会

委员七人至九人，在城内市区组织商业税征收委员会，帮助市财政部调查商店营业情形，并帮[助]征收商业税，这是经常的组织。

在城外市区，则组织农业税征收委员会，帮助市财政部征收农业税，于征收农业税时临时组织之，任务完毕即撤销。

16. 公债发行委员会

委员七人至九人，管理公债之推销，债款债谷之收集与暂时的保存，于发行公债时临时组织之，任务完毕即行撤销。

17. 教育委员会

委员九人至十一人，由市区苏维埃或区属市苏维埃的代表，列宁小学校长、补习夜学校长、俱乐部主任、共产青年团、工会、贫民团、少先队、儿童团、女工农妇代表会等团体的代表组织之，管理全市与区属市内的一切文化教育事业之发展、整理与调查统计。

18. 卫生委员会

委员七人至九人，由市区苏维埃或区属市苏维埃的代表，各街道或各村落群众中积极分子组织之。管理全市区与区属市内通光、通气、通水、扫除灰尘垃圾、清洁沟渠便所、灭蝇、捕鼠、防疫、医药等事项。

19. 桥路委员会

委员七人至九人，管理街道、普通道路、桥梁、船渡、茶亭等之修理与建设。

20. 粮食委员会

委员七人至九人，管理关于全市区与区属市内每季粮食（杂粮在内）的调查登记与统计，调查统计全市区与区属市内居民群众每季共需粮食若干，有余或不足若干。

21. 备荒委员会

委员七人至九人，其任务为筹集粮食于备荒仓而保管之，调查统计全市区与区属市内居民群众中粮食不足及正患饥荒者若干，需要接济粮食若干，并实施救济办法。

22. 森林或山林委员会

委员五人至七人，在城内市区及城外市区之无山者，组织森林委员会，其任务为领导居民群众在一切可能植树的地方如园地、庭院、河旁、路近（边）种植树木并培养保护之。在城外市区之有山者，则组织山林委员会，管理山林之种植、培养与保护。

23. 水利委员会

委员五人至九人，在城内市区管理街道及房屋下阴沟之修理，附城河堤之修筑，城内外池塘水井之疏浚。在城外市区管理坡地、河堤、池塘之修理与开筑，水车之修理与设备。

24. 土地登记委员会

委员三人至五人，在城内市区管理地坡、池塘、水井、园土、果木、树林等的调查登记与统计。在城外市区则管理田地、山林、池塘、园土、沙坝、果木等之调查登记与统计，土地证之发给与补领等。

25. 开荒委员会

委员五人至七人，于城外市区之有荒田、荒土、荒山者组织之。

管理领导群众开发荒田、荒土、荒山。

26. 查田委员会

只在城外市区组织之，委员七人至十一人，以市区苏维埃或区属市苏维埃的主席、副主席、文书、贫农团主任、工会支部长、其他群众团体负责人为委员，为查田运动的领导机关，查田运动彻底完成后即取消。在查田运动时，为了没收地主阶级的财产，及富农多余的耕牛、农具、房屋，并分配于群众，得组织没收分配财产的委员会，委员七人至十一人，在查田委员会指导之下进行工作。

同样，为着对于地主的土地及富农多余的与好的土地之没收与分配，在查田委员会之下得另组织没收分配土地的委员会，委员七人至十一人。

27. 选举委员会

委员九人至十三人，于举行市区苏维埃与区属市苏维埃的选举时，由市区苏维埃或区属市苏维埃的代表，各群众团体的代表，及其他积极分子组织之。在市苏维埃选举委员会直接指导之下，管理关于选举的宣传、选民的登记、选举单位的划分、候选名单的准备、选举大会的召集，及其他一切与选举有关系的事项。选举完毕即撤销。

28. 工农检察委员会

委员七人至九人，由工会、贫民团、女工农妇代表会、共产青年团的代表及其他积极分子组织之，直接隶属于市苏维埃的（区属市则隶属于区苏维埃的）工农检察委员会。其任务为经常检查市区苏维埃与区属市苏维埃主席团、代表会议各委员会、赤卫军、少先队及国家企业是不是完全遵照上级苏维埃的法令、指示进行工作。在这些机关与企业中，如果发生了贪污腐化，消极怠工，压制强迫或其他违反选民群众公意，违反苏维埃法令的行为的分子，即帮助市苏维埃工农检察委员会进行对于这些不良分子的检举。

第十七条　市区苏维埃与区属市苏维埃下各种委员会之组织，得按当地工作需要情形增加之或减少之，但须得上级苏维埃的同意。

第十八条　在城外市区，如地域较宽或工作高度发展时，可以村为单位组织某些必须要的委员会，每一委员会的人数三人至五人，为乡的委员会的分会，其主任即以乡的委员之一充之。

第十九条　各委员会设主任一人，主持各委员会的工作。

第二十条　市区苏维埃或区苏维埃的每个代表必须参加一个至两个委员会为委员，代表应参加何种委员会，先由代表自己选择，再由主席团适当分配之。

第二十一条　应充分吸收代表以外的工农贫民积极分子参加各委员会为委员。

第二十二条　各委员会进行工作时不得违背代表会议及主席团的意见。

第二十三条　市苏维埃与区苏维埃的各部对于市区苏维埃与区属市苏维埃下的各种委员会，须按其任务的分别，经过市区苏维埃与区属市苏维埃的代表会议及其主席团发生密切的关系，必要时市苏维埃的各部得召集全市各个市区与自己有关系之委员会的主任到市苏开会，或派人去市区召集有关之委员会开会，指示工作。

第二十四条　市苏维埃、市区苏维埃及区属市苏维埃的全体代表会议各委员会的会议，必要时应移到有关系的企业中、机关中、群众团体中或村落中去开会，以便吸收当地工农贫民群众及当事人参加会议，发表意见。

第二十五条　市苏维埃、市区苏维埃及区属市苏维埃的代表，除规定的常驻人员外，以不脱离生产为原则。

第二十六条　市苏维埃的全体代表会议，在居民五万人以下的市，每月由主席团召集一次；在居民五万人以上的市，每两月由主席团召集一次。市区苏维埃的全体代表会议，在居民五万人以下的市，每十天由主席团召集一次；在居民五万以上的市，每二十天由主席团召集一次。

市执行委员会，每月由主席团召集一次。

市区苏维埃主席团会议每三天由主席团召集一次。

市苏维埃主席团会议，在居民五万人以下的市，每三天由主席团召集一次，在居民五万人以上的市，每七天由主席团召集一次。各委员会的会议，每十天由主任召集一次。

有临时问题，不论何种机关均得开临时会议。

市区苏维埃与区苏维埃的常驻人员，在城内市区为五人。在城外市区，人口在一千以下的二人，人口在一千以上的三人，人口在两千以上的四人，区属市苏维埃四人。

第二十七条　市苏维埃的常驻人员，由人民委员会按照各地居民多少及工作繁简，以命令规定之。

第二十八条　市区苏维埃与区属市苏维埃须每两个月向选民做工作报告一次。市苏维埃每三月向选民做工作报告一次。

选民对于工作报告有批评和建议之权。

第二十九条　市区苏维埃对于市苏维埃、区属市苏维埃对于区苏维埃，至少每月做工作报告一次。市苏维埃对于上级苏维埃至少每月做报告一次。

第三十条 市区苏维埃与区属市苏维埃均可用文书一人，助理主席团的工作。

第三十一条 市区苏维埃与区属市苏维埃的代表，均每半年改选一次。

市苏维埃的代表，在选民五万人以下的市，每半年改选一次。居民五万人以上的市，每年改选一次。代表连选者得连任。

第三十二条 在两次选举之间，代表有违背选民公意者，或无故连续两个月不出席代表会议者，或违抗代表会议决议经过警告不改变者，或犯其他重大错误者，得由选民十人以上的提议，经选民半数以上之同意撤回之；或由代表会议通过，经选民半数以上之同意开除之。撤回或开除之代表，以候补代表补充其职务。

乙、乡苏维埃

第三十三条 乡苏维埃为全乡最高政权机关，由全乡选民选举代表组织之。

第三十四条 由全体代表会议选举五人至七人组织主席团，为代表会议闭会时间的全乡最高政权机关。

第三十五条 由主席团推选主席、副主席各一人。

第三十六条 代表的任务一方面是代表选举他们的选民到苏维埃去工作，传达选民意见，将选民所要进行的工作提到乡苏维埃去讨论。另一方面是将上级苏维埃所要进行的工作，经过代表会议或主席团讨论之后，传达到群众中去，领导各代表所在范围内的居民，坚决执行上级苏维埃的命令和指示，执行乡苏维埃的决议。

第三十七条 乡苏维埃的代表，须按其住所接近，在三个至七个代表中，由乡苏维埃主席团指定一人为代表主任，在主席团许可的范围内分配和指导其领导下各代表的工作，传达乡苏维埃主席团的通知于其领导下各代表，召集其领导下的居民开会，解决其领导下居民的较小的问题，必要时得参加主席团会议。

第三十八条 乡的全境之内，应按距离远近与居民多少划分若干村，但每乡至多不得超过五个村（村的名称可用村内著名的地名称之，不得采用数字）。

如一村中有代表主任二人以上时，可于各代表主任之中指定一人，负接收主席团的通知、转达与各代表主任及召集以村为单位的居民会议之责，为讨论村的工作，并得召集村各代表开会。

第三十九条 在乡苏维埃管辖的全境之内，为着代表与居民的密切联系，便于吸收居民的意见，并领导工作起见，应依照代表与居民住所的接近，将全体居民适当分配于各个代表的领导之下（通常以居民三十人至七十人置于一个代表的领导下），使各个代表对于其领导下一定范围内的居民发生固定的关系。

第四十条　在乡苏维埃之下，组织下列各种经常的或临时的专门委员会，其人数与任务规定如下：

1. 扩大红军委员会

委员三人至九人，管理扩大红军与归队运动。

2. 优待红军委员会

委员七人至十一人，指导耕田队为劳动力不足的红军家属及其他脱离生产的工作人员的家属耕种土地，解决红军家属及其他脱离生产的工作人员的家属的一般生活困难问题，管理红军公田的耕种、收获和保藏。

3. 慰劳红军委员会

委员七人至十一人，由乡苏维埃的代表及各种群众团体的代表组织之，其任务为领导居民群众举行慰劳红军运动，收集居民群众慰劳红军的物品。

4. 赤色戒严委员会

委员七人至九人，由乡苏维埃的代表、赤卫军、少先队的干部及其他积极分子组织之，其任务为加紧赤色戒严与肃反斗争，如指导并巡查放哨、眺高、查路条、盘问可疑的居民与来人，领导群众注意剥削分子的行动，追究反动派的造谣，并帮助政治保卫局与裁判部实行镇压反革命活动等。

5. 防空防毒委员会

委员五人至七人，其任务为指导居民群众防御敌人飞机的轰击的各种必要事项，如设立号炮所、构筑飞机洞、准备防毒用具等。

6. 没收征发委员会

委员五人至七人，其任务为管理没收地主现款及其他财产，依照国家财政机关的命令，适当的进行富农捐款。这是临时的组织，任务完毕即撤销。

7. 国有财产委员会

委员三人至五人，其任务为管理国有财产，只在有国有财产之乡组织之。

8. 农业税征收委员会

委员九人至十五人，管理征收农业税，于征收农业税时临时组织之，任务完毕即撤销。

9. 公债发行委员会

委员九人至十五人，管理公债之推销、债款债谷之收集与暂时的保存，于发行公债时临时组织之，任务完毕即撤销。

10. 各季的农业生产委员会

按照农业生产季候，组织春耕委员会、夏耕委员会、秋收秋耕委员会与冬耕委员会，委员九人至十五人，由乡苏维埃的代表及农民群众中积极而老于农事的分子组织之，其任务为指导农民群众调剂人工、增加肥料、解决耕牛困难、修理添置农具、选择种子、改良栽培方法、消灭害虫及不失时机收获农产品等。

11. 开荒委员会

委员五人至七人，管理开发荒田、荒土、荒山。这是临时组织，任务完毕即撤销。

12. 山林委员会

委员五人至七人，管理山林之种植、培养与保护。

13. 水利委员会

委员五人至七人，管理坡地、河堤、池塘之修理与开筑，水车之修理与设备。

14. 土地登记委员会

委员三人至五人，其任务为对于农业生产方面各种问题之研究，如什么种子种什么地方适宜，宜于施放什么肥料，用各（何）种栽培方法较好等，同时管理乡之农业试验场。

15. （残缺）

16. 查田委员会

委员七人至十一人，以乡苏维埃主席、副主席、文书、贫农团主任、工会支部长、其他群众团体负责人组织之，为全乡查田运动的领导机关，查田运动彻底完成之后即撤销。

在查田运动时，为了没收地主阶级的财产及富农多余的耕牛、农具、房屋，并分配于群众，得组织没收、分配财产的委员会，委员七人至十一人，在查田委员会指导之下进行工作。

同样，为着对于地主阶级及富农多余的与好的土地之没收与分配，在查田委员会之下，得另组织没收分配土地的委员会，委员七人至十一人。

17. 教育委员会

委员九人至十五人，由乡苏维埃代表、列宁小学校长、补习夜学校长、俱乐部主任、共产青年团、工会、贫农团、少先队、儿童团、女工农妇代表会等团体的代表组织之，管里全乡文化教育事业之发展、整理与调剂统计。

18. 卫生委员会

委员七人至九人，由乡苏维埃代表及各村群众中积极分子组织之，管理全乡通光、通气、通水、扫除灰尘垃圾、清理沟渠便所、灭蝇、捕鼠、防疫、医药等事项。

19. 桥路委员会

委员七人至九人，管理全乡桥梁道路、船渡、茶亭等之修理与建设。

20. 粮食委员会

委员七人至九人，管理关于全乡每季粮食的调查登记与统计，调查统计全乡居民每季共需粮食若干，有余或不足若干。

21. 备荒委员会

委员七人至九人，其任务为筹集粮食于备荒仓而保管之，调查统计全乡的粮食不足或正患饥荒者若干，需要接济粮食若干，并实行救荒的办法。

22. 户口委员会

委员三人至五人，其任务为按照成分调查登记全乡居民的家户与人口，按月登记全乡居民中之出生、死亡、迁移、结婚及离婚之人数。

23. 义务劳动委员会及运输委员会

委员七人至九人，调查登记、编制调剂并动员运输队、耕田队、修路队、劳役队（地主与反动富农的）及其他义务等事项。

为了迅速动员伕子到前方抬伤病员，搬胜利品及后方的运输勤务，得单独组织运输委员会，委员五人至七人。

24. 选举委员会

委员九人至十三人，于举行乡苏维埃选举时，由乡苏维埃代表、各群众团体代表及其他积极分子组织之，管理关于选举的宣传、选民的登记、选举单位的划分、候选名单的准备，选举大会的召集及其他一切与选举有关系的事项。

25. 工农检察委员会

委员七人至九人，由工会、贫农团、女工农妇代表会、共产主义青年团的代表及其他积极分子组织之。直接隶属于区苏维埃工农检察委员会，其任务为经常检查乡苏维埃主席团代表会议、各委员会、赤卫军、少先队是不是完全遵照上级苏维埃的法令指示进行工作。在这些机关及地方武装中，如果发生了贪污腐化、消极怠工、压制强迫及其他违反选民群众公意、违反苏维埃法令的行为的分子，即帮助区苏维埃工农检察委员会进行对于这些不良分子的检举。

第四十一条 乡苏维埃下各种委员会之组织，得按照当地工作需要情况增加之或减少之，但需得上级苏维埃的同意。

（注）在乡之区域较宽或工作高度发展时，可以村为单位组织某些必要的委员会，每一委员会的人数三人至五人，为乡的委员会的分会，其主任即以乡的委员之一充之。

第四十二条 各委员会设主任一人，主持委员会的工作。

第四十三条 每个乡苏维埃代表必须参加一个至两个委员会为委员，代表应参加何种委员会，先由各代表自己选举，再由主席团适当分配之。

第四十四条 应充分吸收代表以外的工农贫民积极分子参加各委员会为委员。

第四十五条 各委员会进行工作时，不得违背代表会议或主席团的意见。

第四十六条 区苏维埃的各部，对于乡苏维埃下的各种委员会，须按其任务的分别，经过乡代表会议及其主席团发生密切的关系，必要时区苏维埃的各部得召集全区各乡或某几乡与自己有关系之委员会的主任到区苏开会，指示工作。

第四十七条 乡苏维埃全体代表会议，每十天由主席召集一次。

主席团会议每三天由主席召集一次。各委员会的会议，每十天由主任召集一次。

有临时重要问题，不论何种机关均得召集临时会议。

第四十八条 全体代表会议，各委员会的会议，必要时应移到与所讨论的事件有关系的村子内或群众团体内去开会，以便吸收当地群众及当事人来参加会议。

第四十九条 乡苏维埃的代表，除规定的常驻人员外，以不脱离生产为原则。

第五十条 乡苏维埃可用文书一人，助理主席团的工作。

第五十一条 乡苏维埃的常驻人员，居民一千人以下的乡为主席、文书二人，居民一千人以上的乡为主席、副主席、文书三人，在重要交通大道而为一天行程的终点、工作特别繁多之乡，得驻四人。

第五十二条 乡苏维埃须每两个月召集选民开会，做工作报告一次。

选民对于乡苏维埃的报告，有批评和建议之权。

第五十三条　乡苏维埃至少每月向区苏维埃做工作报告一次。

第五十四条　乡苏维埃的代表每半年改选一次，但连选得连任。

第五十五条　在两次选举之间，代表有违背选民公意者或无故连续两个月不出席代表会议者，或违抗代表会议决议经过警告不改变者，或犯其他重大错误者，得由选民十人以上之提议，经选民半数以上之同意撤回之，或由代表会议通过，经选民半数以上同意开除之。撤回或开除之代表，以候补代表补充其职务。

第三章　区、县、省苏维埃代表大会及其执行委员会

甲、区苏维埃代表大会及其委会员

第五十六条　全区苏维埃代表大会，为全区最高政权机关。

第五十七条　由全区苏维埃代表大会选举区执行委员会，为全区苏维埃代表大会闭会期间的最高政权机关。区执行委员会由委员二十一人至三十五人、候补委员五人至七人组织之。

第五十八条　全区苏维埃代表大会，每三个月由区执行委员会召集一次。

第五十九条　全区苏维埃代表大会的任务是：听区执行委员会的工作报告并讨论之，讨论全区内苏维埃工作的方针与实行办法，选举区执行委员会。但执行委员会的选举，每两次全区代表大会中只举行一次（即六个月一次）。

第六十条　区执行委员会推选七人至十一人组织主席团，为区执行委员会闭会期间的全区最高政权机关。

第六十一条　区执行委员会主席团互推主席、副主席各一人。

第六十二条　区执行委员会主席团得用秘书一人、文书一人至二人，以助理文字等工作。

第六十三条　区执行委员会的常驻人员，由人民委员会按照居民多少及工作繁简以命令规定之。

第六十四条　区执行委员会全体会议每月由主席团召集一次。

主席团会议每三天由主席召集一次。

有临时重要问题均得召集临时会议。

第六十五条　区执行委员会至少每月须向县执行委员会做工作报告一次。

第六十六条　区执行委员会至少每两个月须向区内各个乡苏维埃的全体

代表会议做工作报告一次。

第六十七条　区执行委员会须向全区苏维埃代表大会做工作报告。

乙、县苏维埃代表大会及其执行委员会

第六十八条　全县苏维埃代表大会为全县最高政权机关。

第六十九条　由全县苏维埃代表大会选举县执行委员会，为全县苏维埃代表大会闭会期间的全县最高政权机关。县执行委员会由委员三十五人至五十五人、候补委员七人至十一人组织之。

第七十条　全县苏维埃代表大会每六个月由县执行委员会召集一次。

第七十一条　全县苏维埃代表大会的任务是：听县执行委员会的报告并讨论之，讨论和决定全县苏维埃工作的方针，选举县执行委员会。但县执行委员会的选举，每两次全县代表大会中只举行一次（即一年一次）。

第七十二条　县执行委员会互推九人至十五人组织主席团，为县执行委员会闭会期间的全县最高政权机关。

第七十三条　县执行委员会的主席团互推主席一人，副主席一人至二人。

第七十四条　县执行委员会可任用巡视员二人至五人，出发巡视和指导主席团指定的某一项或某几项工作。

第七十五条　县执行委员会主席团得用秘书一人至二人，文书一人至二人，以助理文字等工作。

第七十六条　县执行委员会的全部常驻人员，由人民委员会按照各县居民多少及工作繁简以命令规定之。

第七十七条　县执行委员会全体会议，每两个月由主席团召集一次。

主席团会议每五天由主席召集一次。

有临时重要问题均得召集临时会议。

第七十八条　县执行委员会至少须每月向省执行委员会作工作报告一次。

第七十九条　县执行委员会须向各区苏维埃代表大会作工作报告。

第八十条　县执行委员会须向全县苏维埃代表大会做工作报告。

丙、省苏维埃代表大会及其执行委员会

第八十一条　全省苏维埃代表大会为全省最高政权机关。

第八十二条　由全省苏维埃代表大会选举省执行委员会，为省苏维埃代表大会闭会期间的全省最高政权机关。省执行委员会由委员五十五人至九十五人、候补委员十一人至十九人组织之。

第八十三条 全省苏维埃代表大会每年由省执行委员会召集一次。

第八十四条 全省苏维埃代表大会的任务是：听省执行委员会的工作报告并讨论之，讨论和决定全省范围内苏维埃工作的方针，改选省执行委员会。

第八十五条 省执行委员会互推十三人至十九人组织主席团，为省执行委员会闭会期间的全省最高政权机关。

第八十六条 省执行委员会主席团互推主席一人、副主席二人。省执行委员会可任用巡视员五人至九人，出发巡视和指导主席团或各部指定范围内的、关于下级的某一项或某几项工作。

第八十七条 省执行委员会得聘用专门人才，助理主席团或各部的工作。

第八十八条 主席团任用秘书一人至三人、文书一人至三人，以助理文书等工作。

第八十九条 省执行委员会的全部常驻人员，由人民委员会按照各省居民多少及工作繁简以命令规定之。

第九十条 省执行委员会全体会议，每四个月由主席团召集一次。

主席团会议每七天由主席召集一次。

有临时重要问题，均得召集临时会议。

第九十一条 省执行委员会，每四个月向中央执行委员会做工作报告一次。

主席团至少每月须向中央人民委员会做工作报告一次。

第九十二条 省执行委员会须向全省各县苏维埃代表大会做工作报告。

第九十三条 省执行委员会须向省苏维埃代表大会做工作报告。

第四章 各部

第九十四条 省、县、区、市各级苏维埃执行委员会之下，设立劳动、土地、军事、财政、国民经济、粮食、教育、内务、裁判等部，工农检察委员会及国家政治保卫分局。

但省军事部的工作，得归并于军区指挥部，不另设立机关。国家政治保卫局在区只设特派员。

省设审计委员会。

第九十五条 区及县属市的各部、直隶于县的各部、县及省属市的各部、直隶于省的各部、省及中央直属市的各部、直属于中央的各部，成为直的组织系统，下级绝对服从上级。

第九十六条 区、市、县、省各级苏维埃的各部，除隶属于各该部自己的上级各部之外，受同级执行委员会及其主席团的指导和节制。

第九十七条 主席团没有停止各部执行各该部上级的命令之权。

如主席团对于各该部上级的命令有异议时，应提出到上级执行委员会或主席团去解决，未得上级执行委员会或主席团的指示之前，不得停止各部执行上级的命令。

第九十八条 各级苏维埃非得各部上级的同意，不能随便调动主要的负责工作人员（部长、副部长等）。

第九十九条 各部的部长，除由各该级执行委员会的委员中选任之外，得选任执行委员会以外的人员充任。

各部部长、副部长的选任，须报告上级执行委员会或主席团，经过上级各部审查后委任之。

各部部长、副部长，除不称职者外，不随执行委员会的改选而更换。

第一百条 当各部工作人员交替时，除由原任将工作情形，向新任明白交代之外，须将文书、器具、财产等开列清单，由原任新任共同签字，点交明白。

第一百零一条 各级各部的全体工作人员，由人民委员会按照各部在各地的工作情形，以命令规定之，下面只规定主要的人员。

第一　劳动部

第一百零二条 省、县、区、市各级劳动部之下，均设劳动委员会，为讨论和建议关于劳动部工作中各种问题的机关。

劳动委员会，省由十五人至二十一人，县由十三人至十九人，区由九人至十一人组织之，市按市之大小由九人至二十一人组织之。

第一百零三条 劳动委员会，由部长、副部长、劳动保护科长、失业劳动科长、社会保险局长，职工会的代表二人至三人，国民经济部及土地部的代表，所在地附近的下级劳动部长及其他工作人员中能任此职者组织之，以部长为委员会的主任。

劳动委员会的委员，经同级主席团审查通过后，须送上级劳动部批准。

第一百零四条 省、县、区、市劳动部之下，设劳动保护科，失业劳动科及社会保险局分局、支局或办事处（社会保险局是暂时受劳动部节制的）。

第一百零五条 省劳动部设部长一人，副部长一人至二人。

县、区、市各级劳动部均设部长一人，副部长一人。

各级劳动部保护科，失业劳动科，各设科长一人。

社会保险局设局长一人。

省劳动部及中央直属市劳动部均设秘书一人。

县劳动部及省属市劳动部均设文书一人。

各级劳动保护科之下，均设劳动检查所。

在工业发展区域，劳动保护科之下，并须设置卫生检查所、技术检查所及经济评判所。

各级失业劳动科之下，均设劳动介绍所。

在失业工人较多区域，当地失业劳动科之下，并须设置失业劳动救济委员会。

第一百零六条　部长、副部长及各科的职权如下：

（一）部长管理本部全部工作，副部长助理部长进行工作，部长因故离职时代理部长之职权。

（二）劳动保护科，管理劳动保护的工作，监督与检查劳动法的实行。

（三）失业劳动科，管理失业劳动的登记和统计、劳力的调剂、劳动的介绍，指导工人组织生产合作社等。

（四）社会保险局，管理社会保险的工作。

第一百零七条　劳动检查所长、检查员，及社会保险局各级局长，由同级职工联合会推荐，经劳动部审查委任之。

第二　土地部

第一百零八条　省、县、区、市各级土地部之下，均设土地委员会，为讨论和建议关于土地斗争、土地生产各种问题的机关。土地委员会省由十五人至二十五人，县由十三人至十九人，区由十一人至十七人组织之，市按市辖近郊农村的多少，由十一人至十九人组织之。

第一百零九条　土地委员会由部长、副部长，没收分配科长、山林水利科长、调查登记科长，农事试验场主任、农产品展览所主任，劳动部、国民经济部、农业工会的代表，所在地附近的下级土地部部长，及其他工作人员中能任此职者组织之，以部长为委员会的主任，土地委员会的委员经同级苏维埃主席团检查通过后，须送上级土地部批准。省、县两级委员要有附近的下级土地部长二人至三人参加。区及市土地委员要有附近乡苏维埃关于土地问题的委员之三人至五人参加。

第一百一十条　省、县、区、市各级土地部之下，均设没收分配科，土地建设科，山林水利科，调查登记科，农事试验场，及农产品展览所。在土地没收分配问题彻底解决了的县、区、市，没收分配科的工作，应归并于土地建设科。

区级市土地部之下，还可组织临时的委员会：没收分配委员会，查田委员会，土地登记委员会等。

第一百一十一条 省土地部，设部长一人，副部长一人至二人。

县、区、市各级土地部，均设部长、副部长各一人。

没收分配科，土地建设科，山林水利科，调查登记科，各设科长一人。农事试验场、农产品展览所，各设主任一人。

省土地部及中央直属市土地部，均设秘书一人。

县土地部及省属市土地部，均设文书一人。

第一百一十二条 土地部部长、副部长及各科的职权如下：

（一）部长管理本部全部工作，副部长助理部长进行工作，部长因故离职时代理部长的职权。

（二）没收分配科，管理依照土地法令对于土地财产之没收、分配及对于土地之检查（查田运动）。

（三）土地建设科，管理发展农业生产事项，如各季的耕种与收获，调剂人工，开发荒地，调剂耕牛，改良农具，选择种子，增加肥料，改良栽培方法，消灭害虫，组织和指导农事试验场、农产品展览所、犁牛合作社、劳动互助社等。

（四）山林水利科，管理坡地、河堤、池塘的修筑与开发，水车的修理和添置，山林的种植培养、保护与开垦等。

（五）调查登记科，管理土地的调查、登记、统计及发给土地证等。

第三 军事部

第一百一十三条 县、区、市均设军事部。

省设军区司令部，为县军事部的上级机关。

省军区司令部及县、区、市军事部之下，均不设委员会。

（注）省军区司令部及中央直属市的军事行政机关之组织，由中央军事委员会以命令规定之。

第一百一十四条 县及省属市军事部，设部长、副部长各一人。

部长管理本部全部工作，副部长助理部长进行工作，部长因故离职时代理部长之职权。

第一百一十五条 县及省属市军事部，设第一科、第二科、第三科，各设科长一人。其职权如下：

（一）第一科长，管理地方部队的编制与训练，并兼赤卫军司令部第一参谋。

（二）第二科长，管理扩大红军及一切战争动员工作，并兼赤卫军司令部第一参谋（？）。

（三）第三科长，保管和分配武器弹药，并管理军事部其他杂务。

第一百一十六条 区及县属市军事部，设部长、副部长各一人。

部长管理本部全部工作，副部长助理部长进行工作，部长因故离职时代理部长之职权。

第一百一十七条 区军事部设第一科、第二科，各设科长一人。

其职权如下：

（一）第一科长，管理地方部队的编制训练事项，并兼区或市赤卫军参谋长。

（二）第二科长，管理扩大红军及一切战争动员工作。

第一百一十八条 县及省直属市军事部设秘书一人，区及县直属市军事部设文书一人。

第四 财政部

第一百一十九条 省、县、区、市各级财政部之下，均设财政委员会，为讨论和建议关于财政各种问题的机关。

财政委员会省由十一人至十五人，县由九人至十一人，区由七人至九人组织之。市按市之大小，由七人至十五人组织之。

第一百二十条 各级财政委员会，由部长、副部长、会计科长、税务科长、国有财产管理科长、国民经济部的代表、分库或支库的主任、银行行长、所在地附近的下级财政部长与财政部工作有联系的机关的代表及其他工作人员中能任此职者组织之，以部长为委员会的主任。

财政委员会的委员经同级苏维埃主席团审查通过之后，须送上级财政部批准。

第一百二十一条 省、县、区、市各级财政部之下设会计科、税务科、国有财产科。此外，在应该进行对于剥削者没收和征发的地方，组织没收征发委员会。在农业税征收时，区及市的财政部之下，组织农业税征收委员会。

在发行公债时，组织公债发行委员会。

在山林多的地方，组织国有山林管理委员会。

各委员会的委员，由部长以命令委任之。

第一百二十二条 省财政部设部长一人，副部长一人至二人。

县、区、市各级财政部设部长、副部长各一人。

会计科、税务科、国有财产科，各设科长一人。

各委员会设主任一人，省及中央直属市财政部均设总务科、设（会）计科长一人。

省及中央直属市财政部，均设秘书一人。

县及省直属市财政部，均设文书一人。

第一百二十三条 各级财政部部长、副部长及各科的职权如下：

（一）部长管理本部全部工作，副部长助理部长进行工作，部长因故离职时代理部长的职权。

（二）会计科，管理钱币的出纳账目的登记、预算书计算书的编制等。会计科之下，设记账、出纳、审核等股。

（三）税务科，管理商业税、农业税、山林税之征收、检查及监督。税务科之下，设农业税股、商业税股及记账员，必要时设山林税股。

（四）国有财产科，管理本部管辖的国有山林、矿山、店铺、房屋、工厂、作坊等国有财产之登记、整理，及出租、借入公款的清查及登记，各种租金的征收。国有财产科之下，可以组织国有财产管理委员会。

（五）总务科，管理伙食、印刷、收发，及一切不属于各科的事项。

第五 国民经济部

第一百二十四条 省、县、区、市各级国民经济部下均设国民经济委员会，为讨论和建议关于国民经济各种问题的机关。

国民经济委员会，省由十五人至十九人，县由十三人至十五人，区由十一人至十三人组织之。市按市之大小，由十三人至十九人组织之。

第一百二十五条 各级国民经济委员会，由部长、副部长，设计科长，工业科长，调查统计科长，运输管理局长，贸易局长，各社指导委员会主任，劳动部、土地部、财政部、职工会及其同级合作社的代表，所在地的下级国民经济部长，及其他工作人员中能任此职务者组织之。以部长为委员会的主任。

国民经济委员会的委员，经同级苏维埃主席团审查通过后须送上级国民经济部批准。

第一百二十六条 各级国民经济部之下，设设计科，工业科，商业科，调查统计科，合作社指导委员会，运输管理局（或支局），贸易局（或支局），必要时设国有企业科，但区一级必要时不设工业商业两科。

第一百二十七条　省国民经济部设部长一人，副部长一人至二人。

县、区、市各级国民经济部，设部长、副部长各一人。设计科，调查统计科，国有企业科，各科设科长一人。

运输管理局，贸易局，各设局长一人。

省及中央直属市国民经济部均设秘书一人，县及省辖市国民经济部均设文书一人。

第一百二十八条　各级国民经济部长、副部长、各科及委员会的职权如下：

（一）部长管理本部全部工作，副部长助理部长进行工作，部长因故离职时代理部长之职权。

（二）设计科，拟具所属范围内农林、工、商、矿、交通等业发展与调剂的计划。

（三）工业科，管理工业之发展及调剂。

（四）商业科，管理商业之发展及调剂。

（五）调查统计科，管理所属范围内农林、工、商、矿、交通等业及其他必要事项的调查与统计。

（六）国有企业科，管理各种国有企业经营。

（七）合作社指导委员会，管理指导合作社的发展，并监督其工作。

（八）贸易局，管理国营贸易。

（九）运输管理局，管理国有企业的运输。

第一百二十九条　各级国民经济部，得聘请专门人材，设立专门机关，以进行某些必要的工作。

第六　粮食部

第一百三十条　省、县、区、市各级粮食部之下均设粮食委员会，为讨论和建议关于粮食问题的机关。粮食委员会，省由十五人至十九人，县由十三人至十五人，区由九人至十五人组织之。市按市之大小，由十一人至十七人组织之。

第一百三十一条　各级粮食委员会由部长、副部长、调剂科长、备荒科长、仓库保管科长、粮食合作社指导员、红军公谷管理委员会主任、土地税谷保管委员会主任、粮食调剂局长、国民经济部、财政部、土地部、职工会的代表，所在地下级粮食部长及其他工作人员能任此职务者组织之，以部长为委员会主任。

粮食委员会的委员，经同级苏维埃主席团审查通过后，须送上级粮食部批准。

第一百三十二条 省、县、区、市各级粮食部之下，设调剂科，备荒科，仓库保管科，红军公谷管理委员会，土地税谷保管委员会，粮食调剂局或支局等。

第一百三十三条 省及中央直属市粮食部设部长一人，副部长一人至二人，秘书一人。

县、市、区各级粮食部设部长、副部长各一人；县及省直属市设文书一人；调剂科、备荒科、仓库保管科，各科设科长一人。

粮食调剂局（或支局）设局长一人；红军公谷保管委员会、土地税谷保管委员会各设主任一人。

第一百三十四条 各级粮食部部长、副部长、各科及委员会的职权如下：

（一）部长管理本部全部工作，副部长助理部长进行工作，部长因故离职时代理部长的职权。

（二）调剂科，调查统计所属范围内粮食产销状况，拟具并执行调剂计划。

（三）备荒科，筹划并管理关于备荒一切事宜。

（四）仓库保管科，管理仓库粮食的出纳事宜。

（五）红军公谷保管委员会，收集所属范围内红军公谷并保管之。

（六）土地税谷保管委员会，集中所属范围内的土地税谷并保管之。

（七）粮食调剂局，调剂粮食的产销，保证红军与民众粮食供给。

第七　教育部

第一百三十五条 省、县、区、市各级教育部之下均设教育委员会，为讨论和建议关于文化教育各种问题的机关。

教育委员会，省由十三人至十七人，县由十一人至十五人，区由九人至十三人组织之。市按市之大小，由九人至十七人组织之。

第一百三十六条 各级教育委员会由部长、副部长，普通教育科长，社会教育科长，编审出版科长，共产主义青年团、少先队、儿童团、工会等群众团体的代表，政府机关报主笔，当地学校的校长（一至二人），各种文化团体的代表及所在地的下级教育部长等组织之，以部长为委员会的主任。教育委员会的委员，经同级主席团审查通过后，须送上级教育部批准之。

第一百三十七条 省教育部下，设普通教育科、社会教育科、编审出版科。

县、区、市教育部下，设普通教育科与社会教育科。

第一百三十八条 省教育部设部长一人，副部长一人至二人。

县、区、市各级教育部，设部长、副部长各一人。

普通教育科、社会教育科、编审出版科，各设科长一人。

省及中央直属市教育部，设秘书一人。

县及省属市教育部，设文书一人。

第一百三十九条 各级教育部部长、副部长及各科的职权如下：

（一）部长管理本部全部工作，副部长助理部长进行工作，部长因故离职时代理部长的职权。

（二）普通教育科，管理成年青年的补习教育、儿童教育及中等教育。

（三）社会教育科，管理俱乐部、电影、戏园、地方报纸、书报阅览所、图书馆、革命博物馆、巡视讲演等。

（四）编审出版科，管理普通教育与［社会］教育的各种材料之编辑审查、下级教育部及私人编辑的材料，并管理出版事业。

第八　内务部

第一百四十条 省、县、市、区各级内务部之下，均设内务委员会，为讨论和建议关于内务部工作各种问题的机关。

内务委员会，省由十五人至二十一人，县由十一人至十五人，区由十一人至十三人组织之。市按市之大小，由十三人至十九人组织之。

第一百四十一条 各级内务委员会，由部长、副部长，选举指导科长，交通科长，优待红军科长，卫生科长，社会保证科长，民事行政科长、义务劳动科长，民警分局局长或民警厅厅长、苦力运输工会的代表，革命互济会的代表，所在地的下级内务部部长及其他工作人员中能任此职者组织之，以部长为委员会主任。

内务委员会的委员，经同级苏维埃主席团审查通过后，须送上级内务部批准。

第一百四十二条 省、县、区、市内务部之下，设选举指导科、交通科、优待红军科、卫生科、社会保证科、民事行政科、义务劳动科。

第一百四十三条 省内务部所在地，设省民警分局，直属于中央内务人民委员部的民警管理局。民警分局之下，在大城市设民警厅，小城市设民警所，成为直的组织系统，但同时受所在地各级内务部的指导和节制。

第一百四十四条 省内务部设部长一人，副部长一人至二人。

县、区、市各级内务部，设部长、副部长各一人。

选举指导科、交通科、优待红军科、卫生科、社会保证科、民事行政科、义务劳动科，各设科长一人。

省及中央直属市内务部，设秘书一人。

县及省属市内务部设文书一人。

第一百四十五条 省民警分局设局长、副局长各一人。

民警厅设厅长、副厅长各一人。

民警所设所长、副所长各一人。

（注）民警的详细组织，另以专门条律规定。

第一百四十六条 各级内务部长、副部长及各科、局、所的职权如下：

（一）部长管理本部全部工作，副部长助理部长进行工作，部长因故离职时代理部长之职权。

（二）选举指导科，管理苏维埃的选举工作，监督选举法正确执行，收集和统计关于选举工作的材料，解决选举中发生的问题等。

（三）交通科，管理道路、桥梁、船渡、河堤、茶亭等之建筑和修理，船只车辆之登记等。

（四）优待红军科，管理红军之登记和统计监督，红军优待条例之执行，发动群众并分配劳动力帮助红军耕种土地，解决红军家属的其他困难问题等。

（五）卫生科，管理关于群众卫生运动之指导，医院、诊断所、疗养所之指导，医生之登记和考试，药店之检查，药材合作社之组织，医生教育等。

（六）社会保证科，管理因战争因灾荒而发生之被难群众的救济，地方武装及苏维埃工作人员参加革命战争牺牲或残废者之抚恤，荒年粮食之救济，备荒仓之指导等。

（注）红军抚恤属于中央革命军事委员会所设之抚恤委员会及分会。

（七）民事行政科，管理户口、婚姻、生死之登记和统计，监督婚姻条例正确执行，市政之指导，居民众之须发等。*

（八）义务劳动科，管理国家一切义务劳动之登记、统计和分配。

（九）民警分局、民警厅及民警所，管理各市民警事务。

第一百四十七条 为讨论某些专门问题，各科之下得组织临时的专门委

---

* 原文如此，疑有讹误。——编者

员会。

第九　裁判部及军事裁判所

（注）各级地方苏维埃设立裁判部，红军部队则设立军事裁判所。

第一百四十八条　省、县、区、市各级裁判部之下均设裁判委员会，为讨论和建议关于司法行政、关于检察与审判各种问题的机关。

裁判委员会，省由九人至十三人，县由九人至十一人，区由七人至九人，市由七人至十三人组织之。

第一百四十九条　各级裁判委员会由部长、副部长、裁判员、检察员、国家政治保卫分局局长或特派员，民警分局或民警厅长或民警所长，工农检察委员会、劳动部及职工会的代表，所在地下级裁判部长，及其他工作人员中能任其职者组织之，以部长为委员会主任。

裁判委员会的委员，经同级苏维埃主席团审查通过之后，须送上级审（裁）判部批准。

第一百五十条　省裁判部在司法行政上隶属于中央司法人民委员部。

在检察与审判方面则受临时最高法庭的节制。

第一百五十一条　各级裁判部之下，组织刑事法庭、民事法庭，有必要时可组织巡回法庭。市裁判部之下，并须组织劳动法庭。

刑事法庭，审判刑事案件。

民事法庭，审判民事案件。

至于巡回法庭，则到出事地点去审判比较重要的刑事与民事案件，以便吸收出事地点及其附近的广大群众来观审。

劳动法庭，审判关于违犯劳动法令的案件。

第一百五十二条　省裁判部设部长一人，副部长一人至二人，裁判员一人至三人，巡视员二人至五人，检察员一人至五人，秘书一人，文书一人至三人。

县裁判部设部长、副部长各一人，裁判员一人至二人，巡视员二人至三人，检察员二人至三人，秘书一人，文书一人至二人。区裁判部设部长、副部长各一人，文书一人。

市裁判部设部长、副部长各一人，裁判员一人至三人，检察员一人至三人，文书一人至二人。

第一百五十三条　部长、副部长，检察员、裁判员的职权如下：

（一）部长管理全部工作，副部长助理部长进行工作，部长因故离职时代理部长的职权。

（二）检察员，管理调查案件、预审案件及助理法庭告发事宜。

（三）裁判员，管理审问及判决案件。

第一百五十四条 省及中央直属市裁判部之下，设看守所及劳动感化院；县及省直属审裁判部之下，设看守所，必要时亦得设立劳动感化院，为监禁及教育犯人的机关。区设看守所。

第一百五十五条 在司法范围内，各级裁判部有随时调动赤卫军、民警所、政治保卫队之权。

第一百五十六条 军事裁判所分为初级军事裁判所、阵地军事裁判所及高级军事裁判所。

第一百五十七条 高级军事裁判所在司法行政上隶属于中央司法人民委员部，在检察及审判方面则受临时最高法庭的节制。

何处应设军事裁判所及其管辖范围如何，由中央司法人民委员部以命令规定之。

第一百五十八条 初级和高级军事裁判所之下，均设裁判委员会。

初级军事裁判所的裁判委员会，由五人至七人组织之。

高级军事裁判所的裁判委员会，由七人至九人组织之。

第一百五十九条 初级及高级裁判所的委员会，由所长、副所长，裁判员，检察员，国家政治保卫分局局长或特派员，军队的政治机关的代表，及其他工作人员中能任此职者组织之，以所长为主任。

第一百六十条 初级和高级裁判所均须组织民事、刑事法庭，有必要时，得组织巡回法庭，以审判案件，与裁判部同。

第一百六十一条 高级军事裁判所设所长一人，副所长一人至二人，检察员二人至三人，裁判员一人至三人，巡视员二人至五人，秘书一人，文书一人至三人。

初级军事裁判所设所长、副所长各一人，检察员一人至二人，裁判员一人至二人，文书一人至二人。

各级军事裁判所的工作人员，高级军事裁判所得按照工作情形，拟具意见报告中央司法人民委员部，经人民委员会同意之后，以命令增减之。

第一百六十二条 军事裁判所所长管理本所全所工作，副所长助理所长进行工作，所长因故离职时代理所长之职权。检察员、裁判员的职权，与裁判部的检察员、裁判员同。

第一百六十三条 各级裁判部初级及高级军事裁判所均设置法警，其人数由中央司法人民委员部以命令规定之。

第一百六十四条　没有选举权的人（十六岁以下的人包括在内），不得担任裁判部及军事裁判所的工作。

第十　工农检察委员会

（注）工农检察委员会的任务规定于苏维埃中央政权组织法内，这里规定的限于省、县、区、市各级的组织。

第一百六十五条　省、县、区、市各级工农检察委员，由各级苏维埃代表大会依照应到名额选出的委员组织之。

省由十三人至二十一人，中央直属市同。

县由九人至十一人（省直属区市同）。

区由五人至七人（县直属区市同）。

第一百六十六条　各级工农检察委员会的委员，必须具备左（下）列条件者方为合格：

（一）有阶级觉悟、最忠实于苏维埃政权的工人、农民、贫民及其他有革命历史的分子，但工人至少占百分之四十。

（二）没有受过苏维埃法庭的刑事处分者。

第一百六十七条　各级工农检察委员会为各级苏维埃行政机关的一部分，其隶属关系与其他行政机关相同。

第一百六十八条　省、县、区、市各级工农检察委员会，应与中国共产党省、县、区、市各级监察委员会合在一个机关内办公，取得密切的联系。

第一百六十九条　各级工农监察委员会均推选主席、副主席各一人，主席负处理日常工作及督率工作人员进行工作之责，副主席助理主席进行工作，主席因故离职时代理主席的职权。

第一百七十条　省、县、区、市各级工农检察委员会之下设控告局，管理人民的控告、工农通讯员的通讯等，控告局设局长一人。

省及中央直属市设秘书一人，县及省直属市设文书一人，助理文字及事务工作。

省及中央直属市设巡视员五人至九人，县及省直属市设巡视员二至五人，负巡视和指导某些指定工作之责。

第一百七十一条　省、县、区、市各级工农检察委员会，须在一切国家机关中、企业中、工厂中、作坊中、学校中、社会团体中、街道中、村落中，建立通信员，形成通信网，通信员不脱离生产。

第一百七十二条　各级工农检察委员会，有向同级苏维埃执行委员会或主席团，建议处罚或撤换某些国家机关中和企业中的工作人员之权。这些人员中如查出有犯罪实据者，须移送司法机关办理。

第一百七十三条 各级工农检察委员会对于其管辖范围内某些国家机关有工作设施的意见时，得直接向该机关或企业提出建议。

第一百七十四条 各级工农检察委员会对于某些国家机关中或企业中的工作人员进行检举时，得组织临时的检举委员会，当着检查某国家机关、某企业的工作时，得组织临时的检察委员会。

第十一　国家政治保卫局

（注）国家政治保卫局的任务，规定于中央苏维埃组织法内，这里仅规定国家政治保卫局省、县、区、市各级的组织和权限。

第一百七十五条 国家政治保卫局各级的机关，完全为集权组织，下级服从上级，采取委任制度。

第一百七十六条 国家政治保卫局在省及中央直属市、县及省直属市，均设分局，区及县直属市设特派员。

方面军、军团均设分局，师团及独立营设特派员及干事。国家政治保卫局于必要时，得在某些机关中直接设特派员。

第一百七十七条 各级政治保卫局之下，有一委员会组织，负责审察和讨论保卫局工作及其所得材料。各局局长是该委员会主席，参加的委员应有同级共产党代表及法院（现为裁判部）之检察员。最高国家政治保卫局委员会委员，由中央人民委员会批准委任之，以下各分局委员会委员，则由国家政治保卫局委任。

第一百七十八条 省、中央直属市及方面军军团的各分局，设执行部、侦察部、总务处。

执行部之下，设执行科、预审科。

侦察部之下，设侦察科、检查科。

县、省直属市各分局设执行科、侦察科、总务科。

第一百七十九条 省、中央直属市及方面军军团各分局，设局长一人，副局长一人。

执行部、侦察部，各设部长一人。

执行科、预审科、侦察科、检查科，各设科长一人。

总务处，设处长一人。

县及省直属市分局，设局长、副局长各一人。

执行科、侦察科，各设科长一人。

总务科，设科长一人。

其他工作人员，由省、中央直属市及方面军分局酌量情形，拟定人数，报告中央国家政治保卫局以命令规定增减之。

第一百八十条　局长及各科的职权如下：

（一）局长管理全局工作，指导下级分局或特派员。副局长助理局长进行工作，局长因故离职时代理其职权。

（二）执行部（或科），管理拘捕审问及处理犯人，并领导保卫队，监督护照、通行证、路条之发给。

（三）侦察部（或科），组织工作网，指导侦察工作，检查邮件与白区书报。

（四）总务处（或科），管理局内的事务工作。

第一百八十一条　国家政治保卫分局，对于一切反革命案件，有侦察、逮捕和预审之权。至于依据法律判决和执行之权，则一般的属于司法机关。特派员只有在上级给予他的任务的范围内进行工作之权，非经上级许可不得擅自捕人，但遇特殊情形时（如反革命分子逃跑或反革命已决定暴动等）不在此例。

第一百八十二条　国家政治保卫局各级机关的行动，须受法律的限制。在法律范围内，法院的检察员，有检察国家政治保卫局各级机关的案件之权。

第一百八十三条　国家政治保卫局的各级机关对于某机关或某团体内暗藏的反革命分子当执行逮捕以前，必须通知该机关或该团体的主要负责人，如认为该机关或该团体的主要负责人无可以接受预告的资格，则须于执行前通知其上级机关的主要负责人。

第一百八十四条　国家政治保卫局的各分局，有组织为自己使用的武装队伍之权。

第一百八十五条　国家政治保卫局的分局及特派员，与地方苏维埃机关及红军的指挥机关和政治机关，须发生横的密切的联系，局长及特派员，得出席这些机关的会议。

第十二　审计委员会

第一百八十六条　省及中央直属市执行委员会之下，设审计委员会，隶属于中央审计委员会，同时受省及中央直属市执行委员会及其主席团的指导与节制。

第一百八十七条　省及中央直属市审计委员会以委员七人至九人组织之，工农检察部委员会主席，国民经济部长，裁判部长及省一级军事行政机关的首长，为当然的委员，审计委员会设主任一人。

审计委员会之下得设秘书、文书各一人，审核员二人至五人。

第一百八十八条 省及中央直属市审计委员会的任务为审核省苏维埃及全省一级苏维埃、市苏维埃及全市各市区苏维埃财政收支的预算与决算，审核财政机关的临时收支账目，并得向中央审计委员会提出该省或该市预算的原则。

第一百八十九条 省及中央直属市审计委员会如查出各级苏维埃及地方部队对于财政收支事项有违背法令或不正当的事情时，得提出解决的办法于主席团，并报告中央审计委员会。

第一百九十条 省及中央直属市审计委员会，除随时将审计情形报告中央审计委员会及省市主席团外，于每会计年度之终，将一年审计经过报告中央审计委员会及省市主席团。

第一百九十一条 县不设审计委员会，对于各区及县直属市的预算决议，由财政委员会作初步审核，送省审计委员会审核之。

第一百九十二条 省及中央直属市审计委员会对于下级苏维埃财政收支事项认为有调查之必要时，得派遣审核员实地调查之。

第十三 总务处

第一百九十三条 省、县、区、市各执行委员会之下，设总务处管理各级执行委员会内部的事务，各级总务处设处长、副处长各一人，由各级主席团委任之。

第一百九十四条 省及中央直属市县及省属市总务处之下，设文书科、会计科、收发科、管理科，各设科长一人，区及县直属市总务处之下，设秘书一人，文书一人至三人，收发员、管理员各一人。

第一百九十五条 各级总务处仅受同级执行委员会及主席团的节制，不发生上下级的隶属关系。

但为了某些事务工作的必要，如纠正收发工作的错误，改良文书与印刷的技术，调派技术工作人员等，上级执行委员会的总务处得给下级执行委员会总务处以指示，并得要它对于这些事项作报告。

第五章 地方苏维埃的权力

第一百九十六条 省、县、区、市各级苏维埃的权力如下：

1. 执行中央政权机关的一切法律、命令、决议与指示，执行各该上级机关的命令、决议与指示。

2. 决定并执行本区域内关于各种苏维埃建设工作的计划。

3. 解决一切地方性质的问题。

4. 统一本区域内各级苏维埃机关的行政工作。

第一百九十七条　省苏维埃代表大会及其执行委员会对于全省各级苏维埃有监督之权。

县苏维埃代表大会及其执行委员会对于全县各级苏维埃有监督之权。

下级苏维埃机关绝对服从上级苏维埃机关。

下级苏维埃的决议、命令及指示，有违背中央政权机关的法律、命令、决议、指示及该管上级机关的命令、决议、指示者，上级苏维埃得取消之。

下级苏维埃机关如有违抗上级苏维埃机关的命令、决议、指示者，各该上级苏维埃机关得将其一部改造或全部解撤（散）之。

第六章　临时地方政权机关——革命委员会

第一百九十八条　一切在暴动时期的地方和红军新占领的地方组织临时政权机关——革命委员会。

第一百九十九条　先有革命群众团体的组织与工作而暴动起来的地方，各级革命委员会建立的方式如下：

1. 市或乡的革命委员会，由市或乡的革命群众团体选派代表组织之。

2. 区革命委员会，由市或乡的革命委员会选派代表与区一级革命群众团体的代表共同组织之。

3. 县革命委员会，由区革命委员会选派的代表与县一级革命群众团体的代表共同组织之。

4. 省革命委员会，由县革命委员会选派的代表与省一级革命群众团体选派的代表共同组织之。

但每个革命委员会的名单，除中间被白区隔离、交通断绝的地方外，均须报告上级革命委员会或苏维埃执行委员会得其审查与批准。

第二百条　在红军或游击队新占领而过去没有相当革命群众团体的组织与工作的地方，各级革命委员会建立的方式如下：

（1）市或乡的革命委员会，由该市或该乡工作的红军或游击部队的政治机关指定委员名单，由该政治机关委任之。但委任后仍须召集该市或该乡工农贫民群众开会，报告此委任的名单，如当地附近不远有上级苏维埃或革命委员会，须报告该苏维埃或革命委员会加以委任。

（2）区的及县的革命委员会，由在该县工作的红军或游击部队的政治机关指定委员名单,加以委任,但须召集全区或全县尽可能到会的工农贫民群众开会提出报告。

第二百零一条 革命委员会,乡由七人至十一人,区或市由十一人至十九人,县由十五人至二十五人到三十五人组织之。

第二百零二条 省革命委员会主席团九人至十一人,由省革命委员会全体会议推举,报告中央执行委员会委任之,或由中央执行委员会直接委任之。

县革命委员会主席团五人至九人,由县革命委员会全体会议推举,报告省苏维埃或革命委员会委任之,或由省苏维埃或省革命委员会直接委任之。

区革命委员会主席团三人至五人,由区革命委员会全体会议推举,报告县苏维埃或县革命委员会委任之,或由县苏维埃或县革命委员会直接委任之。

市革命委员会主席团五人至十一人,由市革命委员会全体会议推举,报告其所隶属的上级政府委任之,或直接由上级政府委任之。

乡革命委员会不设主席团。

第二百零三条 省革命委员会、县革命委员会均设主席一人,副主席一人至二人。

区革命委员会、乡革命委员会均设主席、副主席各一人。

市革命委员会设主席一人,副主席一人至二人。

主席及副主席均由主席团会议推举,报告上级政府委任之,或直接由上级政府委任之。

第二百零四条 省、县、区、市革命委员会之下均设劳动部、土地部、军事部、肃反委员会、财政部、粮食部,依其工作发展的程序可以增设其他的部。

各部设部长、副部长各一人。

肃反委员会,乡由七人至九人,区及市由七人至十一人,县及省由五人至七人组织之。

其他工作人员,按工作情形,由省苏维埃或省革命委员会拟定人数,报告中央各部,经人民委员会同意之后,以命令规定并增减之。

各部之下设各部委员会,其人数与职务同于各级苏维埃的各部(粮食部同与国民经济部)。

第二百零五条 各部直接隶属于各该部的上级,绝对服从各该部上级的命令,但同时受同级革命委员会的指导和节制。

第二百零六条　革命委员会的任务是：发展工农贫民群众对于地主资产阶级的斗争，从当地地主资产阶级的武装队伍中夺取其武装，组织革命委员会自己指挥而成分完全是被剥削的工农贫民（无任〔何〕剥削分子参加）的红色武装队伍，极力发展革命的战争，消灭并镇压当地一切反革命武装力量，领导群众极力镇压已被推翻而仍然暗中活动的一切反革命分子，领导群众没收并分配土地，实行劳动法，组织工会及贫农团，使之成为革命委员会的柱石，在城市中特别注意领导工人监督资本家的企业与商店，最后是召集工农兵代表大会，选举正式政权机关（苏维埃）。

第二百零七条　由革命委员会改变为苏维埃须看当地工农贫民群众革命斗争发展的程度，由当地的最高政权机关决定之。

第七章　附则

第二百零八条　本组织法自颁布之日起发生效力。中央执行委员会对于本组织法的各条得随时修改或废止之。

中央执行委员会　主　席　毛泽东
副主席　项　英
张国焘
公历一九三三年十二月十二日

中华苏维埃共和国第二次全国苏维埃代表大会关于苏维埃建设的决议案

（一九三四年一月第二次全国苏维埃代表大会通过）

一、大会听了吴亮平同志报告以后，一致认为自第一次全国苏维埃代表大会以来，各级苏维埃在其组织与工作上，是有了极大的进步与成绩。苏维埃的组织是比较的充实了。吸收来参加苏维埃的工农积极分子是大大的增加了（例如上杭的上下才溪二乡各能吸收一百一十人来参加乡苏下各委员会的工作，瑞金的石水乡吸收了一百一十八人，兴国的长岗乡也吸收了一百余人，并建立了许多村的委员会）。苏维埃对于武装工农的工作，有了极大的成绩，基本苏维埃（乡苏市苏）的工作，是比以前深入了，在查田运动中涌现出来的许多新干部，被提拔到苏维埃领导机关中来。群众参加苏维埃的选举的人数是增加了（平均在百分之七十五以上，有的达到了百分之九十五)。在许多地方苏维埃机关之内已展开了反对官僚主义的斗争,苏维埃的工作方式是有了相当的改善,所有这些都使广大工农劳苦群众更进一步认识苏维埃是工农自己的政权机关,所以苏维埃能动员最广大的群众来进行大规模的反帝国主义国民党的革命战争。

二、大会指出了上述的成绩,但同时指出,在我们的苏维埃工作中,还遗留着不少的缺点。首先是苏维埃工作的进展,各地还不是一致。在中央苏区,如兴国全县大部分区乡,瑞金、胜利、公略、上杭、长汀等县的一部分区乡,在闽浙赣,如弋阳、横峰、上饶、德兴等县的许多区乡;在湘赣,永新等县的一部分地方,苏维埃工作是得到极大的成绩;但在粤赣、闽赣与湘赣的大部分地方及其他苏维埃省县的一部分地方,则苏维埃工作还是很差。在这些地方苏维埃吸取群众参加工作的成绩,还是非常的不够,特别是劳动妇女参加苏维埃工作的,还是不多;群众对于代表撤回权的行使,还是很少;市苏代表会议制度,还未能很好的建立起来,尚未能充分运用集体讨论、严密分工与个人负责的制度;在苏维埃机关还存在着官僚主义,对于下面群众情形,还是了解得极不充分;苏维埃内思想斗争的开展,是极其不够,苏维埃内加强无产阶级领导的实际工作,是做得极不充分。所有这些,都是妨碍苏维埃工作的进一步的开展的。大会指出:各级苏维埃必须坚决的克服这些缺点,来取得苏维埃工作的更加伟大的成绩。

三、在目前剧烈的革命战争环境中,组织与领导革命战争,是苏维埃的中心任务。苏维埃为着胜利地担负起这一伟大任务,必须在本身的组织与工作上,采取以下的迫切的步骤:

(一)必须用一切方法,来充实与加强中央政府的组织与工作。第一次全苏大会和苏维埃中央政府的成立,是中国苏维埃运动发展中的一个伟大的胜利。在过去二年中,苏维埃中央政府的工作虽然还存在着一些缺点,但无疑的是已经获得了巨大的成绩,而且已在广大的工农群众中建立了很大的威信,成为全国苏维埃运动的最高的光荣的领导者。为着加强对于全国革命的总的领导力量起见,大会指出,中央委员会与人民委员会必须在工作上有适当的划分,必须成立新的必要的人民委员部(如粮食人民委员部等),充实各个人民委员部的组织,并使整个中央政府与下级苏维埃以及广大的民众发生十分密切的关系。

(二)苏维埃的工作必须加强。省的苏维埃执行委员会,是中央政府与各县苏维埃的连锁,各个省苏执行委员会主席团及其下的各部,必须去深切的了解各县的苏维埃工作,经常检查各县苏维埃执行委员会及其各该部对于战争动员工作和其他一切苏维埃工作的执行情形，监督各县对于苏维埃法令及上级决议案的彻底实施。大会责成中央政府用大力去加强各省——特别是工作落后的省份——的苏维埃工作。建立对于闽浙赣、湘赣、湘鄂赣各省苏维埃的更加密切的领导关系，并设法与鄂豫皖、湘鄂西及川陕等省取得联系，中央政府对于各省苏维埃应该有经常的具体的活泼的工作指示与工作检查。

（三）为着增强苏区的动员力量，必须加紧推进市苏与乡苏的工作，因为市乡苏维埃政权是基本的组织，一切苏维埃的法律命令与决议，都要经过乡苏维埃与市苏维埃传达到群众中去，并由他们发动群众来执行。乡苏维埃与市区苏维埃必须尽可能的吸收更多的工农积极分子，来参加苏维埃的各种工作，为着便利领导群众及动员工作起见，大会指出乡苏维埃与市苏维埃，应按照代表与居民住所的接近，将全乡或全市区的居民，分别置于各个代表的领导之下，使代表与居民之间发生固定的关系。在乡及市区的代表中，应该按村或按住所接近情形，建立代表主任及分别召集代表开会的制度，以帮助乡及市区主席团的工作。同时在乡苏维埃及市区苏维埃下面，应依照地方苏维埃组织法，并按本地的需要，设立各种经常的临时的委员会，吸收每个代表，参加一个到两个的委员会，同时必须吸收更广大的工农积极分子来参加各种委员会的工作。在工作发展的乡，某些委员会还可按村来组织。苏维埃必须尽可能的吸收更多的不脱离生产的工农积极分子，特别是劳动妇女，来参加苏维埃的各种工作。

（四）为着巩固与扩大苏区，必须在新苏区及某些边区，根据地方苏维埃组织法，组织有力的革命委员会，加紧武装工农，组织突击队，建立强有力的肃反委员会，来扑灭任何反革命的活动，并以各种方法宣传并执行苏维埃的政策和法令，帮助群众组织工会、贫农团等革命的团体，迅速解决土地问题，没收地主及反革命派的财产，消灭反革命的物质基础，并且将所没收的财物，大部分发给当地的民众。革命委员会必须向一切违反苏维埃的法令和政策的行为，作最严厉的斗争，并加以应有的纪律的制裁。革命委员会应在发动群众的基础上，尽可能迅速转变为正式的苏维埃。大会着重指出，新区边区革命委员会的工作，对于苏维埃运动的绝顶重要，为着迅速争取新区的广大工农群众，巩固苏维埃政权，并扩大苏区起见，大会责成中央政府及斗争较近的地方的苏维埃机关，选派大批最好的干部到新区边区工作。并责成边区政权机关加强对于边区游击队的领导，以彻底消灭某些游击队乱打土豪，以致使部分群众逃跑，形成赤白对立的这些不可容忍的现象。

（五）为着加强苏维埃动员群众的力量，必须广泛地充分地发扬苏维埃民主。大会认为：原来苏维埃民主主义的发展，虽有很大的成绩，但是还是极不够的，大会责成各级苏维埃用力吸收尽可能的更广大的选民群众来参加选举，使群众能够充分提出自己对于苏维埃工作的意见，能够随时撤换工作不好的代表，执行召回代表的权力。苏维埃必须领导群众来最大限度的利用各种物质便利（开会地址，印刷机关，报纸，书局等等），引导群众来积极的参加政治生活，尽量扩大群众的言论、出版、集会、结社各方面的活动，苏维埃的代表应该经常向选民群众作工作报告，征求群众对于苏维埃工作的批评，非常注意的倾听群众的意见，解决群众的困难，使苏维埃与工农劳苦群众没有丝毫的隔膜。苏维埃应该尽可能的吸收很多不脱离生产的积极分子来参加工作（如在各种委员会内），使他们能够很好的学习管理国家的事宜。苏维埃对于工农群众，是这样广大的民主，但对于地主阶级，对于进行反革命活动的资本家、富农，必须坚决地加以镇压，对于工农群众中个别分子违反整个苏维埃利益破坏苏维埃法令的，苏维埃也应给以相当的处罚，可是就是这些镇压与处罚，也必须经过群众路线，向群众详细说明，得到群众的拥护，因为苏维埃的威力，是建立在广大工农群众的拥护之上的。各级苏维埃执行委员会必须注意苏维埃法庭的群众化，中央政府关于废止肉刑的法令，必须坚决地执行。

（六）为了使苏维埃更加接近群众、更能动员群众起见，大会指出必须在苏维埃系统内开展无情地反对官僚主义的斗争。苏维埃应该最清楚的明了群众的生活情形，迅速地确当地解决群众困难问题，热烈动员最广大的群众，为实现苏维埃的每一决定、每一任务而斗争。任何脱离群众，不明了群众情形，不迅速解决群众所提出的问题，不从群众的广大动员方法去进行苏维埃工作，而只凭空谈空喊甚至强迫命令的官僚主义，应该遭受最严重的打击。因为中国经济的落后，农民的小生产经济在苏区占着统治的地位，群众文化程度的不足，以及某些阶级异己分子之钻入苏维埃，所以在我们的苏维埃机关中，是存在着官僚主义的赘瘤。大会指出，苏维埃必须以最大的警觉性与极严厉的手段，开展反官僚主义的反机会主义的斗争，来洗刷潜藏在苏维埃内部的阶级异己分子及一切不良的分子。各级工农检查委员会必须经过各种群众团体，领导广大工农群众来进行反官僚主义的以及反贪污浪费的斗争。在开展反官僚主义斗争中，苏维埃的领导机关，必须尽可能地减少文件（而且文件要写得明白通俗并切中问题的要点），多致力于实际工作方面的检查与具体的活的指示。为着达到这一目的，在苏维埃的机关内必须实行集体的讨论，明确的分工，并建立个人负责制，各级苏维埃应该把工作人员的劳动纪律提到最高度，对于不负责任的消极怠工分子，应给以严厉的打击与制裁。

（七）为着进一步开展苏维埃工作，必须与群众团体，特别是工会与贫农团，发生更密切的关系。工会是工人群众的共产主义学校，是使苏维埃与广大工人群众取得密切联系并供给苏维埃以大批领导干部的组织，大会责成各级苏维埃与工会取得比以前更加密切的联系。同时对于贫农团，苏维埃必须加以大力的帮助，健全其村乡组织，吸收广大贫农群众来扩大贫农团数量。农业工人与手艺工人工会应尽可能地全体加入贫农团，使贫农团在无产阶级领导之下，团结着广大贫农群众，并使中农群众环绕于自己的周围，来进行消灭地主阶级与反对富农的斗争，来执行苏维埃各种工作。除工会、贫农团外，苏维埃还必须与其他群众团体，如合作社、反帝拥苏同盟、革命互济会、女工农妇代表会、儿童团等等，发生密切的关系，经过他们各方面地去动员群众，来实现苏维埃政权的任务。苏维埃应该特别注意与各合作社的关系，领导合作社的工作，因为这是与工农日常生活最有密切的广大群众的经济组织。

（八）为着保证苏维埃工作的猛烈的开展，必须用力巩固苏维埃的无产阶级领导。我们苏维埃是工农民主专政的政权机关，只有强有力的无产阶级领导，才能使苏维埃彻底完成民主革命，并成为将来革命转变的杠杆。所以在苏维埃中一时一刻也不容忍忽视加强无产阶级领导的实际工作。为着巩固和加强无产阶级的领导，苏维埃首先必须坚决拥护无产阶级政党——共产党——的领导，并与共产主义青年团取得密切的联系，用全部力量来执行党所指出的任务，实现党所提出的工作，为党的路线与主张而坚决奋斗，开展苏维埃系统中反对机会主义的斗争。此外，苏维埃必须在组织上保证着无产阶级领导权的巩固（如在选举中），必须提拔更多的工人干部来做领导的工作。苏维埃的全部政策，应该严格地遵守巩固工农联盟的原则。必须加紧苏维埃系统中以及对于广大群众的共产主义的教育，使之不但在组织上而且还在思想上保证无产阶级领导的巩固。在巩固工农联合与加强无产阶级领导的条件下，中国苏维埃将不但能够胜利的完成民主革命，而且还一定能够在将来胜利的转变到社会主义的革命。

（选自《苏维埃中国》第二集一九三五年版）

中华苏维埃共和国中央苏维埃组织法

(一九三四年二月十七日公布)

中华苏维埃共和国临时中央政府执行委员会命令（中字第一号）：兹制定《中华苏维埃共和国中央苏维埃组织法》，特公布之。此令

主　席　毛泽东
副主席　项　英
　　　　张国焘
一九三四年二月十七日

第一章　总则

第一条　本组织法依据《中华苏维埃共和国宪法大纲》的原则而制定，苏维埃中央政府机关须依本法组织之。

第二章　全国苏维埃代表大会

第二条　全国苏维埃代表大会是中华苏维埃共和国的最高政权机关。

第三条　全国苏维埃代表大会的代表由各省苏维埃代表大会、中央直属市、直属县苏维埃代表大会及红军所选举出来的代表而组成。

第四条　全国苏维埃代表大会每两年由中央执行委员会召集一次，如遇特别情形，不能按期召集时，得延期召集之。

第五条　全国苏维埃的临时代表大会遇必要时，由中央执行委员会自动召集之，或应代表全国人口三分之一的地方苏维埃的要求，由中央执行委员会召集之。

第六条　全国苏维埃代表大会听中央执行委员会的报告并讨论之，制定和修改宪法及其他法律，决定全国的大政方针，改选中央执行委员会。

第三章　中央执行委员会

第七条　中央执行委员会是全国苏维埃代表大会闭幕期间的最高政权机关。

第八条　中央执行委员会的名额，不得超过五百八十五人。

第九条　中央执行委员会的全体会议，每六个月由中央执行委员会主席

团召集一次，如遇特别情形不能按期召集时，得延期召集之。

第十条　由中央执行委员会主席团决议，或中央执行委员半数以上的要求，得召集中央执行委员会的临时会议。

第十一条　中央执行委员会对全国苏维埃代表大会负责，应向全国苏维埃代表大会做工作报告。

第十二条　中央执行委员会得颁布各种法律和法令，并施行于中华苏维埃共和国的全境。

第十三条　中央执行委员会审核和批准一切关于全国政治上、经济上的政策和国家机关的变迁。

第十四条　中央执行委员会主席团、人民委员会及其他机关的法令和决议，中央执行委员会有停止执行和变更之权。

第十五条　中央执行委员会选出主席团，其人数不得超过二十五人，并选举主席一人，副主席二人至四人。

第十六条　中央执行委员会选任人民委员会及其主席，被选任为人民委员的，应为中央执行委员会的委员。

第四章　中央执行委员会主席团

第十七条　中央执行委员会主席团为中央执行委员会闭幕期间的全国最高政权机关。

第十八条　中央执行委员会主席团监督中华苏维埃共和国宪法及全国苏维埃代表大会中央执行委员会的各种命令及决议之实施。

第十九条　中央执行委员会主席团有停止或变更人民委员会和各人民委员部的决议和法令之权。

第二十条　中央执行委员会主席团有停止或变更各省苏维埃代表大会及其执行委员会的决议或命令之权。

第二十一条　中央执行委员会主席团有颁布各种法律命令之权，并有审查和批准人民委员会和各人民委员部及其他所属机关所提出的法令、条例和命令之权。

第二十二条　中央执行委员会主席团解决人民委员会与各人民委员部之间的关系问题。

第二十三条　中央执行委员会主席团对中央执行委员会负完全责任，须向中央执行委员会做工作报告。

第五章　全国苏维埃代表大会及中央执行委员会的权力

第二十四条　全国苏维埃代表大会及中央执行委员会的权力规定如下：

一、颁布和修改宪法；

（注）此项为全国苏维埃代表大会的专有权。

二、代表中华苏维埃共和国对外订立各种条约及批准国际条约；

三、制定法院的系统组织，并颁布民事、刑事及诉讼等法律；

四、颁布劳动法、土地法、选举法、婚姻法、苏维埃组织法及一切单行的法律；

五、决定内政外交的大政方针；

六、改定国家的边界；

七、确定苏维埃的权力，并解决地方苏维埃间的争执；

八、划分行政区域，并有建立、合并、改造或解散地方政权机关之权；

九、对外宣战和讲和；

十、制定度量衡和币制；

十一、发行内外公债；

十二、审查并批准预算、决算；

十三、制定税率；

十四、组织并指导陆海空军；

十五、制定中华苏维埃共和国国民的公民权，及居住在中华苏维埃共和国领土内的其他国籍人民的居留和公民权；

十六、宣布全部或一部的赦免；

十七、制定国民教育一般原则；

十八、选任和撤销人民委员会的委员及主席；

十九、规定工业、农业、商业及交通事业的政策和计划；

二十、代表中华苏维埃共和国与中国境内各民族订立组织苏维埃联邦共和国的条约；

二十一、有撤换和变更下级苏维埃执行委员会委员之权。

第六章　人民委员会

第二十五条　人民委员会为中央执行委员会的行政机关，负指挥全国政务的责任。

第二十六条　人民委员会以下列的人员组织之：

一、人民委员会主席；

二、外交人民委员；

三、劳动人民委员；

四、土地人民委员；

五、军事人民委员；

六、财政人民委员；

七、国民经济人民委员；

八、粮食人民委员；

九、教育人民委员；

十、内务人民委员；

十一、司法人民委员；

十二、工农检察委员会主席。

（附注）一、看工作的需要，各人民委员可由中央执行委员会随时增加之；

二、人民委员这个名称只有人民委员会的委员才能用，中央和地方的其他委员不得用这个名称。

第二十七条　为镇压反革命之目的，在人民委员会之下，设国家政治保卫局，其组织另定之。

第二十八条　人民委员会为达到本组织法第二十五条的目的，在中央执行委员会所指定的范围内得颁布各种法令和条例，并得采取适当的行政方针，以维持行政上的迅速和秩序。

第二十九条　人民委员会的决议及所颁布的各种法令和条例，须报告中央执行委员会主席团。

第三十条　人民委员会的决议如与大政方针有关系者，应提交中央执行委员会或它的主席团去审查批准，但遇紧急事项，人民委员会得先解决，并报告中央执行委员会或其主席团。

第三十一条　人民委员会有审查修改或停止各人民委员部所提出的法令及其决议之权。

第三十二条　各人民委员部及各省苏维埃执行委员会如对人民委员会的决议和各种法令有不同意见时，可向中央执行委员会或它的主席团提出意见，但不停止执行。

第三十三条　人民委员会对中央执行委员会及其主席团负责，须按时向它们做工作报告。

第七章　最高法院

第三十四条　为保障中华苏维埃共和国革命法律的效力，在中央执行委员会之下，设立最高法院。

第三十五条　最高法院设院长一人，副院长二人，由中央执行委员会主席团委任之。

第三十六条　在最高法院之下设刑事法庭、民事法庭及军事法庭，各设庭长一人。

第三十七条　最高法院的权限规定如下：

一、对于一般法律作法定的解释；

二、审查各省裁判部及高级军事裁判所的判决书和决议；

三、审查中央执行委员以外的高级机关职员在执行职务期间内的犯法案件（中央执行委员犯法案件，由中央执行委员会或主席团另行处理之）；

四、审判不服省裁判部或高级军事裁判所的判决而提起上诉的案件，或检查员不同意省裁判部或高级军事裁判所的判决而提起抗议的案件。

第三十八条　在最高法院内组织委员会，其人数由中央执行委员会主席团按需要规定，以最高法院院长为主席，讨论并决定关于最高法院职权内各项重要的问题及案件。

第三十九条　最高法院设检查长一人，副检查长一人，检查员若干人，检查长、副检查长由中央执行委员会主席团委任之。

第四十条　最高法院的详细组织另定之。

第八章　审计委员会

第四十一条　在中央执行委员会之下，设立审计委员会，其职权是：

一、审核国家的岁入与岁出；

二、监督国家预算的执行。

第四十二条　审计委员会由五人至九人组织，由中央执行委员会主席团委任之。

第四十三条　审计委员会设主任、副主任各一人，其他职员均（按）需要设置。

第九章　各人民委员部及其部务委员会

第四十四条　在人民委员会之下，设外交、劳动、土地、军事、财政、国民经济、粮食、教育、内务、司法各人民委员部。

第四十五条　各人民委员部设副人民委员一人至二人，由中央执行委员会主席团委任之，以助理人民委员的工作，人民委员因故缺席时，代理人民委员的职务。

第四十六条　为便利工作，各人民委员部之下设立部务委员会，为讨论和建议该部工作的机关。

第四十七条　各部委员会的委员，由人民委员会任命之，委员的人数，由人民委员会随时规定增减，以各该人民委员为该部委员会的当然主席。

第四十八条　各人民委员在他的权限内有单独解决一切问题之权，但重要问题须交给该部的委员会去讨论，如委员会对于人民委员的决定有异议时，有提交人民委员会或中央执行委员会主席团之权。

第四十九条　各人民委员部的职权及详细组织另定之。

第五十条　人民委员会之下，设革命军事委员会，及工农检查委员会，其职权组织另定之。

第十章　附则

第五十一条　本组织法自公布之日起发生效力。

（选自一九三四年二月二十二日《红色中华》）

革命委员会组织大纲[*]

一、总则

1. 革命委员会是工农兵代表会议——苏维埃政府没有产生以前工农兵的政权指挥机关，一切行动都要根据被剥削阶级的利益来决定的，同时对于中农和小商人利益不加妨碍。

2. 革委会是工农兵贫民夺取政权前，指挥暴动的政权机关的组织。

3. 全县或全区工农兵贫民暴动夺取政权后，召集工农兵贫民代表会议产生苏维埃政府，革委会即行取消。

4. 凡年满十六岁的男女有劳动能力者和被剥削者非宗教徒的工人、农

---

[*] 此件无颁布日期，依据内容应为第二次国内革命战争初期的文件。——编者

民（富农在外）、士兵、贫民，均有选举权。

5. 地主、富农、买办资产阶级及其家属子弟与僧道、巫尼、流氓等寄生阶级，均一律剥夺他们的选举权与被选举权。

6. 下级革委会不能代表工农兵和贫民利益时，得由上级革委会或本级代表会改组。上级革委会不能代表工农兵或贫民利益时，有了群众三分之二的请求或本级代表会之代表三分之二提议，得改组之。

7. 各级代表会的代表如不能代表本身选出的团体的利益时，得由该团体撤回另选之。

二、组织

8. 县革委会在全县已成立工会四个，乡贫农会四个，赤卫队一个，得召集工农兵代表会议，选举九人组织革委会执行委员会，选举三人为常委，组织常务委员会，内选主席一人。

9. 县革委管理全县工会、贫农会等的组织及组织各区革委会。各级革委会或群众个人有诉讼事项，由县革委会接受管理。

10. 县革委会设组织、宣传、军事、政治保卫、财政四（五）科和秘书处。组织科下设职工、农民两股，秘书处下设文书、收发两股。其表如下：（见第62页）

11. 各科设科长一人，干事若干人，各股［设股］长一人，股员若干人。

12. 各科斟酌工作，已（依）区域内情形而定增减各股。

13. 区革委会在该区域内有贫农会三个，工会三个，赤卫队一个，得召集区工农兵代表会选举五人至七人组织之，选三人组织常委会，内推主席一人，其内组织与县同。

14. 县、区两级革委会在没有工会和贫农会组织以前，得召集群众大会产生临时革命委员会，但须当场宣布地主、富农、资本家等剥削分子绝对不能当选并且没有选举权。

15. 县城和各区有两个工会，两个贫农会，得召集工农兵代表会产生三人至五人的执委会成立区革委会，内分主席、组织、宣传、秘书、财务各一人。如有四个工会，五个贫农会，会员亦有一百以上者，须增加委员二人至四人。

16. 全县有两个区革委会时，得召集县工农兵代表会产生七人至九人执委会成立县革委会，内选主席、组织、宣传、秘书、财务各一人，由执委会

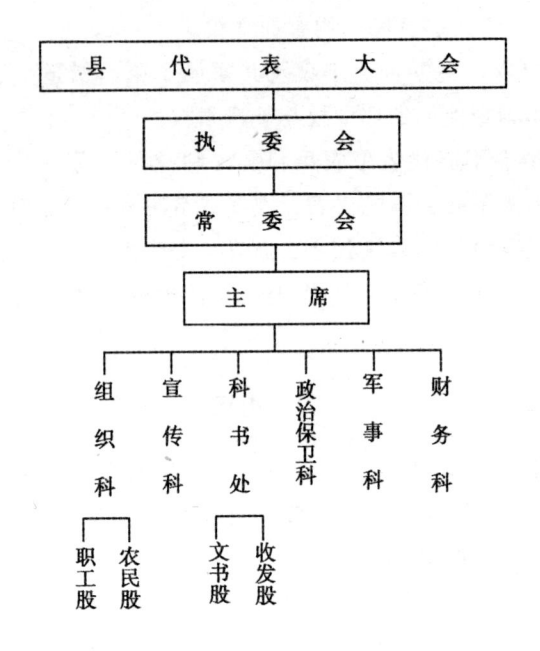

```
           ┌─────────────────┐
           │  县  代  表  大  会  │
           └────────┬────────┘
                    │
           ┌────────┴────────┐
           │    执  委  会    │
           └────────┬────────┘
                    │
           ┌────────┴────────┐
           │    常  委  会    │
           └────────┬────────┘
                    │
           ┌────────┴────────┐
           │    主    席     │
           └────────┬────────┘
    ┌────────┬─────┼─────┬────────┐
   组织科   宣传科  科书处  政治保卫科  军事科  财务科
    │       │      │
  ┌─┴─┐   ┌─┴─┐  ┌─┴─┐
 职  农   文  收
 工  民   书  发
 股  股   股  股
```

互选三人组织常委会。有两个区革委会以上者，须增加九人至十一人。

三、任期

17. 区或城市代表大会代表任期六月，但得连选连任。

18. 县代表大会之代表以一年为任期。

19. 各级代表大会之代表，在任期间有不能代表各产生团体之利益者，随时撤换另选之。

20. 区或城市革委会执行委员任期以六月为限，但得连选连任。

21. 县革命委员会以一年为任期。

22. 各级执行委员如不能代表各团体利益者，得召集临时代表大会改选之。

23. 各级代表及各级执行委员和各部办事人员，均有尽义务之责。

四、权限

24. 各级革命委员会是各区域内的最高政权机关。

25. 某区域内之群众团体应接受某一区域内革命委员会之指挥。

26. 各级革命委员会应受群众团体及个人之控诉。

27. 各级革命委员会应筹划各该辖区之建设等事项。

28. 区革命委员会绝对服从县革命委员会之指挥。

29. 区或城市之工会等群众革命团体应经常向革命委员会作报告。

30. 本组织大纲如有未尽事项，得由县以上三分之二代表（县革命委员会）之提议修改之。

（选自中国工农红军第三军团总政治部翻印件）

苏维埃组织法[*]

一、选举

1. 凡年满十六岁以上之男女而非从事剥削的劳动者，有选举和被选举权。

2. 凡宗教徒和有反革命嫌疑者，剥夺其选举权和被选举权。

3. 凡有神精病和恶劣习惯——如吃大烟、以赌博为职业……或在反动机关服务者，剥夺其选举权与被选举权。

4. 凡残废人民，只有选举权，而无被选举权。

二、苏维埃委员必备条件

1. 忠于革命；
2. 为民众信仰；
3. 经济地位低（如佃农、雇农等）。

三、乡苏维埃组织法

1. 最高权力机关为代表大会或群众大会。

2. 无（每）五十人选举出席代表一人。

3. 乡苏维埃人数大约在三千人以上，地域大约横直三里路之谱。

4. 执行委员五人至七人，候补执行委员三人，共同组织执行委员会，执行委员互推常务委员三人（内主席一人）组织常务委员会。执行委员会并须推选财政委员一人（必须由常务委员会委员兼任），文化委员一人（管理教育宣传等），裁判（裁判群众纠纷）兼肃反（肃清反动派）委员一人，

---

[*] 此件无颁布日期，依据内容应为第二次国内革命战争时期的文件。——编者

粮食委员一人，经济委员一人（办理农田、水利、森林、畜牧等），赤卫委员一人（管理赤卫队），执行委员互推三人组织土地委员会，管理分配土地事宜。乡苏维埃常委会每三天开会一次，执行委员会每周开会一次。

四、区苏维埃组织法

1. 一区内有两个以上之乡苏维埃时，即须召集由群众直接选举之代表会议——区代表大会为最高权力机关。

2. 每五百人得选举出席代表一人。

3. 执行委员七人至九人，候补执行委员五人，组织区苏维埃执行委员会。其中最殊（？）有工人和兵士代表当选执行委员。其组织除常务委员可扩充至五人［外］，与乡苏维埃之组织同。执行委员会之下，还须组织经济委员会，以执行委员会一人为主席，计划本区范围内之经济建设事宜。常务委员会每周开会一次，执行委员会每两周开会一次。

4. 乡村中重要的市镇，可单独成立镇苏维埃，直隶于县苏维埃。

江西苏维埃临时组织法

苏维埃的组织，本来是一个全国的问题，一切组织的形式和产生的方法，均须由中央规定一个统一的组织法，方为合法。但目前中央既未颁布，而江西客观环境又急于需要此项组织法，特别是敌人力量空虚，土地革命潮流异常高涨的区域，如鄱阳、万安、吉安等地，对此需要尤急，当然不能不权宜行事，暂由省委规定一苏维埃临时组织法，交各地备参考。不过在未说到本题以前，为使各地同志明瞭苏维埃究竟是一个什么东西，须先有以下几点简略之说明：

一、苏维埃之来源——苏维埃这三个字，是俄文的译音，就是代表会议的意思，这即是俄国革命政府的一个特殊名字，在一九○五年革命时，在列宁格勒已有此组织，但不久即归失败，经过一九一七年十月革命成功后才得恢复，而苏维埃之名乃得深印于劳苦群众的脑海中。

二、苏维埃的意义及任务——苏维埃是一种最德谟克拉西的政权机关，它不仅仅最接近劳苦群众，而与群众的关系最密切，而且最易受群众的监督，决不至离开群众的实际生活而独立存在，或者因与群众隔离而形成官僚化的机关。同时苏维埃的政权，因为是劳苦群众的政权，所以在苏维埃的机关中，除了少数的知识分子以外，差不多都是没有脱离生产的工农分子来参加，而且这个数量，因为无产阶级文化程度的逐渐提高而激增猛进。现在我们来做一个比例，政府机关的委员及一切服务的人员中，差不多百分之九十都是由工厂和乡下来的工农分子，即可证明苏维埃不仅仅本身是接近劳苦群众的，而且不断的吸引工农分子来学习管理政府机关，进而把一切政府机关完全交与工农群众来直接管理。说到它的任务，如果我们明瞭它的意义自然容易了解。苏维埃是无产阶级国家机关的一种特殊形式。它是随无产阶级的政权和国家之存在而存在的，如果无产阶级的政权和国家消灭了，它亦随之而消灭。因此它的任务是：镇压并消灭一切反革命势力，巩固工农政权，力谋无产阶级经济文化的建设，准备着行向共产社会的道路！

三、苏维埃的组织与资本国家机关的组织根本不同，概言之有以下几点：

1. 资产阶级国家机关的组织是所谓三权——立法、行政、司法鼎立的，而无产阶级国家的组织，则是一切政权归苏维埃，其特点是接近民众，指挥灵敏，无互相牵制之毛病。

2. 资产阶级的政权机关口口声声标榜德谟克拉西的招牌以欺骗群众，其实所谓德谟克拉西是资产阶级的私产，广大的劳苦群众是绝对谈不上享受的，不独是说不上享受，而且要受种种政治的和经济的剥夺。至于苏维埃的机关，则为真正的德谟克拉西，劳苦群众享有一切政治上的自由和经济上的解放。

3. 资产阶级国家的选举，要有私产几千以上才有选举权或几千以上才有被选举权。老实说，这种办法，无异驱逐劳苦群众于选举的场合以外，就是普选，亦不过是美其名而已，实际仍为资产阶级金钱势力所包办。至于苏维埃的选举，则与之绝对相反。第一，它是不分国界、性别的，凡是在苏维埃国家境内的劳动者，无论男女均有选举及被选举权。第二，它是无经济的限制的，只要是以劳力谋生活的，均有选举和被选举权。第三，凡属利用私人资本以剥取他人剩余劳动的，不独无被选举权，而且无选举权。由此，我们便可知道，无产阶级国家机关——苏维埃与资本阶级国家机关的根本差异了。

明白了这些，我们便可根据来作苏维埃临时组织大纲的原则，兹分述如次：

一、苏维埃政府依所处地位及管辖范围，暂分以下几种：

1. 省苏维埃政府

2. 县苏维埃政府

3. 市苏维埃政府

4. 区苏维埃政府

5. 乡苏维埃政府

二、选举条例：

1. 凡属下列几种人，均剥夺其选举及被选举权：

a. 利用资本剥削工人剩余劳动以求得利润的资本阶级。

b. 地主。

c. 土豪劣绅。

d. 反动政府官吏。

e. 反动军官。

f. 工贼。

g. 农贼。

h. 依附统治阶级作种种危害苏维埃政权的行动者。

2. 有选举权及被选举权者规定如次：

a. 产业工人（铁路工人、海员、矿工及各种用机器生产的工厂工人）。

b. 手工业工人。

c. 雇农、佃农、半自耕农、自耕农。

d. 兵士。

e. 不在上列所指而以自身劳动力为谋生活之手段者（如新闻记者及教职员，医生等，有反动嫌疑者不在此例）。

3. 选举人及被选举人的年龄的规定：

a. 十六岁以上者均享有选举权及被选举权。

b. 十五岁以下十二岁以上者，只有选举权而无被选举权。

c. 十一岁以下者无选举权及被选举权。

4. 选举的形式：

a. 产业工人得依产业组织的类别，各自成一选举区，以县市为单位。

b. 手工业工人可依职业组织，各自成一选举区，以县市为单位。

c. 农民以乡为选举单位。

d. 兵士以县市为单位。

5. 代表产生的标准：

a. 产业工人每五百人得派代表一人，五百人以外，每加二百五十人可派代表一人，以此类推。如不能满五百人者，亦得派代表一人。

b. 手工业工人每千人派代表一人，千人以外，每加五百人加派一人，以此类推。如不能满千人者，亦得派出代表一人。

c. 农民每千五百人派代表一人，千五百人以外，每加千人加派代表一人。如不能满千五百人之乡，亦得派代表一人。

d. 兵士与产业工人同。

三、各级苏维埃产生的方式及组织形式：

1. 省苏维埃：

a. 在第一次全省代表大会未开以前，由省农协、省总工会及其他带全省性质的劳动者组合，各派代表若干人，并参加驻省兵士代表若干人，组织省苏维埃临时执行委员会，执行全省政务，同时负筹备召集第一次苏维埃全省代表大会之责。

b. 全省苏维埃代表大会各县市应派之代表名额，由筹备处临时规定之。

c. 省苏维埃执行委员会由全省苏维埃代表大会推选正式委员十五人至二十一人，候补委员七人至十一人组织之。

d. 省苏维埃执行委员会之下设主席团，由五人至七人组织之；人选由全体执行委员会议推定之。

e. 省苏维埃执行委员会之下设秘书处，人选由省苏维埃执行委员会推定之。

f. 省苏维埃执行委员会之下，应设各种委员会，由省苏维埃执行委员会指定五人至七人组织之，委员中互推一人为委员会主席，主持各该委员会一切工作。详细组织法及工作的分配与技术人材之设置，均由各该委员会拟定，呈请省苏维埃执行委员会核准。至委员会性质，暂定以下几种：

1）军事委员会；

2）财政委员会；

3）土地委员会；

4）教育委员会；

5）内务委员会；

6）外交委员会；

7）劳动保险及失业救济委员会；

8）建设委员会；

9）惩治反革命委员会（司法）。

2. 县苏维埃：

a. 在军事紧张时期，不能召集全县苏维埃代表大会以前，由县工农团体及其他劳动组合各派代表若干人，并参加兵士代表若干人，组织县苏维埃临时执行委员会，执行一切工作，并同时准备召集全县苏维埃代表大会，产生正式县苏维埃执行委员会。

b. 全县苏维埃代表大会，各区应派代表名额，由筹备处临时规定。

c. 县苏维埃执行委员会由正式委员九人至十三人，候补委员五人至七人组织之。

d. 县苏维埃执行委员会之下设主席团，由全体执行委员会互推三人至五人组织之。

e. 县苏维埃执行委员会之下设秘书处，人选由县执行委员会指定之。

f. 县苏维埃执行委员会之下，应设各种委员会，分任各项工作。每个委员会，由县苏维埃执委会指定三人至五人组织之，委员中互推一人为主席。委员会详细条例及工作的分配与技术人材之设置，均由各该委员会拟定，呈请县苏维埃执行委员会核准。委员会性质有以下几种：

1）军事委员会；

2）财政委员会；

3）土地委员会；

4）教育委员会；

5）内务委员会；

6）劳动保险及失业救济委员会；

7）建设委员会；

8）惩治反革命委员会。

3. 市苏维埃：

a. 市苏维埃政府只限于大市镇或大产业区组织之，如南昌、九江、景德镇、吉安、赣州等处。

b. 市苏维埃执行委员会，由全市苏维埃代表大会推选正式执行委员九人至十三人，候补委员五人至七人组织之。

c. 市苏维埃执行委员会之下设主席团，由全体执行委员会议互推三人至五人组织之。

d. 执行委员会之下设秘书处，人选由市执行委员会指定之。

e. 执行委员会之下应设各种委员会，分任各项工作，每个委员会由市执行委员会指定三人至五人组织之，委员中互推一人为主席。委员会详细条例及工作分配与技术人材之设置，均由各该委员会拟定，呈请市苏维埃执行委员会核准。委员会性质暂定以下几种：

1）军事委员会；

2）财政委员会；

3）土地委员会；

4）教育委员会；

5）内务委员会；

6）劳动保险及失业救济委员会；

7）建设委员会；

8）惩治反革命委员会。

4. 区苏维埃：

a. 区苏维埃执行委员会，由全区苏维埃代表大会推选正式委员五人至七人，候补委员二人至三人组织之。

b. 执行委员会之下设主席团，由全体执行委员互推三人组织之。

c. 执行委员会之下，由执委会指定一人组织秘书处。

d. 执行委员会指定以下几种委员分任各项工作：

1）财政委员；

2）土地委员；

3）教育委员；

4）内务委员；

5）建设委员；

6）惩治反革命委员。

5. 乡苏维埃：

a. 乡苏维埃执行委员会，由乡村全体工农大会推选正式执行委员三人至五人，候补委员二人组织之。

b. 执行委员会之下设秘书处。

c. 财政，土地，教育，内务，建设，惩治反革命等事宜，均由执行委员会直接办理，不必设专门委员。

四、各级苏维埃之权限及隶属关系：

1. 全省代表大会为全省最高机关，全省代表大会闭幕，省苏维埃执行委员会为全省最高机关。

2. 县市苏维埃除接受县市代表大会之决议及命令外，应同时受省苏维埃的指挥。

3. 区苏维埃除接受区代表大会之决议及命令外，应同时受县苏维埃的指挥。

4. 乡苏维埃除接受乡全体大会之决议及命令外，应同时受区苏维埃之指挥。

5. 各级苏维埃执行委员会之下的主席团，在各级苏维埃执行委员会全体会议未开期间，即以各级苏维埃执行委员会的名义，行使其职权。

6. 乡苏维埃所辖境内的选民，对该管乡苏维埃执行委员会有不满意时，如得过半数选民的同意，得请求该乡苏维埃执行委员会召集苏维埃全体大会改组之。若该执行委员会不召集时，得直接呈请该管区苏维埃执行委员会越级召集改组之。乡苏维埃对区苏维埃，区苏维埃对县苏维埃，县市苏维埃对省苏维埃均同。

7. 上级苏维埃执行委员会对下级苏维埃执行委员会，认为措施不当时，得直接召集该级代表大会或全体大会，改组该级执行委员会。

8. 各级苏维埃对该管上级苏维埃执行委员会委员有不满意时，得由该委员被产生的机关过半数之同意撤回，另行补选。

9. 各级苏维埃执行委员会在不抵触上级整个的工作政策范围内，得议决该管区域内各项工作并执行之。

五、各级苏维埃执行委员之任期：

1. 省县市苏维埃执行委员任期为一年。

2. 区及乡村苏维埃执行委员任期为三年。

3. 各级苏维埃执行委员均得连选连任。

六、会议——各级苏维埃的会议暂定以下几种：

1. 主席团会议每礼拜二次或三次。

2. 全体执委会——省苏维埃每三月召集一次，县市苏维埃每月召集一次，区苏维埃每半月召集一次，乡村苏维埃无主席团，应每礼拜召集二次或三次。

3. 代表大会或全体大会——省每年一次，县市每半年一次，区及乡村每三月一次，临时的不在此例。

闽西苏维埃政权组织法

第一章 总纲

一、苏维埃是工农兵自己选举代表组织的政权机关，一切行动政纲都要根据工人、农民、士兵及其他贫民利益去决定，同时对小资产阶级的利益不加妨害。

二、凡年满十六岁的男女而非剥削劳动者，非宗教徒和反革命者，均有选举权和被选举权。

三、各级苏维埃议决并执行各该级地区内一切事宜，承受上级苏维埃的命令，掌管各该级的一切权力，行使一切职权。

四、各级代表会为各该级最高机关，代表会闭幕后，所选执行委员会即代替该代表会为最高权力机关，行使一切职权。

五、下级苏维埃不能代表工农兵群众利益时，上级苏维埃得改组之。上级苏维埃不能代表群众利益时，有下级苏维埃三分之二的请求时，须召集代表大会改组之。

六、各级代表会有不能代表它所选出区域或机关之意见者，为该区域或机关所不信任时，原区域或原机关得将该代表撤回另派。

七、各级委员有舞弊或失职时，各该派代表会得随时撤换之。

第二章 选举条例

八、凡属赤色区域内之群众，年满十六岁以上者，不分男女，不分籍贯，均有选举权及被选举权。

九、有下列行为之一者，本人及其家属均无选举权和被选举权，但努力革命工作经政府许可，及本人在外，其家属在家三年之内无反动行为，经政府恢复其选举权和被选举权者，不在此例。

1. 过去及现在充反动政府之官吏、警察、衙役、侦探及白军营长以上的官吏者。
2. 城乡绅士、乡董、民团团总、族长、地保等。
3. 现在反动政党党员。
4. 过去收租过活者。

5. 经常营放高利贷或开当铺者。
6. 利用资本雇用工人谋利的商人及工厂厂主。
7. 宗教师及现在宗教徒、僧、道、尼、巫等。
8. 凡有精神病、麻风病及吃鸦片者。
9. 有反革命行为经政府剥夺其选举权及被选举权者。
10. 其他与政府法律抵触，经政府剥削（夺）其选举权和被选举权者。
11. 上列第八与第十两条除本人外，其家属仍有选举权和被选举权。

第三章 代表之职业成分及产生方法

十、各级苏维埃代表的职业成分如下：

1. 闽西各县政府代表，工人占百分之三十，农民占百分之六十，士兵占百分之五，教员学生占百分之五，人数闽西代表不得超过三百人，县不得超过二百人。

2. 区乡政府代表，工人占百分之二十，农民占百分之七十，士兵占百分之五，教员学生占百分之五，但区域代表，则工人占百分之五十，农民占百分之四十，人数不得超过一百人。

3. 乡政府代表，农民占百分之八十，工人占百分之二十，教员学生得派代表参加，士兵不另选代表，但城区的乡政府则工人、农民代表占百分之五十，人数不得超过六十人。

十一、各级代表必须在各业各区域内群众大会选举，须复选者须经过复选手续，不得指派或代替。

十二、各级代表产生方法及手续，由各县政府照代表成分及当地人口比例制定，呈请闽西政府核准施行。

十三、二百人以下之乡政府不必组织代表会，一切事务可召集群众会直接解决。

第四章 各级政府组织系统

十四、闽西政府组织系统如下表

（甲）权力机关之系统

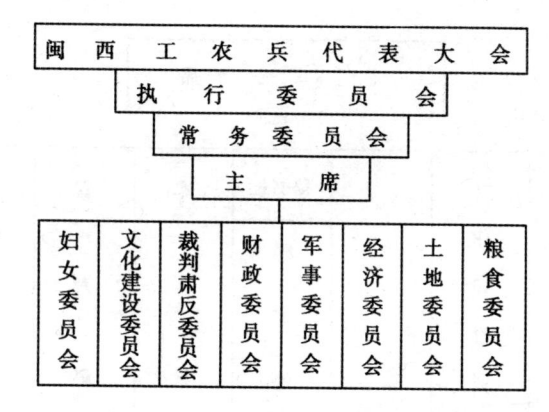

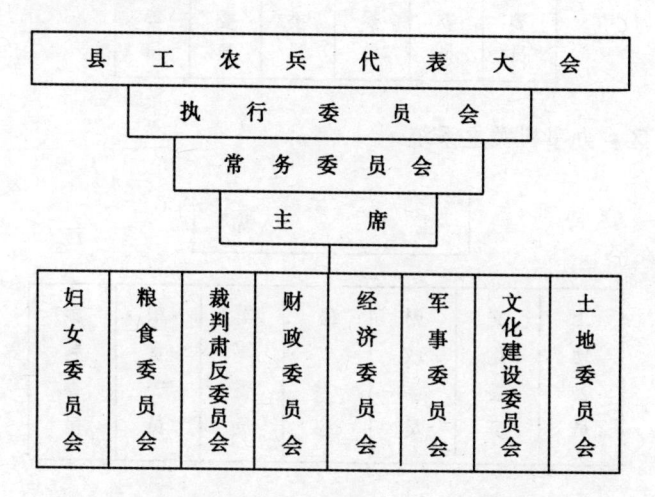

```
            闽西工农兵代表大会
              执  行  委  员  会
               常  务  委  员  会
                  主     席
   ┌────┬────┬────┬────┬────┬────┬────┐
   妇   文   裁   财   军   经   土   粮
   女   化   判   政   事   济   地   食
   委   建   肃   委   委   委   委   委
   员   设   反   员   员   员   员   员
   会   委   委   会   会   会   会   会
        员   员
        会   会
```

（乙）办事机关之系统

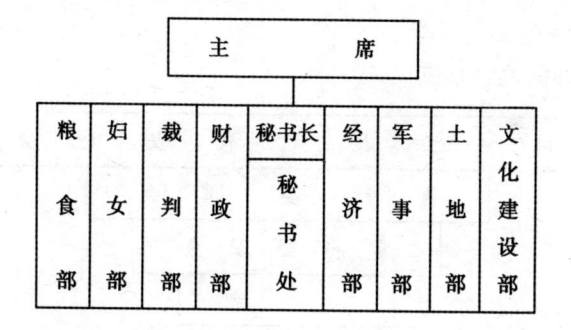

```
                  主     席
   ┌────┬────┬────┬────┬────┬────┬────┐
   粮   妇   裁   财   秘书长   经   军   土   文
   食   女   判   政    秘      济   事   地   化
   部   部   部   部    书      部   部   部   建
                       处                     设
                                              部
```

十五、县政府之组织

（甲）权力机关之系统

```
            县 工 农 兵 代 表 大 会
              执  行  委  员  会
               常  务  委  员  会
                  主     席
   ┌────┬────┬────┬────┬────┬────┬────┐
   妇   粮   裁   财   经   军   文   土
   女   食   判   政   济   事   化   地
   委   委   肃   委   委   委   建   委
   员   员   反   员   员   员   设   员
   会   会   委   会   会   会   委   会
            员                   员
            会                   会
```

（乙）办事机关之系统

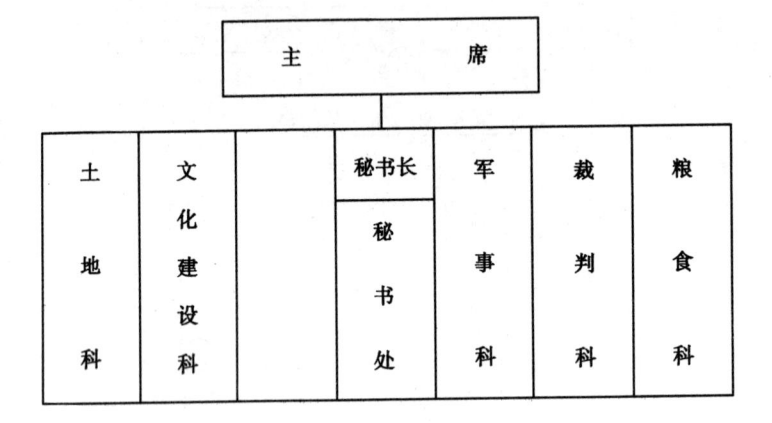

```
          ┌─────────主　　　席─────────┐
土地科 │ 文化建设科 │      │ 秘书长 秘书处 │ 军事科 │ 裁判科 │ 粮食科
```

十六、区乡政府之组织

（甲）权力机关之系统

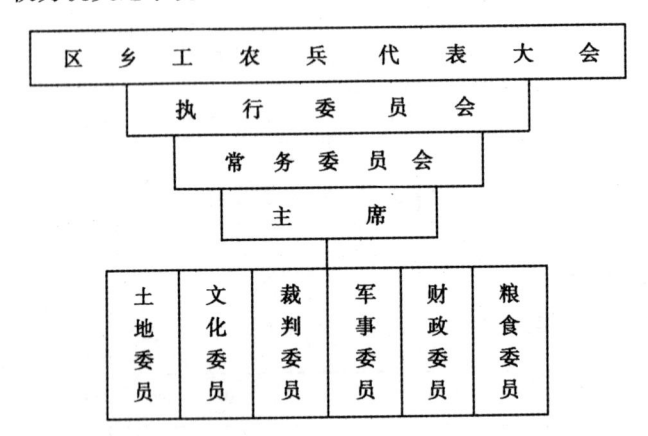

```
          区乡工农兵代表大会
             执行委员会
              常务委员会
                主　席
土地委员│文化委员│裁判委员│军事委员│财政委员│粮食委员
```

（乙）区乡办事机关之系统

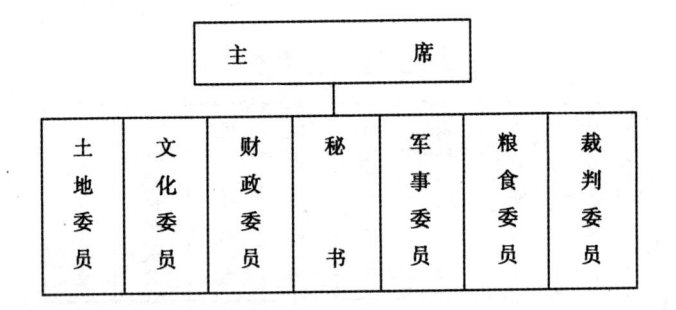

```
              主　　　席
土地委员│文化委员│财政委员│秘书│军事委员│粮食委员│裁判委员
```

十七、各级政府人员数量如下表：

级别 人数 职别	闽 西	县	区	乡
执 委	三十五	十七至二十七	十一至十五	七至十四
常 委	九	五至九	五至七	三至五
候 委	十	五至七	三至五	二至三
军 委	九	五	—	—
财 委	五	三	—	—
经 委	七	三至七	—	○
文 委	七	五至九	—	—
裁 委	五	三至五	—	—
土 委	七	五至九	三至七	三至七
粮 委	五	三至五	—	—
妇 委	五	三至五	—	○

第五章　任期

十八、区乡两级代表任期六个月，执委任期同。

十九、县及闽西两级代表任期一年，执委任期同。

第六章　乡区政府区域等级之划分

二十、区政府管辖范围，照以前政治区范围划分。

二十一、乡政府管辖范围，照以前乡村原有范围划分，如邻近小村其群众自愿合组政府者听其自便。

二十二、数乡合并，或范围过大的乡政府，得在各小乡村组织代表组，由该地代表公推一人为组长，执行传达政府命令及召集群众会调查等工作，其群众会可在各地分开召集，使全体群众能够到会。

二十三、不愿意归原所属政府管辖地方，经当地群众四分之三的同意，得上级政府批准者，得脱离该原属政府，合并或改辖于邻乡政府。

二十四、为规定各级常驻工作人员及便于预算起见，各区乡政府应按照人口多少分为甲、乙、丙、丁四等，如下表：

级别 \ 等级	区政府	乡政府
甲 等	三万人以上者	五千人以上者
乙 等	二万人至三万者	三千人至五千人者
丙 等	一万人至二万人者	一千人至三千人者
丁 等	一万人以下者	二百人至一千人者

第七章 政府工作人员及待遇

二十五、各级政府办事人员每月伙食不得超过四元五角，零用钱每月暂定大洋二元，做工照优待士兵待遇。

二十六、区乡政府办事人员规定如下表：

级别 \ 等别（人数）	区政府办事人员	乡政府办事人员
甲 等	十三人	七人至九人
乙 等	十一人	五人至七人
丙 等	九人	三人至五人
丁 等	七人	一人至三人

二十七、上列工作人员表伙夫交通在外，但要五人以上之政府，始可另设伙夫，其五人以下者则津贴伙食，由他自己设法。

二十八、交通员以区为单位，每区应设多少由各县政府自定，其（在）交通路线之区域，应多设交通员，财政统一后，交通费由县政府担任，乡政府不设交通员，但在交通路线者例外。

第八章 政府与工会关系

二十九、工会要经常向所在地政府报告工作情形。

三十、政府应经常指示和帮助工会工作及经费。

三十一、政府对工会有不同意见时，召开联席会议解决。

第九章 会期

三十二、闽西政府代表会半年开会一次，执委［会］三个月一次。

三十三、县政府代表会三个月一次，执委［会］一个月一次。

三十四、区政府代表会二个月开会一次，执委［会］半个月开一次。

三十五、乡政府代表会半个月开会一次，执委会一周开一次。

三十六、乡群众会一个月开会一次。

三十七、各级如有特别情形时得召集临时会。

（选自《闽西第一次工农兵代表大会宣言及决议案》
一九三〇年三月二十五日印）

修正闽西苏维埃政权组织法

（一九三〇年九月）

第一章 总纲

一、苏维埃是工农兵自己选举代表组织的政权机关，一切行动政纲都要根据工人、农民、士兵及其他贫民利益去决定。

二、凡年满十六岁的男女而非剥削劳动者，非宗教徒和反革命者，均有选举权及被选举权。

三、各级苏维埃议决并执行该级地区内一切事宜，承受上级苏维埃的命令，掌管各该级的一切权力，行使一切职权。

四、各级代表会为各该级最高权力机关，行使一切职权。

五、下级苏维埃不能代表工农兵群众利益时，上级苏维埃得改组之。上级苏维埃不能代表工农兵利益时，有下级苏维埃三分之二的请求时，须召集代表会改组之。

六、各级代表会有不能代表他所选出区域或机关之意见者，为该区域或机关所不信任时，原区域或原机关得将该代表撤回另派。

七、各级委员有舞弊或失职时，各该级代表得随时撤换之。

第二章 选举条例

八、凡属赤色区域内之群众，年满十六岁以上者，不分男女，不分籍贯，均有选举权及被选举权。

九、有下列情形之一者，本人及其家属均无选举权。但努力革命工作经政府许可，及本人在外，其家属在三年之内无反动行为，经政府恢复其选举权及被选举权者,不在此例。

(一)过去及现在充反动政府之官吏、警察、衙役、侦探及白军营长以上的军官者。

(二)城乡绅士、乡董、民团团总、族长、地保等。

(三)现在反动政党党员。

(四)过去收租过活者。

(五)经常营放高利贷及开当铺者。

(六)利用资本雇用工人谋利的商人及工厂厂主。

(七)富农分子。

(八)律师、宗教师及现在宗教徒、僧、道、尼、巫等。

(九)凡有精神病、麻风病及吃鸦片者。

(十)凡不从事生产专以欺骗剥削为业的——赌徒、星相、卜卦、鸨母、龟公等。

(十一)有反革命行为,经政府剥夺其选举权及被选举权者。

(十二)其他与政府法律抵触,经政府剥夺其选举权及被选举权者。

(十三)上列(九)、(十)、(十一)三条除本人外,其家属仍有选举权及被选举权。

第三章　代表之职业成分及产生方法

十、各级苏维埃代表的职业成分如下:

(一)闽西代表会议代表,工人占百分之四十五,农民占百分之四十五,士兵占百分之十,代表人数不得超过三百人。

(二)闽西各县代表会议代表,工人占百分之四十,农民占百分之五十,士兵占百分之十,人数不得超过二百人。

(三)区代表会议代表,工人占百分之三十五,农民占百分之六十,士兵占百分之五,但区域代表,则工人占百分之五十,农民占百分之四十,人数不得超过六十人。

(四)乡代表会议代表,农民和贫民占百分之七十,工人占百分之三十,士兵不另选代表,但城区的乡政府则工人农民各占百分之五十,人数不得超过六十人。

十一、各级代表会代表,必须在各业各区域内群众大会选举,须复选者须经复选手续,不得指派或代替。

十二、各级代表会代表产生方法及手续,由各县政府依照代表成分及当地人口比例制定，呈请闽西政府核准施行。

十三、二百人以下的乡政府，不必组织代表会，一切事务可召集群众会直接解决。

第四章　各级政府组织系统

十四、闽西政府组织系统如下表：

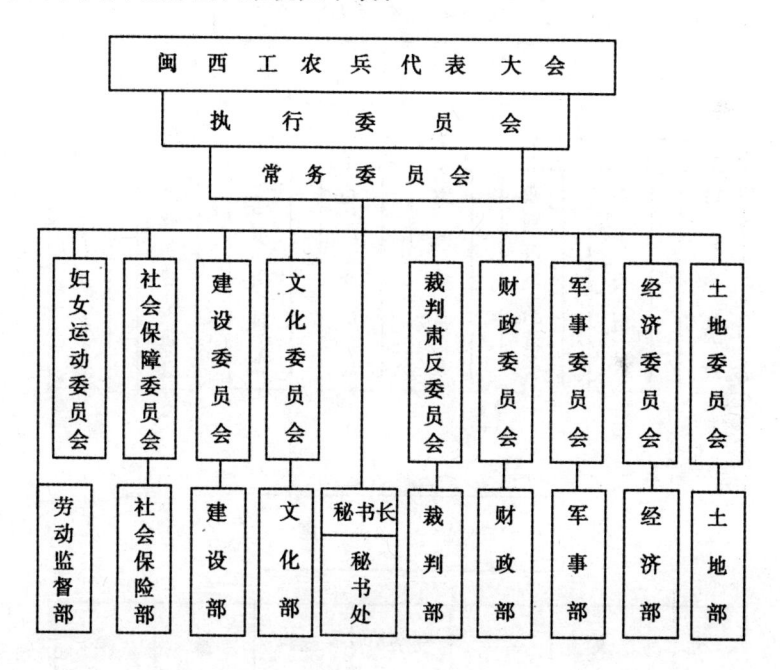

```
┌─────────────────────────────────────────────┐
│           闽西工农兵代表大会                  │
├─────────────────────────────────────────────┤
│              执 行 委 员 会                   │
├─────────────────────────────────────────────┤
│              常 务 委 员 会                   │
└──┬────┬────┬────┬────┬────┬────┬────┬────┘
┌──┴┐┌──┴┐┌─┴─┐┌─┴─┐┌─┴─┐┌─┴─┐┌─┴─┐┌─┴─┐┌─┴─┐
│妇女││社会││建 ││文 ││裁判││财政││军事││经济││土地│
│运动││保障││设 ││化 ││肃反││委员││委员││委员││委员│
│委员││委员││委员││委员││委员││会  ││会  ││会  ││会  │
│会  ││会  ││会  ││会  ││会  ││    ││    ││    ││    │
└─┬─┘└─┬─┘└─┬─┘└─┬─┘└─┬─┘└─┬─┘└─┬─┘└─┬─┘└─┬─┘
┌─┴─┐┌─┴─┐┌─┴─┐┌─┴─┐┌─┴─┐┌─┴─┐┌─┴─┐┌─┴─┐┌─┴─┐
│劳动││社会││建 ││文 ││秘书长││裁 ││财 ││军 ││土 │
│监督││保险││设 ││化 ││秘书处││判 ││政 ││事 ││地 │
│部  ││部  ││部 ││部 ││      ││部 ││部 ││部 ││部 │
└───┘└───┘└──┘└──┘└─────┘└──┘└──┘└──┘└──┘
```

十五、县政府之组织

（甲）权力机关之系统

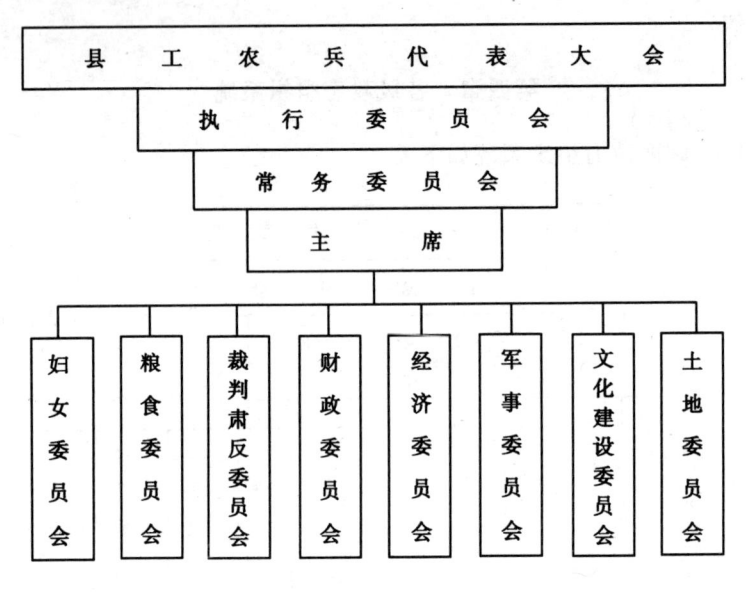

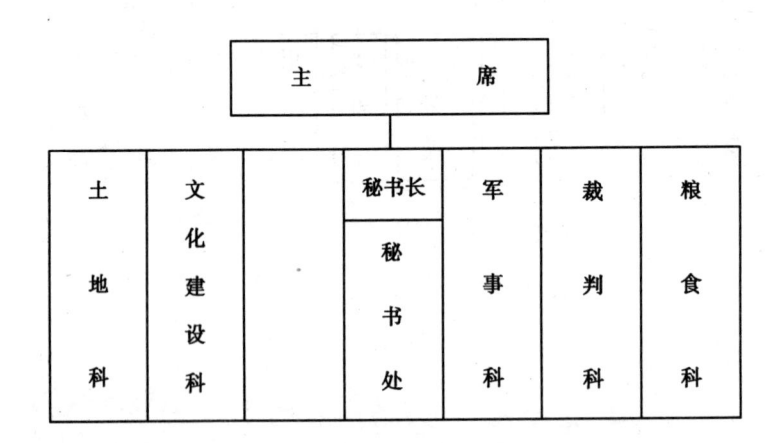

```
┌─────────────────────────────────────┐
│         县 工 农 兵 代 表 大 会       │
└─────────────────────────────────────┘
    ┌─────────────────────────────┐
    │       执 行 委 员 会         │
    └─────────────────────────────┘
        ┌─────────────────────┐
        │    常 务 委 员 会     │
        └─────────────────────┘
            ┌─────────────┐
            │   主   席    │
            └─────────────┘
```

| 妇女委员会 | 粮食委员会 | 裁判肃反委员会 | 财政委员会 | 经济委员会 | 军事委员会 | 文化建设委员会 | 土地委员会 |

```
            ┌─────────────┐
            │   主    席   │
            └─────────────┘
```

| 土地科 | 文化建设科 | | 秘书长／秘书处 | 军事科 | 裁判科 | 粮食科 |

十六、区乡政府之组织

（甲）权力机关之系统

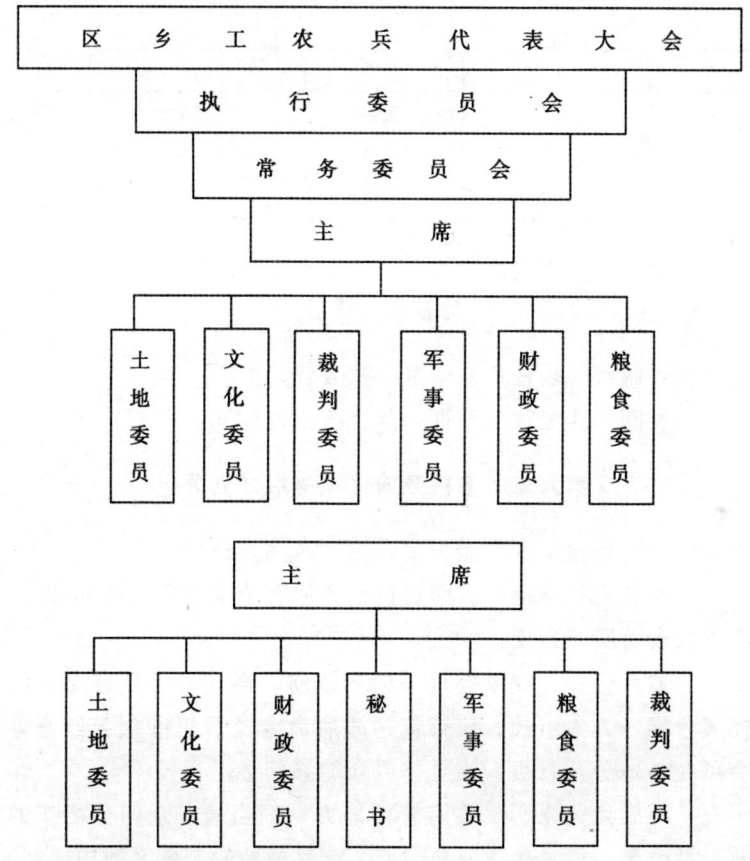

```
┌─────────────────────────────────┐
│   区 乡 工 农 兵 代 表 大 会    │
└─────────────────────────────────┘
         │
    ┌─────────────┐
    │ 执 行 委 员 会 │
    └─────────────┘
         │
    ┌─────────────┐
    │ 常 务 委 员 会 │
    └─────────────┘
         │
      ┌──────┐
      │ 主 席 │
      └──────┘
```

┌────┬────┬────┬────┬────┬────┐
│土地│文化│裁判│军事│财政│粮食│
│委员│委员│委员│委员│委员│委员│
└────┴────┴────┴────┴────┴────┘

```
      ┌──────┐
      │ 主 席 │
      └──────┘
```

┌────┬────┬────┬────┬────┬────┬────┐
│土地│文化│财政│秘书│军事│粮食│裁判│
│委员│委员│委员│   │委员│委员│委员│
└────┴────┴────┴────┴────┴────┴────┘

十七、各级政府人员数量如下表：

职别＼人数＼级别	闽西	县	区	乡
执　委	三十五	十七至二十七	十一至十五	七至十一
常　委	九	五至九	五至七	三至五
候　委	十	五至七	三至五	二至三
军　委	九	五	一	一
财　委	五	三	一	一
经　委	七	三至七	一	○
文　委	七	五至九	一	一

续表

级别\职别\人数	闽西	县	区	乡
裁　委	五	三至五	—	—
土　委	七	五至九	三至七	三至七
粮　委	五	三至五	—	—
妇　委	五	三至五	—	〇

第五章　任期

十八、区乡两级代表任期六个月，执委任期同。

十九、县及闽西两级代表任期一年，执委任期同。

第六章　乡区政府区域等级之划分

二十、区政府管辖范围，照以前政治区范围划分。

二十一、乡政府管辖范围，照以前乡村原有范围划分，如邻近小村其群众自愿合组政府者听其自便。

二十二、数乡合并，或范围过大的乡政府，得在各小乡村组织代表组，由该地代表公推一人为组长，执行传达政府命令及召集群众会调查等工作，其群众会可在各地分开召集，使全体群众能够到会。

二十三、不愿意归原所属政府管辖地方，经当地群众四分之三的同意，得上级政府批准者，得脱离该原属政府，合并或改辖于邻乡政府。

二十四、为规定各级常驻工作人员及便于预算起见，各区乡政府应按照人口多少分为甲、乙、丙、丁四等，如下表：

级别\等别	区政府	乡政府
甲　等	三万人以上者	五千人以上者
乙　等	二万人至三万人者	三千人至五千人者
丙　等	一万人至二万人者	一千人至三千人者
丁　等	一万人以上（下）者	二百人至一千人者

第七章 政府工作人员及待遇

二十五、各级政府办事人员每月伙食不得超过四元五角，零用钱每月暂定大洋二元，做工照优待士兵待遇。

二十六、区乡政府办事人员规定如下表：

等别 \ 级别 \ 人数	区政府办事人员	乡政府办事人员
甲等	十三人	七人至九人
乙等	十一人	五人至七人
丙等	九人	三人至五人
丁等	七人	一人至三人

二十七、上列工作人员表伙夫交通在外，但要五人以上之政府，始可另设伙夫，其五人以下者则津贴伙食，由他自己设法。

二十八、交通员以区为单位，每区应设多少由各县政府自定，其（在）交通路线之区域，应多设交通员，财政统一后，交通费由县政府担任，乡政府不设交通员，但在交通路线者例外。

第八章 政府与工会关系

二十九、工会要经常向所在地政府报告工作情形。

三十、政府应经常指示和帮助工会工作及经费。

三十一、政府对工会有不同意见时，召开联席会议解决。

第九章 会期

三十二、闽西政府代表会半年开会一次，执委［会］三个月一次。

三十三、县政府代表会三个月开会一次，执委［会］一个月一次。

三十四、区政府代表会二个月开会一次，执委［会］半个月开一次。

三十五、乡政府代表会半个月开会一次，执委会一周开一次。

三十六、乡群众会一个月开会一次。

三十七、各级如有特别情形时得召集临时会。

（选自《闽西第二次工农兵代表大会决议》）

湖南省工农兵苏维埃政府暂行组织法

（一九三〇年）

第一章 宣言及政纲

自苏维埃这个怪物在中国诞生之后，许多饥饿的贫困的工人、农民、士兵及一切劳苦群众，都成千成万的围绕着它的周围正在要求着："要吃饭"，"要自由"。

但是，苏维埃这个怪物是帝国主义、国民党军阀、地主买办资产阶级所厌恶所畏惧的；因为苏维埃威机（权）的盛大，便赫（吓）得一般有钱有势的老爷们、太太们、走狗们，都一个个屎滴尿流，无处躲避！他们现在正在唤着："暴动四面八方都起来了，苏维埃这个怪物也到处都产生了，我们的命运如此，只有死路一条……"

这究竟是为什么呢？这是因为苏维埃是工农兵士劳苦群众以团结暴动的力量，推翻反动的统治，由群众自己创造的革命政权。它有任何政府与军队所不及的威权与力量，它是为广大劳苦群众所信仰所拥护的新的政权机关，与帝国主义、国民党、地主买办资产阶级的反动政府是根本不相容的，这是现在世界上两个针锋对峙的营垒：即一是占人类绝大多数的无产阶级和农民兵士劳苦群众的革命营垒；一是占人类绝对少数的帝国主义和国民党地主买办资产阶级的反革命营垒。现在世界上这两个明显的阶级营垒，已经形成了两个很大的阵线，一边是苏联高举着红旗，领导全世界无产阶级及殖民地国家被压迫的民众，一边是帝国主义高举着白旗，领导殖民地地主买办资产阶级。现在这两个阶级正在继续不断地作流血的阶级斗争。

在全世界帝国主义、国民党、地主、买办资产阶级营垒下，因为帝国主义互相争夺市场的矛盾，必然不可避免地快要爆发残酷的第二次世界大战，必然不可避免地要爆发整个的世界革命。在中国，因为帝国主义争夺统治中国、瓜分中国的矛盾，军阀争夺地盘的战争，和地主买办资产阶级内部派别的冲突，造成了全国政治经济的绝大危机，军阀战争继续蔓延，世界大战又将在中国开始，中国反动局面绝无和平统一的可能，城市工商业日益衰败，工厂停闭，工人失业，农村经济危机日益加紧，手工业工人与农民普遍的失业破产，军阀军队中的兵士，更因苏（？）饷的缺欠，与工农革命的影响，兵变潮流，普遍全国。这些政治经济的根本原因，造成了广大群众贫困、破产、失业，与全国饥荒的惨状，"战争"、"残杀"、"骚扰"、"蹂躏"以及"盗贼"、"流氓"、"娼妓"……一切惨无人道的罪恶，都日益增加，整个的资本主义社会，都成为残酷横行黑暗沉沉的社会，因为这些客观的原因，已造成了世界革命的高潮，和中国工农兵士劳苦群众革命势力的平衡发展，而且由目前成熟复兴的时期，日益走上直接革命的形势，这便决定了帝国主义、国民党、军阀、地主买办资产阶级的最终寿命，整个的统治阶级必然要由目前动摇崩溃的状况，很快走到死亡的末路。

在苏维埃政权革命营垒之下，凡一切革命的劳苦群众都能享受自由平等和一切人类所能享受的幸福，不受任何阶级的剥削、压迫、屠杀与欺骗。做工的可以实行八小时工作制，增加工资，减少工作时间，改良生活待遇；种田的可以没收地主阶级和一切反革命派的土地，分配农民耕种，不要交租，不要完粮，每年都得到丰衣足食；在红军当兵的，官兵生活待遇一律平等，红军官兵的家属，由当地苏维埃政府分配肥美的土地，无力耕种的由苏维埃政府维持其生活；敌军中退伍的士兵，由当地苏维埃政府分配土地和工作，与一般劳苦群众受同等待遇；一切没饭吃没工做的失业贫民，苏维埃政府都能使他们有工作有饭吃；贫苦的青年学生都有书读，不受国民党党化教育的麻醉，不受资本主义教育经济上的压迫，可以使一般青年的身体和思想，都能自由发达和长进；一般贫苦的小资产阶级小商人、教职员和一切自由职业者，都可以自由经营有利于社会之一切事业，不受帝国主义的侵略，不受国民党专横的压迫，不受军阀战争的蹂躏，不受苛捐杂税的剥削，可以得到安居乐业的自由。总之，我们工农兵士劳苦群众在我们自己的苏维埃政权之下，失去的是统治压迫我们的枷锁，失去的是统治阶级给予我们的一切饥寒、痛苦、疾病与罪恶，得到的却是整个的革命政权，一切"土地"、"粮食"和"自由"都归给我们革命的群众。从前我们陷于饥寒痛苦，求生不能，求死不得的绝境。现在我们以坚决斗争的决心和牺牲奋斗的精神，冲出一条唯一的生路。从前我们是被统治被剥削没饭吃没自由的奴隶，现在我们以群众团结暴动的力量，推翻统治阶级的政权，一变而为掌握政权新社会上的主人了。

湖南各县的革命群众，已经经过长期斗争的压迫，对于革命已有深刻的认识，目前斗争的发展已与鄂赣各省取得联系，特别是群众生活的痛苦，群众要求革命的迫切与革命主观力量的加强，目前边境革命的形势，已经革命的成熟复兴，走上直接革命武装暴动的时期。我们运用过去斗争的经验和教训，团结广大劳苦群众的力量，共同站在工农兵士、劳苦群众革命同盟的战线上，接受共产党与无产阶级的领导，采取集中进攻的策略，坚决向外发展，深入阶级斗争，反对富农，打破一切保守观念，必然可以彻底消灭湖南整个统治阶级的政权。整个苏维埃政权的基础，以与全国革命高潮汇合，走向全国革命胜利的前途，再进与苏联及世界无产阶级携手，以达到共同建设无阶级无国家、绝对自由平等、劳动友爱的共产主义社会。

综合以上种种的意义，目前湖南革命的唯一中心任务，便是实行湖南总暴动夺取政权，建立苏维埃政府，准备于最短期间建设湖南苏维埃政府，同时制定湖南工农兵苏维埃政府暂行组织法，作为各县建立苏维埃政府之基本法则，领导各县工农兵士劳苦群众一致团结，为建立苏维埃政府而斗争，故郑重宣布湖南工农兵苏维埃革命政纲如左（下）：

1. 彻底推翻帝国主义在华一切统治；
2. 没收外国资本的企业、银行、工厂，归苏维埃政府管理；
3. 自动废除一切不平等条约，收回租界占领地，撤销领事裁判权，收回海关，驱逐帝国主义在华海陆军；
4. 消灭军阀战争，统一中国，实行民族自决；
5. 摧毁国民党各级党部及其御用的黄色工农□会等各种反动团体；
6. 推翻军阀、豪绅、地主、买办资产阶级的国民政府，及其御用的各种反动机关；
7. 彻底消灭封建势力，摧毁军阀、豪绅、地主的乡村政府，废除团防及一切段社制度；
8. 解除国民党军阀军队、挨户团、靖卫团、保卫团，商团、警察等反动武装，武装工农；
9. 解散反动政府所御用的自治委员会、清乡委员会、难民团、自首团、守望团、民团等一切反动团体；
10. 实行武装工农，采用义务征兵制，扩大红军、赤卫军、纠察队等武装组织；
11. 扩大苏维埃区域，巩固无产阶级在苏维埃政权中领导权；
12. 摧毁反动政府剥削民众的厘金局、杂税局等税收机关，并禁毁粮册及一切契约债券；
13. 实行八小时工作制，增加工资，制定劳动法；
14. 实行男女同工同酬，保护女工童工，禁止童工女工做危险工作，女工产前产后休息两个月，工资照给；

15. 没收地主阶级反动派的土地财产归苏维埃政府处理，分配农民耕种，禁止私人买卖和出租；

16. 没收祠堂、庙宇、教堂及一切公共土地财产归苏维埃政府处理，分配农民使用；

17. 宣布一切高利贷的契约概作无效，规定最高年利不得超过一分；

18. 创办农村合作社及抵制借贷机关，政府扶助农村经济自由发展，办理土地工程，改良水利，防御天灾；

19. 分配红军退伍士兵的土地和工作，改善士兵的生活待遇，红军官兵家属由当地苏维埃政府分配土地并维持其生活；

20. 取消国民政府及一切地方政府的捐税，由苏维埃政府设立保障贫苦工农利益的统一累进税；

21. 消灭反动教育并没收其教育经费，创办各种红色的儿童学校、成人补习学校、妇女职业学校，实行免费教育；

22. 确定男女在政治上经济上教育上一律平等，保障婚姻自由，禁止蓄婢纳妾买卖妇女；

23. 释放反动政府监禁的囚犯，救济失业工农，招抚氓流并分配其工作，养育老弱残废，抚恤因革命死难烈士的家属；

24. 准许贫苦的小资产阶级小商人教职员及一切自由职业者自由营业；

25. 联合邻区一切革命势力，汇合全国革命高潮，完成中国革命并联合全世界无产阶级与苏联，促进世界革命。

第二章　组织原则

第一条　苏维埃政府即工农兵代表会议制的政府，非群众大会亦非少数领袖的组织，是广大的劳苦群众便于直接管理生产的政权机关，兼有议会主义及直接民权二者之长，民众直接选举代表，同时有立法行政之权，各级苏维埃政府代表大会之代表，均由群众直接选举与撤换，彻底实行民权主义，打倒官僚制度与资产阶级专政的代议制度，与官僚政府根本不同。

第二条　苏维埃政府是工农兵士劳苦群众独裁的政权，其组织原则，建立于劳苦群众直接选举基础之上，并保障无产阶级的领导，采用民主集中制，一切权力归于工农兵代表大会。各种议案之表决，少数须绝对服从多数，各级政府之隶属关系，下级须绝对服从上级。

第三条　各级苏维埃政府必须从下而上地由群众选举的代表大会产生，如成立三县以上的县苏维埃政府时，工农兵代表大会成立省苏维埃政府，即须召集工农兵暴动委员，即失其效能。*

第四条 苏维埃政权下之人民，凡从事于生产或其他有益于社会事业者，无分男女、种族、地域等界限，均得享受下列的权利：

一、政府保障工人农民的一切生产事业，并扶助其发展，不许（受）任何个人与团体之侵害。

二、政府设办各种免费学校，人人都有入学的权利。

三、政府创办各种免费的报纸和印刷机关，供给群众自由阅读和使用，以保障劳苦群众真正的言论自由。

四、政府保障劳苦群众有信仰自由之权利。

五、政府保障劳苦群众有自由集会及结队进行示威的权利。

六、政府保障劳苦群众有自由结社的权利，并由政府给予物质上精神上的帮助，以巩固劳动者的团结。

七、政府保障劳苦群众居住之自由权利，及一切生命财产上之安全。

八、凡苏维埃政权下的劳苦群众，年满十六岁之男女，均能取得选举权、被选举权及一切建议复决的自由权。

第五条 苏维埃政权下之人民，除患病及因年龄、发育之不能劳动者，无分男女、种族、地域等界限，均须服从以下义务：

一、劳动为天然的艺术，是人人应尽的天职，政府宣布"劳动为人类光荣的事业"、"不劳动者不得食"。凡一切从事于有利于人类社会事业的人，均为劳动者，无"劳心者治人，劳力者治于人"等阶级之分别，只有各种事业不同之职责与分工。

二、为争取工农革命之彻底胜利与一切胜利之保障，凡人民均有保卫苏维埃政权独立存在与巩固之责任，故凡身体强壮者，均有服从军役之义务。

三、政府为创办公共利益及教育事业，得照人民经济地位征收统一的累进税，人民有依照自己之生活状况向政府缴纳正当捐税之义务。

第六条 政府为保障劳苦群众之一切权利计，凡少数个人或团体有足以妨害大多数人民之权利及阻障革命进行之一切特殊权利，得由苏维埃政府宣布剥夺之。

第七条 为联合全世界无产阶级及劳苦群众之故，凡迁居苏维埃政权范围内之一切外人，无分男女、种族、国家、地域等界限，凡从事生产或其他有益于人类社会之事业者，均得享受苏维埃政权下人民同等之权利义务。

---

* 原文如此，疑有脱漏。——编者

第三章　省苏维埃政府组织法

第八条　省工农兵代表大会为省苏维埃政府之最高权力机关，其职权如下：

一、接受上级机关之一切决议。

二、批准及改订省范围内各级苏维埃政府一切法令。

三、议决省范围内一切地方问题。

四、接受和批准执行委员会之报告和提议。

五、划分行政区域并裁判各级苏维埃政府间的争执。

六、确定财政经济计划，统一财政，编制预算，审查决算。

七、确定行政方针及编练红军、赤卫军之计划。

八、议决及改订一切法令及政纲。

九、确定与邻区苏维埃政府的关系，并对外解决与邻区发生的一切重大问题。

十、选举及撤换省苏维埃政府执行委员会及出席上级代表大会之代表。

第九条　省工农兵代表大会之组织，以各县总工会工人每一千人选举代表一人，不满三千人之县至少须选举代表三人，红军及常备赤卫军每五百人选举代表一人，不满五百人之部队至少红军各纵队、各县总队选举代表一人，各县苏维埃政权下居民每万人选举代表一人组织之。代表会议由边境（省）执行委员每年召集常会二次，临时会议由代表全省人口三分之二以上的苏维埃政府之请求或执行委员会于必要时自动召集之。代表任期为一年，但得连选连任。

第十条　省苏维埃政府执行委员会对全省工农兵代表大会直接负责，在代表大会闭会期间内为最高的立法行政管辖机关，其职权如下：

一、接受并执行上级机关苏维埃政府之命令及决议。

二、接受并执行全省工农兵代表大会之决议。

三、遇紧急事项不能召集代表大会时，得处理一切紧急问题，但事后仍须报告代表大会，得其追认。

四、接受和批准各县苏维埃政府之报告及提议。

五、选举及撤换常务委员和出席上级或下级行政会议的代表。

六、根据实际情形决定选举代表大会代表之人数，并接受上级之指示召集代表大会，准备对大会之一切报告，编定议事日程。

第十一条　省苏维埃政府执行委员会之组织，由全省工农兵代表大会选举执行委员十一人至二十一人，候补委员四人至十人组织之。执行委员会由常务委员会每三月召集一次，临时会议得由执行委员过半数之提议或常务委员会于必要时得自动召集之，执行委员每年改选一次，执行委员每任期为一年，但得连选连任。

第十二条　省苏维埃政府常务委员会对执行委员会直接负责，在执行委员会闭幕期间内为执行省苏维埃政府全部事务的处理机关，其职权如下：

一、接受并执行执行委员会之一切决议，经常处理省苏维埃政府全部之日常事务。

二、常务委员会为执行全部事务，保障行政的迅速和系统，得发布命令及采用各种必要的行政方针。

三、常务委员会凡议决一切有关于行政方针之事件，须提交执行委员会得其审查与批准才能执行，确系紧急事项得单独处断，但事后仍须报告执行委员会，得其追认。

四、管理各种专门的行政委员会及各部日常工作。

第十三条　省苏维埃政府常务委员会之组织，由执行委员会互选常务委员七至十一人组织之，常务委员会每周由主席召开一次，临时会议于必要时得由主席随时召集之，常务委员会六个月改选一次，常务委员任期为六个月，但得连选连任。

第十四条　常务委员会为执行日常事务及实行集体的分工，得于常务委员会之下组织秘书处以及各种委员会：

一、主席

二、军事委员会

三、财政委员会

四、经济委员会

五、土地委员会

六、裁判委员会

七、肃反委员会

八、粮食委员会

九、市政委员会

十、卫生委员会

十一、文化委员会

十二、劳动保险委员会

第四章　县苏维埃政府组织法

第十五条　县工农兵代表大会为县苏维埃政府之最高权力机关，其职权如下：

一、接受上级机关之一切决议。

二、解决本县范围内一切行政方针。

三、接受和批准县执行委员会之报告及提议。

四、解决本县范围内之一切争执及特殊的地方问题。

五、选举并更换县执行委员会及出席上级代表大会之代表。

第十六条　县工农兵代表大会之组织，由各区工会工人每五百人选举代表一人，不满五百人之区至少须选举代表一人，红军及常备军赤卫军每一百人选举一人，不满三百人之县至少须选举代表三人，各区苏维埃政权下居民每千人选举代表一人组织之。代表会议由县执行委员会每年召集常会二次，临时会议由代表全县人口三分之二以上的苏维埃政府之请求，或执行委员会于有必要时自动召集之。代表任期为一年，但得连选连任。

第十七条　县苏维埃政府执行委员会对县代表大会直接负责，在县工农兵代表大会闭会期间为最高的立法行政管辖机关，其职权如下：

一、接受并执行上级苏维埃政府之命令及决议。

二、接受并执行全县代表大会一切决议。

三、接受并批准各区苏维埃政府之报告及提议。

四、选举及撤换常务委员会和出席上级和下级行政会议之代表。

五、根据实际情形，决定选举全县代表大会代表人数并召集代表大会，准备对大会之一切报告，编定议事日程。

第十八条　县苏维埃政府执行委员会之组织，由县工农兵代表大会选举执行委员九人至十三人，候补委员二人至六人组织之，执行委员会由常务委员会每两月召集一次，临时会议得由执委过半数之提议或常务委员会于必要时自动召集之。执行委员会每年改选一次，执行委员任期为一年，但得连选连任。

第十九条　县苏维埃政府常务委员会直接对县执行委员会负责，在县执行委员会闭会期间内为执行县苏维埃政府全部事务之管辖机关，其职权如下：

一、接受并执行县执行委员会之一切决议，处理日常事务。

二、常务委员会为执行全部事务，保障行政的迅速和系统，得发布命令及采用各种必要的行政方针。

三、常务委员会遇紧急事项得单独处理，但事后仍须报告执行委员会，得其追认。

四、管理各种行政委员会及各部日常工作。

第二十条　县苏维埃政府常务委员会之组织，由县执行委员会选举常务委员五人至七人组织之。常务委员会由主席每周召集一次，临时会议得由主席于必要时随时召集之。常务委员会每六个月改选一次，常务委员任期为六个月，但得连选连任。

第二十一条　各县苏维埃政府常务委员会为执行日常事务及实行集体分工，得于常务委员会之下组织秘书处以及各种委员会：

一、主席
二、赤卫委员会
三、财政委员会
四、经济委员会
五、土地委员会
六、粮食委员会
七、肃反委员会
八、裁判委员会
九、市政委员会
十、卫生委员会
十一、文化委员会

第五章　区苏维埃政府组织法

第二十二条　区工农兵代表大会为区苏维埃政府之最高权力机关，其职权如下：

一、接受上级机关之一切决议。
二、议决本区范围内之一切行政方针。
三、接受和批准区执行委员会之报告及提议。
四、解决本区范围内之一切争执及特殊的地方问题。
五、选举及撤换区执行委员会及出席上级代表大会之代表。

第二十三条　区工农兵代表大会之组织，由各乡工会工人每三十人选举代表一人，未满三十人者亦得选举代表一人，赤卫军士兵每十人选举代表一人，各乡居民每三百人选举代表一人组织之，区代表会议由执行委员会每四个月召集一次，临时会议得由代表人口三分之二以上的苏维埃政府之请求，或执行委员会于必要时自动召集之。代表任期为六个月，但得连选连任。

第二十四条　区苏维埃政府执行委员会对区工农兵代表大会直接负责，在区代表大会闭幕期间为全区最高的立法行政管辖机关，其职权如下：

一、接受并执行上级苏维埃政府之命令及决议。

二、接受并执行全区代表大会一切决议。

三、接受并批准各乡苏维埃政府之报告及提议。

四、选举及撤换常务委员和出席上级或下级各种行政会议之代表。

五、根据实际情形决定全县代表大会代表人数并召集代表大会，准备对大会之一切报告，编定议事日程。

第二十五条　区苏维埃政府执行委员会组织，由区代表大会选举执行委员七人至十一人，候补委员二人至六人组织之。执行委员会由常务委员会每个月召开一次，临时会议得由执行委员会过半数之提议或执行委员会于必要时自动召集之。执行委员会每六个月改选一次，执行委员会任期为六个月，但得连选连任。

第二十六条　区苏维埃政府常务委员会对执行委员会直接负责，在执行委员会闭会期间内为执行区苏维埃政府全部事务的管理机关，其职权如下：

一、接受并执行区执行委员会之一切决议，经常管理日常事务。

二、常务委员会为执行全部事务，保障行政的迅速和系统，得发布命令及采用各种必要的行政方针。

三、常务委员会遇有紧急事项得单独处理，但事后仍须报告执行委员会，得其追认。

四、管理各部日常工作。

第二十七条　区苏维埃政府常务委员会之组织，由区执行委员三人至五人组织之。常务委员会由主席每周召集两次，临时会议得由主席于必要时随时召集之。常务委员会每三个月内改选一次，常务委员任期为三个月，但得连选连任。

第二十八条　区苏维埃政府常务委员会为管理日常事务，实行集体的分工，须于常务委员会之下设秘书处及以下各种职务：

一、主席

二、赤卫委员

三、财政委员（必须常委兼任）

四、裁判肃反委员

五、粮食委员

六、文化委员

七、经济委员（委员会主任须由常委兼任）

第二十九条 各县县城须成立城区苏维埃政府，凡满五千人以上之市镇，得成立市镇苏维埃政府，受县苏维埃政府之指导管辖，与区苏维埃政府同一等级，但其组织法须由县苏维埃政府根据特殊情形决定之。

第六章 乡、村苏维埃政府组织法

第三十条 乡民代表大会或群众大会为乡苏维埃政府之最高权力机关，其职权如下：

一、接受上级机关之一切决议。

二、议决本乡范围内之一切行政方针。

三、接受和批准乡执行委员会之报告及提议。

四、议决本乡范围内之一切争执及特殊的地方问题。

五、选举及撤换乡执行委员和出席上级代表大会之代表。

第三十一条 乡民大会之组织，由各村居民每三十人选举代表一人或全乡人民组织之。

乡民代表会议或群众大会由乡执行委员会每两个月召集一次，临时会议得由全乡三分之二以上的请求或乡执行委员会于必要时自动召集之。乡民代表大会每六个月改选一次，代表任期为六个月，但得连选连任。

第三十二条 乡苏维埃政府执行委员会对乡民代表大会或民众大会直接负责，在乡民代表大会或民众大会闭会时期内为全乡最高立法行政管理机关，其职权如下：

一、接受并执行苏维埃政府之命令及决议。

二、接受并执行乡民代表大会或群众大会一切决议。

三、接受并批准各村苏维埃政府或人民之报告及提议。

四、选举及撤换执行委员会之主席和出席上级或下级各种会议之代表。

五、根据实际情形决定全乡代表大会人数并按期召集代表大会或群众大会，对大会报告一切工作，提出各种议案交大会讨论。

六、乡苏维埃政府非有特殊情形者不须组织常务委员会，关于日常事务由主席管理，遇紧急事项不能召集会议时，主席得单独处理，但事后务须报告执行委员会，得其追认。

第三十三条 乡苏维埃政府执行委员会为管理日常事务，实行集体的分工，得于执行委员会之下设秘书一职，各执委之分工如下：

一、主席

二、赤卫委员

三、财政委员

四、裁判兼肃反委员

五、文化委员

六、土地委员（主任由执委兼任）

第三十四条 凡地域过宽、人口过多之乡，在目前斗争时期，为严密政权组织和指挥应对客观环境起见，取得地势的便利，划成若干村，成立村苏维埃政府。其最高权力机关为全村群众大会，其职权在于接受上级机关之命令决议，议决本村范围内之一切日常问题。群众大会由村苏维埃政府每月召集一次，临时会议得人民过半数之请求或执行委员会于必要时自动召集之。

第三十五条 村苏维埃政府执行委员会由全村群众大会选举执行委员三人，候补委员二人组织之。执行委员互选主席一人，接受乡苏维埃政府之命令及执行委员会之决议，管理日常事务。执行委员会每周由主席召集一次，临时会议必要时由主席随时召集之。执行委员会每四个月改选一次，执行委员任期四个月，但得连选连任。

第七章 选举法

第三十六条 凡苏维埃政府下或加入革命的群众团体之人民，为下列所举各种人之一，但在选举日年满十六岁以上者，无晏私（？）种族、国家、地方界限之区别，均得享有选举权与被选举权。

一、凡参加生产事业之工人、农民及其家属。

二、凡从事于有益人类社会之自由职业者、小学教师、城市贫民及敌军之退伍士兵等贫苦民众及其家属。

三、凡苏维埃政权下各机关职员及其红军、赤卫军之官兵及其家属。

四、凡以上三种人民之因特殊原因现实不能工作者。

第三十七条 凡属以上四种人民之一，而犯以下各条者，均不得有选举权和被选举权。

一、国民党及国民政权一切反动军官、职员及其走狗。

二、凡违反苏维埃政权一切法令，专以剥削压迫他人而生存者。

三、基督教、耶稣教、佛教等一切非劳动而专以欺骗剥削他人的教士。

四、犯精神病及吃食鸦片者。

五、经苏维埃政府宣布被剥夺选举权及被选举权者。

第三十八条　选举方法应由上级出席代表及当地苏维埃政府组织选举委员会，规定选举日期及选举规则。召集群众大会或代表大会举行投票选举或提名表决，均由选举委员会根据当时情形决定之。

第三十九条　凡遇有选举全都违反规则或发生纠纷时，应否取消由上级苏维埃政府决定之。

第四十条　选举后有随时收回所选代表的权利并另行选举。

第八章　附则

第四十一条　本组织法经湖南省工农兵代表大会和群众大会通过，由省政府公布施行。

鄂豫皖区苏维埃临时组织大纲

——鄂豫皖区第二次苏维埃代表大会文件之三

（一九三一年七月）

一、苏维埃组织原则——苏维埃是工农代表会议，是工农民主专政的政权，是彻底替工农兵谋解放的政权，与地主资产阶级国民党政权完全对立，它的组织原则是立法行政合一，完全运用民主集中制。

二、公民——凡苏维埃下面有选举权和被选举权的人，叫做公民。哪些人有选举权和被选举权呢？工农兵及一般劳苦群众，有选举权和被选举权，叫做公民。富农、豪绅、地主、反动派和一切依靠剥削别人来生存的，剥夺其选举权和被选举权，就不是公民。苏维埃应用政权来统治他们。公民有选举与撤换代表之权，对于各级苏维埃或苏维埃［的工作人员］有不满意，可以（有）到工农监察委员会、各级苏维埃或上级苏维埃去控诉的权限（利）。

三、代表——遵照一定之比例选举之（如鄂豫皖区第二次苏代大会选举所规定），代表大会与代表大会中间时期，为代表任务期间，在任务期间内，有经常受苏维埃政府委托行使其职权的职权。代表有不能胜任之处，由选民随时撤换之。

四、苏维埃组织：

（甲）全国苏维埃——全国苏维埃工农兵代表大会，是全国最高政权机关，由代表大会选举执委会为大会休会期间最高政权机关，由执委会选举主席团，为执委会休会期间最高政权机关，主席团领导人民委员会工作。人民委员会为经常执行政府工作的政权机关，设正委员长一人，副委员长若干人，委员若干人，由执委任之。人委会之下设立各种委员会，执行各种工作。

关于中央集权的：

①外交委员会，委员若干人，主席一人，办理全国外交事宜，条例另定；

②军事委员会，委员若干人，主席一人，统一指挥全国军事，条例另定；

③交通委员会，委员若干人，主席一人，管理全国水陆交通，如火车、轮船、水电……条例另定；

④财政经济委员会，委员若干人，主席一人，管理全国财政经济，如办理国家银行、经济公社……条例另定；

⑤政治保卫局，委员若干人，主席一人，直接指挥下级政治保卫局，条例另定；

⑥革命法庭，委员若干人，主席一人，内设：A、审判委员会，正审一人，副审若干人；B、国家公诉员；C、辩护员，条例另定。

关于地方分权的：

①内务委员会，委员若干人，主席一人，管理社会保险（设立社会保险局，赤区民警，户口调查，统计卫生、婚姻登记等），条例另定；

②土地委员会，委员若干人，主席一人，办理土地没收，调查分配（山林包括在内），开辟水利、办理肥料……条例另定；

③文教委员会，委员若干人，主席一人，办理全国文化教育，条例另定；

④劳工委员会，委员若干人，主席一人，办理劳工保险局、劳工介绍所、失业保险局……条例另定。

（乙）鄂豫皖区苏维埃——鄂豫皖区苏代大会，是全区最高政权机关，选举若干人，组织执委会，由执委推举若干人为主席团，由主席团任命若干人组织人民委员会，设正委员长一人，副委员长二人，人委会之下设立外交、军事、财政、经济、政治保卫局、革命法庭、内务、土地、粮食、文化教育、劳工各种委员会，执行一切工作，各委员会工作系统同前述。

（丙）皖西北特区苏维埃——皖西北特区苏代大会是皖西北特区政权机关，选举若干人组织执委会，由执委会推举常委会，由常委会推定一人为主席，下设军事、交通、财政、经济、政治保卫局、革命法庭、内务、土地、粮食、文化教育、劳工各种委员会，执行各种工作，各种委员会工作系统同前。

（丁）县苏维埃——县苏工［农兵］代［表］大会，是全县政权机关，选举若干人组织执委会，由执委组织常委会，推定一人为主席。下：关于中央集权的，设军区指挥部、交通、财政、经济、政治保卫分局，直接由各该上级机关指挥工作，地方苏维埃得监督其工作。关于地方分权的，革命法庭、内务、粮食、土地、文化教育、劳工各种委员会，执行各种工作，各委员会工作系统亦同前。

（戊）区苏维埃——区苏工［农兵］代［表］大会是全区政权机关，选举若干人组织执委会，由执委会推选若干人组织常委会，由常委会推定一人为主席，下设财政经济特派员，交通特派员，政治保卫局办事处，内务、文化教育、土地、粮食、劳工各种委员会，执行各种工作，各委员会工作系统亦同前。

（己）乡苏维埃——乡苏大会是全乡政权机关，选举若干人组织执委会，由常委会推选一人为主席，下设内务委员、文化教育委员、土地委员、粮食委员、劳工委员，执行各该上级委员会的决议，参加（照）当地情形进行各该委员所担负的工作。

（庚）村苏维埃——村苏大会是全村政权机关，选举若干人组织执委会，由执委推选若干人组织常委会，由常委会推选一人为主席，全体分工执行上级的决议。

五、工农监委会的组织及与苏维埃的关系：工农监察院是独立组织系统，全国苏维埃由代表大会选举若干人成立工农监察院，鄂豫皖区由代表大会选举若干人成立工农监委会，县由代表大会选举若干人成立工农监委会，区由代表大会选举若干人成立工农监委会，乡由代表大会选举若干人成立工农监委会。各级工农监委会与各级苏维埃是平行机关，受代表大会指挥。其主要工作是工厂检查，会计核查，苏维埃各种工作检查，苏维埃官僚腐化分子检查……如果是个人腐化官僚，则告诉同级苏维埃淘汰；如果是整个苏维埃官僚腐化，则报告上级监委会和上级苏维埃来整个改造。同时要说明的，工农监察院是建议和监督机关，苏维埃是执行机关。

六、本苏维埃政府临时组织大纲，一俟全国苏维埃代表大会开幕，全国苏维埃政府组织大纲颁布后，即停止施行，遵照全国苏维埃政府组织大纲进行工作。

川陕省苏维埃组织法

（一）总则

川陕省苏维埃是川陕工农兵的代表会议，这一政权属于全川陕工人、农民、红军兵士及一切劳苦群众，在中国共产党川陕省委领导之下，坚决执行中华苏维埃中央政府颁布的一切法令和指示，保护工农劳苦群众的利益，彻底推翻帝国主义、国民党、地主豪绅、资产阶级的统治，扩大革命战争，争取苏维埃政权在全川陕的首先胜利、直到全中国的胜利。

（二）苏维埃组织系统及其工作

村苏维埃：

1. 村苏维埃是苏维埃的基本组织，由全村群众大会选举出来，地主、富农和没有公民权的无权利参加。

2. 经常召集全村群众大会和十家代表会议，传达上级苏维埃的各种决议和指令，解决全村发生的一切问题，在开会时一切老弱残废的人可以不到会。

3. 调查统计全村的人口、成分、土地分配及群众生活改善的情形，报告乡苏。

4. 经常注意村内反革命的活动，调查全村内富农、地主和反动分子的家属有无反革命的活动及对他们进行处理，动员群众严拿敌人的奸细及破坏、造谣的一切反革命分子，力量不足时，报告乡苏帮助肃清反革命的活动。

5. 动员劳苦群众参加红军和地方武装，组织代耕队，实行替红军家属代耕和动员群众帮助挑水、打柴、优待红军家属的工作。

6. 解决群众的纠纷，如借贷关系，各种争执等。重要事件解决后，须向乡苏报告。村苏不能解决的问题，可移交乡苏或直接向革命法庭提起控告。

7. 发展全村的文化教育，建设俱乐部，经常举行晚会、唱歌、讲演，解释苏维埃的一切法令，进行读报、认字等工作。

8. 为了更切实执行苏维埃各种法令，在村苏之下，由每十家工农劳苦群众选举一个代表，这就是十家代表。

他的任务：

（1）发动十家群众严格监视地主、富农和无公民权的分子，他们不在十家以内，无政治上的任何权利，将其生活情形经常向上级报告。

（2）经常注意当地有无反革命活动和暗藏的反革命分子阴谋破坏的情形，随时报告上级。

（3）十家群众得到土地利益后，生活改善状况及红军游击队员家属的优待情形，向村苏报告。

（4）传达村苏决议，动员和督促十家执行。

（5）经常向十家公民解释苏维埃一切法令。

乡苏维埃：

1. 乡苏由全乡群众大会或各村代表大会选举出来，地主、富农和没有公民权的分子无权利参加。

2. 主席委员：（1）计划和动员全乡苏委员，指导和检查各村工作；（2）督促和检查乡苏委员本身的工作；（3）重要问题自己去解决。

3. 土地粮食委员：（1）动员群众分配土地，进行查田；（2）办理农具经理处和农具合作社；（3）收藏各种粮食的种子；（4）统计和集中全乡的公粮，督促群众送往区公粮仓；（5）办理乡苏的经济公社与帮助合作社的发展。

4. 劳动内务委员：（1）检查劳动法令的执行，介绍工人的工作；（2）注意卫生防疫和戒烟工作。

5. 裁判委员：解决群众纠纷问题，重大事件报告区苏解决，或向革命法庭提起控告。

6. 调查和研究各村反革命的活动，地主和反动分子家属的处理，加紧站岗放哨戒严，检查路票，严拿敌人的侦探、坐探及一切造谣破坏的反革命分子。

7. 与雇工会、贫农团发生密切的关系，吸引他们积极参加政权的活动和反富农的斗争。

8. 动员群众参加红军与地方武装，组织代耕队，实行代耕，检查各村优待红军家属的工作。

9. 办理列宁小学校，设立红场，进行军事与体育的操练，设立俱乐部，张贴上级的报纸、布告、宣言、标语,正确的向群众解释,进行普通的识字、读报各种文化教育工作。

区苏维埃:

1. 区苏由全区工农兵代表大会选举出来,地主、富农和无公民权的没有权利参加。

2. 主席委员:(1)计划和动员全区苏委员,指导和检查各乡的工作;(2)督促和检查区苏委员本身的工作;(3)重要问题自己去解决。

3. 土地委员:审查和正确划分全区的阶级成分,实行分田查田,发给土地证,灌溉水利,解决农具问题。

4. 粮食委员:办理公粮仓,集中公粮和保存红军公田的粮食,办理粮食运输,统计粮食,规定禁止粮食出口的办法,储藏各种粮食的种子。

5. 劳工委员:实行劳动法令,介绍工人工作,实行社会保险,向雇主抽社会保险金。

6. 经济委员:集中各乡经济,实行统一开支,审查各乡账目,发展各乡合作社的组织,办理经济公社,代收统一累进税,修筑道路桥梁,安设船只。

7. 裁判委员:解决群众的一切争执纠纷,重大问题向革命法庭提起控告。

8. 内务委员:登记全区的婚姻,登记全区的户口,进行全区的卫生、防疫与戒烟事项。

9. 文化教育委员:发展全区的文化教育,将上级印发的报纸、布告、宣言、标语分发各乡,及设立布告处,办理俱乐部,检查各乡列宁学校教师、教材及认字、读报的成绩。

10. 保卫局代表:负责动员苏维埃和领导群众去做肃反工作,发动群众阶级斗争,调查全区地主和富农家属的处置情形,计划全区要口的岗棚、岗哨和要路条,督促各乡实行戒严,严拿敌人的侦探、坐探及一切阴谋破坏苏维埃的反革命分子。

11. 有计划的扩大红军与组织地方武装,实行全区劳苦群众军事化,审查参加红军与地方武装的成分和社会关系,给予介绍信,检查各乡村红军代耕、优待红军家属、帮助挑水打柴的一切安慰工作。

12. 检查各乡、村苏维埃及十家代表的工作,改选混入苏维埃的阶级异己分子,提拔斗争坚决的真正工农分子到乡村苏维埃工作。

县苏维埃:

1. 县军区指挥部：在省军区指挥部指导下，统一全县的军事指挥，扩大与坚强地方武装的组织，加紧对地方武装的军事政治训练，帮助全县劳苦群众的军事化，及动员群众配合红军行动的一切工作。

2. 县财政委员会：（1）集中各区现金存放省工农银行，实行统一开支，审查各区账项；（2）根据省苏财政经济委员会、税务总局的布告，征收统一累进税；（3）规定全县的预算决算、收入和支出，交上级审查。

3. 县经济委员会：帮助各区合作社的发展，办理经济公社及兑换处；消灭大斗小秤，统一全县度、量、衡；按照本县生产情形，经营特种生产，根据苏维埃需要，［设立］各种工厂，制造日常用具，豢养牲畜，培养森林，建筑道路等。

4. 县交通局：办理赤色邮政、电报局、运输处、交通站，根据省苏交通计划执行。

5. 县政治保卫局：按照政治保卫局工作条例和省政治保卫局的指示执行。

6. 县革命法庭：（1）设审判委员会、公诉处、申诉登记处、执法处；（2）县革命法庭所解决的案件，必须向省革命法庭做报告；（3）县革命法庭所不能解决的问题，须移交省革命法庭处理。

7. 土地委员会：（1）检查各区分配土地是否按照土地法令执行，立即进行查田。新发展苏区，要用很大力量迅速分配土地；（2）办理修塘、打堰、筑堤、开沟、便利水溉等；研究土质的好坏、适宜种什么东西，计划运输肥料，解决农具的需要，开垦荒地等；（3）执行省苏对土地问题的决议和指示。

8. 劳工委员会：执行社会保险，向雇主抽社会保险金，介绍失业工人的工作，检查工厂是否安全卫生，是否执行劳动法令。

9. 粮食委员会：（1）规定各区公粮仓的地点，统计公粮的数目，计算全县粮食的出产和需要，规定禁止粮食出口和节省粮食的办法；（2）按季收藏各种粮食的种子；（3）集中骡马、布袋及动员各区的运输队，办理粮食的运输。

10. 文化委员会：设立高级列宁小学、俱乐部，审察各区列宁学校的教师和检查各区文化教育的成绩。

11. 内务委员会：实行婚姻登记、户口登记，发给公民证，建设抚恤执行局，执行在革命战争中伤亡战士抚恤条例，计划全县的卫生、防疫，研究病症，规定公葬地点，规定戒烟办法，实行戒烟，办理赤色民警。

川陕省苏维埃：

甲、关于中央集权的：

1. 省军区指挥部：在西北革命军事委员会直接指挥下，统一各县地方武装的指挥，在地方武装配合红军行动中，红军高级长官可直接指挥，便利于军事行动。省指挥部经常负责对地方武装的扩大与整理，加紧军事政治教育，提高阶级战斗力量。

2. 财政委员会：（1）工农银行，制造苏维埃货币，统一币制，流通苏区金融，实行对工农的低利和无息借贷，帮助合作社的发展；（2）税务总局，遵照财政经济委员会所出布告，征收统一累进税；（3）会计处，制定预算、决算，多的银钱存入银行，注意节省。

$$\text{财政委员会} \begin{cases} \text{工农银行} \\ \text{税务总局} \\ \text{会计处} \end{cases}$$

3. 经济委员会：（1）设合作总社，发展与指导全苏区合作社与经济公社；（2）建设局，经营耳山、盐井、铁厂、锅厂、纸厂、布厂、缝工厂，开垦荒地，改造农业，奖励农业生产，统一苏区度、量、衡，奖励对外贸易，培养森林，修筑道路，豢养牲畜等。

$$\text{经济委员会} \begin{cases} \text{合作总社} \\ \text{建设局} \end{cases}$$

4. 外交委员会：办理苏区外交事项。

5. 交通委员会：（1）运输处：组织运输队，集中骡马，专管运输事项；（2）交通局：建立各地交通站，各渡口安置船筏，木板桥梁；（3）电报局：安置电杆，架设电线；（4）赤色邮政局：传递赤区各地之信件。

$$\text{交通委员会} \begin{cases} \text{运输处} \\ \text{交通局} \\ \text{电报局} \\ \text{赤色邮政局} \end{cases}$$

6. 政治保卫局：（1）保证苏维埃政权，镇压反革命的有力组织；（2）调查各县反革命分子活动的情形；（3）有计划的进行肃清反革命分子及其活动；（4）指导各县保卫局的工作。

7. 革命法庭：（1）审判委员会可以扩大到数十人，由各地群众选举，如某工厂，某乡苏较好，可叫它选举一人为审判员，不脱离生产，有事临时召集；（2）国家公诉处研究犯人的证据，应判什么罪，由国家公诉处提起公诉；(3) 申诉登记处，有人告状，按照登记规则登记后，规定审讯期和审判条件，委员会交主席批准后，通知原告按期到庭审判；(4) 执法管理处，设看守所、监狱、劳动实习所。

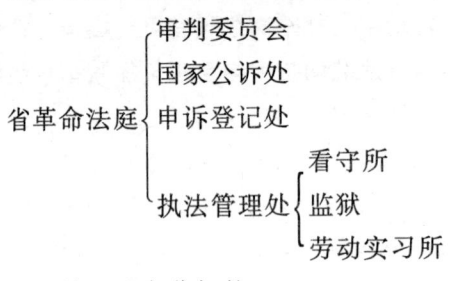

省革命法庭 ⎰ 审判委员会
　　　　　　 国家公诉处
　　　　　　 申诉登记处
　　　　　　 执法管理处 ⎰ 看守所
　　　　　　　　　　　　 监狱
　　　　　　　　　　　　 劳动实习所

乙、关于地方分权的：

8. 土地委员会：(1) 没收分配局：按照土地法令，进行查田，没收暗藏地主分得的土地，收回富农分得的好土地，实行红军游击队员分好土地，有优先权利和代耕制，新发展的苏区用很大力量迅速进行分配土地；(2) 水利局：计划与办理修塘、打堰、筑堤、筑埂、开沟、开河、便利水溉等；(3) 土地培养局：研究土质的好坏，适宜种什么东西，筹划田地的肥料，制造农具，研究种子，开垦荒地等。

土地委员会 ⎰ 没收分配局
　　　　　　 水利局
　　　　　　 土地培养局

9. 劳工委员会：(1) 设社会保险局，向雇主资本家抽社会保险费，使工人生活有保障；(2) 劳动介绍所：办理失业工人登记，介绍工人的工作；(3) 劳动检查所：检查工厂是否安全卫生，是否执行劳动法令。

劳工委员会 ⎰ 社会保险局
　　　　　　 劳动介绍所
　　　　　　 劳动检查所

10. 粮食委员会：(1) 粮食储藏所：集中粮食，在适当地方储藏粮食，注意粮食的节省；(2) 粮食调查统计处：统计赤区出产的粮食多少及所需要的粮食，规定禁止粮食出口的办法；(3) 粮食运输处：按规定路程定栈口，集中骡马、布袋及运输粮食的东西，以便临时动员运输工作；(4) 种子储藏所：按季收藏各种粮食好的种子，如谷、麦、包谷、红苕、洋芋、棉花、芝麻、花生及一切主要的粮食种子。

粮食委员会 ┤ 粮食储藏所
　　　　　　 粮食调查统计处
　　　　　　 粮食运输处
　　　　　　 种子储藏所

11. 文化教育委员会：（1）学校教育局：指导各地列宁学校，审查教师、教材，办理苏维埃学校（和）培养各种专门技术人材的学校；（2）社会文化局：设立大规模的俱乐部、新剧团，经常指导各地读报、识字、俱乐部的工作，发展赤区文化；（3）国家出版局：出版马克思列宁主义的各种书籍，苏维埃理论与实际的各种小册子，工农群众与红色战士的读本。私人著作，经国家出版局审查认可付印。

文化委员会 ┤ 学校教育局
　　　　　　 社会文化局
　　　　　　 国家出版局

12. 内务委员会：（1）婚姻登记处：根据婚姻条例进行登记；（2）户口登记处：举行户口登记，发给公民证；（3）卫生局：规定卫生计划、卫生检查，办理清洁防疫、医生登记，研究疾病死亡症候与医疗方法；（4）戒烟局：规定戒烟办法，研究戒烟药品；（5）抚恤执行局：执行对革命战士的伤亡抚恤条例，发抚恤证、抚恤金；（6）赤色民警局：维持苏维埃区域秩序，管理宿娼、饮酒、打人、小偷等事。

内务委员会 ┤ 婚姻登记处
　　　　　　 户口登记处
　　　　　　 卫生局
　　　　　　 戒烟局
　　　　　　 抚恤执行局
　　　　　　 赤色民警局

省工农检查委员会：（1）检查苏维埃执行委员会是否执行苏维埃法令和决议案；（2）检查苏维埃机关工作人员是否徇私舞弊、消极怠工，向执委会提出处分；（3）审查苏维埃经济预算决算。

川陕省苏维埃代表大会：是全省最高政权机关，大会闭幕后为执行委员会；执委会闭幕，设常务委员会。

执行委员会：根据大会的决议，检查工作执行的成绩和决定具体工作的方针。

常务委员会：根据执委会的决议，代表执委会处理一切政务问题。

主席：领导与检查各委员工作，按期召集全体委员会议和各部会议，处理日常问题，向常委会作报告，建立集体的领导与科学的分工。

秘书长与书记：省与县苏维埃在常委会底下，设秘书长一人，各区乡苏维埃可称为书记，要是同情革命，参加过斗争的工农分子，其职务是起草文件书信，印刷和收发文件书信，搜集各种材料，向主席及常委会报告，无单独处理问题、使用图记、发布信件之权，一切问题要经主席或代理主席的常委签字，才能有效。

总务处和事务长：省与县苏维埃设总务处，各区乡苏维埃设事务长一人，管理苏维埃机关中事务人员，办理粮食给养，开支苏维埃机关用费，招待来往人员，及一切事务工作，一切问题要向主席报告。

川陕省苏维埃组织系统如下：（附列各表于后）

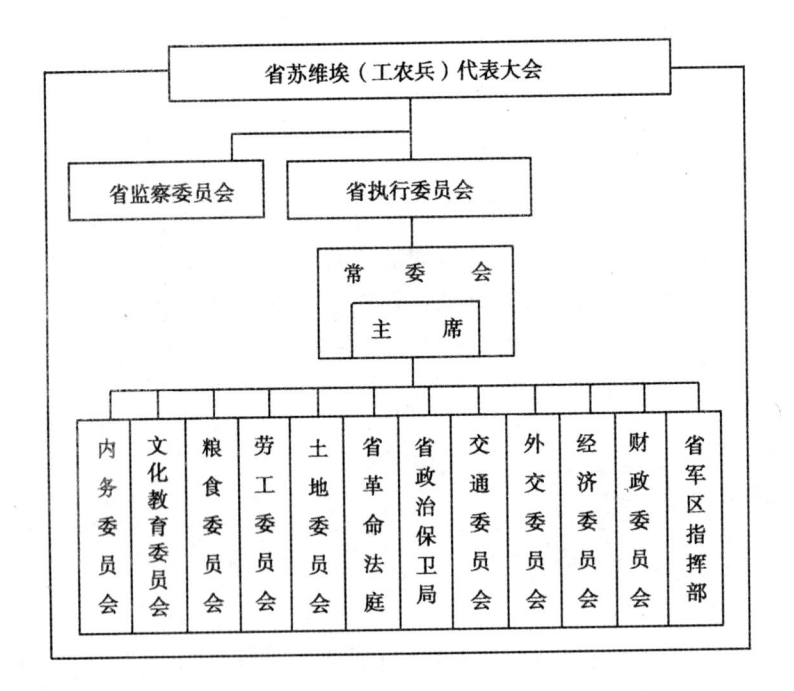

```
          省苏维埃（工农兵）代表大会
         ┌──────────┴──────────┐
      省监察委员会            省执行委员会
                                │
                             常  委  会
                                │
                             主    席
      ┌────┬────┬────┬────┬────┬────┬────┬────┬────┬────┐
     内   文   粮   劳   土   省   省   交   外   经   财   省
     务   化   食   工   地   革   政   通   交   济   政   军
     委   教   委   委   委   命   治   委   委   委   委   区
     员   育   员   员   员   法   保   员   员   员   员   指
     会   委   会   会   会   庭   卫   会   会   会   会   挥
          员                        局                        部
          会
```

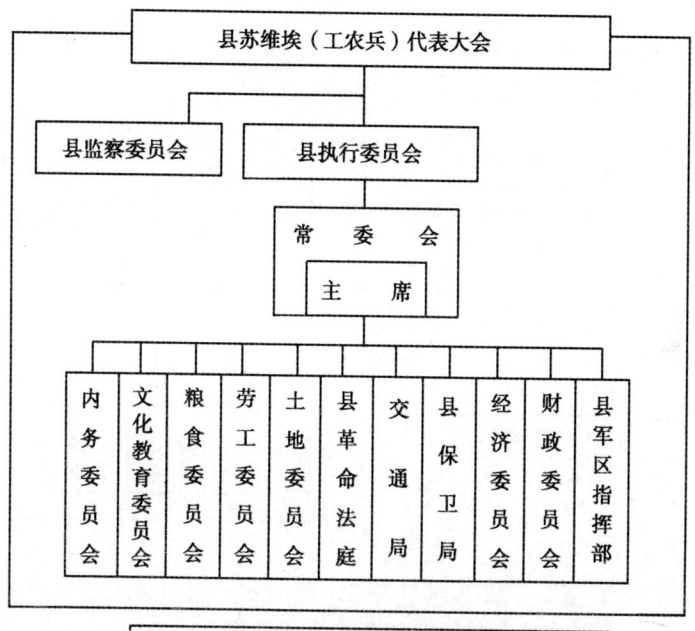

```
                    ┌─────────────────────────────┐
                    │   县苏维埃（工农兵）代表大会   │
                    └──────────────┬──────────────┘
                    ┌──────────────┴──────────────┐
            ┌───────┴───────┐              ┌──────┴──────┐
            │  县监察委员会  │              │  县执行委员会 │
            └───────────────┘              └──────┬──────┘
                                           ┌─────┴─────┐
                                           │  常 委 会  │
                                           │  主　 席  │
                                           └─────┬─────┘
   ┌──────┬──────┬──────┬──────┬──────┬──────┼──────┬──────┬──────┐
 内务   文化   粮食   劳工   土地   县革   交通   县保   经济   财政   县军
 委员   教育   委员   委员   委员   命法   局     卫局   委员   委员   区指
 会     委员   会     会     会     庭                   会     会     挥部
        会
```

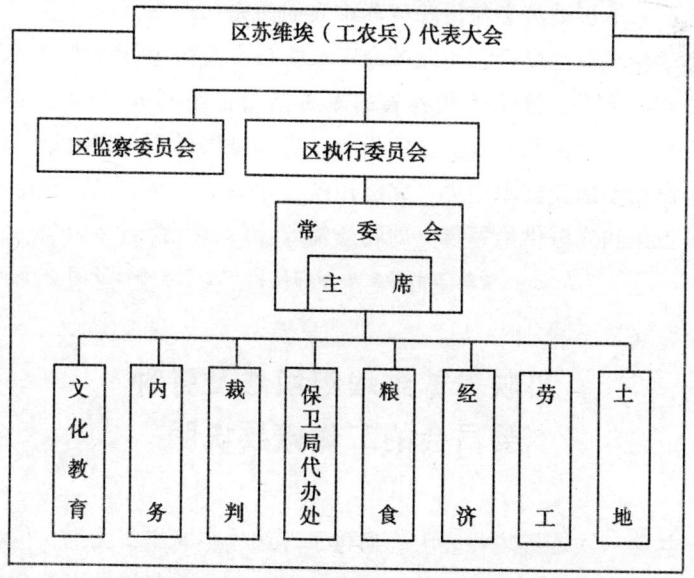

```
                    ┌─────────────────────────────┐
                    │   区苏维埃（工农兵）代表大会   │
                    └──────────────┬──────────────┘
                    ┌──────────────┴──────────────┐
            ┌───────┴───────┐              ┌──────┴──────┐
            │  区监察委员会  │              │  区执行委员会 │
            └───────────────┘              └──────┬──────┘
                                           ┌─────┴─────┐
                                           │  常 委 会  │
                                           │  主　 席  │
                                           └─────┬─────┘
        ┌──────┬──────┬──────┬──────┬──────┬──────┐
      文化   内务   裁判   保卫局   粮食   经济   劳工   土地
      教育                 代办处
```

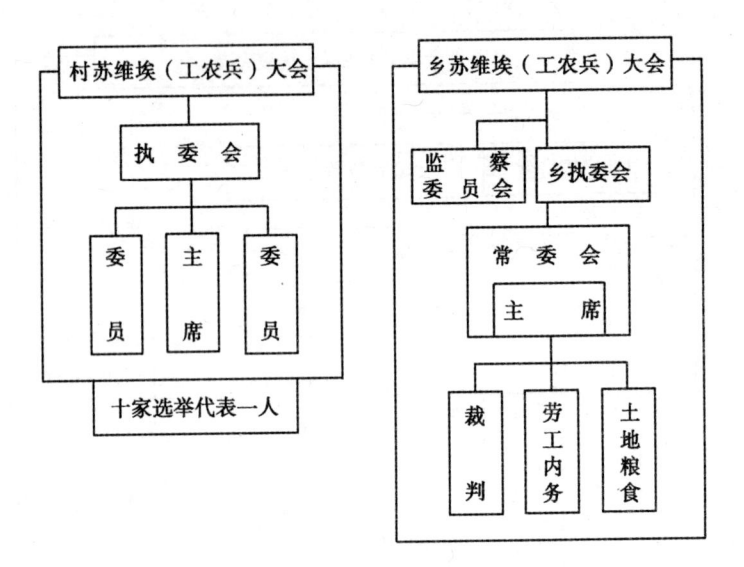

```
┌─────────────────────────┐         ┌─────────────────────────────┐
│   村苏维埃（工农兵）大会  │         │    乡苏维埃（工农兵）大会    │
│            │            │         │              │              │
│         ┌──┴──┐         │         │      ┌───────┴───────┐      │
│         │执委会│         │         │    ┌─┴─┐           ┌─┴─┐    │
│     ┌───┼─────┼───┐     │         │    │监察│           │乡执│    │
│   ┌─┴─┐┌┴─┐┌──┴─┐ │     │         │    │委员│           │委会│    │
│   │委 ││主 ││委  │ │     │         │    │会 │           │   │    │
│   │员 ││席 ││员  │ │     │         │    └─┬─┘           └─┬─┘    │
│   └───┘└──┘└────┘ │     │         │      └───────┬───────┘      │
│     十家选举代表一人      │         │           ┌──┴──┐           │
└─────────────────────────┘         │           │常委会│           │
                                    │           ├─────┤           │
                                    │           │ 主 席│           │
                                    │           └──┬──┘           │
                                    │      ┌───────┼───────┐      │
                                    │    ┌─┴─┐   ┌─┴─┐   ┌─┴─┐    │
                                    │    │裁 │   │劳工│   │土地│    │
                                    │    │判 │   │内务│   │粮食│    │
                                    │    └───┘   └───┘   └───┘    │
                                    └─────────────────────────────┘
```

西北革命军事委员会与川陕省苏维埃的关系：

西北革命军事委员会：西北革命军事委员会在中华苏维埃中央政府革命军事委员会指导下，统一西北各省的军事指挥，红四方面军与川陕地方武装，完全受西北革命军事委员会的指导，省苏维埃要用一切力量，动员广大工农劳苦群众参加到红军中去，完成川陕二十万的红军，以及在革命战争中一切动员工作和充分供给军事上的物质需要。

（红三十军政治部翻印，一九三三年十一月二十一日）

川陕省苏维埃组织法及各种委员会的工作概要说明

南江县第一次苏维埃代表大会通过了苏维埃临时组织大纲，但各级的苏维埃还不能详细的了解与灵活的运用和执行，至目前各级的组织非常不统一与紊乱，甚至苏维埃还不能很快的在群众的要求之下迅速的建立和执行。因此川陕苏区有制定临时苏维埃的组织法与加以说明的需要。

一、什么是苏维埃

苏维埃是工农兵代表会议，即是我们工农兵的政权，苏维埃政府，就是我们工农兵穷苦大众的政府。

我们穷苦的工农要推翻帝国主义、国民党豪绅地主、资产阶级的反动统治,得到彻底的解放,就要建立我们穷苦工农群众的政权——苏维埃来领导这一阶级斗争。因此苏维埃政权也就是领导我们穷苦工农群众起来斗争的战斗机关。

过去豪绅地主、资产阶级能够压迫剥削我们穷人,就是因为政权握在他们那般狗东西的手上。我们穷苦工农从地下翻转来,只有把政权夺到我们工人、农民、红军兵士及一切劳苦大众的手里。在苏维埃政权之下,只有我们工人、农民、红军士兵及一切劳苦大众有权选举代表掌握政权的管理。只有军阀官僚、地主豪绅、资本家、富农、僧侣及一切剥削人的人,和反革命分子是没有选举代表参加政权和政治上自由权利的。选举人无论何时皆得有撤回被选人及实行新选举的权利。为要保证苏维埃区域的工农民主专政的政权,实行土地革命、劳动法令,顺利的消灭一切封建残余,赶走帝国主义列强在华的统治,达到全中国的胜利,走向社会主义,只有无产阶级才能领导广大农民与劳苦群众,完成根本的任务。

起来!为我们工农兵的苏维埃政权来斗争。

二、各级苏维埃的组织系统表

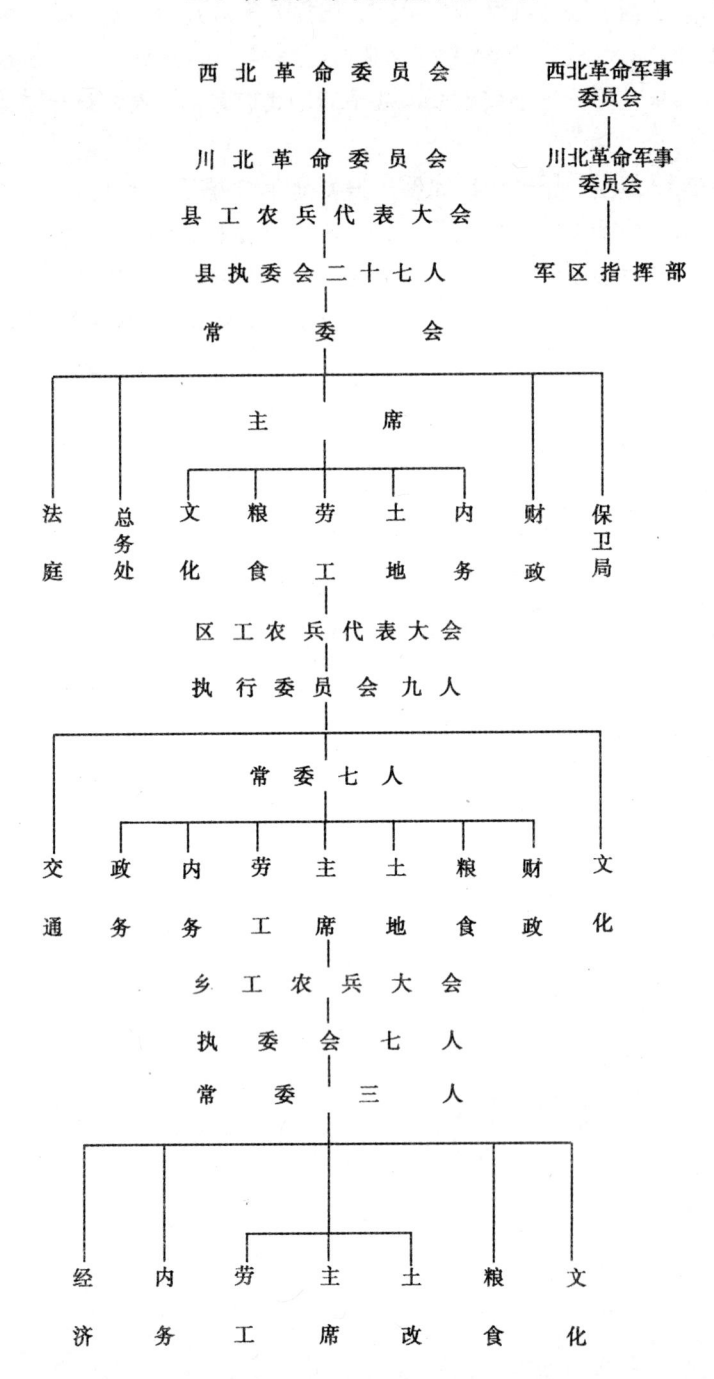

```
西北革命委员会                西北革命军事
     |                         委员会
川北革命委员会                川北革命军事
     |                         委员会
县工农兵代表大会                 |
     |                      军区指挥部
县执委会二十七人
     |
    常委会
     |
  ┌──┬──┬──┬──┬─主席─┬──┬──┬──┐
  法  总  文  粮  劳    土  内  财  保
  庭  务  化  食  工    地  务  政  卫
      处                            局
              |
       区工农兵代表大会
              |
        执行委员会九人
              |
           常委七人
              |
  ┌──┬──┬──┬──主席──┬──┬──┬──┐
  交  政  内  劳        土  粮  财  文
  通  务  务  工        地  食  政  化
              |
        乡工农兵大会
              |
         执委会七人
              |
          常委三人
              |
  ┌──┬──┬──主席──┬──┬──┐
  经  内  劳        土  粮  文
  济  务  工        改  食  化
```

三、工作概要说明

（甲）关于中央集权的：

1. 外交委员：由西北革命委员会设立并办理全西北苏区外交事项（其条例另定立）。

2. 军事委员会：统一全西北军事指挥，下设川北革命军事委员会司令部、总政治部、参谋部、秘书处、彭杨学校、经理处、军医院，各部都有组织大纲和工作条例。各县设立军区指挥部，指挥部设正指挥一人，副指挥一人，统一全县军事指挥，直接由军事委员会指挥。

$$\text{西北军事委员会}\begin{cases}\text{川北军事委员会——军区指挥部}\\\text{军区司令部}\\\text{总政治部}\\\text{参谋部}\\\text{秘书处}\\\text{彭杨学校}\\\text{经理处}\\\text{军医院}\end{cases}$$

3. 交通委员会：办理西北区交通事项，下设赤色邮政局（计划另定）、电报局（计划另定）、交通站（特别是驿站的建立）、运输站，集中骡马专管运输事项。

$$\text{交通委员会}\begin{cases}\text{赤色邮政局}\\\text{电报局}\\\text{运输站}\\\text{交通站}\end{cases}$$

目前交通站图（图略）

4. 财政经济委员会：下设会计科，管理银钱收支。有多的款子则存放银行，审查各地账目，规定预算决算，要特别注意节省；建设科，办理苏维埃经济建设事项和经营白耳山，开盐井，办锅厂、铁厂，修筑道路等；税务局，征收统一累进税，照财政经济委员会所出的布告、章程征收；工农银行、经济公社。但银行、税务局、经济公社除由财政经济委员会管理外，还要受人民委员会指挥和监督。

$$\text{财政经济委员会}\begin{cases}\text{会计科}\\\text{建设科}\end{cases}$$

人民委员会 ⎰ 税务局
　　　　　 ⎨ 工农银行
　　　　　 ⎩ 经济公社

5. 政治保卫局：按照政治保卫局的工作条例去执行。

6. 革命法庭：革命法庭委员会以正主席一人，副主席二人及其他两个委员组织之。革命法庭下设二审判（？），委员会的委员可以扩大数十个，由各地群众选举，如某乡苏、某工厂较好的可叫他选举一人为审判员，不脱离生产，有事临时召集，不好的审判委员，由革命法庭取消其职权。国家公诉处，研究犯人的证据，应判什么罪，由国家公诉员提起公诉。申诉登记处要有人告状，按照登记规则登记后，定审判日期和审判该案件的委员会，交主席批准后，通知原告、被告按期到庭审判。执法管理处管理看守所、监狱、劳动实习所等。

革命法庭 ⎧ 审判委员会
　　　　 ⎪ 国家公诉处
　　　　 ⎨ 申诉登记处
　　　　 ⎪ 执法管理处 ⎰ 看守所
　　　　 ⎩　　　　　　⎩ 劳动实习所

（乙）关于地方分权的：

7. 内务委员会：下设婚姻登记处，按照婚姻条例登记（条例另定）；户口登记处，按照户口登记条例登记，登记苏维埃下每个人民的新执照（证书条例另规定）；社会保险局，按照工作条例办理社会救济事业（工作条例另定）；卫生局，办理饮食清洁卫生登记，防疫卫生检查，水井检查；赤色民警局，维持社会上一般秩序，管理宿娼、喝（酗）酒、打人、小偷、讨饭的事项。

内务委员会 ⎧ 婚姻登记处
　　　　　 ⎪ 户口登记处
　　　　　 ⎨ 社会保险局
　　　　　 ⎪ 卫生局
　　　　　 ⎩ 赤色民警局

8. 土地委员会：管理水利和设没收分配科，办理土地调查登记，发给土地使用证及规定新发展苏区内的土地迅速没收分配，及实际办理土地培养等问题（另规定有条例）。

9. 粮食委员会：管理粮食储蓄，事先将粮食好好的储藏，注意粮食的节省及种子储藏，按期收藏各种较好的种子，如谷麦、黄豆、荞麦、红薯、高粱、包谷、花生、棉花……以免临时弄不着种子。粮食调查统计，第一调查非苏区哪些地方有粮食多，并调查用什么方法可以运输到赤区来，粮食运输栈按照路程规定栈口，集中骡马、手车、布袋及运输粮食的东西，以便好临时动手其运输工作。

粮食委员会 { 粮食储藏 / 种子储藏 / 粮食调查统计 / 粮食运输

10. 文化教育委员会：下设学校教育科，整理和创办列宁小学，开办苏维埃学校与培养各种急需的专门人才，审查学校教师等。社会文化科，办理读报班、识字班、音乐队、俱乐部、新剧团、化装讲演、通俗演讲所及一切社会文化事业和出版、编辑、审查等。

11. 劳工委员会：依照劳动法令执行管理失业工人救济，向雇主和资本家抽保险费，使工人有其保障，工作介绍，宣布劳资条约无效，规定工作时间等。

以上工作概要说明，指西北革命委员会内各部门来说，以明概要。各县委员会亦可［参］照运用来建立各种委员会工作。在目前革命战争激烈当中，广大的工农群众应学习管理苏维埃政权，许多工作都是要鼓着革命的勇气来创造。但特别要注意的在艰苦斗争中不要造成一种机关工作的形式主义、官僚主义，要切实来建立各部门的实际工作。当干部缺乏的时候，一方面大胆提拔积极勇敢的工农分子来参加苏维埃工作，一方面有一个人可兼做数部门工作，但工作系统不要紊乱。

四、县苏维埃工作人员与工资的暂行条例

1. 县苏维埃二十七人，常委十一人，由军区指挥长、保卫局局长、财政、内务、土地、劳工、粮食、革命法庭及文化、总务处长、县苏主席组织之。县苏常委十一人均须脱离生产，每人每月工资六元（伙食费均在内）。各部如需工作人员，经过常委或执委会会议，可酌量增加，但脱离生产者不得超过十人，工资酌给，不得超过五元。

2. 区苏执委十三人，候补二人，常委七人，由主席、土地委员、劳工委员、粮食委员、财政、内务、文化委员七人组织之。常委七人均须脱离生产，每月工资五元（伙食费在内）。各部在必要时可增加工作人员，但不得超过四人，工资不得超过五元。

3. 乡苏执委七人，加上二人候补，主席、土地、劳工、文化、粮食、

内务、财政。常委三人，由主席、劳工、土地三人组织之。脱离生产的只有常委三人，工资每人每月四元（伙食在内）。必要时可增加工作人员，但不超过二人，工资每人每月不得超过四元。

4. 村苏设主席、土地委员、劳工委员，三人均需参加生产，村苏不能起伙。

5. 军区指挥部，保卫局则另定之。

6. 目前各级苏维埃刚在组织时，则暂由苏维埃政府供给，膳食照扣，一俟组织就绪，当即停止，由各工作人员自备。

7. 在各交通区站，可设红军招待处，专招待来往的红军的食宿。各级苏维埃所设场所，由财政经济委员会设立工农饭店，专备工作人员食饭，或由工农集体合作。

（南江县苏维埃政府翻印件一九三三年二月十五日）

川陕省各级苏维埃工作方式暂行条例

过去各级苏维埃的工作，一点不实际，不是组织不健全，就是没有整个的计划和步骤，这些现象要立刻纠正过来，不然，苏维埃就会变成一种形式的机关了。兹特将我们如何的工作，要用如何的方式，写在下面，希各级苏维埃工作同志，务须按照切实执行。

一、各级苏维埃的委员，如缺了的，立刻补充起来，常务委员会同主席并设副职（如副主席、土地委员会副主席、粮食委员会副主席等），副职人员必须是该级执委或常务委员会负责委员。

二、从前各级苏维埃，无论整个的，部门的，完全是一种应付和敷衍的工作，没有果决性去推动执行一切决议案，要立刻充实各级各部门的工作。

三、各级各部门都应有工作计划周，就是要把上级的决议和苏维埃本身应办的事情，按定时间计划出来，这一时期完成哪些工作，第二个时期完成哪些工作。这就叫做有步骤的执行工作，各级工作计划周的规定，区、乡苏十日，县苏一月，省苏两月。要按照上面所定的时间，一期一期的有计划的定出来，才不致对（使）工作乱七八糟的。

四、要实行检查工作，每天夜里，要把那一天的工作检查一次，到十天，要把十天的工作一大检查，在规定这一工作计划周的计划完毕时，要作一总的检查，是否完成这一计划任务，同时规定新计划。

五、建立巡视制度，各级苏维埃以三分之二的人经常出去巡视，三分之一的人留办机关中对（的）全部领导工作（？）。到各地任巡视的人，出去与回来的时间，要大致同期，出去要带一两个新同志去学习，回来要带一两个积极勇敢的有学习精神的新同志转来，制定巡视证和［巡］视信，式样如左（下）：

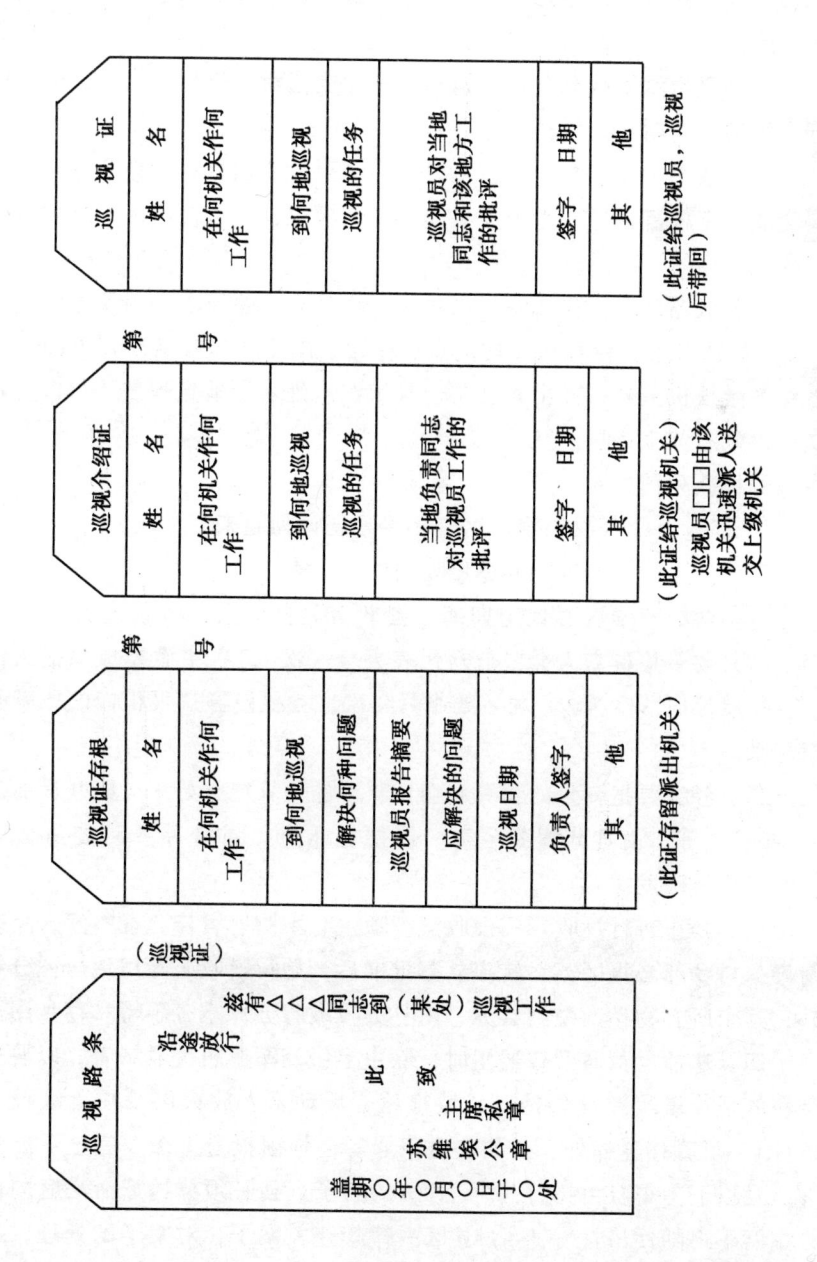

巡视证	姓名	在何机关作何工作	到何地巡视	巡视的任务	巡视员对对当地同志和该地方工作的批评	签字 日期	其他

（此证给巡视员，巡视后带回）

第　　号

巡视介绍证	姓名	在何机关作何工作	到何地巡视	巡视的任务	当地负责同志对巡视员工作的批评	签字 日期	其他

（此证给巡视机关）（巡视员口口由该机关迅速派人送交上级机关）

第　　号

巡视证存根	姓名	在何机关作何工作	到何地巡视	解决何种问题	巡视员报告摘要	应解决的问题	巡视日期	负责人签字	其他

（此证存留派出机关）

（巡视证）

巡视路条

兹放行△△同志到（某处）巡视工作

此致

　　主席私章
　　苏维埃公章
盖期〇年〇月〇日于〇处

六、要切实分配工作,到某处做甚么工作,把任务一一的给工作人员指示出来,并限期完成,这一点非常重要,以免徒负做工作的名义,实际上不能推动工作。任务完毕时,要照指示上一条一条的做报告。

七、下级对上级要经常切实做工作报告,乡苏到区苏五天一报告,区苏到县苏十天一报告,县苏到省苏半个月一报告,报告上切忌敷衍,以便上级好按实际的指示工作。

八、上级指示下级分会议上指示、书面上指示、口头上指示,但下级须遵守上级的一切指示。

九、一乡至少要建立一个模范村,一区至少要建立一个模范乡,一县至少要建立一个模范区,一省至少要建立一个模范县,以便同级苏维埃好依照这一模范去做。

十、各级苏维埃,要照省工农兵第二次代表大会所发的组织系统表,即行列好,并将各级苏维埃所设的地点、主席、副主席的姓名列在下面,除张贴各级苏维埃机关外,并由各县将全县组织、姓名、地点列表从村以上直到县送一份到省苏来,以便统计。

表的样式列图如左(下):

(村、乡、区有多少,统计列起来)

县苏维埃组织系统表

十一、各级苏维埃要规定期间,按期召集群众大会或代表大会(乡以下至少一月要召集群众大会或群众代表大会一次),各主席委员要把工作计划、工作状况向群众报告,村乡要半月一次,务要使群众很积极的贡献和提出意见来。

十二、各级要把一月的预算和会计年度的预算统计好来(如办货油盐费等),报到县苏,由县苏报到省苏,以便提[交]省常[务]委员会审核后,通知县委照发。

十三、禁止自行没收。凡没收豪绅地主、军阀、官僚、资本家、反动派之财产,村乡苏必报区苏,转报县苏批准后,始行没收,除田地房屋分给穷人外,其余所有物品,缴到县苏,由县苏投缴省苏保掌,不得私存私用。

十四、逮捕反革命及普通犯时,除由上级及军事机关通缉者,以及公开反革命的现行事实者(如地方武装拖枪,反动杀人放火以及往上级报不及的事件),可直接逮捕外,余如普通犯罪者,均须报告上级,完全不能自由逮捕。县以下不得自由拷打(?)各级的案子,县必须分送革命法庭同保卫局,主席不得随便吊打[人],县区一律禁止关案子,对案子的处理,只能向革命法庭、保卫局提建议。

十五、各级主席同委员，如借公报私，包庇反动，或公报私仇者，查出时与普通犯罪者加一等罪。

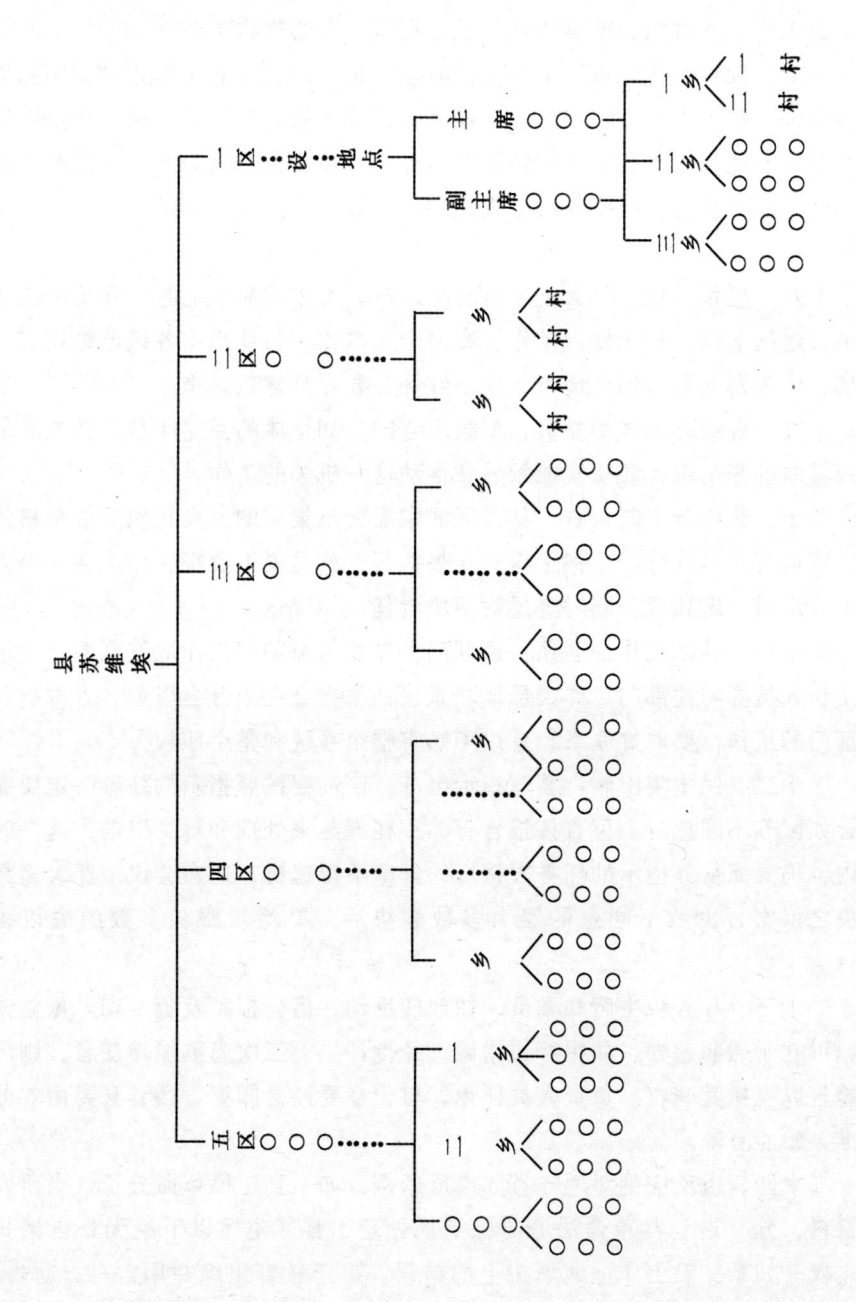

```
                                      ┌主 席 ○○○    ┌一乡─<一村
             ┌一区…设…地点─┤           ├二乡─<○○○
             │                        └副主席○○○    └三乡─<○○○

             │                        ┌一乡─<村村
             ├二区○ ○……─┤
             │                        └一乡─<村村

             │                        ┌一乡─<○○○
             │                        │
             ├三区○ ○……─┤……─┤一乡─<○○○
县苏维埃─┤                        │
             │                        └一乡─<○○○

             │                        ┌一乡─<○○○
             │                        │
             │                        ├……─┤一乡─<○○○
             ├四区○ ○……─┤……─┤
             │                        │
             │                        └一乡─<○○○

             │                        ┌一乡─<○○○
             │                        │
             │                        ├二乡─<○○○
             └五区○○○……─┤
                                      │
                                      └○○○─<○○○
```

十六、省苏、县苏、区苏的临时组织代表团，由同级革命机关及革命团体（除当地党当然参加外，如保卫局、革命法庭、工会、妇女生活改善委员会等）或各部委员会，各派一人或二、三人组织之，即代表检查和督促该下级工作，并得执行苏维埃所付托之权限，务必报告上级。

十七、训练干部，每天上午十二时至下午一时，所有工作人员，要强迫读书认字，每十人举一识字班长，夜间要讨论上级所发文件，务须要每个完全了解才能完事，所有文件除张贴者而外，一律分给个人去看，看后要特别保存好，巡视员到各级要随时检查文件，区苏一月要训练干部十人，县苏要训练三十人。

十八、要军事化，每天上午五时至六时，下午六时至七时，凡机关工作人员，通通下操，起床饮食动作，要完全军事化，每场市由各级苏维埃辟一红场，作为群众军事训练地点，这一红场，要立刻建筑好来。

十九、各级苏维埃的党员，要组织党团，如全体的系党团员，就选举最积极勇敢的来组织，要切实能领导和推动这一机关的工作。

二十、集体分工制：省、县、区如常委会是集体的，乡村执委会是集体的，要进行集体的分工，把工作分开去执行，就是说不要把工作堆在一个人头上，反对主席独裁，同时要反对不负责任。

二十一、各部工作的联系：这部门工作要与那部门工作取好联系，这部门工作人员要与他部门工作人员取联系，如常委会在未开会以前，各部进行各部门的工作，要取好联系，总以不妨害整个系统和整个职权。

二十二、民主集中制：县苏指示区苏，区苏要按照指示的任务一定要完成，如区苏不同意时，可直接报告省苏；在省苏来处理和解决以前，这一时间内，仍要照县苏指示的任务去执行，丝毫不得违抗；还在会议上经大多数表决之议案，少数不同意的经大多数表决后，要绝对服从多数的决议去执行。

二十三、凡各级主席和委员，如包庇反动，借公报私及犯一切严重错误者，可立予撤职惩办，如犯普通错误，经批评二、三次尚不能转变者，则严重警告以至撤其职权。负责人员任免，村、乡要经县同意，区、县要由省苏批准，始能有效。

二十四、肃反应绝对遵守省苏肃反条例，如系真正反革命分子，当研究其材料，分［送］县革命法庭与保卫局处理，县苏主席以下绝无私自吊打人之权。如系一般工作上或思想上的错误，得于教育组织并用：一、劝告，二、警告，三、严重警告，四、停止工作至撤职，一面加紧教育，一面提高革命纪律。

二十五、下级决议与行动应完全在上级领导之下，一切决议必报告上级，经其同意与批准时，方为有效。

二十六、各级苏维埃职权于执委会闭幕期内属于常委会，常委闭会期内由主席领导之，经主席个人不能解决之事或解决不正确时，将提到常委会上解决，要会分工，不要把一切工作推到主席一人头上，主席亦不能一人包办。

二十七、乡苏、区苏以上，常委会可设秘书一人，管理一切技术文书事宜，秘书不得干涉或代行常委会或主席工作，秘书必绝守革命中的秘密事项，秘书尽量培养工农分子来充当，禁止富农地主分子到苏维埃当秘书，苏维埃印子必经主席或常委同志许可，秘书方能盖印。

二十八、实行生产日，在家之机关工作人员，临时组织生产队（但须不妨碍工作），均要实行去替红军游击队家属代耕，或生产能力薄弱的人代耕，要使群众相信苏维埃人员真能作代表群众的模范。

二十九、实行工作竞赛制：凡苏维埃工作人员，要一个与一个比赛，谁的工作积极，就能得到苏维埃报登报奖赏，以及物品上的奖赏，谁不努力谁就受批评，并建立横的比赛会，乡与乡比赛，区与区比赛，县与县比赛，但须由上级召集。

三十、建立突击队：如发现某一苏维埃或某一部门工作薄弱，即补充最积极忠实的同志为［突击队］，临时去增加工作力量，必至将该部工作整理强健为止（突击队条例另定）。

三十一、发展自我批评：不拘每个会议上或指示上与个别谈话上，要站在工作需要与革命利益上，不但要把别人的错误严格向他斗争和批评出来，最主要的要把自己的错误批评和检查出来。

三十二、实行戒烟运动：苏区普遍戒烟，已在省第二次代表大会决定，各级苏维埃机关内在二月内，如有吸烟的不管多少，不准摆一盏烟灯，三月以外，一律禁止苏维埃点鸦片烟灯，禁止苏维埃工作人员吸烟。

三十三、红军政治部、处与苏维埃之关系：凡红军派有工作人员到苏维埃帮助工作，要依照苏维埃决议去执行，如意见不同时，可向当地上级苏维埃解决，或与就近政治部开一联席会议解决，如非帮助地方工作的红军同志，可由苏维埃设一招待所，指定一负责人招待，不得勾缠在苏维埃，违误办公或工作时间。

三十四、本条例经省苏维埃常委会议决通过，各级苏维埃务须切实执行。

(选自一九三四年三月十五日《军区党团委会工作计划》)

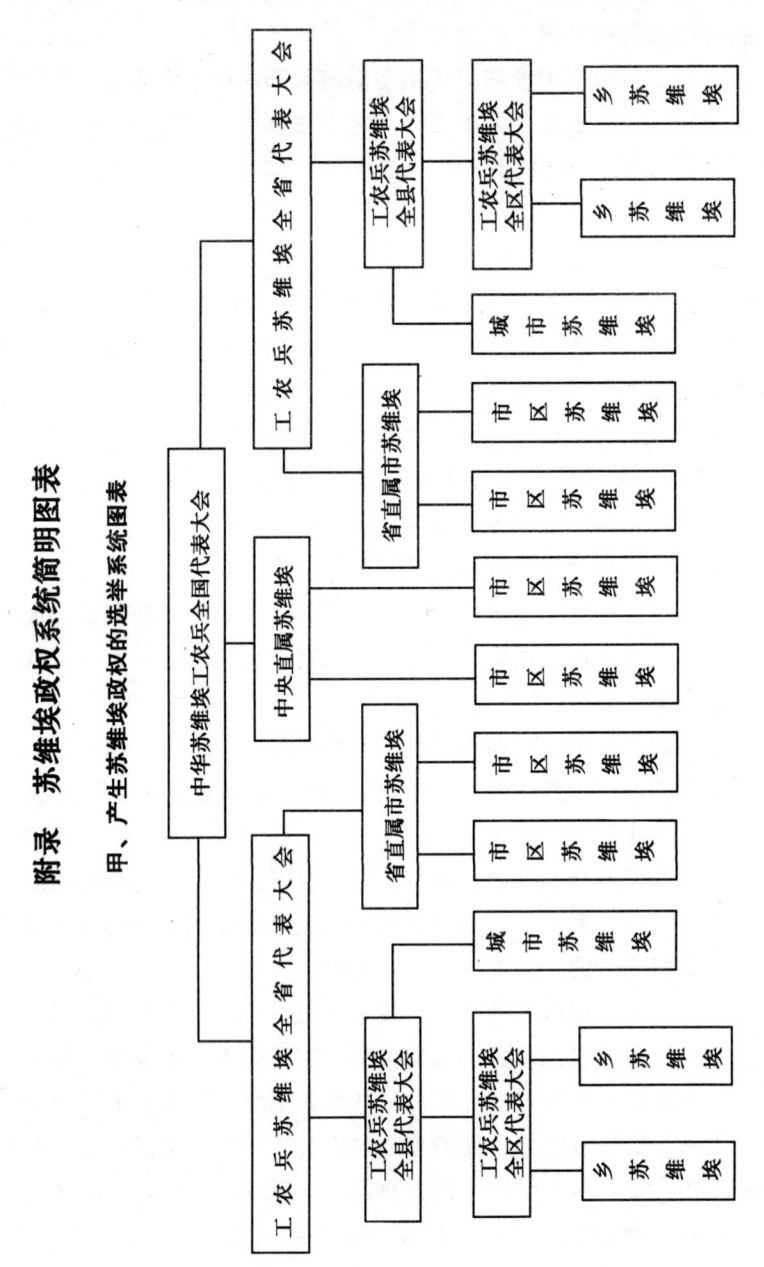

附录　苏维埃政权系统简明图表

甲、产生苏维埃政权的选举系统图表

```
中华苏维埃工农兵全国代表大会
├── 工农兵苏维埃全省代表大会
│   ├── 工农兵苏维埃全县代表大会
│   │   └── 乡苏维埃
│   ├── 工农兵苏维埃全区代表大会
│   │   └── 乡苏维埃
│   └── 城市苏维埃
├── 省直属市苏维埃
│   ├── 市区苏维埃
│   └── 市区苏维埃
├── 中央直属苏维埃
│   ├── 市区苏维埃
│   └── 市区苏维埃
├── 省直属市苏维埃
│   ├── 市区苏维埃
│   └── 市区苏维埃
└── 工农兵苏维埃全省代表大会
    ├── 城市苏维埃
    ├── 工农兵苏维埃全县代表大会
    │   └── 乡苏维埃
    └── 工农兵苏维埃全区代表大会
        └── 乡苏维埃
```

第三编 政权机构组织法

乙、中华苏维埃共和国中央政府组织系统图表

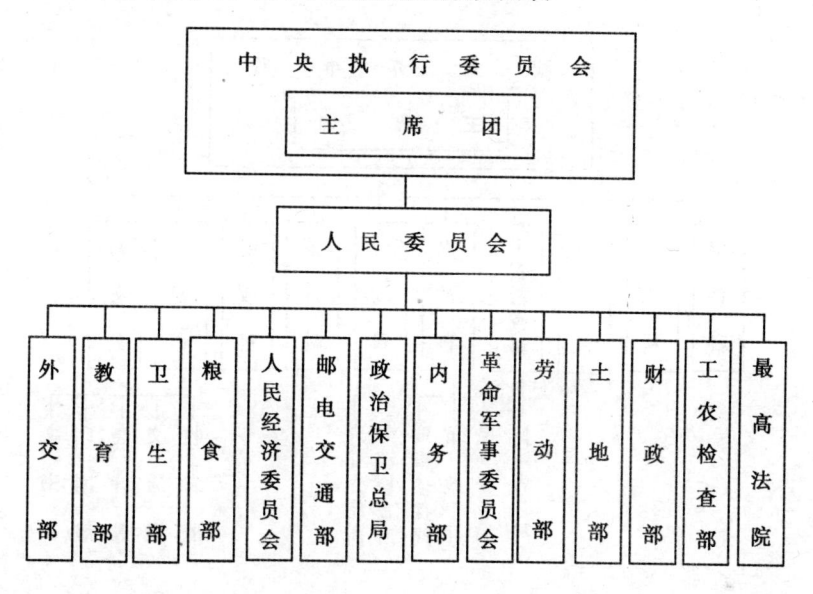

```
┌─────────────────────────┐
│      中 央 执 行 委 员 会      │
│   ┌─────────────────┐   │
│   │    主   席   团    │   │
│   └─────────────────┘   │
└───────────┬─────────────┘
            │
    ┌───────┴───────┐
    │  人 民 委 员 会  │
    └───────┬───────┘
```

下设：外交部、教育部、卫生部、粮食部、人民经济委员会、邮电交通部、政治保卫总局、内务部、革命军事委员会、劳动部、土地部、财政部、工农检查部、最高法院

丙、省执行委员会的组织系统图表

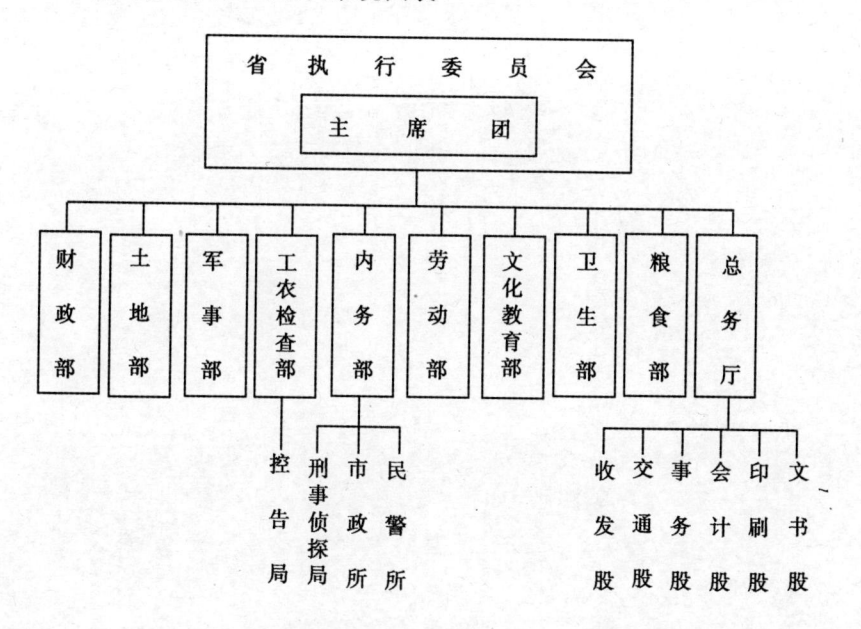

```
┌─────────────────────────┐
│      省 执 行 委 员 会      │
│   ┌─────────────────┐   │
│   │    主   席   团    │   │
│   └─────────────────┘   │
└─────────────────────────┘
```

下设：财政部、土地部、军事部、工农检查部、内务部、劳动部、文化教育部、卫生部、粮食部、总务厅

工农检查部下设：控告局
内务部下设：刑事侦探局、市政警察所、民警所
总务厅下设：收发股、交通股、事务股、会计股、印刷股、文书股

丁、城市苏维埃组织系统表

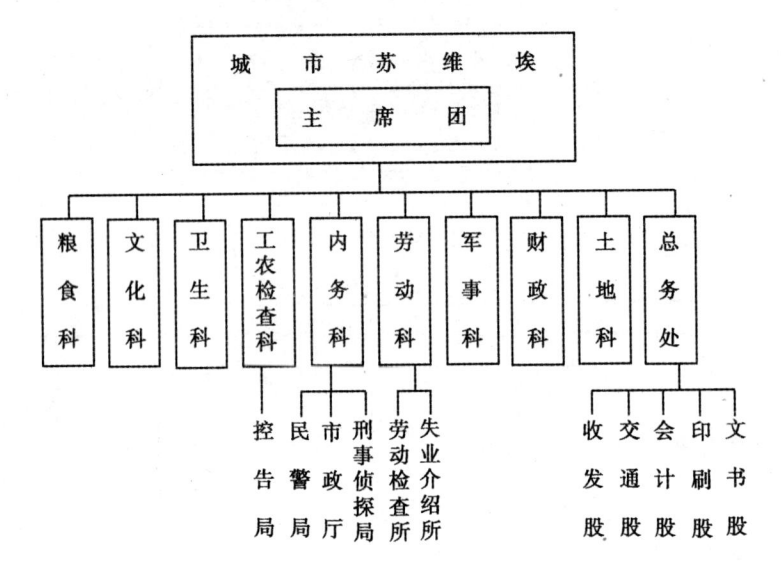

```
                    ┌─────────────────────────┐
                    │    城  市  苏  维  埃    │
                    │  ┌───────────────────┐  │
                    │  │   主    席    团   │  │
                    │  └───────────────────┘  │
                    └─────────────────────────┘
    ┌────┬────┬────┬────┬────┬────┬────┬────┬────┐
  ┌─┴─┐┌─┴─┐┌─┴─┐┌─┴─┐┌─┴─┐┌─┴─┐┌─┴─┐┌─┴─┐┌─┴─┐┌─┴─┐
  │粮 ││文 ││卫 ││工 ││内 ││劳 ││军 ││财 ││土 ││总 │
  │食 ││化 ││生 ││农 ││务 ││动 ││事 ││政 ││地 ││务 │
  │科 ││科 ││科 ││检 ││科 ││科 ││科 ││科 ││科 ││处 │
  │   ││   ││   ││查 ││   ││   ││   ││   ││   ││   │
  │   ││   ││   ││科 ││   ││   ││   ││   ││   ││   │
  └───┘└───┘└───┘└───┘└───┘└───┘└───┘└───┘└───┘└───┘
                        │    │    │
          控  民  市  刑   失  劳
          告  警  政  事   业  动
          局  局  厅  侦   介  检
                    探   绍  查
                    局   所  所
                                     收  交  会  印  文
                                     发  通  计  刷  书
                                     股  股  股  股  股
```

（选自《苏维埃中国》第一集，1933年版）

抗日战争时期

陕甘宁边区各级参议会组织条例

(一九三九年二月边区第一届参议会通过)

第一章 总则

第一条 本条例根据国民政府颁布之省参议会组织法的基本原则及陕甘宁边区之实际情形,为实现抗战建国纲领,完成地方自治,以巩固抗战中之政治的社会的基础为目的而制定之。

第二条 边区各级参议会为代表边区之各级民意机关。

第二章 议员

第三条 各级参议会之议员,由人民直接选举之,但同级政府认为必要时,得聘请边区内勤劳国事及在社会、经济、文化各方面有名望者为参议员,其名额不得超过参议员总数十分之一。

第四条 各级参议会之议员名额,由选举条例规定之。

第五条 各级参议会之议员现时为无给职,但得酌发津贴费。

第三章 组织

第六条 边区设立边区参议会,县参议会及乡参议会。

第七条 各级参议会由参议员中选出议长一人,副议长一人,主持全会工作。

第八条 各级参议会由参议员选出常务议员,于参议会休会期间处理会内一切日常事务,其名额如左(下):

一、边区参议会九人;

二、县参议会五人;

三、乡参议会三人。

议长及副议长为当然之常务议员。

第九条 各级参议会开会时，设秘书处，议员资格审查委员会及提案整理委员会，分别执行工作，其组织规程另定。

第四章　职权

第十条 边区参议会之职权如左（下）：

一、选举边区政府主席，边区政府委员及边区高等法院院长。

二、监察及弹劾边区各级政府之政务人员；

三、批准关于民政、财政、建设、教育及地方军事各项计划；

四、通过边区政府所提出之预算案；

五、决定废除或征收地方税捐；

六、决定发行地方公债；

七、议决边区之单行法规；

八、议决边区政府主席或政府委员会及各厅厅长提交审议事项；

九、议决边区人民及民众团体提交审议事项；

十、督促及检查边区各级政府执行参议会决议案之事项；

十一、决定边区应兴应革之重要事项。

第十一条 县参议会之职权如左（下）：

一、选举县长、县政府委员及地方法院院长；

二、监察及弹劾县政府及其以下之政务人员；

三、决定本县人民之生计设施；

四、议决本县之单行公约；

五、议决县长或县政府委员会提交审议事项；

六、议决本县人民及民众团体提交审议事项；

七、督促及检查县政府执行县参议会决议之事项；

八、决定本县应兴应革之重要事项。

第十二条 乡参议会之职权如左（下）：

一、选举乡长及乡政府委员；

二、监察及弹劾乡政府之人员；

三、议决本乡之单行公约；

四、议决乡长或乡政府委员会提交审议之事项；

五、议决本乡人民及民众团体提交审议之事项；

六、督促及检查乡政府执行乡议会决议之事项；

七、决定本乡应兴应革事项。

第五章 会议

第十三条 各级参议会会期规定如左（下）：

一、边区参议会每半年开会一次；

二、县参议会每三个月开会一次；

三、乡参议会每一个月开会一次。

第十四条 各级参议会有以下情形之一者，得召集临时会议：

一、有同级政府之请求者；

二、有参议会参议员五分之一以上之请求者；

三、有各级参议会区域内全体人民十分之一以上之请求者；

四、经参议会常务委员会之决定者。

第十五条 各级参议会会议规则另定之。

第十六条 各级参议会开会时，各级行政及司法首长，均得列席，有发言权，无表决权。

第十七条 各级参议会之决议案，咨送同级政府执行，如政府委员会对决议案认为不当时，应即详具理由，送回原参议会复议。

第十八条 如下级参议会议决之案件有不当时，同级政府受上级政府或上级参议会之指示，得停止执行。

第十九条 各级参议会议员在议会中之言论及决议，对外不负责任。

第六章 任期

第二十条 各级参议会议员之任期规定如左（下）：

一、边区参议会议员之任期为一年；

二、县参议会议员之任期为一年；

三、乡参议会议员之任期为半年。

第二十一条 各级参议会议员如在任期内因故去职时，由候补议员依次递补。

第七章 改选

第二十二条 各级参议会议员任期满后，依照选举条例改选之，但得连选连任。

第八章 附则

第二十三条 本条例修改及解释之权属于边区参议会。

第二十四条 本条例经边区参议会通过，由边区政府公布施行。

（选自《陕甘宁边区第一届参议会实录》，一九三九年版）

陕甘宁边区各级参议会组织条例

（一九四一年十一月边区第二届参议会修正通过，
一九四二年四月边区政府公布）

第一章 总则

第一条 本条例根据国民政府建国大纲，参照国民政府颁布之省参议会组织条例，及陕甘宁边区之实际情形，为着动员与团结广大民众参加抗战建国事宜，实现三民主义之抗战建国纲领，完成新民主主义政治而制定之。

第二条 边区各级参议会，为边区各级之人民代表机关。

第二章 议员

第三条 各级参议会之议员，由人民直接选举，但同级政府认为必要时，得聘请勤劳国事及在社会、经济、文化各方面有名望者为议员，其名额不得超过议员总数十分之一。

第四条 各级参议会议员名额，除聘请者外，依选举条例之规定。

第三章 组织

第五条 边区设立边区参议会，县（或等于县的市）参议会及乡市（或等于区的市）参议会。

第六条 边区及县（或等于县的市）参议会，由议员中选出议长一人，副议长一人，主持全会工作；但开大会时，得选举若干人组织主席团，帮助正副议长进行会务。

第七条 边区及县（或等于县的市）参议会，由议员中选出常驻议员，其名额如左（下）：

（一）边区参议会九人；

（二）县（或等于县的市）参议会五人。

议长及副议长为当然常驻议员，在原定名额之内。

第八条 边区及县（或等于县的市）参议会常驻委员，在休会期间，除处理常驻会日常事务外，并有左（下）列各职权：

（一）监督同级政府对参议会议决案之执行；

（二）听取同级政府之按期工作报告；

（三）向同级政府提出建议与询问；

（四）派代表出席同级政府委员会会议；

（五）必要时决定召集参议会临时会议。

第九条 乡市参议会采用立法行政合一制，不设议长、副议长，开会时推举主席团三人，主持会务，乡市长为当然主席团之一，休会期间不设常驻委员。

第十条 等于区的市设参议会，与乡市参议会之组织同，乡以下之坊或保不设参议会。

第十一条 边区县参议员被选为政府委员者，不退出参议会，但讨论关于其本身问题时，只有发言权无表决权。

第十二条 各级参议会开会时，设秘书处、议员资格审查委员会，及各种提案审查委员会，其组织另定之。

第四章　职权

第十三条 边区参议会之职权如左（下）：

（一）选举政府主席、副主席、政府委员及边区高等法院院长；

（二）罢免边区政府正副主席、政府委员及边区高等法院院长；

（三）监察及弹劾边区各级政府、司法机关之公务人员；

（四）创制及复决边区之单行法规；

（五）批准关于民政、财政、粮食、建设、教育及地方军事等各项计划；

（六）通过边区政府提出之预算，并审查其决算；

（七）决定征收废除或增减地方捐税；

（八）决定发行地方公债；

（九）议决边区政府主席，政府委员会及各厅厅长，高等法院院长，提交审议事项；

（十）议决边区人民及民众团体提请审议事项；

（十一）督促及检查边区政府执行参议会决议之事项；

（十二）决定边区应兴应革之重要事项；

（十三）追认闭会期间常驻会，及边区政府主席或政府委员会关于紧急措置之重要事项。

第十四条 县（或等于县的市）参议会之职权如左（下）：

（一）选举县（市）长（必要时得加选副县（市）长）、县（市）政府委员及地方法院院长；

（二）罢免县（市）长（及副县（市）长）、县（市）政府委员及地方法院院长；

（三）监察及弹劾县（市）政府司法机关之公务人员；

（四）决定本县（市）地方经费收支事项；

（五）创制与复决本县（市）单行法规；

（六）批准关于县（市）政府之民政、财政、粮食、建设、教育及地方军事等各项计划；

（七）议决县（市）长、县（市）政府委员会交议事项；

（八）议决本县（市）人民及群众团体提请审议事项；

（九）督促及检查县（市）政府执行参议会决议之事项；

（十）决定本县（市）应兴应革之重要事项；

（十一）追认参议会闭会期间常驻会及县（市）长、县（市）政府委员，关于紧急措置事项。

第十五条 乡市参议会之职权如左（下）：

（一）议决并执行本乡市应兴应革事项；

（二）议决并执行上级政府交办事项；

（三）议决本乡市人民公约；

（四）议决本乡市经费之收支事项；

（五）议决并执行本乡市人民及民众团体提议事项；

（六）选举并罢免乡市长及乡市政府委员；

（七）监督与弹劾乡市及村坊行政人员。

第十六条 村长、行政村主任（市的坊长或甲长）自选民大会直接选举之，每年改选一次。

第五章　会议

第十七条 各级参议会之会期规定如左（下）：

（一）边区参议会一年开会一次；

（二）县（市）参议会每半年开会一次；

（三）乡市参议会每两月开会一次；

（四）边区及县（市）参议会常驻议员每月开会一次。

第十八条　边区县参议会有左（下）列情形之一者，得召集临时会议：

（一）有各该同级政府之请求者；

（二）有各该参议会议员三分之一以上之请求者。

（三）有各该管辖区域内民众团体之联名请求者。

（四）经各该参议会常驻委员会之决定者。

第十九条　乡市（或等于区的市）参议会有左（下）列情形之一者，得召集临时会议：

（一）乡市长认为必要时；

（二）村长、行政村主任（或坊长、甲长）联名请求时；

（三）十分之一以上选民请求时。

第二十条　各级参议会会议规则另定之。

第二十一条　边区县参议会开会时，非兼参议员之同级行政及司法长官，均得列席，有发言权无表决权。

非兼参议员之村长、行政村主任（或坊长、甲长），得出席乡市参议会，其权利与一般参议员同。

第二十二条　边区县（市）参议会之决议案，咨送同级政府执行，如政府委员会认为不当时，应即详具理由送回原参议会复议，乡市政府无此权限。

第二十三条　下级参议会无否决或停止执行上级参议会或上级政府决议与命令之权，但得陈述意见请其变更，在未变更前仍须照原案执行。

下级参议会决定之案件，有不当时，同级政府受上级政府或上级参议会之指示，得停止执行。

第二十四条　各级参议会议员，在议会中之言论，对外不负责任。

第二十五条　各级参议员在任期内，除现行犯外，非经各级参议会或常驻委员会之许可，不得逮捕或罢免。

第六章　任期

第二十六条　各级参议会之任期规定如左（下）：

（一）边区参议会议员任期三年；

（二）县（市）参议会议员任期二年；

（三）乡市参议会议员任期一年。

第二十七条 边区县参议会议员，如在任期内，因故出缺或罢免时，由候补议员递补。

第二十八条 候补议员得出席参议会，有发言权无表决权，惟本选举单位正式议员，因事暂时缺席，委托候补议员代理时，得有临时的表决权。

第七章 改选

第二十九条 各级参议会议员任期满后，依照选举条例改选之，但得连选连任。

第八章 附则

第三十条 本条例修改及解释权属于边区参议会。

第三十一条 本条例经边区参议会通过，由边区政府公布施行之。

（选自《陕甘宁边区第二届参议会汇刊》，一九四二年版）

陕甘宁边区参议会会议规程

（一九四一年十一月边区第二届参议会通过，

一九四二年四月边区政府公布）

第一章 总则

第一条 本规程依据陕甘宁边区各级参议会组织条例第七、八、十一、十八各条之规定制定之。

第二条 参议员中选出之正副议长，为大会当然主席，并得以需要推举议员若干人组织主席团主持会议。

第三条 正副议长为大会主席团当然主席，每次会议时之主席由主席团轮流充任之。

第四条 边区参议会会期定为十月（日），必要时得延长之。

第五条 参议会开会时，有参议员过半数之出席，始得开议；有出席参议员过半数之赞成，始得决议。

第六条 参议会之会议公开之；必要时得由主席宣告开秘密会议。

第七条 参议会之开会、休会及散会，由主席宣告之。

第八条　参议员在会场之席次，由筹备会编定之。

第九条　参议员在会议内得自由发表言论，不受任何限制。

第十条　参议会开会时，依参议会组织条例第十九条之规定，同级行政首长及司法首长均得列席，有发言权，无表决权。

第二章　提案及讨论表决

第十一条　凡关于抗战建国、地方建设，及为边区参议会之职权所及者，均得提出议案。

第十二条　凡参议员及边区之民众、文化、学术各团体，均得提出提案于参议会。

第十三条　凡议案应以书面为之，详具议题、理由及办法。

议案应详具议题、理由及办法，经参议员五人之连署提出之。

第十四条　提案经由主席团分交各审查委员会审查后，再提交大会讨论议决。

第十五条　凡参议员得以书面或口头提出临时动议，但须在当日议事日程所列各案议毕时为之；如已届散会时间，得由主席提付下次会议讨论。

第十六条　讨论之进行依议事日程所定之顺序，惟经大会之决议，得变更之。

第十七条　参议员对于议事日程所列之议题，欲发言时，应先将其编定之番号以书面或口头通知主席团，至其发言之先后，由主席团以收到通知之顺序决定之。

第十八条　除报告外，一般发言不得超过十五分钟，在同一议案，一人发言不得超过两次。

第十九条　关于提案之说明、质疑、答复及讨论，超过规定之时间者，主席得终止之；但经大会多数同意者，得延长之。

第二十条　会议讨论之结果，如有数种意见时，其表决之顺序由主席决定之。

第二十一条　表决之方式，以无记名投票或举手为之。

第三章　报告与询问

第二十二条　政府工作报告，由各主管机关负责人以书面或口头为之。

第二十三条　政府工作报告，须列入议事日程，进行讨论。

第二十四条　凡参议员对于政府工作报告，均有询问权，询问时以书面或口头为之，由大会主席团通知主管机关负责人定期答复之；如认为答复不满意时，可再提出询问。

第四章 选举与罢免

第二十五条 参议会选举政府正副主席、政府委员、法院院长、参议会常驻委员，均以无记名投票选举之，得票最多数者为当选。

第二十六条 罢免政府正副主席或法院院长之提案，须有出席参议员二十人以上之连署，始得提议，经大会出席议员三分之二以上之赞成，始得为最后决定。

第五章 秘书处

第二十七条 秘书处设秘书长、副秘书长各一人，秘书若干人，均由大会主席团选任之。

第二十八条 正副秘书长承主席团之命处理议会一切事宜，并监督指挥各秘书及所属职员之工作。

第二十九条 秘书处设左（下）列各科：

（一）文书科，（二）议事科，（三）总务科，（四）警卫科。

第三十条 各科得依其事务之性质分设若干股。

第三十一条 各科设科长一人，由秘书长任命或秘书兼任之；各股设股长一人，干事若干人，由秘书长向政府机关调任之。

第三十二条 文书科专管左（下）列事项：

（一）关于文电及贺礼之收发事宜。

（二）关于文电之撰拟和缮核编译及保管等事宜。

（三）关于编制议事日程及会议记录事宜。

（四）关于各种通知及各种印刷事宜。

（五）关于典守印信事宜。

（六）关于来宾会客之传达事宜。

（七）关于决议案条例报告之整理协助事项。

第三十三条 议事科专管左（下）列事项：

（一）关于议员报到登记事宜。

（二）关于议员出席、缺席、登记表统计数及其他协助事宜。

（三）关于会议及各委员会开会之准备事宜。

（四）关于出席证章及旁听券之制发与登记事宜。

（五）关于接洽新闻记者及发表新闻事宜。

（六）关于议员生活上之保健事宜。

（七）关于会刊编辑事宜。

（八）关于编定议员席次及会场一切布置事宜。

第三十四条 总务科专管左（下）列事项：

（一）关于参议会预算决算之编制事宜。

（二）关于款项出纳保管事宜。

（三）关于大会人员食用住宿一切布置招待事宜。

（四）关于一切文具物具慰劳物品之购置保管事宜。

（五）关于杂务人员之进退指挥事宜。

（六）关于不属其他各科之庶务事宜。

第三十五条 警卫科掌理左（下）列各事项：

（一）会场警卫。（二）会场周围警戒。（三）防空哨。

第六章 各种审查委员会

第三十六条 边区参议会于开会时得设立以下各种审查委员会：

（一）政治审查委员会。

（二）财政审查委员会。

（三）经建审查委员会。

（四）文教审查委员会。

（五）军事审查委员会。

（六）特种审查委员会。

第三十七条 凡参议会议决付审查之事件及大会之各种提案等，由主席团按其性质分交各审查委员会审查之。

第三十八条 各审查委员会之委员由参议员自动报名参加，但每人至多不得参加两种以上会议，各审查会议之召集人，由主席团拟定名单提出（交）大会决定之。

第三十九条 审查委员会开会时间、地点由召集人定之。开会不得迟延，开会时召集人为主席。

第四十条 各审查委员会认为必要时，得请提案人出席说明之。

第四十一条 审查委员会开会时，得请政府有关人员列席发表意见。正副秘书长，亦得随时列席。

第四十二条 提案经各审查委员会审查及整理后，送交主席团编入议程付议。

第四十三条　特种审查委员会得由主席团聘请专门人才为委员。

第七章　会场之秩序及纪律

第四十四条　参议员全体有共同维护会场秩序之责任。

第四十五条　会场秩序细则另定之。

第四十六条　参议员在会议中有违背本规程或妨害会场秩序者，主席得警告或制止之。其情节重大者，得依主席团之决定，或会议之议决惩戒之，惩戒之方式，分为下列各种：

（一）谴责；（二）责令道歉，（三）停止一定时日之出席。

第八章　附则

第四十七条　本规程如有未尽事宜，得由参议会议决修正之。

第四十八条　本规程自公布之日施行。

原编者注：本规程各县参议会亦可参酌适用。

（选自《抗日根据地政策条例汇集——陕甘宁之部》

上册，一九四二年版）

陕甘宁边区政府为充实"三三制"给各县的指示信

（一九四二年三月六日）

各议长各县长：

边区第二届各县参议会，在去年八、九月间，各地都开会宣告成立，到今天已经半年，依照边区各级参议会组织条例第十六条县参议会每半年开大会一次的规定，现在应开二次议会，为着要按期开，开得好，议得好，行得通，特给以下几点指示：

（一）按期开会

各县按照实际情况，决定开会日期，三、四两月内，一定要开完，县政府和常驻会，合组筹备委员会，发通知请议员，准备吃的住的地方，布置会场，购置用品，一切都要准备妥当。开幕典礼要隆重举行，通过议事日程，严守时间，一一遵照进行，企图马虎了事，是对民主政治不忠实，应该批评纠正。

(二) 检查工作

县长要把政府半年工作，事先做好报告，抄写几份，送交议员传阅，并且在会议上坦白的口头报告，使每个议员得到了解；常驻会受到全体议员委托，也要同样报告工作，不得敷衍，不应草率。

听了报告，根据自己的了解，每位议员都该认真检查，去年的议案执行了多少，政府工作有无进步，都要发表意见。干部中的贪污现象、非法行为，以及把持包办、一意孤行的作风，分别轻重给以批评、弹劾，行使自己的权利，不说话做好人，那就失掉了人民代表的意义。

(三) 提议案

常驻会、县政府、县党委、群众团体、各议员，根据着需要，提出议案，送交议会讨论。提出的议案，要有实际内容，更要中心扼要，同时还要顾到政府实际力量，这样才能议得好，也才能行得通。夸夸其谈的大道理，没有限量的多提，议个两三天只是劳民伤财，很少实际意义。

议会应该重视这些提案，可以合并的合并，详细讨论，根据地方需要，参照政府力量，然后分别轻重、需要的缓急交政府执行。

各县政府必须忠实这些议案，大力推行。束之高阁，锁入箱子，都要不得的。

(四) 充实三三制

中共西北局五一施政纲领，已经第二届边区参议会全部接受，作为边区施政纲领，从此三三制的推行，成为全体人民的任务，政府更应保证。因此提出号召，各县参议会共产党员超过三分之一的，应该自动提出辞职，由无党派候补议员补充；各县政府还可选有能力有名望的人士，酌量聘请。各县议员中，如有共产党员而被调动离职者，更应以非共产党员补充，县政府委员同样补充，望各县切实遵照办理。

(五) 县议会经费

县议会经费，已由民政厅编好预算，议长、常驻议员，同县长、科长待遇，议会粮食伙食办公费用，按照财政厅统筹统支办法，一律发给。路远的老年议员，酌发旅费。各县政府应尽量设法解决议会困难、给予议会便利，使大会完满开成，特此指示。

(选自《抗日根据地政策条例汇集——陕甘宁之部》上册，一九四二年版)

陕甘宁边区政府组织条例[*]

（一九三九年二月边区一届参议会通过）

第一条 陕甘宁边区政府由陕甘宁边区参议会选举委员十三人，组织边区政府委员会，呈请国民政府加以委任。

陕甘宁边区政府设主席一人，副主席一人，由陕甘宁边区参议会在边区政府委员中选举之。

第二条 边区政府设左（下）列各厅部处：

（一）秘书处；

（二）民政厅；

（三）财政厅；

（四）教育厅；

（五）建设厅；

（六）保安司令部；

（七）保安处；

（八）审计处。

边区政府于必要时得增设专管机关。

第三条 陕甘宁边区政府受国民政府之管辖及陕甘宁边区参议会之监督。

第四条 陕甘宁边区政府综理全边区政务。

第五条 陕甘宁边区政府对于边区行政，得颁发命令，并得制定边区单行条例及规程。但关于增加人民负担，限制人民自由，确定行政区划，及重要行政设施，须得陕甘宁边区参议会之核准或追认。

第六条 陕甘宁边区政府对于所属各机关之命令或处分，认为有违背法令，逾越权限，或其他不当情形时，得停止或撤销之。

第七条 左（下）列各项事务须依边区政府委员会之决议行之：

（一）关于执行国民政府委托事项；

（二）关于选举事项；

（三）关于执行边区参议会议决案事项；

---

[*] 本条例于1939年4月4日由陕甘宁边区政府公布施行。——编者

（四）关于本条例第三条、第四条规定事项；

（五）关于预算决算事项；

（六）关于所属行政人员任免事项；

（七）关于咨调地方部队及督促所属军警绥靖地方事项；

（八）关于边区行政设施或变更事项；

（九）关于处分公产或筹划边区公营事业事项；

（十）其他边区政府委员会认为应讨论之事项。

第八条 陕甘宁边区政府主席之职权如左（下）：

（一）召集边区政府委员会，开会时为主席；

（二）代表边区政府，执行边区政府委员会之议决案；

（三）代表边区政府，监督全边区行政机关执行职务；

（四）处理边区政府日常及紧急事务。

第九条 边区政府主席因公外出或因故不能执行职务时，由副主席代理主席职务。

第十条 秘书处掌理事务如左（下）：

（一）管理边区政府委员会会议之通知及记录；

（二）撰拟保存及收发文件；

（三）管理边区政府委员会之会计及杂务；

（四）编制统计及报告；

（五）登记边区政府各厅、部、处职员之进退；

（六）典守印信；

（七）不属于各厅、部、处之事务。

第十一条 民政厅掌理事务如左（下）：

（一）关于任免县市行政人员提出意见；

（二）关于土地行政事项；

（三）关于警察行政事项；

（四）关于选举事项；

（五）关于户口之调查统计事项；

（六）关于卫生行政事项；

（七）关于赈灾、抚恤、保育及其他社会救济事项；

（八）关于婚姻登记及礼俗、宗教事项；

（九）关于劳资及佃业争议事项；

（十）关于禁烟禁毒事项；

（十一）关于人民团体之登记事项。

第十二条 财政厅掌理事务如左（下）；

（一）关于税务公款及公债事项；

（二）关于预算决算编制事项；

（三）关于金库收支事项；

（四）关于公产管理事项；

（五）关于金融之监督调整及取缔事项；

（六）其他有关边区财政之事项。

第十三条 教育厅掌理事务如左（下）：

（一）管理各级学校；

（二）管理社会教育；

（三）管理图书教材之编审；

（四）关于教育文化及学术团体之指导；

（五）关于图书馆、博物馆、科学馆及公共体育、娱乐场所之管理；

（六）其他有关边区教育文化事项。

第十四条 建设厅掌理事务如左（下）：

（一）关于农、林、畜牧、工业、商业、矿业之计划、管理、监督、保护、奖进事项；

（二）关于合作事业之指导与奖进；

（三）关于道路桥梁之建筑；

（四）关于防除动植物病虫害虫，保护益鸟益虫事项；

（五）关于农、林、畜牧、工、商、矿业出品之陈列及检查事项；

（六）关于农、林、畜牧、工、商、矿业各团体之指导；

（七）关于度量衡之检查监督；

（八）关于移民及新村建设事项；

（九）关于不属土地行政之测丈事项；

（十）其他实业行政事项。

第十五条 保安司令部掌理事务如左（下）：

（一）关于绥靖地方事项；

（二）关于协助保卫边区事项；

（三）关于边区人民抗日武装团体之调查、整理，训练事项；

（四）关于保安队职员任免事项；

（五）关于保安队之统率、编制、训练、奖惩、抚恤事项；

（六）关于保安队调遣分配事项；

（七）关于保安队军需事项；

（八）关于保安队医务卫生事项。

第十六条　保安处掌理事务如左（下）：

（一）关于汉奸、敌探之侦查、捕缉、处治事项；

（二）关于人民锄奸组织之指导事项；

（三）其他有关边区锄奸工作之事项。

第十七条　审计处掌理事务如左（下）：

（一）关于审核全边区行政机关之预算决算事项；

（二）关于审查全边区行政机关之公有物事项；

（三）关于审核全边区征税征粮及其他有关机关之收支证据事项；

（四）关于审核金库收支事项；

（五）关于审核公产估价变卖事项；

（六）关于审核公营事业之收支事项；

（七）关于审核由政府补助民营事业之收支事项；

（八）关于贪污、舞弊及浪费事件之检举事项。

第十八条　秘书处设秘书长一人，承边区政府主席之命，综理秘书处事务。

第十九条　各厅设厅长一人，保安司令部设保安司令一人，各处设处长一人，综理各该厅、部、处事务。

各厅、部、处于必要时，得设副厅长、副司令、副处长，佐理各该厅、部、处事务。

第二十条　各厅、部、处在边区政府委员会决议之范围内，对于主管事务，得颁发命令。

第二十一条　各厅、处各设秘书一人至数人，保安司令部设参谋长一人，承长官之命办理所属事务。

各厅、处视事务之繁简，分科办事，每科设科长一人，科员若干人，承长官之命，办理各科事务。

各厅于必要时，得酌设技正、技士、技佐及视察员，其名额由各该厅长提出于边区政府委员会决定之。

第二十二条　边区政府巡视团，其名额及职权另定之。

第二十三条　各厅、部、处办事细则另定之。

第二十四条　本条例经陕甘宁边区参议会通过后，由陕甘宁边区政府公布施行。

(选自《陕甘宁边区第一届参议会实录》，一九三九年版)

陕甘宁边区政务会议暂行规程

(一九四二年一月)

第一条 政务会议为边区政府执行政务之领导机关。

理由：边区政府一切行政方针及具体工作，皆由政务会议决定，其性质是对政府委员会和议会负责，执行议会决议，其职权是领导全边区行政最高的执行者（？），所以规定如此。

第二条 参议会选举之政府委员为政务会议当然出席人，执行政务之各厅、处、院、会等负责人均出席政务会议，有发言权及表决权。

理由：政府委员接受民意委托，负政务责任，而政府任命之各厅、处、院、会等负责者，同样亦负执行政务责任，在一切政务工作中，皆须由政务会议决定，故要出席会议，而享有发言权及表决之权。

第三条 边区政府主席为政务会议当然主席。

理由：边区政府主席为行政之领导者，政务会议是执行政务之决定的领导机构，政务会议之主席当然为政府之主席。

第四条 政务会议讨论及决议之事项：

（一）关于民、财、建、教之施政方针及具体计划；

（二）关于立法原则及单行法规；

（三）关于司法行政各项事宜；

（四）关于治安问题；

（五）各厅、处、院、会长官所提议专员、县长、各级法官之任免事宜；

（六）特殊事项。

理由：政务会议之职权，属于各种政务方针之确定及执行之方法，提高行政效率及总结经验教训，促进民主政治正规化——法治化，所讨论及决议之事项注重立即执行，以收速效，所以本条只就原则的概括的规定，避免繁琐。

第五条 参加政务会议各厅、处、院、会负责者，除特别事故外不得派代表或缺席。

理由：出席政务会议的人，皆是行政上有责任的人，应不能派代表或缺席，但有特别情形时须得告假，不得无故缺席，以重政务责任。

第六条 会议问题有关各该行政部门时需要详细说明者，得政务会议许可，准负科长、秘书责任者临时出席，但有发言权无表决权。

理由：政务会议，事务管理应不准出席，但所讨论问题，属于某一部门工作，为采取更详细材料，得准许某部门科长或秘书出席报告，除报告完了退席外，不得参加表决，所以尊重政务与事务之区别，故有此规定。

第七条 各行政部门对政务会议做工作报告时，须以书面并归档保存。

理由：工作报告，不仅系行政材料而且系行政成绩的具体内容，除根据报告内容作决定具体方法的标准外，应当列入档案保存，以重政绩。

第八条 政务会议设秘书长一人，由边府秘书长兼任，另设秘书一人，掌理会议记录及文件事宜。

理由：政务会议所应办之文件及通知，均要秘书长负责，由政府秘书长兼任，因政府秘书长事实上系执行政务之机要责任者，是以兼任为得当，另设一秘书在会议时记录，会后受秘书长命令整理文件事宜。

第九条 政务会议之决议，交秘书长负责办理，分发各厅、处、院、会执行。

理由：会议决定的议案交秘书长整理后，将决议分别发交各厅、处、院、会负责者照案执行或存照，以明责任而重政务。

第十条 政务会议不设旁听席。

理由：政务会议所讨论的事件，皆系关于行政或法制原则问题，皆是各该行政部门主要负责者要执行的事件，不必要他人旁听，而且有时事关机要不容许旁听，所以有此规定。

第十一条 政务会议讨论事件有关专门问题时，得设各种专门委员会，聘请专门人员研究以资协助。

理由：大政方针下之执行方案，往往涉及专门问题，设无专门知识，执行上就发生许多流弊及错误，使行政效率不特不能加速与提高，转令迟缓而降低，所以为避免主观与自以为是的错觉起见，遇专门问题有设专门委员会之必要，特规定如此。

第十二条 政务会议议事细则另定之。

第十三条 本规程经政务会议通过施行之。

（选自《抗日根据地政策条例汇集——陕甘宁之部》
上册，一九四二年版）

陕甘宁边区行政督察专员公署组织暂行条例

（一九四一年十一月边区二届参议会通过，一九四二年一月公布）

第一条 为发扬民主政治提高行政效率起见，边区政府得划定所属二个以上的县份为一行政分区，设置行政督察专员公署，督察及指导该分区各县行政事宜。

第二条 分区行政督察专员公署（以下简称专员公署）之设置与命名，须经边区政府委员会议决，由边区政府以命令行之。

第三条 专员公署设专员一人，承边区政府及各厅处之命办理左（下）列事宜：

（一）随时考察及督导所属各县地方行政规划与创办分区内各县应兴应革之事项；

（二）巩固分区地方治安，部署分区抗战工作；

（三）督察所属各县经费之收支情形；

（四）召集分区行政会议；

（五）关于所属各级公务人员之考核；

（六）关于所属各县争议及有关事项之处理；

（七）推行边区现行法令。

第四条 专员公署于必要时得设副专员一人，帮助专员办理前条所列事项。

第五条 分区行政专员及副专员，由边区政府派任，或令驻本分区军事长官兼任，或令本分区县长一人兼任。

第六条 专员公署设秘书室、民政科、财政科、教育科、建设科、粮食科、保安科，秉承正副专员之命，分别执掌各项工作。

（一）秘书室设主任秘书一人，秘书、文书、庶务、收发各一人，及干事若干人，秉承主任秘书之意，分别处理各项事务；

（二）民政科、财政科、教育科、建设科、粮食科、各设科长一人，保安科长一人，干事若干人，承科长之命，分别处理各项事务。

第七条 专员公署和中心县政府在一地的，专员得兼县长，专员公署和县政府合署办公，但职权与文件，应明确划分，不得混淆。

第八条 合署办公之县政府一、二、三、四、五科，合并于专员公署。民政科、财政科、教育科、建设科、粮食科，除须办理本县事务外，并秉承正副专员之命，办理公署各该管事宜。

第九条 合署办公之民选县长与派任专员如不是一人时，专员得另设秘书一人，署员二人，其他仍如上条办理。

第十条 为绥靖地方配合正规军抗战，专员有权调遣本区内保安队及地方自卫军，必要时得请调正规军协助。

第十一条 专员召开分区行政会议，得邀请该分区保安司令、县议长及驻军代表、群众代表参加。

第十二条 前条会议决议案，应呈报边区政府核准施行。

第十三条 专员应亲自轮流巡视各县，将巡视结果列入工作月报，呈报边区政府及主管机关备查。

第十四条 专员出巡时期之职务，由副专员代理，无副专员者，由公署主任秘书代理。专员或副专员出巡时，其兼任县长职权，由县秘书或科长代理。

第十五条 专员对所属各县所为之命令或处分，如认为违法或不当时，得撤销或纠正之，但须呈报边区政府备查。

第十六条 专员公署之经费，每半年造具预决算，呈报财厅支拨，其兼任县政府之经费，得加入公署经费内，一并计算支领。

第十七条 专员公署之关防，由边区政府制发。

第十八条 边区政府及各厅、处与分区各县，互相间之行文，以经过该管专署转达为原则，遇有紧急事情，得直接行文。

第十九条 边区政府选派巡视员，往各县巡视，不受本条例之限制。

第二十条 本条例自边区政府公布之日施行，如有未尽事宜，由边区政府核准修改之。

第二十一条 本条例由边区参议会通过，边区政府公布之。

（选自《陕甘宁边区第二届参议会汇刊》，一九四二年版）

修正陕甘宁边区行政督察
专员公署组织条例

(一九四三年二月公布)

第一条 为加强对县政权领导，提高行政效率起见，边区政府将边区所属县（市）划为五个行政区，分设行政督察专员公署，为边区政府代表机关。

第二条 分区行政督察专员公署（以下简称专员公署）之设立与命名，须经边区政府委员会决议，由边区政府以命令行之。

第三条 专员公署之职权如左（下）：

一、掌握并贯彻边区政府的政策法令与指示。

二、对边区政府负责，统一领导督察该分区所辖各县之一切行政事宜。

三、组织与领导人民武装，协同军队维持地方治安。

四、监督和指导驻在该行政分区的边府各种附属机关。对此种附属机关之命令或处分，如认为违法或失当时，专署得纠正或撤销之，但须随时呈报边区政府。

五、监督所属各县财政经费之收支情形。

六、关于所属各县之间的争议及有关事项之处理。

第四条 专员公署设专员一人，必要时得设副专员一人，均由边区政府任命之。

第五条 专员公署的组织如左（下）：

一、设政务秘书一人，襄助专员处理日常政务。

二、设事务秘书一人，下设收发、文书、庶务若干人，处理各项事务。

三、设一、二两科、保安分处，分管民、教、财、建等及保安工作，各科、处设科长、处长、科员若干人，分别办理各项工作。

第六条 专员公署政务秘书、科长、处长，由边府委派或由专员遴选，呈报边区政府委任之；其次人员由专员委任，呈报民政厅备案。

第七条 专员公署政务会议，由政务秘书、各科、处长组织之，专员为当然主席。必要时得召集驻在该分区之驻军长官及边府各附属机关负责人参加。

第八条 专员为布置检查各项工作，得召集县、区长联席会议，决议事项须随时呈报边府备案。

第九条 专员为对驻分区内之边府各附属机关实行有效的监督及指导起见，得临时召集各该附属机关之负责人检查工作，并须将检查结果，随时呈报边府备查。

第十条 边区政府与分区各县互相间之行文，另行规定之。

第十一条 为适应抗战环境，在军事隔绝时间，专员得独立行使职权，但经过事项，须于事后呈报边区政府备查。

第十二条 专员应亲自定期巡视各县，并将巡视结果，呈报边区政府备查。

前项巡视，专员如因故不能实行时，得由副专员或政务秘书与科、处长代行之。

专员出巡时期，其职务由副专员代理，无副专员者，由专员指定政务秘书或科、处长代行之。

第十三条 专员公署之经费，每季度造具预决算，呈报边区政府审核后，由财政厅支拨。

第十四条 专员公署之关防，由边区政府制发。

第十五条 本条例由边区政府委员会通过，边区政府公布施行之。

（选自《陕甘宁边区政策条例汇集》续编，一九四四年版）

陕甘宁边区县政府组织暂行条例[*]

（一九四一年十一月边区二届参议会通过）

第一条 本条例为建设新民主主义政治，健全县政机构，加强区乡行政领导，依据国民政府县组织法及适应边区实际而制定之。

第二条 边区各县政府由县参议会选举县长一人（必要时加选副县长一人），委员六人至十人，组织县政府委员会，呈请边区政府加委之。

第三条 县长、县政府委员任期二年，连选得连任，在未届期满而升调或失职者，由县参议会改选之，在县参议会休会期间，由边区政府委人代理。

第四条 县政府受边区政府之领导，县参议会之监督，综理全县行政事

---

[*] 本条例于1942年1月由陕甘宁边区政府公布施行。——编者

宜，分区各县分受各专署之领导。

第五条 县政府在县长领导下，设秘书室、一、二、三、四、五、保安六科，审计员及保安大队部，在地方法院未成立之县，设司法处，分管各项行政司法工作。

在未设五科之县，其职务由二科兼任之。

设地方法院之县，其法院组织条例另定之。

第六条 各县政府在不抵触边区政府法规下，得颁发单行法规，但须呈边区政府核准。

第七条 左（下）列事项须经各县政府委员会决议行之：

（一）县政各部门的工作计划；

（二）边区政府及主管机关令行各事项；

（三）县参议会决议事项；

（四）县财政收支及县政经费预算决算等事项；

（五）任免所属政务人员事项；

（六）决定县单行法规事项；

（七）全县应兴应革之重要事项；

（八）其他县政府委员会认为应讨论事项。

第八条 县政府委员会每二周开会一次，有必要时得开临时会议。县政府委员会开会，以县长为主席。

第九条 为着执行决议，督促与检查工作，县长每周至少须召集各科长、处长会议一次。

第十条 县长出巡或请假时，由科长（或副县长）代理职务，并须呈报边区政府。

第十一条 县政府各科室会之职权如左（下）：

（一）秘书室掌理拟缮文件、印信、档案、会计、庶务、收发及不属各种事项；

（二）第一科掌理选举、抗战动员、干部管理、土地行政、劳资、租佃、卫生行政、儿童保育、户籍区划、优抗救济、破除迷信、改革陋习及其他民政事项；

（三）第二科掌理财政收支、地方税收、公产及其他事项；

（四）第三科掌理教育行政，学校教育、社会教育、民教馆、图书馆、公园、古迹、编修县志及其他文化建设事项；

（五）第四科掌理农、牧、工、矿、水利、森林、道路、合作社、生产运动、社会经济调查及其他经济建设事项；

（六）第五科掌理粮食之收支、仓库管理、调济民食等事项；

（七）审计员专司审核县区征粮及金库收支，公产收入及县经费预算决算等事项；

（八）保安科掌理锄奸、缉匪、检查站、放哨、维持公共安宁秩序之警务事项；

（九）保安大队部受县长领导保安司令部指挥，掌理绥靖地方及自卫军、少先队之编制领导事项；

（十）司法处受理各项民刑案件，在县长领导下进行审判。

第十二条　县政府得依边区政府及主管机关之命令及工作之需要，设立各种性质之委员会。

第十三条　县政府设秘书、科长、审计员、司法处长各一人，必要时得设立助理秘书及副科长，须报告各主管机关提请边区政府任免，或由各主管机关提请边区政府任免之。

第十四条　县政府秘书室设文书、收发一人至三人，各科设科员一人至五人，司法处设审判员兼检查员一人，书记员一人或二人，看守所长一人，均由县政府决定，呈报民厅及主管厅处备案。

第十五条　县政府得召集区乡长联席会议，讨论本县行政事宜。

第十六条　县政府各种委员会，视其任务及其性质，必要时得聘请当地党、军及民众团体、士绅参加之。

第十七条　县政府按月向边区政府及各厅处做报告一次。

第十八条　县政府应每半年向财政厅做行政经费开支及财政收支报告各一次。

第十九条　县政府之印信，由边区政府制发。

第二十条　县政府各项办事细则另定之。

第二十一条　本条例适用于等于县之市。

第二十二条　本条例经边区参议会通过，由边区政府公布施行之。

（选自《陕甘宁边区第二届参议会汇刊》，一九四二年版）

陕甘宁边区县务委员会
暂行组织条例

(一九四二年六月三十日边区政府
第二十六次政务会议通过实行)

第一条 为着发扬民主政治，适应抗战需要起见，凡边区所辖之县未经县参议会（或临时县参议会）正式选举县政府委员会者，均设立县务委员会，以综理县境一切行政事宜。

第二条 县务委员会由县参议会（或临时县参议会）选举主任委员一人，委员六人至十人组织之。并呈请边区政府加委。

县务委员会主任委员及委员在未正式选举前，得由边区政府委任代理之。

第三条 县务委员会冠以该县县名（如米脂县务委员会），就辖境适中地点设立之。

第四条 县务委员会受边区政府之领导，分区专员公署之督察，及县参议会（或临时参议会）之监督。

第五条 县务委员会主任委员及委员任期二年，惟得连选连任，未届期满而去职者，由县参议会（或临时参议会）补选，在参议会休会期间，由边区政府委人代理，俟参议会开会时再行补选之。

第六条 县务委员会设秘书室、民政股、财政股、教育股、建设股、保安股、裁判员及保安大队等，分管各项行政及司法事项。

县务委员会因工作之需要，得设各种委员会，依其任务和性质，得请当地党、政、军、民机关团体派员及聘请士绅参加之。

第七条 左（下）列事项须经县务委员会决议行之：

（一）县务委员会各部门工作计划；
（二）上级政府令行事项；
（三）县参议会决议事项；
（四）地方财政收支事项；
（五）其他地方应兴应革事项。

第八条 县务委员会每月开会一次，必要时得召开临时会议，开会时主任委员为当然主席。

第九条 县务委员会各室、股、队执掌事项如左（下）：

（一）秘书室掌理拟缮、印信、档案、收发、庶务及不属各股事项。

（二）民政股掌理选举、抗战动员、干部行政、土地行政、劳资、租佃、户籍、区划、人民团体登记、婚姻、优抗救济、卫生、通讯、民事调解以及改革陋习等事项。

（三）财政股掌理财政收支、地方税收、公产、粮食收支、仓库管理及其他财政建设事项。必要时得设粮食股，直接归县务委员会领导。

（四）教育股掌理学校教育、干部教育、社会教育、民教馆、图书馆、公园及其他文化建设事项。

（五）建设股掌理农牧、森林、水利、工矿、商业贸易、交通运输、合作事业、生产运动、社会经济调查及其他经济建设事项。

（六）保安股掌理锄奸保卫、缉匪、检查站、放哨、维持公共治安秩序之警务等事项。

（七）裁判员掌理各项民刑案件，在主任委员领导下进行审判。

（八）保安大队受主任委员之领导，保安司令部之指挥，掌理绥靖地方及自卫军、少先队之编制、教育领导等事项。

第十条 秘书室设秘书一人，各股设股长一人，司法股设裁判员一人，保安大队设队长一人，承县务委员会主任委员之命，管理各室、股、队工作。必要时得设副队长等佐理工作。秘书、股长、裁判员、保安大队长、由主任委员提请边区政府委任之。

第十一条 秘书室设助理秘书、文书、收发、庶务若干人，各股设股员若干人，裁判员下设书记和检查员若干人，看守所长一人，均由县务委员会决定，呈报边区政府及主管各厅处院备案。

第十二条 县务委员会为便利工作之执行与检查，应组织县务工作会议，每周开会一次。

县务工作会议由主任委员、秘书、各股股长、裁判员、保安大队长组织之。开会时主任委员为当然主席。

县务工作会议，必要时得请群众团体负责人或有关工作部门之工作人员列席。

第十三条 县务委员会视辖境形势及需要，得划分若干区乡，于适中地点区设区公署，乡设乡政府，管理各该区、乡行政事宜。

旧制联保（等于区）、保（等于乡），其名称之改订及行政区域之规划，由县务委员会决定，呈报边区政府核准行之。

第十四条　县务委员会应按期向县参议会（或临时参议会）报告工作。并按月向边区政府及各厅、部、高等法院分别报告工作。

第十五条　县务委员会之印信，由边区政府制发之。

第十六条　县务委员会所属行政组织，除本条例规定外，得参酌边区政府三十一年一月五日公布之《县政府组织条例》、《区公署组织暂行条例》、《乡市政府组织暂行条例》与当地实际情况组织之。但须呈报边区政府核准。

第十七条　县务委员会之辖境之选举事项，得适用边区政府公布之《各级参议会组织条例》、《各级参议会选举条例》进行，但须呈报边区政府核准行之。

第十八条　本条例经边区参议会通过，由边区政府公布施行之。

（选自《抗日根据地政策条例汇集——陕甘宁之部》

上册，一九四二年版）

修正陕甘宁边区县政府组织暂行条例草案

（一九四三年四月二十五日颁布）

第一条　本条例为健全县政机构，加强对乡（市）政权领导，依民主集中制原则及边区实际情形制定之。

第二条　边区各县得依人口、面积、政治经济情况，分为甲、乙、丙三等，各县之区划及等次，由边区政府决定公布之。

第三条　县政府由县参议会选举县长一人及委员八人至十一人，组织县政府委员会，呈请边区政府加委。

第四条　县长、县政府委员任期二年，连选得连任。在未届期满他调或失职者，由县参议会补选之，在县参议会休会期间，由边区政府委人代理。

第五条　县政府之任务如左（下）：

一、掌握并贯彻边区政府之政策法令、县参议会之决议及上级政府之指示与政令。

二、发扬民主政治，加强乡（市）政权工作。

三、组织人民经济生活，发展公私生产，改善人民生活，保证抗战供给。

四、推行财政、粮政，建立地方财政。

五、推行各项抗战动员，加强拥军工作与优抗工作。

六、建设民兵，加担保卫工作，巩固地方治安，维护社会秩序。

七、管理该县各级政府干部之登记、审查、任免、调动、考绩、奖惩等事项。

八、进行干部教育，改进国民教育。

九、调解人民纠纷，公平处理民刑诉讼。

十、监督上级政府驻在该县的附设机关。

第六条　县政府在不抵触边区政府法规下，得颁发单行条例，但须呈请边区政府核准。

第七条　县政府委员会对上级政府及县议会负责，为县政府之权力机关，左（下）列事项，须经县政府委员会决议行之。

一、边区政府及专员公署令行重要事项；

二、县参议会之重要决议事项；

三、县政府各部门的工作计划；

四、县财政收支及县政经费预算决算等事项；

五、政府科长、区长及主要干部任免之建议事项；

六、县单行条例颁发事项；

七、全县应兴应革之重要事项；

八、其他县政委员会认为应讨论事项。

第八条　县长对上级政府、县参议会及县政府委员会负责，统一领导该县政务。县长对外为县政府代表，县政府对上对下及对内对外行文，均以县长名义行之。

第九条　县政府在县长统一领导之下，设如下之机构：一、政务秘书一人，襄助县长处理政务；二、事务秘书一人，下设收发、文书及事务人员若干人，管理事务、文书及收发印信等事项；三、第一科管理民政教育事项；四、第二科管理财政经建事项；五、保安科管理治安事项，六、自卫军大队长由县长兼任之，其经常工作，由保安科办理。

第十条　县长有纠正和制止辖境内违反政府法令及扰乱社会秩序等行为之权。

第十一条　县政府得依上级命令及工作需要设立各种委员会，各种委员会依其任务性质，必要时得聘请当地党军民（社团）及有声望之人士参加之。

第十二条　县政府政务秘书、科长、自卫军大队长，由边区政府任免之，其次人员，由县长任免之，呈报民政厅备案。

第十三条　县政府委员会每三个月开会一次，必要时得开临时会议，开会时以县长为主席。

第十四条　为着执行决议及督促检查工作起见，县政府以秘书、科长、委员会主任等组织政务会议，由县长主持，每周或两周开会一次。

第十五条　县政府得召集区乡长联席会议，讨论全县行政事宜。

第十六条　县长不能擅离职守，在辖境出巡或因公出境时，须指定政务秘书或科长代行职务，因公出境时并须呈报该管专员公署及边区政府。

第十七条　县政府应每三月向边区政府及专署报告工作一次。

第十八条　县政府应每季度向边区政府财政厅做行政经费开支及财政粮秣收支报告一次。

第十九条　县政府之印信由边区政府制发。

第二十条　本条例适用等于县之市。

第二十一条　本条例经边区参议会通过，由边区政府公布施行之。

（选自《陕甘宁边区政策条例汇集》续编，一九四四年版）

陕甘宁边区各县区公署组织暂行条例[*]

（一九四一年十一月边区二届参议会通过）

第一条　本条例为增强县政机构而制定之。

第二条　各县视县境形势及需要，得划分为若干区，各区应就区内适中或交通便利之地点定为区公署所在地。

第三条　各区所辖面积至多不得超过纵横百里，辖乡至少三乡、至多五乡。

第四条　区公署之名称应冠以数字或方位字样，由县政府呈请民政厅刊发钤记。

第五条　区公署设区长一人，承县长、一、二、三、四、五、保安等科，及司法处、保安大队长之命办理左（下）列事项：

---

[*] 本条例于1942年1月由陕甘宁边区政府公布施行。——编者

（一）关于传达上级指示、命令、法令及反映政情等事项；

（二）关于计划督导所辖各乡民政、财政、经济建设，文化教育及应兴应革事项；

（三）关于组织训练自卫军，进行全区锄奸保安事项。

第六条 区公署得设区助理员三人至五人，承区长之命，分办该区行政及教育、保安、经济建设等事宜。

第七条 区长之任用由县长遴选，经县政府委员会通过，呈请民政厅核准任命之。

第八条 区助理员由县长任命之，呈请民政厅备案。

第九条 区设自卫军营长一人，由县长与保安大队长遴选，经县政府委员会通过，呈请边区保安司令部核准任命之，但自卫军营长应受县保安大队长之指挥，区长之领导。

第十条 区长除综理全区政务外，须经常巡视各乡市行政工作，出巡时其职务由区长指定一助理员代理之。

第十一条 区助理员应经常分工，经常分赴各乡帮助各乡市工作。

第十二条 区公署应组织署务会议，讨论本署及各乡市工作。

第十三条 署务会议应由区长，区助理员及自卫军营长组织之。人数可由三人至五人，区长为当然主席，必要时得请各群众团体负责人参加。

第十四条 署务会议半月召开一次，必要时可以临时召开。

第十五条 区公署认为必要时，得召集该区乡市联席会议，讨论全区工作之进行，并得视会议之性质，召集各乡市委员会主任及民众团体代表参加。

第十六条 区公署应建立本身经常工作，并按月向县政府作工作报告。

第十七条 区公署办事细则另定之。

第十八条 本条例由边区参议会通过，边区政府公布施行之。

（选自《陕甘宁边区第二届参议会汇刊》，一九四二年版）

修正陕甘宁边区各县区公署组织条例

（一九四三年二月公布）

第一条 本条例为加强县政府对乡（市）政权的领导，建立区公署助理机构而制定之。

第二条 各县视县境形势和辖乡（市）多寡，划分为若干区，设立区公署，助理县政府对乡（市）政权之领导。

各区所辖乡（市）至多十个，至少四个。

各区应就区内适中或交通便利地点，设立区公署。

第三条 区分为甲、乙两等：

有下列条件之一者为甲等区；

一、辖乡八个以上者；

二、纵横七十里以上者；

三、边区边境的区域；

四、包括较大的市镇的区域。

未具以上条件者均为乙等区。

第四条 区之名称应以数字或方位定之；其钤记由县政府呈请民政厅刻发。

第五条 区公署设区长一人，承县政府之命，办理左（下）列事项：

一、帮助督导乡（市）政府调查研究各该乡（市）情况；指导帮助乡（市）政府执行上级政策法令和指示。

二、帮助督导乡（市）政府组织人民经济，增加生产，改善生活。

三、帮助督导乡（市）政府进行干部教育，社会教育，国民教育。

四、帮助督导乡（市）之民政、财政、保安等工作及其他应兴应革事宜。

五、帮助督导乡（市）政府组织人民武装，维护地方治安。

六、帮助督导乡（市）政府检查与总结工作经验。

第六条 甲等区设助理员三人，乙等区设助理员二人，承区长之命助理各项政务。区秘书由助理员中选择一人兼任。

第七条 区自卫军营长由区长兼任之。

第八条 区长之任用由县长遴选，经县政府委员会通过，呈请民政厅核准任命之。区助理员由县政府任命，呈民政厅备案。

第九条 区长、区助理员须经常巡视与帮助各乡（市）政府工作。

区长出巡时，其职务由区长指定助理员一人代理之。

第十条 区政务会议由区长、助理员组织之，区长为当然主席。必要时得请各群众团体负责人参加。

区政务会议半个月召开一次，必要时可以临时召开。

第十一条　区公署于必要时得召集该区乡（市）长联席会议，检讨或布置全区各项工作，开会情形须呈报县政府备查。

第十二条　区公署按月向县政府报告本身及各乡（市）工作。

第十三条　本条例适用于等于区的市。

第十四条　本条例由边区政府委员会通过，边区政府公布施行之。

（选自《陕甘宁边区政策条例汇集》续编，一九四四年版）

陕甘宁边区各乡市政府组织暂行条例*

（一九四二年一月公布）

第一条　本条例为健全边区乡市（等于乡或等于区的市，下同）机构，奠定民主政治基础而制定之。

第二条　乡市政府区域规定如左（下）：

（一）甲等乡纵横不逾十里，人口至多不得逾一千五百人；

（二）乙等乡纵横不逾二十里，人口至多不得逾一千人；

（三）丙等乡纵横不逾三十里，人口不得逾一千人。

第三条　乡市政府应选择本乡市适中地点设立之。

第四条　乡市参议会为乡市政权最高机关，乡市参议会休会时，乡市政府委员会为乡市政权最高机关。乡市长、乡市政府委员由乡市参议会选举之。

第五条　乡市参议会一年改选一次，乡市长及政府委员同时改选，但连选得连任（乡市长当选后须呈请县政府委任之）。

第六条　在未届改选期间，乡市长及政府各委员如违法失职，乡市参议会随时可以将其罢免，或县政府将其撤免，令行该乡市参议会改选。

第七条　乡市政府之印信，由县政府统一制发。

第八条　乡市参议会开会，乡市长应准备议案报告工作，乡市政府委员会每半月应开会一次。

第九条　乡市政府除乡市长一人、文书一人脱离生产外，其他都不脱离生产，但参议会开会、政府委员会开会吃饭费用，得设法筹集之，但须在参

---

* 本条例系1941年11月陕甘宁边区第二届参议会通过。——编者

议会通过，并报告上级政府备查。

乡市政府文书，由当地小学校教员中遴任，无则另任之。

第十条 乡市政府管辖下设行政村（或南关北关……），行政村下设自然村（或坊甲），行政村（或南关北关……）设村主任一人，自然村（或坊甲）设村长（或坊长、甲长）一人，均由选民大会选举之。

第十一条 行政村（或南关北关……）主任、自然村（或坊甲）村长（或坊长、甲长）每半年改选一次。

第十二条 乡市政府为工作需要，设有左（下）列各会：

（一）优待救济委员会；

（二）文化促进委员会；

（三）经济建设委员会；

（四）锄奸委员会；

（五）卫生保育委员会；

（六）人民仲裁委员会。

第十三条 乡市政府必要时，得设其他各种性质之临时委员会。

第十四条 各委员会由三人至五人组织之，委员与主任委员，均由乡市政府聘任之。

第十五条 乡市政府之各委员会，及自卫军、少先队、儿童团等组织条例另行制定。

第十六条 乡市政府工作细则另定之。

第十七条 本条例经边区参议会通过，由边区政府公布施行之。

（选自《抗日根据地政策条例汇集——陕甘宁之部》

上册，一九四二年版）

修正陕甘宁边区乡（市）政府组织暂行条例草案

（一九四三年十月公布）

第一条 本条例依民主集中制原则，为健全边区政权的基础组织而制定之。

第二条 乡（市）政府之行政区划，依据人口与面积两个标准；人口一般以一千五百人左右为宜，但最多不能超过二千人；面积纵横一般不得超过三十里。

第三条 乡（市）政府应设立于各该乡（市）的适中地点。

第四条 乡（市）政府下设行政村（或关、街，下同），行政村下设自然村（或坊、巷，下同），由乡（市）政府呈请县政府核准行之。

人口稠密之乡村，不需设行政村一级时，可予免设。

第五条 乡（市）政府之一般任务如下：

一、实行边区施政纲领、边区政府法令及上级政府之指示。

二、发展生产事业。

三、发展文化教育。

四、爱护帮助军队，优待抗属，进行抗战动员。

五、建立人民自卫武装，维护革命秩序。

六、举办公益事宜，调解民间纠纷。

七、关于本乡土地、人口及其他社会情况之调查登记。

第六条 乡（市）参议会为乡（市）政府最高政权机关；乡（市）参议会休会期间，乡（市）长负乡（市）行政最高责任。

第七条 乡（市）长由乡（市）参议会选举之，并与乡（市）参议会同时改选，连选得连任。乡（市）长选出后，须呈请县政府加委。

在未届改选期间，乡（市）长如违法失职或因故去职，由乡（市）参议会随时改选之，或由县政府命令乡（市）参议会改选之。

第八条 乡（市）长对本乡（市）参议会与上级政府负责，掌理全乡（市）政务。

第九条 乡（市）政府另设文书一人，为乡（市）长之助手；设自卫军连长一人，协助乡（市）长管理民兵及治安工作。

乡（市）文书由县政府委任；自卫军连长由县政府选任，自卫军通过之。

第十条 行政村设主任一人，协助乡（市）长管理所属自然村之政务。行政村主任由乡（市）长委任，但须乡（市）参议会通过或追任之。

第十一条 自然村设村长一人，承受乡（市）长及行政村主任之命，办理本村行政事宜。自然村村长由村民大会选举，每半年改选，连选得连任；不称职时，得由村民大会或上级政府随时罢免改选之。

第十二条 乡（市）政府大事由参议会讨论，日常工作在乡（市）政务会议讨论。乡（市）政务会议，由五人组织之，除乡长、自卫军连长、乡文书（设有乡文书的乡）当然参加外，其他参加人员由县区政府依具体需要决定之。乡（市）政务会议开会由乡（市）长主持之，必要时得召集行政村主任列席。

第十三条 乡（市）政府每月向区公署至少报告工作一次。

第十四条 乡（市）政府之印信，由县政府制发之。

第十五条 乡（市）政府之干部，仅乡（市）长与文书脱离生产。自卫军连长及行政村主任均不脱离生产，但得酌情减轻或豁免日常义务负担，其实施办法，由乡（市）参议会决议之。

第十六条 乡（市）政府需用之经费，除乡（市）长文书伙食办公费外，其不足之数，由乡（市）参议会通过筹收之。但大乡（市）每年不得超过小米两石，小乡（市）每年不得超过小米一石五斗。此项收支清册，须于年终时报告县政府备查。

第十七条 本条例经边区参议会通过后，由边区政府公布施行之。

（选自《陕甘宁边区政策条例汇集》续编，一九四四年版）

晋察冀边区参议会暂行条例

（一九四〇年六月公布）

第一条 本条例依据国民政府建国大纲民主选举原则，适应边区具体环境制定之。

第二条 边区设参议会，参议员由边区人民选举之，选举法另定之。但因环境之必要，得由边区行政委员会聘请抗战有功之名流、学者、士绅、少数民族，为聘任参议员，被聘人选由边区行政委员会与边区抗日党派、团体、部队、学校商定之。

聘任参议员名额，不得超过参议员总额十五分之一。

第三条 参议员任期二年，得连选连任。

除驻会议员外，参议员均无给职，但得酌发公旅费。

第四条 参议会职权如下：

一、选举并罢免边区行政委员会及主任委员、副主任委员。被选举人不限于边区参议员。

二、监察弹劾边区各级行政人员及司法人员。

三、制定、修改并解释边区宪法。

四、创制并复决边区单行法规。

五、督促及检查各级政府对边区参议会决议案之执行事项。

六、批准边区行政委员会所提出之预算并审查其决算。

七、决定边区各项基本政策，审议边区行政委员会各项重要计划与方案。

八、决定边区地方税及公粮、公债之征收与废除。

九、决定边区兴革重要事项。

十、审议边区行政委员会及各方请议事项。

第五条 参议会设议长一人，副议长两人，秘书长一人，由参议员用无记名投票法互选之。开会时以议长为主席。

第六条 参议会每年开常会一次，有下列情事之一者，得召开临时会。

一、经驻会议员之决议者。

二、经参议员五分之一以上之请求者。

三、经五分之一以上之县议会请求者。

四、经边区公民十分之一以上之请求者。

五、边区行政委员会提请经驻会议员可决者。

第七条 参议会非有过半数议员之出席不得开议，议案之议决以出席议员过半数之同意行之，可否同数时取决于主席。

第八条 参议会开会时，边区行政委员会委员须列席报告，有发言权，无表决权。

第九条 参议会决议案送交边区行政委员会执行，如边区行政委员会对决议案认为有不当时，应于接到两日内详具理由送回参议会复议。

第十条 参议会设驻会议员十五人，分驻参议会所在地及冀中、冀东，于闭会期间处理日常事务，监督执行决议，负责召集临时会。

议长、副议长、秘书长为当然驻会议员，分别主持会务。

第十一条 参议员开会时，设秘书处、议员资格审查委员会、提案整理委员会，其组织由参议会定之。

第十二条 参议会视工作之需要，得聘请专家成立各种专门委员会，其组织另定之。

第十三条 参议员违法失职时，由各该选区公民过半数之决议，随时罢免另选之。

聘任参议员违法失职时，由边区行政委员会解聘之。

第十四条 县议会、区及村代表会议决之案件有不当时，边区参议会得通知边区行政委员会，令下级政府停止执行。

第十五条　参议员在会议时所为之言论及表决，对外不负责任。

第十六条　参议员除现行犯外，在会期中非经参议会之许可，不得逮捕或拘禁。

第十七条　本条例在边区参议会未成立之前，由边区行政委员会公布施行之。

选自《抗日根据地政策条例汇集——晋察冀之部》
第二辑，一九四二年版）

晋察冀边区参议会组织条例

（一九四三年一月二十日晋察冀边区第一届参议会通过，
同年二月四日晋察冀边区行政委员会公布）

第一条　本条例依据国民政府建国大纲之基本精神，适应边区具体环境制定之。

第二条　晋察冀边区参议会（以下简称参议会）由边区公民选举之参议员，及边区行政委员会聘请之参议员组织之。

前项聘请之参议员不得超过参议员总额五分之一。参议员选举法另定之。

第三条　参议员任期二年，连选得连任。

第四条　参议会之职权如左（下）：

一、选举并罢免边区行政委员会委员、主任委员、副主任委员及高等法院院长。

二、制定边区单行法规。

三、监察弹劾边区各级行政人员及司法人员。

四、决定边区各项基本政策，审议边区行政委员会各项重要计划方案。

五、批准边区行政委员会所提之预算并审查其决算。

六、决定边政重要兴革事项。

七、审议边区行政委员会及各方请议事项。

八、督促检查边区行政委员会执行参议会决议。

第五条　参议会设议长、副议长各一人，由参议员用无记名投票法互选之，负责召开常会、临时会，对外代表参议会。

参议会开会时由议长主席，议长因故不能出席时，由副议长主席，议长、副议长因故去职时，应即补选。

第六条 参议会开会期间设秘书处，置秘书长一人，由大会推定之，承议长、副议长之命办理大会事务。

第七条 参议会每年开常会一次，有下列情形之一者得召开临时会。

一、经边区参议员十分之一以上之提议者。

二、经边区公民三十分之一以上之请求者。

三、经边区五分之一以上之县议会请求者。

四、边区行政委员会提请经驻会参议员可决者。

五、经驻会参议员之决议者。

第八条 参议会非有过半数参议员之出席不得开议，非有出席参议员过半数之通过不得决议，可否同数时，取决于主席。

第九条 参议会开会时，边区行政委员会委员须列席，报告工作，解答质问。

第十条 参议会决议案交边区行政委员会执行，行政委员会认为不便执行时，应于开会期间详具理由送请参议会复议。参议会复议后，仍持原议时，行政委员会应即执行。

第十一条 参议会开会时，设参议员资格审查委员会、提案审查委员会，必要时得设专门委员会。前项各委员会之委员及名额，由大会决定选举之。

第十二条 参议会闭会期间，设驻会参议员办事处，由参议员互选三人至五人，与议长、副议长组织之。

议长、副议长、驻会参议员不得兼任政府及其所属机关职务。

第十三条 驻会参议员依据参议会所赋权限，对边区行政委员会执行决议或其他重大措施认为不当时，得提出质问或建议。

第十四条 除驻会参议员外，参议员均为无给职，但得酌发旅费。

第十五条 参议员在开会时所为之言论及表决，对外不负责任。

第十六条 参议员除现行犯外，在会期中非经参议会许可，不得逮捕或拘禁。

第十七条 参议员违法失职时，由其选举单位罢免之，有候补者依次递补，无补者另选之。聘请参议员违法失职时，由边区行政委员会解聘之。

前项递补、补选之参议员，以补足原任之任期为限。

第十八条 参议会经费由大会制定预算，交边区行政委员会拨付之。

第十九条 参议会议事细则另定之。

第二十条　本条例自参议会通过之日施行。

（选自晋察冀边区行政委员会《现行法令汇集》上册，一九四五年版）

晋察冀边区参议会驻会参议员办事处组织规程

（一九四三年一月二十日晋察冀边区第一届参议会通过，同年二月四日晋察冀边区行政委员会公布）

第一条　晋察冀边区参议会驻会参议员办事处（以下简称驻会参议员办事处）依据晋察冀边区参议会组织条例第十二条之规定组织之。

第二条　驻会参议员办事处受参议会之委托，办理下列各事项：

一、督促及检查边区行政委员会执行参议会之决议。

二、根据参议会批准之预算，检查边区行政委员会之财政收支。

三、检查边区各级行政司法人员之违法失职，提请大会弹劾或交政府处理。

四、列席边区行政委员会各种重要会议。

五、联系各地参议员，进行调查研究，搜集人民意见。

六、处理参议会交办事项，及参议会闭会期间之日常工作。

七、定期向参议员传达办事处工作。

八、准备下届参议会或临时参议会之大会事务。

第三条　驻会参议员办事处视工作之需要得设秘书、办事员若干人。

第四条　驻会参议员办事处每月召驻会参议员会议一次。

第五条　本规程自公布之日施行。

（选自晋察冀边区行政委员会《现行法令汇集》上册，一九四五年版）

晋察冀边区行政委员会组织条例

（一九四三年一月二十日晋察冀边区第一届参议会通过，同年二月四日晋察冀边区行政委员会公布）

第一条　晋察冀边区行政委员会（以下简称边区行政委员会）为国民政府所属之地方政府。

第二条　边区行政委员会委员九人，由晋察冀边区参议会（以下简称参议会）选举之，设主任委员、副主任委员各一人，由参议会就委员中选举之；主任委员、副主任委员及委员，均于选举后报请国民政府任命之。

主任委员、副主任委员及委员任期二年，连选得连任。

第三条　边区行政委员会设左（下）列各处：

一、民政处

二、财政处

三、教育处

四、实业处

五、秘书处

第四条　边区行政委员会于必要时，得设各种专管机关及专门委员会。

第五条　边区行政委员会总理全边区政务，其职权如左（下）：

一、执行国民政府委托事项。

二、执行边区参议会决议。

三、颁发行政命令，公布单行法规。

四、监督所属机关执行职务，任免所属行政人员，领导高等法院。

五、确定或变更行政区划及组织。

六、办理选举。

七、征税及编制预决算。

八、关于其他民政、财政、教育、实业等建设事项。

边区行政委员会因行使前项职权所为之设施，有关于增加人民负担，限制人民自由，变更行政区划及组织者，须得参议会之可决或追认。

第六条　边区行政委员会为民主集中制之组织，因行使前条职权所为之重大设施，须由委员会议决议行之。

第七条　边区行政委员会主任委员之职权如左（下）：

一、召集行政委员会议，开会时为主席。

二、领导执行行政委员会议之决议案。

三、处理行政委员会日常及紧急事项。

四、对外代表行政委员会。

第八条　边区行政委员会副主任委员协助主任委员执行前条规定之职务，主任委员因公外出或因故不能执行职务时，由副主任委员代理之。

第九条　民政处掌理事项如左（下）：

一、关于提请任免奖惩所属地方行政人员事项。

二、关于户籍调查统计事项。

三、关于选举事项。

四、关于土地行政事项。

五、关于卫生行政事项。

六、关于公安保卫事项。

七、关于赈灾、抚恤、优待、保健及其他社会救济事项。

八、关于婚姻登记及礼俗宗教事项。

九、关于劳资及佃业争议事项。

十、关于人民武装兵役动员事项。

十一、关于人民团体之登记及指挥事项。

十二、关于取缔娼妓、赌博、缠足及禁烟禁毒事项。

十三、关于少数民族事项。

十四、其他有关民政事项。

第十条 财政处掌理事项如左（下）：

一、关于税务、公款、公粮、公债事项。

二、关于编制预算、决算事项。

三、关于金库、粮库收支事项。

四、关于监督银行工作及金融之调剂整理事项。

五、关于财政审计事项。

六、关于抗战勤务军需代办事项。

七、关于公产之整理保管事项。

八、其他有关财政事项。

第十一条 教育处掌理事项如左（下）：

一、关于管理各级学校事项。

二、关于管理社会教育事项。

三、关于图书教材之编审事项。

四、关于教育文化及学术团体之指导与奖进事项。

五、关于出版物之审查及登记事项。

六、关于图书馆、博物馆及公共体育娱乐场所筹划管理事项。

七、关于一般宣传事项。

八、其他有关教育文化事项。

第十二条 实业处掌理事项如左（下）：

一、关于农林、畜牧、工业、商业、矿业之计划管理监督奖进事项。

二、关于整理耕地及开垦荒地事项。

三、关于农田水利之整治及作物病虫害之防除事项。

四、关于农业经济改良事项。

五、关于合作事业指导奖进事项。

六、关于贸易之监督事项。

七、关于农林、畜牧、工业、商业、矿业出品之陈列检查事项。

八、关于公营事业之管理检查事项。

九、关于实业团体之指导事项。

十、关于度量衡之检查监督事项。

十一、其他有关实业事项。

第十三条 秘书处掌理事项如左（下）：

一、关于行政委员会之会议事项。

二、关于文件之撰拟、保存、缮印及收发事项。

三、关于印信、电报等机要之掌管事项。

四、关于图书之保管事项。

五、关于调查研究及统计事项。

六、关于工作报告及书报编纂事项。

七、关于行政委员会各处职员之进退登记事项。

八、关于行政委员会对外宣传事项。

九、关于行政委员会之会计、庶务、生产、卫生事项。

十、关于行政委员会之交通、警卫事项。

十一、关于交际及招待事项。

十二、其他不属于各处事项。

第十四条 民政、财政、教育、实业各处各设处长一人，综理各该处事务，由行政委员会委员互选之。秘书处设秘书长一人，综理该处事务，由行政委员会聘任之。

第十五条 各处各设秘书主任一人，秘书一人或数人，承处长之命，办理该处事务。各处得视事务之繁简，分科办事。科设科长一人，科员若干人，承处长之命，办理该科事务。

第十六条 各处、科得视工作之需要，增设副职。

第十七条 各处不单独对外发布命令，其有关各该处之命令均以主任委员、副主任委员之连署，及有关处长之副署行之。

第十八条 边区行政委员会因战争环境之需要，得于适当地区设置行署，代行其职务，组织法另定之。

第十九条　边区行政委员会得于其所在地区及其行署所在地区设置公安局，在行政委员会或其行署领导下，维持各该地区社会治安，组织法另定之。

第二十条　边区行政委员会得于其所在地区及其行署所在地区设置人民武装部，在行政委员会或其行署领导之下，指导各该地区人民武装，组织法另定之。

前项人民武装部，得由行政委员会委托军事机关指挥之。

第二十一条　边区行政委员会得于适当地区设置行政督察专员公署，在行政委员会或其行署领导之下，督察各该地区各县行政，组织法另定之。

第二十二条　边区行政委员会因工作之需要，得设谘议顾问若干人。

第二十三条　各处办事章则另定之。

第二十四条　本条例自公布之日施行。

（选自晋察冀边区行政委员会《现行法令汇集》上册，一九四五年版）

晋察冀边区政治主任公署组织法

（一九三八年二月十一日颁布）

第一条　边区行政委员会视行政上之必要，得于适当地区设政治主任公署。

第二条　政治主任公署之组织：

一、政治主任一人，由边区行政委员会委任；

二、秘书一人，干事五人至七人，由政治主任选用，报请边区行政委员会加委；

三、书记四人，由政治主任录用；

四、服务队二十人，内有队长一人，政治工作员一人，由政治主任选用。

第三条　政治主任公署之职权——政治主任领导秘书、干事，负责：

一、联系本区政治，军事；

二、指挥监督本区各县县长；

三、办理本区行政、财政、教育、实业等工作；

四、政治主任可撤换县长，派代请委。

第四条　政治主任公署所在地，由政治主任决定，随时呈报。

第五条　本组织法自令发之日施行。

（选自《抗日根据地政策条例汇集——晋察冀之部》
第二辑，一九四二年版）

晋察冀边区行政督察专员公署组织大纲

（一九四〇年五月二日晋察冀边区行政委员会
民行治字第二十九号令公布）

一、晋察冀边区行政委员会（以下简称边委会）视行政上之必要，得呈请中央于适当地区，设置行政督察专员公署（以下简称专员公署），为边委会之辅佐机关，所辖县份，以令定之。其区域名称，按晋察冀边区地理形势，冠以数字。

二、专员公署设专员一人，由边委会呈准中央任用之，在边委会领导之下，推动督察及领导所属各县行政，其职权如左（下）：

1. 关于辖区内各县行政计划与中心工作之推动与督促事项。
2. 关于辖区内各县地方预算决算之初步审核事项。
3. 关于辖区内各县地方行政及地方自治之巡视与指导事项。
4. 关于辖区内各县行政人员工作成绩之考核奖惩事项。
5. 关于辖区内各县地方武装、人民武装指挥调动事项。
6. 关于辖区内第二审民刑案件之监审（监审有最后决定权）及军法案件之判处事宜。
7. 关于召集辖区内各种行政会议事项。
8. 关于处理辖区内各县争议事项。
9. 关于边委会交办事项。

三、专员公署为推动辖区内各县地方行政起见，于不抵触中央及边委会之法令范围内，得制定单行规则或办法，呈报边委会备案，但关于限制人民自由，增加人民负担及变更组织或预算者非经核准，不得执行。

四、专员公署如因战争关系，与边委会失却联系时，并得代行边委会职权，但于战争结束后，应将各项处置办法，补报边委会备案。

五、专员公署设秘书室、民政、财政、教育、实业、地政五科及司法处。秘书室置秘书主任一人，秘书三人，各科置科长一人，各室科得置科员、办事员若干人，司法处得置主任审判官及审判官各一人，编制表另定之。为适应战争环境起见，并得设警卫队一排，负保卫专员公署之责。

六、专员公署之秘书主任、秘书、科长、视察员、审判官等，均由边委会委用，余由专员委用，呈报边委会备案。

七、专员公署经费由边委会发给之，其经费表另定之。

八、本大纲自令发之日施行。

（选自晋察冀边区行政委员会《现行法令汇集》上册，一九四五年版）

晋察冀边区县政府组织大纲

（一九三八年二月七日公布）

（甲）组织

一、县政府设县长一人，由边区行政委员会任用之。

二、各县民众组织健全，区村行政人员办理民选完毕，并有相当成绩者，经边区行政委员会查明合格，得呈请□□国府试行民选县长。

三、县政府设秘书一人，总务、财政、教育、实业四科，每科各设科长一人，科员二人至四人，其科员之多寡，由县政会议决定，并报行政委员会备案。秘书、科长由县长呈请行政委员会委任。科员由县长委任，呈报行政委员会备案。

四、县政府得设置书记员，办理缮写等事。执达员办理催征、送达、调查等事。其名额书记员不得过五人，执达员不得过十人。

五、县政府之下，设军用代办所及人民武装自卫队总队部。代办所所长由县长遴选，呈请行政委员会核准委任之。所内组织分工及人员之委任，由县长拟定，报请行政委员会备案。必要时得各区设立分所。自卫队总队长由边区自卫队总队部委任。自卫队之组织条例另定之。

六、关于县内土地、粮食及其他事项，县政府认为有举办或管理之必要时，得呈准行政委员会增设部门办理之。

七、县政府设县政会议，以县长、秘书、科长、军用代办所所长及人民武装自卫队队长组织之，开会时以县长为主席。

（乙）职权

一、县设县政府，于边区行政委员会指导监督之下处理全县行政，监督地方自治事务，并于不抵触国府及边区政府之法令范围内，得发布县令，并制定县单行规则。

二、县长综理县政，监督所属机关及职员。

三、秘书承县长之命，掌理机要、会议、撰拟重要文件及典守印信等事项，并于县长公出时，代行县长职权。

四、总务科办理会计、庶务、收发文件、编制统计及报告，并不属于其他各科之事项。

五、财政科办理征收、募债、管理公产及其他地方财政等事项。

六、实业科办理土地、农、矿、森林、水利、道路、桥梁、工程、劳工、商务、公营及公共事业等项。

七、教育科办理学校、社会教育、图书馆、博物馆、公共体育场、公园及其他社会文化等事项。

八、军用代办所承县长之命，办理一切军用事项。

九、人民武装自卫队之职权另定之。

十、县政会议有审议下列事项之权：

（1）县预算决算事项。

（2）关于合理负担、优待抗战军人家属、减租减息及改善人民生活等之执行事项。

（3）县公债事项。

（4）县公产处分事项。

（5）县公共事业之经营管理事项。

县长认为必要时，得以其他事项提交县政会议审议。

（选自《抗日根据地政策条例汇集——晋察冀之部》）

晋察冀边区县政会议组织条例

（一九三九年三月修正公布）

第一条 本会为巩固县政权，健全县行政，集思广益推行民主，以加强抗战建国事业计，于各县县政府之上设县政会议，制定本办法。

第二条 县政会议由下列人员组织之：

一、县长一人、县秘书一人（代表县政府）、自卫总队部一人（代表自卫队）。

二、区长若干人（代表区公所）。

三、区士绅代表若干人（每区士绅选举代表一人）。

四、县群众团体负责人若干人（每一群众团体派代表一人，固定的）。

五、区群众团体代表若干人（每区各群众团体合派代表一人）。

第三条 县政会议设主席一人，由县长担任之，设秘书一人，由县政府秘书兼任之。

第四条 县政会议之任务如次：

一、讨论县地方兴革事项。

二、讨论并布置上级政府命令及交办事项。

三、检查工作。

关于兴革事项及变更上级政府政策命令之决议，须呈请上级政府批准后行之，未批准前须坚决执行原命令。

第五条 县政会议每两月开会一次，由主席召集之（借用县印）。会议日程由主席规定，开会时通过循序进行，但必要时有过半数代表之请求得召［开］临时会。

第六条 县政会议之秘书掌理文件、记录等事项。会议决定通过各个组织传达之。

第七条 县政会议采民主集中制，少数服从多数，决议必须执行。

第八条 参加县政会议之代表，不能执行会议之决议有两次者，即取消其参加会议权。

第九条 县政会议之经费由县政府预备费项下开支。

第十条 本办法自发到县之日实行。

（选自《抗日根据地政策条例汇集——晋察冀之部》）

晋察冀边区县佐公署组织章程

（一九三八年二月七日颁布，一九三八年七月
二十九日新民字二九号令发修正）

第一条 边区各县，如特殊情形发生行政上之不便时，由边区行政委员会划定区域，设置县佐公署，处理各项政务。

第二条 县佐公署之组织及其职权如下：

一、县佐公署设县佐一人，于行政委员会或该主管县政府指导之下综理

一切行政。

二、县佐之下得设办事员四人，承县佐之命分理总务、财政、文教、实业等事宜；书记一人至二人，传达一人，政警五人，办理收发、缮写、印刷、催征等事项。

三、县佐公署得设人民武装自卫队大队部，办理区域内自卫队事宜。

第三条 县佐由边区行政委员会委任之，办事员及其他各员由县佐自行委派，报会备案。

第四条 区域内原有之各区，仍设区公所，区长由县佐遴员呈请委任；但若仅有一区，区长由县佐自兼。

第五条 县佐公署与所属各区往来行文时，得以呈令行之。

第六条 依本章程第二条之规定，县佐公署在可能范围内，有禀承或请求该主管县政府之义务与权利；但并有径向边区行政委员会申述报告或请求之权；边区行政委员会并得直接命令之。

第七条 本章程有不适时，得由边区行政委员会修正之。

第八条 本章程自公布之日施行之。

（选自《抗日根据地政策条例汇集——晋察冀之部》第二辑，一九四二年版）

晋察冀边区县区村暂行组织条例

（一九四〇年六月公布）

第一章 总则

第一条 本条例依据国民政府建国大纲第八、九两条之基本精神，适应边区抗战之具体环境制定之。

第二章 县议会

第二条 县设县议会，由公民直接普选之议员组织之。选举法另定之。

第三条 县议员任期一年，得连选连任。

第四条 县议会职权如下：

一、选举罢免县长。

二、监察弹劾县级行政人员及司法人员。

三、督促及监察同级政府对县议会决议案之执行事项。

四、批准县预算、审议县决算事项。

五、决定县地方款之收入支出及县有财产之经营处分事项。

六、创制并复决县单行条例。

七、议决县政兴革重要事项。

八、审议县长及各方请议事项。

第五条　县议会决议如与边区行政委员会（以下简称边委会）法令抵触时，边委会得令县政府停止执行。

第六条　县议会除驻会议员外，均为无给职，但贫穷者得予发公旅费。

第七条　县议会设议长、副议长、秘书各一人，由议员用无记名投票法互选之。开会时，议长主席；议长有事故时，由副议长主席；议长、副议长因故去职时，应即补选。

第八条　县议会每半年开会一次，有下列情事之一者，得召开临时会：

一、经议员五分之一以上之请求者。

二、经驻会议员之决议者。

三、县长请求经驻会议员可决者。

四、经县公民十分之一以上之请求者。

五、经三分之一以上之区代表会或五分之一以上之村代表会之请求者。

县议会开会时，县长须列席报告，对会议讨论事项有发言权，无表决权。

第九条　县议会非有过半数议员之出席，不得开会，议案之表决，以出席议员过半数之同意行之，可否同数时，取决于主席。

第十条　县议会决议案送交县政府执行，如县政府对决议案认为不当时，应于接到两日内详具理由，送回县议会复议。

第十一条　县议会得设驻会议员二人至五人，于闭会时间处理日常事务，监察执行决议，负责召集临时会，驻会议员不得兼任政府职务。

议长、副议长、秘书为当然驻会议员，主持会务。

第十二条　县议会得依县政之需要，聘请专家成立财、教、实或其他专门委员会，其组织另定之。

第十三条　县议员在开会时所为之言论及表决，对外不负责任。

第十四条　县议员除现行犯外，在会期中非经县议会许可，不得逮捕或拘禁。

第十五条　县议员违法失职时，由选举该议员之选区公民二分之一以上之表决，随时罢免另选之。

第三章　县政府

第十六条　县设县政府，置县长一人，由县议会选举之，报经边委会给予任状。被选举人不限于县议员。

第十七条　县长任期一年，得连选连任。

第十八条　县政府之职权如下：

一、在边委会领导之下处理县行政。

二、执行县议会之决议。

三、公布县单行条例。

四、指挥调动县地方武装、人民武装。

第十九条　县长违法失职时，由县议会罢免之。

第二十条　县政府设下列各科、室、所、局、队：

一、秘书室：掌理机要、会议报告、记录、撰拟文件、典守印信、管理会计、庶务及其他不属于各科事项。

二、民政科：掌理户籍，选举、自卫、社团、优抗、抚恤、赈灾、救济、卫生、保育、宗教，风俗、有关民政之租息及其他民政事项。

三、财政科：掌理预算、决算、田赋、税收、合理负担、公粮、公债、公产、金融、物价及其他财政建设事项。

四、教育科：掌理学校、社教、宣传及其他有关文化教育事项。

五、实业科：掌理农田、水利、工矿、林牧、合作、贸易、交通、工程及其他有关经济建设事项。

六、地政科：管理土地、调查、登记、丈量、地价、征收及有关地政之租息事项。未设地政科者，此类事项归民政科办理。

七、司法科：掌理民刑案件及监狱看守事项。

八、公安局：掌理除奸、敌工、违警、稽查、公共卫生、缉捕盗匪、维持治安及其他保护政权事项。

九、军用代办所：掌理公粮发付，车骡人力分配及其他代办军用事项。

十、基干游击队：其基本任务为进行游击战争，摧毁敌伪组织及保护政权事项。

第二十一条　县政府及其所属机关职员、秘书、科长、局长、所长、队长，由县长遴选或县议会推荐，呈请边委会委任，各室、科、局、队、所等之编制及其佐治人员任用，办法另定之。

第二十二条　县政府设县务会议，由县长、秘书、各科科长、公安局局长、军用代办所所长、基干游击队队长及指导员组织之，开会时由县长为主席。

第二十三条　县政府因事务上之必要，得由县长召集区长联席会议、村长联席会议，开会时以县长为主席，办法另定之。

第四章　区民代表会

第二十四条　区设区民代表会，由区公所直接普选之代表组织之。选举法另定之。

第二十五条　区民代表任期一年，得连选连任。

第二十六条　区民代表会职权如下：

一、选举罢免区长；

二、监察弹劾区级行政人员；

三、审查区公所开支；

四、督促及检查区公所对区民代表会议决议案之执行事项；

五、创制复决区单行规则；

六、决定区政兴革重要事项；

七、审议区民及各方请议事项。

第二十七条　区民代表会决议有与上级政府法令抵触者，服从上级政府之法令。

第二十八条　除常务代表外，区民代表均为无给职。

第二十九条　区民代表会设主席、副主席及秘书各一人，由代表用无记名投票法互选之，主席、副主席因故去职时应即补选。

第三十条　区民代表会设常务代表三人，于闭会期间驻会，处理日常事务，监督执行决议，并负责召开临时会。

主席、副主席、秘书为当然常务代表，并主持会务。

第三十一条　区民代表会每三月开常会一次，有下列情事之一者，得召开临时会。

一、经代表五分之一以上之请求者。

二、经常务代表之决议者。

三、区长请求经常务代表可决者。

四、经区民十分之一以上之请求者。

五、经五分之一以上之村代表会之请求者。

第三十二条　区民代表会非有过半数代表之出席，不得开议；议案之表决，以出席代表过半数之同意行之，可否同数时取决于主席。

区民代表会开会时，区长须列席报告，对会议讨论事项有发言权无表决权。

第三十三条　区民代表会决议案，送交区公所执行，如区公所对决议案认为不当时，应于接到两日内详具理由，送回区民代表会复议。

第三十四条　区民代表会得依区政之需要，分设民、财、教、实及其他专门委员会。其组织另定之。

第三十五条　区民代表违法失职时，由选举该代表之区公民二分之一以上之表决，随时罢免另选之。

第三十六条　区民代表在会议时所为之言论及表决，对外不负责任。

第三十七条　区民代表除现行犯外，在会期中，非经区民代表会之许可不得逮捕或拘禁。

第五章　区公所

第三十八条　区设区公所，置区长一人，由区民代表会选举之，报经县政府给予任状，转请边委会备案。被选举人不限于区民代表。

第三十九条　区公所职权如下：

一、在县政府领导之下处理区行政；

二、执行区民代表会之决议；

三、指挥调动区地方武装、人民武装。

第四十条　区长任期一年，得连选连任。

第四十一条　区长违法失职时，由区民代表会罢免之。

第四十二条　区公所设助理员三人至五人，分掌民政、财政、教育、实业、地政，由区长遴选或区民代表会推荐，呈请县政府委任，转请边委会备案。

第四十三条　区公所设区务会议，由区长、助理员组织之，开会时由区长主席。

第四十四条　区公所因事务上之必要，得由区长召集村长联席会议，开会时由区长为主席。

第六章　村民大会及村民代表会

第四十五条　村民大会为村政最高权力机关，由村公民组织之。

村民大会于闭会期间，由村民代表会代行其职权。

第四十六条　村民代表会于村民大会中由公民小组选举之代表组织之。选举法另定之。

村民代表任期一年，得连选连任。

第四十七条　村民代表会设主席、副主席各一人，由代表用无记名投票法互选之，秘书一人，由主席聘请之。

第四十八条　村民大会及村民代表会之职权如下：

一、选举并罢免主席、副主席及村公所各委员会主任及委员。

二、督促并检查村公所对村民大会及村民代表会决议案之执行事项。

三、创制村公约。

四、批准村概算，审议村决算事项。

五、议决村有财产之经营及处分事项。

六、审议村公所及各方请议事项。

七、议决村政兴革事项。

遇有重大事项须提请村民大会审议。

第四十九条　村民大会每半年开常会一次，村民代表会每月开常会一次，必要时，得开临时会，均由村民代表会主席召集之。

第五十条　临时村民大会，经村公民五分之一以上之请求或村民代表会之决定，应即召集之。临时村民代表会，经村公民十分之一以上，经代表会五分之一以上，或经村公所之请求者均应召开之。

第五十一条　村民大会、村民代表会之常会及临时会，均须有过半数之出席始得开会。议案之决定以出席人过半数之同意行之。

第五十二条　村民大会及村民代表会之决定，送交村公所执行，有与上级政府法令抵触者，服从上级政府之法令。

第五十三条　村民代表违法失职时，由其代表之公民小组罢免另选之，但当选为村代表会主席、副主席及村各委员会主任者，须经村民大会或村代表会罢免之。

第五十四条　村民代表在会议时，所为之言论及表决，对外不负责任。

第五十五条　村民代表除现行犯外，在会期中，非经村民代表会之许可，不得逮捕或拘禁。

第七章 村公所

第五十六条 村公所为村政执行机关。

第五十七条 村公所之组织如下：

一、村长、副村长各一人，由村民代表会主席、副主席兼任之，报经区公所转请县政府备案。

二、民政委员会掌理户籍、选举、优抗、抚恤、救灾、放赈、除奸等事项。

三、财务委员会掌理村概算、决算、公粮、公产、合理负担等事项。

四、教育委员会掌理学校、社教、宣传等事项。

五、建设委员会掌理经济建设，监督商业合作等事项。

六、地政委员会掌理土地调查，土地登记及有关土地问题事项。

七、调解委员会调解村民争讼事项。

上列各委员会，得视村政之繁简，增减或合并之。

第五十八条 村公所各委员会，各设主任一人，由村民代表会代表互选之，委员二人至四人，由村民代表会选任之，但不限于代表。

第五十九条 村公所设村务会议，每周开会一次，由村长、副村长、各委员会主任及人民武装委员会主任组织之，开会时由村长主席。

第六十条 村公所为行政之便利，得依村民住区或街道划分全村为若干闾，闾设主任代表一人，由本闾公民代表互选之。村民代表于代表会闭会后为村政执行人员。

第八章 附则

第六十一条 本条例自公布之日施行之。

（选自《抗日根据地政策条例汇集——晋察冀之部》
第二辑，一九四二年版）

晋察冀边区县区村组织条例

（一九四三年一月二十一日晋察冀边区第一届参议会通过，一九四三年二月四日晋察冀边区行政委员会公布）

第一章 总则

第一条 本条例依据国民政府建国大纲第八条、第九条之基本精神，适应边区具体环境制定之。

第二章 县议会

第二条 县议会由县公民选举之县议员组织之，选举法另定之。但因环境之必要，得由县政府聘请本县抗战有功之人士为县议员，其名额不得超过县议员总额五分之一。

第三条 县议会任期二年，连选得连任。

第四条 县议会之职权如左（下）：

一、选举罢免县长。
二、制定县单行法规。
三、监察弹劾县区村行政人员及司法人员。
四、审查县预算决算。
五、决定县公有财产之经营及处分事项。
六、议决县政重要兴革事项。
七、审议县政府及各方请议事项。
八、督促检查县政府工作。

第五条 县议会设议长、副议长各一人，由议员用无记名投票法互选之，负责召开常会临时会，对外代表县议会。

县议会开会时由议长主席，议长因故不能出席时，由副议长主席，议长、副议长因故去职时，应即补选。

第六条 县议会开会时设秘书一人，由大会推定之，承议长、副议长之命，办理大会事务。

第七条 县议会每半年开常会一次，有下列情事之一者，得召开临时会。

一、经议员五分之一以上之提议者。

二、经全县公民十分之一以上之请求者。

三、经全县五分之一以上之村民代表会请求者。

四、县长请求，经议长、副议长认可者。

第八条 县议会非有过半数议员之出席不得开议，非有出席议员过半数之通过不得成立决议，可否同数时取决于主席。

第九条 县议会开会时，县长须列席报告工作，解答质问，对讨论事项，有发言权，无表决权。

第十条 县议会不得作与上级政府法令相抵触之决议，抵触时，服从上级政府之法令。

第十一条 县议会决议案交县政府执行，县政府对决议案认为不便执行时，应于开会期间，详具理由，送请县议会复议，县议会复议后，仍持原议时，县政府应即执行。

第十二条 县议会闭会期间，由议长驻会，监督县政府执行决议。议长不得兼任县政府及其所属机关之职务。

第十三条 县议会开会时，得设议员资格审查委员会、提案审查委员会，必要时得设专门委员会。

前项各委员会之委员及名额，由大会决定选举之。

第十四条 县议员除议长外，均为无给职，但开会时得酌发旅费。

第十五条 县议员在开会期间所为之言论及表决，对外不负责任。

第十六条 县议员除现行犯外，在会期中，非经县议会许可，不得逮捕或拘禁。

第十七条 县议员违法失职时，由其选区公民罢免之，有候补者依次递补，无候补者另选之。聘请议员违法失职时，由县政府解聘之。

前项递补、补选之县议员以补足原任之任期为限。

第十八条 县议会经费，列入县预算，由边区行政委员会发给之。

第三章　县政府及区公所

第十九条 县设县政府。但因环境之必要，得增设或专设县佐公署，组织法另定之。

第二十条 县政府设县长一人，由县议会选举之，报请边区行政委员会加委。

第二十一条 县长任期二年，连选得连任。

第二十二条　县长违法失职时，由县议会罢免另选之。其未经县议会罢免者，边区行政委员会得撤职委代，通知县议会另选之。

边区行政委员会调迁县长，应暂行委代，通知县议会另选。

第二十三条　县政府综理全县行政，其职权如左（下）：

一、执行边区行政委员会或其行署专员公署之委办事项。

二、执行县议会之决议事项。

三、公布县单行法规。

四、监督所属机关及职员。

第二十四条　县政府设左（下）列各室、科、部：

一、秘书室掌理会议报告记录，撰拟文件，典守印信，管理会计、庶务、通讯及其他不属于各科事项。

二、民政科掌理户籍、地政、租息、劳资、选举、社团、优抗、抚恤、赈灾、救济、卫生、保育、民族、宗教、风俗及其他有关民政事项。

三、财政科掌理预算决算、各种税收、公粮、公草、公债、公产、金融、物价及其他财政建设事项，并兼理抗战勤务，代办军用事项。

四、教育科掌理学校教育、社会教育、宣传工作及其他有关文化教育事项。

五、实业科掌理农田、水利、工矿、林牧、合作、贸易、交通、工程及其他有关经济建设事项。

六、公安科掌理锄奸、敌工、清查户口、缉捕盗匪、检举违法分子、维持社会秩序及其他保卫政权、保障人权事项。

七、人民武装部掌理兵役、自卫、民兵，进行游击战争及其他保卫政权、保卫人民事项。

县政府各室、科、部，得视事务繁简，酌量设股或并科。

第二十五条　秘书室设秘书一人，科员、办事员若干人，各科设科长一人，科员、办事员若干人，人民武装部设部长、副部长各一人，干事若干人。

第二十六条　秘书、科长由县长遴选或由县议会推荐，呈请边区行政委员会委任，科员办事员由县长委任，报请边区行政委员会备案，公安科、武装部人员之任用办法另定之。

第二十七条　县政府设县务会议，由县长、秘书、科长、武装部长组织之，决定县政重要事项，开会时由县长主席，议案之表决，少数服从多数。

第二十八条　县政府因工作上之必要，得召集区长联席会议、村长联席会议，开会时以县长为主席。

第二十九条 区设区公所为县政府之辅佐机关。

第三十条 区公所设区长一人，助理员三人至五人，人民武装大队长、教导员各一人，治安员一人，必要时得设副治安员或派出所，派出所设所长一人，干事二人，所长由治安员兼任之。

第三十一条 区长助理员由县政府委任，报请边区行政委员会备案；治安员、大队长、教导员之任用办法另定之。

第三十二条 区公所设区务会议，由区长、助理员、治安员、大队长、教导员组织之，决定区政重要事项，开会时由区长主席，议案之表决，少数服从多数。

第三十三条 区公所因工作上的必要，得召集村长联席会，开会时以区长为主席。

第四章　村民大会及村民代表会

第三十四条 村民大会为村政最高权力机关，由村公民组织之。村民大会于闭会期间，由村民代表会代行其职权。

第三十五条 村民代表会由村公民选举之代表组织之，选举法另定之。

第三十六条 村民代表任期一年，连选得连任。

第三十七条 村民代表会之职权如左（下）：

一、选举并罢免村民代表会主席、副主席及村公所各委员。

二、制定村公约。

三、审议村概算、决算。

四、议决村公产之经营及处分事项。

五、议决村政兴革事项。

六、审议村公所及各方请议事项。

七、督促并检查村公所工作及其对村民大会、村民代表会决议案之执行。

前项第一、二、三、四款职权之行使，应经村民大会之可决或追认。

第三十八条 村民代表会设主席、副主席、秘书各一人，主席、副主席由代表用无记名投票法互选之；秘书由主席、副主席聘请之。主席、副主席之职务如左（下）：

一、召开常会、临时会、开会时为主席。

二、召开村民大会。

三、对外代表村民代表会。

主席、副主席因故去职时，应即补选。

第三十九条　村民大会每半年开常会一次。经村公民五分之一以上之请求或村民代表会之决议，得召开临时会。

第四十条　村民代表会每月开常会一次。经村公民十分之一以上或村民代表五分之一以上或村公所之请求，得召开临时会。

第四十一条　村民大会、村民代表会之常会、临时会，非有过半数之公民或代表出席不得开议，非有出席公民或代表过半数之通过不得决议，可否同数时，取决于主席。

第四十二条　村民大会及村民代表会之决议，交付所公所执行，有与上级政府法令抵触者，服从上级政府之法令。

第四十三条　村民代表在会议时所为之言论及表决，对外不负责任。

第四十四条　村民代表除现行犯外，在会期中，非经村民代表会之许可，不得逮捕或拘禁。

第四十五条　村民代表违法失职，由其所代表之公民小组罢免另选之，但当选为村民代表会主席、副主席及村公所委员者，须经村民大会或村民代表会罢免之。

第五章　村公所

第四十六条　村公所为村政执行机关，其职权如左（下）：

一、执行县政府区公所交办事项。

二、执行村民大会、村民代表会之决议事项。

三、公布村公约。

第四十七条　村公所设村长、副村长各一人，委员三人至五人，治安员一人，中队长、指导员各一人，其职掌事项如左（下）：

一、民政委员掌理户籍、地政、选举、优抗、抚恤、救灾、调解等事项。

二、财政委员掌理村概算、决算、公产、统一累进税等事项。

三、教育委员掌理学校，社教、宣传等事项。

四、实业委员掌理生产、贸易、合作等事项。

五、粮秣委员掌理公粮、公草、军鞋，抗战勤务等事项。

六、治安员掌理除奸、稽查清查户口、维持治安等事项。

七、人民武装中队部掌理兵役、民兵、岗哨、自卫等事项。

前项委员、治安员之事务繁忙者，得酌设干事协助之。

第四十八条　村长、副村长由村民代表会主席、副主席兼任之，报经区公所转请县政府加委，委员由村民代表会选举之。治安员、中队长、指导员之任用办法另定之。

第四十九条　村公所设村务会议，每半月开会一次，由村长、副村长、各委员、治安员及中队长、指导员组织之，决定村政重要事项，开会时由村长主席，议案之表决，少数服从多数。

第五十条　村公所为行政上之便利，得依村民住区划分全村为若干闾，闾设主任代表一人，由本闾公民代表互选之。

第五十一条　闾主任代表及代表在本闾内辅佐村公所执行村政。

第六章　附则

第五十二条　本条例自公布之日施行。前颁晋察冀边区县区村暂行组织条例同时作废。

（选自晋察冀边区行政委员会《现行法令汇集》上册，一九四五年版）

晋察冀边区区政会议组织大纲

第一条　区政会议*为区最高议事机关。

第二条　区政会议由区民代表组织之。

第三条　区民代表以村为单位，由村民大会直接选举之。公民不足二百名之村庄，选举代表一人、二百零一名以上五百名以下之村庄，选举代表二人、五百零一名以上之村庄，选举代表三人，每村以代表三人为最高限度。

第四条　区政会议设主席一人，由代表互选之，设驻会秘书一人，由区政会议聘任之（为便于工作计，最好由区公所职员中聘任）。

第五条　区民代表每年改选一次。代表违法失职时，其所代表之村民得随时依法罢免另选之。

第六条　区民代表均为无给职。

第七条　区政会议之职权如下：

一、审议区公所预算决算。

---

* 本组织大纲所说的区，系指县以下的区。——编者

二、审议县政府区公所交议事项。

三、审议本区所属村公所、村代表会请议事项。

四、审议本区区村各法团、社团请议事项。

五、审议代表提议事项。

六、审议本区范围内之重大事项。

第八条 区政会议开会时，应通知区公所及区监察委员列席。

第九条 区政会议每三个月开常会一次，如区长或主席认为必要或有代表三分之一以上请求时，得召集临时会议。常会、临时会议由主席召集之。

第十条 区民代表于每次开会后，应向其所代表之村民代表会报告会议之决议。

第十一条 区政会议得视工作需要分组各种委员会，研究推动本区行政。

第十二条 本组织大纲自公布之日施行。

（选自晋察冀边区政府《法令汇编》上册，一九四〇年版）

晋察冀边区行政委员会
关于一九四四年改造与健全
村政权工作的指示

（一九四四年二月二十五日）

村政权之健全与否，是测量民主政治贯彻与否的主要标志，也是政策法令能否贯彻的决定条件。为保证今年对敌斗争与大生产运动的胜利，各级政府必须把改造与健全村政权的工作，作为全年的重要日程，关于今年村政权建设的方针与做法，有以下指示：

（一）去年村政权建设的初步简结

1. 去年村政权建设的主要成就是在原有的基础上进一步巩固了民主政治，大量的摧毁与瓦解了敌伪政权，恢复再建与改造了村政权（只北岳区就有二千多村由亲日变为抗日，冀中七、十一专区，冀热边在这方面的成绩更大），在紧张的对敌斗争（反扫荡、反清剿、反蚕食、反勒索）与贯彻各种政策中（整理组织与村选、县选、生产、救灾、减租、反贪污浪费、改造对敌负担办法等）大大的提高了村政权的效能与村干部的质量，群众基础得到进一步的巩固与扩大，村公所的战斗力显著的增强，成万的村干部在敌人捉捕、毒打、逼降、惨杀面前，表现了无比的英勇坚定，创造了无数可泣可歌的史迹。这些都说明我们的政权有了更加巩固的基础。

2. 由于各地环境、发展时期与工作基础之不同，我们的村政权还存在着许多严重问题，最主要的是：

甲、民主精神、民主制度与民主作风贯彻的还很不够，在有村民代表会的村庄，代表会、公民小组大多数起得作用不够，村政权工作往往局限在几个村干部身上，许多村庄政民联席会仍然是代替了代表会，对于进一步发挥广大民众的积极性做到很不够。

乙、在工作落后与工作差的游击区，仍有不少的掌握在封建势力或流氓地痞手中，甚至有个别的被汉奸特务投降反共分子所把持。游击区亲日与中间两面的村政权，还占很大数量，未得到应有的改造。就是抗日政权，也有的是群众基础脆弱，抗日工作局限在少数先进分子或上层分子身上。

丙、村公所工作繁重，不少的村公所绝大部分时间作了支应工作，形成简单的支应机关，对于组织村民经济生活，解决其困难，贯彻政策法令等重要工作，则是放松了的。

丁、目前游击区村政权存在的严重问题主要表现在：

a. 对于敌人强化下层工作与地下活动以摧毁腐蚀我村政权的政策，缺乏应有的警惕与对策，致使某些抗日村政权变质，两面化、特务化。

b. 脱离群众倾向的存在，不敢大胆的发动群众与广泛的发展民主，满于现状。有些村庄，政权的接触面很小，抗日工作与抗日政权不敢在群众中公开，形成少数分子的活动，或停留在中间两面分子的联络工作上，这些分子一有变化，工作随之塌台。

c. 由于村干部不良成分在某些村庄还占相当数量，因而发生严重的贪污浪费，浪费在游击区（连游击根据地在内）村政权中是比较普遍的。

戊、由于人民生活的困难，村政权工作繁忙，游击区对敌斗争的尖锐，许多人不愿当村干部，有的故意选坏人、懒人。

3. 村政权这些严重问题的存在，主要是由于各级政府对于村政权建设的重要，认识不够，缺乏系统的全面的研究与经常工作，往往只交付任务，限期完成，"要账式"的领导，至于对村政权更重要的工作，如健全组织，教育干部，检查政令如何贯彻等则反而忽视了。

以上就是去年村政权工作的初步简结。

（二）今年村政权建设的方针与要求

1. 总的方针是在强化对敌斗争、开展大生产运动与反法西斯的民主教育三大任务下，进一步巩固与扩大村政权的群众基础，发展与巩固广大工农群众在村政权中的优势，团结各阶层人民，继续摧毁与瓦解敌伪政权及其地下活动，巩固与扩大抗日政权，争取与改造中间的和亲日的村政权。

2. 村政权建设的最高要求与标准：

甲、能团结全村为全村各阶层的人民服务，特别是能将占全村人口绝大多数的农民充分发动起来，使之成为村政权的基本力量，并能有健全的民主制度，发动村民都能积极的参政。

乙、能领导对敌各种斗争，特别是能掌握武装斗争、除奸工作与抗日两面政策（巩固区不允许执行抗日两面政策），在反扫荡蚕食清剿与反敌伪抢粮抓人斗争中，能保护人力、物力，使村中不受损失。

丙、能具体的组织村民经济生活，领导生产，解决群众困难。肃清贪污浪费，游击区建立严格的村财政制度，由裁员减薪，逐渐做到村干部义务职。

丁、能将政府的重要政策（如武装、除奸、生产、财政、减租、优抗、救灾等）贯彻到每个村民身上。

戊、村政权的干部，真正是村民所拥护信仰的积极抗日分子，肃清汉奸特务投降反共分子，有步骤地策略地清除流氓地痞、黑暗势力。

以上是今年村政权建设的最高要求，各地必须根据不同村庄不同的工作基础，定出各种不同的能具体实现的要求与标准。不要不从实际出发仅根据主观愿望，一律机械的要求达到这个标准。

（三）今年村政权建设的做法

1. 通过对敌斗争与组织村民的经济文化生活，建设村政权，加强对村的领导，彻底简政，使村政权干部有充分的时间、精力为村民服务。为此必须：

甲、专署帮助县，县帮助区，根据不同类型的村庄，订出全年或半年改造与健全的计划，实现计划的步骤、方法与工作重点。各专员、县长要亲自下手，并指导其他干部，选择各种典型，进行深入的调查研究，与建立示范村的工作。今后建设村政权的工作，必须成为各级行政首长的重要职责，各级民政部门应以改造与健全村政权为全年的工作重点，民政部门的其他工作要围绕着这一工作进行。

乙、健全区公所对村的领导、增强村的民主活动是目前健全村政权的关键，因此区公所要从事务主义中解放出来，区长与各助理员要经常汇报与研究这一工作，经常帮助村解决问题，培养村有独立工作的能力，一切工作与问题解决应由村政权多用民主方式为之，区只加以帮助和指导，彻底克服包办代替与不给村解决问题"要账式"的领导两种偏向。凡有村代表会者，必须找有效的办法，使它健全起来，提高它在村民中的威信。

丙、区村简政，不少地区尚未开始，各专署县应即调查典型，研究现行的政令、制度，力求简便。

丁、强化对村领导的重点，要放在掌握组织（村政权的群众基础、组织、民主制度等之健全）、掌握干部（村干部之审查、考核、训练、奖惩）及检查村政权对各种政策法令之执行情形方面。

2. 有重点的改选与改造：

甲、以往不少地区重视村选，忽视选举后的建设工作，使村选与村政权建设脱节。因此，今年除个别地区外，不以村选为村政权建设的重点，凡政权比较健全的村庄，经过村民大会或村代表会表决，一般的今年可以停止改选，对下列各类村政权则应进行改选，因环境恶劣、工作基础弱不能改选者则予以改造。

a. 村政权把持在汉奸、特务、反共投降分子之手或不合三三制的精神者。

b. 在敌人诱降、逼降、腐蚀政策下，村行政干部变质及严重的贪污浪费者。

c. 抗日工作开展、群众发动起来的中间两面与亲日的村庄。

d. 村行政干部软弱无能，工作不力或脱离群众为村民大多数所反对者。

e. 领导对敌斗争、保护公私财物与生产工作不力者。

f. 对粮库管理不好及除奸保卫工作不力者。

乙、改选与改造的办法：

a. 由县帮助区，根据平时对村的了解，确定改选或改造的村庄，北岳区于五月以前完成（冀中区与冀热边可以延长时间）这一工作，一般的由民政部门掌握。县区干部亲自到村指导与大生产运动及游击区的反清剿、反联庄、反抢粮等斗争密切结合进行之。

b. 改选时一般的召开村民大会，不能开者，可开闾民大会、公民小组会等选出代表。公民小组在自愿原则下，尽量与生产小组（如合作小组、经济小组、拨工小组等）统一起来。

c. 在新开辟或恢复再建、群众尚未发动起来以及某些环境恶劣的游击区，尚未具备建立村民代表会的条件者，村政权不应机械搬用此种形式，应根据环境与主观力量许可的条件下，发扬民主团结精神，创造各种不同的组织形式。

d. 在进行改选或改造时，必须充分动员群众，检查以往村政，在团结对敌、不咎既往、一般的不算旧账、劝人改邪归正的原则下，对把持村政的坏分子应进行教育与适当的斗争，对危害乡里罪大恶极众所痛恨的个别奸特分子，应予检举依法严惩。

e. 为了保证积极抗日为村民所拥护的分子当选，对于村干部的困难必须适当解决，本会前颁之村干部奖惩办法，适当减免工作特别繁忙村干部的抗战勤务与贫苦村长补助办法，应在村民中进行宣传，并应切实检查执行情形。

f. 不进行改选的村政权，亦须有重点的检查，对村公所个别不称职的干部，由村代表会实行罢免。

3. 从与群众的关系中，贯彻政策中，完成任务中，审查村干部，加强对村干部的教育训练，认真执行对村干部的奖惩。训练办法，可将需要村中执行的各种重要政策法令，编成通俗教材，进行教育，巩固区与比较巩固的游击根据地，集中主要干部（如村长、副中队长、生产委员等）到县或区短期轮训，开联席会，游击区开三五人的流动训练班，或个别教育等等办法。

4. 打破老一套，彻底转变领导思想：

甲、彻底克服不敢大胆发动群众，不发展广泛的民主，忽视村政权的重要，把它看成单纯的支应机关，对敌之分化政策、腐蚀政策及强化下层工作与地下活动，熟视无睹等等右的思想与官僚主义倾向。

乙、建立坚强的对敌斗争建设游击区的思想与坚强的群众观点，使村政权建设是建筑在尖锐的对敌斗争，发动与团结群众，为群众服务的思想上。

丙、加强专区县区结合部与敌之点线村庄的工作，克服本位保守的领导思想。

（选自晋察冀边区行政委员会《现行法令汇集》上册，一九四五年版）

晋冀鲁豫边区县议会组织条例

（一九四四年十一月二十二日通过）

第一章 总则

第一条 县议会为全县政权最高权力机关。

第二条 县议会由县公民选举之县议员组成，其选举条例另定之。

第三条 县议员名额不得少于三十名，多于八十名，依县人口多寡决定之。

有敌占区之县，应有敌占区县议员一人至五人。

县政府认为必要时，得聘县内坚决抗日、赞成民主之开明人士一人至三人为县参议员。

第四条 县议员得兼任县长及县政府委员。

第二章 组织

第五条 县议会设议长、副议长各一人，由议员用无记名单记投票法互选之，负责召开常会及临时会。

县议会开会时，由议长主席，议长因故不能出席时，由副议长主席，议长、副议长因故去职时，应即补选。

第六条 县议会开会时，得设秘书处、议员资格审查委员会及提案审查委员会等，办理县议会开会各项事宜，其组织办法另定之。

第七条 县议会闭会期间，由议长或副议长一人驻会，办理县议会交办事项及日常工作（必要时得兼任其他工作）。

第八条 县议会除驻会议长或副议长一人外，均为无给职，但在开会期间得酌发旅费。

第三章 职权

第九条 县议会之职权如下：

一、选举并罢免县长及县政府委员。
二、监察并弹劾县政府及其以下之政务人员。
三、制定并复决本县单行法规。

四、决定本县生产建设事业。

五、审定地方粮款预决算事项。

六、审议县政府及各方请议事项。

七、督促并检查县政府执行县议会决议事项。

八、议决县政应兴应革之重要事项。

第四章 会议

第十条 县议会每半年开会一次，每次会期以一周为标准。

有下列情事之一者，得召开临时会。

一、经县议员五分之一以上之提议者。

二、经全县公民二十分之一以上之请求者。

三、经县政府请求者。

第十一条 县议会非有三分之二以上议员出席，不得开议。非有出席议员过半数之通过，不得成立决议，可否同数时，取决于主席。

第十二条 县议会开会时，县政府须向县议会报告工作，解答质询。

县长、各委员及各科长均可列席会议，非兼议员之列席者，有发言权无表决权。

第十三条 县议会之决议，不得与边区参议会及上级政府之决议与法令相抵触；抵触时，服从上级之决议与法令。

第十四条 县议会之决议，送交县政府执行；如县政府对决议案有异议时，应即详具理由，于开会期间送请复议，依复议决定执行之。如县政府拟请复议案，因特殊原因（如战争）或适县议会业已闭会，不能及时复议时，得请示上级政府决定之，但须报告于下次县议会备案。

第十五条 县议员在会议中之言论及表决，对外不负责任。

第十六条 县议员除在战争紧急情况下，特种刑事现行犯外，非经县议会或议长、副议长许可，不得逮捕或拘禁。

第五章 任期与改选

第十七条 县议员之任期二年，但得连选连任。在任期内，如因故去职时，由该区候补议员递补之；无候补议员时，应即补选。

前项递补或补选之县议员，以补足原任之任期为限。

第十八条 县议员任满后，依选举条例改选之。

第六章 附则

第十九条 县议会经费列入县地方款预算内,由县政府拨付之。

第二十条 本条例施行细则另定之。

第二十一条 本条例修改权属于本边区参议会,解释权属于边区政府。

第二十二条 本条例经边区参议会通过后,由边区政府公布施行。

(选自一九四四年十二月五日晋冀鲁豫边区政府
《边区政报》,第四十四期)

晋冀鲁豫边区县议会组织条例

(一九四五年三月二十四日边府及驻委会修正通过,
一九四五年四月一日公布施行)

第一章 总则

第一条 县议会为全县人民代表机关。

第二条 县议会由县公民选举之县议员组成,其选举条例另定之。

第三条 县议员名额不得少于三十名,多于八十名,以县人口多寡决定之。

有敌占区之县应有敌占区之县议员一人至五人。

县政府认为必要时,得聘请县内坚决抗日、赞成民主之开明人士一人至三人为县议员。

第四条 县议员得兼任县长及县政府委员。

第二章 组织

第五条 县议会设议长、副议长各一人,由议员用无记名投票法选举之,负责主持常会及临时会,议长、副议长因故去职者应即补选。

县议会开会时得设主席团,协助议长、副议长主持会议。

第六条 县议会开会时,得设秘书处,议员资格审查委员会及提案审查委员会等,办理大会各项事宜,其组织办法另定之。

第七条 县议会闭会期间,由议长或副议长一人驻会办理大会交办事项及日常工作,并列席县政府委员会(必要时得兼任其他工作)。

第八条　县议员除驻会议长或副议长一人外，均为无给职，但在开会期间得酌发旅费。

第三章　职权

第九条　县议会之职权如下：

一、选举并罢免县长及县政府委员。

二、监察并弹劾县政府及以下之政府人员。

三、制定并复决本县单行法规。

四、决定本县生产建设事项。

五、审定本县地方粮款预决算事项。

六、审议县政府及各方请议事项。

七、督促并检查县政府执行县议会决议事项。

八、议决县政应兴应革之重要事项。

第四章　会议

第十条　县议会每半年开会一次，每次会期以一周为标准。为（有）下列情事之一者，得召开临时会议。

一、经县议员五分之一以上之提议者。

二、经全县公民二十分之一以上之请求者。

三、经县政府之提请者。

四、经正、副议长之决定者。

第十一条　县议会非有三分之二以上议员出席，不得开议。非有出席议员过半数之通过，不得成立决议，可否同数时，取决于主席。

第十二条　县议会开会时，县政府须向县议会报告工作，解答质询。县长、各委员及各科长均可列席会议，非兼议员之列席者，有发言权无表决权。

第十三条　县议会之决议，不得与边区参议会及上级政府之决议与法令相抵触，抵触时，服从上级之决议与法令。

第十四条　县议会之决议送交县政府执行，如县政府对决议案有异议时，应即详具理由于开会期间送请复议，复议之后，依复议之决定执行之。如县政府提请复议案因特殊情形（如战争）或县议会闭会，不能即时复议时，得请示上级政府决定之，但须报告下次县议会备案。

第十五条　县议员在会议中之言论及表决，对外不负责任。

第十六条　县议员除在战争紧急情形下，汉奸现行犯外，非经县议会或议长、副议长之许可，不得逮捕或拘禁。

第五章　任期与改选

第十七条　县议员之任期二年，但得连选连任。在任期内，如因故去职时，由该区候补议员褫（递）补，无候补议员时，应即补选。

前项褫（递）补或补选之县议员以补足现任之任期为限。

第十八条　县议员任满后，依选举条例改选之。

第六章　附则

第十九条　县议会经费列入县地方款预算内，由县政府拨付之。

第二十条　本条例施行细则另定之。

第二十一条　本条例修改权属于本边区参议会，解释权属于边区政府。

第二十二条　本条例经边区参议会通过后，由边区政府公布施行。

（选自太行行署《一九四六年重要文件汇集》）

晋冀鲁豫边区县政府组织暂行条例草案

（一九四四年十一月一日）

第一条　本条例为建设新民主主义政治，健全县政机构，加强村行政领导及适应边区实际情况而制定之。

第二条　县设县政府，但因环境之必要，得增设或专设县政府办事处，其组织法另定之。

第三条　县政府由县参议会选举委员五人至七人组织县政府委员会，并由委员会中选举县长一人，呈请边区政府备案加委。

第四条　县政府县长、委员任期均为二年，但得连选连任。在任期内有违法失职情事，由县参议会罢免之。在未届期满而升调或有其他情况不能履行固定职务者，由参议会改选，在县参议会休会期间，由边区政府委人代理。

第五条　县政府直接受专署之领导及县参议会之监督，综理全县行政事宜。县政府委员会之职权如下：

（一）决议县政各部门的工作计划。

（二）执行边区政府及主管机关令行各事项。

（三）执行县参议会决议事项。

（四）编制及处理县财政收支及县政经费预决算等事项。

（五）任免所属政务人员事项。

（六）根据边府、专署、县议会决定之法规，可制定各种施行章则等事项。

（七）推行全县应兴应革之重要事项。

第六条 县政府在县长领导之下，设秘书室、民政、财粮、教育、建设、司法等科和公安局，分管各项行政工作。

第七条 县政府各科、室、局之职权如下：

（一）秘书室掌理拟缮文件、印信、档案、收发及县府本机关会计、庶务、机关生产及不属各科事项。如为工作上之需要，得设立联合办公室及工作队，由秘书直接领导。

（二）民政科掌理选举、抗战动员、干部管理、土地行政、劳资、租佃、卫生、儿童保育、户籍区划、优抗救济、改革风俗及其他有关民政事项。

（三）财粮科掌理财粮收支、地方税收、公产、仓库管理、调剂民食等事项。

（四）教育科掌理教育行政、学校教育、社会教育、宣传工作、民教馆、图书馆、农村俱乐部、保存古迹、编修县志及其他一切文化建设事项。

（五）建设科掌理农牧、工商、矿业、水利、森林、道路、合作事业、生产运动、社会经济调查及其他经济建设事项。

（六）司法科掌理各项民刑案件及有关司法事项。

（七）公安局掌理锄奸、缉匪、侦察、审讯、维持公共安全与秩序之警务事项。

第八条 县政府得依边区政府及主管机关之命令及工作上之需要，设立各种专门性质之委员会。

第九条 县政府设秘书、各科科长、公安局长各一人，由专员公署任免之，并呈报边区政府及主管系统备案。

第十条 县政府秘书室设文书、收发、会计、庶务、机关生产各一人；联合办公室及各科均得设科员一人至四人，工作队得设队长一人，队员五人至十人；公安局设侦察、审讯股长各一人；公安队员若干人，司法科另设看守所长一人，均由县政府决定任免之，呈报民厅及主管厅局备案。

第十一条　县政府委员会每月开会一次，开会时县长为当然主席，有必要时得召开临时会议，议案之表决，少数服从多数。

第十二条　为严格执行决议，督促与检查工作，县长每周须召集秘书、科长、公安局长会议或接头会（汇）报一次。

第十三条　县长出差离职或因事请假时，可委托科长代理职务，并须呈报边区政府。

第十四条　县政府因工作之必要，得召集区村长、联席会议，开会时以县长为主席。

第十五条　县政府各种专门性质之委员会，必要时可聘请当地党、军、民众团体、士绅参加之。

第十六条　县政府须定期向专员公署、边区政府做书面报告，有关专门工作或系统工作应由该管部门向其直属各厅局做报告。

第十七条　县政府每半年应向财政厅做行政经费开支情况及边区地方财政收支报告各一次。

第十八条　县政府之印信，由边区政府制发。

第十九条　县政府各项办理细则另定之。

第二十条　本条例经边区参议会通过，由边区政府公布施行之。

（选自一九四四年十二月五日晋冀鲁豫边区政府
《边区政报》，第四十四期）

晋冀鲁豫边区县政府组织条例

（一九四五年三月边区参议会通过）

第一条　本条例为进一步健全县政机构，加强区村行政领导，并适应本边区实际情况而制定之。

第二条　县政府由县议会选举委员九人至十一人组织成县政府委员会，并由委员中选举县长一人报请边区政府加委。

第三条　县政府委员会设候补委员二人至三人，由县议会选举之。如县政府委员因故不能任职时，由候补委员依次褫（递）补。

前第二条、第三条所选之委员及候补委员不限于县议员。

第四条　县长与县政府委员之任期与县议员同，得连选连任。在任期内，县长如遇他调或失职情事时，由县议会补选之，在未补选前，由边区政府委人代理。

第五条　县政府执行县议会之决议，并受边区政府及专员公署之领导，在不抵触上级政府法令下，得制定单行办法，但得经县参议会之通过或追认，并呈请边区政府审核备案。如边区政府认为有不当时，得修正或停止。

第六条　县政府委员会对上级政府及县议会负责，为县政府之权力机关，下列事项须依县政府委员会决议行之。

一、边区政府及专员公署令行之重要事项。

二、县议会之决议事项。

三、县政府各部门之工作计划。

四、县单行办法之制定事项。

五、任免或奖惩所属科员、助理员以下之政府人员。

六、讨论并处理全县生产建设、文化教育、财政设施等重大事项。

七、县财政收支预决算等事项。

八、决定全县应兴应革之重要事项。

第七条　县长为县政府委员会之代表，县政府委员会之决议事项及对上对下对内对外行文，均以县长名义行之。

第八条　县政府设秘书室、民政科、财粮科、教育科、建设科、司法科、公安局及其他专管机关，分别管理各项行政工作。

第九条　各室、科、局分管事项如下：

（一）秘书室掌理印信、档案、记录、收发、拟缮文件和县政府会计、庶务及不属各科事项，必要时得设联合办公室。

（二）民政科掌理选举、抗战动员、干部管理、土地行政、劳资、租佃、卫生、保育、户籍、区划、优抗、救济、风俗宗教及其他有关民政事项。

（三）财粮科掌理财粮收支、地方税收、公产、金库、调剂民食等事项。

（四）教育科掌理教育行政、学校教育、社会教育、宣传工作、民教馆、图书馆、农村俱乐部、剧团、保存古迹、修编县志及其他一切文化建设事项。

（五）建设科掌理农款、工商矿业、水利、森林、道路、合作事业、生产运动、社会经济及其他经济建设事项。

（六）司法科掌理各项民刑案件及其有关司法事项。

（七）公安局掌理锄奸、缉匪、侦察、预审、维持公共秩序之警卫事项。

第十条 秘书室设秘书一人，各科各设科长一人（必要时可增设副科长一人），公安局设局长一人，承上级政府或县长之命，综理各室、科、局之事务，各室、科、局之人选由专员公署任免之，并呈报边区政府备案。

第十一条 各室、科、局各设科员或干事若干人，承主管人员之命办理所属事务，其人员任免由县政府委员会决定办理，并呈报上级政府备案。

各室、科、局具体编制，由边区政府视各县事务之繁简另行规定。

第十二条 县政府得依边区政府及专员公署之命令及工作需要，设立各种性质之专门委员会，聘请当地军、民、党、各团体、士绅参加之。

第十三条 县政府各室、科、局之秘书、科长，局长等职务，不限于县政府委员。

第十四条 县政府委员会每月开会一次，开会时县长为主席，必要时可召开临时会议，秘书及各科、局长之非委员者，得列席县政府委员会，有发言权无表决权。

第十五条 县长因事离职时，可委托秘书或科长代理职务，并须呈报边区政府及专员公署。

第十六条 县政府之印信，由边区政府制发。

第十七条 县政府各项办事细则另定之。

第十八条 本条例经边区参议会通过，由边区政府公布施行之。

（选自太行行署《一九四六年重要文件汇集》）

晋冀鲁豫边区村政权组织暂行条例

（一九四一年六月一日公布）

第一章 总则

第一条 本条例依据国民政府建国大纲第八、九两条之基本精神，适应本区之具体环境制定之。

第二条 村公所为行政组织上之基本单位，由村民代表会选举组织之。

第二章　村民大会及村民代表会

第三条　村民大会为村政最高权力机关，村民大会闭会期间由村民代表会代行其职权。

第四条　村民代表会于村民大会中由全村公民选出代表组织之，选举法另定之。

第五条　村民代表任期一年，得连选连任。

第六条　村民代表会设主席、副主席各一人，由代表用不记名投票法互选之。

第七条　村民代表会设秘书一人，由主席聘请之。

第八条　村民代表会之职权如下：

（一）选举并罢免主席、副主席及村公所各委员会主任委员及委员。

（二）督促并检查村公所对村民大会及村民代表会决议案执行事项。

（三）创制村公约。

（四）批准村概算，审查村决算。

（五）议决村公有财产经管及处理事项。

（六）审议村公所及各方请议事项。

（七）议决村政兴革事项。

第九条　村民大会每四个月开大会一次，村民代表会每月开常会一次，必要时得开临时会，均由村民代表会主席召集之。

第十条　临时村民大会经村公民五分之一以上之请求或村民代表会之决议召集之，必要时得推举临时主席主持会议。

第十一条　临时村民代表会经村民十分之一以上或经村公所之请求召集之。

第十二条　村民大会、村民代表会常会及临时会，均须有过半数之出席始得开会，议案之决定须出席过半数之通过。

第十三条　村民大会及村民代表会不得为违犯法令之决议。

第十四条　村民大会及村民代表会之决议送交村公所执行，遇有与上级政府法令抵触或村公所认为不当时，村公所得送请复议，复议两次仍不能解决时，由双方呈请县政府解决，在来解决前仍依原法令行之。

第十五条　村民代表违法失职时，得由其所代表之公民单位罢免另选之，但当选为村代表会主席、副主席及村委员会主任委员者，须经村民大会或村代表会罢免之。

第十六条 村民代表在会议时所为之言论及表决,对外不负责任。

第三章 村公所

第十七条 村公所为村政执行机关。

第十八条 村公所之组织如下:

(一)设村长、副村长各一人,总理全村事务,由村民代表会主席、副主席兼任,报经区公所转县政府委任之。

(二)民事委员会掌理选举、优抗、战争动员、抚恤、救灾、放账(赈)、调解土地、劳动及其他民事争讼、户籍登记及统计调查等事项。

(三)财政委员会掌理村概算、决算、公粮、合理负担、田赋征收及村公产之管理事项。

(四)生产委员会掌理生产建设事项。

(五)教育委员会掌理教育宣传等事项。

(六)锄奸委员会掌理侦察除奸事项。

上列各委员会,得因村政之发展增减或合并之。

第十九条 村公所各委员会各设主任委员一人,委员二人至六人,由村民代表会选举之,但委员不限于村民代表。

第二十条 各委员会为村公所内部分工,对外由村长负责。

第二十一条 村政会议每周开会一次,由村长及各委员会主任委员组成之,开会时村长为当然主席。

第二十二条 关于武装动员及自卫队民兵组织训练等事项,由村人民武装抗日自卫委员会掌理之,其主任委员出席村政会议,有发言及表决权。

第二十三条 为行政上之便利,人口众多之村得分设若干街,各设街长一人,由本街公民代表互选之。其村民分散为若干小村者,每村设村副一人,由本小村公民代表互选之。

第二十四条 本条例自公布之日施行。

晋绥边区县议会组织条例

(一九四五年四月五日行政公署公布)

第一章 总则

第一条 县议会为全县人民最高权力机关。

第二条　县议会由全县公民选举之县议员组成，其选举条例另定之。

第三条　县议员名额不得少于三十五名，多于八十五名，依全县人口多寡决定之。

第四条　沦陷区不能选举时，县议员由县政府聘请之。

第二章　组织

第五条　县议会设议长、副议长各一人，由县议员于第一次开会期间用无记名投票法选举之。正副议长去职时，应即补选。

第六条　县议会开会时，得选举若干人组织主席团，主持会务。主席团下设秘书处、议员资格审查委员会、提案审查委员会等，分别办理大会各项工作。

第七条　在县议会开会期间，议长或副议长得参加县行政委员会（必要时得兼任其他工作）。

第八条　正副议长为有给职，其他议员均为无给职，但于开会时须酌发旅费。

第三章　职权

第九条　县议会之职权如下：

一、选举并罢免县长及县政府委员；

二、监察并弹劾县政府及其以下之行政工作人员；

三、制定并复决本县单行法规；

四、决定全县各种建设及应兴应革事项；

五、审核本县粮款预决算；

六、审议县政府交议事项及人民与各方请议事项；

七、督促并检查县政府执行县议会决议事项。

第四章　会议

第十条　县议会例会半年一次。有下列情事之一者，得召开临时会议：

一、经县议员五分之一以上提议者；

二、经全县五分之一以上村民代表会之提议者；

三、经县政府之提议者；

四、经县民众团体之联名提议者。

第十一条　县议会之例会及临时会由议长或副议长召集之。

第十二条　县议会非有三分之二以上县议员出席不得开议，非有出席议员过半数之通过，不得成立决议，可否同数时，取决于主席。

第十三条　县议会开会时，县政府须向县议会报告工作，解答质问。

第十四条　县议会开会时，区级以上政民机关及当地驻军之负责人均得列席，有发言权，无表决权。

第十五条　县议会之决议，不得与边区参议会及上级政府之决议与法令抵触，抵触时，服从上级之决议与法令。

第十六条　县议会之决议送交县政府执行，如县政府有异议时，得详具理由送交复议，县政府提议复议案，因县议会已经闭会或因其他特殊原因不能及时复议时，得请示上级政府决定之。

第十七条　县议员在开会中之言论及表决，对外不负责任。

第十八条　县议员在任期内，除现行犯外，非经县议会议长、副议长之许可，不得逮捕或拘禁。

第五章　任期与改选

第十九条　县议员任期二年，但得连选连任，在任期内因故去职时，由候补县议员递补之，无候补县议员时，由原选举单位补选之。前项递补或补选之县议员以补足本届任期为限。

第二十条　县议员违法失职时，由其选举单位罢免之；聘请之县议员违法失职时，由县政府解聘之。

第六章　附则

第二十一条　县议会经费列入县地方款预算内，由县政府拨付之。

第二十二条　本条例修改权属于边区参议会，解释权属于边区行政公署。

（选自一九四五年五月晋绥边区选举委员会《晋绥边区参选县选法令》）

晋西北临时参议会筹备委员会组织条例

第一条　本条例根据临时参议会参议员产生办法第六条第一款之规定制定之。

第二条 晋西北临时参议会筹备委员会（以下简称本会）之任务如下：

一、筹备本区全体参议员之选举事宜。

二、筹备本区临时参议会成立大会事宜。

第三条 本会委员名额定为十五人，由晋西北行政公署邀请本区各党各派各军队各机关团体推选代表及聘请绅士名流组成之。

一、中国国民党一人；二、中国共产党一人；三、行署三人；四、军区代表二人；五、晋西北各界抗日救国联合会一人；六、晋西妇女联合会一人；七、晋西文联一人；八、晋西总工会一人；九、晋西北新闻界代表一人；十、晋西教协一人；十一、士绅一人；十二、晋西学联一人。

第四条 本会设主任委员一人，副主任委员一人，秘书长一人，由委员中选出之。

第五条 本会设常务委员五人，由委员互推之，主任委员、副主任委员、秘书长为当然常务委员。

第六条 本会为工作之需要，设下列各部处，其工作人员由本会委员互推或聘请之。

一、秘书处：（甲）总务股：办理伙食、采购与会计事宜。

（乙）文书股：办理文牍、印刷事宜。

（丙）招待股：办理招待事宜。

二、选举事务部：办理选民或代表之登记调查，候选人及当选参议员之登记备案公布以及其他选举事宜。

三、宣传部：办理各种宣传事宜。

第七条 各部、处设部长或处长各一人，必要时得设副部长或副处长，股设股长一人、干事若干人。

第八条 本会职员均为无给职。

第九条 本会之会议规定如下：

一、筹委会每月举行一次。

二、常务委员会每半月举行一次，必要时得由正副主任临时召集之。

第十条 本会经费由晋西北行政公署拨付之。

第十一条 本会会址设于晋西北行政公署所在地。

第十二条 本会至晋西北临时参议会成立之日撤销之。

第十三条 本条例自晋西北行政公署公布施行之。

（选自《晋西北临时参议会参议员选举条例汇集》）

晋西北临时参议会
暂行组织条例

第一条 本条例依据国民政府建国大纲及省参议会组织法之原则，并适应本区具体环境制定之。

第二条 晋西北临时参议会为本区最高人民代表机关。

第三条 晋西北临时参议会之参议员，根据晋西北临时参议会参议员产生办法产生之，其产生办法另定之。

第四条 晋西北临时参议会之职权如左（下）：

（一）促进晋西北及晋西北各级参议会之建立；

（二）创制并复决本区单行法规；

（三）选举及罢免本区行政公署之正副主任及各处处长、各局长；

（四）监察弹劾本区各级行政人员及司法人员；

（五）决定本区各种政策及通过各项计划方案；

（六）审查并通过本区预算决算；

（七）决定本区地方税及公粮公草之征收与废除；

（八）决定本区地方公债之发行；

（九）决定关于人民生活之改善及救济事项；

（十）决定本区重要兴革事项；

（十一）审议本区行政机关及各方请议事项；

（十二）督促及检查本区各级政府对于晋西北临时参议会决议案之执行事项。

第五条 晋西北临时参议会参议员之任期，至晋西北参议会成立之日为止，至多不得超过二年。

第六条 晋西北临时参议会参议员为无给职，但得酌发公旅费，驻会参议员并酌发生活费。

第七条 晋西北临时参议会设议长一人，副议长二人，秘书长一人，由参议员用无记名投票法互选之。

第八条 晋西北临时参议会每年开常会一次，有左（下）列情事之一者，得召开临时会：

（一）经驻会参议员之决议者；

（二）经参议员五分之一以上之请求者；

（三）经本区公民二十分之一以上之请求者；

（四）晋西北行政公署提请，经驻会参议员可决者。

第九条 晋西北临时参议会非过半数参议员之出席不得开议，议案之表决，以出席参议员过半数之同意行之，可否同数时，取决于主席。

第十条 晋西北临时参议会决议案送交晋西北行政公署执行之，如晋西北行政公署对决议案认为不当时，应于接到决议案两日内详具理由，送回晋西北临时参议会复决，前项复议以两次为限，如第二次复议仍照原案时，不再复议。

第十一条 晋西北临时参议会设驻会参议员五人至九人，于大会闭会期间处理日常事务，监督执行决议，负责召集临时会议，议长、副议长、秘书长为当然驻会参议员，主持会务。驻会委员会之组织条例另定之。

第十二条 晋西北临时参议会开会时，得组织主席团协助议长、副议长主持开会事宜。晋西北临时参议会开会时，设秘书处、参议员资格审查委员会、提案审查委员会，其组织法另定之。

第十三条 晋西北临时参议会得视工作之需要，聘请专家成立各种专门委员会，其组织法另定之。

第十四条 晋西北临时参议会参议员，遇有失职或因其他事故不能继续任职时，由候补参议员依次补充。如无候补参议员时，由原选举单位补选之，其为政府聘请者，由政府补聘之。

第十五条 下级民意机关议决之案件，如晋西北临时参议会认为不当时，得通知晋西北行政公署下令停止执行。

第十六条 晋西北临时参议会参议员，在会议时所发之言论及所为之表决，对外不负责任，其因此遭致违（危）害或侮辱者，当受法律保障。

第十七条 参议员除现行犯外，在会期中非经参议会之许可，不得逮捕或拘禁。

第十八条 本条例之修正权，属于晋西北临时参议会。

第十九条 本条例经晋西北临时参议会筹备委员会通过，由晋西北行政公署公布施行之。

（选自《晋西北临时参议会参议员选举条例汇集》）

晋西北临时参议会组织条例

（一九四二年十一月六日晋西北临时参议会修正通过）

第一条 本条例依据国民政府建国大纲及省参议会组织法之原则，并适应本区具体环境制定之。

第二条 晋西北临时参议会为本区最高人民权力机关。

第三条 晋西北临时参议会之参议员，依据晋西北临时参议会参议员产生办法产生之，其产生办法另定之。

第四条 晋西北临时参议会之职权如下：

一、创制并复决本区单行法规。

二、选举及罢免本区行政公署之正副主任、行政委员。

三、监察、弹劾本区各级行政人员及司法人员。

四、决定本区各种政策及通过各项计划方案。

五、审查并通过本区预算、决算。

六、决定本区地方税及公粮公草之征收。

七、决定本区地方公债之发行。

八、决定本区重要兴革事项。

九、决定本区行政公署提交审议事项及各方请议事项。

十、督促并检查本区各级政府对于晋西北临时参议会决议案之执行事项。

十一、追认闭会期间晋西北临时参议会常驻委员会及行政公署关于紧急措置之重要事项。

第五条 晋西北临时参议会设议长一人副议长二人主持全会工作，议长、副议长由参议员用无记名投票法选举之。

第六条 晋西北临时参议会得视工作之需要，聘请专家成立各种专门委员会。

第七条 晋西北临时参议会每年开例会一次，有下列情事之一者得延期，或召开临时会议：

一、经常驻委员会之决议者。

二、经参议员五分之一以上之请求者。

三、经本区公民二十分之一以上之请求者。

四、晋西北行政公署提请，经常驻委员会同意者。

第八条　晋西北临时参议会非过半数参议员之出席不得开议，议案之表决，以出席参议员过半数之同意行之，可否同数时，取决于主席。

第九条　晋西北临时参议会开会时，得组织主席团协助议长、副议长主持开会事宜。开会时并设秘书处、参议员资格审查委员会、提案审查委员会，其组织法另定之。

第十条　晋西北临时参议会之决议案，送交晋西北行政公署执行之，如在执行中发生困难时，由晋西北行政公署提交常驻委员会修改，俟下次临时参议会开会时提请追认。

第十一条　晋西北临时参议会设驻会参议员九人，组成常驻委员会，于大会闭会期间处理会内日常事务，监督执行决议，负责召集临时会议，议长、副议长为当然驻会参议员，主持驻会工作，驻会委员会之组织条例另定之。

第十二条　晋西北临时参议会参议员之任期为三年，连选得连任之。参议员遇有失职或因其他事故不能继续任职时，由候补参议员依次递补，如无候补参议员时，由原选举单位补选之，其为政府聘请者，由政府补聘之。

第十三条　晋西北临时参议会参议员，在会议时所发之言论及所为之表决，对外不负责任，其因此遭受违（危）害或侮辱者，当受法律保障。参议员在任期内除有汉奸行为及现行犯外，非经临时参议会或常驻委员会之许可，不得逮捕或羁押。

第十四条　晋西北临时参议会参议员，在闭会期间须与常驻委员会取得密切联系，吸收人民意见，随时向常驻委员会报告，且须以区域或机关团体为单位，组织参议员小组，完成其应负任务，惟参议员个人对外不负干预行政之责任。

第十五条　晋西北临时参议会参议员系无给职，但得酌发公［旅］费，其有特殊困难者（如疾病、贫寒、家在敌占区无法回去等），得由当地县政府呈准行政公署依照优待行政干部办法酌情从优办理，驻会委员之待遇，与同级政府之行政委员同。

第十六条　下级民意机关决议之案件，如晋西北临时参议会认为不当时，得通知晋西北行政公署下令停止执行。

第十七条　本条例之修正权属于晋西北临时参议会。

第十八条　本条例经晋西北临时参议会通过，由晋西北行政公署公布施行之。

（选自一九四二年十一月晋西北临时参议会常驻委员会编印的《条例》）

晋西北行政公署组织大纲

(一九四二年十一月六日晋西北临时参议会通过,
一九四二年十一月晋西北行政公署公布)

一、晋西北行政公署为晋西北最高行政机关。

二、晋西北行政公署设行政委员会,由正副主任委员各一人,行政委员十九人组成之,于每届晋西北临时参议会选举之。

三、行政委员会负责执行晋西北临时参议会之决议,并决定有关行政工作之重大事宜。

四、在行政委员会休会期间,由正副主任委员、秘书长、各处处长、高等法院院长组织政务会议,处理日常行政工作,由主任委员为当然主席,如主任委员因故缺席时,由副主任委员代行之。

五、晋西北行政公署设秘书室、民教处、财政处、建设处、高等法院、公安总局等部门,除执行行政委员会及政务会议之决议外,承正副主任委员之命分掌各项工作。

(一)设秘书长一人,协助正副主任委员联系各处局,并领导秘书室工作。秘书室设秘书主任一人,处理不属各处、局之事宜。

(二)民教处、财政处、建设处,各设处长一人,高等法院设院长一人,公安总局设局长一人,分别掌理民教、财政、粮秣、建设、司法、除奸等事宜。

(三)各处、院、局得各设副职,协助各该处、院、局主管人处理该管部门有关事宜。

六、秘书长、各处处长、高等法院院长、公安总局局长,由正副主任委员遴选,提交行政委员会通过任免之,但各处处长、高等法院院长须由行政委员担任。

七、各专员、副专员、县长由正副主任委员提交政务会议通过任免之。

八、行政委员会每三月开会一次,必要时得延期或召集临时会议。在休会期间,除担任经常行政工作之委员外,其余委员可在本人所在地进行原有工作,但须经常向行署提供意见,在行政委员会闭会期间,对外不负行政上之责任。

九、各行政委员得斟酌实际情形,按照行署供给制度供给之。

十、行署一切公文，概以正副主任委员之名义行之，其有关各处、院、局之公文，得由各该主管机关之负责人副署。

十一、本大纲经晋西北临时参议会通过，由晋西北行政公署公布施行之。

(选自一九四二年十一月晋西北临时参议会常驻委员会编印的《条例》)

晋西北行政督察专员公署组织条例

(一九四二年十一月六日晋西北临时参议会通过，
一九四二年十一月晋西北行政公署公布)

第一条 晋西北行政公署（以下简称行署）为适应战争环境，视行政上之需要，得于各地区设置行政督察专员公署（以下简称专署）。

第二条 专署设专员一人，辖区较大，工作繁重者，得增设副专员一人，下设各科、局等部门：

一、秘书一人，文书干事若干人，掌管印信及不属于其他各科、局之事项。

二、第一科，科长一人，科员若干人，办理民政、教育事项。

三、第二科，科长一人，科员若干人，办理财政、粮秣及建设事项。

四、第三科，科长一人（兼任推事），科员若干人，办理司法事项。

五、公安局，局长一人，科员若干人，办理除奸及社会治安事项。

六、警卫连，连长、指导员各一人，队员若干人，负保卫专署之责。

第三条 专署之秘书、科长、局长等，均由行署任免之。

第四条 专署之职权如下：

一、根据行署总的计划与决定，督察与领导所辖区内各县行政工作。

二、关于所辖区内各县地方预决算之审核及批准，行政经费之初步核审事项。

三、关于所辖区内各县地方自治之巡视指导事项。

四、关于所辖区内各县政府之科长，秘书之荐举，与区长、专署科员及同级干部之任免调动事项，但行署有特别规定者，不在此限。

五、关于所辖区内行政干部之考核及奖惩事项。

六、关于所辖区内各县人民武装之建设及指挥调动事项。

七、关于所辖区内各县之区界划分事项。

八、代理行署审理所辖区内各县之第二审民刑案件，及汉奸案件之审判事项，但行署有特殊规定者，不在此限。

九、在不抵触行署法令范围内，得制定单行办法，呈报行署备案，但关于人民自由、增加人民负担及变更组织或预算者，非经行署核准，不得执行。

十、因战争情况，与行署失却联系时，得代行行署职权；但于战争结束后，须将各项处置办法，补报行署备案。

第五条 专署政务会议，由专员（及副专员）、秘书、各科科长组成之，处理日常行政工作事宜，公安局长、各科副科长，于必要时得列席。

第六条 游击区、敌占区专署之科、局等，为适应当地环境得兼并之。

第七条 本条例经晋西北临时参议会通过，由行署公布施行之。

（选自一九四二年十一月晋西北临时参议会常驻委员会编印的《条例》）

晋西北县区村各级政府组织条例

（一九四二年十一月六日晋西北临时参议会修正通过，
一九四二年十一月晋西北行政公署公布）

第一章 总则

第一条 本条例根据民主政治原则，适应晋西北抗战之具体环境制定之。

第二章 县政府

第二条 县政府设县行政委员会，由委员三人至九人组成之，均由县临时〔参议会〕参议员选举之，呈请行署加委，县长为当然主席委员。在县临时参议会未成立之前，县长及行政委员由行署委任之。

第三条 县行政委员在休会期间，对区、村行政工作有意见时，须提交县行政委员会或县政府讨论决定之，个人无直接处理权。

第四条 县行政委员会每三月开会一次，必要时得召开临时会议，开会时以县长为主席。

第五条 县行政委员之任期与参议员同，连选得连任。在未届期满而调升或失职时，由县临时参议会改选之，在县临时参议会休会期间，由行署委人代理之。

第六条 在战争或紧急情况下，县长得全权机动处理一切事宜，事后由县行政委员会追认并报主管机关备案。

第七条 县政府之职权如下：

一、根据上级政府总的计划与决定，领导全县行政工作，并制定各部门工作计划。

二、执行行署及主管机关令行各事项。

三、执行县临时参议会之决议。

四、在不抵触上级法令下，公布县单行办法。

五、任免县科员以下干部，遴选区长，呈报主管机关加委。

六、指挥调动县人民武装。

七、划分村界。

八、审核村粮村款之预决算。

九、管理民刑案件。

十、全县应兴应革之重要事项。

第八条 县政府设县长一人及下列各室、科等部门：

一、秘书室：秘书一人，科员若干人，掌管印信及不属各科、局之事项。

二、第一科：科长一人，科员若干人，办理民政、教育事项。

三、第二科：科长一人，科员若干人，办理财政、粮秣及建设事项。

四、第三科：科长一人（兼任裁判员），科员若干人，办理司法事宜。

五、公安局：局长一人，科员若干人，办理除奸、社会治安事项。

六、警卫连：连长、指导员各一人，队员若干人，负保卫县政府及看管人犯之责。

各种、局视工作之需要，得增设副职。

第九条 县政府之秘书、科长等，均由行署委任之，余由县政府任用之。

第十条 县政府设县政务会议，由县长、秘书、各科科长组成之，处理日常行政工作，局长、各科副科长必要时得列席。

第十一条 敌占区、游击区县政府之室、科、局等，为适应当地环境得兼并之。

第三章 区公所

第十二条 区公所设区长一人，助理员若干人，书记一人，处理全区行政工作。

第十三条 区公所设区务会议，由区长、助理员、书记组成之，必要时得请各民众团体负责人列席。

第四章 村政权

一、村国民大会及村国民代表会：

第十四条 村国民大会为村政权之最高权力机关，由全体村公民组织之。村国民代表大会（以下简称村代表会）为村国民大会休会期间之村政权最高权力机关，由全体村国民代表（以下简称村代表）组织之，行使村国民大会全部职权。

第十五条 村国民大会设主席、副主席各一人，并兼任村代表会之主席、副主席，主席负召集开会之责，副主席负协助之责，关于主席因故不能执行职务时，代行主席职权。

第十六条 村国民大会主席、副主席，由村国民大会或村代表会选举并罢免之。村代表由各自然村公民小组选举并罢免之。主席、副主席、村代表各任期一年，得连选连任之。

第十七条 村国民大会及村代表会之职权如下：

一、选举及罢免主席、副主席。

二、督促与检查村公所对村国民［大］会及村代表会决议案之执行。

三、创制并复决村公约。

四、审查村决算。

五、议决关于村有财产之经营管理与处理事项。

六、议决关于村政兴革事项。

七、审议村公所及其他方面交议事项。

第十八条 村国民大会及村代表会之例会及临时会之决议，交村公所执行，有与上级政府法令抵触者，服从上级政府法令。

第十九条 村代表会每三个月开例会一次。村国民大会经村公民五分之一以上之要求，或代表会之决定，即应召集之。临时村代表会经村公民十分之一以上或村代表五分之一以上或村公所之请求者，均应召集之。

第二十条 村代表会之例会、临时会及村国民大会，均须有应到会人半数以上之出席，方得开会。

第二十一条 村代表会之决议案，须有过半数出席人之同意，方为通过有效，可否同数，取决于主席。

第二十二条 村公民以自由结合为原则,同时照顾人事地域关系,以二十五人为标准,划分为公民小组。

第二十三条 村代表在会议时所发表之言论及对议案所作之表决,对外不负责任。

第二十四条 村代表除现行犯外,非经代表会之许可,在会议期中不得逮捕或拘禁。

二、村公所

第二十五条 村公所设村行政委员会,由村长、副村长、自卫队中队长、书记、各村主任组成之,秉承上级政府之命令、指示,村代表会之决议,决定具体执行办法,会期每月一次。

第二十六条 村公所设下列各项人员:

一、村长、副村长各一人,由村国民大会主席、副主席兼之,村长为全村行政负责人,综理全村政务,副村长负协助之责,并于村长因故不能执行职务时,代行村长职权。

二、自卫队中队长管理关于民兵自卫队及抗战勤务动员事宜。

三、书记一人,由村长提出,得经村行政委员会通过聘任之,协助村长、副村长办理文书、会计事宜。

以上四人组成村务会议,办理日常政务事宜。

四、有学校之行政村,得设学董一人参加村委会。

第二十七条 自然村设村主任一人,由村代表互推之,较小之自然村设代表一人,得联合二村至五村互推村主任一人,较大之自然村得设副主任,并由村主任及村代表、自卫队分队长组成代表团,主任代表负召集之责,并秉承村公所之命,处理本自然村行政工作。

第二十八条 各自然村于工作上必要时,得由村主任或代表召开自然村之公民大会,在不抵触村国民大会、村代表会及村公所之决定时,议决有关本自然村之事项。

第二十九条 各自然村视工作需要,得设临时委员会,协助代表团。

第五章 附则

第三十条 游击区、敌占区之县区,村公所组织另以命令行之。

第三十一条 本条例经晋西北临时参议会通过,由晋西北行政公署公布施行之。

(选自一九四五年八月晋察冀边区行政委员会《政权建设参考文件》,第二集)

晋西北村政权组织暂行条例

(一九四二年四月修正公布)

一、村国民大会及村代表会

第一条 为发扬民主，实行人民参政，特有村国民大会及村国民代表会（以下简称村代表会）之组织。

第二条 村国民大会为村政权之最高权力机关，由全体村公民组织之。村代表会为村国民大会闭幕后之村政最高权力机关，由各自然村公民选举之代表组织之，行使村国民大会全体（部）职权。

第三条 村国民大会设主席、副主席各一人。主席、副主席兼任村代表会之主席、副主席。主席负召集开会及处理日常事务之责，副主席协助主席处理一切工作，并于主席因故不能执行职务时，代行主席职权。

第四条 村国民大会主席与副主席由村国民大会或村代表会选举之。村国民代表（以下简称村代表），由各自然村公民选举之，主任代表由自然村代表中互推之。主席、副主席与村代表各任期一年，得连选连任。

第五条 村国民大会及村代表会之职权如下：

（一）选举及罢免主席、副主席及委员会会长与委员。

（二）督促与检查村公所对村国民大会及村代表会决议案之执行。

（三）创制并复决村公约。

（四）批准村预算，审查村决算。

（五）议决关于村有财产之经营管理与处理事项。

（六）决议关于村政兴革事项。

（七）审议村公所及其他方面交议事项。

第六条 村国民大会及村代表会之例会及临时会之决议，交村公所执行，有与上级法令抵触者，服从上级法令。

第七条 村国民大会每年开例会一次，村代表会每三个月开例会一次。临时村国民大会经村公民五分之一以上之要求或村代表会之决定即应召集之。临时村代表会经村公民十分之一以上或村代表五分之一以上或村公所之请求者，均应召集之。

第八条 村国民大会及村代表会之例会及临时会，均须有应到会人半数以上之出席，方得开会。

第九条　村国民大会及村代表会之决议案，均须有过半数出席人之同意，方为通过有效。决议时，赞成与反对票数相同，取决于主席。

第十条　村公民以自由结合为原则，同时照顾人事地域关系，划分为公民小组。自然村有公民二十以上四十未满者，成立一小组；四十以上六十五未满者，得成立二小组；六十五以上九十未满者，得成立三小组；以下每增二十五人增划一小组，依此类推。自然村有两个以上公民小组者，每组人数以平均为原则。如自然村公民不足二十人者，须与其他自然村联合成为一小组，联合以后仍不足二十人者，亦得成立一小组。公民小组由该自然村代表就近分别领导之。村代表违法失职时，由该自然村公民五分之一之提议或该小组公民三分之一之提议，由主任代表或村主席召集自然村公民会议，议决罢免另选之。

第十一条　村代表在会议时所发表之言论及对议案所作之表决，对外不负责任。

第十二条　村代表除现行犯外，非经代表会之许可，在会议期中不得逮捕或拘禁。

二、村公所

第十三条　行政村设村公所。村公所为村政权执行机关，是村［政］权之一部。

第十四条　村公所设村长、副村长各一人，书记一人。自然村有二村代表者，设主任代表一人，以下每增代表三人，增设主任代表一人。

第十五条　村长由村国民大会主席兼任，副村长由村国民大会副主席兼任，书记由村代表会选任之，但不限于代表。

第十六条　村长领导村公所各委员会工作，综理全村政务，为全村行政负责人。副村长协助村长处理一切政务，并于村长因故不能执行职务时代行村长职权。书记协助村长办理文书、账簿及款项出纳等事宜。各自然村之代表以主任代表（有二主任代表以上者则轮流之）为首组成代表团，代表团承村公所之指示，并遵照各公民小组之意旨，集体领导全自然村公民，处理一切行政工作。

第十七条　村公所设以下各委员会：

（一）民政委员会：管理关于地亩、户籍、减租减息、选举、优抗、救济、抚恤、卫生、婚姻、禁烟、空室清野等事宜。

（二）财政委员会：管理关于预算决算、村款摊派与开支、田赋等事宜。

（三）建设委员会：管理关于春耕、秋收、农田、水利、修桥、筑路、植树、护林、合作社、手工业及农村副业之发展等事宜。

（四）教育委员会：管理关于学校、社教、学田、宣传、文化娱乐等事宜。

（五）粮秣委员会：管理关于公粮公草之征收、保管、支付等事宜。

（六）调解委员会：管理关于息讼调解等事宜。

（七）锄奸委员会：管理关于除奸、防匪、清查户口、维持治安等事宜。

第十八条 村公所各委员会设会长一人，除锄奸委员会设委员六人外，余皆设委员二人至四人。各委员会之会长由村代表互推之，委员由村代表会选任之，但不限于代表。小学教员为教育委员会之当然委员或会长（小学教员在二人以上则相互推一人参加教育委员会），村武装委员会主任为锄奸委员会当然委员或会长。

第十九条 为加强行政效率，村公所每半月召开村务会议一次，村务会议由村长、书记、各委员会会长、村自卫队队长组织之，由村长负召集之责。

第二十条 自然村之公民小组，每月由代表负责召开小组会一次。

三、附则

第二十一条 本条例自公布之日施行。

（选自晋西北行政公署《法令辑要》）

山东省临时参议会组织条例

第一条 本条例根据国民参政会第四次全体会议决定，及国民政府颁布之临时参议会组织条例之基本原则，并参照敌后方之实际情形，为实现三民主义及抗战建国纲领，完成地方自治，以巩固敌后方之抗战政治的、社会的基础为目的而制订之。

第二条 山东省临时参议会为代表山东省全体人民之民意机关。

第三条 中华民国之人民年在十八岁以上而居住于山东省内者，无性别、党派、职业、宗教、民族、财产、文化程度之区别，均得选举或被选举为山东省临时参议会议员，但有下列情形之下者，即无选举权或被选举权：

一、有汉奸嫌疑者；

二、有精神病或吸食毒品者；

三、在抗战中受刑事处分褫夺公权尚未复权者。

第四条 山东省参议会参议员名额定为八十一人，候补参议员十九人。

甲、由各地区之人民选出总名额十分之六，由各抗日群众团体代表会选出总名额十分之四。

乙、妇女参议员名额以占总名额百分之二十五为原则，不得少于百分之十。

第五条 在抗战期间，山东省政府之重要施政方针，于实施前应提交山东省临时参议会决议。

在山东省临时参议会休会期间，遇有特殊紧急情形，须作紧急处置时，应提交山东省临时参议会驻会委员会决议施行，但应于山东省临时参议会次期集会时提请追认。

第六条 山东省临时参议会对于有关抗战建国及省政应兴应革事宜，得制定本省单行法规。

第七条 山东省临时参议会有通过全省预算及审核决算之权。

第八条 山东省临时参议会有决议本省经济建设、财政、教育、行政及武装等重要设施之权。

第九条 山东省政府对山东省临时参议会或参议会驻会委员会依六、七、八各条所通过之议案，如认为不能执行时，提交复议；提交时，如经法定出席参议员三分之二赞同原案或对原案予以修正时，山东省政府对于山东省临时参议会复议时之决议应予执行，不得再度提交复议。

第十条 山东省临时参议会有听取山东省政府施政报告之权。

第十一条 山东省临时参议会有向山东省政府提出质问之权。

第十二条 山东省临时参议会有弹劾、罢免本省抗战不力、违法失职之各级官吏之权。

第十三条 山东省临时参议会参议员任期一年，惟遇必要时得由全省各群众团体最高机关过半数之请求，经参议会（或驻会委员会）之接受，得延长一年。

第十四条 山东省临时参议会每六个月开会一次，每次会期为两星期。

如经由政府之请求或全体参议员五分之一以上之请求，或全省最高群众团体最高之机关三分之二以上之请求，或经参议会驻会委员会之决议，均得召开临时会议。

第十五条　山东省临时参议会集会时有参议员总额过半数出席，始得开会，有出席者过半数表决，始得决议。参议会集会时如到会议员不足法定人数，得由候补参议员依次递补出席。

第十六条　山东省临时参议会设议长一人，副议长二人，由全体参议员互选之。

第十七条　山东省临时参议会开会时，以议长为主席，议长因公缺席时，由副议长代理之。

第十八条　山东省临时参议会休会期间，设驻会委员会代行临时参议会之职权，由参议员互选十一人至十七人组织之（议长、副议长为当然驻会委员）。其任务为听取山东省政府各种报告，及监督山东省临时参议会决议案之实施。

第十九条　山东省临时参议会设秘书处，秉承议长之意旨办理参议会一切事务，秘书处设秘书长一人，由驻会委员会就驻会委员中选任之，设秘书一人至二人，由议长聘任之。

第二十条　山东省政府主席、秘书长及厅长、省府委员及山东最高司法负责人员得出席于山东省临时参议会，但无表决权。

第二十一条　山东省临时参议会参议员为无给职，开会时应给旅费，但议长、副议长及驻会委员会之待遇与同级政府工作人员同。

第二十二条　山东省临时参议会参议员在会议中所发之言论，对外不负责任。

第二十三条　山东省临时参议会参议员在开会期间，非现行犯任何军警机关不得加以逮捕。

第二十四条　山东省临时参议会议事规则及驻会委员会办事细则另定之。

第二十五条　本条例解释之权属于山东省临时参议会。

第二十六条　本条例如有未尽事宜，由山东省临时参议会修正公布之。

第二十七条　本条例由山东省国大代表复选大会及各抗日群众团体代表大会联合开会通过公布施行。

（选自《山东省战时法规政令汇编》第一辑第一分册，一九四二年版）

修正山东省临时参议会组织条例

(一九四三年九月山东省临时参议会修正通过)

第一章 总则

第一条 本条例依据国民参政会第一届第四次会议决议及国民政府颁布省临时参议会组织条例之基本原则，并适应敌后环境制定之。

第二条 山东省临时参议会（以下简称本会）为代表本省人民之最高权力机关。

第二章 参议员

第三条 中华民国之人民年在十八岁以上居住于山东省境内者，无职业、性别、党派、宗教、民族、财产、文化程度之区别，均有选举与被选举为省参议员之权，但有下列情形之一者，无选举权与被选举权。

一、有汉奸嫌疑者。

二、有精神病或吸食毒品者。

三、在抗战中受刑事处分褫夺公权尚未复权者。

第四条 省参议员名额定为八十一人，候补参议员二十六人，其分配如下：

一、由各行政区选出总名额十分之六，由全省抗日军队及群众团体选出总名额十分之四。

二、妇女参议员不得少于百分之十。

三、特别地区不能进行选举时，由本会聘请之。

省参议员之选举办法另定之。

第五条 省参议员之任期定为二年，连选得连任，遇必要时得由本会驻会委员会与山东省行政委员会共同提议，经各行政区参议会及省群众团体过半数之同意延长之，但以二年为限。

第六条 省参议员为无给职，但得酌发公旅费，驻会委员之待遇与省行政委员同。

第七条 各地区、各团体所选出之省参议员，原选举地区或团体认为不足代表其意见时，有详具理由请求本会准予罢免改选之权，原选举地区或团体不明确及由本会聘请之省参议员不足代表民意时，其决定罢免改聘改选之权属本会。

第八条　省参议员如因犯罪被褫夺公权时，由本会决定解除其参议员职务，通知其原选举地区或团体补选之，原选举地区或团体不明确及由本会聘请之参议员，由本会决定补选补聘。

第九条　省参议员如有死亡或其他事故不能执行职务而致缺额时，由原选举地区或团体之候补参议员递补，或由本会决定补选补聘。

第三章　职权

第十条　本会之职权如下：

一、制定或通过本省施政纲领。

二、制定本省单行法规。

三、审查通过本省预决算，决定赋税、公粮之增收或减免。

四、选举省行政委员。

五、听取及通过省行政委员会之施政报告。

六、监督本省各级政府对本会决议之执行。

七、弹劾违法失职之各级行政、司法人员，本省驻军有违法失职行为时，得向其上级机关检举。

八、促进下级参议会之建立，协助下级参议会正确行使职权。

九、行政区以下各级政权所决议之案件，如本会认为违反政策时，得通知省行政委员会以命令停止执行。

十、决定有关改善人民生活及救济事项。

十一、审议政府请议及人民请愿事项。

十二、根据本条例第七、八、九各条之规定，处理省参议员之罢免、改选、改聘、递补等事宜。

第四章　组织

第十一条　本会设参议长一人，副参议长二人，由省参议员互选之。

第十二条　本会由参议员互选十一人至十七人组织驻会委员会，参议长、副参议长为当然驻会委员。

第十三条　本会驻会委员得兼任省行政委员，但不得超过驻会委员总额三分之一。

第十四条　本会设秘书长一人，由驻会委员互推之，协助参议长副参议长处理日常会务。

第五章 会议

第十五条 本会每年召开参议员大会一次，会期一月，必要时得缩短或延长之。

第十六条 本会召开参议员大会时，以参议长为主席，参议长缺席时，由副参议长担任之，必要时得加推参议员若干人组织主席团。

第十七条 本会参议员大会，如遇特殊情形得延期召开，有下列情形之一时，得召开临时大会。

一、驻会委员会之决议。

二、全体参议员二分之一以上之请求。

三、省行政委员会之请求。

四、全省行政区参议会三分之二以上之请求。

五、全省县参议会二分之一以上之请求。

六、全省公民二十分之一以上之请求。

第十八条 本会召开参议员大会时，非有参议员总额过半数出席不得开议，非有出席参议员过半数通过，不得决议。

第十九条 本会开参议员大会时，如参议员有请假者，得由到会候补参议员临时递补出席。

第二十条 省参议员在会议中所发言论及所为表决，对外不负责任。

第二十一条 省参议员在开会期间，非现行犯不得逮捕，在闭会期间因犯罪而被逮捕时，逮捕机关须通知本会驻会委员会。

第二十二条 本会开参议员大会时，省行政委员会须向大会作施政报告，各委员及各处、局、会主要负责人均得列席会议。

第二十三条 本会之决议案交省行政委员会执行之，省行政委员会对决议案有不同意见时得提出理由请求复议，如仍照原案通过，应即执行。

第六章 驻会委员会

第二十四条 驻会委员会受大会之委托处理大会交办事项，及大会闭会期间之日常工作。

第二十五条 驻会委员会之职权如下：

一、监督省行政委员会执行大会决议并得随时提出质问、建议与批评，省行政委员会须迅速答复。

二、审查省行政委员会为执行大会决议而制定之各种规程、条令、方案及适用某一地区之暂行办法，或以紧急情况而拟定之紧急措置。

三、根据大会通过之概算案，检查省行政委员会财政收支状况。

四、弹劾违法失职之各级政府人员，但省行政委员有违法失职行为时，须经大会提出弹劾。

五、派代表列席省行政委员会之会议，并得定期听取省行政委员会之施政报告。

六、视察各地区施政状况，监督各级政府执行大会决议，征询人民意见。

七、对散处各地之省参议员，经常联系，征询意见。

八、接受政府请议及人民请愿事项。

九、草拟各项法规，提交下次大会讨论，为下次大会进行准备工作，并向大会报告工作。

十、在大会闭会期间，代表大会处理本条例第十条第十二款所规定之事宜，但须向下次大会报告请求追认。

十一、召开下次大会或临时大会。

第二十六条 驻会委员会每月召开会议一次，必要时得召开临时会议。

第二十七条 驻会委员会视工作之需要得设立各种专门委员会，如单行法规编审委员会等，必要时可聘请专家充任委员。

第七章 经费

第二十八条 本会之经费每半年造预算一次，由省行政委员会支付之。

第八章 附则

第二十九条 本条例修正及解释权属于山东省临时参议会。

第三十条 本条例由山东省临时参议会通过公布施行。

（选自山东省胶东行署《法令汇编》，一九四四年版）

山东省行政区临时参议会组织条例

（一九四三年九月山东省临时参议会通过）

第一条 本省为推行民主政治，各行政区依本条例之规定，组织临时参议会。

第二条 行政区临时参议会，为代表各行政区人民之最高权力机关。

第三条 中华民国之人民年在十八岁以上居住于本省各行政区者，无职业、性别、党派、宗教、民族、财产、文化程度之区别，均有选举与被选举为本行政区参议员之权，但有下列情形之一者，无选举与被选举权。

一、有汉奸嫌疑者。

二、有精神病或吸食毒品者。

三、在抗战中受刑事处分褫夺公权尚未复权者。

第四条 行政区参议员名额，依地区大小与人口之比例，每区定为四十五人至八十一人，候补参议员十五人至二十六人，其分配如下：

一、由各县选出总名额十分之六，由全区抗日军队及群众团体选出总名额十分之四。

二、妇女参议员名额不得少于百分之十。

三、特别县区不能进行选举时，由行政区临时参议会聘请之。

行政区时参议员选举办法另定之。

第五条 行政区参议员之任期定为二年，连选得连任。

第六条 行政区参议员为无给职，但得酌发公旅费，驻会委员之待遇与本区行政委员同。

第七条 行政区参议员之罢免、改选、改聘、递补，准参用修正山东省临时参议会组织条例第七、第八、第九各条之规定。

第八条 行政区临时参议会之职权如下：

一、在不抵触省法令范围内，制定地方性之单行法规或条例。

二、审议通过行政公署制定之施政方案。

三、审查通过行政区之预决算，检查财政公粮收支。

四、选举行政区行政委员。

五、听取及通过行政公署之施政报告。

六、监督行政区各级政府对行政区临时参议会决议之执行。

七、弹劾违法失职之行政区各级行政、司法人员，当地驻军及省附设机关人员有违法失职行为时，得向其上级机关检举。

八、促进县参议会之建立，并协助其正确行使职权。

九、决定有关改善人民生活及救济事项。

十、审查政府请议及人民请愿事项。

十一、根据本条例第七条之规定，处理行政区参议员之罢免、改选、改聘、递补等事宜。

第九条 行政区临时参议会设参议长一人，副参议长一人或二人，由参议员互选之。

第十条 行政区临时参议会由参议员互选七人至十一人组织驻会委员会，参议长、副参议长为当然驻会委员。

第十一条 行政区临时参议会驻会委员得兼任本区行政委员，但不得超过驻会委员总额三分之一。

第十二条 行政区临时参议会设秘书长一人，由驻会委员互推之，协助参议长、副参议长处理日常会务。

第十三条 行政区临时参议会每半年召开参议员大会一次，如遇特殊情形得延期召开。

第十四条 行政区临时参议会开大会时，以参议长为主席，参议长缺席时，由副参议长担任之，必要时得加推参议员若干人组织主席团。

第十五条 行政区临时参议会有下列情形之一时，得召开临时大会。

一、驻会委员会之决议。

二、全体参议员二分之一以上之请求。

三、本区行政公署之请求。

四、本区县参议会二分之一以上之请求。

五、全行政区公民二十分之一以上之请求。

第十六条 行政区临时参议会开会时之法定人数及参议员请假临时递补出席办法，准参用修正山东省临时参议会组织条例第十八、第十九两条之规定。

第十七条 行政区参议员在会议中与开会期间及闭会期间之法定权利，准参用修正山东省临时参议会组织条例第二十、第二十一两条之规定。

第十八条 行政区临时参议会开会时，行政公署须向大会作施政报告，各委员、各处（科）、局、会主要负责人均得列席会议。

第十九条 行政区临时参议会之决议案交行政公署执行，行政公署对决议案有不同意见时，应详具理由请求复议，如仍照原案通过应即执行，如遇有与省法令抵触时，应请示省行政委员会，但在未有新指示之前，以遵照原有法令为原则。

第二十条 行政区临时参议会驻会委员会之职权与会期，得参用修正山东省临时参议会组织条例第二十四、第二十五、第二十六、第二十七各条之规定。

第二十一条　行政区临时参议会之经费，每半年造预算一次，由行政公署支付之。

第二十二条　本省直属行政专员区设临时参议会，准适用本条例。

第二十三条　本条例之解释及修正权属于山东省临时参议会。

第二十四条　本条例由山东省临时参议会通过，省行政委员会公布施行。

（选自山东省胶东行署《法令汇编》，一九四四年版）

山东省县参议会组织条例

（一九四三年九月山东省临时参议会通过）

第一章　总则

第一条　本省为推行民主政治，各县依本条例之规定，组织县参议会。

第二条　县参议会为代表全县人民之最高权力机关。

第二章　参议员

第三条　中华民国之人民年在十八岁以上，居住于本省各县者，无职业、性别、党派、宗教、民族、财产、文化程度之区别，均有选举与被选举为本县参议员之权，但有下列情形之一者，无选举及被选举权。

一、有汉奸嫌疑者。

二、有精神病或吸食毒品者。

三、在抗战中受刑事处分褫夺公权尚未复权者。

第四条　县参议员名额依县境大小及人口比例定为四十五人至七十五人，候补参议员十五人至二十五人，其分配如下：

一、由全县区村选出总名额十分之六，由全县抗日军队及群众团体选出总名额十分之四。

二、妇女参议员名额不得少于百分之十。

三、特别区村不能进行选举时，由县参议会聘请之。

县参议员选举办法及选举区之划分另定之。

第五条　县参议员之任期定为二年，连选得连任。

第六条　县参议员为无给职，但出席开会得酌发公旅费，驻会委员之待遇与县行政委员同。

第七条 县参议员之罢免、改选、改聘、递补，准参用修正山东省临时参议会组织条例第七、第八、第九各条之规定。

第三章 职权

第八条 县参议会之职权如下：

一、审查通过县政府制定之施政方案与推行政令之实施办法。

二、选举县长及县行政委员。

三、听取及通过县府之施政报告。

四、根据上级政府所规定之原则，审查通过县财粮之预决算，检查县财粮收支。

五、依据上级法令，决定地方建设重要设施，及其他应兴应革事项。

六、监督县区村对政策法令及县参议会决议案之执行。

七、弹劾全县违法失职之各级行政、司法人员；当地驻军及上级附设机关人员有违法行为时，得向其上级机关检举。

八、县参议会对县政府之设施有不同意见时，得提出质问，县政府须迅速答复。

九、决定改善人民生活及救济事项。

十、审议县政府请议及人民请愿事项。

十一、根据本条例第七条之规定，处理县参议员之罢免、改选、改聘、递补等事宜。

第四章 组织

第九条 县参议会设参议长一人，副参议长一人，由参议员互选之。

第十条 县参议会得设驻会委员会，由参议员互选五人至七人组织之，参议长、副参议长为当然驻会委员。

第十一条 驻会委员得兼任县行政委员，但不得超过驻会委员总额三分之一。

第十二条 县参议会设秘书一人，由驻会委员或参议员兼任之，协助参议长、副参议长处理日常会务。

第十三条 县参议会驻会委员会之职权如下：

一、接受大会交办事项，对大会负责报告工作。

二、监督县区村对县参议会决议案之执行。

三、派代表列席县政府行政会议。

四、接受及审查县政府请议及人民请愿事项。

五、检查县财政收支状况。

六、弹劾全县违法失职之各级政府人员，但县长或县行政委员如有违法失职时，须经大会提出弹劾。

七、驻在本县上级附设机关之工作人员有违法失职行为时，得随时检举之。

八、视察各区村施政状况，征询人民意见。

九、对散处全县之参议员经常联系，征询意见。

十、在大会闭幕期间，代表大会处理本条例第八条第十一款所规定之事宜，但须向下次大会报告，请求追认。

十一、召集下次大会或临时大会。

第五章 会议

第十四条 县参议会每三个月或半年召开参议员大会一次，如遇特殊情形得延期召开。

第十五条 县参议会开大会时，以参议长为主席，参议长缺席时，由副参议长担任之，必要时得加推参议员若干人组织主席团。

第十六条 有下列情形之一时，得召开临时大会。

一、驻会委员会之决议。

二、全体参议员二分之一以上之请求。

三、县政府之请求。

四、全县公民二十分之一以上之请求。

第十七条 县参议会开会时之法定人数，与参议员请假临时递补出席办法，准参用修正山东省临时参议会组织条例第十八、第十九两条之规定。

第十八条 县参议员在会议中与开会期间及闭会期间之法定权利，准参用修正山东省临时参议会组织条例第二十、第二十一两条之规定。

第十九条 县参议会开会时，县政府须向大会作施政报告，县长、各行政委员、科、局、会主要负责人均得列席会议。

第二十条 县参议会之决议案交县政府执行，县政府对决议案有不同意见时，应详具理由请求复议，如仍照原案通过即须执行，如遇有与上级法令抵触时，应请示上级政府，但在未有新指示之前，须仍遵照上级原有法令执行。

第六章　经费

第二十一条　县参议会之经费，由县政府统一编造之。

第七章　附则

第二十二条　本条例之解释及修正权属于山东省临时参议会。

第二十三条　本条例由山东省临时参议会通过，省行政委员会公布施行。

附　件

各级参议员之权利与义务

甲、权利：

一、得列席下级政府行政会议及下级参议会与驻委会之会议。

二、对下级政府之设施，认为违反政策时，得提出质询。

三、对下级政府，得就地方应兴应革事项提出建议。

四、遇有政府人员违法失职时，得提请驻会委员会依法弹劾。

乙、义务：

一、随时向人民宣传并解释政府之法令。

二、经常征求人民意见，向驻会委员会或当地政府反映。

三、应作执行法令之模范。

四、协助政府解决推行法令中所发生之困难。

五、执行大会所委托之一定工作，向驻会委员会定期报告。

六、供给驻会委员会调查研究材料。

（选自山东省胶东行署《法令汇编》，一九四四年版）

山东省战时行政委员会组织条例

（一九四三年八月山东省临时参议会通过）

第一条　山东省战时行政委员会（以下简称本会）为山东全省行政之统一领导机关，对山东省临时参议会负责。

第二条　本会对于全省行政得颁发命令，并得根据抗战建国纲领及省临参会通过之施政纲领与各项决议，制定实施办法与规程及特别地区之单行法规。

但关于人民负担、涉及人民政治权利及重要行政设施须经省临参会通过施行之。在省临参会闭会期间，倘因应付紧急情况须有重大设施时，得征求省临参会驻会委员会之意见确定办法暂行实施，并须将实施情形向省临参会提出详细报告，请求追认。

第三条　本会设行政委员九人至十三人，由省临参会选举之，行政委员之任期与省参议员同。

本会委员出缺过多，执行职务困难时，须由省临参会补选。如省临参会不能召集时，由行政委员会推选，提请省临参会驻委会同意，暂时执行职务。

第四条　本会之组织原则为民主集中制，各项行政工作之进行，由各委员或主管部门负责计划，拟订方案，提交本会委员会通过执行之。

第五条　本会设主任委员一人，由委员互选之，对外代表本会，对内根据施政纲领及委员会决议指导督促各部门之工作，及处理临时紧急事项，委员会开会时任主席。

第六条　本会设秘书长一人，由委员互选之，协助主任委员处理日常会务，如主任委员公出时，由秘书长代行其职务。

第七条　本会设下列各处：

1. 民政处；2. 财政处；3. 工商管理处；4. 教育处；5. 高级审判处；6. 公安局。

第八条　本会各处各设处长一人，由委员互推之，必要时设副处长。

第九条　本会设秘书处，受秘书长领导，处理本会文书、会计、庶务及不属其他各处事项。

第十条　民政处（科）之职掌如下：

一、关于提请任免行政人员事项。

二、关于干部管理及训练事项。

三、关于土地行政事项。

四、关于户籍事项。

五、协同财政处筹划征收公粮事项。

六、关于选举事项。

七、关于卫生行政事项。

八、关于赈灾、抚恤、优抗、保育及其他社会救济事项。

九、关于战时邮政交通事项。

十、关于婚姻登记及礼俗宗教事项。

十一、关于劳资及业佃争议事项。

十二、关于战争动员事项。

十三、关于人民团体之登记事项。

十四、其他有关民政事项。

第十一条 财政处之职掌如下：

一、关于税务公款及公债事项。

二、关于编制预算决算事项。

三、关于金库收支事项。

四、关于金融及银行之监督调整事项。

五、关于田赋公粮事项。

六、关于财粮审计事项。

七、关于公产管理事项。

八、关于支差事项。

九、其他有关财政事项。

第十二条 工商管理处之职掌如下：

一、关于对敌经济斗争之计划与组织领导事项。

二、关于工业生产及渔盐矿产之管理事项。

三、关于出入口贸易统制及物资管理事项。

四、关于外汇之管理调整事项。

五、关于商业行政市场管理事项。

六、关于合作事业之指导推动事项。

七、关于公营企业之管理事项。

八、关于进出口税、盐税、所得税、营业税等征收及缉私稽查事项。

九、其他有关工商事业。

第十三条 教育处之职掌如下：

一、关于各级学校事项。

二、关于社会教育事项。

三、关于编辑图书教材事项。

四、关于对敌文化斗争及文化宣传事项。

五、关于社会文化及学术团体等之指导奖进事项。

六、关于出版物之审查及登记事项。

七、其他有关教育事项。

第十四条　高级审判处之职掌如下：

一、关于司法行政［及］提请任免各级司法干部事项。

二、关于审核各级司法案件之处理。

三、关于司法人员之培养及教育。

四、复审下级司法机关判决而未经上诉之重要刑事案件。

五、受理特种刑事第一审案件。

六、受理不服直接下级司法机关之判决而上诉之案件。

七、受理不服直接下级司法机关之裁定而抗告之案件。

八、其他有关司法事项。

第十五条　公安处之职掌如下：

一、关于维持全省抗日民主社会秩序事项。

二、关于汉奸敌探之侦察破获及缉捕事项。

三、关于人民除奸组织之指导事项。

四、关于防匪事项。

五、其他有关公安工作事项。

第十六条　本会得视工作之需要增设其他工作部门，聘请专门委员组织常设或临时专门委员会，其组织办法临时规定。

第十七条　本会依工作需要得聘请各项专门顾问。

第十八条　本条例如有未尽事宜得提请山东省临时参议会修正之。

第十九条　本条例由山东省临时参议会通过公布施行。

（选自山东省胶东行署《法令汇编》，一九四四年版）

山东省行政公署组织条例

（一九四三年八月山东省临时参议会通过）

第一条　为适应战时环境，将全省划分为若干行政区，设行政公署。

第二条　行政公署为行政区之行政最高领导机关，在不抵触省法令范围内，带有地方性的应兴应革事宜，得依照本行政区参议会之决议发挥其独立自主的精神。但重大行政设施须呈请省行政委员会核示。

第三条　行政公署之组织原则为民主集中制，由行政区临时参议会选举行政委员七人至十一人组织行政委员会，并呈报省行政委员会备案，其任期与行政区参议员同，如行政委员经上级调动时，行政公署须通知本区临时参议会。

　　第四条　行政公署设主任，副主任各一人，由行政委员会互推之，并呈请省行政委员会加委，其职务为对外代表行政公署，对内根据行政委员会之决议指导督促各部门之工作及处理临时紧急事项，行政委员会开会时任主席。

　　第五条　行政公署设秘书长一人，由行政委员会互推之，协同主任、副主任处理日常行政工作。

　　第六条　行政公署设下列各处（科）局：

　　1. 民政处（科）；2. 财政处（科）；3. 工商管理局；4. 教育处（科）；5. 高级审判分处；6. 公安局。

　　第七条　行政公署各处（科）、局，各设处（科）、局长一人，由行政委员互推，必要时得设副职，均须呈请省行政委员会加委，或由省行政委员会直接委派之。

　　第八条　行政区临时参议会尚未成立时，行政委员及正副主任，由省行政委员会直接委派之。

　　第九条　行政公署设秘书处，受秘书长领导，处理本署文书、会计、庶务及不属于各处（科）、局事项。

　　第十条　民政处（科）之职掌如下：

　　一、关于提请任免行政人员事项。

　　二、关于干部管理及训练事项。

　　三、关于土地行政事项。

　　四、关于户籍事项。

　　五、协同财政处筹划征收公粮事项。

　　六、关于选举事项。

　　七、关于卫生行政事项。

　　八、关于赈灾、抚恤、优抗、保育及其他社会救济事项。

　　九、关于战时邮政交通事项。

　　十、关于婚姻登记及礼俗宗教事项。

　　十一、关于劳资及业佃争议事项。

　　十二、关于战斗动员事项。

　　十三、关于人民团体之登记事项。

　　十四、其他有关民政事项。

　　第十一条　财政处（科）之职掌如下：

一、关于税务公款及公债事项。

二、关于编制预算决算事项。

三、关于金库收支事项。

四、关于金融及银行之监督调整事项。

五、关于田赋公粮事项。

六、关于财粮审计事项。

七、关于公产管理事项。

八、关于支差事项。

九、其他有关财政事项。

第十二条 工商管理局之职掌如下：

一、关于对敌经济斗争之计划与组织领导事项。

二、关于工业生产及渔盐矿产之管理事项。

三、关于出入口贸易统制及物资管理事项。

四、关于外汇之管理调整事项。

五、关于商业行政市场管理事项。

六、关于合作事业之指导推动事项。

七、关于公营企业之管理事项。

八、关于进出口税、盐税、所得税、营业税等征收及缉私稽查事项。

九、其他有关工商事项。

第十三条 教育处（科）之职掌如下：

一、关于各级学校事项。

二、关于社会教育事项。

三、关于编辑图书教材事项。

四、关于对敌文化斗争及文化宣传事项。

五、关于社会文化及学术团体等之指导奖进事项。

六、关于出版物之审查及登记事项。

七、其他有关教育事项。

第十四条 高级审判分处之职掌如下：

一、关于司法行政及提请任免各级司法干部事项。

二、关于审核下级司法案件之处理。

三、关于司法人员之培养及教育。

四、复审下级司法机关判决而未经上诉之重要刑事案件。

五、受理特种刑事第一审案件。

六、受理不服直接下级司法机关之判决而上诉之案件。

七、受理不服直接下级司法机关之裁定而控告之案件。

八、其他有关司法事项。

第十五条 公安局之职掌如下：

一、关于维持全区抗日民主社会秩序事项。

二、关于［对］汉奸敌探之侦察、破获及缉捕事项。

三、关于人民除奸组织之指导事项。

四、关于防匪事项。

五、其他有关公安工作事项。

第十六条 行政公署得视工作之需要增设其他工作部门及各种专门委员会，如农林委员会，其委员由行政委员会聘任之，并呈报省行政委员会备案。

第十七条 各行政区根据具体环境及工作上之需要得划分若干专员区，委派行政督察专员，成立行政督察专员公署，代表行政公署督察其所辖区之行政工作，行政督察专员公署之组织条例另定之。

第十八条 各直辖专署（行政专员公署）其性质及职权与行政公署同，其组织机构适用行政督察专员公署组织条例。

第十九条 本条例如有未尽事宜，由山东省战时行政委员会提请山东省临时参议会修改之。

第二十条 本条例由山东省临时参议会通过，山东省战时行政委员会公布施行。

（选自山东省胶东行署《法令汇编》，一九四四年版）

山东省行政督察专员公署组织条例

（一九四三年九月山东省临时参议会通过）

第一条 根据山东省行政公署组织条例第十七条之规定制定本条例。

第二条 行政督察专员区设专员一人，由行政公署遴选，呈请省行政委员会委任之。必要时设副专员。

第三条 行政督察专员之职权如下：

一、传达上级政府的命令与指示，领导所属推行政策法令。

二、代表行政公署督促检查所属各县对于政令之执行。

三、根据各县施政状况，提请任免所属行政人员，并实施奖惩。

四、对于地方应兴应革事宜，得拟定计划，呈请行政公署核准施行。

五、对于驻在于所辖地区之上级附设机关，得指导监督之。

第四条 行政督察专员公署设秘书主任一人，协助专员处理日常工作，并领导文书、会计、庶务等事项。

第五条 行政督察专员公署依工作需要，得设民政、财粮、教育、司法、卫生、农林等科及工商管理、公安等局，各科、局设科、局长一人，必要时得设副职，由行政公署提请省行政委员会委任之。

第六条 各科、局之职掌如下：

一、民政科——关于干部管理与教育；户籍调查；土地陈报；办理选举，及优抗、抚恤、救济、战争动员；改善民生；婚姻登记；礼俗改变等事项。

二、财粮科——关于田赋税款之征收与解交，公粮之筹征与分配；财粮预决算之审核与编造；公产之管理，金库之监督及支差等事项。

三、教育科——关于学校教育与社会教育之管理；各种文化学术团体之指导；对敌文化斗争与文化宣传等事项。

四、司法科——关于复审转呈县级司法机关判决而未经上诉之重要刑事案件；受理重大刑事第一审案件；受理不服县司法机关之判决而上诉之案件；受理不服县级司法机关之裁定而抗告之案件及其他司法事项。

五、卫生科——关于卫生行政；社会卫生；指导与监督地方医院及医生、药店登记及管理等事项。

六、农林科——关于推动耕种收割，指导农业改进；提倡水利，推广垦殖畜牧及农业副产；指导育苗植树，管理公有林场；协助举办农业贷款；管理农业试验场所等事项。

七、工商管理分局——关于计划领导对敌经济斗争；管理工业生产及矿产渔盐之开发；统制出入口贸易，掌握物资，管理外汇；组织商人，管理市场；推广合作，管理公营企业及进出口税收等事项。

八、公安局——关于维持社会秩序；侦察破获缉捕汉奸敌探；防止盗匪，及组织与指导民众锄奸等事项。

第七条 行政公署或直辖行政专员公署以下临时设立之办事处，其性质及职权与行政督察专员公署同，得适用本条例。

第八条 本条例如有未尽事宜，由山东省战时行政委员会提请山东省临时参议会修正之。

第九条　本条例由山东临时参议会通过，山东省战时行政委员会公布施行。

（选自山东省胶东行署《法令汇编》，一九四四年版）

山东省战时县区乡村各级政府组织条例

（一九四〇年十一月七日通过公布施行）

甲、县政府组织条例

第一章　总则

第一条　县政府为代表全县抗日人民之抗日民主政府，为实行地方自治之领导机关。

第二条　根据民主政治及地方自治之原则，县人民代表会或县参议会为全县民主政权之最高权力机关，县政委员及县长之任务及其施政纲领与单行法令，悉以县参议会或县人民代表会之决议施行之。

第三条　县政府之基本任务为根据三民主义抗战建国纲领及县参议会之决议，组织与武装人民，进行各种参战工作，驱逐日寇汉奸，保卫地方治安，管理与督促全县政务之推行，执行财政经济政策，整理税收，厉行经济建设，改善人民生活，推行国防教育等，以贯彻政府之抗战国策及建国事业。

第二章　组织

第四条　县政府设县政委员会，其委员名额为七人至十三人，由县参议会选举之，并呈报上级行政机关备案。

第五条　县政府设县长一人，由县参议会在县政委员中选举之。

第六条　县政府设下列各处、科、局、部及下列人员：

一、秘书处：设秘书一人，科员三人至五人，政治指导员一人。

二、民政科：设科长一人，科员三人。

三、财政科：设科长一人，科员二人。

财政科之下分设金库主任一人，会计、出纳各一人，如事实需要时，并可另外设立税务局，专司各种税收事宜。

四、粮食科：设科长一人，科员二人，事务员若干人。

五、经济建设科：设科长一人，科员二人。

六、教育科：设科长一人，科员二人。

七、武装科：设科长一人（由县大队长或大队副兼），科员一人至二人。

八、司法处：其组织条例另定之。

九、公安局：设局长一人，政治指导员一人，干事一人至三人。

十、视导处：设主任一人，视导员三人至五人（可由各科员兼）。

十一、县大队部：设大队长一人，由县长兼任（必要时得由上级军事机关另委大队长），大队副一人，政治主任或政治教导员一人。

第七条 县政府各处、科、局、部之负责人得由县政委员兼任之。

第八条 县政府及公安局、税务局、保安大队编制表另定之。

第九条 各县如因县境辽阔，或其他人为障碍，对于行政上指挥不便时，可在适当地点酌设县政府行署，就近领导各该地区政权工作，其内部组织由各该县政府自行规定之。

第十条 县政府根据工作上之需要，得设下列临时或常设委员会，其组织条例另定之。

一、地方行政设计委员会。

二、优待救济委员会。

三、合作事业指导委员会。

四、经济建设委员会。

五、教育委员会。

第三章 任务与职权

第十一条 县政府之组织为民主集中制，县政委员会为全县政务之最高集体领导机关，下列各事务须经县政委员会之决议施行之：

一、关于上级政府令办之重大事项；

二、关于县区乡村之选举事项；

三、关于执行县参议会之决议事项；

四、关于县区乡村行政决议事项；

五、关于县区乡村预决算事项；

六、关于各级行政人员之任免事项；

七、关于训练调整区乡地方武装及游击小组事项；

八、关于县政设施或变更事项；

九、关于筹划县公营事业事项；

十、其他认为应经县政委员会讨论决议事项。

第十二条 县长对内为县政委员会主席，对外为代表县政府之行政首长，其职权如下：

一、召集县政委员会开会时为主席；

二、执行县政委员会之决议与决定；

三、监督全县各级行政机关执行政务；

四、执行上级政府及县参议会之决议与命令；

五、处理县政府之日常工作与紧急任务。

第十三条 县长因公外出或因故不能执行职务时，其职权由县政府秘书或民政科科长代理之。

第十四条 秘书辅佐县长执行政务，在县长直接领导之下掌管如下事务：

一、管理县政委员会之通知与记录；

二、编制统计报告，核拟文件；

三、领导分配、抄写、印刷及收发文件；

四、登记县政府各处、科，局，部人员之进退；

五、典守印信；

六、管理并教育县政府之事务人员及卫生医药管理事项；

七、不属于其他各处、科、局、部之事项。

第十五条 民政科根据县政委员会之决议，在县长领导之下，掌理如下事务：

一、推动指导区乡村行政工作；

二、提供对于区乡村行政人员任免之意见；

三、审查区乡村行政干部；

四、关于优待抗日军人家属及公务人员家属事项；

五、关于区乡村选举事项；

六、关于区乡村土地、户口调查、清丈、登记、统计事项；

七、关于农村卫生设施及公共医院指导管理事项；

八、关于赈灾、抚恤、保育及其他社会救济事项；

九、关于婚姻登记及其他礼俗宗教事项；

十、关于调解劳资及业佃争议事项；

十一、关于办理战时邮政及民众服务事项；

十二、关于推行公平负担，执行减租减息，改善工人待遇，改善妇女生活等改善人民生活事项；

十三、关于人民团体登记事项；

十四、关于禁烟、禁毒、禁赌、放足等改良风俗事项。

第十六条 财政科根据县政委员会之决议，在县长领导之下，掌理如下事务：

一、征解田赋、税捐、公款、公债事项；

二、编制审核县区乡经费预决算事项；

三、县金库收支事项；

四、本县金融之监督、调查、取缔事项；

五、执行改善人民生活之财政经济政策事项。

第十七条 粮食科根据县政委员会之决议，在县长领导之下，掌理如下事务：

一、调查统计全县每年出产粮食总额及其种类；

二、调查统计全县人口每年用粮总额及主要食粮种类；

三、调查统计全县各区食粮盈亏情形；

四、调剂全县人民食粮；

五、筹征、保管及分配救国公粮；

六、调查、审核、统计部队机关团体食粮人数，印发粮食支票；

七、统筹部队、机关、团体烧柴及草料。

第十八条 经济建设科根据县政委员会之决议，在县长领导之下，掌理如下事务：

一、经营农林、畜牧、工商、矿业之计划与管理督促指导事项；

二、各种合作事业之指导事项；

三、各种公营事业之管理、监督与指导事项；

四、统制出入口货物及贸易等事项；

五、其他有关全县之经济建设事项。

第十九条 教育科根据县政委员会之决议，在县长领导之下，掌理如下事务：

一、管理指导全县学校教育及社会教育；

二、管理全县学校教员及各种文化工作人员之审查、登记与分配事项；

三、关于师资及文化娱乐人才之培养训练事项；

四、编制教材，出版报纸及制发宣传教育以及各种有关文化之材料；

五、筹划、保管及分配教育经费；

六、关于公共体育场、图书馆、阅报室、农村俱乐部等之管理与指导事项；

七、其他有关宣传教育及文化事项。

第二十条　武装科根据县政委员会之决议，在县长领导之下，掌理如下事务：

一、关于人民抗日武装团体之调查、整理、统率、编制及军队训练事项；

二、领导人民武装配合军队作战；

三、关于游击小组、自卫团、少先队职员之任免事项。

第二十一条　司法处为县政府司法机关，在县政委员会之决定与县长指导下，掌理如下事务：

一、关于民刑诉讼案件第一审事项；

二、组织与领导各级调解委员会及巡回法庭事项；

三、积极检举一切贪污、腐化、浪费、渎职、枉法、违犯法令、扰乱治安之事项；

四、罪犯之管理与教育事项。

第二十二条　公安局根据县政委员会之决议，在县长领导之下，掌理如下事务：

一、关于汉奸、敌探、托匪、土匪、顽固分子之侦察、缉捕、处理事项；

二、关于敌伪活动情形之侦察与通报事项；

三、关于违警案件之处理事项；

四、戒严盘查等维持治安事项；

五、领导各区锄奸特派员工作及推行锄奸教育事项；

六、计划并指导全县人民锄奸网工作事项；

七、接受县政府及县司法处之委托，执行逮捕、侦察人犯事项。

第二十三条　视导处在县长直接领导之下，并受各科长之指导，掌理如下事务：

一、巡视、督促、检查各区乡村行政工作；

二、辅助、协助各区乡村行政机关进行工作；

三、传达县政府之工作意见于各区乡村政府；

四、反映各区乡村工作意见于县政府；

五、进行各种社会调查，反映人民对政府之意见。

第二十四条　县大队部为县政府所辖地方武装之指挥机关，根据军区之指导，县政委员会之决议，在县长领导之下，掌理如下事务：

一、关于县区乡地方武装之统率、编制、教育、调遣、分配及其他职员任免事项；

二、指挥人民武装，保卫地方治安，肃清土匪汉奸事项。

第四章　附则

第二十五条　本条例自山东省临时参议会通过后施行。

乙、区公所组织条例

第一章　总则

第一条　区公所直接受县政府之管辖及区参议会之监督。

第二章　组织

第二条　区设区政委员会，由区参议会选举委员五人至七人组织之，并呈报县政府备案。

第三条　区设正副区长各一人，由区参议会就区政委员中选举之。

第四条　区公所设下列各员，根据区政委员会之决议，在区长领导之下，分掌全区各项事务：

一、文书一人；

二、助理员三人；

三、保安中队长一人，中队副一人，政治指导员一人；

四、公安特派员一人。

第五条　前条所列各项工作人员确定后，须分别呈请县政府或县大队部备案加委。

第六条　区公所根据工作之需要，得组织下列临时或经常委员会：

一、地方行政设计委员会；

二、合作事业指导委员会；

三、经济建设委员会；

四、优待救济委员会；

五、调解委员会。

第三章 职权

第七条 区公所之组织为民主集中制，区政委员会为区公所之最高集体领导机关，下列各项事务，须经区政委员会之决议施行之：

一、上级政府令办之重大事项；

二、区乡村之选举事项；

三、执行区参议会决议事项；

四、区乡村行政决议事项；

五、区乡村预决算事项；

六、区政设施或变更及区公营事业之事项；

七、区以下各级行政人员任免事项；

八、其他认为应经区政委员会讨论决议事项。

第八条 区长对内为区政委员会主席，对外为代表区公所之行政首长；其职权如下：

一、召集区政委员会，开会时为主席；

二、执行区政委员会之决议与决定；

三、监督全区行政机关执行政务；

四、执行区参议会之决议与上级政府之命令；

五、处理区公所之日常工作及紧急任务；

六、兼任区中队长。

第九条 副区长除协助区长总理全区事务外，并兼任民政事项。

第十条 第二条所列区公所工作人员之分工如下：

一、文书任文书及总务事宜；

二、助理员分掌财政、粮食、经济建设及教育事宜；

三、中队副及政治指导员管理区中队、乡分队及游击小组，自卫团事宜；

四、公安特派员掌理社会除奸及情报事宜。

第四章 附则

第十一条 本条例经山东省临时参议会通过后公布施行。

丙、乡公所组织条例

第一章　总则

第一条　乡公所受区公所之管辖及乡参议会之监督。

第二章　组织

第二条　乡设乡政委员会，由乡参议会选举委员三人至五人组织之，并呈由区公所转呈县政府备案加委。

第三条　乡设正乡长一人，副乡长两人，由乡参议会就乡政委员中选举之。

第四条　乡长、副乡长分别担任乡公所民政、财政、粮食、经济建设、教育各项事宜。

第五条　乡长兼任地方武装之分队长，另设副分队长一人，政治指导员一人，掌理乡分队及游击小组、自卫团等武装事宜。

第六条　乡政人员选定后，一律呈由区公所转呈县政府备案加委。

第七条　乡公所之乡长、副乡长、副分队长、政治指导员均脱离生产，其他工作人员应以不脱离生产为原则。

第八条　乡公所根据工作之需要得设下列不脱离生产之各种委员会：

一、优待救济委员会；

二、春耕委员会；

三、粮食委员会；

四、建设委员会；

五、教育委员会。

第三章　职权

第九条　下列各事项须经乡政委员会之决议或决定：

一、上级政府令办之重大事项；

二、关于乡村选举事项；

三、关于执行乡参议会之决议事项；

四、关于乡村行政决议及预决算事项；

五、乡政设施及乡公营事业事项；

六、乡级以下之行政人员任免事项；

七、其他认为应经乡政委员会讨论决议事项。

第十条 乡长对内为乡政委员会之主席，对外为代表乡公所之行政首长，其职权如下：

一、召集乡政委员会；

二、执行乡政委员会之决议；

三、执行并监督各委员会之工作及全乡行政事项；

四、执行上级政府之命令及乡参议会决议；

五、处理乡公所日常工作及紧急事务。

第十一条 乡长因公外出或因故不能行使职权时，由乡长指定副乡长一人代理之。

第四章 附则

第十二条 本条例经山东省临时参议会通过公布施行。

丁、村公所组织暂行条例

第一条 村民大会（或村民代表大会）为村政权之最高权力机关，村民大会（或村民代表大会）闭幕后，村政权属于村公所。

第二条 村公所之组织设村长、副村长、村政委员会。

第三条 村政委员由村民大会或村民代表会选举，就全村之工、农、青、妇、学校、士绅等人士中选举三人至七人组织村政委员会，再就村政委员中推选村长与副村长。

第四条 村长、副村长及村政委员会选出后，须呈由乡公所转呈区公所加委。

第五条 下列事项应经村政委员会讨论处理之：

一、关于村政及区乡公所令办事项；

二、关于本村选举事项；

三、实行合理负担，征收救国公粮；

四、动员群众参战工作；

五、关于本村教育及生产建设事项；

六、关于本村之抗属、难民等之救济优待事项；

七、本村警戒及锄奸事项；

八、调查本村村民争议事项；

九、关于本村其他一切应兴应革事项。

第六条　村政委员会为适应工作之需要，得设各种专门委员会。

第七条　村长与村政委员之任期为一年，任期后须改选，但得连选连任。

第八条　根据战争及工作之需要，除村长得脱离生产，按照政府脱离生产人员待遇外，其他村政委员均不脱离生产。

第九条　如村长或村政委员有不称职或贪污事项，区乡公所与村民大会得随时撤换之，区乡公所撤换村长时，应提交村民大会或村民代表会通过后施行。

第十条　本条例经山东省临时参议会通过后公布施行。

（选自《山东省战时法规政令汇编》第一辑第一分册，一九四二年版）

修正山东省县政府组织条例

（一九四○年十一月山东省临时参议会通过，
一九四三年九月修正通过）

第一章　总则

第一条　县政府为全县行政最高领导机关。

第二条　县政府对于全县战争动员，民主设施，生产建设，文化教育及地方应兴应革事宜，依据上级政府之法令制定施政计划，经县参议会之通过实行之。

第二章　组织

第三条　县政府之组织原则为民主集中制。由县参议会选举行政委员七人至九人组织县行政委员七人至九人组织行政委员会，并呈报上级政府备案，其任期与县参议员同。

第四条　县政府设县长一人，由县参议会就行政委员中选举之，并呈请山东省战时行政委员会加委。在县参议会未成立前，由山东省战时行政委员会直接委任之。

第五条　县长如经上级政府调动时，县政府须通知县参议会改选，县参议会不能选举时，由上级政府派员代理。

县行政委员经上级调动时，县政府须通知县参议会改选。

第六条 县政府设秘书一人，协助县长处理日常行政工作，并领导文书、会计、庶务等事项。

第七条 县政府得设下列各科、局：

一、民政科；

二、财粮科；

三、农林科；

四、教育科；

五、司法科；

六、武装科；

七、公安局；

八、工商管理局。

第八条 县政府各科、局设科、局长，必要时设副职，均由行政公署（行政专员公署）委任，或由县行政委员会推选，呈请加委，县政府之编制表另定之。

第九条 县政府视工作之需要得设常设或临时专门委员会。

第十条 为适应战争环境，县政府得呈准省行政委员会设立行署，其组织办法，得参用本条例，由行政公署核准施行。

第三章　职权

第十一条 下列各事项须经县行政委员会之决议施行之。

一、关于上级政府令办之重大事项。

二、关于执行县参议会之决议事项。

三、关于县区村之选举事项。

四、关于全县预决算事项。

五、关于行政人员之任免事项。

六、关于组织训练调整地方武装及民兵之计划事项。

七、关于人民负担事项。

八、关于筹划地方建设事项。

九、关于重要民刑案件之处理事项。

十、其他认为应经县行政委员会讨论决议事项。

第十二条 县长之职权如下：

一、召集县行政委员会议，开会时为主席。

二、领导所属执行上级政令及县行政委员会之决议。

三、处理县政府之日常工作与紧急任务。

第十三条 县长因公外出时,由秘书或民政科长代行其职务。

第十四条 民政科之职掌如下:

一、推动指导区村行政工作。

二、登记审查区村行政干部。

三、提供关于区村行政人员任免之意见。

四、关于区村选举事项。

五、关于土地陈报、人口登记事项。

六、关于协同财粮科筹划征粮事项。

七、关于减租减息,增加工资,改善民生及调解劳资业佃争议事项。

八、关于优抗救济,抚恤保育及其他社会救济事项。

九、关于卫生设施及公共医院指导管理事项。

十、关于婚姻登记及礼俗宗教事项。

十一、关于禁毒、禁烟、禁赌、放足事项。

十二、关于战争动员事项。

十三、关于战时邮政交通指导事项。

十四、关于人民团体登记事项。

十五、其他有关民政事项。

第十五条 财政科之职掌如下:

一、关于征解田赋,整理公产及整理村财政事项。

二、关于编制预决算事项。

三、关于监督县金库收支事项。

四、关于金融之监督调整事项。

五、关于执行改善人民生活之财政政策事项。

六、关于协助民政科办理土地陈报、人口登记事项。

七、关于筹征、保管及分配救国公粮、公草事项。

八、关于领发粮票,管理支差事项。

九、其他有关财粮事项。

第十六条 农林科之职掌如下:

一、关于推动耕种收割,指导农事改进事项。

二、关于提倡水利,推广垦殖畜牧事项。

三、关于指导育苗植树,管理公有林场事项。

四、关于协助举办农业贷款事项。

五、关于管理农业试验场所事项。

六、其他有关农林事项。

第十七条 教育科之职掌如下：

一、关于全县学校教育与社会教育事项。

二、关于学校教育与社会教育工作人员之审查登记事项。

三、关于师资及文化工作人才之培养训练事项。

四、协同财粮科筹划保管与分配教育款产及经费事项。

五、其他有关文化教育事项。

第十八条 司法科之职掌如下：

一、关于民刑诉讼案件初审事项。

二、关于推动组织与指导各级调解委员会事项。

三、关于民刑案件之执行，罪犯之管理与教育事项。

四、关于受理非讼事项。

五、其他有关司法事项。

第十九条 武装科之职掌如下：

一、关于协助武委会推动人民抗日自卫武装组织事项。

二、关于指挥民兵作战事项。

三、关于指导人民武装执行政府法令政策事项。

四、关于民兵武器、弹药补充事项。

五、关于民兵抚恤、奖惩事项。

六、关于民兵战斗与生产结合之指导事项。

七、关于民兵教育事项。

八、其他有关民兵指导事项。

第二十条 公安局之职掌如下：

一、关于汉奸、敌探、土匪、奸细的侦缉及预审事项。

二、关于敌伪活动情形之侦察与通报事项。

三、关于戒严、盘查、维持治安等事项。

四、计划推动全县人民锄奸教育及指导民众锄奸工作事项。

五、协助司法科执行侦察及缉捕事项。

第二十一条 县工商管理局之职掌如下：

一、关于对敌经济斗争之计划与组织领导事项。

二、关于工业生产及渔、盐、矿产之开发管理事项。

三、关于出入口贸易之统制，掌握物资，管理外汇事项。

四、关于组织商人，管理市场事项。

五、关于推广合作事业，管理公营企业事项。

六、关于管理进出口税、盐税及所得税、营业税等征收、缉私稽查事项。

七、其他有关工商事项。

第四章　附则

第二十二条　本条例如有未尽事宜，由山东省战时行政委员会提请山东省临时参议会修正之。

第二十三条　本条例由山东省临时参议会通过，山东省战时行政委员会公布施行。

（选自山东省胶东行署《法令汇编》，一九四四年版）

修正山东省区公所组织条例

（一九四〇年十一月七日山东省临时参议会通过，
一九四三年九月修正通过）

第一条　各县划为若干区，设区公所，代表县政府管理本区各村镇行政事宜。

第二条　区公所设区长一人，副区长一人，由县政府呈请专员公署委任之。

第三条　区公所设下列人员，由县政府委任之。

一、文书一人。

二、民政助理员一人。

三、财粮助理员一人。

（民政助理员，财粮助理员由区长兼任其一。）

四、文教助理员一人，由完全小学或高小校长或中心小学校长兼任。

五、武装助理员一人，由区武委会主任兼任。

六、公安员一人。

第四条　区设区中队，中队长由区长兼任，其编制表另定之。

第五条　区公所至少每半月开区务会议一次，由区长召集之，其出席人员为正副区长、文书，助理员、公安员等。

第六条　区公所每月举行全区行政会议一次，出席人为区长、副区长、各行政村镇长；列席人为区公所其他干部及群众团体负责人。

第七条　本条例如有未尽事宜，由山东省战时行政委员会提请山东省临时参议会修正之。

第八条　本条例由山东省临时参议会通过，山东省战时行政委员会公布施行。

（选自山东省胶东行署《法令汇编》，一九四四年版）

山东省战时工作推行委员会
关于村政组织与工作的新决定

（一九四一年十月十二日）

村政权是民主政权的基础，健全村政是政权建设的基本问题。

划分小区取消乡后，区公所直接领导村庄一般在四十个以上，单位太多，不易照顾周到。以前决定取消乡之区公所得就五个至八个村庄成立中心村，作为区公所之辅助组织，但因距离太远，村庄太多，如一般之村公所兼任，则因干部力量关系，不易起作用。扩大中心村村公所组织，扩大其职权，则易形成小乡，与原来划小区取消乡之精神不合。因此，经考验后，决定取消中心村制，改用行政村制，做到每个区管辖单位不超过二十个行政村为原则（个别特殊之山区，村庄小而多者例外）。

（一）行政村之划分

1. 凡自然村户口在百户以上，人口在四百人以上者，即划为一个行政村，为区公所下之一个行政单位。

2. 凡百户以下之小村应与附近之其他小村合编为一个行政村，编村间的距离，以不超过三里路为原则。如在三里路内无其他小村，该村户口在四十户以上者，亦得单独成立一个行政村。

3. 在三里路距离内之数小村相加起来超过一百五十户而不足二百户者，亦只编一个行政村。

4. 户口商店（？）在五百户以上之重要市镇，在政治与经济上有重要意义者，得单独成立一镇，设立镇公所，直接受县政府领导；在政治经济上无重要意义之大村，其户口超过一千户以上者，亦得自设一镇，镇附近之小村得划入镇，受镇公所领导。

（二）修正邻闾制

邻闾制是按地区户口编制，其优点是组织严密，其缺点是层次太多。因此，决定取消邻级，缩小闾的范围，改以十五家为闾，闾直辖各户，其上直属于标（副）村或行政村之村公所，二十闾以上之大村及镇，村、镇公所领导单位越多时，得就其街巷之区划分设若干里，作为村镇公所与闾间之中间组织，里以管辖八闾至十五闾为原则。

（三）行政村村公所（以下简称村）之组织

1. 村民大会和村民代表会议为村政权之最高权力机关。

2. 村中每公民十五人成立一公民小组，选举代表一人，组织村民代表会议，为村民大会闭会期间之最高权力机关。村民代表会议闭会后，村政权属于村公所。

公民小组按工、农、青、妇、文等各种性质划分，不论其参加团体与否，以每十五个公民成立一个小组，选举一个代表，而不按区域户口划分（如邻闾制之划分），以便更彻底的发扬民主。村民代表会议闭会后，各代表须分别召开公民小组会议，传达代表会议议决案并征求意见。

3. 村民代表会议设主席一人，由代表会议公推之，二百户以上之大村，得另设副主席一人至二人，均不脱离生产。

4. 村公所之组织为村政委员会与村长、副村长，一般单一行政村设副村长一人，三百户以上之单一行政村，设副村长二人。镇公所设副镇长二人，联合行政村之各自然村村长，均为行政村副村长。

5. 村政委员会之人数由七人到十一人组成之，村长、副村长均为当然村政委员。

6. 村政委员与村长、副村长由村民直接普选，在不能召开村民大会之村庄，得由村民代表会议选举之。

7. 村政委员会下得设下列各种专门委员会：

（1）文化教育宣传委员会——统一与配合全村之文化教育宣传事宜。

（2）经济建设委员会——专管开荒、植树、选种、施肥、兴办水利、发展工业、组织合作社及其他经济建设事宜。

（3）优待救济委员会——专管优待抗属、救济灾民、难民、贫民事宜。

（4）调解委员会——专管调解村民纠纷事宜。

（5）人民抗敌自卫委员会——专管村民抗敌自卫及战时动员事宜。

8. 文化教育宣传、经济建设及优待救济三委员会为村政委员会领导下各种专门问题之讨论、研究、设计机关，对各该专门问题议妥后，必须提交村政委员会审核批准后，始发生效力。各该专门委员会并得受村政委员会之委托，为该专门问题之推行者，委员三人至五人由村政委员会决定提交村民代表会议通过后聘任。主任委员一人由村政委员会互推担任。

9. 调解委员会专管村民纠纷之调查及调解事宜，委员五人至七人，由村民代表会议公推各群众团体代表及公正士绅担任，主任委员由村长兼任。人民抗敌自卫委员会为民主选举之人民抗敌自卫团领导机关，其组织法另定。

10. 村政委员会及各该专门委员会委员为不脱离生产人员。各村政委员必须参加一种以上之专门委员会，领导各该专门委员会工作。

11. 村公所设文书一人，兼管土地、人口登记及会计事宜，由村政委员兼任（镇公所同）。

12. 村民代表得当选为村长、副村长、村政委员及各专门委员会委员。

13. 村民大会与村民代表会议皆由村民代表会议主席召集，村民代表会议主席亦即村民大会主席。

14. 村民代表、村长、村政委员与各专门委员会委员之任期为半年，任满后须举行改选，连选得连任，但得代表会议或村民大会之通过得延长为一年。

15. 村长、村政委员选出后，须报告区公所批准加委。村长、副村长并须转县政府备案，文书、各专门委员会委员及主任委员须报告区公所备案。

（四）行政村公所之组织

1. 凡属几个自然村合组之行政村，其行政村村公所所在地为主村。其他为副村，主村不另设村公所，副村在二十户以上者得另设村公所。

2. 行政村村公所须设于人口众多，地点适中及工作有基础之村庄。

3. 自然村不及二十户者，只设闾长一人，不设村长；二十户以上者，设村长一人，四十户以上者并得单独召开村民代表会议。

4. 各自然村村长由各该自然村村民大会或代表会议选举之。

5. 各自然村村长即行政村之副村长，并为行政村村政委员会之当然委员。

6. 副村村公所不设各种专门委员会。

（五）行政村与副村之关系

1. 在几个小村合组成之行政村，［为］其村（？）之所属各自然村之联合组织，因此，在按照人口比例直接平等选举出来之村民代表会议，为全行政村之最高权力机关，由村民大会或村民代表会议选出之村长、村政委员会为最高行政机关。因此，根据民主集中制原则，行政村对各自然村为领导关系，各自然村必须执行行政村之决议，并接受其领导。

2. 为防止大村与小村之间发生不平等起见，一切重要问题必须经过村民代表会议或村政委员会讨论，以少数服从多数原则，民主表决。

3. 为使区公所深入普遍对各小村之领导起见，区公所在计划与总结工作时，可召集各自然村村长一起到会。

（六）村民大会、村民代表会议、村政委员会与村长之职权

1. 村民大会为全行政村的最高权力机关，其职权如下：

（1）选举村长、村政委员，罢免村长、村政委员。

（2）听取村长、村政委员会工作报告，并检讨村长与村政委员会之工作。

（3）讨论全村重大问题。

2. 村民代表会议为村民大会闭会期间之最高权力机关，其职权如下：

（1）在不能召开村民大会之村庄，代表村民选举及罢免村长、村政委员。

（2）通过各种专门委员会委员。

（3）听取村长、村政委员会施政计划及工作报告。

（4）审核及通过村公所财政收支事项。

（5）讨论本村选举事项。

（6）讨论审议本村清查土地、公平负担事项。

（7）讨论村政委员会及群众团体交议事项。

（8）督促及监察村公所执行村民大会决议事项。

（9）调查及公判村公所、自卫团及群众团体之争议纠纷事项。

3. 村政委员会为村政集体领导机关，下列事项须经村政委员会讨论处理之：

（1）关于讨论、计划、执行县区政府法令之事项；

（2）关于筹划推行村选举事项；

（3）关于推行及审核人口登记及婚姻登记事项；

（4）关于计划与审查村土地陈报清丈数量等级事项；

（5）关于计划与推行按照公平负担办法，征收田赋、公粮、柴草事项；

（6）关于编组及审核村民战时服务事项；

（7）关于计划推行武装动员、组织自卫团、游击小组等实行参战自卫及警戒锄奸事项；

（8）关于村办公费、预决算及全村财政收支事项；

（9）关于计划推行本村学校、夜校、俱乐部、纪念节等一切文化教育宣传事项；

（10）关于组织领导本村春耕、冬耕、夏收、秋收及合作事业等生产建设事项；

（11）关于组织领导本村优待抗属、救济灾民、难民、贫民及指导〔优〕救会工作事项；

（12）关于调解与调查村民争议事项；

（13）关于领导、调整、实行减租减息事项；

（14）关于本村其他一切应兴应革事项。

4. 村长为村政之最高执行者，其职权如下：

（1）对外为村公所之代表；

（2）村政委员会开会时为主席；

（3）村政委员会闭会后保管会议之记录，并根据村政委员会之决议及分工督促其实现，保证任务之完成；

（4）领导村公所之日常工作。

5. 村公所文书专管文书、会计、人口、地亩登记、征收钱粮、柴草、鞋袜等账目及其他杂务事宜。

（七）村公所办公费与脱离生产人员津贴之规定

1. 村公所办公费：

一般行政村每月五元；

二百户以上之行政村每月六元；

三百户以上之行政村每月八元；

联合行政村每加一个十户以上之副村得加办公费一元，每加一个四十户以上之副村得加办公费二元，其具体分配由村政委员会民主决定；

五百户以上之镇公所每月十元；

一千户以上之镇公所每月十五元。

2. 村公所脱离生产人员与粮食津贴：

一般行政村二人，每月津贴粮食八十斤；

二百户以上的行政村——每月津贴粮食一百斤；

联合行政村得按副村数目之多寡，增加粮食二十斤至四十斤，其行政村、副村于各干部间之具体分配，由村政委员会民主决定。

镇公所脱离生产三人至五人，按区公所脱离生产人员待遇，并得设警卫班及通讯员。

3. 津贴村公所之粮食，以津贴担任工作最多、家中最贫苦者为原则，其具体分配由村政委员会民主决议并经区公所核准为原则。这里要反对村政委员会中平均主义，也反对少数村政委员中之单纯利害观念，雇佣观念，以为谁吃了公粮就由谁办公，不吃公粮者就对村政工作不负责。

4. 津贴村公所之粮食，由区公所征公粮中发给，办公费由全县统筹，村公所不得擅自向民间征收。

（八）工作制度

1. 区公所每半月召集全区正、副村长总结工作布置工作一次。

2. 村长每五天或一星期到回报站向区公所回报工作一次，回报站可由区公所分别指定，最好利用集市，区公所派人参加。

3. 村政委员会每五天或一星期开会一次。

4. 村民代表会议每半月开会一次。

5. 村民大会每月开会一次。

6. 村民大会主要的是传达区村公所工作计划，听取村长工作报告并作政治报告。为了使村民重视村民大会并全体到会，没有重大事件（如选举参议员）可不召开临时大会，只召集群众大会，相距稍远之联合行政村，各自然村可分别召开，农忙时经村民代表会议议决得延会一次。

（选自山东省战时行政委员会编印的《参考材料》）

山东省胶东区村政暂行条例

第一章　总则

第一条　为彻底实行民主政治，巩固政权基础，特依据省战工会《关于村政组织与工作新决定》的基本原则与胶东地方实际情况，制定本条例。

第二条 确定行政村为抗日民主政权基础的自治单位，亦即为行政的一级，人民通过这一自治组织，实行管理政权，监督政府，并在村政权领导下，完成抗战建国任务。

第三条 根据地户口在百户以上，人口在四百人以上的自然村，群众已有组织者（抗日的群众团体），即划为一个行政村，为县政府领导下的一个行政单位。

第四条 不满百户之自然村应与附近村庄编划为联合行政村，但各村距离以不超过三里路为原则。超过三里以上，户口在五十户以上之自然村，亦得单独编划为一个行政村。

第五条 三里以内的数个小村，户口总数超过一百五十户，而不满二百户者，亦只编为一个行政村。

第六条 联合行政村村政府所在之村为主村，其他为副村，村政府应设于人口众多、地点适中之村庄。

第七条 联合行政村为各自然村民主的联合组织，副村为行政村的一部分，不是政权的一级。

行政村对副村的领导，应是民主集中制的，副村在行政上必须服从行政村的领导，行政村在领导上，必须根据民主原则，不得包办。

第八条 副村因编划不适当，人民不愿与该主村合编为一个行政村者，得向村政委员会提出意见，经县政府批准后，重新划分之，但政府未批准前仍需服从原行政村之领导。

第二章 民意组织

第一节 公民小组

第九条 公民小组为人民行使民主权利的基础组织，由公民十五至二十五人按照不同的职业（工、农、青、妇、文、商、渔、盐等）、性别组织之。

第十条 参加公民小组的公民，以曾经履行公民登记手续，审查合格，领有公民证者为限。

第十一条 一个行政村内，各个公民小组的人数，应该一致，一种职业范围内的少数公民（如职工）人数不满十五人者，不自成一个公民小组，应合并于其他组内。

第十二条 每一个公民小组选举公民代表一人，并在小组内为小组长。

第十三条　公民代表的职权及任务是：

一、代表全组公民出席村民代表会议。

二、传达村政府及上级政府的法令决定，并根据村政府的命令，组织全组公民完成行政任务。

三、主持公民小组会议，解决各种困难问题。

第十四条　一个小组内的各个公民，有在政治上相互担保之义务，发现有危害抗日的坏分子时，得实行检举，报告政府处理之。

第十五条　公民代表的任期为半年，连选得连任。但公民发现代表不称职时，得经过该小组过半数以上的公民决议，并经村民代表会议批准，予以撤回，另选代表，参加村民代表会议。

第十六条　单一行政村或联合行政村之主村，有公民小组二十组以上者，村政府为便利行政领导，得将三个公民小组所住地区，划为一个行政区，由各公民代表互推主任代表一人，代表各小组之公民，接受村政府布置的行政任务，不满二十个公民小组之行政村，不设主任代表，即由各公民代表代表人民接受行政任务。

第十七条　公民代表或主任代表因故（出外、迁居、出雇、出嫁、疾病等），不能执行职务时，应向该公民小组声明辞职，重新选举之。

第十八条　公民对于编入之公民小组不愿参加时，得提出意见，交村民代表会议讨论决定之。

第二节　村民代表会议

第十九条　村民代表会议，由各公民小组之公民代表组织之。

第二十条　村民代表会议为村民大会闭会期间之最高权力机关，其职权如左（下）：

一、在不能召开村民大会之村庄，代表村民选举及罢免村长、村政委员，但事后须经村民大会追认之。

二、通过各种专门委员会委员。

三、决定公民代表之撤换问题。

四、听取村长、村政委员会施政计划及工作报告。

五、审核通过村财政收支事项。

六、讨论村选举事项。

七、讨论审议土地、负担等事项。

八、讨论村政委员会及群众团体交议事项。

九、督促检查村政府执行村民大会决议事项。

十、调查及仲裁自卫团及群众团体之争议纠纷事项。

十一、向村民大会检举、弹劾违法失职的村政人员。

第二十一条 村民代表会议设主席、副主席各一人，由各公民代表互选担任之，其职权为：

一、召集并主持村民大会、村民代表会议。

二、负责解答公民提出的疑难问题。

三、传达解释上级政府政令与村政决定。

四、指导公民小组会议。

第二十二条 主席、副主席任期均为半年，连选得连任；但经村民大会通过决定，准予延期者，得延长任期为一年。

第二十三条 村民代表会议主席因故不能执行职务时，得由副主席代理之。

第二十四条 村民代表会议每半月开会一次，由主席召集之，会议的主要内容为：

一、传达政府新法令与村中当前应作的工作。

二、讨论村政府，群众团体交议事项。

三、讨论公民小组反映的问题与意见。

临时会议，得因实际需要，或有四分之一以上的代表提议召开之。

村民代表会议非有三分之二以上的代表出席，不能开会。讨论一般问题，有出席代表二分之一以上的同意，即为通过。讨论选举、罢免及决定检举、弹劾问题，或制定村公约时，须有出席代表四分之三的表决通过，始为有效。

第二十五条 村民代表会议闭会后，主席应将决议案送交村政府执行；各公民代表应分头召开公民小组会议，传达村民代表会议的决议。

第二十六条 村民代表会议开会期间之办公用品，由村政府从村办公费内供给之。

第三节 村民大会

第二十七条 村民大会为村政权的最高权力机关，由全体公民组织之，非公民无权利参加。

第二十八条 村民大会有左（下）列职权：

一、选举、罢免、检举、弹劾村政人员。

二、根据抗日民主政府政策法令，制定村的单行规约。

三、听取村长、村政委员会工作报告，并检查其工作。

四、讨论决定行政村的一切重大问题。

第二十九条 村规约制定后，须呈请县政府批准备案，始发生效力。

第三十条 村民大会由村民代表会议主席召集之，并以村民代表会议主席为主席。

第三十一条 村民大会每两月举行一次，其主要内容为：

一、传达上级政府新法令。

二、检查村政工作——村长、村政委员会工作报告。

三、讨论决定行政村的新任务及工作。

四、根据第二十八条，讨论决定村政人员的选举、罢免、检举、弹劾及村规约的制定。

第三十二条 村民大会开会之先，村民代表会议主席应通知全体公民，非有三分之二以上的公民出席，不能开会，应重定会期，另行召集之。

村民大会讨论一般问题，有出席公民二分之一以上的同意即为通过。选举、罢免及决定检举、弹劾问题或制定村规约时，须有出席公民四分之三的表决通过，始为有效。

第三十三条 村民大会非有重大事件（如选举、备战等）经村政委员会提议，或有五分之一的公民要求，不召开临时会议。

第三十四条 村民大会闭会后，村民代表会议主席应将决议案送村政府执行。

第三章　行政机构

第一节　行政村

第三十五条 行政村设村政府，为村行政的最高执行机关，在村民代表会议闭会后，村政权属于村政府。

第三十六条 单一行政村，设村长、副村长各一人，均由村民大会或村民代表会议选举之。

联合行政村，行政村长由村民大会或村民代表会议就村政委员中选举之，有一副村，即由村民大会或村民代表会议就该副村产生之村政委员中，选举副村长一人。行政村长家在副村者，主村依前项之规定，选举副村长一人，副村人口不满二十户者，不选举副村长。

第三十七条 村长为村政府工作执行之领导者，其职权如左（下）：

一、对外为村政府之代表。

二、主持村政委员会的会议（主任委员资格）。

三、村政委员会闭会后，保管会议之记录，并根据村政委员会之决议及分工督促其实现。

四、领导村政府的日常工作。

第三十八条 在战斗紧急情况下，村长对于村行政事项，得为临时的紧急处分，但事后必须提请村政委员会追认之。

第三十九条 村政委员会为村行政的集体领导组织，根据村民大会及村民代表会议之决议，领导全部村行政工作。

第四十条 左（下）列事项，须经村政委员会讨论处理。

一、关于讨论、计划、执行县、区政府令办事项。

二、关于筹划推行村选举事项。

三、关于推行及审核人口、婚姻登记事项。

四、关于计划及审核村土地陈报，清丈数量、等级事项。

五、关于组织领导优待抗属，救济灾难等事项。

六、关于调整、实行减租减息事项。

七、关于组织及审核公民战时服役事项。

八、关于村经费、村财政的收支事项。

九、关于田赋、公粮、公柴的征收事项。

十、关于春耕、冬耕、夏收、秋收及合作事业，水利工程等生产建设事项。

十一、关于计划推行本村学校、夜校、识字班、俱乐部、纪念节等一切教育文化宣传事项。

十二、关于计划推行武装动员、组织自卫团、青抗先、游击小组等，实行参战自卫、警戒、锄奸事项。

十三、关于调查及调解人民纠纷、争议事项。

十四、其他一切应兴应革事项。

第四十一条 村政委员会由村民大会或村民代表会议选举村政委员七人至十一人组织之，并选举出主任委员及副主任委员（即为行政村之村长、副村长）。

第四十二条 联合行政村之村政委员，应包括各个自然村的成分，村政委员选出后，无副村人民者，应重新选举之，村政委员选出后，应呈报县政府备案。

第四十三条 村政委员除参加村政委员会集体领导村政工作外，并分任各种实际工作。

一、行政总务委员一人，负责总务、文书、土地、人口、婚姻登记、减租减息、管理支差、村经费支出等事项。

二、财政经济委员一人或二人，负责领导财经委员会，管理公粮、公柴的征收，保管公款、公产，组织春耕、秋收及合作、水利等生产建设事项。

三、文化教育委员一人，领导文教委员会，管理学校、夜校、识字班、俱乐部，计划推动全村文化宣传事项。

四、军事委员一人，领导自卫团、青抗先、游击小组实行抗敌自卫、警戒锄奸等事项。

五、优救委员一人，负责优待抗属，抚恤荣誉军人，动员战士归队，救济灾［民］、难民、贫民事项。

六、调解委员一人，负责人民纠纷与争议调解事项。

不兼任实际工作的村政委员，得由村政委员会决定，帮助优救及行政总务工作。

第四十四条　村政委员会每半月开会一次，由主任委员召集之，进行左（下）列事项：

一、传达上级政令与村民大会、村民代表会议的决议事项。

二、各村政委员报告工作。

三、工作检讨。

四、下半月村政工作的布置。

村政委员会决议事项，须制作记录。

第四十五条　村政委员会讨论有关其他部门工作时，得通知左（下）列人员列席：

一、村民代表会议主席。

二、抗联会长及工、农、青、妇负责人。

三、小学校长或教员。

四、自卫团长。

五、其他需要列席的人员。

第四十六条　村长、副村长、村政委员，任期为半年，连选得连任，但经村民大会或村民代表会议通过准予延期者，得延长其任期为一年。

第四十七条　村长、副村长、村政委员任满后，须举行改选。在其任职过程中，如有违法渎职经村民大会或村民代表会议决定罢免者，应即辞职，并呈报县政府（或区公所）请求改选，不得再继续任职。

县政府（或区公所）考查属实者，应予批准，指示村民大会实行改选。

第二节 副　　村

第四十八条　副村在行政村村政府领导下，进行工作。

第四十九条　副村设行政村副村长一人，四十户以上之村庄，工作繁重者，由村政委员会指定家在该副村的财经委员会委员一人为书记，负责管理副村的财粮事务。

第五十条　副村人口不满二十户者，只设公民代表或主任代表，在村政府领导下推动、组织、执行副村工作。

第五十一条　副村不成立村民代表会议，与主村各公民小组统一组织之。

第四章　各种专门委员会

第一节　通则

第五十二条　村政府为便利各种工作之进行，得在村政委员会下设立各种专门工作委员会。

第五十三条　专门工作委员会是以行政村为单位成立，副村不设，但会内必须有副村的人民参加。

第五十四条　专门委员会分为经常的与临时的两种，除财经、文教、调解之委员会为常设之专门委员会外，因工作需要，得组织临时专门委员会，工作任务完成后即结束之（如选举委员会、评议土地委员会等）。

第五十五条　各种专门委员会为各该专门工作之讨论、研究、设计机关，决定问题须经村政委员会批准后，始发生效力，但经村政委员会之委托，亦得为该专门工作之执行者。

第五十六条　专门委员会闭会期间，由主任委员主持日常事务。

第二节　财经委员会、文教委员会

第五十七条　财政经济委员会以委员五人或七人组成，由村财政经济委员任主任委员，其余委员由村政委员会物色公正廉明、熟悉财粮经济工作情况人士，提请村民代表会议决定，由村政委员会组织之。

行政村因工作实际需要，得经县政府批准，将财经委员会分别为财粮委员会、生产委员会两个组织，分任财粮、生产建设事项。

第五十八条　财经委员会的任务是：

一、根据政府财政经济政策法令，研究、设计使人民负担得到平允合理。

二、管理公款、公产（学校款产在内）、公粮，掌握财粮制度，管理各种经费、粮食的收支，防止浪费贪污。

三、根据县政府指示，负责清算、整理村财粮、劳役（？），并根据村民代表会议之决定，检查村财政收支。

四、协助银行贷款，研究生产技术的改良，指导发展生产事业，倡办农村副业及合作事业，组织动员春耕、冬耕、夏收、秋收，兴办水利。

五、根据上级政府指示，组织、计划缉私封锁。

第五十九条　财经委员会检查村财政收支，发现违法问题时，应报告村民代表会议处理之。

第六十条　文教委员会以委员五人或七人组织之。村文教委员任主任委员，其余委员由村政委员会就村学校教员及文化人士中物色人选，提请村民代表会议决定，由村政委员会组织成立。

第六十一条　文教委员会的任务如下：

一、拟定一切文化教育宣传工作计划。

二、指导村小学、民校、俱乐部等教育机关。

三、调查研究，统计各种文教工作。

四、研究政府关于教育工作的决定与指示，拟定实施办法。

五、协助财经委员会，整理教育款产。

六、组织举行主持纪念会议。

第六十二条　财经、文教委员会，均每月开会一次，由主任委员召集主持。临时会议均因工作需要随时召开，但其次数不得多于经常会议。

第三节　调解委员会

第六十三条　调解委员会以委员三人或五人组织之，设主任委员一人，由村调解委员任之，其他各委员由村政委员会提出人选意见交村民代表会议讨论决定后，村政委员会负责组织成立。调解委员任期半年，任满后，由村民代表会议重新决定之。

单一行政村村政委员会能兼任调解工作者，即不设置调解委员会，人民纠纷由村政委员会负责调处之。

第六十四条　凡人民纠纷及违犯村公约事件，均由调解委员会调处之。

第六十五条　调处时须召集调解委员会，各委员均须出席，共同负责进行，不得由一、二人办理，形同审讯。

第六十六条　调解人民纠纷时，调解委员会得邀约当事人所在公民小组之公民代表到会协助调解，并准许民众参加旁听。

第六十七条　调解须依据事实证据、法令习惯，以说服解释的方式进行之，并以双方当事人承认为原则，不得欺骗威胁。

第六十八条　在调解中，调解人员得个别听取双方当事人的意见，但不得有报复、污辱、勒索等行为。

第六十九条　调解了结者，应由村政府登记备案，调解不成，即开具事实，介绍至区调解委员会，声请调解。

第七十条　未经村政府调解的事件，不得到区请求调解。

第七十一条　行政村政府就轻微之窃盗、赌博、斗殴、妨害风化等事件，除应赔偿被害人损失部分外，得依政府法令及村单行规约决定一元以上五十元以下的罚金，半日以上十日以下的劳役处罚。

五十一元以上罚金，十一日以上劳役的处罚，村政府无权决定。

第七十二条　前条事件，由调解委员会根据事实理由，提出处理意见，经村政委员会讨论决定之。

决定处罚后，由村政府负责执行。

第七十三条　不服前条所定之村处罚，由村政府开具事实，报告区公所审核决定，当事人同意区公所决定者，仍送交村政府执行之。

不服区公所处罚决定者，区公所应即加具意见，呈报县政府依法审判之。

第七十四条　违约罚金，除提二分之一奖励报告检举人外，余交村政府，由行政总务委员负责保管，作村公益事业之用。

第五章　工作关系

第一节　政府与人民

第七十五条　人民在行政村受村政府的领导。

第七十六条　自卫团员、青抗先队员、群众团体会员及以上各团体组织之负责人，其本人在公民义务上都是以公民资格与政府发生关系，接受村政府领导。

第七十七条　村长、副村长、村政委员、专门委员会委员，其本人在公民义务上与村政府之关系，亦适用前条之规定。

第二节　在民意组织中

第七十八条　村民代表会议主席在会议中主持会议决定问题，须依少数服从多数原则民主表决，主席只有一票权利，不能作最后决定。主席对各代表不是领导关系。

第七十九条　公民代表对各公民不论在民意组织或行政系统上，都是代表关系。

第三节　在行政机构中

第八十条　根据三级政府的组织原则，行政村政府受县政府领导。区公所是县政府的代表，村政府并受区公所之领导，但村政府对区公所在工作的领导上有不同意见时，得通过区公所向县政府提出，请求县政府另为决定。

第八十一条　村政委员会主任委员在村政委员会开会时为主席，主持村政会议，每一问题均须通过民主表决，主任委员应服从村政委员会的决定，主任委员对各委员不是领导关系，各专门委员会主任委员与各委员之关系与村政委员会同。

第八十二条　村长于村政委员会闭会后，在执行各种具体工作上，对各分任实际工作的村政委员是领导关系，专门委员会主任委员与各委员之关系亦同。

第八十三条　副村长对书记在工作上是领导关系。

第八十四条　行政村长、副村长对各公民代表或主任代表，在执行行政任务的关系上是领导关系。

第四节　村政府与民意组织

第八十五条　村政委员会在执行行政任务中，对村民大会、村民代表会议负责，并接受其领导。

第八十六条　村政委员会对村民大会或村民代表会议之决议，认为不能执行者，得提交村民大会或村民代表会议复议，复议决定之问题，村政府须无条件执行。

村民大会或村民代表会议决议事项，非属村范围者，村政府得呈请上级政府决定处理之。

第八十七条　公民小组对村政任务有不同意见时，得向村政府反映，交村民代表会议或村民大会决定之，不属于村政范围者，由村政府呈报上级政府决定处理之。

第五节　村政府与其他部门

第八十八条　村政府与自卫团、青抗先、游击小组是指挥关系，但自卫团、青抗先与上级群众武装部门，仍保有其直属领导关系。

前项指挥关系，系指在战时动员空舍清野、维持治安、戒严、缉私、逮捕现行犯、看青、武装护送等工作中，自卫团、青抗先、游击小组执行以上各种任务，不得超过村政委员会决议之范围。

第八十九条　村政府对村小学、民校、妇女识字班、俱乐部，均为领导关系。

第九十条 各群众团体因团体本身利益，得以团体名义向村政府提出意见。

群众团体负责人在村政委员会讨论有关群众团体问题时，得参加列席，但只有发言权，无表决权。

第六章 工作制度

第九十一条 村级会议制度，依本条例第二十四条，第三十一条，第四十四条，第六十二条实行之。

第九十二条 会（汇）报制度，依左（下）列之规定：

一、村民大会或村民代表会议开会时，村长及分任实际工作的村政委员，须出席会汇报工作。

二、村政委员会开会时，村政委员须会汇报主管工作。

三、公民代表或主任代表在执行行政任务上，随时向村政委员会报告工作，无行政任务时即不会汇报。

四、副村长每半月将副村工作向村政委员会会汇报一次。

五、行政村每一个月向区公所会汇报工作一次。

第九十三条 村级交代制度，依左（下）列规定办理之：

一、村长、副村长、专门委员会主任委员及村政府书记，在新旧任交接时，旧任人员应将经管的公粮、公款、公产、保管的器具物品、文件、戳记、收支账目等与未完事件，如数交与新任人员接收。

二、新旧任村长交接时，应由上级政府派员会同村民代表会议主席负责监交。

三、新旧任村长交接完毕后，须共同呈报县政府备案，未经政府批准者，监交人及旧任村长，不得脱离责任。

四、专门委员会主任委员及管理副村财粮总务工作的书记之交代，报告村政委员会批准即可。

第九十四条 副村如有突击性的重要工作（如驻军、办理土地登记等），行政村长或由村政府派人前往帮助之，不得置而不问或借故推诿。

第九十五条 村政府日常工作，除由村长、副村长负责主持外，各村政委员应实行值日或五日周制度，以辅助之。

第九十六条 县政府与区公所布置工作时，村长得令主管该工作的村政委员前往接受任务，但在执行中，必须经过村政委员会讨论决定之。

第七章　村政人员的待遇与奖惩

第九十七条　村政人员包括村长、副村长、村政委员及村政府书记。

第九十八条　村政人员均不脱离生产，为无给职。

第九十九条　村政人员因工作繁重，影响生产，且家庭贫苦不能维持生活者，得报告区公所呈请县政府批准，享受左（下）列待遇：

一、代耕代收。

二、每人每月十斤至四十斤的补助粮。

补助村政人员的粮食，每行政村以不超过一百二十斤为限，由公粮内开支，村政府不得向人民征收。

村政人员生活特殊贫苦，服务村政又有显著成绩者，得由区公所呈请县政府批准，予以特别救济。

第一百条　村政人员因与敌作战牺牲或负伤残废者，得依《山东省抚恤因公伤亡抗日政民工作人员暂行条例》之规定，予以抚恤。

第一百零一条　村政人员贫苦者，子弟入学得享受半公费待遇。

第一百零二条　村政人员奖惩事项，适用《山东省行政人员奖惩暂行条例》及《惩治贪污条例》之规定。

第八章　附则

第一百零三条　本条例施行后，关于村政工作之法令规定，凡与本条例抵触者，均予废止。

第一百零四条　本条例解释修正之权属于胶东区临时参议会。

第一百零五条　本条例经胶东区临时参议会决定通过，自公布之日施行。

（选自山东省胶东行署《法令汇编》，一九四四年版）

盐阜区区级政府组织法

第一章　总则

第一条　为实现普选，贯彻民主政治，建立新型的民主区政府，特订定本组织法。

第二章　管辖区域

第二条　为便于下情上达，政令贯彻，区之管辖范围及人口规定为：

一、每区管辖村镇从十五至二十四。

二、人口以一万二千至一万五千为限。

三、面积纵横一般不超过十五至二十华里为限。

四、区界之划分应尽可能适应自然界限。

第三条　接敌区或人口过于稀散之地区，为适应特殊环境之需要，其面积人口，得另行规定之。

第三章　组织

第四条　区成立区公民代表大会，由该区各村镇公民选举区代表组成之，设正副主席各一人，负责召开区公民代表大会。

第五条　区置区政府，受县政府之领导，并领导所属村镇政府。

第六条　区政府为委员制，以区行政委员会行使职权。

第七条　区行政委员会设委员九人至十一人（其中区长一人），候补委员二人，由区公民代表大会选举之，其选举法另订之。

第八条　区长为区行政委员会之主任委员。

第九条　为便利推行工作并符合简政原则，区政府暂设民政、财经、文教、公安等四个区员及民政办事员与收发员各一人，必要时（视工作需要）得增设之。

第十条　区政府得视工作需要，设立各种经常的或临时的委员会，如优待抗日军人家属委员会、文化教育委员会、水利建设委员会等。

第十一条　区政府之民政、财经、公安、文教区员，得由区行政委员互推兼任之，或由专门业务所限制，得由上级政府委派之。

第十二条　区政府所属之各种工作委员会委员，经区政府委员会会议决定，由区政府聘请之。

第十三条　区行政委员因病或因故不能工作者，遗缺由候补委员递补之。

第四章　职权

第十四条　区公民代表大会为全区人民最高权力机关，应受县政府之领导，其职权如下：

一、选举与罢免区长及区行政委员。

二、选举与罢免出席县公民代表大会（即参议会）之代表。

三、讨论与决定本区政府工作方针及一切应兴应革事宜，但与上级政府之政令决议相抵触时，应服［从］上级政府之决定。

四、听取区政府工作报告并检查工作。

五、稽核区政府财经收支。

六、讨论上级政府重要政令之具体执行，如认为不切合本区实情，得向上级政府提议更改，在上级政府未作新决定前，仍依照执行，不得随便变更。

七、弹劾本区行政人员之违法渎职事宜。

第十五条 区政府之职权规定如下：

一、讨论与执行上级政府之政策法令及区公民代表大会之决议案，但区公民代表大会之决议案与上级政府之政策法令相抵触时，应以执行上级政府之决定为原则。

二、办理所属村镇民主选举事宜。

三、掌管所属各部门工作及村镇行政设施。

四、管理所属行政人员考绩及任免、训练事宜。

五、办理战时动员及后方勤务事宜。

六、管理本区公营事业与公有财［产］。

七、向上级政府及区公民代表大会报告工作。

八、其他与区政府有关事宜。

第十六条 区长之职权规定如下：

一、对内为区行政委员会之主席，对外代表区政府。

二、执行上级法令指示与区公民代表大会及区政府之决议案。

三、领导与检查区政府各部门及各委员会之工作。

四、领导与督促所属村镇行政工作。

五、总结区行政工作，向区政府委员会、区公民代表大会及上级政府报告。

第十七条 区员受区长之领导，分掌民政、财经、文教、公安各项工作。

一、民政区员应办理下列事宜：

1. 户籍之登记管理。
2. 所属村镇之民主选举。

3. 关于禁烟、禁毒事宜。

4. 扶助工农，改善人民生活。

5. 社会救济、抚恤事项。

6. 战时后方勤务事项。

7. 推动人民拥军优抗。

8. 办理匪伪自新事宜。

9. 调解地方纠纷。

二、财经区员应办理下列事项：

1. 编造区村镇预决算。

2. 调查登记田亩土地及垦荒过户、什科（？）等事宜。

3. 管理公产、学产、逆产及其收支事项。

4. 征收、保管、支拨公粮公草。

5. 征解田赋、契税等事项。

6. 查禁粮食军需资敌及其他对敌经济斗争事项。

7. 关于生产建设及各种合作社事项。

三、文教区员应办理下列事项：

1. 管理并辅导本区初干学校、村学及其他文化教育事项。

2. 改良风俗习惯及破除迷信及开展公共卫生保健事项。

3. 关于宣传事项。

4. 关于奴化复古教育之取缔事项。

四、公安区员应办理下列事项：

1. 保卫地方治安，维持社会秩序。

2. 进行防奸教育，领导群众除奸活动。

3. 执行违禁法中所规定的职权。

4. 缉捕盗匪、奸探及刑事犯，解县公安机关侦讯后交由司法机关审讯。

第十八条　区政府之各种委员会，其工作内容另订之。

第十九条　区政府各部门之工作细则，由区行政委员会议讨论订定，呈准县政府执行之。

第五章　任期与会期

第二十条　区长，区行政委员及后补委员，其任期均为一年，期满应重行选举，连选得连任之。

第二十一条　区长及区行政委员，如有渎职行为，经区民代表三分之一之检举，区民代表大会即应集会，举行罢免投票，经半数以上之通过，予以罢免。

第二十二条　区长、区行政委员有企图叛变，卷款携械，弃职潜逃或其他重大政治阴谋者，上级政府得随时予以撤职或逮捕之紧急处置。但应于紧急处置后三日内说明案情，通知区民代表大会，由大会决定递补人员或定期重行选举。

第二十三条　区长、区政府委员有不称职者，或因工作上之需要另有任用者，上级政府得以命令调动或撤换之，但需同时说明缘由，通知区公民代表大会，由大会决定递补人员或定期重行选举。

第二十四条　区民代表大会对上级政府根据本法第二十二条、第二十三条规定之处理有不同意〔见〕时，得向上级政府或参议会提出建议、质问或抗议、经上级政府或县参议会答复后，仍有不服时，得越级提出控诉，但在建议、质问或抗议，控诉未得最后结果前，应执行上级政府之命令。

第二十五条　区公民代表大会之例会，每三个月举行一次，遇有特殊事故得临时召集之。

第二十六条　区政府之各种会议规定如下：

一、区行政委员会议以区长、区行政委员、候补委员组成之。每一个月开会一次，候补委员有发言权，无表决权。

二、区务会议以区长、区员、办事员及区政府各种委员会之主任委员组成之，每半个月开会一次。

三、区行政会议以区长、区行政委员、候补委员、区员及各村镇长组成之，每一个月开会一次。

四、区政府视工作之需要，得不定期召开各种专门业务会议，如财经会议、文教会议等。

上列各种会议，遇必要时，得临时召集之。

第六章　经费

第二十七条　区长、区行政委员、候补委员、区员、办事员及各种委员会之委员，凡脱离生产专任行政工作者，为有给职，其余为无给职。

第二十八条　全区全年之行政经费收支，由区政府按期编造预决算，经区民代表大会通过，呈请县政府核发之。

第二十九条　区政府在经通过之总预算中的每月经领费之预决算，应经区行政委员会审核后，呈县政府领取与报销之。

第七章　附则

第三十条　本法解释权属行政公署。

第三十一条　本法经盐阜区临时参议会第二次大会通过,由行政公署公布施行,如有未尽事宜,得随时以命令修改之。

(选自盐阜区临时参议会第二次大会《法令及提案决议》,

一九四五年五月印)

盐阜区市乡政府组织法

第一章　总则

第一条　为切实改造下层行政机构,便利抗日人民监督行政,便利政府接受人民意见,造成政府与人民的密切联系,以充分发挥抗战力量,彻底实现民主政治,争取抗战建国之最后胜利起见,根据抗战建国纲领,改革行政机构,实行民主政治之原则,特制定本组织法。

第二条　改革违反民主原则的保甲制度,建立抗日人民代表会议的市乡民主制度。

第二章　市乡政府管辖范围

第三条　农村为乡,市集、城镇为市,划定市乡范围依地区人口密度而定,同时顾及集会与领导之便利,其主要原则如下:

(一)人口稠密之农村地区以一千人到二千人为一乡。

(二)人口极稀散之农村地区应以一千人左右为一乡。

(三)符合一项人数之大自然村庄可划为一乡。

(四)小村庄则联合若干村以上合为一乡,为来往方便与领导便利,纵横以不得超过五里为宜。

(五)市集或城镇人口在一千人以上,五千以内者,均为一市,超过五千人以上者得成立市区政府,其下按市面街道或自然界限划成若干市政府。

第三章　市乡代表会及市乡政府之组织

第四条　市乡代表之产生,划每一自然村庄或市镇街道为一选举单位,先按居住公民人数编为若干小组，每组推选代表一人，公民小组之组成，以二十五人至四十五人为原则。

第五条 市乡代表大会，由市乡区域内各公民小组选出之代表组成之。

第六条 市乡政府由市乡代表大会选举五人至九人组织市乡行政委员会，并于其中选出正副市乡长，即为该委员会正副主席。

第七条 各市乡所辖各自然村与街道有代表三人以上者，得成立代表组，互推主任代表一人，其代表不足三人者，应联合附近村庄或街道之代表组成之，以协助市乡工作。

第八条 每一市乡之代表，必须负责代表其本组公民之意见，并为该选区居民服务，若该代表不能称职，或有违法及损害人民利益者，经该组公民三分之一请求撤换时，得由区政府派员会同该市乡长召开该组公民会议，另选代表补充之。

第九条 市乡政府名称，应以市乡政府所在地之乡村或市镇原来地名称之。

第十条 市乡行政委员会之下，按各乡实际情形之需要，应设立各种经常委员会协助工作。

甲、市乡政府下得设如下经常委员会：

一、民政委员会；

二、教育委员会；

三、生产委员会；

四、自卫委员会；

五、财政委员会；

六、调解委员会；

七、合作社委员会；

八、优抗委员会；

九、公粮委员会。

乙、市乡政府必要时得设立各种临时委员会，如水利委员会，清查田亩委员会，劳动互助委员会，救济委员会，等等。各种经常委员会之主任委员，由市乡行政委员会各委员兼任之，其他各委员及临时委员会委员，均由市乡行政委员会决定聘请之。

第十一条 市乡政府组织系统如后。（附表从略）

第四章 职权

第十二条 市乡民代表大会为该市乡之最高权力机关，其职权如下：

（一）选举与罢免市乡行政委员会。

（二）选举与罢免出席区代表大会之代表。

（三）讨论与决定本市乡之工作计划及一切应兴应革事宜。

（四）监督与检查市乡行政委员会工作。

（五）讨论如何执行上级政府一切重要法令及指示。

（六）审核人民向市乡民代表会所提出之提案，并定期向本市乡民大会报告市乡行政工作。

第十三条 市乡行政委员会的职权如下：

（一）执行上级政府之命令指示。

（二）执行市乡民代表会决议案。

（三）拟定本市乡行政工作计划及编制预决算。

（四）向市乡代表会定期报告工作。

（五）向人民传达政府法令，并负责收集人民意见，转呈上级政府。

第十四条 正副市乡长的职权如下：

（一）对外代表市乡行政委员会。

（二）对内主持市乡政府日常工作。

（三）负责召集市乡行政委员会。

（四）负责召集市乡民代表大会。

（五）推动主任代表与各代表协助市乡政府工作。

（六）负责指导所属之市乡自卫队及各种委员会工作。

第十五条 市乡行政委员会所属各委员会之工作任务：

甲、民政委员会：

一、负责办理本乡土地及户口之调查登记。

二、关于协助办理本乡选举事宜。

三、关于禁烟禁毒事宜。

四、关于人民风俗习惯之改进事项。

五、关于筹划及改进本乡人民之公共卫生事项。

乙、自卫委员会：

一、负责动员十八岁至四十五岁人民除残疾外一律参加自卫队，并组织十八岁至二十三岁之青年加入青年队（或称青抗先）及十八岁至三十五岁之强壮男子参加模范队（或称基干自卫队）。

二、经常注意利用人民空闲时间，领导自卫队上操、上课，借以提高军事技术，政治认识。

三、组织游击小组与组织脱离生产之游击队进行抗敌游击行动，以担负保卫家乡任务。

四、经常担负后方勤务，如戒严、放哨、防匪，维持地方秩序，以至动员主力抗战部队，帮助担架运输修筑工事（拆桥、挖路、阻河、破坏敌人交通等工作）。

丙、教育委员会工作：

一、宣传人民送儿童与青年上学，负责组织与领导市乡小学校。

二、组织市乡俱乐部，进行有益于人民身体及抗战之娱乐，并进行宣传抗战时事，提高人民民族自尊心与抗战胜利信心。

三、开办男女识字班、补习学校与夜校等，开展识字运动，提高人民文化水平，进行消灭文盲工作。

四、筹办学校，在政府协助下解决经费困难。

丁、生产委员会工作：

一、团结本地工农商学各业有经验有学识之人士，研究发展本市乡生产事宜。

二、计划发展本市乡内增加生产事业，如开矿、熬盐、垦荒、改良耕作、加强生产、研究肥料、改良种子、兴办水利、预防水患、建设风车等，以利农事。

三、创办各种手工生产事业，如纺纱、织布、做鞋、榨油、研粉，以及其他可能兴办的工业。

戊、财政委员会工作：

一、协助区财政股征收各种赋税。

二、筹划捐募征集工作。

三、登记公产，筹划市乡内学校教育经费。

四、协助生产事业，推进市乡经济建设。

五、关于构造市乡经费之预决算及其他有关财政事项。

己、公粮委员会工作：

一、宣传人民按合理负担原则，执行政府所颁布办法，助理征收公粮。

二、计划收藏与管理公粮，保证公粮不致损坏，并不得有贪污吞没公粮行为。

三、遵照上级政府所发支付公粮凭证支付公粮。

四、在市乡长指示下动员民夫运送公粮。

五、执行政府禁粮出口法令，以免粮食资敌。

庚、调解委员会工作：

一、团结市乡秉公无私而有威望人士，依据政府法令原则，担负调解本市乡人民一切纠纷。

二、保障人权财权，反对各乡（？）无理横行。

三、帮助人民向市乡政府以至上级政府申诉冤曲（屈）。

四、调解委员会委员应洁身自好，不得有受贿违法行为。

辛、乡合作社委员会工作：

一、发起组织全市乡消费合作社、生产合作社、信用合作社及运输合作社等工作。

二、组织市乡粮食合作社，调剂人民粮食，救济饥荒。

三、指导合作社经营事宜，监督各合作社人员日常工作。

四、合作社账目，必须定期审查，开展反贪污及（对）一切破坏合作社行为作斗争。

五、以物质或名誉奖励尽职之模范合作社工作人员，定期分给社员红利，同时保证以百分之五十之红利充实合作社基金，发展合作社事业。

壬、优待抗属委员会工作：

一、调查登记抗属户口，切实研究改善优待抗属工作。

二、组织优待抗属慰问娱乐会，收集抗属意见，切实解决抗属困难。

三、组织优待抗属代耕队，帮助抗属生产，并动员比较富裕或愿意帮助抗属人士，在自愿自动原则下，捐赠物品优待抗属。

四、教育人民尊敬抗属，提高抗属社会地位（如抗属到合作社买卖，应有先买先卖的优先权）。

五、减少抗属应征公差，其劳动力缺乏者完全免派，但参加各种抗会与自卫队等，应照常不变。

第十六条 市乡政府下各种临时委员会之主任委员，得列席市乡行政委员会议，有发言权无表决权。

第十七条 市乡代表会各主任代表职权如下：

一、主任代表接受市乡长委托，协助市乡工作。

二、代替正副市乡长通知市乡代表到会。

三、团结本自然村代表在市乡政府指导下，推行本村市乡工作。

第五章 会期与任期

第十八条 市乡民代表会会期：

（一）常会每一个月开会一次。

（二）经代表三分之一请求时，得由正副乡长临时召集之。

（三）上级政府重要指示应由市乡民代表会讨论执行时，得由正副市乡长召集之。

（四）市乡行政委员会规定每十天开会一次，必要时得临时召集之。

（五）公民小组会，规定一月开会一次。

第十九条　各市乡代表、市乡行政委员及正副市乡长任期为六个月，期满依照规定从（重）新改选，但得连选连任之。

第二十条　市乡行政委员会及正副市乡长有渎职违法行为，上级政府得随时予以撤换，并召集市乡民代表会改选之。

第二十一条　在本市乡有重要事故，涉及全市乡者，市乡长得召集开全市乡民众大会报告和讨论之。

第六章　经费

第二十二条　行政委员会及各委员会委员、主任均为义务职。

第二十三条　正副市乡长经常主持市乡行政工作者，照政府工作人员给以津贴，并按月发给菜金、公粮。

第二十四条　市乡政府事务繁重时，呈报上级政府批准后，得设文书一人，津贴、菜金、公粮照发。

第二十五条　市乡政府办公费，由上级政府决定之。

第七章　附则

第二十六条　本组织法公布日起开始实行。

第二十七条　本组织法由本行政公署制定公布，如有未尽善事宜，得随时以命令修改之。

（选自一九四二年五月盐阜区行政公署《市乡政府暂行组织法》）

盐阜区村政府组织法

第一条　为实现普选，贯彻民主政治，建立新型的民主村政权，特订定本组织法。

第二条　村政府为抗日民主政府基层组织，是人民直接管理政府的机关。

第三条 村政府之基本任务为：

一、建立人民武装，坚持抗战。

二、拥军优抗。

三、进行各种战时动员工作（如打坝、破路）。

四、征收公粮、公草、土地税，保证抗日军人给养。

五、贯彻减租减息、增资法令。

六、维持抗日秩序（如锄奸、防匪）。

七、发展农村生产。

八、调解民间纠纷。

九、办理民众教育及卫生保健等事。

十、举办各种公益事业。

十一、执行上级政府法令。

十二、其他有关村政府建设事项。

第四条 村政府管辖范围规定如下：

一、全村人口以四百人至八百人为限。

二、纵横面积一般以一华里为标准。

三、村之划分尽可能适应自然界限，以一个大自然村为行政村，如不足者则以邻近小舍（庄）附入。

四、接敌区或人口疏散之地区，为适应特殊环境之需要，其面积人口，不受本条一、二款之限制。

第五条 村政府组织如下：

一、村公民大会由全村公民组成之。

二、村行政委员会，由村公民大会选出七人至九人及候补委员二人组织之，并由村行政委员中选出正副主任委员各一人兼任正副村长。

三、村镇公民小组长会，由村各公民小组长组织之。

四、村政府于特殊需要时，得设专门性质之工作委员会。

五、村行政委员因病或因故不能工作者，遗缺由候补委员补充之。

第六条 村镇公民大会为全村镇最高权力机关，其职权如下：

一、选举与罢免村镇长及村行政委员。

二、选举与罢免出席区公民代表大会代表。

三、讨论与决定本村政府工作方针及一切应兴事宜，但与上级政府之政令决议相抵触时，服从上级政府的决定。

四、听取村政府工作报告，并检查其工作。

五、讨论上级政府重要政令之具体执行。

六、弹劾本村镇行政人员之违法渎职事宜。

第七条 村行政委员会职权如下：

一、执行上级政府之政策法令及一切指示。

二、执行村镇公民代表大会决议案。

三、掌管本村各委员工作及本行政设施。

四、向上级政府及村镇公民代表大会定期报告工作。

五、向人民传达政府法令，并负责收集人民意见转呈上级政府。

六、召集全村公民大会及公民小组长会议。

第八条 村长职权如下：

一、对外代表村政府。

二、对内主持村政府日常工作。

三、负责召集村行政委员会。

四、执行村行政委员会之决定。

五、督促与领导各委员工作。

第九条 村政府各委员职权：

一、后勤委员办理下列事项：

（一）负责组织领导打坝、破路及其他战争动员工作。

（二）组织与分配人民担架运输事宜。

（三）对人民进行拥军教育，并办理日常拥军事宜。

（四）动员逃兵归队。

二、财粮委员办理下列事项：

（一）调查登记田亩土地及垦荒过户、什科等事宜。

（二）征收、保管、支拨公粮公草，并结算其账目。

（三）协助区政府催征土地税、契税等事项。

（四）查禁资敌粮食、军需物品，及对敌经济斗争事项。

三、教育委员办理下列事项：

（一）发动与辅导人民办理村学。

（二）负责本村抗日民主生产等宣传及群众教育工作（如开办夜校、冬学、各种座谈、演讲及展览等会）。

（三）报告时事及解释政府法令。

（四）提倡正当娱乐，改良风俗习惯。

（五）破除迷信，发动卫生保健运动。

（六）筹划本村文教经费。

四、公安委员办理下列事项：

（一）侦察、盘问、检举敌探、汗（汉）奸、盗匪及一切非法分子。

（二）进行防奸教育，领导群众锄奸活动。

（三）负责教育自新分子。

五、调解委员办理下列事项：

（一）调解民间纠纷。

（二）教育人民息讼。

六、优抗委员办理下列事项：

（一）调查登记全村抗属，切实办理优抗工作。

（二）执行政府优抗法令。

（三）教育人民尊敬抗属，帮助抗属，提高抗属社会地位。

（四）帮助抗属生产及筹办抗属救济事项。

（五）组织抗属会，加强抗属教育。

七、生产委员办理下列事项：

（一）调查人民农业副业状况。

（二）组织群众换工小组及办理合作社。

（三）帮助群众解决生产困难。

（四）研究改善农工业技术。

（五）推动人民种棉植树。

第十条 村长及各委员任期：

一、村长及村行政委员及候补委员，任期为一年，期满重行选举，连选得连任。

二、村长及村行政委员，如有渎职行为，经村公民三分之一之检举，可召开村公民大会，举行罢免投票，经半数以上之通过，予以罢免。

三、村长、村政府委员有企图叛变，卷款携械，弃职潜逃，或其他重大政治阴谋者，上级政府得随时予以撤职或逮捕之紧急处置，但应于紧急处置三日内说明案情，通知村公民大会，由大会决定递补人员，或定期重行选举。

四、村长、村行政委员有不称职者，或因工作上之需要，另有任用者，上级政府得以命令调动或撤换之，但须说明情由，通知村民大会决定递补人员或定期重行选举。

第十一条 村政府各种会议：

一、村公民大会之例会，每二月至三月举行一次，遇有特殊事故，得临时召集之。

二、村行政委员会议，每半月开会一次。

三、村公民小组长会议，每月召开一次。

四、村行政扩大会，以村长、村政府委员、村政府之各委员会委员或干事组成之，并可吸收各救（？）干部、中队长、指导员、小学教员、士绅等参加（即一榄子会形式），其会议时间临时决定之。

第十二条 村政府经费：

一、村长、村政府委员均为无给职。

二、村政府每月之办公用品，由上级政府统一规定发给之。

第十三条 本法解释权属行政公署。

第十四条 本法经盐阜临时参议会第二次大会通过，由行政公署公布施行，如有未尽事宜，得随时以明令修改之。

(选自盐阜区临时参议会第二次大会《法令及提案决议》，

一九四五年五月印)

解放战争时期

晋察冀边区行政委员会
晋察冀边区参议会驻会参议员办事处
关于召开察哈尔、热河省
人民代表会议及成立察哈尔、
热河省政府的决定

(一九四五年十月十八日)

自我大进军以来，察热两省全境已庆获解放，为建设民主，自由、繁荣的察哈尔省、热河省，实有召开各该省人民代表会议讨论省政建设方针及成立省政府的必要，本会、处为适应察热各届人民要求，爰于本月十六日召开联席会议，做出如下之决定：

一、关于召开察、热省人民代表会议

（一）代表之产生：地区代表以县市为单位产生，团体代表（包括工、农、青、妇、人民武装、文教、商人等）以团体为单位产生之，少数民族（如蒙民、回民等）依规定推选代表出席。

（二）代表名额：地区代表名额，参照边区选举条例之规定办理。三万人民（因公民数尚无调查，暂不按公民数产生）以下之县，选举代表二名，三万人以上之县，每增三万人增选代表一名，所余尾数超过一万五千人者，亦得增选代表一名。

团体代表名额：群众组织健全，人口多之大县，得选代表二名，新建立群众团体之一般县份，得选代表一名；尚无群众组织之县，暂不产生（张家口团体代表选七名，宣化四名）。少数民族代表名额：蒙民得每一万人选代表一名，回民代表察省产生二名，热省由冀热辽行署自定。八路军代表

五名。

（三）代表资格：应参照解放区人民代表会议代表资格之规定办理："1. 抗战有功；2. 在群众中有威信；3. 社会上有声望；4. 有奋斗历史或有工作经验的代表人物。"

（四）选举方法：为及早召开代表会议，各县市一律用推选法，由县市级各团体联席会议共同推选之。

（五）开会日期：尽可能提早，一般应于十月二十九日左右开会，并即成立省政府。

（六）代表会议主要任务为讨论本省施政方针建设大计，及讨论提案，并选举省府委员及主席，成立省政府。

（七）为胜利召开省人民代表会议，责成冀察、冀热辽行署组织筹备处，主持大会一切事务。

二、关于成立察哈尔、热河省政府

由各该省人民代表会议用无记名联记名投票法选举省政府委员九至十一人，成立省政府，各该省政府均受晋察冀边区行政委员会领导。关于省政府之组织法另定之。

（选自晋察冀边区行政委员会《现行法令汇集》上册，一九四五年版）

辽西区各市县临时参议会
暂行组织条例

（一九四六年一月十六日公布）

第一条 本条例依据国民政府建国大纲地方自治之原则，适应本区目前形势之需要制定之。

第二条 临时［参议会］参议员由选民普遍、直接、不受任何约束、无记名投票选举之。

第三条 凡居住各市县年满十八岁以上之公民，不分性别、职业、民族、阶级、党派、信仰、文化程度、居住年限，均有选举及被选举权。

第四条 有下列情形之一者，停止或暂时停止其选举权与被选举权：

一、伪满时代警察、宪兵、特务。

二、经过各市县以上之民主政府认为如有汉奸及战争罪犯之嫌疑者。

三、经本区军法或司法机关褫夺公权尚未恢复者。

四、经民主政府通缉有案者。

五、有精神病者。

第五条 各市县临时［参议会］参议员之产生，分地域、团体、聘请三种，名额暂定五十至九十人，由市县政府确定名额，按下列比例分配之：

甲、地域选举：以区为选举单位，总额占二分之一。

乙、团体选举：凡工会、农会、商会、青联会、妇联会、机关、学校等，均得选派代表，总额占四分之一。

丙、聘请：凡地方名流、士绅、学者，少数民族，得聘任为临时［参议会］参议员，聘任名额为四分之一。

第六条 各市县临时［参议会］参议员之选举，各党派群众团体均可提出候选名单，自由竞选。

第七条 临时［参议会］参议员均以得票较多数者为当选，次多数者为候补。

第八条 临时参议会职权如左（下）：

（一）选举各市县市县长。（二）在不抵触上级政府法令政策之下，决定各市县各项政策，审议各市县各项重要计划与方案。（三）批准各市县所提出之预算，审核各市县之决算。（四）审议各方请议事项。

第九条 临时［参议会］参议会设议长一人，副议长一人，秘书一人，由临时参议员互选之。

第十条 临时参议会设常驻会议员三人至五人，议长、副议长、秘书为当然常驻会议员。

第十一条 临时参议会每半年开常会一次，有左（下）列情事之一者，得召开临参会：

（一）经驻会议员之决议者。（二）经参议员五分之一以上之请求者。（三）经各市县公民十分之一以上之请求者。（四）经各市县政府提请而经驻会议员可决者。

第十二条 临时［参议会］参议员在参议会内之言论对外不负责任。

第十三条 本条例自公布之日施行，如有未尽事宜经各市县临时参议会决议修改之。

（选自辽宁省政府辽西区行署《法令辑要》）

张家口市参议会组织暂行条例

(晋察冀边区行政委员会一九四六年三月十八日颁布，一九四六年四月二十日胜民行字第二十六号令修正)

第一条 本条例依据晋察冀边区目前施政纲领第五条之规定及张家口市之具体情况制定之。

第二条 张家口市参议会（以下简称市参议会），由全市公民选举之参议员组织之。

第三条 参议员任期二年，连选得连任。

第四条 市参议会为市各级政权的最高权力机关，市参议会之职权如左（下）：

一、选举并罢免市政府委员、市长、副市长。

二、制定市单行法规。

三、监察弹劾市、区、街、村行政人员及司法人员。

四、审察（查）市预算决算。

五、审议市政府各项重要计划方案。

六、决定市政重要兴革事项。

七、审议市政府及各方请议事项。

八、督促检查市政府工作。

第五条 市参议会设议长、副议长各一人，由参议员用无记名投票法互选之，负责召集常会及临时会，并在市参议会决议事项范围内，对外代表市参议会。

市参议会开会时，由议长主席，议长因故不能出席时，由副议长主席。议长、副议长因故去职时应即补选。

第六条 市参议会开会时，设秘书处置秘书长一人，由大会推定之，承议长、副议长之命办理大会事务。

第七条 市参议会每半年开常会一次，有下列情形之一者，得召开临时会。

一、经参议员五分之一之提议者。

二、经市公民十分之一以上之请求者。

三、市政府提请经议长、副议长认可者。

第八条　市参议会非有过半数参议员之出席不得开会，非有出席参议员过半数之通过不得成立决议，可否同数时取决于主席。候补参议员得列席参议会，有发言权无表决权。

第九条　市参议会开会时，市政府委员须报告工作，解答质问，对讨论事项有发言权无表决权。

第十条　市参议会之决议案交市政府执行，市政府对决议案认为不便执行时，应详细具理由送请市参议会复议，市参议会复议后，仍持原议时，市政府应即执行。

第十一条　市参议会不得作与上级政府法令抵触之决议，抵触时，服从上级政府法令。

第十二条　市参议会开会时设参议员资格审查委员会、提案审查委员会。必要时，得设其他专门委员会。各委员会之委员名额由大会决定选举之。

第十三条　市参议会闭会期间，设办事处在议长、副议长领导下处理日常事务。

第十四条　市参议会闭会期间，市政府对市参议会负责，领导全市政务。

第十五条　参议员除议长、副议长外均为无给职。

第十六条　参议员在开会时，所为之言论及表决对外不负责任。

第十七条　参议员除现行犯外，在会期中非经参议会之许可，不得逮捕或拘禁。

第十八条　参议员违法失职时，由其选举单位罢免之，有候补者依次递补，无候补者另选之，递补、补选之参议员，以补足原任之任期为限。

第十九条　参议会之经费由大会制定预算，经市政府报边区行政委员会批准，由市发给之。

第二十条　本条例自公布之日施行。

（选自晋察冀边区行政委员会《现行法令汇集》续编）

北平市第一届各界代表会
组织条例

（一九四九年八月）

第一条　中国人民解放军北平市军事管制委员会（以下简称北平军管

会）及北平市人民政府（以下简称北平市政府）为了广泛与各界交换意见，以便共同致力于新民主主义北平市之建设，特召开北平市各界代表会（以下简称各界代表会）。

第二条 各界代表会由下列代表三百三十二名组织之：

一、当然代表

1. 军管会主任　秘书长　　　　　　　　　　　　　　　二人
2. 市长　副市长　秘书长　各局局长　法院院长　　　　十三人

二、党派代表

1. 中国共产党北平市委员会　　　　　　　　　　　　　五人
2. 中国国民党革命委员会北平市分会筹备委员会　　　　五人
3. 中国民主同盟北平市支部　　　　　　　　　　　　　五人
4. 中国农工民主党北平市党务整理委员会　　　　　　　三人
5. 九三学社　　　　　　　　　　　　　　　　　　　　三人
6. 新民主主义青年团北平市筹备委员会　　　　　　　　三人

以上各党派代表由各该党派自行派出。

三、团体代表

1. 北平市工会代表　　　　　　　　　　　　　　　　　七十人

（七十人中应包括青工十人、女工八人）

2. 北平市郊区农会筹备委员会及各区农民代表　　　　　三十人
3. 北平市民主青年联合会筹备委员会　　　　　　　　　十人
4. 北平市民主妇女联合会筹备委员会　　　　　　　　　十人
5. 北平市学生联合会　　　　　　　　　　　　　　　　十四人

（十四人中，大学中学各占半数，并须有五人为女生）

6. 北平市私立中小学教职员联合会　　　　　　　　　　十二人

（十二人中应有四人至五人为女性）。

7. 北平院校教职员联合会筹备委员会　　　　　　　　　十二人
8. 北平市供销合作总社　　　　　　　　　　　　　　　三人
9. 北平市医务工作者协会筹备会　　　　　　　　　　　八人

以上各团体代表由各该团体自行选派。

四、军队及机关代表

1. 卫戍部队　　　　　　　　　　　　　　　　　　　　十人
2. 驻平各机关工作人员代表　　　　　　　　　　　　　十五人

以上军队及机关代表由其自行选派。

五、少数民族代表（内回民代表二人，蒙、藏代表各一人）由军管会及市政府聘请之。　　　　　　　　　　　　　　　　　　　　四人

六、其他各界代表

1. 工商业界（包括公营工商业代表）　　　　　　四十五人

（内工业界二十三人，商业界二十二人）

2. 新闻界　　　　　　　　　　　　　　　　　　　四人

3. 文艺界　　　　　　　　　　　　　　　　　　　五人

4. 摊贩代表　　　　　　　　　　　　　　　　　　二人

5. 其他爱国民主人士　　　　　　　　　　　　三十九人

以上各界由军管会及市政府聘请之。

第三条　各界代表会之任务如下：

1. 听取军管会及市政府关于施政方针、政策、计划及工作情况之报告。

2. 对军管会及市政府的施政方针、政策、计划及具体工作，进行讨论，提出批评与意见。

3. 向军管会及市政府反映各界人民的意见与要求。

4. 向所代表的群众，传达并解释军管会及市政府的施政方针、政策、计划及其具体工作布置，并协助动员人民推行。

第四条　各界代表会议由到会代表推选主席二十九人组成主席团主持之，主席团互推常务主席九人负责召开主席团会议，常务主席并得互推召集人一人。

第五条　为便于会议进行，于必要时，得组织提案审查委员会及其他各种委员会。

第六条　各界代表会设秘书长一人，副秘书长四人，由主席团提请大会通过任命之。

在秘书长领导下设秘书处处理会议日常事务。

（选自《首都第一、二届各界人民代表会议》）

华北人民政府组织大纲

（一九四八年八月十六日华北临时人民代表大会通过）

为适应华北形势发展，并根据人民要求，华北临时人民代表大会决议合并晋察冀与晋冀鲁豫两边区政府，成立华北人民政府，并制定华北人民政府

组织大纲。

第一条 华北人民政府依据本组织大纲之规定组织之。

第二条 华北人民政府设华北人民政府委员会，由委员二十五人至三十九人组成之。

华北人民政府委员会委员，由本届华北临时人民代表大会及其后举行之华北人民代表大会选举之。

华北人民政府设主席一人，副主席三人，由华北人民政府委员会委员互选之。

第三条 华北人民政府综理全华北区政务，并根据华北临时人民代表大会及华北人民代表大会所通过之施政方针及决议案制定实施条例及规程。

第四条 华北人民政府行使有关左（下）列事项之职权，须由华北人民政府委员会决议行之。

一、第三条规定之事项。

二、执行华北临时人民代表大会及华北人民代表大会决议之事项。

三、组织人力、物力、财力支援前线事项。

四、华北人民代表大会及其他各级人民代表大会之选举事项。

五、行政区划及各级人民政府组织设施事项。

六、任免华北人民政府各部、院、厅长、各会主任、华北银行总经理及行署主任级以上人员。

七、全区预算决算事项。

八、关于全区生产建设、财经设施、土地、户籍、文化教育、公安、司法之方针、计划等事项。

九、关于全区人民武装之组织事项。

十、其他重大事项。

第五条 华北人民政府主席之职权如下：

一、召集华北人民政府委员会，并为主席。

二、领导、督促并检查各级人民政府执行华北临时人民代表大会、华北人民代表大会之决议及华北人民政府委员会之决议。

三、处理华北人民政府日常政务及紧急事项，但属于须经华北人民政府委员会决议之事项者，须提请其追认。

四、对外代表华北人民政府。

第六条 华北人民政府副主席协助主席执行前条职务；主席因故不能执行职务时，由副主席代行其职务。

第七条 华北人民政府设下列各部、会、院、行、厅,在主席领导下分掌各该主管事项。

一、民政部。

二、教育部。

三、财政部。

四、工商部。

五、农业部。

六、公营企业部。

七、交通部。

八、卫生部。

九、公安部。

十、司法部。

十一、华北财政经济委员会。

十二、华北水利委员会。

十三、华北人民法院。

十四、华北人民监察院。

十五、华北银行。

十六、秘书厅。

前项工作部门,得应工作之需要,增减或合并之。

第八条 各部设部长一人,各会设主任一人,华北人民监察院、华北人民法院各设院长一人,华北银行设总经理一人,秘书厅设秘书长一人,综理各该部、会、院、行、厅掌管之事项。各部、院长、各会主任、总经理及秘书长之人选,以华北人民政府委员兼任为原则,但不限定为委员。由主席提交华北人民政府委员会通过任命之。

各部、会、院、行,厅视工作之需要,得增设副职。

第九条 华北人民监察院为行政监察机关,设人民监察委员会,以院长及华北人民政府委员会任命之人民监察委员五人至九人组织之。其任务为检查、检举并决议处分各级行政人员、司法人员、公营企业人员之违法失职、贪污浪费及其他违反政策、损害人民利益之行为,并接受人民对上述人员之控诉。

华北人民监察院人员为行使职权,得向有关机关进行调查;各该有关机关必须接受检查,提供必要之材料。

华北人民监察院有关处分之决议,须交法院审判者,得审理之,须交各行政机关执行者，得提请主席批交各有关行提请法院政机关处理之。

第十条 华北人民法院为华北区司法终审机关，但重大案件之判决，得经司法部复核；死刑之执行，并须经主席之核准，以命令行之。

第十一条 华北人民政府对外发布文告及有关政策、方针、重要计划等之命令指示，以主席、副主席名义行之。其属于具体执行事项或技术问题者，得依规程由主管部、院长、主任、总经理签署，单独行文。

第十二条 各部、会、院、行、厅之组织规程由华北人民政府制定之。

第十三条 为执行华北人民政府委员会之决议，解决各部门有关问题，华北人民政府设政务会议。

前项政务会议，由主席、副主席、各部、院长、各会主任、银行总经理及秘书长组织之，但主席有最后决定权。

第十四条 本组织大纲修改之权，属于华北人民代表大会。

第十五条 本组织大纲经华北临时人民代表大会通过之日起发生效力。

（选自《华北人民政府法令汇编》第一集，一九四九年版）

东北各省市（特别市）行政联合办事处组织大纲

（一九四六年八月十二日东北各省代表联席会议通过）

第一章 总则

第一条 依据东北各省代表联席会议之决议，建立东北各省市（特别市）最高行政机构，统一行政领导。

第二条 定名为东北各省市（特别市）行政联合办事处。

第三条 根据上项决议，制定本组织大纲。

第二章 任务

第四条 领导各省市（特别市）实施贯彻大会所通过之东北各省市（特别市）共同施政纲领。

第五条 统一领导东北各省市（特别市）行政事宜。

第六条 根据施政纲领实际需要及大会交办事项制订各项实施条例法令。

第七条　执行大会决议案及日常政务事项。

第八条　任免或加委县长旗长以上各行政人员。

第三章　组织

第九条　本办事处设行政委员二十七人，组织行政委员会，行使职权。行政委员会设主席一人，副主席二人，由委员中互选之。

第十条　在行政委员会下设：

1. 民政委员会。

2. 财政委员会。

3. 教育委员会。

4. 建设委员会。

5. 交通委员会。

6. 民族委员会。

7. 最高法院东北分院。

8. 东北公安总处。

9. 办公厅。

10. 根据实际工作需要得设各种专管机关。

在行政委员会下设秘书长一人，各委员会设正副主任委员各一人及委员若干人，法院设正副院长各一人，公安总处设正副处长各一人，办公厅设正副主任各一人。

第十一条　行政委员会委员由东北各省代表联席会议选举之，选举法另定之。

第十二条　秘书长、办公厅主任、各委员会委员及主任委员、法院院长及公安总处处长人选，由行政委员会遴选聘任之。

第十三条　各委员会、院、处、厅之组织与职权另定之。

第四章　任期

第十四条　行政委员会委员任期为一年，必要时得延长之。

第五章　附则

第十五条　本大纲经东北各省代表联席会议通过施行之。

第十六条　本大纲之修改权属于东北各省代表联席会议，解释权属于行政委员会。

(选自东北人民政府《东北行政导报》第一卷第一期)

陕甘宁边区政府暂行组织规程

(一九四九年四月九日陕甘宁边区参议会常驻议员会、
陕甘宁边区政府委员会联席会议通过)

为适应迅速发展的革命形势，集中力量支援前线，争取大西北的早日解放，二月间陕甘宁边区参议会常驻议员、边区政府委员及晋绥边区代表联席会议，决议按（接）受晋绥行署及临参会常驻会的请求，划晋绥为晋南、晋西北两个行署，归陕甘宁边区政府统一领导，并增补政府委员，扩大政府组织机构。基此决议，兹制定本组织规程。

第一条 陕甘宁边区政府为陕甘宁及晋南、晋西北之最高行政机关，设主席一人、副主席二人。

第二条 陕甘宁边区政府设政府委员会由委员三十一人组成之，主席、副主席均在内。

第三条 陕甘宁边区政府对于全区行政得宣布施政方针，颁发命令，并制定实施条例及规程。

第四条 陕甘宁边区政府行使有关左（下）列事项之职权，须由陕甘宁边区政府委员会决议行之：一、关于施政方针之决定实施，法令条例及规程之审定通过事项。二、关于全区生产建设、财政设施、金融贸易、文化教育、公安、司法之方针、计划等事项。三、决定全区人力、物力、财力的负担政策及支前动员事项。四、全区各级人民代表大会之选举事项。五、行政区划及各级人民政府组织设施事项。六、陕甘宁边区政府秘书长、厅长、银行经理、行署主任、委员会主任及其副职之任免事项。七、全区预算决算事项。八、关于全区人民武装之组织事项。九、其他重大事项。

第五条 陕甘宁边区政府委员会决议案之发布，以主席、副主席名义行之。

第六条 陕甘宁边区政府主席之职权如下：一、召集陕甘宁边区政府委员会并为主席。二、领导、督促并检查各级人民政府执行边区政府委员会之决议。三、处理边区政府日常政务及紧急事项，但属于边区政府委员会决议之事项者须提请追认。四、任免边区政府科长以上，已设行署区专员以上及未设行署区县长以上之干部。五、对外代表陕甘宁边区政府。

第七条 陕甘宁边区政府副主席协助主席执行前条职务，主席因故不能执行前条职务时，由副主席代行其职务。

第八条 陕甘宁边区政府设下列厅、行、处、会，在主席领导下分掌各该主管事项：一、民政厅　二、教育厅　三、财政厅　四、工商厅　五、农业厅　六、公营企业厅　七、交通厅　八、公安厅　九、西北农业银行　十、秘书处　十一、边区财政经济委员会　十二、边区人民监察委员会　十三、边区少数民族事务委员会。

第九条 边区政府设秘书长一人，各厅设厅长一人，西北农民银行设经理一人，各会设主任一人，综理各该厅、行、处、会主管之事项。各厅、行、处、会得因工作之需要设置副职，协助办理各该厅、行、处、会主管之事项。正副秘书长、正副厅长、银行正副经理、各会主任，由主席提交陕甘宁边区政府委员会通过任命之。

第十条 各厅、行、处、会得视工作繁简设置处、局、科、室、股分工办事，并得视工作需要，经边区政府委员会会议或政务会议通过，设置各种专门委员会与直属的专管机关，主管一定事项。

第十一条 民政厅掌管左（下）列事项：

一、关于地方政权组织建设事项。

二、关于行政区划事项。

三、关于市政建设事项。

四、关于选举事项。

五、关于户籍人口之调查登记事项。

六、关于干部之管理、培养、保健、考核、奖惩统一筹划及提请任免或任免事项。

七、关于动员参军归队事项。

八、关于战勤动员及调剂事项。

九、关于烈、军、工属、荣退军人之优待抚恤及拥军事项。

十、有关土地改革、减租减息及土地清丈登记、确定产权、调解土地、房屋、债务纠纷、租赁关系等事项。

十一、关于社会救济事项。

十二、关于卫生行政事宜、医药及民众医药卫生之指导管理事项。

十三、关于婚姻制度及礼俗改革事项。

十四、关于儿童保育事项。

十五、关于实施禁政（禁烟、毒、赌）事项。

十六、关于人民团体之登记事项。

十七、关于宗教信仰事项。

十八、其他有关民政事项。

第十二条 教育厅掌管左（下）列事项：

一、关于管理各级学校事项。

二、关于管理社会教育事项。

三、关于图书教材之编审事项。

四、关于文化教育及学术团体之指导与奖进事项。

五、关于出版物及电影戏剧等事业之指导、审查、登记事项。

六、关于有历史文化价值之古物、纪念陵园、名胜古迹、图书馆、博物馆、人民体育事业之筹划管理与保护事项。

七、其他有关文化教育事项。

第十三条 财政厅掌管左（下）列事项：

一、关于人民负担之研究调整事项。

二、关于各种税收之征收管理事项。

三、关于编制预算决算事项。

四、关于预算范围内之预算决算审核事项。

五、关于有关财政之军需代办事项。

六、关于财务制度之建立与执行检查事项。

七、关于金库、粮库及实物库之收支管理事项。

八、关于公产管理事项。

九、其他有关财政事项。

第十四条 工商厅掌管左（下）列事项：

一、关于公营贸易事项。

二、关于扶助合作社之发展事项。

三、关于私营工矿商业之计划、管理、调查统计、检查督导及技术发明与优良出品之奖励事项。

四、关于公营、私营工矿商业及合作社营业登记管理及商标注册事项。

五、关于出口贸易管理及对敌经济斗争事项。

六、关于内地贸易、集市之管理及交易所之指导事项。

七、关于稳定物价事项。

八、关于劳资东伙关系及劳动保护具体设施事项。

九、关于度量衡之制造、检定、监察，统一事项。

十、关于工商团体之指导事项。

十一、其他有关工商业事项。

第十五条 农业厅掌管左（下）列事项：

一、关于农业之计划、奖进及有关政策之研究事项。

二、关于开展人民生产运动之指导事项。

三、关于组织农村劳动互助、农村合作事业之指导奖进事项。

四、关于改良耕地、开垦荒地事项。

五、关于兴修农田水利、保持水土及防止有关农田水害事项。

六、关于农具、肥料、种子之改进推广事项。

七、关于防除农业病虫灾害事项。

八、关于牲畜繁殖保护之指导管理事项。

九、关于植树、护林、造林之指导管理事项。

十、关于农业展览及农业技术发明创造之奖进事项。

十一、关于奖进农村副业事项。

十二、关于农贷计划之提出及检查事项。

十三、关于农业经济之调查改进事项。

十四、关于农业团体之指导事项。

十五、其他有关农业事项。

第十六条 公营企业厅掌管左（下）列事项：

一、关于公营工矿业之统一计划管理事项。

二、关于地方公营工矿业之指导管理事项。

三、关于公营工矿业职工之培养与教育事项。

四、关于全区工矿业资源调查开采事项。

五、关于公营工矿业产品之登记、试验、设备改进奖励事项。

六、关于硝磺管理事项。

七、关于公营工矿业职工福利与劳动保护具体设施事项。

八、其他有关公营企业之事项。

第十七条 交通厅掌管左（下）列事项：

一、关于铁路、公路、邮电、航路之筹建与管理事项。

二、关于公营运输业之筹设与管理事项。

三、关于指导与扶助私营运输业事项。

四、关于道路、航路、车船制造之检查改进事项。

五、关于护路养路事项。

六、关于交通团体之指导事项。

七、关于交通部门职工福利及培养教育事项。

八、其他有关交通事项。

第十八条 公安厅掌管左（下）列事项：

一、关于奸细、特务、盗匪及其他危害国家人民利益的破坏分子之防范、侦辑（缉）及检察起诉事项。

二、关于人民除奸之组织教育事项。

三、关于清查户口、安定社会秩序及机关保卫事项。

四、关于边沿区、接敌区之通行管理与出入境检验等事项。

五、关于各级公安机关业务指导事项。

六、关于警卫部队之管理教育事项。

七、关于违警事件之管理事项。

八、其他有关公安事项。

第十九条 西北农民银行掌管左（下）列事项：

一、兼理中国人民银行西北区行业务事项。

二、关于农工商矿业合作社及企业投资贷款事项。

三、关于金融之调剂稳定事项。

四、关于代理边区政府金库事项。

五、关于代理边区政府总会计事项。

六、关于私人银钱业及其他信用事业之管理事项。

七、关于外汇及生金银管理事项。

八、关于存款储蓄、放款、汇兑、金银买卖及其他银行业务事项。

九、其他有关金融行政事项。

第二十条 秘书长承主席之命处理交办事项并领导秘书处，具体掌管左（下）列事项：

一、关于政府委员会议及政务会议之准备与记录事项。

二、关于调查研究及统计事项。

三、关于工作报告及政报编纂事项。

四、关于图书资料档案之保管事项。

五、关于文件之撰拟、保管、缮印、校对及收发事项。

六、关于印信电报等机要之掌管事项。

七、关于边区政府对外宣传报导事项。

八、关于机关通讯联络事项。

九、关于交际联络及招待事项。

十、关于边区政府之会计、庶务、生产、卫生、警卫等事项。

十一、其他不属于各厅、行、会主管之事项。

第二十一条 财政经济委员会掌管左（下）列事项：

一、关于本区财政经济方针政策之拟议事项。

二、关于本区财政经济设施之综合计划事项。

三、其他有关重大财政设施之研讨事项。

第二十二条 人民监察委员会掌管左（下）列事项：

一、检查、检举并拟议处分各级行政人员、司法人员、公营企业人员之违法失职，贪污浪费，违反政策，侵犯群众利益等行为。

二、接受人民及公务人员对各级行政人员、司法人员及公营企业人员之控诉及举发并拟议处置办法。

三、其他有关肃整政风事项。

第二十三条 少数民族事务委员会掌管左（下）列事项：

一、关于西北少数民族问题之研究及方针政策之拟议事项。

二、关于边区境内蒙回各民族自治区之政治、经济、文化、教育、卫生等项建设之研究，拟议计划事项。

三、关于边区蒙回各民族团体之指导事项。

四、其他有关少数民族事务之事项。

第二十四条 为执行边区政府委员会之决议，解决各部门有关问题，陕甘宁边区政府设政务会议，由主席、副主席、秘书长、各厅长、西北区行经理及各会主任组织之，必要时各部门副职亦可出席。政务会议讨论事项，主席有最后决定权。

第二十五条 各厅、行、处、会相互间如遇有争执之工作问题时，得提请主席交政务会议解决之。

第二十六条 各厅、行、处、会对其主管业务之具体执行事项，有监督指导下级政府执行之责，并得发布命令和指示。

第二十七条 各厅、行、处、会就各该主管事项对于下级政府之命令或处分认为有违背法令或逾越权限者，得呈请主席或提请政府委员会或政务会议议决，停止或撤销之。

第二十八条 陕甘宁边区人民法院对于重大案件之审理，如主席认为必要时，得提请政务会议决议设特别法庭审理之，边区人民法院判处之死刑案件，须经主席核准，批交法院执行之。

第二十九条　人民监察委员会为行使职权，得向有关机关进行调查，各该有关机关必须接受检查，提供必要之材料。

第三十条　人民监察委员会有关处分之决议须交法院审判者，得提请法院审理之。须交行政机关执行者，得提请主席批交各有关行政机关处理之。

第三十一条　人民监察委员会提请陕甘宁边区人民法院审理之案件，法院应予受理，法院关于此项案件之审理结果，应函告陕甘宁边区人民监察委员会，人民法院对于人民监察委员会提请审理之案件，如有不同意见，人民监察委员会应予说明，如遇疑难争执，会呈主席解决之。

第三十二条　边区政府办事通则、各部门组织规程、工作细则，均另定之。

第三十三条　本规程经边区参议会常驻议员会及边区政府委员会联席会议通过，由陕甘宁边区政府公布施行。

（选自《陕甘宁边区重要政策法令汇编》，一九四九年版）

内蒙古自治政府暂行组织大纲

（一九四七年四月内蒙古人民代表会议通过）

第一章　总则

第一条　本大纲根据内蒙古人民代表会议通过之施政纲领制定之。

第二章　内蒙古临时参议会

第二条　内蒙古自治区域内，以内蒙古参议会为权力机关，参议会由内蒙古蒙古民族人民及其他民族人民选举之，参议会闭会期间，以内蒙古自治政府为最高行政机关。

第三条　本届内蒙古人民代表会议，选出临时［参议会］参议员之名额为九十九名至一百二十一名。其中应有适当名额之汉、回各民族参议员，临时参议会选出正副议长及驻会参议员共九名至十一名，驻会参议员对临时参议会负完全责任。

第四条　临时参议会参议员任期为三年，但随正式参议会之产生得延长或缩短其任期。

第五条　临时参议会每年召开一次，由驻会参议员召集之。临时参议会闭会期间由驻会参议员执行下列任务：

一、监督政府执行内蒙古人民代表会议通过之政府施政纲领与决议，及临时参议会之决议。

二、与各参议员保持经常连（联）络。

三、准备正式内蒙古参议会之选举事宜。

四、办理召集参议会临时会议事宜。

第六条 临时参议会之临时会议，由于政府提议，经驻会参议员通过时，或由临时［参议会］参议员三分之一以上请求时，得由驻会参议员召集之。

第三章 内蒙古自治政府

第七条 内蒙古自治政府为内蒙古最高行政机关，由临时参议会选举政府主席、副主席及委员共十九名至二十一名组织之，任期为三年。但随正式参议会之产生，得延长或缩短其任期。自治政府对临时参议会负完全责任。

第八条 内蒙古自治政府在不抵触中华民国民主联合政府法令范围内，得制定公布单行法。

第九条 自治政府主席因故不能执行职务时，由副主席代理其职务。正副主席均因故不能执行职务时，由所指定之政府委员代理职务。

第十条 自治政府置下列各厅、部、会，组织条例另定之。

1. 办公厅
2. 民政部
3. 军事部
4. 财政经济部
5. 文化教育部
6. 公安部
7. 民族委员会
8. 参事厅

第十一条 各厅、部、会置厅长、部长、委员长各一人。由政府主席从政府委员中任命之。各厅、部、会得置副厅长、副部长、副委员长及民族委员若干名，由主席任命之。

第十二条 自治政府统一发布命令，由主席、副主席签署，与各厅、部、会所主管事项有关者，得由各厅、部长、委员长副署。

第四章 法院

第十三条 自治政府置最高法院分院,以下各级法院依法律审判民刑案件,组织条例另定之。法院院长由自治政府任命之。

第五章 地方制度

第十四条 自治政府以下地方行政区划为三级制。一、盟,二、旗、县、市,三、努图克、苏木、街、村,其名称及区划另定之。

第十五条 各级地方行政区域之权力机关,为各级代表大会,组织条例另定之。

第十六条 各级地方政府均为民选,而由自治政府加委。努图克、苏木、街、村长,由各旗县政府加委,各级政府组织条例另定之。

第六章 附则

第十七条 组织大纲经内蒙古人民代表会议通过后施行之。其解释权利属于内蒙古自治政府。

第十八条 组织大纲之修改权属于内蒙古临时参议会。

(选自《内蒙古自治政府法令汇集》,第一集)

中原临时人民政府组织大纲[*]

第一条 中原临时人民政府依据本组织大纲之规定组织之。

第二条 中原临时人民政府设中原临时政府委员会,由委员二十一人组成之。中原临时人民政府委员会委员由中原临时人民代表会议选举之。

中原临时人民政府设主席一人,副主席二人,由中原临时人民政府委员会委员互选之。

第三条 中原临时人民政府总理全中原区之政务,并根据中原临时人民代表会议所通过之施政方针及决议制定,设施条例及规程。

第四条 中原临时人民政府行使有关左(下)列事项之职权,须由中

---

[*] 中原临时人民政府成立于1949年3月6日,1950年2月5日奉命撤销,此件当系中原临时人民政府成立之初颁行的文件。——编者

原临时人民政府委员会决议行之。

一、第三条规定之事项。

二、执行中原临时人民代表会议决议之事项。

三、组织人力、物力、财力，支援前线事项。

四、中原人民代表大会及其他各级人民代表大会之选举事项。

五、行政区划及各级人民政府组织设施事项。

六、任免中原临时人民政府各部、院长、中州农民银行总经理、秘书长及专员级以上干部。

七、全区预算决算事项。

八、关于全区生产建设、民政建设、财经设施、交通、土地、户籍、文化教育、公安、司法之方针、计划等事项。

九、其他重大事项。

第五条　中原临时人民政府主席之职权如下：

一、召集中原临时人民政府委员会，并为主席。

二、领导督促并检查各级人民政府执行中原临时人民代表会议之决议及中原临时人民政府委员会之决议。

三、处理中原临时人民政府日常政务及紧急事项，但属于须经中原临时人民政府委员会决议之事项者，得提请其追认。

四、对外代表中原临时人民政府。

第六条　中原临时人民政府设副主席二人，协助主席执行前条职务；主席因故不能执行职务时，由副主席代行其职务。

第七条　中原临时人民政府设下列各部、院、厅，在主席领导下分掌各该主管事项。

一、民政部。

二、教育部。

三、财政经济部。

四、农业部。

五、交通部。

六、公安部。

七、司法部。

八、中原人民法院。

九、中州农民银行。

十、秘书厅。

前项工作部门得视工作之需要，增减或合并之。

第八条　各部设部长一人，中原人民法院设院长一人，中州农民银行设总经理一人，秘书厅设秘书长一人，总理各该部、院、行、厅掌管之事项。各部、院长、总经理、秘书长之人选，以中原临时人民政府委员兼任为原则，但不限定为委员。由主席提交中原临时人民政府委员会通过任命之。各部、院、行、厅视工作之需要，得增设副职。

第九条　中原人民法院为中原司法终审机关，但重大案件之判决，得经司法部复核；死刑之执行，并须经主席之核准，以命令行之。有特殊情形者得由中原临时人民政府委员会通过，以主席、副主席名义授权下级处理。

第十条　中原临时人民政府对外发布文告及有关政策方针、重要计划等之命令指示，以主席、副主席名义行之。

其属于具体执行事项或技术问题者，得依规程由主管部、院长，总经理签署，单独行之。

第十一条　各部、院、厅之组织规程由中原临时人民政府制定之。

第十二条　为执行中原临时人民政府委员会之决议，解决各部门有关问题，中原临时人民政府设政务会议。

前项政务会议由主席、副主席、各部、院长、银行总经理、秘书长组织之，但主席有最后决定权。

第十三条　本组织大纲经中原临时人民代表会议通过之日起，发生效力。

（选自《中原政报》第一期）

河南省人民政府暂行组织规程

（一九四九年六月一日公布）

第一条　河南省人民政府遵照中原临时人民政府三十八年五月九日秘政字第五十三号令颁中原临时人民政府第二次政府委员会决议组织之。

第二条　奉中原临时人民政府令，河南省政府设主席、副主席各一人。

第三条　河南省人民政府设下列各厅、院，在主席领导之下，分掌各该主管事项：

（一）民政厅。

（二）教育厅。

（三）财政厅。

（四）工商厅。

（五）农业厅。

（六）交通厅。

（七）公安厅。

（八）司法厅。

（九）河南省人民法院。

（十）秘书长领导下设秘书处、行政处、政策研究室。

前项工作部门，得应工作之需要增减或合并之。

第四条 河南省人民政府设秘书长一人，各厅设厅长一人，河南省人民法院设院长一人，综理各该厅、院主管之事项，并得因工作之需要增设副职，协助办理各主管事项。

第五条 各厅、院得视工作之繁简设置局、室、处、科、股，分工办事，并视工作需要经河南省人民政府委员会会议或政务会议通过，设置各种专门委员会与直属的专管机关，主管一定事项。

第六条 民政厅主管全区政权组织建设、干部管理、户籍、地政、卫生及其他社会行政事宜，具体掌管左（下）列事项：

一、关于户籍人口之调查登记事项。

二、关于行政区划事项。

三、关于地方政权组织建设事项。

四、关于市政建设事项。

五、关于选举事项。

六、关于提请任免下级政府县长级以上干部及登记、考核、奖惩、教育各级行政人员事项。

七、关于干部保健及妇女干部幼儿保育、干部子弟公费入学事项。

八、关于土地之清丈、登记、确定主权、调解土地房产纠纷、处理土地产量、租赁关系等事项。

九、关于烈、军、工属、荣退军人抚恤、优待、救济及拥军优军事项。

十、关于群众运动、劳动保护、职工福利与劳资纠纷处理事项。

十一、关于社会救济事项。

十二、关于婚姻登记事项。

十三、关于宗教信仰及礼俗事项。

十四、关于少数民族事项。

十五、关于人民团体登记指导事项。

十六、关于禁烟、禁赌及其他不良风俗之取缔与改良事项。

十七、关于民众医药卫生工作机构设置之检查、指导、登记事项。

十八、关于公立医院、疗养所、休养所之设置管理事项。

十九、关于民间中西医生之登记、检定、指导、教育及医药卫生干部之培养事项。

二十、关于防疫事项之计划与实施事项。

二十一、关于社会福利事业（如公私立托儿所、残废院）的领导与改进等事项。

二十二、关于荣誉军人之安置处理与荣校领导事项。

二十三、关于其他有关民政卫生事项。

二十四、关于民政事业费之预算审核开支报销事项。

二十五、关于外侨及民主人士之交际联络事项。

第七条 教育厅主管全省人民文化教育事宜，具体掌管左（下）列事项：

一、关于管理各级学校事项。

二、关于教育经费之审核分配及学田校产管理事宜。

三、关于管理社会教育事项。

四、关于文化教育、学术团体之登记、指导与奖进事项。

五、关于图书教材之编审事项。

六、关于出版物之审查与登记事项。

七、关于具有重大历史价值之名胜古迹、文化古物、纪念陵园、公园、图书馆、博物馆、公共体育场及公共娱乐场所之筹划及管理事项。

八、其他有关文化教育事项。

第八条 财政厅主管全省财政、勤务、支前之计划、管理，具体掌管左（下）列事项：

一、关于人民负担之掌握与研究事项。

二、关于勤务支前及军需代办事项。

三、关于公款公产管理事项。

四、关于各种税收之征收管理事项。

五、关于编制预算、决算及至预算范围内收支之审计事项。

六、关于金库、粮库及实物库之收支管理事项。

七、关于粮票、柴草、料票、借据、证券、税务票照、印花等印制与发行事项。

八、其他有关财政之事项。

第九条 工商厅主管全省工商贸易之计划管理、奖进事宜，具体掌管左（下）列事项：

一、关于民营工商矿业之计划、管理、登记、检查，指导及奖进事项。

二、关于出入贸易及内地贸易管理事项。

三、关于公营贸易、公营企业生产之管理事项。

四、关于合作事业之计划推进，与各种副业的指导扶持事项。

五、关于集市管理及市场交易所之指导事项。

六、关于稳定物价事项。

七、关于度量衡之制造、检定、监督事项。

八、关于工商团体之登记指导事项。

九、关于工商事业费预算、审核、开支、报销事项。

十、其他有关经济、工商、贸易事项。

第十条 农业厅主管全省农副业与水利事宜，具体掌管左（下）列事项：

一、关于农林、畜牧事业及渔业之奖进事项。

二、关于人民开展大生产运动的指导事项。

三、关于组织农村劳动互助及农村合作事业之指导奖进事项。

四、关于整顿耕地、改良土壤、开垦荒地事项。

五、关于兴办农田水利、修建灌溉事项。

六、关于农具、肥料、种子之改良推广事项。

七、关于防除农业病虫害事项。

八、关于牲畜繁殖，保护造林、护林、植树之指导管理事项。

九、关于农业展览及农业技术发明创造之奖励事项。

十、关于农村副业与特种农作物之推广奖进事项。

十一、关于农货之计划与检查事项。

十二、关于农业之经济调查改进事项。

十三、关于公营农场之管理、改进与私营农场之指导事项。

十四、关于农业团体之登记指导事项。

十五、关于防治水患、修堤、疏浚、抢险、防风等工作之指导管理事项。

十六、关于农业事业费预算、审核、开支、报销事项。

十七、关于农业干部之训练及农业教育试验推广之管理及指导事项。

十八、关于其他有关农林水利事项。

第十一条 交通厅主管全省公路、邮电、航运之建设管理及公私运输指导奖进事宜，具体掌管左（下）列事项：

一、关于铁路、公路、航路、邮电之筹建与管理事项。

二、关于公营运输业之筹设与管理事项。

三、关于指导与扶助私人运输业事项。

四、关于道路、航站、机场、码头、渡口、车船制造之检查改进事项。

五、关于交通团体之登记指导事项。

六、关于交通事业费之预算、审核、开支、报销事项。

七、关于其他有关交通事项。

第十二条 公安厅主管维持全省社会治安保卫革命秩序事宜，具体掌管左（下）列事项：

一、关于奸细、特务、盗匪及内战罪犯之防范、侦缉及检查起诉事项。

二、关于人民除奸之组织教育及机关保卫工作之指导事项。

三、关于违警事件之管理与处罚及社会治安制度之厘定等事项。

四、关于清查户口、安定社会秩序并与民政部门共同调查登记城市户口等事项。

五、关于对外侨的调查登记保护管理事项。

六、关于公安干部之训练管理事项。

七、关于社会调查事项。

八、关于公安事业费之预算、审核、开支、报销事项。

九、关于其他有关公安事项。

第十三条 司法厅主管全省司法行政事宜，具体掌管左（下）列事项：

（一）关于民事行政事项。

（二）关于刑事行政事项。

（三）关于河南人民法院判决重大案件之复核事项。

（四）关于司法法规之编拟事项。

（五）关于人民法庭之组织与领导事项。

（六）关于监所犯人之教育管理事项。

（七）关于各级司法人员之铨叙教育事项。

（八）关于法院监所之设置与变更事项。

（九）关于司法事业费之预算、审核、开支、报销事项。

（十）关于其他有关司法行政事项。

第十四条 河南省人民法院主管全省终审、审核及监督下级审核事宜，具体掌管左（下）列事项：

一、不服各市、各专署区法院及其分院之判决，而上诉之民、刑事诉讼案件。

二、不服各市、各专署法院之裁定而控诉之案件。

三、死刑判决未经上诉之复核案件。

四、公安部门移送处理之案件。

五、主席交付处理或复审之案件。

六、特别重大案件之审理。

七、关于下级审判检查之监督事项。

八、关于和解及调解之指导事项。

九、处理违法失职工作人员之案件。

十、其他有关审判及检查之监督事项。

第十五条 秘书长承主席之命处理交办事项，代主席进行对本府各厅、院、行、局、处作定期的工作检查督促，并领导秘书处、行政处、政策研究室，掌管左（下）列事项：

一、关于政府委员会议及政务会议之准备与记录事项。

二、关于公文之撰拟、保管、缮印及收发事项。

三、关于印信、电报等机要之掌管事项。

四、关于机关通讯联络事项。

五、关于图书资料、档案之保管事项。

六、关于工作报告及书报编纂事项。

七、关于不属于各厅、院、行主管之其他事项。

（以上由秘书处承办）

八、关于河南人民政府之会计事务、生产、卫生、警卫、勤杂人员之教育。

九、关于交际联络及招待事项。

十、关于机关行政之其他事项。

（以上由行政处承办）

十一、关于政策研究及调查统计事项。（由政策研究室承办）

第十六条 各厅、院、行遇有争执之工作问题，提请主席交政务会议决定之。

第十七条 各厅、院、行对下级政府及法院执行各该主管事项,有监督指导之责,并得发布命令及指示,但该命令及指示得事先经主席之审核。

第十八条 河南省人民法院对于特别重大案件之审理,如主席认为必要时得提请政务会议决议,设特别法庭审理之。

第十九条 河南省人民法院函送司法厅复核之判决案件,司法厅复核意见应提请主席审核,并由主席批交法院执行之。

第二十条 河南省人民法院判处或核定死刑之案件,均先函送司法厅代主席作出初步审核,提出意见,呈送主席核定并由主席以命令行之。

第二十一条 河南省人民政府委员会会议规则、政务会议规则及各部门工作细则均另定之。

第二十二条 本规程有不适当处,由河南省人民政府委员会或政务会议修正之。

第二十三条 本规程自河南省人民政府公布之日施行。

(选自一九四九年七月河南省人民政府《河南政报》,创刊号)

苏皖边区各行政区专员公署暂行组织条例

(一九四五年十二月苏皖边区政府颁布施行)

第一章 总则

第一条 本条例根据苏皖边区政府(以下简称边府)组织条例第□条订定之。

第二条 各行政区专员公署(以下简称专署)之管辖范围及名称以边府命令订定之。

第二章 组织

第三条 各行政区最高权力机关为各该区之人民代表会议。

第四条 各行政区最高执行机关为各该区之行政委员会,由各该区人民代表会议选出正副专员及行政委员十五至二十五人组织之,正副专员为行政委员会当然主席,并经边府加委后组织专署,处理全行政区日常政务。

在各行政区人民代表会议未成立前,正副专员由边区政府派任,并得设临时行政委员会，由各该区各机关团体学校互推委员十五至二十五人，经边区政府加聘后组织之，或由边区政府直接聘任之。

第五条 专署下设秘书室、民政处、财粮处、教育处、建设处、公安局、法院、交通局、调研室等工作部门。

第六条 秘书室设秘书一人，下设文书、总务两科，各设科长一人，科员及办事员若干人。

第七条 民政处设正副处长各一人，下设干部、民政及后勤三科，各设科长一人，科员及办事员若干人。

第八条 财粮处设正副处长各一人，下设财务及粮政两科，各设科长一人，科员及办事员若干人，另设契税及公学款产管理员若干人。

第九条 教育处设正副处长各一人，下设初等教育、中等教育及社会教育三科，各设科长一人，督学、科员及办事员若干人。

第十条 建设处设正副处长各一人，下设农垦、水利、工业及合作三科，各设科长一人，专门技师、科员及办事员若干人。

第十一条 公安局设正副局长各一人，下设治安、侦察及审讯三科，各设科长一人，科员及办事员若干人。

第十二条 法院设正副院长各一人，推事、书记官及书记员若干人。

第十三条 交通局设正副局长各一人，下设交管、发行、邮务三科，各设科长一人，科员、干事若干人。

第十四条 调研室设主任一人，调研员若干人。

第十五条 专署因工作需要，得呈准边府后增减各科机构。

第三章 职权

第十六条 各行政区行政委员会职权如左（下）：

一、具体讨论执行边府之法令、重大指示与本行政区人民代表会议之重大决议。

二、研究通过本区政府工作计划及预决算。

三、决定本行政区应兴应革事项。

四、向本行政区人民代表会议定期报告工作。

第十七条 正副专员职权如左（下）：

一、执行边府命令和指示。

二、贯彻行政委员会决议。

三、综理该行政区政务，领导所属各部门办理各该主管事项。

四、定期向行政委员会及边区政府报告工作情况。

第十八条 秘书室秉承正副专员之命掌理左（下）列事项：

一、综核文件。

二、典守印信。

三、缮写、核对、收发及保管文件。

四、组织机关工作。

五、办理不属于各处、局、室之事项。

第十九条 民政处秉承正副专员之命掌理左（下）列事项：

一、办理选举。

二、改善民生。

三、调整行政区域及各种组织机构。

四、各级干部之任免、升迁、调补、考核及奖惩。

五、战时后方勤务。

六、优抗及抚恤。

七、社会救济。

八、卫生行政。

九、户籍行政、人口登记。

十、禁烟、禁毒、禁赌。

十一、其他有关民政事项。

第二十条 财粮处秉承正副专员之命掌理左（下）列事项：

一、财政预决算之编造及审核。

二、公粮之征收及保管。

三、赋税之整理及征收。

四、公学款产之监督、指导及保管。

五、逆产之处分及管理。

六、土地查登。

七、关于其他有关财政事项。

第二十一条 教育处秉承正副专员之命掌理左（下）列事项：

一、初等、中等、群众及干部教育。

二、文化事业之推进、管理及学术奖励。

三、地方风俗改革及破除迷信。

四、地方师资之培养。

五、教育专款之筹措支付。

六、关于其他有关教育事项。

第二十二条 建设处秉承正副专员之命掌理左（下）列事项：

一、指导垦殖。

二、水利建设。

三、公路、桥梁及其他公共工程之修筑。

四、合作事业之扶助及指导。

五、地方公营工业之创办、管理及民营工业之倡导、扶助及保护。

六、处理商标注册及专利。

七、其他有关建设事项。

第二十三条 公安局秉承正副专员之命掌理左（下）列事项：

一、防奸、防谍、防匪，保卫地方安宁。

二、维持民主秩序，依法保障民权。

三、违警事件之处理。

四、执行刑事检查。

五、检举违法之公务人员。

六、警察之训练管理。

七、关于其他有关公安事项。

第二十四条 法院秉承正副专员之命掌理左（下）列事项：

一、司法条例法规之草拟。

二、保障政府法令之推行。

三、审理二审民刑案件。

四、犯人之管理教育。

五、其他有关司法事项。

第二十五条 交通局秉承正副专员之命掌理左（下）列事项：

一、公文、信件、书报之收发传递。

二、邮电事业之监督指导。

三、交通事业之管理。

四、其他有关交通事项。

第二十六条 调查研究室秉承正副专员之命掌理左（下）列事项：

一、资料之收集整理。

二、各种行政工作之调查统计。

三、各种法令之研究。

四、其他有关调查研究事项。

第四章 任期与会议

第二十七条 行政委员及正副专员任期三年，任满由各该区人民代表会议改选之，连选得连任。

第二十八条 行政委员会议每三月举行一次，由正副主席召集之；各非行政委员之秘书、处局长、主任得列席会议，必要时得召集临时会议。

第二十九条 专署之政务会议，每半月举行一次，各正副处、院、局长、秘书及主任出席，由正副专员召集之，遇必要时，得召集扩大会议，由各科长列席。

第三十条 各处、院、局、室会议，每周举行一次，由各该部门首长召集之。

第五章 附则

第三十一条 本条例以边府命令自公布之日起施行。

第三十二条 本条例如有未尽事宜，由边府以命令修正之。

苏皖边区各县县政府暂行组织条例

（一九四五年十二月苏皖边区政府颁布施行）

第一章 总则

第一条 本条例根据苏皖边区政府组织条例第□条订定之。

第二条 各县县政府管辖之范围及名称，以边区政府命令规定之。

第二章 组织

第三条 各县最高权力机关，为各该县之人民代表会议。

第四条 各县最高执行机关为各该县之行政委员会，由各该县人民代表会议选出正副县长及行政委员七人至九人组织之，正副县长为行政委员会当然主席，并经边区政府加委后组织县政府，处理全县日常政务。在各县县人民代表会议未正式成立前，正副县长由边区政府派任之，并得设临时行政委员会，由本县各机关团体学校互推委员七人至九人经边区政府加聘后组织之，或由专员公署报请边区政府聘任之。

第五条 各县县政府下设秘书室、民政科、财粮科、教育科、建设科、司法科、公安局、交通局等工作部门。秘书室设秘书一人，收发、文书、会计、庶务等若干人。各科、局得设正副科、局长各一人，股长、科员及办事员若干人。

第三章 职权

第六条 各县行政委员会职权如左（下）：

一、具体讨论执行边区政府、专员公署之法令及重要指示与本县人民代表会议之重大决议。

二、研究通过本县政府工作计划及预决算。

三、决定本县应兴应革事项。

四、向本县人民代表会议定期报告工作情况。

第七条 正副县长职权如左（下）：

一、执行边区政府及专员公署之命令和指示。

二、贯彻行政委员会决议。

三、综理全县政务，领导所属各部门办理各该主管事项。

四、定期向行政委员会及专员公署报告工作情况。

第八条 秘书室秉承正副县长之命掌理左（下）列事项：

一、综核文件。

二、典守印信。

三、缮写、校对、收发及保管文件。

四、组织机关工作。

五、办理不属于各科、局之事项。

第九条 民政科秉承正副县长之命掌理左（下）列事项：

一、办理选举。

二、改善民生。

三、调整行政区域及各种组织机构。

四、乡级干部之任免、升迁、调补、考核及奖惩。对区级干部得请求任免之。

五、战时后方勤务。

六、优抗及抚恤。

七、社会救济。

八、卫生行政。

九、户籍行政，人口登记。

十、禁烟、禁毒、禁赌。

十一、其他有关民政事项。

第十条 财粮科秉承正副县长之命掌理左（下）列事项：

一、财政预决算之编造及审核。

二、公粮之征收及保管。

三、赋税之整理及征收。

四、公学款产之监督、指导及保管。

五、逆产之管理及查报。

六、土地查登。

七、关于其他有关财政事项。

第十一条 教育科秉承正副县长之命掌理左（下）列事项：

一、初等、中等、社会、干部教育。

二、文化事业之推进、管理及学术奖励。

三、地方风俗改革及破除迷信。

四、地方师资之培养。

五、教育专款之筹措支付。

六、关于其他有关教育事项。

第十二条 建设科秉承正副县长之命掌理左（下）列事项：

一、指导垦殖。

二、水利建设。

三、公路、桥梁及其他公共工程之修筑。

四、地方公营工业之创办、管理及民营工业之指导、扶助及保护。

五、合社事业之扶助及指导。

六、办理商标注册及专利。

七、其他有关建设事项。

第十三条 公安局秉承正副县长之命掌理左（下）列事项：

一、防奸、防匪，保卫地方安宁。

二、维持民主秩序，依法保障民权。

三、违警案件之处理。

四、执行刑事检查。

五、检举违法之公务人员。

六、警察之训练管理。

七、其他有关公安事项。

第十四条 司法科秉承正副县长之命掌理左（下）列事项：

一、司法条例法规之草拟。

二、保障政府法令之执行。

三、审理初审民刑案件。

四、犯人之管理教育。

五、其他有关司法事项。

第十五条 交通局秉承正副县长之命掌理左（下）列事项：

一、公文、信件及书报之收发传递。

二、邮电事业之监督指导。

三、交通事业之管理。

四、其他有关交通事项。

第四章 任期及会议

第十六条 行政委员及正副县长任期二年，任满后，由各该县人民代表会议改选之，连选得连任。

第十七条 行政委员会议三个月举行一次，由正副主席召集之（各非委员之秘书、科局长得列席会议），必要时得召开临时会议。

第十八条 县政府政务会议每一月举行一次，各正副、科、局长及秘书出席，由正副县长召集之。

第十九条 各科、局、室会议，每半月举行一次，由各该部门主管人员召集之。

第五章 附则

第二十条 本条例以边区政府命令自公布之日起施行。

第二十一条 本条例如有未尽事宜，由边区政府命令修改之。

（本件附表从略）

中国人民解放军北平市军事管制委员会组织条例（草案）

（一九四九年二月）

第一条 本会在中国人民解放军总部与华北军区领导下，为北平市军事时期内统一的军政领导机关，实行军事期间的革命管制。

第二条　因工作需要，在四郊（东至通州，西至门头沟，南至黄村，北至沙河镇）地区设四个分会，在本会领导下进行工作。

第三条　本会执行下列各项任务：

一、镇压反革命分子之活动，并肃清一切残余的敌人和扰乱社会秩序的散兵游勇，以及任何进行武装抵抗的分子，逮捕战犯及罪大恶极的反动分子，收缴一切隐藏在民间的反动分子的军火武器及其他违禁品，解散国民党、三青团及蒋介石集团系统下之其他一切反动党派、团体和特务组织。

二、接收并管理一切公共机关、公共产业、公共物资及其他一切公共财产，并没收应该没收的官僚资本。

三、保障一切中国人民及守法的外国侨民生命财产的安全，保护工农商学各界一切正当的权利，迅速恢复市政建设事业，恢复与建立正常的社会秩序，消灭一切混乱现象。

四、动员一切公私力量沟通与建立城乡经济的正常关系，特别是指导与组织公私各种力量，解决城市人民的粮食及燃料的供应。

五、发动与组织革命群众团体，帮助建立系统的人民民主政权机关。

六、为执行军事管制任务之必要，得发布戒严令，并依据中共中央及人民解放军之政纲，发布临时法令。

第四条　本会设下列各部分：

一、警备司令部兼防空司令部：负责肃清一切反革命武装及散兵游勇，执行军纪、军法及戒严、解严等事项，并有效地组织防空。

二、市政府：负责市区内民政、公安、司法、交通、卫生、消防等一切市政建设，管理市区内工农商学各业，管理财务、贸易、金融及有关外国侨民诸事项，并按工作需要设立民政局、财政局、教育局、卫生局、公安局、公用局、工务局、工商局、外侨管理处、贸易公司、人民法院及银行等机构。

三、物资接管委员会：负责接收并处理敌伪产业及公共物资财产，没收官僚资本，直接代管属于国家之企业以待将来移交于全国性的人民民主政府；对其他属于本市之企业，协同本市有关之主管机关进行接收，接收后分别移交各该主管机关管理，负责动员组织一切公私力量，指导对城市粮食、燃料等供应事项，沟通城乡关系，并负责接管不属于市范围之军事政治机关与设备等项，按照工作需要设下列各部：

（1）财经部：下设财政处、金融处、企业处、贸易处、农业水利处、后勤处及城市供应指导处。

（2）交通部：下设铁道处、公路处、电讯处、邮政处。

（3）卫生部。

（4）军政部。

（5）房屋地产部。

四、文化接管委员会：负责接管一切属于国家的公共文化教育机关及一切文物古迹，属于本市者由教育局接管，按照工作需要设下列各部：

（1）教育部：下设高等教育处、学术机关处、社会教育处。

（2）文艺部：下设戏剧音乐处、电影处、艺术教育处。

（3）文物部：下设博物馆处、图书处。

（4）新闻出版部：下设新闻处、出版处。

五、在秘书长领导下设秘书处、供给部，行政处，负责处理本会对内外一切有关日常工作及联络供给等事项。

第五条 本会于完成本条例第二条所规定之各项任务后，经上级批准即将一切行政权力移交当地人民民主政府和警备司令部，并宣布撤销。

第六条 本条例自公布之日起施行。

（选自一九四九年五月中国人民解放军北平市军事管制委员会
《布告文件汇集》，第一集）

北平市人民政府公布令

（一九四九年四月五日）

关于本市政府组织机构，业经三月十九日第一次政务会议确定，兹将确定事项，公布如左（下）：

（一）政务会议：对市政既定方针再作一般性的传达解释及具体布置分工，凡属讨论政策方针会议，应召集有关部门的负责干部参加。

（二）财经委员会：专为研究本市财政经济建设的问题。

（三）政治委员会：由公安局负责召集之。

（四）市政工作会议：专为研究市政设施，由副市长负责主持。

（五）教育局、外侨事务处：均由市长直接领导，必要时可分别设置文化委员会与外交政策研究会。

（六）城厢工作会议：城厢工作直接属市长领导，工作会议及时发现并研究问题，提供市长参考。

（七）郊区工作委员会：襄助市长领导郊区工作，负责督导郊区一般工作，并了解干部，提出整饬业务的意见，下分设民政（民政局派出）、财政（财政局派出）、农林（属建设局）三科并分别由各局领导。

（八）组织系统表（见附表）

附记：1. 以原工务局为基础成立建设局

2. 以原公用局为基础成立企业局

中华民国三十八年四月五日

市　长　叶剑英
副市长　徐　冰

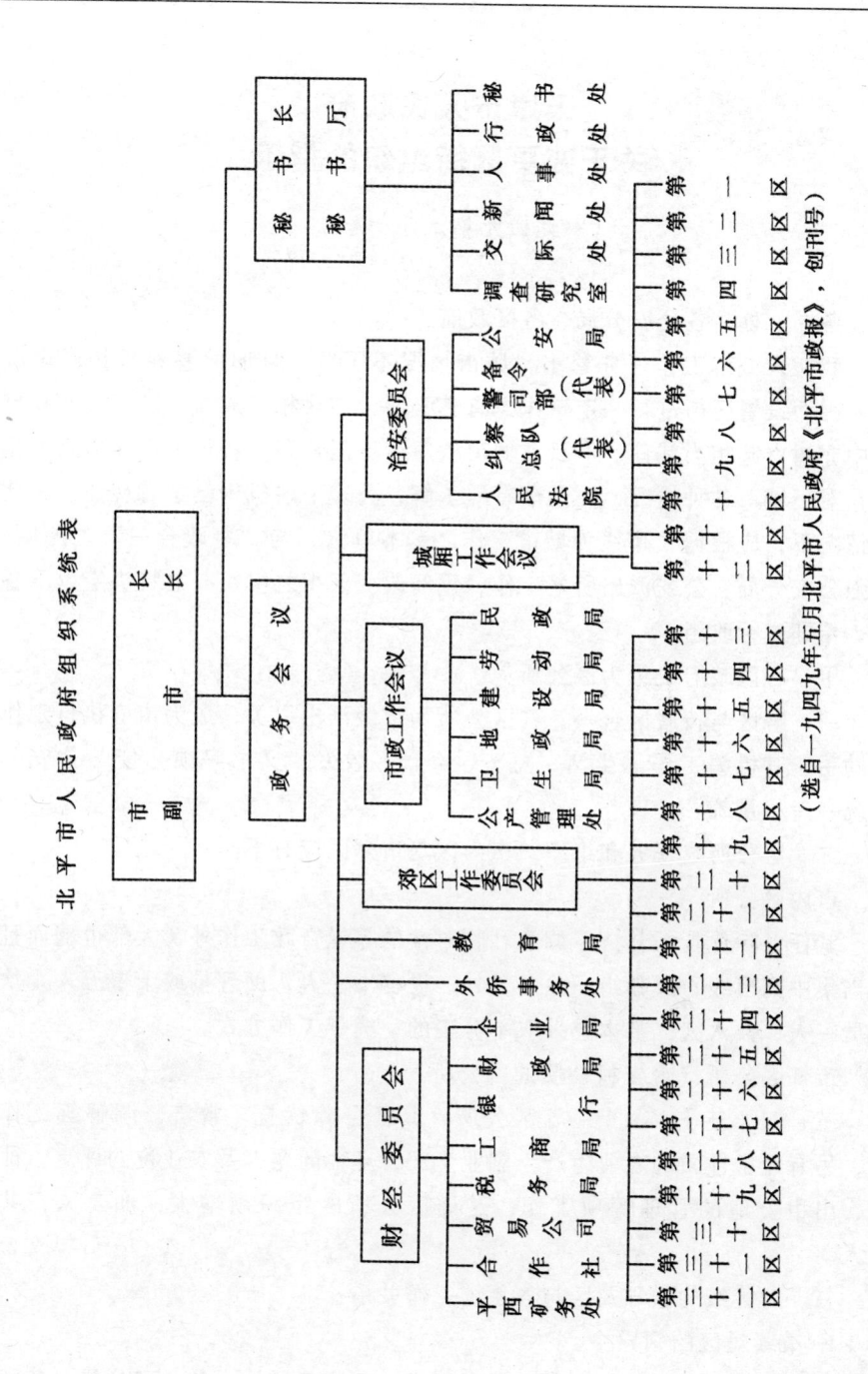

北平市人民政府组织系统表

```
市　长
副市长
│
政务会议
├─ 秘书长
│   ├─ 秘书厅
│   ├─ 调查研究室
│   ├─ 交际处
│   ├─ 新闻处
│   ├─ 人事处
│   ├─ 行政处
│   └─ 秘书处
├─ 治安委员会
│   ├─ 公安局
│   ├─ 警备司令部（代表）
│   ├─ 纠察总队（代表）
│   └─ 人民法院
├─ 城厢工作会议
├─ 市政工作会议
│   ├─ 民政局
│   ├─ 劳动局
│   ├─ 建设局
│   ├─ 地政局
│   ├─ 卫生局
│   └─ 公产管理处
├─ 郊区工作委员会
├─ 教育局
├─ 外侨事务处
└─ 财经委员会
    ├─ 企业财政局
    ├─ 银行
    ├─ 工商局
    ├─ 税务局
    ├─ 贸易公司
    ├─ 合作社
    └─ 平西矿务处

第一区　第二区　第三区　第四区　第五区　第六区　第七区　第八区　第九区　第十区　第十一区　第十二区　第十三区　第十四区　第十五区　第十六区　第十七区　第十八区　第十九区　第二十区　第二十一区　第二十二区　第二十三区　第二十四区　第二十五区　第二十六区　第二十七区　第二十八区　第二十九区　第三十区　第三十一区　第三十二区
```

（选自一九四九年五月北平市人民政府《北平市政报》，创刊号）

天津市人民政府
关于变更区街组织的指示

（一九四九年六月十七日）

各局、处、各公安分局、各区政府：

我初入城市工作任务繁多，城市情况不了解，且旧的警察机构尚未改造，因而设置区街进行一定工作，有其必要，亦获相当成绩，区街政府在群众中亦树立起相当威信。但目前城市秩序，已复常态，各种工作逐渐走向正规，对于城市各种情况，亦逐渐有一了解，公安下层机构已稍有转变。在此种情况下，应根据"市级为城市工作之基本单位"与"警政合一"之原则，加强公安分局、公安派出所之工作，重新改变区街之组织，兹特决定以下各点，希即进行改组：

甲、各区政府改组为区公所：

一、**警区与行政区合一**，各区公所为市级派出机关，成为市府执行工作的助手，其机关工作（生活、总务、会计、收发、文书等项）能与公安分局统一者尽量统一。

二、区公所之任务和组织，市内区与市郊区应有不同：

市内区公所

其任务除优抚、救济、调解和临时性的零星行政工作外，大部可能而且应当集中到市级，故其组织除区长外，设秘书一人，助理员或干事五人，炊事员一人，共八人，基本上采取不分工的一揽子工作方式。

市郊区公所（带农村性质的区公所）

三、四、五、六、十一等区公所，其任务除优抚、救济、调解等工作外，另有经常性质的农业生产，副业生产，土地问题，及农业税的评定，征收，出租公地的管理等项工作，这样区公所的组织须增大，加二人，共十人。

三、对区级的领导及区与各系统工作关系：

1. 市级对区的领导：

市府有关全市之一般问题以通令行之，直达各局处、各公安分局、各区公所；有关单独的公安事项，得令市公安局转令各分局，有关区公所之行政事项，市得直令各区公所。市级各局的有关业务，在既定政策下和不违背其直接上级的决定原则下，得与区公所或公安分局发生直接指导关系，须会同办理者通过市府确定；公安分局、区公所有关各局业务上之问题，可与有关局联系。

2. 原区政府所掌辖之各种业务应分别划归各有关部门：

（1）合作社有分社者（四、六、八区）建立自己系统的领导关系和区公所是平行的配合关系，尚无分社者，由经济股合作干部拨归总社二人，为总社干部，为了工作方便，可住在区公所工作，区公所予以可能的协助，以俟分社建立，即还建制。

（2）文教工作，原则上以文教股干部归教育局，充实民教馆，建立中心小学。教育局通过民教馆和中心小学，直接领导各区的社会教育与小学教育工作，与区公所是平行的配合关系。

（3）调解工作，由派出所与区公所进行，调解不成时，即直接转法院，市不须再有调解的一级。

（4）卫生行政，由卫生局负责，各区设立卫生事务所，所长兼区公所的卫生指导员。在卫生局的领导与区的指导之下，统一环境卫生和防疫注射等工作，清洁队仍归公安局领导。

（5）工商局于每区设一分局，其干部由市府人事处就原区的经济股干部配备之。工商分局与区公所是平行关系。

（6）今后一切身份证明和婚姻登记及户政工作，均由公安局负责办理（民政局户政科七人，六月底一起移交公安局）。

（7）区可设不定期的联系会议，解决联系配合问题。

乙、关于取消街的问题：

一、各街公所分别并入各派出所，街干部原则上都到公安局工作，派出所设所长和副所长，根据干部条件，配备工作，所长兼管行政，增设文书一人。

二、街取消后，市郊较大村庄皆增设派出所，但为保证一部分行政工作之完成并得建立不脱离生产之村公所，受该管派出所之指导，归该区公所领导。

三、街公所的交代问题：

1. 以区为单位，各街统一向原属之区公所负责交代，区对市负责，财务经费造清册四份，工作问题造表分别移交各有关部门并报市府备查，交待项目、办法、手续另附。

2. 各种贷款之交代（如小本贷款、农业贷款、小工业贷款、建房贷款等），由银行整理材料，并拟交代办法。

四、水上街即行并入水上公安分局建制。

市长　黄　敬

（选自一九四九年七月《天津市法令汇编》，第一集）

天津市人民政府关于区公所组织与任务的决定

（一九四九年七月二十九日公布施行）

一、根据"市级为城市工作之基本单位"与"警政合一"之原则，确定区公所为市人民政府之派出机关，为市人民政府执行工作的助手，非政权一级，故定名为天津市人民政府第×区区公所。

二、区公所办理目前尚未能集中到市或尚未移交至公安部门之行政事务及市人民政府临时授权与"令"、"示"之事项。根据现阶段情况，其具体任务为：

（1）在市人民政府既定政策原则下，进行民事的调解。

（2）帮助市级办理拥军、优待烈军干属、社会抚恤、救济及一部兵员支前等动员事项。

（3）帮助市人民政府进行专门问题的调查研究事项。

（4）市人民政府临时授权与"令""示"事项。

（5）人民询问、请示、请求，控诉的解答和承转事项。

（6）反映人民情况及对市政意见。

（7）组织本区内市级行政机关之分局、分社、工程处、卫生事务所、稽征所、人民文化馆、中心小学等的必要的配合联系事项。

（8）带有市郊农村的区，得处理土地问题，领导农业生产、副业生产，帮助征收农业税等。

三、区公所干部数目，规定为七人，事务特别繁杂之区得酌量增加，有市郊农村区另增干部二人。设交通员、炊事员（实行包干制后取消）各一人。其分工：设区长一人，秘书一人，余为助理员或干事。工作方式基本上采取一揽子方式，但得视工作情况与需要，采取不固定的分工，例如分为内勤（须在机关工作者）外勤（较经常在人民中工作），或分为调解、优抚、调研等。在农村者并得设较专门干部管理农村工作。为工作便利，得设不脱离生产之专门委员会，如调解、优待烈军干属委员会等。

四、区公所与各级政权机关之纵横关系规定如下：（一）市人民政府为区公所之直接上级，直接领导区公所。区公所得向市人民政府作工作报告。（二）市级各局院在主管业务范围内及既定政策下，对区有指导关系，可以"指示"、"通知"、"函"等形式指导区之工作；区公所亦须向局、院作有关工作业务之报告。但给区以工作任务或行使"令"文，须通过市人民政府统一办理。（三）区公所对派出所无领导关系，可以建立工作上之密切联系，重大工作得与分局长协商，由分局长发布命令。（四）俟派出所健全后，原间的组织即取消（郊区农村得保留）。工作积极之间长，派出所可以个别关系，领导其尽可能的继续为人民作某些协助性的工作。（五）区公所与公安、工商分局，工程处、卫生事务所、稽征所、人民文化馆，中心小学、合作分社等市级派出或分出之机关，均为平行机关。为了解决各单位必要的工作配合联系问题得以区公所为主，召集全面的或有关单位的工作联系会议。各单位认为必要时，亦可建议区公所召集，区长为该会当然主席。（六）市郊村庄在百户以上者，得设不脱离生产之村公所，直受区公所领导，同时受该管派出所之指导，村公所组织法另定之。

(选自一九五〇年一月《天津市法令汇编》，第二集)

天津市人民政府关于市郊村公所组织与任务的决定

(一九四九年九月六日公布施行)

一、市郊村庄近似农村，为工作方便计，应组织不脱离生产之村公所。其性质是市郊村民基层政权机构，受人民政府委员会委托之区公所领导，并受所属派出所之指导。

二、根据现阶段情况，除治安工作及调解工作由派出所办理外，其具体任务为：1. 帮助办理本府拥军、优待烈军干属及社会抚恤、救济、兵员支前等动员事项；2. 组织领导农副业生产及本村小商贩、手工业生产，并发展合作事业；3. 协助管理公地，办理征收农业税及办理土地等问题；4. 协助办理社会卫生工作；5. 反映人民情况及对市政意见。

三、市郊村庄按派出所管辖区，在一百户以上者得单独组织村公所，一百户以下者合并其他村组织。计分为：一千户以上之村庄为甲等村，设村长一人，副村长（兼书记）一人，土地生产委员三人，优抚委员一人，卫生委员一人，委员二人，共九人。五百户至一千户者为乙等村，设村长、副村长各一人，土地生产委员一人，优抚委员一人，卫生委员一人，委员二人，共七人。一百户至五百户者为丙等村，设村长、副村长各一人，土地生产委员一人，优抚委员一人，卫生委员一人，共五人。

四、村公所干部产生应由人民民主选举，但可根据情况或由区公所呈请市人民政府指派之。

五、村公所经常办公费，规定为甲等村每月小米二十斤，乙等村十五斤，丙等村十斤。有特殊开支时，由区临时造具预算经批准后发给。

干部生活补助费规定每月甲等村小米一百斤，乙等村八十斤，丙等村六十斤，由村视工作需要及干部工作情况灵活分配。

（选自一九五〇年一月《天津市法令汇编》，第二集）

张家口市政府组织条例

（一九四六年四月二十四日晋察冀边区行政委员会颁布，
一九四六年五月十八日胜民行字第三十一号令修正）

第一条 张家口市政府（以下简称市政府），由张家口市参议会（以下简称市参议会）选举委员七人，组织市政府委员会，并由市参议会在委员中选举市长、副市长各一人，市长、副市长及委员均于选出后，报请晋察冀边区行政委员会备案。

第二条 市政府设下列各局、处：

一、秘书处。

二、社会局。

三、教育局。

四、财政局。

五、建设局。

六、卫生局。

七、公安局。

市政府于必要时，得请准晋察冀边区行政委员会，设置各种专管机关及专门委员会。

第三条 市政府受晋察冀边区行政委员会之管辖，及市参议会之监督。

第四条 市政府总理全市政务，其职权如下：

一、执行晋察冀边区行政委员会之命令及指示。

二、执行市参议会之决议。

三、领导所属各机关执行职务，任免所属区长科长以下之行政人员。

四、公布市单行法规。

五、管理一切市政建设事项。

第五条 市政府委员会为民主集中制之组织，因行使前条职权所为之重大设施，须由市政府委员会决议行之。

第六条 市政府委员会每两周开例会一次，必要时得召开临时会议。

第七条 市长之职权如下：

一、召开市政府委员会议及政务会议，会议时为主席。

二、领导各局、处执行上级交付之任务，及市政府委员会之决议，市长向市政府委员会负责。

三、处理市政府日常政务，如遇重大事务，应提交市政府委员会决定，如时间紧迫，市长得作紧急处理，但事后应提请市政府委员会追认。

四、对外代表市政府。

副市长协助市长执行本条各项规定之职务，市长因公外出，或因故不能执行职务时，由副市长代理之。

第八条 秘书处掌理事项如下：

一、关于市政府委员会、政务会议之通知及记录。

二、关于提请任免、奖惩所属市区行政人员事项。

三、关于文件之保存、撰拟、缮印及收发事项。

四、关于印信、电报等机要之掌管事项。

五、关于市政府之会计、庶务、卫生等事项。

六、关于材料编制、统计、整理事项。

七、关于交际招待事项。

八、其他不属于各局、处之事项。

第九条 社会局掌理事项如下：

一、关于行政区划、组织编制事项。

二、关于户籍统计事项。

三、关于民主选举事项。

四、关于赈灾、军人家属抚恤，优待及其他社会救济事项。

五、关于劳资关系、租佃关系事项。

六、关于婚姻登记及礼俗事项。

七、关于人民团体之登记及指导事项。

八、关于工商业行政及合作互助指导事项。

九、关于取缔赌博及禁烟、禁毒事项（在有禁烟局时，禁烟、禁毒由禁烟局管理）。

十、关于少数民族事项。

十一、关于宗教事项。

十二、关于公产之登记、管理及处理事项。

十三、其他有关社会公益事业事项。

第十条 财政局掌理事项如下：

一、关于税务公款事项。

二、关于预算决算之编制事项。

三、财务行政事项。

四、其他有关财政事项。

第十一条 教育局掌理事项如下：

一、关于管理各级学校事项。

二、关于管理社会教育事项。

三、关于教育文化及学术团体之指导奖进事项。

四、关于图书馆、博物馆、公共体育娱乐场所之管理事项。

五、关于剧院、影院之指导事宜。

六、关于一般宣传事项。

七、其他有关教育事项。

第十二条 建设局掌理事项如下：

一、关于公用房屋及街道之建筑、设计、修理事项。

二、关于人民建筑之审核、指导，及街道市容之整顿事项。

三、关于电灯、电话、自来水、交通等之管理建设监督事项。

四、关于河道、水堤、桥梁之监督修筑事项。

五、关于农林行政事项。

六、关于公园林木之修植保护事项。

七、其他有关工务事项。

第十三条 卫生局掌理事项如下：

一、关于街道清洁，及人民卫生之管理指导事项。

二、关于公共卫生之建设事项。

三、关于防疫保健事项。

四、药市、屠宰场、娱乐场所之卫生检查事项。

五、关于公立医院之管理领导事项。

六、关于私人医院之登记、审核及指导事项。

七、关于医药事业之管理、饮食品之化验事项。

八、关于医生之登记、审查及指导事项。

九、其他有关卫生事项。

第十四条　公安局掌理事项如下：

一、关于户口之调查、登记、管理、检查事项。

二、关于缉捕盗匪、检举、取缔违警事项。

三、关于社会秩序之维持事项。

四、关于消防、救护、交通管理事项。

五、关于外侨之调查管理事项。

六、其他有关公安事项。

第十五条　秘书处设秘书长一人，各局设局长一人，综理各该局、处事务。秘书长、局长由市政府委员会报请晋察冀边区行政委员会加委。

第十六条　各局、处得设秘书一人至数人，承局长、秘书长之命办理各该局、处事务，各局、处得视事务之繁简分科办事，科设科长一人，科员若干人，承局长、秘书长之命办理该科事务。

第十七条　各局、处及科均得视工作需要增设副职，佐理各局、处、科事务。

第十八条　市政府设政务会议，由市长、副市长、秘书长、各局正副局长组织之。讨论市政府委员会决议之执行事项，开会时由市长主席，讨论事项取决于市长。

第十九条　各局、处办事细则另定之。

第二十条　本条例自公布之日施行。其修改权属于晋察冀边区行政委员会。

（选自晋察冀边区行政委员会《现行法令汇集》续编）

中国人民革命军事委员会长沙市军事管制委员会组织条例

(一九四九年八月二十日)

第一条 本会在中国人民革命军事委员会与华中军区领导下,为长沙市和平解放后军管时期内统一领导的军政最高权力机关,实行革命军事管制。

第二条 本会执行下列各项任务:

一、镇压反革命之破坏活动,肃清一切潜伏的武装敌人和扰乱社会秩序的散兵游勇,逮捕战犯及罪大恶极的特务分子,收缴一切私人枪支、武装及其他违禁品,并解散国民党、三青团、民社党、青年党及蒋介石集团系统下之其他反动团体和特务组织。

二、接管伪中央系统在长沙的一切公共机关、公共产业、公共物资,并没收应该没收的官僚资本。省、市级机关,逐步接收改组。

三、保障全体人员及守法的外国侨民生命财产的安全,保护工、农、学、商各界一切正当的权利,迅速恢复市政建设,建立正常的社会秩序,消灭一切混乱现象。

四、动员一切公私力量,沟通城乡贸易关系,特别需要指导与组织公私各种力量,解决城市人民的粮食、燃料等日常生活必需品的供应,稳定金融物价,力求安定人民生活。

五、发动与组织革命群众团体,建立各界人民代表会,并有计划的组织人力、物力,支援南下大军,争取西南各省的全部解放。

六、为适应执行军事管制任务的必要,得发布戒严令,并依据中共中央及人民解放军的政纲,制定临时法令。

第三条 本会设下列各部:

一、警备司令部兼防空司令部:

负责镇压继续阴谋活动的破坏分子,肃清一切反革命武装及散兵游勇,执行军纪、军法及戒严、解严等事项,并有效的组织防空。

二、市政府:

管理财政、金融、贸易、外侨诸问题,并负责市区内民政、教育、公安、交通、司法、卫生、消防等一切市政建设。按照工作需要,设立民政局、财政局、教育局、建设局、公安局、工商局、劳动局及人民法院。

三、财经接管部：

负责接收并处理伪中央系统在长沙所有产业及公共物资财产，没收官僚资本，直接代管属于国家之企业，以待将来移交全国性的人民政府。对其他属于本市之公营企业，协助本市有关之主管机关进行接收管理，并负责动员一切公私力量，沟通城乡关系，指导对城市粮食、燃料及人民日常生活必需品等供应事项。按照工作需要，设下列各处：工矿处、金融处、贸易处、财粮处、农林水利处、后勤处。

四、交通接管部：

负责接收铁路、航运、公路、邮电。为适应工作需要，设下列各处：铁道处、邮政处、电讯处、航运处、公路处。

五、文化接管部：

负责接管一切属于国家的公共文化教育机关及文物古迹。按照工作需要，设下列各处：学校教育处、文艺社教处、新闻出版处。

六、公安处：

为建立革命秩序，保障人民安全，设立公安处，统一掌握地方治安、机关保卫和警政建政事宜。

七、在秘书长领导下设秘书处、行政处，负责处理本会对内对外一切有关日常工作、内部管理、生活供应及文牍等事宜。

第四条 本会于完成本条例第二条所规定各项任务后，经上级批准，将一切行政权力，移交当地人民政府和警备司令即宣布撤销。

第五条 本条例自公布之日起施行。

（选自一九四九年——一九五三年《湖南法令汇编》）